UMA LEITURA ASTROLÓGICA DAS DOENÇAS E MALES

E A CURA COM OS FLORAIS DE BACH

Alba Guedes do Carmo

UMA LEITURA ASTROLÓGICA DAS DOENÇAS E MALES

E A CURA COM OS FLORAIS DE BACH

Editora
Pensamento
SÃO PAULO

Texto de acordo com as novas regras ortográficas.

1ª edição 2012.

A Editora Pensamento não se responsabiliza por eventuais mudanças ocorridas nos endereços convencionais ou eletrônicos citados neste livro.

Advertência ao leitor: Este livro é uma obra de consulta e informação. Os remédios, abordagens e técnicas aqui descritos têm o objetivo de complementar – e não substituir – o tratamento ou os cuidados médicos. As informações aqui contidas não devem ser usadas para tratar uma doença séria, sem prévia consulta a um profissional de saúde qualificado.

Coordenação editorial: Denise de C. Rocha Delela e Roseli de S. Ferraz

Preparação de originais: Denise Pessoa e Melania Scoss.

Revisão: Liliane S. M. Cajado

Diagramação: Join Bureau

Dados Internacionais de Catalogação na Publicação (CIP)
(Câmara Brasileira do Livro, SP, Brasil)

Carmo, Alba Guedes do
Uma leitura astrológica das doenças e males e a cura com os florais de Bach / Alba Guedes do Carmo – São Paulo: Pensamento, 2012.

Bibliografia.
ISBN 978-85-315-1799-0

1. Astrologia e saúde 2. Essências e óleos essenciais – Uso terapêutico 3. Flores – Uso terapêutico 4. Matéria médica vegetal 5. Medicina holística 6. Produtos florais I. Título.

12-05974 CDD-615.85
133.5861

Índices para catálogo sistemático:

1. Essências florais : Terapias alternativas 615.85
2. Florais de Bach : Astrologia e saúde : Ciências ocultas 133.5861

Direitos reservados
EDITORA PENSAMENTO-CULTRIX LTDA.
Rua Dr. Mário Vicente, 368 — 04270-000 — São Paulo, SP
Fone: (11) 2066-9000 — Fax: (11) 2066-9008
E-mail: atendimento@editorapensamento.com.br
http://www.editorapensamento.com.br
Foi feito o depósito legal.

Introdução

Em minhas buscas ao longo da vida, sempre quis ir além e saber mais sobre o que havia por trás de cada acontecimento e suas implicações com relação ao Todo. Por esse motivo comecei a me interessar pela astrologia e pelo que ela poderia me proporcionar. Para entender mais a fundo o assunto, encomendei o meu mapa astral e descobri finalmente um modo mais interessante e abrangente de enxergar aquilo que não conseguia ver com a ajuda das terapias convencionais.

Desse dia em diante, passei a me interessar cada vez mais pela astrologia e a ler tudo o que caía em minhas mãos sobre o assunto. Comecei então a fazer um curso que nunca tinha fim, porque tanto eu quanto o resto da minha turma não deixávamos de trazer para a aula novos questionamentos. Esses foram estudos imprescindíveis para o meu desenvolvimento pessoal. Por fim me tornei astróloga.

No âmago do meu ser, sempre tive uma grande vontade de ajudar as pessoas. Cheguei até a pensar em estudar homeopatia, mas acabei desistindo porque antes teria de estudar medicina e, como já estava perto dos 40 anos, levaria muito tempo até que pudesse realmente ajudar quem ainda não havia encontrado o remédio definitivo para a cura.

Foi então que descobri os florais de Bach. Fiz cursos, estudei e aprendi muito, descobrindo a eficiência dos florais. Por meio de exames médicos, constatei que os florais curam e regeneram. Tive provas disso ao me afastar de minha cidade, onde fazia exames regulares, para morar em uma fazenda. Um dia eu e meu marido resolvemos fazer um *check-up* ao voltar à nossa cidade, e tive duas alegrias: uma foi saber que os aparelhos podiam ler dentro de nós com extrema perfeição e a outra foi saber que eu havia me curado de um quisto de cinco centímetros de diâmetro.

Eu e meu marido também fizemos exames de sangue a pedido de um médico ortomolecular e os resultados foram surpreendentes. Meu marido, que na época não dava importância aos florais, necessitava de uma série razoável de nutrientes em seu organismo, que favoreciam o equilíbrio do corpo; e eu, que tomo florais diariamente, não precisava de nada; meu organismo estava em total equilíbrio.

Depois que me tornei terapeuta floral, era obrigada a fazer uma demorada pesquisa cada vez que precisava indicar o melhor floral aos meus clientes. Tive então a ideia de colocar no papel todas as informações necessárias para entender como surgem os males e as doenças, que, analisados do ponto de vista astrológico, indicam, eles mesmos, o floral correto para a cura.

Dessas pesquisas surgiu este livro, em forma de dicionário, que relaciona os florais de Bach com os aspectos astrológicos e os estados emocionais que causam desequilíbrios. Trata-se de uma inteligente e prática ferramenta de autoanálise, que pode ser utilizada, por qualquer pessoa, tanto na cura quanto na prevenção de doenças.

Uma Leitura Astrológica das Doenças e Males e a Cura com os Florais de Bach é dividido em verbetes, que relacionam as doenças, ou órgãos afetados, ao estado emocional que leva ao problema de saúde, aos aspectos astrológicos que indicam como a pessoa chegou a tal estado emocional e aos florais de Bach mais adequados para alterar esse quadro e restaurar o equilíbrio emocional e físico.

Pelo nome da doença ou do órgão afetado, o leitor pode encontrar o estado emocional que gerou o desequilíbrio e o floral que pode transformar essa emoção em aprendizado de vida, propiciando a cura da doença física. Por meio do conhecimento astrológico e a relação com os florais de Bach, o leitor pode não só encontrar o melhor tratamento para doenças já manifestas mas também prevenir sua manifestação, ao tomar conhecimento das emoções que causam doenças e estados de ânimo destrutivos.

A consulta à obra também pode ser feita pelo nome do floral, cujos verbetes apresentam as propriedades de cada floral, os casos em que pode ser usado e os planetas aos quais se relaciona.

Finalmente, a obra também abrange a deficiência de vitaminas e minerais e o efeito que ela causa no organismo, além de indicar os florais mais adequados para combatê-la.

Caro leitor, espero que este livro possa contribuir com a sua busca por autoconhecimento e equilíbrio em todos os níveis, assim como ajudá-lo a ser um exemplo de harmonia para todo o planeta.

— Alba Guedes do Carmo
http://www.albadocarmo.com.br

Como preparar e usar os florais de Bach

Os florais de Bach podem ser preparados de duas maneiras: num vidro com conta-gotas, ou em dose única.

Vidro com conta-gotas: coloque 9 ml de conhaque ou uísque num vidro esterilizado de 30 ml. A seguir, pingue duas gotas da essência não diluída de cada floral necessário, até um máximo de seis florais. Encha o vidro com água mineral, mas não completamente. Se for usar mais de seis florais, prepare outro vidro seguindo o mesmo procedimento (nunca coloque mais de seis florais, senão, por causa da diluição, você tomará uma quantidade muito pequena de cada um deles).

Pode-se tomar de dois modos: pingar sob a língua dez gotas duas vezes ao dia ou então seis gotas quatro vezes ao dia.

O vidro ou vidros com conta-gotas devem ser usados para administrar os florais de fundo, ou seja, os do mapa natal: os florais dos signos que regem as casas onde estão o Sol e a Lua e as casas opostas a elas, e os florais dos planetas que estiverem mal aspectados ou em casas desarmoniosas (e as casas opostas a elas). Esses florais trazem o equilíbrio.

Dose única: em meio copo com água, pingue duas gotas da essência não diluída de cada floral de que você necessita e tome de uma só vez ou em goles durante o dia. Não precisa acrescentar conhaque ou uísque. Se for tomar ao longo do dia, tampe o copo e guarde-o na geladeira.

As doses únicas devem ser tomadas quando os trânsitos o atacarem emocionalmente ou quando surgirem sentimentos difíceis de lidar.

Tabela de correspondência entre florais, frases-chave, signos e planetas

Toda vez que um floral de Bach for citado num verbete deste livro, relacione-o com a frase-chave, o signo e o planeta da tabela abaixo. As informações entre parênteses depois do nome do floral servem para complementar a frase-chave da tabela.

FLORAL	FRASE-CHAVE	SIGNO	PLANETA
Agrimony	Traz o verdadeiro ser que habita em nós	Sagitário	Júpiter
Aspen	Tira o medo do futuro		
Beech	Trabalhar o orgulho		
Centaury	Ajudar o próximo sem ser capacho	Virgem	Mercúrio
Cerato	Ativar o mestre interior	Gêmeos	Mercúrio
Cherry Plum	Acalma os pensamentos e sentimentos		
Chestnut Bud	Compreender em que momento emocional criou a própria doença		
Chicory	Eliminar a obsessão		
Clematis	Colocar os pés no chão	Câncer	Lua
Crab Apple	Fazer a catarse do que está incomodando; limpeza		
Elm	Trabalhar a responsabilidade; responsabilidade pela humanidade		
Gentian	Segurança interior; segurança	Touro	Vênus
Gorse	Amor; amor universal		
Heather	Cooperação e comunicação; tira da solidão	Escorpião	Plutão
Holly	Traz aceitação; tira a raiva e o ressentimento		
Honeysuckle	Deixar o passado para trás		

FLORAL	FRASE-CHAVE	SIGNO	PLANETA
Hornbeam	Energia		
Impatiens	Tira a impaciência	Áries	Marte
Larch	Força para agir, para recomeçar		
Mimulus	Tira os medos do dia a dia e dos sentimentos	Capricórnio	Saturno
Mustard	Depressão		
Oak	Para quem trabalha demais; ensina o sentido do trabalho		
Olive	Traz paz aos pensamentos e atitudes		
Pine	Tira as culpas; dá sorte		
Red Chestnut	Tira as preocupações		
Rescue Remedy	Cura os traumas, acalma os sentimentos, tira o pânico e a impaciência, faz a pessoa colocar os pés no chão		
Rock Rose	Tira o pânico	Peixes	Netuno
Rock Water	Dá e ensina flexibilidade	Capricórnio	Saturno
Scleranthus	Equilíbrio	Libra	Vênus
Star of Bethlehem	Limpa os traumas		
Sweet Chestnut	A luz no fim do túnel		
Vervain	Diminui a adrenalina	Leão	Sol
Vine	Para quem gosta de comandar; rigidez		
Walnut	Protege das influências externas		
Water Violet	Tira da reclusão e ensina a dividir o conhecimento	Aquário	Urano
White Chestnut	Clareza		Netuno
Wild Oat	Ter metas		
Wild Rose	Alegria	Touro	Vênus
Willow	Para quem sente pena de si mesmo		

Dois florais para acelerar a cura

A partir do entendimento de que é hoje que fabricamos o nosso amanhã; de que somos o que pensamos, sentimos e fazemos; de que todos queremos ter uma vida harmônica, em equilíbrio, com alegrias, satisfações e boas emoções; de que fomos feitos à imagem e semelhança de Deus; de que viemos ao planeta Terra para ter o aprendizado celular de tudo o que construímos para nós, por meio da satisfação ou da dor, que mostra que caminho estamos traçando; de que tudo o que fazemos ao próximo vamos receber em igual proporção; e de que nasceremos no planeta Terra quantas vezes for preciso para ter todos os aprendizados que este planeta possa nos dar para chegar à perfeição, a Deus; a partir desse entendimento quero falar de dois florais que não têm relação com os planetas nem com os signos, mas que uso e receito com a certeza de que eles é que vão ajudar os outros florais a nos curar mais rápido. Os dois florais que recomendo incluir em qualquer receita são: Cherry Plum, que combate os sentimentos e pensamentos ruins, e Sweet Chestnut, que favorece a solução de qualquer problema.

Observação sobre trânsitos e revoluções solares

Não só no mapa natal podemos ver doenças e deficiências físicas ou emocionais; os trânsitos e revoluções podem mostrar problemas que costumam ser somatizados. Através de um trânsito ou revolução solar, é possível detectar um câncer em formação ou a falta de imunidade no organismo, em estágios ainda não detectados por aparelhos. Acreditar nessa via de diagnóstico e tratar o problema com os florais adequados favorece a regeneração antes que a doença se torne grave.

A

abdome, problemas no...........

Definição: Região do tronco localizada abaixo do diafragma e que inclui a parte inferior da cavidade abdominopélvica; contém: estômago, parte inferior do esôfago, intestinos delgado e grosso, fígado, vesícula biliar, baço, pâncreas e bexiga; uma membrana serosa, o peritônio, reveste a cavidade, mas nem todos os órgãos do abdome.

Regência:* Virgem (submissa) rege o abdome. O floral indicado é Centaury (transforma a energia instintiva em criatividade, amor, sabedoria, gentileza e conhecimento).

Órgãos do abdome

• *Estômago:* Assimilação de ideias, o que a cabeça não entende o estômago fica ruminando, não digere. Câncer/Lua (emoções, vivem no mundo da Lua) rege o estômago. O floral indicado é Clematis (faz acordar; qualquer órgão que não esteja funcionando bem pode ser despertado por Clematis, que recupera suas funções; acaba com a compulsividade alimentar, trabalha a digestão e os sucos digestórios). Virgem (que é submisso) faz a distribuição dos sucos necessários aos órgãos para a digestão dos alimentos, o floral indicado é Centaury.

• *Intestinos:* Medos fortes, conscientes e inconscientes, que deixam em pânico. Os intestinos são regidos por Virgem (pessoa submissa). Os florais indicados são: Centaury (favorece a individualidade, a assimilação dos nutrientes pelo organismo, ajuda no movimento peristáltico dos intestinos para eliminar os dejetos que podem causar muitas doenças se permanecerem no organismo por muito tempo) e Rock Rose (além de tirar o pânico, ajuda nos movimentos peristálticos dos intestinos).

• *Fígado:* Raiva, sentimento de vingança; é regido por Júpiter (expansão). O floral indicado é Agrimony (faz a pessoa ser verdadeira; elimina tudo o que está sobrando).

• *Vesícula:* Agressividade guardada e não expressada; é regida por Sagitário (expansão). O floral indicado é Agrimony. Capricórnio também rege a vesícula biliar. Os florais indicados são: Mimulus (tira os medos do dia a dia e dos sentimentos) e Rock Water (elimina cálculos, dá flexibilidade e deixa a vida mais suave).

• *Pâncreas:* A falta de alegria na vida é regida por Sagitário. O floral indicado é Agrimony (faz a pessoa ser verdadeira; atua

* Só há regência quando a doença acontece num órgão específico do corpo (doença característica de determinado órgão); se a doença puder ocorrer em qualquer órgão, em vez de regência teremos floral básico, que abrange melhor aquela doença, e os outros florais serão auxiliares.

no metabolismo dos carboidratos e estimula as enzimas gástricas intestinais).

• *Bexiga:* Medo do futuro, ansiedade, dificuldade de desapegar-se de antigos condicionamentos; é regida por Escorpião (medo de perder o poder). Os florais indicados são: Heather (acaba com a prepotência, o orgulho e a onipotência; dá energia à bexiga; bom para cistite de repetição) e Aspen (que tira o medo do futuro).

Florais auxiliares: Holly (tira a dor; bom para a sensibilidade no abdome), Impatiens (diminui a agressividade) e Cherry Plum (clareia pensamentos e sentimentos, mostra a verdade das situações).

aborto

Definição: A terminação da gestação antes que o feto tenha atingido o estágio de viabilidade.

Indica: medo do futuro; necessidade de adiar a responsabilidade; falta de coragem e de confiança na vida, medo de perder o poder, problema de identidade.

Regência: A Lua rege a gestação. O floral indicado é Clematis (que faz funcionar qualquer órgão que não funciona).

Florais básicos: Pine (tira a culpa, independentemente de o aborto ser espontâneo ou não) e Star of Bethlehem (tira o trauma; cicatriza o coração; traz de volta a inocência).

Florais auxiliares: Holly (traz aceitação), Vervain (bom para proteção da criança no ventre e para prevenir o aborto), Rescue Remedy (se houver hemorragia ou só para ter uma boa recuperação) e Aspen (tira o medo do futuro; dissipa a sombra que ficou).

Espontâneo

• Pode ser um mau aspecto entre Lua (emoções) e Marte (impulso). *Florais*: Clematis (cuida da gestação), Impatiens (dá ritmo certo ao impulso) e os florais dos signos que regem as casas onde estão os planetas e as casas opostas a elas.

Espontâneo de repetição

• Pode ser uma desarmonia da Lua (emoções) em Escorpião (medo de perder o poder). *Florais*: Clematis (saúde na gestação), Heather (cuida dos órgãos reprodutores da mulher) e os florais dos signos que regem a casa onde está o planeta e a casa oposta a ela.

abscesso

Definição: Acumulação localizada de pus encapsulado em qualquer parte do corpo, resultante da desintegração ou do deslocamento do tecido.

Indica: fermentação de pensamentos de raiva, ressentimentos, sentimento de amargura por injustiças sofridas; desejo de vingança.

Florais básicos: Holly (para tirar a raiva e o ressentimento), Pine (para tirar a culpa, pois todo ressentimento vem acompanhado de culpa) e Impatiens (tira a raiva). Estes três florais são a base da cura.

Florais auxiliares: Cherry Plum (clareia sentimentos e pensamentos, trazendo harmonia), Crab Apple (atua como antibiótico), Impatiens (acalma; atua como anti-inflamatório) e Elm (tira os abscessos).

Hepático e subfrênico

Situado abaixo da cúpula do diafragma; é uma complicação de cirurgias abdominais.

• Pode ser uma desarmonia de Júpiter (expansão) em Virgem (abdome). *Florais:*

Agrimony (tira o que está em excesso), Centaury (equilibra os órgãos do abdome) e os florais dos signos que regem a casa onde está o planeta e a casa oposta a ela.

Pulmonar

• Pode ser uma desarmonia da Lua (emoções) em Gêmeos (pensamentos, pulmão). *Florais*: Clematis (acalma as emoções), Cerato (saúde dos pulmões) e os florais dos signos que regem a casa onde está o planeta e a casa oposta a ela.

Floral auxiliar: Pine (o floral do pulmão; bom para qualquer doença no pulmão; tira as culpas).

absorção ....

Definição: Passagem de uma substância através de alguma superfície do corpo até chegar aos líquidos e tecidos corporais.

Indica: ansiedade com relação à vida, medo de viver.

Regência: Virgem rege a absorção dos alimentos. O floral indicado é Centaury.

Florais auxiliares: Rock Rose (tira o pânico; rege os movimentos intestinais para a eliminação das fezes e uma boa absorção) e Clematis (bom para a digestão perfeita).

Má absorção

• Pode ser uma desarmonia da Lua (emoções) em Virgem (aparelho digestório). *Florais*: Clematis (boa digestão), Centaury (ativa os sucos digestórios; faz a absorção dos nutrientes do organismo) e os florais dos signos que regem a casa onde está o planeta e a casa oposta a ela.

acidente ....

Definição: Um evento inesperado, um infortúnio, um evento complicador não previsto no curso de uma doença ou depois de uma cirurgia.

Indica: incapacidade de falar em defesa própria, de resolver os problemas inconscientes, tendo necessidade de um aprendizado forçado; rebeldia contra a autoridade e violência reprimida.

Regência: Áries e Marte, por serem apressados, atirados e não darem tempo ao tempo; o floral é Impatiens (dá o ritmo correto).

Florais auxiliares: Willow (a pessoa sofre acidentes por sentir pena de si mesma), Holly (faz entender o processo e se proteger), Pine (tira a culpa pelo acidente) e Chestnut Bud (para entender em que estado emocional a pessoa se encontrava quando ocorreu o acidente e não repetir) e Rescue Remedy (faz o resgate da pessoa abatida por qualquer mal ou doença).

Em geral

• Pode ser causado por um mau aspecto entre Mercúrio (pensamentos) e Urano (eletricidade cerebral). *Florais*: Cerato (ativa o mestre interior; dá intuição para a pessoa se prevenir), Water Violet (equilíbrio da parte elétrica do cérebro, que pode dar curtos-circuitos) e os florais dos signos que regem as casas onde estão os planetas e as casas opostas a elas.

• Pode ser um mau aspecto entre Marte (impulso) e Urano (eletricidade do cérebro). *Florais*: Impatiens (dá o ritmo correto), Water Violet (abre a mente para receber a consciência superior) e os florais dos signos que regem as casas onde estão os planetas e as casas opostas a elas.

• Pode ser um mau aspecto entre Marte (impulso) e o ascendente (atua no físico). *Florais*: Impatiens (dá o ritmo correto ao impulso), o floral do signo ascendente e os florais dos signos que regem a casa onde estão os planetas e as casas opostas a elas.

acidente vascular cerebral (AVC).

Definição: Súbita perda de consciência, seguida de paralisia; pode ter causas diversas, como hemorragia cerebral, formação de êmbolo ou trombo que fecha uma artéria, ou ruptura de uma artéria extracerebral que causa hemorragia subaracnoídea.

Indica: rejeição à vida; resistência a mudanças.

Regência: Áries e Marte regem a circulação do sangue no cérebro. O floral indicado é Impatiens (dá ritmo à circulação no cérebro).

Florais auxiliares: Clematis (recupera os órgãos paralisados), Rescue Remedy (bom para a reconstituição dos órgãos e em casos de hemorragia), Holly (traz aceitação e calma para a recuperação), Pine (tira a culpa, muitas doenças e mortes são causadas pela culpa, que obstrui a circulação de energia), Water Violet (para o excesso de energia no cérebro), Olive (traz descanso), Cherry Plum (dá bons pensamentos e sentimentos), Hornbeam (faz a energia circular livremente de baixo para cima e vice-versa) + Scleranthus (alinha o eixo), Larch + Chestnut Bud + Star of Bethlehem (faz a pessoa acreditar em suas capacidades, e não se deve esquecer que a fé, remove montanhas) + Gentian (ativa a fé, na certeza da cura), Wild Oat (ajuda a estabelecer metas na vida e, desse modo, recupera, dá estrutura, vontade de curar-se e de viver) e Rock Rose (bom para hemorragias; tira o pânico; faz lutar pela cura), Oak (traz consciência dos limites do corpo).

Em geral

• Pode ser um mau aspecto entre Mercúrio (pensamentos) e Marte (impulso). *Florais*: Cerato (traz o entendimento da situação; pode dar sabedoria para a cura), Impatiens (dá o ritmo correto da circulação no cérebro) e os florais dos signos que regem as casas onde estão os planetas e as casas opostas a elas.

• Pode ser um mau aspecto entre Júpiter (expansão) e Urano (eletricidade cerebral) se um desses planetas formar mau aspecto com Marte (impulso). *Florais*: Agrimony (tira o excesso), Water Violet (tira o excesso de eletricidade no cérebro), Impatiens (tira a ansiedade de ação; dá ritmo correto à circulação no cérebro) e os florais dos signos que regem as casas onde estão os planetas e as casas opostas a elas.

Hemorrágico

• Pode ser um mau aspecto entre Plutão (medo de perder o poder), em Áries (impulso), e Mercúrio (pensamentos, cérebro). *Florais*: Rescue Remedy (resgate), Impatiens (dá ritmo normal à circulação no cérebro), Heather (regeneração), Cerato (saúde para o cérebro) e os florais dos signos que regem as casas onde estão os planetas e as casas opostas a elas.

• Pode ser um mau aspecto entre Marte (impulso) e Urano (eletricidade do cérebro). *Florais*: Rescue Remedy (resgate), Impatiens (dá o ritmo correto à circulação no cérebro), Water Violet (acalma a agitação do cérebro, dá intuição, traz saúde ao cérebro) e os florais dos signos que regem

as casas onde estão os planetas e as casas opostas a elas.

• Pode ser uma desarmonia de Júpiter (exacerba) em Áries (impulso). *Florais*: Rescue Remedy (resgate), Agrimony (para o exagero), Impatiens (dá o ritmo correto à circulação no cérebro) e os florais dos signos que regem a casa onde está o planeta e a casa oposta a ela.

• Pode ser Netuno (desordem) em Áries (impulso). *Florais*: Rescue Remedy (resgate), White Chestnut (faz dominar e direcionar os pensamentos quando somos guiados pelo instinto), Rock Rose (tira o pânico; bom para hemorragia), Impatiens (dá ritmo à circulação no cérebro; acalma) e os florais dos signos que regem a casa onde está o planeta e a casa oposta a ela.

Florais auxiliares: Olive (acalma os pensamentos), Cherry Plum (inspira bons pensamentos e sentimentos), Pine (tira as culpas que produzem doenças terríveis).

ácido úrico........................

Definição: Importante constituinte orgânico da urina normal; comumente ocorre na forma de sais (uratos).

Indica: ansiedade; excesso de pensamento em assuntos já ultrapassados.

Regência: Libra rege os rins e a bexiga. O floral indicado é Scleranthus (equilibra os pensamentos, os sentimentos e os rins); Escorpião (medo de perder o poder) rege a bexiga (medos). O floral indicado é Heather (para quem quer ter o controle de tudo; traz segurança; faz a regeneração das emoções e dos órgãos).

Florais auxiliares: Crab Apple (limpa e dissolve os uratos), Gorse (limpa), Rock Water (traz flexibilidade de pensamentos e sentimentos), Scleranthus (equilibra a urina) e Heather (transforma a urina, eliminando o que está em excesso ou acrescentando o que falta; faz voltar ao que é correto).

Problemas de

• Pode ser um mau aspecto entre Marte (impulso) e Júpiter (expansão). *Florais*: Impatiens (elimina a ansiedade que causou a doença), Agrimony (por exagerar no modo como vê as situações; remove tudo o que não faz parte), Scleranthus (equilibra os constituintes orgânicos da urina) e os florais dos signos que regem as casas onde estão os planetas e as casas opostas a elas.

acidose............................

Definição: Acidez excessiva dos líquidos corporais em decorrência de um acúmulo de ácidos ou de uma perda excessiva de bicarbonato.

Indica: dificuldade de se ver livre de assuntos ultrapassados que ficam atormentando; medo de construir um caminho novo.

Regência: Libra rege o metabolismo basal (ácido e base). O floral indicado é Scleranthus (equilibra ácido e base).

Florais auxiliares: Honeysuckle (bom para deixar o que passou para trás), Impatiens (dá o ritmo correto), Crab Apple (para limpar e dar a devida proporção aos acontecimentos).

Em geral

• Pode ser um problema do regente Libra (dúvidas). *Floral*: Scleranthus (equilibra ácido e base).

• Pode ser o Sol (energia vital) em Áries (impulso), principalmente se Libra (dúvidas) estiver envolvido (o ariano tem tendência a comer muita carne vermelha, que tem alto teor de ácidos, desse modo o equilíbrio ácido/base pode ficar comprometido. Essa acidose também pode ocasionar dores de cabeça). *Florais*: Vervain (relaxa e tira a dor de cabeça), Impatiens (tira a ansiedade), Scleranthus (equilibra) e os florais dos signos que regem a casa onde está o planeta e a casa oposta a ela.

Tubular renal

• Pode ser uma desarmonia de Júpiter (exacerba) em Libra (dúvidas). *Florais*: Agrimony (por exagerar na dimensão do conflito emocional), Scleranthus (equilíbrio) e mais os florais dos signos que regem a casa onde está o planeta e a casa oposta a ela.

ácino ....

Definição: Pequenas dilatações saciformes, especialmente nas glândulas.

Indica: problemas com as nossas referências e o quanto nos valorizamos ou não.

Regência: Câncer rege os ácinos das glândulas mamárias. O floral indicado é Clematis (faz funcionar qualquer órgão ou o que quer que não esteja funcionando no organismo).

Florais auxiliares: Cherry Plum (faz entrar em contato com a verdade interior e exterior; mostra o valor de cada um) e Gentian (segurança interior; ativa a fé, na certeza da cura).

ACNE ....

Definição: Afecção inflamatória das glândulas sebáceas e dos folículos pilosos da pele, caracterizada por comedões, pápulas e pústulas.

Indica: ira, ressentimento e medo; problemas de identidade; vergonha, inibição, autocrítica; medo de ser rejeitado e dificuldade de autoaceitação; sexualidade não vivida.

Regência: Capricórnio (rigidez) rege a pele. Os florais indicados são: Mimulus (tira o medo dos sentimentos e do dia a dia) e Rock Water (dá flexibilidade); Vênus rege a textura da pele. O floral indicado é Wild Rose (trabalha o lado feminino e a beleza; limpa a pele); Marte rege a ira. O floral indicado é Impatiens (tira a raiva e a inflamação).

Florais auxiliares: Crab Apple (limpa a raiva, a doença e a pele), Holly (acalma; aumenta a percepção e traz aceitação), Cherry Plum (faz entrar em contato com a verdade interior e exterior), Pine (tira as culpas), Agrimony (remove o que não faz parte), Wild Oat (remove cicatrizes), Hornbeam (bom para cravos, espinhas e acne).

Em geral

• Pode ser um mau aspecto entre Vênus (textura da pele) e Saturno (envelhecimento), se Saturno estiver em Escorpião (problemas no sangue). *Florais*: Gentian (segurança interior), Scleranthus (equilíbrio), Wild Rose (alegria), Mimulus (tira o medo de enfrentar os sentimentos), Rock Water (dá flexibilidade), Heather (depura o sangue) e os florais dos signos que regem as casas onde estão os planetas e as casas opostas a elas.

adenocarcinoma ....

Definição: Adenoma: *aden*, prefixo que significa glândula, e *oma*, sufixo que significa tumor (neoplasia do epitélio glandular) maligno, originário de um órgão glandular.

Indica: mágoa profunda, ódio corroendo o ser; pessoa emocionalmente rígida; desamor, forte carência afetiva na primeira infância. Refere-se às nossas referências e iniciativas.

Regência: Câncer rege as glândulas mamárias. O floral indicado é Clematis (desperta o órgão que não está funcionando). Escorpião (mutação genética) rege as glândulas suprarrenais. O floral indicado é Heather (regeneração).

Florais auxiliares: Cherry Plum (traz bons sentimentos e pensamentos), Chestnut Bud (o floral do câncer; se a pessoa compreender o estado emocional em que se encontrava quando a doença se instalou, pode reverter esse estado, o que será de grande ajuda para a cura), Agrimony (para encarar a situação, sem fugir, e fazer o tratamento que for preciso), Gorse (dá amor e segurança para viver o momento); é importante acrescentar Aspen (tira o medo do futuro).

De cabeça do pâncreas

As doçuras da vida, frustrações, raiva, rejeição.

• Pode ser uma desarmonia da Lua (emoções) com o Sol (orgulho, efusão), se algum deles estiver em Virgem (a pessoa se torna capacho dos outros por ser submissa). *Florais*: Clematis (coloca os pés no chão, faz trabalhar as emoções), Centaury (faz a pessoa se valorizar), Vervain (bom para o ego forte que não aceita a situação; faz relaxar) e os florais dos signos que regem a casa onde estão os planetas e as casas opostas a elas.

Da mucosa intestinal

Lixo que precisa ser expelido.

• Pode ser uma desarmonia da Lua (emoções) em Virgem (se rebaixa, se esquece de si). *Florais*: Clematis (coloca os pés no chão, tira as mágoas; quando a pessoa se afasta do corpo qualquer mal pode atacar; pode eliminar o tumor), Centaury (para entender que não precisa agradar o outro e sim a si mesmo, tira a hipersensibilidade ao outro) e os florais dos signos que regem a casa onde está o planeta e a casa oposta a ela.

De ovário

Criação.

• Pode ser uma desarmonia de Júpiter (para ser ela mesma, não exagerar e ter consciência de que precisa se cuidar) em Escorpião (equilíbrio com relação ao sexo ou ao relacionamento, mutação genética). *Florais*: Agrimony (elimina o que está sobrando), Heather (regeneração) e os florais dos signos que regem a casa onde está o planeta e a casa oposta a ela.

• Pode ser uma desarmonia da Lua (órgãos reprodutores femininos) em Escorpião (medo de perder o poder, órgãos reprodutores femininos). *Florais*: Clematis (tira as mágoas, pode eliminar o tumor por colocar os pés no chão), Heather (traz equilíbrio aos órgãos reprodutores, regenerador) e os florais dos signos que regem a casa onde está o planeta e a casa oposta a ela.

De pâncreas

Rejeição, raiva, frustração com relação às doçuras da vida.

• Pode ser um mau aspecto entre Mercúrio (pensamentos) e Netuno (desordem), se um deles tiver mau aspecto com Saturno (rigidez) e/ou Plutão (medo de perder o poder). *Florais*: Cerato (ativa o mestre interior, mostra o que a pessoa não está vendo), White Chestnut (dá clareza), Rock Rose (tira o pânico que causou a desordem), Mimulus (tira os medos do dia a dia e dos sentimentos), Rock Water (dá flexibilidade), Heather (para o desapego) e os florais dos signos que regem as casas onde estão os planetas e as casas opostas a elas.

De próstata

Medo de perder a potência sexual, de envelhecer e do futuro; a pessoa se sente sob pressão.

• Pode ser uma desarmonia de Júpiter (exacerba) em Escorpião (sexo, órgãos sexuais; medo de perder o poder). *Florais*: Agrimony (para a pessoa ser ela mesma, sem exagero), Heather (regeneração, leva saúde aos órgãos genitais) e os florais dos signos que regem a casa onde está o planeta e a casa oposta a ela.

Dos brônquios

Desespero, cansaço, depressão, frustração com relação à vida.

• Pode ser uma desarmonia de Júpiter (exagero) em Gêmeos (pulmão). *Florais*: Agrimony (para a pessoa ser ela mesma, sem exagero), Cerato (para o mestre interior ensinar o que fazer e por que tudo está acontecendo dessa maneira) e os florais dos signos que regem a casa onde está o planeta e a casa oposta a ela.

De testículos

Medo de perder a masculinidade, de ficar velho; a pessoa se sente pressionada com relação ao sexo.

• Pode ser um mau aspecto entre Marte (impulso) e Plutão (mutação genética, potência sexual, poder). *Florais*: Impatiens (tira a ansiedade, dá o ritmo correto), Heather (regeneração; trata os órgãos sexuais) e os florais dos signos que regem as casas onde estão os planetas e as casas opostas a elas.

• Pode ser uma desarmonia da Lua (emoções) em Escorpião (sexo, potência sexual, medo de perder o poder). *Florais*: Clematis (faz estar presente para afastar a doença), Heather (trata os órgãos genitais) e os florais dos signos que regem a casa onde está o planeta e a casa oposta a ela.

Em geral

• Pode ser um mau aspecto entre a Lua (emoções) e Netuno (desordem), se um deles estiver em Escorpião (mutação genética). *Florais*: Clematis (tira as mágoas, coloca os pés no chão, pode eliminar o tumor), Rock Rose (tira o pânico que causou a desordem, tira a pessoa da ilusão), White Chestnut (dá clareza), Heather (ameniza a solidão; ensina a comunicação; regeneração) e os florais dos signos que regem as casas onde estão os planetas e as casas opostas a elas.

Gástrico

Medo do desconhecido, não assimila o novo, irritação, dificuldade de lidar com os problemas.

• Pode ser uma desarmonia da Lua (emoções) em Virgem (submissão). *Florais*: Clematis (coloca os pés no chão para resolver os problemas), Centaury (ensina a agradar a si e não aos outros; dá individualidade) e os florais dos signos que regem a casa onde está o planeta e a casa oposta a ela.

Da hipófise (glândula ou corpo da pituitária) – que é uma glândula de secreção interna de hormônios que regulam muitos processos do organismo: crescimento, reprodução e atividades metabólicas.

Indica: Mágoa profunda, problema guardado por muito tempo, trauma profundo. As glândulas são as nossas referências; problemas nas glândulas representam mágoas com relação às próprias referências.

Regência: Virgem rege os hormônios. O floral indicado é Centaury (ensina a agradar a si mesmo e não aos outros).

Florais auxiliares: Cherry Plum (faz o controle celular, pode eliminar o câncer e suas metástases, traz bons sentimentos e pensamentos), Chestnut Bud (faz entender por que a doença se instalou), Agrimony (para a pessoa fazer o tratamento necessário, limpa as mágoas), Gorse (amor para passar essa fase; dá vontade de lutar), Rescue Remedy (resgata o ser em situações de crise), Holly (abranda a dor), Elm (para pessoas que fazem trabalhos assistenciais, cuidam dos outros e não se protegem; resgata a alegria de viver), Rock Water (tira a rigidez, quando a pessoa não aceita nada fora de seus padrões), Willow (quando a pessoa criou o câncer por sentir pena de si mesma), Star of Bethlehem (cicatriza e traz de volta a inocência), Aspen (tira o medo do futuro, aproxima a alma do corpo), Mustard (contra a depressão crônica, que vem desde o ventre materno).

Em geral

• Pode ser um mau aspecto entre Vênus (falta de alegria) em Capricórnio (restrição) e Plutão (medo de perder o poder; mutação genética). *Florais*: Gentian (segurança interior, ativa a fé, que traz a certeza da cura), Scleranthus (equilíbrio), Wild Rose (alegria), Mimulus (tira o medo dos sentimentos), Rock Water (flexibilidade), Heather (regeneração) e mais os florais dos signos que regem as casas onde estão os planetas e as casas opostas a elas.

Se for maligno: Cherry Plum (controle da divisão celular); ajudar com: Wild Oat e Elm (libera endorfina) para aliviar a dor; Gorse (ativa a fé, dá vontade de viver e tira o efeito colateral do remédio); ajudar com Scleranthus (tira o enjoo); Holly (tira as dores), Clematis (faz funcionar qualquer órgão que não esteja funcionando); não receitar Crab Apple, porque se houver metástase o quadro pode se agravar; Rock Water (se não houver aceitação); Willow (se estiver sentindo pena de si mesmo), Star of Bethlehem (bom para cicatrizar, eliminar o câncer, dar o aprendizado), junto com Wild Rose e Cherry Plum (trazem a inocência de volta, fazem viver com tranquilidade) e com Chestnut Bud (dá a certeza de que não vamos repetir o estado emocional que deu origem à doença). Aspen (leva ao Deus interior) + Rock Rose ajudam a curar o medo.

Se for por mágoa e tristeza o câncer será na mama ou pulmão; se for por cólera reprimida, será no fígado; se for por frustração da perda do poder ou do controle, nos homens será na próstata. Ajudar com Wild Rose (se o trauma for com apatia), Vine (se o trauma for com frieza), Willow (se o trauma for com mágoa), Holly (se o trauma for com revolta).

adenoide............................

Definição: Tecido linfático que forma uma saliência na parede do recesso faríngeo da nasofaringe.

Indica: agressão reprimida por medo; um escudo contra o contato com o mundo exterior; brigas em família, sentimento de rejeição.

Regência: Touro rege as adenoides. O floral indicado é Gentian (fé, que traz a certeza da cura, segurança interior).

Floral básico: Cerato ativa o mestre interior que nos faz aprender; a adenoide pode crescer se a pessoa se negar a usar a inteligência, sua capacidade inata de sabedoria.

Florais auxiliares: Pine (tira a culpa por querer ser perfeito, por achar que deveria nascer sabendo), Holly (entendimento, aceitação, atitude), Agrimony (quando a pessoa sufocar a própria personalidade) e Cherry Plum (mostra a verdade interior e exterior).

Em geral

• Pode ser Marte (impulso) em Touro (insegurança). *Florais*: Impatiens (dá o ritmo correto), Gentian (segurança interior; fé, que é a certeza da cura) e mais os florais dos signos que regem a casa onde está o planeta e a casa oposta a ela.

• Pode ser Júpiter (exagera) em Touro (adenoide, insegurança). *Florais*: Agrimony (para ser quem é de verdade, tira o exagero), Gentian (segurança interior; ativa a fé, que é a certeza na cura) e mais os florais dos signos que regem a casa onde está o planeta e a casa oposta a ela.

adenoma............................

Definição: *Aden* (glândula) + *oma* (tumor). Neoplastia do epitélio glandular; tumor benigno.

Indica: mágoa profunda, ressentimento, ódio corroendo o ser; pessoa emocionalmente rígida; desamor e forte carência afetiva na infância.

Regência: Lua (emoções, ou mundo da lua) rege as glândulas mamárias. O floral indicado é Clematis (saúde das mamas, coloca os pés no chão). Escorpião (mudança genética) rege as glândulas suprarrenais. O floral indicado é Heather (regeneração), e Virgem (submissa) rege os hormônios. O floral indicado é Centaury (equilibra os hormônios; individualidade).

Florais básicos: Chestnut Bud (para a pessoa perceber em que momento contraiu a doença e o estado emocional em que se encontrava a fim de trabalhar conscientemente o problema), Cherry Plum (clareia os sentimentos e os pensamentos, é capaz de eliminar um câncer).

Florais auxiliares: Gorse (amor, limpa sentimentos ruins), Gentian (fé, que é a certeza na cura), Larch (para dar vontade de lutar pela cura), Scleranthus (para achar o caminho correto, dá equilíbrio aos líquidos do corpo), Holly (tira a dor, acalma por trazer o entendimento) e Pine (tira as culpas, que são o maior vilão da doença).

De hipófise

• Pode ser uma desarmonia de Júpiter em Câncer. *Florais*: Agrimony (faz a pessoa ser ela mesma), Clematis (energiza a hipófise, que dá *insights*) e mais os florais dos signos que regem a casa onde está o planeta e a casa oposta a ela.

• Pode ser um mau aspecto entre Mercúrio e Netuno (onde Netuno se encontra acontece uma grande desorganização). *Florais*: Cerato (tira os bloqueios para receber a inteligência superior), White Chestnut (clareia a mente), Rock Rose (protege da desorganização de Netuno) e mais os florais dos signos que regem as casas onde estão os planetas e as casas opostas a elas.

De próstata

• Pode ser uma desarmonia de Júpiter em Libra. *Florais*: Agrimony (faz a pessoa ser ela mesma), Scleranthus (dá equilíbrio) e mais os florais dos signos que regem a casa onde está o planeta e a casa oposta a ela.

Em geral

• Pode ser um mau aspecto entre Mercúrio e Júpiter. *Florais*: Cerato (tira o bloqueio que impede a entrada da sabedoria superior), Agrimony (por causa do exagero da situação) e mais os florais dos signos que regem as casas onde estão os planetas e as casas opostas a elas.

afasia

Definição: Quando, por causa de uma lesão cerebral que afeta a coordenação muscular, a pessoa não consegue se expressar pela fala, escrita ou sinais, mesmo tendo consciência do que quer dizer.

Indica: não querer mudar velhos hábitos, registro de informações incorretas que não deixa ir embora.

Regência: Áries (cabeça) rege o cérebro. O floral indicado é Impatiens (dá ritmo correto ao sangue do cérebro, hemisférios cerebrais, encéfalo, centros motores); Mercúrio rege o cérebro. O floral indicado é Cerato (ativa o mestre interior, abre o cérebro para deixar entrar a sabedoria superior), Aquário e Urano regem a eletricidade do cérebro e os neurônios. O floral indicado é Water Violet (equilibra a força da eletricidade cerebral, traz saúde aos neurônios).

Florais auxiliares: Elm (ativa o cérebro energizando os chakras da cabeça, elimina os bloqueios que não deixam a energia subir para a cabeça trazendo um bom raciocínio, aumenta a capacidade associativa), Olive (ativa os centros de comando cerebral), Red Chestnut (aumenta a percepção), Larch (ativa o cerebelo, que controla a comunicação e a capacidade de a pessoa equilibrar as respostas que vêm do cérebro, ensina a fazer escolhas, ativando o conhecimento e o aprendizado), Clematis (faz a reconstituição de um órgão), Rescue Remedy (regeneração do órgão), Hornbeam (vitalidade), Star of Bethlehem (purifica as células do cerebelo, as áreas de comunicação entre os hemisférios cerebrais e a medula cerebral; limpa e purifica os líquidos cerebrais, hormônios e sangue), Cerato (trata os dois hemisférios cerebrais), Mustard (ativa a memória cerebral das células), Heather (regeneração).

Em geral

• Pode ser um mau aspecto entre Mercúrio (pensamentos) e Marte (impulso). *Florais*: Cerato (abre o cérebro para deixar entrar a sabedoria superior que ativa o mestre interior; bom para os neurônios), Impatiens (dá ritmo correto ao sangue do cérebro, ativa os centros motores cerebrais) e mais os florais dos signos que regem as casas onde estão os planetas e as casas opostas a elas.

• Pode ser um mau aspecto entre Mercúrio (pensamento) e Saturno (restrição), pois Saturno bloqueia a condução dos estímulos elétricos do sistema nervoso central. *Florais*: Cerato (ativa a memória, dá oxigênio ao cérebro), Mimulus (bom para medos do dia a dia e falta de vontade de viver, medo de mudanças, pessoa tímida, fechada), Rock Water (bom para inflexibilidade, dureza nas atitudes, falta de vontade de continuar) e mais os florais dos signos que regem as casas onde estão os planetas e as casas opostas a elas.

• Pode ser um mau aspecto de Mercúrio (pensamento) em Áries (impulso). *Florais*: Cerato (dá oxigenação ao cérebro), Impatiens (dá o ritmo certo ao sangue da cabeça) e mais os florais dos signos que regem a casa onde está o planeta e a casa oposta a ela.

• Pode ser Sol (falta de energia vital) em Áries (encéfalo, centro motor cerebral, hemisférios cerebrais). *Florais*: Vervain (energia vital, relaxante, ativa o timo; tira a euforia e o stress), Impatiens (dá bom ritmo ao sangue da cabeça, faz boa oxigenação) e mais os florais dos signos que regem a casa onde está o planeta e a casa oposta a ela.

afogamento ....

Definição: Asfixia decorrente de imersão em um líquido; também pode ser consequência de espasmos da glote que não permitem a passagem de ar e de água até os pulmões; ou pode resultar de uma parada cardíaca induzida vagamente depois de uma imersão em água extremamente fria.

Indica: trauma forte; um choque que traz à tona algo oculto, deixando a pessoa muito insegura.

Regência: Netuno (desordem) – rege as águas, o mar, o afogamento. O Floral é Rock Rose (tira o pânico) e White Chestnut (dá clareza à visão de tudo a nossa volta).

Florais básicos: Mimulus (medo excessivo do cotidiano) e Rescue Remedy (tira o trauma, traz a inocência de volta, dá bons sentimentos e pensamentos; faz colocar os pés no chão para enfrentar a vida, tira o pânico, dá ritmo).

Floral auxiliar: Chestnut Bud (dá o aprendizado).

Em geral

• Pode ser um mau aspecto entre Marte (impulso) e Netuno (água, desordem). *Florais*: Impatiens (tira a impaciência), Rock Rose (tira o pânico), White Chestnut (clareia à volta) e mais os florais dos signos que regem as casas onde estão os planetas e as casas opostas a elas.

afta ....

Definição: Pequenas ulcerações na membrana mucosa da boca.

Indica: ressentimento e insegurança em relação às novidades.

Regência: Touro rege a boca. O floral indicado é Gentian (dá segurança interior, ativa a fé, que é a certeza da cura). Câncer rege o estômago. O floral indicado é Clematis (tira a pessoa do mundo da Lua, coloca os pés no chão; problemas de estômago podem causar aftas).

Florais básicos: Crab Apple (para limpar, pode atuar como antibiótico) e Impatiens (é anti-inflamatório).

Florais auxiliares: Holly (traz aceitação) e Pine (para o ressentimento).

Em geral

• Pode ser Vênus (falta de alegria) em Touro (boca, insegurança). *Florais*: Gentian (segurança), Scleranthus (equilíbrio), Wild Rose (alegria) e mais os florais dos signos

que regem a casa onde está o planeta e a casa oposta a ela.

agenesia ....

Definição: A não ocorrência do desenvolvimento ou do crescimento de um órgão ou de parte dele.

Indica: problemas de vidas passadas, doenças genéticas (o problema está relacionado ao órgão que falta).

Regência: A regência só pode ser dada pelo órgão que falta ou que não se desenvolveu.

Florais básicos: Rescue Remedy (para reconstituição do órgão) e Honeysuckle (por ser um problema de vida passada; por ser uma doença genética), Heather (regenerador).

Florais auxiliares: Clematis (ajuda na reconstrução do órgão), Olive (aumenta os anticorpos), Hornbeam (para suprir a energia do órgão que falta).

Por falta do timo na infância

- Pode ser um mau aspecto entre o Sol (falta de energia vital) e Netuno (onde está Netuno, ele desorganiza). *Florais*: Vervain (revitaliza, dá energia), Rock Rose (traz a organização que Netuno tirou), White Chestnut (traz clareza) e mais os florais dos signos que regem as casas onde estão os planetas e as casas opostas a elas.

agressividade ....

Definição: Forma de desequilíbrio que se caracteriza por uma constante hostilidade diante de outrem. Neste caso, tanto a agressividade sofrida como a praticada.

Indica: falta de segurança interior.

Regência: Áries e Marte são: o signo e o planeta da guerra. O floral é Impatiens (tira a impaciência, dá ritmo correto às atitudes).

Florais auxiliares: Cherry Plum (dá bons sentimentos e pensamentos). Pine (tira as culpas) e Holly (dá aceitação).

Em geral

- Pode ser um mau aspecto entre Marte (impulso) e Plutão (medo de perder o poder). *Florais*: Impatiens (tira a impaciência), Heather (dá consciência) e mais os florais dos signos que regem as casas onde estão os planetas e as casas opostas a elas.

AIDS ....

Definição: Síndrome da imunodeficiência adquirida; síndrome de infecção oportunista que ocorre como estágio final da infecção pelo vírus da imunodeficiência humana (HIV); virose que leva a grave deficiência imunológica.

Indica: negação do "eu", culpa sexual, forte crença de não ser bom o bastante; que a pessoa age como se fosse sua própria adversária, o que não a deixa defender-se adequadamente nas situações da vida; que ela se sente invadida, vulnerável e impedida de satisfazer seus impulsos sexuais e agressivos.

Florais básicos: Agrimony (pelo fato de a pessoa não ver a gravidade da doença e não se tratar, e para assumir sua personalidade verdadeira), Pine (tira as culpas), Holly (quando a pessoa não aceita a doença e se revolta contra o mundo), Willow (para quem sente pena de si mesmo), Gentian (ativa a fé, que é a certeza da cura), Heather (trabalhar a parte sexual, regeneração) e Chestnut Bud (para a pessoa ver onde falhou consigo mesma, em que momento emocional criou a doença, e fazer a transformação).

Florais auxiliares: Cherry Plum (mostra a verdade interior e exterior), Red Chestnut (tira a desordem do sistema), Elm (ativa o timo, que fabrica anticorpos).

Em geral

• Pode ser um mau aspecto de Netuno (desordem), que causa doenças autoimunes. *Florais*: White Chestnut (faz dominar e direcionar os pensamentos quando somos dirigidos pelos instintos) e Rock Rose (tira o pânico que causou a desordem).

• Pode ser um mau aspecto entre a Lua (emoções, mundo da lua) e Netuno (desordem) se um deles estiver em Escorpião (mutação genética). *Florais*: Clematis (coloca os pés no chão, tira do mundo da lua; pessoas que vivem longe do físico podem ser atacadas por doenças), Rock Rose (tira o pânico que causou a desordem) e White Chestnut (faz dominar e direcionar os pensamentos quando somos dirigidos pelos instintos), Heather (regeneração) e mais os florais dos signos que regem as casas onde estão os planetas e as casas opostas a elas.

albuminúria

Definição: Presença de albumina na urina, quando é detectada a presença de proteína sérica, globulina sérica, e outras, que indicam um comprometimento renal.

Indica: conflito entre parceiros, críticas, desapontamentos, fracassos, vergonha, medo.

Regência: Libra (dúvidas) rege os rins. O floral indicado é Scleranthus (equilíbrio).

Floral auxiliar: Wild Rose (para quem, por falta de perspectiva na vida, fica desvitalizado, adormecido), Beech (limpa os rins), Aspen (tira o medo do futuro; trata os rins), Larch (aumenta a autoestima), Centaury (faz a pessoa cuidar melhor de si), Holly (aumenta a percepção), Willow (para quem sente pena de si mesmo), Cherry Plum (faz entrar em contato com a verdade interior), Crab Apple (limpa os rins), Oak (quando a pessoa foi além do limite do corpo e causou a doença nos rins), Elm (bom para equilibrar os rins), Star of Bethlehem (equilibra os rins), Olive (por tirar o cansaço da vida, dá saúde aos rins), Wild Oat (dá estrutura aos rins), Rescue Remedy (resgata de qualquer mal).

Cíclica

• Pode ser a ação de Áries (impulso) prejudicando o equilíbrio de Libra (dúvidas), por serem signos opostos, o que provoca espasmos nos rins, que são regidos por Libra. *Florais*: Scleranthus (equilíbrio), Impatiens (dá ritmo correto aos líquidos do corpo) e mais os florais dos signos que regem as casas onde estão Libra e Áries e os signos das casas opostas.

alcalose e acidose

Definição: Desequilíbrio entre ácido e base no organismo; alcalose é a alcalinidade excessiva dos fluidos corporais em decorrência do acúmulo de álcali ou da redução de ácidos; acidose é a acidez excessiva dos líquidos corporais em decorrência de acúmulo ou perda excessiva de bicarbonato.

Indica: que a pessoa é desequilibrada emocionalmente; na alcalose, não tem potencial para a agressividade ou a ação; na acidose, ora é agressiva, ora é dócil.

Regência: Libra (dúvidas) rege o metabolismo basal (ácido e base). O floral indicado é Scleranthus (equilíbrio).

Floral básico: Rock Water (dá flexibilidade nas atitudes na vida) e Mimulus (tira o medo do dia a dia e dos sentimentos) ajudam no equilíbrio; Impatiens (para ganhar ritmo e aceitar o ritmo do outro).

Floral auxiliar: Cherry Plum (mostra a verdade interior e exterior).

Em geral

- Pode ser um mau aspecto entre a Lua (emoções, mundo da lua) e Marte (impulso). *Florais*: Clematis (coloca os pés no chão), Impatiens (equilibra os impulsos) e mais os florais dos signos das casas onde estão os planetas e os florais dos signos das casas opostas.

alcoolismo ....

Definição: Doença crônica progressiva e potencialmente fatal; é caracterizada pela dependência física (ou não) e por alterações patológicas do organismo.

Indica: sentimento de inadequação, culpa e vazio afetivo; autorrejeição.

Florais auxiliares: Larch (dá vontade de recomeçar), Scleranthus (para fazer a escolha entre se curar ou continuar como está), Wild Oat (dá metas, vontade de viver), Agrimony (é o grande remédio para os dependentes; limpa o sangue, desintoxica e traz de volta a vontade de viver e de se gostar), Olive (bom para recuperação dos viciados, traz paz, preenche os espaços vazios), Gorse (limpa o sangue, tira o efeito colateral dos remédios), Willow (tira a negatividade que fez a pessoa entrar no vício), Vine (para qualquer desequilíbrio, como fumar muito, comer pouco ou muito, etc., limpa o sangue), Hornbeam (organiza a vida desregrada, dá energia e vontade de viver), Aspen (bom para viciados em recuperação que têm medo de morrer), Mustard (resgata a vontade de viver), Gentian (ativa a fé, que é a certeza da cura).

Em geral

- Pode ser Lua (emoções) em Peixes (desordem). *Florais*: Clematis (coloca os pés no chão), White Chestnut (faz dominar e direcionar os pensamentos quando somos dirigidos pelos instintos), Rock Rose (tira o pânico que causou a desordem) e mais os florais dos signos que regem a casa onde está o planeta e a casa oposta a ela.
- Pode ser Marte em Peixes. *Florais*: Impatiens (dá tempo correto aos impulsos), White Chestnut (faz dominar e direcionar os pensamentos quando somos dirigidos pelos instintos), Rock Rose (tira o pânico que causou a desordem) e mais os florais dos signos que regem a casa onde está o planeta e a casa oposta a ela.

alergia ....

Definição: Resposta imune anormal a uma substância (alérgeno) que normalmente não causa uma reação.

Indica: resistência e agressividade represada; rejeição das próprias qualidades, das qualidades do parceiro ou dos outros, por temor inconsciente; falta de comunicação, de contato e não aceitação do novo; emoções que não estão claras; bloqueio do plexo solar que afeta a autoestima e o poder pessoal.

Não tem regência, pode atacar qualquer órgão ou parte do corpo.

Florais: Centaury (ajuda a proteger o plexo solar), Rescue Remedy (nas crises alérgicas), Water Violet (bom principalmente para alergias que atacam os pulmões), Agrimony (por causa dos sentimentos negados, rinites, sinusite, dermatite, bronquite, e pode afetar os pulmões e causar pneumonia de uma hora para outra; se for na pele, ajudar com Rescue Remedy), Pine e Holly (se for causada por contrariedades), Clematis (vive no mundo da lua e para acordar tem bastante alergia), Cerato (por se afastar dos outros, alergias que atacam nas mudanças climáticas, por pólen na primavera, pelo frio e umidade, pelo calor do Sol, ajudar com Crab Apple que fortalece o físico, bom para curar alergias crônicas por clarear a mente), Hornbeam (o crônico é por falta de ânimo de sair; dá energia que tira a cronicidade, bom para alergias com catarro, sinusite, rinite, bronquite; ao fazer as eliminações vai eliminar os estados emocionais que levaram à doença), Impatiens (tira as alergias por problemas não resolvidos que explodiram; limpa, faz chorar, bom para asma), Centaury (bom para alergias da pele e respiratórias pelo fato de a pessoa ser submissa).

Em geral

• Pode ser um mau aspecto entre o Sol (falta de energia vital) e Júpiter (exagerado, e por não ser verdadeiro). *Florais*: Vervain (energia vital), Agrimony (faz a pessoa ser verdadeira, o que dá saúde) e mais os florais dos signos que regem as casas onde estão os planetas e as casas opostas a elas.

Relacionada às regiões intracavitárias dos seios da face

• Pode ser Netuno (desordem) em Áries (impulso). *Florais*: White Chestnut (faz dominar e direcionar os pensamentos quando somos direcionados pelos instintos), Rock Rose (tira o pânico que causou a desordem), Impatiens (tira as alergias de quem não resolveu seus problemas e eles explodiram em forma de alergia) e mais os florais dos signos que regem a casa onde está o planeta e a casa oposta a ela.

Respiratória

• Pode ser uma desarmonia de Júpiter (exacerbação) em Gêmeos (por não se comunicar). *Florais*: Agrimony (faz a pessoa ser verdadeira, o que cura muitas doenças, principalmente alergias na pele), Cerato (por não se comunicar, pode ter bronquite e alergias respiratórias crônicas) e mais os florais dos signos que regem a casa onde está o planeta e a casa oposta a ela.

• Pode ser uma desarmonia de Lua (mundo da lua) em Gêmeos (por se afastar dos outros). *Florais*: Clematis (para quem ao acordar tem reações alérgicas), Cerato (cura alergias devido a mudanças climáticas) e mais os florais dos signos que regem a casa onde está o planeta e a casa oposta a ela.

Severa

• Pode ser um mau aspecto entre o Sol (falta de energia vital) e Netuno (desordem). *Florais*: Vervain (energia vital), Rock Rose (tira o pânico que causou a desordem), White Chestnut (faz dominar e direcionar os pensamentos quando somos dirigidos pelos instintos) e mais os florais dos signos que regem as casas onde estão os planetas e as casas opostas a elas.

alteração do ritmo cardíaco ......

Definição: Aumento da frequência cardíaca (por ação simpática) ao ocorrer um aumento da pressão ou a distensão de uma grande veia; a vasoconstrição reflexa resulta da redução da pressão venosa.

Indica: frieza emocional e coração duro; que a pessoa não é tocada emocionalmente. Ou excesso emocional, pessoa que é muito tocada emocionalmente, "coração mole".

Regência: Leão e Sol regem o coração. O floral indicado é Vervain (vitalidade). Áries e Marte regem o impulso. O floral indicado é Impatiens (dá ritmo aos impulsos, tira os ritmos alterados da frequência cardíaca).

Florais auxiliares: Vine (dá ritmo ao coração, bom para disritmia, pessoa fria), Gentian (coração duro; amolece o coração), Holly (coração de pedra), Scleranthus (elimina a arritmia, dá ritmo cardíaco por equilibrar a oscilação de humor) e Olive (dá ritmo ao coração), Impatiens (dá ritmo ao coração), Rescue Remedy (faz o resgate em qualquer situação), Crab Apple (dá a verdadeira dimensão às situações), Cherry Plum (mostra a verdade interior e exterior).

alterações do sangue..............

Definição: São: hiperglicemia (aumento de açúcar no sangue), hipoglicemia (deficiência de açúcar no sangue) e colesterol no sangue acima do normal (que pode levar a doenças cardíacas).

Indicam: problemas emocionais que tiram a vontade de viver, medo de aceitar a alegria; a hipoglicemia indica que a pessoa está sobrecarregada de responsabilidades, com desânimo, com a sensação de que sua energia se esvaiu de tanto se doar; a hiperglicemia indica que a pessoa está sem muita responsabilidade, com excesso de energia.

Regência: Escorpião rege o sangue. O floral indicado é Heather (tira da solidão, ensina comunicação), Vênus rege o sangue. O floral indicado é Wild Rose (que é a alegria de viver), Leão e Sol regem o coração e a circulação do sangue. O floral indicado é Vervain, que dá ritmo ao sangue e energia vital.

Florais auxiliares: Crab Apple, (limpa e depura o sangue; dá a verdadeira dimensão aos acontecimentos), Cherry Plum (ensina a viver com bons sentimentos e pensamentos; traz a verdade), Vine (equilibra as alterações do sangue: triglicerídeos, colesterol, glicemia), Gorse (dá energia vital, limpa o sangue), Crab Apple (limpa e depura o sangue), Beech (triglicerídeos, colesterol, ácido úrico, reumatismo), Rock Water (triglicerídeos, colesterol, ácido úrico por causa da rigidez), Rock Rose (sangue descompensado; limpa e depura o sangue que foi envenenado pelo pânico; acaba com hemorragia, anemia e hipoglicemia).

Por gordura, glicemia e colesterol

Floral: Vine (equilibra as alterações do sangue), Gorse (limpa e purifica o sangue), Crab Apple (limpa e deixa tudo equilibrado), Wild Rose (é bom para o sangue), Agrimony (o sangue volta a ser o que na verdade tem que ser), Beech (bom para triglicerídeos, colesterol, ácido úrico, reumatismo), Rock Water (bom para triglicerídeos, colesterol, ácido úrico, glicemia).

alzheimer..........................

Definição: Distúrbio mental orgânico crônico em forma de demência senil, decorrente da atrofia dos lobos occipital e frontal.

Indica: recusa de encarar a vida como ela é; pessoa indefesa e desesperançada; raiva.

Regência: Gêmeos rege o cérebro. O floral indicado é Cerato (ativa os hemisférios cerebrais, tira o bloqueio mental). Áries rege o cérebro. O floral indicado é Impatiens (dá rapidez à mente, ativa os centros motores cerebrais). Aquário rege o cérebro. O floral indicado é Water Violet (energiza os neurônios).

Florais auxiliares: Sweet Chestnut (aumenta os anticorpos), Holly, Pine e Cherry Plum (dão clareza à mente e às situações), Elm (bom para tirar os bloqueios de energia que não deixam a pessoa raciocinar), Olive (livra a exaustão da mente, ilumina e vitaliza a mente), Agrimony e Crab Apple (tiram da mente o que não serve mais), Cherry Plum (tira os bloqueios da mente; dá luz para ver a verdade), Gorse (dá lucidez), Heather (regeneração), Clematis (faz órgãos que não funcionam mais funcionarem), Rescue Remedy (dá normalidade aos órgãos), Elm (quando por bloqueios na coluna), Scleranthus (dá equilíbrio à mente), Larch (por ativar hipófise, pineal), Star of Bethlehem (esquecimentos, confusão mental, dificuldade de memória).

Em geral

• Pode ser um mau aspecto entre Mercúrio (pensamento) e Plutão (mutação genética) em Capricórnio (bloqueia) ou Peixes (desordem). *Florais*: Cerato (ativa os hemisférios cerebrais), Heather (regeneração, comunicação), Mimulus (tira os medos que atormentam do dia a dia e dos sentimentos), Rock Water (tira a rigidez da mente e do modo de ser), White Chestnut (clareia a mente), Rock Rose (tira o pânico que causou a desordem) e mais os florais dos signos que regem as casas onde estão os planetas e as casas opostas a elas.

amenorreia........................

Definição: Ausência ou supressão da menstruação.

Indica: culpa, medo, rejeição da feminilidade e crença de que os órgãos genitais são sujos e pecaminosos.

Regência: Escorpião (rege os órgãos de reprodução femininos e masculinos). O Floral indicado é Heather (parte vermelha do sangue). Câncer rege o útero. O floral indicado é Clematis (saúde do útero). Wild Rose rege o feminino e o sangue (equilibra o fluxo menstrual).

Florais auxiliares: Scleranthus (para encontrar o equilíbrio entre o feminino e o masculino; geralmente a mulher que não gosta de menstruar tem o lado masculino mais forte que o feminino e, normalmente, tem complicação na menstruação), Impatiens (trabalha o lado masculino). Walnut + Larch (regula o ciclo menstrual), Cherry Plum (por equilibrar os hormônios é bom para irregularidade menstrual), Wild Rose (bom para amenorreia; não dar em caso de hemorragias), Aspen (regula o ciclo menstrual), Elm (bom para menstruação problemática; libera endorfina, que tira a dor), Rescue Remedy (bom para cólica), Gentian (ativa a menstruação quando é escassa ou está atrasada), Larch (regula o ciclo), Aspen (regula o ciclo menstrual), Vervain (bom para regular a menstruação, tira dor de cabeça, enxaqueca, cólicas e dores).

Em geral

• Pode ser um mau aspecto entre a Lua (órgãos reprodutivos da mulher) e Vênus (feminino, sangue). *Florais*: Clematis (saúde do útero), Gentian (bom para ativar a menstruação, não dar em caso de hemorragias), Scleranthus (traz equilíbrio para o humor; bom para escolher entre o feminino e o masculino), Wild Rose (aumenta o fluxo menstrual; não dar em caso de hemorragias) e mais os florais dos signos que regem as casas onde estão os planetas e as casas opostas a elas.

• Pode ser um mau aspecto entre a Lua (órgãos reprodutivos femininos) e Marte (impulso). *Florais*: Clematis (equilíbrio ao útero), Impatiens (tira a impaciência; dá ritmo ao sangue) e mais os florais dos signos que regem as casas onde estão os planetas e as casas opostas a elas.

• Pode ser um mau aspecto entre a Lua (emoções e órgãos reprodutivos femininos) e Júpiter (exagero). *Florais*: Clematis (equilíbrio ao útero), Agrimony (para tirar os exageros; faz a pessoa ser verdadeira) e mais os florais dos signos que regem as casas onde estão os planetas e as casas opostas a elas.

• Pode ser um mau aspecto entre a Lua (emoções, órgãos reprodutivos femininos) e Saturno (prende, atrasa). *Florais*: Clematis (equilíbrio ao útero), Mimulus (tira os medos do dia a dia e dos sentimentos) e Rock Water (tira a rigidez) e mais os florais dos signos que regem as casas onde estão os planetas e as casas opostas a elas.

• Pode ser um mau aspecto entre Vênus (feminino, sangue) e Saturno (pode prender, atrasar). *Florais*: Gentian (ativa a menstruação), Scleranthus (equilibra), Wild Rose (aumenta a menstruação; não dar em caso de hemorragias), Mimulus (tira os medos que podem causar falta de menstruação), Rock Water (tira a rigidez que também pode resultar em pouca menstruação) e mais os florais dos signos que regem as casas onde estão os planetas e as casas opostas a elas.

Ou atraso de menstruação

• Pode ser um mau aspecto entre Vênus (sangue, feminino) e Marte (impulso). *Florais*: Gentian (ativa a menstruação, bom para quando está atrasada), Scleranthus (equilíbrio), Wild Rose (ativa a menstruação), Impatiens (dá ritmo ao sangue) e mais os florais dos signos que regem as casas onde estão os planetas e as casas opostas a elas.

amígdala, problemas na ....

Definição: Aglomerado de tecido linfoide entre os pilares do véu do paladar (amígdala paladina), na base da língua (amígdala lingual) ou na rinofaringea (amígdala rinofaringea).

Os problemas indicam: medo, emoções reprimidas, criatividade bloqueada.

Regência: Touro rege as amígdalas. O floral indicado é Gentian (trabalha a insegurança interior).

Florais auxiliares: Larch (bom para desbloquear a criatividade), Mimulus (tira os medos), Heather (trabalha a comunicação) e Agrimony (faz a pessoa ser verdadeira), Crab Apple (limpa, pode agir como antibiótico), Heather (trabalha a comunicação, bom para amigdalite de repetição), Cerato (tira os problemas das amigdalas), Holly (atua no amor; acaba com as doenças; bom para amigdalite purulenta), Heather (trabalha a comunicação; ativa o chakra laríngeo; tira os bloqueios; tira infecção por desequilíbrio afetivo), Willow (limpa a garganta das inseguranças sobre aceitar ou não a verdadeira vida pela dor que ela produz), Beech (bom para problemas de garganta por ensinar a ensinar, ensina o melhor modo de se comunicar, nunca mais suas palavras serão as mesmas), Aspen (bom para aproximar a alma do físico; tira os medos; dá segurança).

Aumento das

• Pode ser Júpiter (expansão) em Touro (amígdalas). *Florais*: Agrimony (tira o exagero), Gentian (dá segurança interior, que é o motivo de se ter problemas nas amígdalas; ativa a fé, que é a certeza de que tudo vai dar certo) e mais os florais dos signos que regem a casa onde está o planeta e a casa oposta a ela.

Aumento das amígdalas e amigdalite

• Pode ser Marte (impulso) em Touro (amígdalas, insegurança). *Florais*: Impatiens (atua como anti-inflamatório e dá ritmo correto ao impulso), Gentian (dá segurança interior, saúde para as amígdalas), Crab Apple (tira o que está parado na garganta; atua como antibiótico) e mais os florais dos signos que regem a casa onde está o planeta e a casa oposta a ela.

amiloidose

Definição: Distúrbio metabólico assinalado pela deposição de substância amiloide (uma espécie de amido) em órgãos e tecidos.

Regência: Virgem (submissa) rege o metabolismo. O floral indicado é Centaury (individualidade).

Floral auxiliar: Crab Apple (limpa e regula), Gentian (organiza o metabolismo), Heather (tira o desequilíbrio de quem engorda e emagrece constantemente por insatisfação), Elm (estimula trocas metabólicas; tira o esgotamento nervoso, a insônia e a enxaqueca).

Em geral

• Pode ser um mau aspecto entre Júpiter (expande) e Saturno (prende, segura). *Florais*: Agrimony (tira os exageros; faz a pessoa ser verdadeira), Mimulus (tira os medos que desordenam o metabolismo), Rock Water (tira a rigidez que faz o metabolismo parar) e mais os florais dos signos que regem as casas onde estão os planetas e as casas opostas a elas.

anasarca

Definição: Edema generalizado severo.

Indica: emoções embotadas que precisam ser abortadas.

Florais básicos: Pine (tira os nódulos ao trabalhar a culpa), Holly (ensina; dá aceitação) e Crab Apple (faz a catarse dos sentimentos embotados; atua como antibiótico).

Floral auxiliar: Cherry Plum (tira os nós; traz bons sentimentos e pensamentos), Scleranthus (se for desequilíbrio dos rins), Impatiens (se for por má circulação sanguínea; bom para tirar a raiva e a inflamação).

Em geral

• Pode ser uma desarmonia de Lua (emoções) em Libra (dúvidas). *Florais*: Clematis (pacientes a quem se indica Clematis e cancerianos podem ter doenças que fazem colocar os pés no chão e acordar), Scleranthus (equilibra) e mais os florais dos signos

que regem a casa onde está o planeta e a casa oposta a ela.

anemia ....

Definição: Redução no número de células sanguíneas circulantes por milímetro cúbico; acontece quando o conteúdo da hemoglobina é inferior ao necessário para o atendimento das demandas do corpo por oxigênio.

Indica: dificuldade de absorver a energia vital e convertê-la em ação; na diminuição do ferro no sangue, a pessoa dramatiza, não se sente merecedora de amor por não saber amar. Na anemia crônica, a pessoa pode estar com grande medo de viver por causa de carência afetiva.

Regência: Virgem rege a assimilação dos alimentos. O floral indicado é Centaury. Marte rege a ativação de ferro na medula óssea. O floral indicado é Impatiens. Vênus rege o sangue venoso. O floral indicado é Wild Rose.

Florais auxiliares: Rock Rose (para anemia aguda ou genética; quando as hemácias se quebram, a pessoa entra em pânico; pânico da morte), Holly (limpa, eliminando os venenos do sangue), Pine, Larch (ação), Scleranthus (por causa do mau funcionamento dos rins são fabricados muitos leucócitos, para o corpo se livrar da infecção renal causada por toxemia), Gorse e Honeysuckle (quando a anemia é genética), Hornbeam (para dar ânimo). Se a pessoa é depressiva e não sabe por que, os florais indicados são: Mustard (quando a criança veio numa fase ruim, triste, da vida da mãe, nascendo anêmica e sem vontade de viver) e Aspen (bom para anemia hemofílica, hemolítica, genética, falossemia e falciforme).

Aplástica

É a diminuição severa da fabricação das células sanguíneas.

• Pode ser um mau aspecto entre Vênus (sangue) e Marte (ferro no sangue). *Florais*: Gentian (ativa a fé, que é a certeza de que tudo dará certo; segurança interior), Scleranthus (equilíbrio), Wild Rose (dá alegria de viver; dá vida ao sangue), Impatiens (ferro para o sangue) e mais os florais dos signos que regem as casas onde estão os planetas e as casas opostas a elas.

• Pode ser um mau aspecto entre Marte (impulso) e Plutão (mutação genética). *Florais*: Impatiens (ferro para o sangue), Heather (é o regente do sangue, traz equilíbrio para tudo o que diz respeito ao sangue; regenerador) e mais os florais dos signos que regem as casas onde estão os planetas e as casas opostas a elas.

Carencial

• Pode haver falta de ferro, ácido fólico e vitamina B_{12}. *Floral*: Impatiens (corresponde à vitamina B_{12}).

Em geral

• Pode ser uma desarmonia entre o Sol (falta de energia vital) e Vênus (o Sol atrapalha Vênus na nutrição da medula, gerando anemia e fadiga ou síndrome de fadiga crônica). *Florais*: Vervain (vitalizante; dá ritmo ao sangue), Gentian (ativa a fé, que é a certeza de que tudo dará certo; segurança interior), Scleranthus (equilíbrio), Wild Rose (sangue, alegria, vida) e mais os florais dos signos que regem as casas onde estão os planetas e as casas opostas a elas.

• Pode ser um mau aspecto entre a Lua (emoções) e Marte (impulso). *Florais*: Clematis (por a pessoa estar no mundo da lua, o sangue, que é a vida, se torna sem substância), Impatiens (dá o ritmo correto para viver e é ferro para o sangue) e mais os florais dos signos que regem as casas onde estão os planetas e as casas opostas a elas.

• Pode ser um mau aspecto entre Mercúrio (pensamentos) e Marte (impulso). *Florais*: Cerato (ativa todo o potencial das células), Impatiens (ferro) e mais os florais dos signos que regem as casas onde estão os planetas e as casas opostas a elas.

• Pode ser um mau aspecto entre Vênus (sangue fraco por falta de alegria acaba com a vida) e Plutão (mutação genética). *Florais*: Gentian (segurança interior; ativa a fé, que é a certeza de que tudo vai dar certo), Scleranthus (equilíbrio), Wild Rose (alegria, vida, força no sangue), Heather (regeneração) e mais os florais dos signos que regem as casas onde estão os planetas e as casas opostas a elas.

• Pode ser Netuno (desordem) em Escorpião (mutação genética; medo de perder o poder). *Florais*: White Chestnut (faz dominar e direcionar o pensamento quando somos dirigidos pelos instintos; dá clareza), Rock Rose (tira o pânico que causou a desordem), Heather (regeneração) e mais os florais dos signos que regem a casa onde está o planeta e a casa oposta a ela.

Ferropriva e de difícil diagnóstico ou sideroblástica

• Pode ser um mau aspecto entre Marte (impulso) e Saturno (prende, segura, tira). *Florais*: Impatiens (ritmo certo ao impulso; ferro), Mimulus (tira os medos do dia a dia e dos sentimentos), Rock Water (dá flexibilidade para viver; equilíbrio das células) e mais os florais dos signos que regem as casas onde estão os planetas e as casas opostas a elas.

Hemolítica

• Pode ser Marte (impulso, ferro) ligado por um mau aspecto a Saturno (prende, para) ou Júpiter (exagera), que estão com mau aspecto entre si. *Florais*: Impatiens (ferro), Mimulus (tira os medos do dia a dia e dos sentimentos), Rock Water (dá flexibilidade, saúde para as células), Agrimony (faz a pessoa ser verdadeira; tira o exagero) e mais os florais dos signos que regem as casas onde estão os planetas e as casas opostas a elas.

• Pode ser um mau aspecto entre Júpiter (exagero) e Urano (tensão cerebral) se um deles tiver um mau aspecto com Marte (impulso). *Florais*: Agrimony (faz a pessoa ser verdadeira; tira o exagero), Water Violet (ativa a intuição e por isso acaba com os problemas físicos), Impatiens (ferro) e mais os florais dos signos que regem as casas onde estão os planetas e as casas opostas a elas.

Por má assimilação dos alimentos

• Pode ser Sol (falta de energia vital) em Virgem (aparelho digestório). *Florais*: Vervain (energia vital), Centaury (saúde do sistema digestório; faz boa absorção dos nutrientes) e mais os florais dos signos que regem a casa onde está o planeta e a casa oposta a ela.

Por má filtração da urina a partir do sangue

• Pode ser Netuno (desordem) em Libra (rins). *Florais*: White Chestnut (faz dominar e direcionar os pensamentos quando somos dirigidos pelos instintos; dá clareza), Rock Rose (tira o pânico que causou a desordem), Scleranthus (dá saúde aos rins; equilíbrio) e mais os florais dos signos que regem a casa onde está o planeta e a casa oposta a ela.

aneurisma

Definição: Dilatação anormal de um vaso sanguíneo, geralmente uma artéria.

Indica: excesso de expectativa.

Cerebral

• Pode ser uma desarmonia de Júpiter (expande) em Áries (vasos sanguíneos). *Florais*: Agrimony (tira o excesso; faz a pessoa ser verdadeira), Impatiens (dá ritmo ao sangue) e mais os florais dos signos que regem a casa onde está o planeta e a casa oposta a ela.

Da aorta ou dos outros vasos abdominais

• Pode ser um mau aspecto entre Vênus (sangue) e Júpiter (expande) se um deles estiver em Virgem (abdome). *Florais*: Gentian (ativa a fé, que é a certeza de que tudo vai dar certo; tira a insegurança interior), Scleranthus (equilíbrio), Wild Rose (alegria, saúde, vida) Agrimony (faz a pessoa ser verdadeira; tira a exaltação), Centaury (saúde para o abdome) e mais os florais dos signos que regem as casas onde estão os planetas e as casas opostas a elas.

Da aorta torácica ou do ventrículo esquerdo

• Pode ser um mau aspecto entre Vênus (sangue) e Júpiter (exagera) se um deles estiver em Leão (coração, aorta, circulação arterial). *Florais*: Gentian (ativa a fé, que é a certeza de que tudo vai dar certo; sistema imunológico; ductos torácicos), Scleranthus (equilíbrio), Wild Rose (saúde para o sangue, alegria, vida), Agrimony (faz a pessoa ser verdadeira; tira o exagero), Vervain (energia vital) e mais os florais dos signos que regem as casas onde estão os planetas e as casas opostas a elas.

Das artérias cerebrais ou do polígono de Willis

O polígono de Willis é uma formação normal de artérias na base do cérebro, de onde saem as principais artérias cerebrais.

• Pode ser um mau aspecto entre Vênus (falta de alegria) e Júpiter (expande) se um deles estiver em Áries (artérias cerebrais). *Florais*: Gentian (ativa a fé, que é a certeza de que vamos sarar), Scleranthus (equilíbrio), Wild Rose (sangue, alegria), Agrimony (faz a pessoa ser verdadeira; tira o exagero), Impatiens (dá o ritmo correto) e mais os florais dos signos que regem as casas onde estão os planetas e as casas opostas a elas.

De hérnia

• Pode ser Lua em Escorpião (mutação genética). *Florais*: Clematis (quando a pessoa fica desligada do corpo pode surgir qualquer doença para fazer a pessoa despertar), Heather (regenera) e mais os florais dos signos que regem a casa onde está o planeta e a casa oposta a ela.

Dissecante da aorta

• Pode ser uma desarmonia de Júpiter (expande) em Leão (aorta). *Florais*: Agrimony (faz a pessoa ser verdadeira; tira o exagero), Vervain (energia vital para a aorta) e mais os florais dos signos que regem a casa onde está o planeta e a casa oposta a ela.

Em geral

• Pode ser um mau aspecto entre Vênus (falta de alegria para viver) e Júpiter (expande). *Florais*: Gentian (ativa a fé, que é a certeza de que tudo vai dar certo), Scleranthus (equilíbrio), Wild Rose (alegria, vida), Agrimony (faz a pessoa ser verdadeira; tira o exagero) e mais os florais dos signos que regem as casas onde estão os planetas e as casas opostas a elas.

• Pode ser uma desarmonia de Lua (emoções, mundo da lua) em Escorpião (mutação genética). *Florais*: Clematis (quando a pessoa fica desligada do corpo a saúde é afetada, para a pessoa despertar e restabelecer essa ligação, cuidando da saúde do órgão afetado), Heather (regeneração) e mais os florais dos signos que regem a casa onde está o planeta e a casa oposta a ela.

• Pode ser Júpiter (expande) em Áries (vaso condutor do coração). *Florais*: Agrimony (faz a pessoa ser verdadeira; tira o exagero), Impatiens (dá ritmo correto ao sangue) e mais os florais dos signos que regem a casa onde está o planeta e a casa oposta a ela. Ajudar com: Rock Water (tira as resistências) e Mimulus (para dar mais flexibilidade), Hornbeam (bom para reconstituição dos tecidos que foram lesionados), Larch (dá vontade de levantar e recomeçar), Rescue Remedy (bom para reconstituição dos órgãos) e Clematis (acorda o órgão lesionado dando saúde).

Na área da cabeça

• Pode ser Plutão (mutação genética) em Áries (cabeça). *Florais*: Heather (regeneração), Impatiens (dá o ritmo correto ao sangue) e mais os florais dos signos que regem a casa onde está o planeta e a casa oposta a ela.

Resultante de grave stress físico

• Pode ser Marte (impulso) em Leão (orgulho, coração). *Florais*: Impatiens (dá o ritmo correto), Vervain (relaxa) e mais os florais dos signos que regem a casa onde está o planeta e a casa oposta a ela.

Varicoso

• Pode ser Lua (emoções, saúde para os órgãos) em Gêmeos (cérebro). *Florais*: Clematis (reconstrói o órgão lesionado), Cerato (tira os endurecimentos e nós) e mais os florais dos signos que regem a casa onde está o planeta e a casa oposta a ela.

angina pectoris ....

Definição: Angina de peito; dor aguda e sensação de constrição do coração, causada por uma deficiência relativa do aporte de oxigênio ao miocárdio.

Indica: conflitos internos, angústia e medo de ter sentimentos ou sensações; falta de alegria.

Regência: Leão (coração) e o Sol (energia vital) regem o coração e o floral é Vervain (energia vital; saúde para o coração).

Florais auxiliares: Mimulus (tira os medos que podem causar doenças), Wild Rose (dá alegria, que é vida), Gentian (ativa a fé, que é a certeza da cura) e Olive (dá paz e ritmo ao coração).

Ataque súbito de angina

• Pode ser Urano (eletricidade) em Leão (coração). *Florais*: Water Violet (equilíbrio da parte elétrica), Vervain (relaxa) e mais os florais dos signos que regem a casa onde está o planeta e a casa oposta a ela.

Em geral

• Pode ser Marte (impulso vital) em Leão (coração). *Florais*: Impatiens (equilíbrio do ritmo), Vervain (energia vital; relaxa) e mais os florais dos signos que regem a casa onde está o planeta e a casa oposta a ela.

angústia existencial ....

Florais auxiliares: Pine (quando a angústia é insuportável; pessoa que carrega a culpa do mundo), Holly (acalma), Sweet Chestnut (luz no fim do túnel), Cherry Plum (bons sentimentos e pensamentos), Wild Rose (alegria, vida) e Agrimony (para angústia no peito pelo fato de a pessoa não ser o que ela é de verdade; Agrimony faz isso acontecer).

animais (doenças em) ....

Floral básico: Rescue Remedy (ajuda em caso de: parada cardíaca, é um ressuscitador cardiopulmonar; animal que nasce de cesariana e tem depressão respiratória; atropelamento, trauma e hematoma; ataque epiléptico, alergia, dermatite e micose; medo e trauma por causa de trovão, fogos de artifício e água; gangrena, acrescentar Holly. É bom para: acalmar; o animal cooperar na hora do curativo, do soro venoso ou da anestesia; hidratar, no equilíbrio pós-vômito e diarreia; pássaros que se chocam contra vidraças; calcificar ossos; reduzir o stress de animais selvagens que vivem enjaulados; ajudar na reprodução; cavalos e vacas, dar dez gotas na água ou no leite).

Dar os principais florais do mapa astrológico para ter equilíbrio, assim talvez o animal nunca venha a ter doenças, nem mesmo problema de pelo.

Floral auxiliar: Chicory (para os que gostam de morder tudo, corta as manias).

anorexia ....

Definição: Perda de apetite por depressão, distúrbios digestórios e problemas de dependência química, como alcoolismo, etc.

Indica: que a vivência do amor e do afeto não é satisfatória; medo, insegurança, baixa autoestima, rejeição e ódio por si mesmo; problemas com a mãe, com a parte feminina de si mesmo.

Florais básicos: Pine (tira as culpas que a mãe pode ter deixado na criança logo no primeiro choro, quando a mãe não sabia como sanar a necessidade da criança e se enche de culpa, e como culpa é uma energia, a criança absorve esta energia que é ativada mais tarde), Holly (dá o ensinamento; traz aceitação), Gorse (para trabalhar o amor; dá lucidez), Mimulus (tira os medos do dia a dia e dos sentimentos que podem paralisar), Wild Rose (dá alegria que é vida; vontade de comer), Gentian (dá segurança interior; aumenta o apetite por dar vontade de viver; ativa a fé, que é a certeza da cura), Mustard, Cherry Plum (para uma mente sã), Larch (vontade de recomeçar), Scleranthus (equilíbrio), Cerato (dá lucidez para escolher o caminho), Olive (dá paz) e Agrimony (para carência afetiva; faz a pessoa ser verdadeira), Chicory (supre a carência afetiva), Wild Oat (aumenta o apetite por dar metas na vida).

Em geral

• Pode ser um mau aspecto entre Vênus (falta de alegria) e Urano (eletricidade). *Florais:* Gentian (dá segurança interior; ativa a fé, que é a certeza da cura; aumenta o apetite), Scleranthus (equilibra), Wild Rose (tira a depressão; dá alegria, saúde ao sangue, que é vida), Water Violet (transforma a dor da vida em alegria e comunhão com tudo o que representa a vida) e mais os florais dos signos que regem as casas onde estão os planetas e as casas opostas a elas.

Nervosa

• Pode ser uma desarmonia de Lua (emoções) em Virgem (excesso de crítica, desvalorização, submissão). *Florais*: Clematis (coloca os pés no chão; faz acordar para querer se curar), Centaury (dá individualidade; cura os nervos abalados) e mais os florais dos signos que regem a casa onde está o planeta e a casa oposta a ela.

ansiedade

Definição: Sentimento de apreensão, preocupação, inquietação ou temor do futuro; expectativa.

Florais básicos: Rescue Remedy (resgata de qualquer mal), Agrimony (faz a pessoa ser verdadeira; tira a ansiedade), Vervain (relaxa) e Olive (acalma), Impatiens (tira a ansiedade por dar o ritmo correto).

Em geral

• Pode ser um mau aspecto entre a Lua (emoções) e Urano (eletricidade do corpo). *Florais*: Clematis (desperta as emoções e dá equilíbrio a elas), Water Violet (ameniza a eletricidade do corpo) e mais os florais dos signos que regem as casas onde estão os planetas e as casas opostas a elas.

• Pode ser um mau aspecto entre Mercúrio (pensamentos) e Urano (eletricidade no cérebro). *Florais*: Cerato (ativa o mestre interior; dá intuição e sabedoria; tira a ansiedade), Water Violet (transforma a dor da vida por trazer alegria e participação na vida) e mais os florais dos signos que regem as casas onde estão os planetas e as casas opostas a elas.

ânus

Indica: reprimir por tempo demais um estado emocional que há muito deveria ter sido explicitado ou jogado fora, posse excessiva.

Regência: Escorpião (aquele que gosta de guardar o lixo por muito tempo) rege o ânus. O floral indicado é Heather (faz a regeneração).

aorta

Definição: Principal tronco do sistema arterial.

Indica: lugar onde se carrega a alegria de viver; faz funcionar o coração que nos dá vida.

Regência: Leão e Sol; floral Vervain (equilibra o sistema circulatório), Sagitário rege sistema vascular arterial, floral Agrimony (faz a pessoa ser quem verdadeiramente é).

Florais básicos: Vervain (equilíbrio do coração, equilíbrio no viver) Wild Rose (alegria) e Heather rege o sangue (alegria de viver).

Problemas na aorta

• Pode ser Vênus (falta de alegria) em Leão (orgulho, efusão). *Florais*: Wild Rose (alegria, sangue e vida), Gentian (ativa a fé, que é a certeza de que tudo vai dar certo; limpa, traz saúde), Scleranthus (equilíbrio), Vervain (energia vital) e mais os florais dos signos que regem a casa onde está o planeta e a casa oposta a ela.

apatia

Definição: Indiferença, insensibilidade, ausência de emoção.

Indica: falta de vontade de viver.

Regência: Vênus (Wild Rose), alegria. Qualquer signo pode levar a uma apatia, cada um por seus próprios motivos. Saturno e Touro são os que mais indicam este estado emocional. Os Florais recomendados são: Rock Water (tira a rigidez), Mimulus (tira os medos do dia a dia), Gentian (tira a insegurança)

Florais básicos: Larch (ativa a vontade de viver), Olive (traz paz para viver), Cerato (ativa o mestre interior e a intuição), Scleranthus (faz escolher se quer se animar ou ficar parado), Gorse (dá amor e lucidez) e Wild Rose (traz alegria no viver; aguça os órgãos dos sentidos), Wild Oat (por dar metas à vida, dá vontade de viver).

Em geral

• Pode ser Saturno (ata, prende) em Áries (cabeça, pensamentos, impulso), causando falta de fluxo sanguíneo no cérebro. *Florais*: Mimulus (tira os medos que não deixam andar), Rock Water (ativa o eu; dá espontaneidade; tira a rigidez, estimula o lazer na vida), Impatiens (dá o ritmo correto à vida e ao sangue), Olive (dá ritmo ao sangue) e mais os florais dos signos que regem a casa onde está o planeta e a casa oposta a ela.

Florais auxiliares: Holly (amor; vontade de viver), Gentian (ativa a fé, que é a certeza da cura da vida), Willow (ativa a positividade; tira a apatia), Larch (enche o corpo de energia; dá vontade de agir), Wild Rose (dá alegria, vida, vontade de lutar pela vida; aproxima o anjo da guarda).

apendicite

Definição: Inflamação do apêndice.

Indica: medo de se entregar à vida, a pessoa bloqueia tudo o que é bom na vida; a raiva é o motivo principal de uma inflamação.

Regência: Libra (dúvida) rege o apêndice. O floral indicado é Scleranthus (equilíbrio).

Florais básicos: Crab Apple (atua como antibiótico), Impatiens (atua como anti-inflamatório, tira a impaciência), Mimulus (tira os medos do dia a dia).

apetite voraz

Definição: Desejo intenso por comida.

Indica: medo, necessidade de proteção, carência afetiva.

Florais básicos: Clematis (por estar no mundo da lua, a pessoa come a toda hora sem se dar conta de que já comeu) e mais os principais florais do mapa natal, para trazer equilíbrio.

Floral auxiliar: Cherry Plum (traz amor por si mesmo; controla o hábito de comer, dá equilíbrio para comer, dá determinação e perseverança).

Em geral

• Pode ser Júpiter ou Sagitário mal aspectados pelo efeito de expansão. *Florais*: Agrimony (faz a pessoa ser verdadeira; tira o exagero) e mais os florais que tiverem aspectos com Júpiter ou com os planetas em Sagitário.

• Pode ser um mau aspecto entre Vênus (falta de alegria) e Júpiter (expansão). *Florais*: Gentian (ativa a fé, que é a certeza de que tudo dará certo), Scleranthus (equilíbrio), Wild Rose (alegria), Agrimony (faz a pessoa ser verdadeira; tira o exagero) e mais os florais dos signos que regem as casas onde estão os planetas e as casas opostas a elas.

• Pode ser um mau aspecto entre Vênus (falta de alegria) e o ascendente (atua no físico). *Florais*: Gentian (ativa a fé, que é a certeza da cura), Scleranthus (equilíbrio), Wild Rose (alegria) e mais o floral do signo do ascendente e os florais dos signos que regem a casa onde está o planeta e a casa oposta a ela.

Aumento do apetite

• Pode ser um mau aspecto entre Júpiter (expansão) e Plutão (medo de perder o poder; carência). *Florais*: Agrimony (faz a pessoa ser verdadeira; tira o exagero), Heather (sana a carência afetiva) e mais os florais dos signos que regem as casas onde estão os planetas e as casas opostas a elas. Se houver algum aspecto harmonioso entre esses planetas e Saturno, ou se Júpiter ou Plutão estiver na décima segunda casa, o apetite pode ser controlado.

Floral auxiliar: Chicory (acaba com a mania de comer por sanar as necessidades afetivas; tira a carência).

aplasia

Definição: Incapacidade de desenvolvimento de um órgão ou tecido.

Regência: Câncer rege a medula óssea e o floral é Clematis (faz qualquer órgão que não funciona funcionar).

Florais auxiliares: Rescue Remedy (para a regeneração) e Honeysuckle (se for problema de vida passada ou doença genética), Heather (regenerador), Mustard (traz a memória celular), Vervain (traz saúde aos órgãos), Gorse (para doenças genéticas, faz a transformação do físico, do mal no organismo).

Medular

• Pode ser um mau aspecto entre Marte (impulso, energia, ferro, células vermelhas do sangue) e Netuno (desordem), fazendo um mau aspecto com Saturno (prende, paralisa). *Florais*: Impatiens (ritmo ao sangue), Rock Rose (tira o pânico que causou a desordem), White Chestnut (faz dominar e direcionar os pensamentos quando somos dirigidos pelos instintos), Mimulus (tira os medo do dia a dia e dos sentimentos que nos fazem parar), Rock Water (dá flexibilidade) e mais os florais dos signos que regem as casas onde estão os planetas e as casas opostas a elas.

Floral auxiliar: Clematis (saúde para a medula óssea).

apoio (necessidade de)

Regência: Libra (falta de segurança interior), o floral é Scleranthus (equilíbrio).

Indica: pessoa que não se sente dona de si, que tem necessidade de agradar aos outros, e necessita da opinião dos outros o tempo todo.

Florais básicos: Cerato (ativa o mestre interior; dá intuição), Chicory (sana as necessidades emocionais, tira a carência afetiva) e Gorse (dá amor e lucidez), Red Chestnut (aproxima o anjo da guarda), Gentian (segurança interior).

apoplexia

Definição: Efusão copiosa de sangue num órgão.

Indica: carência afetiva e pânico com relação à vida. Cada órgão indica uma situação a ser trabalhada, ex.: cabeça – excesso de pensamentos com relação à carência afetiva; coração – excesso de sentimentos controversos com relação à carencia afetiva; útero e ovário – falta de criatividade para viver a vida, por não saber o que fazer para melhorar a carência afetiva; rins – extrema insegurança no modo de vida; fígado – raiva por ser como é.

Regência: Escorpião rege o sangue, o floral é Heather (medo de perder o poder), Vênus rege a alegria de viver e sangue é alegria de viver, o floral é Wild Rose (alegria de viver); quando se tem uma hemorragia ou problemas no sangue é porque falta alegria no viver.

Florais básicos: Rescue Remedy (tira do estado doente e leva para o normal), Olive (dá ritmo ao coração) e Rock Rose (tira o pânico; bom para hemorragia), Star of Bethlehem (cicatriza os sentimentos, as emoções e os males físicos), Wild Rose (alegria de viver).

Ataque de

- Pode ser Sol (energia vital) em Áries (impulso). *Florais*: Vervain (equilibra a energia vital), Impatiens (dá ritmo ao impulso) e mais os florais dos signos que regem a casa onde está o planeta e a casa oposta a ela.
- Pode ser Urano (eletricidade do cérebro) em Aquário (sistema nervoso). *Florais*: Water Violet (devido a problemas emocionais pode ter algumas doenças) e mais os florais dos signos que regem a casa onde está o planeta e a casa oposta a ela.

aquário (signo) ....

Palavras-chave

"eu sei", inventar, verdade, humanitário, reformador, independente, inventivo, tolerante, individualista, progressista, artístico, científico, lógico, humano, intelectual, altruísta, imprevisível, temperamental, se aborrece com detalhes, frio, opiniões demasiadamente fixas, tímido, excêntrico, radical, impessoal, rebelde, masculino, positivo, yang, fixa, Ar, Urano, Saturno.

Rege

- Panturrilha, tornozelos, respiração celular, microcirculação, sistema nervoso periférico, sistema nervoso autônomo simpático, medula, nervos periféricos, cérebro, neurônios, bainha de mielina.
- Ossos: tíbia, fíbula e articulações tibiotársicas.
- Músculos: tibial anterior, tibial posterior, gastrocnêmico e sóleo.
- Artérias: tibial anterior, tibial posterior, veta vorso.
- Veias: safena parva, tibial fibular.

Função secundária do signo: coordenação motora.

áries (signo)........................

Palavras-chave

"eu sou", agir, atividade, pioneiro ou guerreiro dinâmico, masculino, positivo, executivo, competitivo, impulsivo, animado, corajoso, independente, dinâmico, vive no presente, rápido, dominador, irascível, violento, intolerante, apressado, arrogante, "primeiro eu", brusco, sem persistência, yang, cardinal, ferro, Fogo, Marte.

Rege

- Cabeça (exceto o nariz), couro cabeludo, lábio superior, maxilar superior, cerebelo, encéfalo e hemisférios cerebrais, especialmente os centros motores cerebrais e vasos sanguíneos intracranianos.

• Ossos: do crânio e da face (occipital, temporal, frontal, etmoide, lacrimal, vômer, palatino).

• Músculos: venter-frontais, venter-occipitais, zigomático maior e menor, temporal, bucinador, orbicular da boca, orbicular dos olhos, depressor do ângulo oral, compressor das narinas, elevador dos lábios, mentoniano, proceru (músculo que reveste o nariz, indo até a testa), musculatura intrínseca dos olhos (retos, oblíquos).

• Artérias: carótidas temporal e interna, polígono de Willis, artéria temporal, artérias cerebrais anterior, média e posterior.

• Veias: cefálica, seios venosos do crânio (sagital superior, sagital inferior, laterais, reto, cavernoso e sigmoide, veia temporal, veia jugular interna).

Funções secundárias do signo: adrenalina, noradrenalina, sistema nervoso simpático.

arritmia

Definição: Irregularidade ou perda do ritmo do batimento cardíaco.

Indica: emoção forte, difícil de suportar.

Regência: Libra – rege o equilíbrio, o floral é Scleranthus (dá equilíbrio) e Leão – rege o coração, o floral é Vervain (dá ritmo ao batimento cardíaco).

Florais básicos: Olive (dá ritmo ao coração) e Impatiens (ritmo correto).

Em geral

• Pode ser um mau aspecto entre o Sol (coração) e Marte (impulso). *Florais*: Vervain (relaxa), Impatiens (dá ritmo ao impulso) e mais os florais dos signos que regem as casas onde estão os planetas e as casas opostas a elas.

artérias

Definição: Vasos condutores do sangue do coração para os tecidos.

Indica: falta de alegria de viver.

Regência: Leão (orgulho, o eu) rege: a aorta, as coronárias (anterior e posterior, descendente anterior e circunflexa) e as artérias pulmonares. O floral indicado é Vervain (energia vital e relaxante).

Áries (ação) rege as carótidas (temporal e interna), o polígono de Willis, as artérias cerebrais (anterior, média e posterior) e a artéria temporal. O floral indicado é Impatiens (dá ritmo ao sangue).

Escorpião (poder) rege as artérias ilíaca interna, pudenda interna, vesícula superior, vesícula inferior, peniana, ovariana direita, ovariana esquerda, uterina, vaginal e sacral média. O floral indicado é Heather (regenerador).

Sagitário (espiritual, expansão, estudo superior) rege as artérias ilíaca externa, femoral profunda e femoral superficial, sacral lateral, glútea superior e inferior. O floral indicado é Agrimony (faz a pessoa ser verdadeira; tira o exagero).

Virgem (submissa) rege as artérias gástricas esquerda e direita, as mesentéricas superior e inferior. O floral indicado é Centaury (individualidade).

Libra (dúvidas) rege as artérias suprarrenais superior, média e inferior, as renais esquerda e direita, as lombares e a aorta abdominal. O floral indicado é Scleranthus (equilíbrio).

Capricórnio (velhice, prende, atrasa, poda) rege as artérias ilíaca e poplítea (até certo

ponto), medial superior do joelho, lateral superior do joelho, medial inferior do joelho e lateral inferior do joelho. Os florais indicados são: Rock Water (dá flexibilidade) e Mimulus (tira os medos do dia a dia).
Aquário (o individualista) rege as artérias tibiais anterior e posterior, veta vorso. O floral indicado é Water Violet (transforma a dor da vida e tudo o que a vida representa em alegria).
Peixes (desordem) rege o arco plantar superficial, arco plantar profundo pediosa, plantar medial, plantar lateral, metatársicas dorsais, metatársicas plantares, digitais plantares e digitais dorsais. O floral indicado é Rock Rose (tira o pânico que causou a desordem) e White Chestnut (faz dominar e direcionar o pensamento quando somos dirigidos pelos instintos).

Problemas nas

• Pode ser Marte (impulso do sangue na cabeça) em Gêmeos (cérebro, pensamento). *Florais*: Impatiens (dá ritmo aos pensamentos), Cerato (saúde ao cérebro; ativa o mestre interior; intuição; dá conhecimento) e mais os florais dos signos que regem a casa onde está o planeta e a casa oposta a ela.

Endurecimento e constrição das artérias que vão para o coração

• Pode ser Saturno (retém, contrai) em Leão (coração). *Florais*: Rock Water (flexibilidade), Mimulus (tira os medo do dia a dia que nos faz parar), Vervain (relaxa) e mais os florais dos signos que regem a casa onde está o planeta e a casa oposta a ela.

Esclerose das

• Pode ser Saturno (envelhece) em Aquário (sistema nervoso cerebral). *Florais*: Rock Water (dá flexibilidade), Mimulus (tira os medos do dia a dia e dos sentimentos), Water Violet (sistema nervoso cerebral) e mais os florais dos signos que regem a casa onde está o planeta e a casa oposta a ela.

arteriosclerose ....

Definição: Espessamento, endurecimento e perda de elasticidade das paredes das artérias.

Indica: endurecimento progressivo da capacidade de amar (a ponto de perdê-la totalmente) por causa do medo, insegurança, egoísmo, inflexibilidade, repressão, grande limitação na capacidade de dar e receber amor.

Florais básicos: Mimulus (tira os medos do dia a dia e dos sentimentos), Gentian (ativa a fé, que é a certeza de que tudo vai dar certo), Rock Water (dá flexibilidade), Gorse (amor, lucidez), Agrimony (faz a pessoa ser verdadeira; tira o exagero) e Vine (dá capacidade, segurança, competência, fé, no êxito, ativa o poder espiritual que transforma a matéria e o corpo físico).

Em geral

• Pode ser um mau aspecto entre o Sol (orgulho) e Júpiter (exagero). *Florais*: Vervain (relaxa), Agrimony (faz a pessoa ser verdadeira; tira o exagero) e mais os florais dos signos que regem as casas onde estão os planetas e as casas opostas a elas.

• Pode ser um mau aspecto entre Mercúrio (cérebro) e Vênus (falta de alegria), que tem algum aspecto com Saturno (envelhece, poda, retém). *Florais*: Cerato (saúde do cérebro), Gentian (ativa a fé, que é a certeza de que tudo vai dar certo), Scleranthus (equilíbrio), Wild Rose (alegria), Mimulus (tira os medos do dia a dia e dos sentimentos), Rock Water (dá flexibilidade) e mais os florais dos signos que regem as casas onde estão os planetas e as casas opostas a elas.

• Pode ser um mau aspecto entre Vênus (falta de alegria) e Marte (impulso). *Florais*: Wild Rose (alegria), Impatiens (dá ritmo ao sangue na cabeça) e mais os florais dos signos que regem as casas onde estão os planetas e as casas opostas a elas.

• Pode ser um mau aspecto entre Vênus (falta de alegria) e Saturno (velhice, rigidez). *Florais*: Wild Rose (alegria), Mimulus (tira os medos do dia a dia e dos sentimentos), Rock Water (tira as resistências) e mais os florais dos signos que regem as casas onde estão os planetas e as casas opostas a elas.

• Pode ser um mau aspecto entre Marte (impulso) e Júpiter (exagero) se um deles estiver em Gêmeos (cérebro). *Florais*: Impatiens (dá ritmo ao sangue na cabeça), Agrimony (faz a pessoa ser verdadeira; tira o exagero), Cerato (dá saúde ao cérebro, ativa o mestre interior, dá intuição) e mais os florais dos signos que regem as casas onde estão os planetas e as casas opostas a elas.

• Pode ser um mau aspecto entre Júpiter (expande) e Saturno (envelhecimento). *Florais*: Agrimony (faz a pessoa ser verdadeira), Mimulus (tira os medos do dia a dia e dos sentimentos), Rock Water (dá flexibilidade) e mais os florais dos signos que regem as casas onde estão os planetas e as casas opostas a elas.

Nas artérias coronarianas e bradiarritmia

Frequência cardíaca baixa e irregular.

• Pode ser um mau aspecto entre o Sol (falta de energia vital) e Saturno (prende, segura). *Florais*: Vervain (energia vital), Mimulus (tira os medos do dia a dia e dos sentimentos que nos faz parar) e Rock Water (dá flexibilidade) e mais os florais dos signos que regem as casas onde estão os planetas e as casas opostas a elas.

arterite ....

Definição: Inflamação de uma artéria; a arterite de Takaiassu é a inflamação das paredes de uma artéria de grosso calibre que acomete as mulheres jovens.

Indica: medo, estado colérico, modo de pensar exaltado.

Em geral

• Pode ser uma desarmonia de Júpiter (expande) em Gêmeos (artérias). *Florais*: Agrimony (expande), Cerato (equilibra as artérias) e mais os florais dos signos que regem a casa onde está o planeta e a casa oposta a ela.

articulação ....

Definição: Junção entre dois ou mais ossos, formada por tecido conjuntivo fibroso e cartilagem.

Indica: as articulações representam as mudanças de direção na vida e a facilidade de fazer essas mudanças.

Florais: Beech (tira os problemas por tirar as couraças), Rock Water (ensina flexibilidade por causa da rigidez para com o próximo e consigo mesmo), Mimulus (por tirar os medos do dia a dia que nos paralisam), Gentian (bom para articulações enrijecidas pelo fato de a pessoa ser muito fechada), Heather (para problemas degenerativos e inflamatórios), Willow (ensina através da adversidade o jogo de cintura; dá flexibilidade às articulações, fortalecendo a capacidade de mudar o rumo da própria vida; tira a inflamação das articulações, criadas por tristezas, mágoas, raiva, medo e exaltação), Hornbeam + Willow (tiram as deformações articulares, fortalecem, dão estrutura e sustentação), Water Violet (acaba com os problemas das articulações de pessoas egocêntricas que têm corpo rígido), Vine (acaba com os problemas nas articulações causados por rigidez mental), Hornbeam (dá maleabilidade às articulações; harmoniza os ossos e os músculos das articulações), Centaury (artropatias causadas pelo fato de a pessoa não ser ela mesma), Vervain (deformações articulares devido à rigidez).

Fraca

- Pode ser por um mau aspecto entre o Sol (ego, orgulho) e Saturno (rigidez). *Florais:* Vervain (faz relaxar), Mimulus (tira os medos do dia a dia e dos sentimentos que nos dão rigidez), Rock Water (tira a rigidez) e mais os florais dos signos que regem as casas onde estão os planetas e as casas opostas a elas.

Problemas com os líquidos sinoviais (lubrificantes das articulações)

- Pode ser Lua (emoções) em Capricórnio (velhice, rigidez). *Florais:* Clematis (equilibra as emoções por nos fazer olhar de frente os problemas para resolvê-los), Rock Water (tira a rigidez), Mimulus (tira os medos do dia a dia e dos sentimentos) e mais os florais dos signos que regem a casa onde está o planeta e a casa oposta a ela.

articulação coxofemoral..........

Definição: Ponto de junção entre a coxa e o fêmur.

Indica: o modo como somos articulados com relação aos fatos da vida. O modo como vamos nos dirigir pela vida. As escolhas que vamos fazer para nos dar o melhor caminho na vida.

Regência: Sagitário (expande) rege a articulação coxofemoral. O floral indicado é Agrimony (faz a pessoa ser verdadeira). E quando se é verdadeiro, sabemos o que queremos e para onde queremos ir.

artrite..............................

Definição: Inflamação de uma articulação, acompanhada por dor, tumefação e, muitas vezes, por alterações na estrutura.

Indica: fortes emoções, autocrítica intensa, ira, amargura, falta de amor-próprio; se for nos dedos: desejo de acusar, de punir, sentimento de vítima.

Regência: Capricórnio e os florais são: Rock Water (dá flexibilidade) e Mimulus (tira os medos do dia a dia).

Florais auxiliares: Rescue Remedy (traz bons sentimentos), Holly (diminui a dor), Impatiens (anti-inflamatório), Vine (faz a pessoa perceber e trabalhar seu orgulho, que tem origem na rigidez mental), Rock Water (por a pessoa ser exigente consigo mesma), Water Violet (pela rigidez de conduta) e Willow (por se sentir vítima), Holly, Willow e Beech (tiram os problemas das articulações), Cherry Plum (nos faz ver interior e exteriormente; mostra a verdade; tira a rigidez), Willow + Holly (para crises com dores fortes por dar amor e aceitação que acaba com o pessimismo e com as mágoas que formam as inflamações), Crab Apple (atua como antibiótico natural), Water Violet (acaba com os problemas articulatórios de pessoas egocêntricas que têm o corpo rígido), Oak (tira os problemas articulares de quem é rígido consigo mesmo indo além do que o corpo aguenta).

Da articulação do joelho

• Pode ser uma desarmonia de Júpiter (expande) em Capricórnio (rigidez). *Florais:* Agrimony (faz a pessoa ser verdadeira; tira a exaltação), Mimulus (tira os medos que dão rigidez), Rock Water (tira a rigidez) e mais os florais dos signos que regem a casa onde está o planeta e a casa oposta a ela.

Dos braços, ombros e mãos

• Pode ser Saturno (rigidez) em Gêmeos (braços, mãos e ombros). *Florais:* Mimulus (tira os medos que nos deixam rígidos), Rock Water (dá flexibilidade), Cerato (equilíbrio dos braços, mãos e ombros) e mais os florais dos signos que regem a casa onde está o planeta e a casa oposta a ela.

Reumatoide

• Pode ser um mau aspecto entre o Sol (orgulho) e Saturno (rigidez). *Florais:* Vervain (faz relaxar), Mimulus (tira os medos que nos deixam rígidos) e Rock Water (dá flexibilidade) e mais os florais dos signos que regem as casas onde estão os planetas e as casas opostas a elas.

artrose

Definição: Afecção articular causada por degeneração trófica; doença degenerativa de uma das articulações.

Indica: dificuldade em fazer mudanças na direção da vida.

Regência: Capricórnio e os florais são: Rock Water (tira a inflexibilidade) e Mimulus (tira os medos do dia a dia e dos sentimentos) e Escorpião e o floral é Heather (tira o medo de perder o poder).

Com enrijecimento articular

Florais básicos: Clematis e Rescue Remedy para a regeneração do órgão.

Florais auxiliares: Holly (tira as dores), Willow (tira as mágoas que deram origem à artrose).

• Pode ser um mau aspecto entre Júpiter (expande) e Saturno (rigidez). *Florais:* Agrimony (faz a pessoa ser verdadeira; tira a exaltação), Mimulus (tira os medos que nos deixam rígidos), Rock Water (dá flexibilidade) e mais os florais dos signos que regem as casas onde estão os planetas e as casas opostas a elas.

Coxofemoral

• Pode ser uma desarmonia de Júpiter (expansão) em Sagitário (coxa e fêmur). *Florais:* Agrimony (faz a pessoa ser verdadeira; tira a exaltação) e mais os florais dos signos que regem a casa onde está o planeta e a casa oposta a ela.

Em geral

• Pode ser um mau aspecto entre o Sol (orgulho) e Saturno (rigidez). *Florais:* Vervain (relaxa), Mimulus (tira os medos que nos deixam rígidos) e Rock Water (flexibilidade) e mais os florais dos signos que regem as casas onde estão os planetas e as casas opostas a elas.

• Pode ser uma desarmonia de Júpiter (expande) em Capricórnio (rigidez). *Florais:* Agrimony (faz a pessoa ser verdadeira), Mimulus (tira os medos que nos deixam rígidos), Rock Water (flexibilidade) e mais os florais dos signos que regem a casa onde está o planeta e a casa oposta a ela.

• Pode ser uma desarmonia da Lua (emoções) em Capricórnio (rígido). *Florais:* Clematis (coloca os pés no chão para enfrentar a vida; quando a pessoa é muito sonhadora, ela se afasta do próprio corpo, deixando-o sem proteção), Rock Water (flexibilidade), Mimulus (tira os medos que nos deixam rígidos) e mais os florais dos signos que regem a casa onde está o planeta e a casa oposta a ela.

ascite

Definição: Acúmulo de um líquido seroso na cavidade peritoneal.

Indica: acúmulo de emoções não trabalhadas.

Regência: Libra, floral Scleranthus (tira as dúvidas, faz trabalhar as emoções).

Florais auxiliares: Agrimony (faz a pessoa ser verdadeira), Cherry Plum (mostra a verdade interior e exterior), Crab Apple (limpa, tira o excesso, dá as devidas proporções aos acontecimentos; é antibiótico natural).

Em geral

• Pode ser uma desarmonia da Lua (emoções) em Virgem (abdome). *Florais:* Clematis (equilibra as emoções, coloca os pés no chão), Centaury (equilibra o abdome, por dar individualidade à pessoa) e mais os florais dos signos que regem a casa onde está o planeta e a casa oposta a ela.

asma

Definição: Doença causada pelo aumento da resposta da árvore traqueobrônquica a vários estímulos; resulta na constrição paroxística das vias respiratórias brônquicas.

Indica: carência afetiva nos primeiros anos de vida (a asma é a reprodução da aflição do bebê ao nascer, traz a mesma angústia); medo da criança de perder o amor da mãe; a crise asmática indica dor, rancor e temor de deixar de ser amado (um grito dirigido à mãe, pedindo ajuda); na crise, o doente se sente impossibilitado de incorporar ou expressar o amor que sente; sente-se afligido tanto pela falta quanto pelo excesso de amor.

Regência: Aquário, o floral é Water Violet (tira do isolamento, faz dividir conhecimentos, preenche o vazio da mãe com amigos) e Gêmeos, o floral é Cerato (faz trabalhar a respiração o pulmão).

Floral básico: Water Violet (é o grande remédio para a asma; acalma o sistema nervoso).

Florais auxiliares: Chicory (preenche as necessidades emocionais), Gorse (dá amor e lucidez), Scleranthus (equilíbrio), Aspen (tira o medo do futuro), Pine (tira a culpa da mãe ao se sentir abandonando o filho na hora do parto; é também o grande floral do pulmão).

Brônquica

• Pode ser uma desarmonia de Júpiter (expande) em Gêmeos (brônquios). *Florais:* Agrimony (faz a pessoa ser verdadeira; tira a exaltação), Cerato (dá saúde aos brônquios) e mais os florais dos signos que regem a casa onde está o planeta e a casa oposta a ela.

• Pode ser uma desarmonia da Lua (emoções) em Gêmeos (brônquios). *Florais:* Clematis (tira a pessoa do mundo da lua para que ela esteja presente no mundo físico e se cuide), Cerato (saúde aos brônquios) e mais os florais dos signos que regem a casa onde está o planeta e a casa oposta a ela.

Em geral

• Pode ser Mercúrio (sistema respiratório) em Gêmeos (brônquios). *Florais:* Cerato (melhora a respiração) e mais os florais dos signos que regem a casa onde está o planeta e a casa oposta a ela.

Severa

• Pode ser um mau aspecto entre Mercúrio (sistema respiratório, pensamentos) e Júpiter (expande) se houver algum mau aspecto com Saturno (rigidez) em Gêmeos (brônquios) ou na casa três. *Florais:* Cerato (alívio para a respiração), Agrimony (faz a pessoa ser verdadeira; tira a exaltação), Mimulus (tira os medos que tiram o fôlego), Rock Water (flexibilidade), o floral do signo da casa três e mais os florais dos signos que regem as casas onde estão os planetas e as casas opostas a elas.

• Pode ser um mau aspecto entre Mercúrio (sistema respiratório) e Urano (sistema nervoso). *Florais:* Cerato (equilíbrio da respiração), Water Violet (acalma o sistema nervoso) e mais os florais dos signos que regem as casas onde estão os planetas e as casas opostas a elas.

aspen (floral) ....

Para o medo do futuro.

Ajuda as pessoas em caso de

• Premonição que traz medo, medo do futuro, somatização corporal, pânico do desconhecido, tremores, pânico, depressão.

• Hipertrofia da próstata; problemas nas vias urinárias, na bexiga; anemia, leucemia, hemofilia, sensibilidade no plexo solar, sopro no coração, prolapso da válvula mitral, crise de hipoglicemia, anemia hemolítica ou falciforme, alteração no ciclo menstrual.

É bom para

• Medos indefinidos e desconhecidos, que não têm explicação (pertence ao grupo do medo que é causado por processos mal resolvidos no inconsciente).

• Dar ritmo, constância e perseverança às atitudes; trazer perspicácia e clareza para a mente; trabalhar nossa Lua; trazer força vital e alegria; clarear os mal-entendidos do inconsciente; trazer paz, coragem e percepção para a pessoa ver e sentir o mundo; aprender a ser dono de si mesma; fortalecer a ligação com o divino; trazer harmonia; dar força para enfrentar o novo; dar equilíbrio respiratório.

• Ativar o timo, os pulmões e os rins; reforçar o lado feminino no homem e na mulher; curar incertezas e medos; clarear a percepção do mundo; eliminar o que não gostamos em nós quando vivenciamos a novidade; fazer a escolha espiritual.

• Quem tem medo da morte, do escuro, de espíritos; quem tem medo do desdobramento; quem tem presságios, sonhos simbólicos, sonha muito com a Lua; quem tem medo quando ouve a voz do mestre interior.

Em associação com outros florais

• Aspen + Walnut: para a pessoa aprender a ser ela mesma.

• Aspen + Cerato: para a pessoa ouvir, sem nenhuma interferência, a voz do mestre interior.

• Aspen + Hornbeam: para ajudá-la a pôr os pés no chão.

• Aspen + Scleranthus: para tomar uma boa decisão.

• Aspen + Star of Bethlehem: para limpar os traumas.

• Aspen + Crab Apple: para purificar e limpar.

Em relação aos planetas

• Ajuda a Lua ao nos deixar encarar os medos inconscientes, as nossas partes desconhecidas.

• Ajuda Mercúrio ao estruturar e fortalecer nossa inteligência para podermos receber claramente a mensagem do inconsciente; trazer o inconsciente à consciência; dar sagacidade e perspicácia.

• Ajuda Netuno ao eliminar o medo que temos de lugares sombrios e desconhecidos; amenizar a sensibilidade com relação ao mundo; deixar-nos descobrir, sem medo, nossa alma e trazer o conhecimento das nossas partes desconhecidas; iluminar as sombras.

assimilação

Definição: Processo pelo qual os produtos da digestão são convertidos nas substâncias químicas dos tecidos do organismo; transformação de alimento em tecido vivo.

Florais básicos: Centaury (para assimilar os alimentos) e Chestnut Bud (para assimilar o aprendizado).

astenia

Definição: Ausência ou perda da força; debilidade decorrente de afecção muscular ou cerebelar; fraqueza orgânica.

Indica: perda da habilidade emocional de agir diante das diferentes situações da vida; que a pessoa não cuida de si mesma e de suas necessidades vitais por causa de resistência, tédio e falta de amor pelo que faz; não sabe o que deseja da vida.

Regência: Marte (impulso, ação) rege os músculos em geral e o floral é Impatiens (ritmo correto à ação).

Florais básicos: Hornbeam (dá energia), Wild Rose (alegria de viver).

Florais auxiliares: Rescue Remedy (melhora a contração muscular), Cherry Plum (limpa as resistências a novas experiências; tira os nódulos e manchas que ficaram no corpo emocional que se transformam em doenças físicas por mau entendimento das situações e para ser descoberto e curado), Olive (bom para doenças degenerativas, atrofias musculares; tonifica junto com Larch (que faz levantar e ir), Hornbeam, que dá energia, e Wild Oat, que ajuda a estabelecer metas, na maioria das vezes a pessoa sem meta não quer levantar porque não tem ânimo (todo velho metódico com o dia a dia cheio de afazeres vive muito mais tempo do que aquele que faz o que quer na hora que tem vontade), Chestnut Bud (floral da memória; pode ativar os músculos e dar saúde a eles, pois é nos músculos que ficam guardadas as memórias dos traumas), Star of Bethlehem (dá saúde aos músculos por tirar as couraças feitas pelos traumas vividos nesta vida, ao tomar Star of Bethlehem vamos ativar os aprendizados das cicatrizes emocionais do passado desta vida para serem cicatrizados).

Em geral

• Pode ser um mau aspecto entre o Sol (orgulho, ego, eu) e Netuno (desordem). *Florais:* Vervain (tira o orgulho descabido, a arrogância desnecessária, faz relaxar), Rock Rose (tira o pânico que causou a desordem), White Chestnut (faz dominar e orientar os pensamentos quando são dirigidos pelos instintos) e mais os florais dos signos que regem as casas onde estão os planetas e as casas opostas a elas.

ataxia ....

Definição: Coordenação muscular defeituosa, manifestada ao se tentar fazer movimentos musculares voluntários; incapacidade de coordenação dos movimentos musculares.

Indica: que, por medo de novas experiências, a pessoa perde a habilidade emocional de agir diante das diferentes situações da vida.

Regência: Marte (impulso) rege os músculos em geral e o floral é Impatiens (dá ritmo correto ao impulso).

Florais auxiliares: Star of Bethlehem (tira os traumas que são guardados na memória dos músculos para serem ativados a qualquer momento, para o aprendizado, para nossa evolução, traz a memória do que foi vivido nesta vida e se tornou trauma, dá a compreensão e faz a limpeza), Gentian (ativa a fé, que é a certeza de que tudo vai dar certo, tira a flacidez dos músculos), Water Violet (equilibra o cérebro e a parte elétrica dele, o cerebelo), Rescue Remedy (melhora a contração muscular), Vervain (equilibra a parte nervosa dos músculos), Centaury (cuida dos músculos abdominais de sustentação do abdome, quadril e coxas, dá saúde a esta parte dos músculos), Hornbeam (dá tônus e harmoniza ossos, músculos e articulações), Olive (para doenças degenerativas musculares), Heather (regenera), Clematis (faz funcionar o órgão que não estava funcionando).

Cerebelar

O cerebelo é a porção do encéfalo de maior importância na coordenação de movimentos.

• Pode ser uma desarmonia de Mercúrio (cérebro) em Áries (cabeça). *Florais:* Cerato (saúde ao cérebro), Impatiens (dá ritmo correto ao sangue da cabeça), Vervain (equilibra a parte nervosa dos músculos), Water Violet (bom para sistema nervoso, cérebro, cerebelo) e mais os florais dos signos que regem a casa onde está o planeta e a casa oposta a ela.

Cerebelar em adultos

• Pode ser um mau aspecto entre Mercúrio (cérebro) e Urano (sistema nervoso, cerebelo, parte elétrica do cérebro). *Florais:* Cerato (equilibra o cérebro), Water Violet (equilibra o sistema nervoso, saúde ao cerebelo, equilibra a parte elétrica do cérebro) e mais os florais dos signos que regem as casas onde estão os planetas e as casas opostas a elas.

Locomotora

• pode ser resultante da insuficiência de cálcio. *Florais:* Rock Water (cálcio) e Mimulus (tira os medos que nos fazem perder cálcio).

• pode ser resultante da insuficiência de magnésio. *Floral:* Vervain (magnésio).

• pode ser resultante da insuficiência de potássio. *Floral:* Clematis (potássio).

• pode ser Saturno (tira, retém, cálcio) em Leão (magnésio). *Florais:* Mimulus (tira os medos que nos fazem perder cálcio), Rock Water (cálcio), Vervain (magnésio) e mais os florais dos signos que regem a casa onde está o planeta e a casa oposta a ela.

atividade mental

Regência: Gêmeos (cérebro) e Mercúrio (velocidade dos pensamentos), Aquário (cérebro, neurônios, sistema nervoso) e Urano (velocidade do pensamento), e Áries (cabeça) e Marte (impulso, ritmo de sangue no cérebro) regem a atividade mental e os florais são: Cerato (equilíbrio e saúde ao cérebro), Water Violet (organização cerebral, a parte elétrica, o sistema nervoso) e Impatiens (dá ritmo correto ao impulso).

Redução da

• Pode ser causada por Saturno (retém, atrasa, impede), quando passa em um dos signos regentes ou faz aspecto com um dos planetas regentes. *Florais:* Mimulus (tira os medos que nos fazem entrar em desequilíbrio) e Rock Water (flexibilidade, tira a rigidez dos pensamentos).

ATM

Definição: Articulação temporomandibular ou articulação craniomandibular.

Indica: tensão com relação às situações da vida, não aceita as novidades da vida, o dinamismo da vida.

Regência: Áries (impulso) rege o maxilar superior e o floral é Impatiens (tira a tensão), Touro (insegurança) rege o maxilar inferior e o floral é Gentian (ativa a fé, que é a certeza de que tudo vai dar certo); Capricórnio rege as articulações e os florais são: Mimulus (tira os medos do dia a dia e dos sentimentos), Rock Water (dá flexibilidade).

Floral auxiliar: Holly (ensina para dar aceitação).

atonia

Definição: Debilidade ou falta de tono ou do vigor normal.

Indica: falta de habilidade para a ação nas diferentes situações da vida; resistência a novas experiências.

Florais: Hornbeam (energia) e Vervain (energia vital), Rescue Remedy (equilíbrio total ao organismo), Larch (ativa a pineal, que deixa entrar energia superior que ativa a nossa energia interior, dá vontade e energia para a ação), Wild Oat (quem tem metas tem ação e energia), Olive (aumenta os anticorpos e dá prazer na vida), Elm (energiza os sete chakras, traz equilíbrio por ativar a energia feminina e masculina do corpo), Oak (ativa a energia masculina, força e ação), Scleranthus (ativa o sexto chakra, que coordena as energias, frontal na hipófise, dá equilíbrio aos líquidos do corpo, ativa o sétimo chakra, coronário, na pineal, que faz entrar a luz que energiza o corpo), Gentian (ativa a fé, que é a certeza de que tudo dará certo; dá energia ao coração, ao timo e pulmão; essa energia fortalece a massa estrutural, as ligações intermoleculares, fortalecendo nossa confiança e determinação), Impatiens (energia vital), Willow (dá boa energia que dá vontade de viver), Heather (ativa a pineal, que dá energia, força, sabedoria amorosa), Wild Oat (faz a fixação da energia).

Da vesícula biliar

• Pode ser uma desarmonia de Júpiter (expande) em Sagitário (preguiça). *Florais:* Agrimony (faz a pessoa ser verdadeira, tira a exaltação, dá equilíbrio) e mais os florais dos signos que regem a casa onde está o planeta e a casa oposta a ela.

Gástrica

É a ausência de tono muscular no estômago e a incapacidade de uma contração normal, o que causa um retardo do movimento dos alimentos para fora do estômago.

• Pode ser uma desarmonia de Lua (falta de emoções, mundo da lua) em Câncer (estômago). *Florais:* Clematis (coloca os pés no chão, faz a pessoa se cuidar, ativa a criatividade, dá alegria) e mais os florais dos signos que regem a casa onde está o planeta e a casa oposta a ela.

• Pode ser uma desarmonia de Júpiter (exagero) em Câncer (vive no mundo da lua, falta de emoções, falta de vida). *Florais:* Agrimony (faz a pessoa ser verdadeira, tira o exagero), Clematis (estômago, coloca os pés no chão, faz se cuidar fisicamente, tira a preguiça, ativa a criatividade) e mais os florais dos signos que regem a casa onde está o planeta e a casa oposta a ela.

ausência (crise de) ....

Definição: Breve perda temporária da consciência.

Indica: medo, fuga; que a pessoa esquece com a intenção de se defender das situações angustiantes; que, por algum trauma passado, ela não quer recordar uma situação.

Florais auxiliares: Chestnut Bud (ativa a memória latente), Cerato (ativa a memória celular), Clematis (tira do mundo da lua, faz colocar os pés no chão para estar presente), Vine (ativa a memória latente que trazemos de vidas vividas, traz lembranças e aprendizados, aproxima o espírito do físico, que é aquele que tudo sabe, que foi feito à imagem e perfeição de Deus, por quem estamos aqui tentando aprender tudo o que ele sabe).

De ideias

• Pode ser um mau aspecto entre Mercúrio (pensamento, cérebro sem funcionamento) e o ascendente (atua no físico), o motivo do mau aspecto pode estar em uma vida anterior e a pessoa não quer lembrar algo que a fez sofrer muito. *Florais:* Cerato (ativa o cérebro), Mimulus (tira os medos do dia a dia que nos fazem parar), Chestnut Bud (ativa a memória, para encarar os problemas de frente) e mais o floral do signo do ascendente e os florais dos signos que regem a casa onde está o planeta e a casa oposta a ela.

autismo ....

Definição: Introversão mental em que a atenção e o interesse ficam voltados para o próprio ego; estado mental de autocentralização, do qual a realidade tende a ser excluída.

Diz-se que a pessoa autista tem uma porta aberta para vidas passadas e frequentemente se refugia nessa outra vida, que na maioria das vezes não foi muito boa.

Florais básicos: Walnut (dá proteção das influências externas), Honeysuckle (para deixar o passado para trás), Wild Rose (alegria) e Cherry Plum (por dar bons pensamentos e sentimentos, mostra a verdade), Sweet Chestnut (mostra a luz no fim do túnel), Holly (dá amor, faz a aceitação); não dar Clematis, que deveria colocar os pés no chão, este floral faz o autista se afastar mais da realidade, por não gostar dela.

Em geral

• Pode ser um mau aspecto entre a Lua (emoções) e Mercúrio (pensamentos, cérebro). *Florais:* Clematis (não dar para autista porque não dá bom efeito, eles se afastam mais), Cerato (equilíbrio aos pensamentos e aos sentimentos e ao cérebro) e mais os florais dos signos que regem as casas onde estão os planetas e as casas opostas a elas. Obs.: Carmen Monari, em seu livro *Participando da Vida com os Florais de Bach*, diz que não se deve dar Clematis a uma criança autista, pois podemos deixá-la ainda mais distante.

autodepreciação ....

Definição: Ato de menosprezar a si mesmo; falta de autoestima, apreço ou consideração; desdém, desconsideração.

Florais básicos: Gentian (segurança interior), Pine (tira a culpa por a pessoa ser quem é, por não se dar o real valor), Holly (tira as mágoas), Larch (dá autovalor), Scleranthus (equilibra a autoestima), Olive (paz aos pensamentos e sentimentos), Cerato (ativa o mestre interior que dá sabedoria) e Crab Apple (dá a verdadeira dimensão), Willow (faz a pessoa deixar de se sentir uma coitadinha, dá autoconfiança), Larch (ativa a criatividade que dá autoconfiança), Cherry Plum (faz ver quem a pessoa verdadeiramente é), Wild Oat (mostra o que se quer, dá criatividade, dá firmeza à personalidade, autoconfiança).

avião (viagem de) ....

Floral básico: Rescue Remedy (quando a pessoa fica sentada muitas horas; para enjoo e pressão nos ouvidos).

azia ....

Definição: Sensação de queimação na área subexternal em decorrência do refluxo do conteúdo ácido do estômago até a parte inferior do esôfago; indisposição gástrica.

Indica: incapacidade de dominar conscientemente os aborrecimentos ou de transformá-los em agressividade, preferindo engolir a própria raiva.

Regência: Libra (dúvidas) rege o equilíbrio ácido e base, e o floral é Scleranthus (equilíbrio de ácido e base), Câncer rege o estômago e o floral é Clematis (equilibra o estômago e os líquidos do corpo), Mimulus (tira os medos do dia a dia).

Florais auxiliares: Crab Apple (limpa, tira a acidez), Impatiens (dá ritmo correto à impulsividade, tira a ansiedade), Holly (acalma, tira a dor, dá aceitação), Pine (tira as culpas) e Mimulus (tira os medos que nos deixam rígidos), Heather (quando por solidão, por pensamentos obsessivos, o que a mente não entende o estômago fica ruminando), Chicory (sana as carências, o que pode ter causado a azia), Centaury (quando por engolir por tempo demais coisas ruins).

B

baço ....

Definição: A maior coleção de células reticuloendoteliais no corpo; participa da produção das células imunitárias e da insulina.

Os problemas indicam: queixas, obsessões acumuladas que são difíceis de ser desprendidas e dificuldade de enfrentar emoções negativas, como ódio e ira, que são vividas como obscuras.

Regência: Virgem (submissão) rege o baço e o floral é Centaury (individualidade); o Sol (orgulho, ego, eu) rege o baço e o floral é Vervain (energia vital).

Florais auxiliares: Agrimony (faz a pessoa ser ela mesma, só podemos criar qualquer coisa sã se formos sãos; sem alegria, sem certeza de nossas atitudes, sem nos respeitarmos nas necessidades básicas não vamos conseguir fazer uma boa criação que são as nossas células que se forem saudáveis nos darão saúde), Centaury (ajuda no ato da compreensão, por ser submissa por muito tempo, dá individualidade), Red Chestnut (quando é afetado por excesso de preocupações e medos) e Honeysuckle (se for doença genética, doença que vem de outras vidas), Crab Apple (limpa tudo o que está atrapalhando o bom funcionamento), Gentian (é o entendimento da vida dado pelo coração, baço é a área de reflexão, é feita a transformação do ruim da vida pelo coração em alegria, todo acontecimento é aprendizado que traz conhecimento que nos leva a evoluir, por isso a consciência dos fatos e dos acontecimentos nos dão alegria), Vine (bom para o baço por dar luz interior).

Problemas em geral

- Pode ser Plutão (mutação genética) em Virgem (baço, submissão). *Florais:* Heather (regeneração, equilibra os sentimentos), Centaury (saúde e equilíbrio do baço, individualidade) e mais os florais dos signos que regem a casa onde está o planeta e a casa oposta a ela.

Inflamação do

- Pode ser Marte (impulso, inflamação) em Virgem (baço, submissão). *Florais:* Impatiens (anti-inflamatório), Centaury (saúde e equilíbrio do baço, individualidade) e mais os florais dos signos que regem a casa onde está o planeta e a casa oposta a ela.

Hipofunção do

- Pode ser Saturno (segura, prende) em Peixes (desordem). *Florais:* Mimulus (tira os medos que nos deixam rígidos), Rock Water (dá flexibilidade), White Chestnut (faz dominar e direcionar os pensamentos quando somos dirigidos pelos instintos),

Rock Rose (tira o pânico que causou a desordem) e mais os florais dos signos que regem a casa onde está o planeta e a casa oposta a ela.

bainha de mielina

Definição: Camada de substâncias lipídicas e proteicas que formam o revestimento semifluido dos nervos.

Indica: medo, ansiedade, luta, falta de confiança no processo da vida.

Regência: Leão (energia vital) e Aquário (cérebro, neurônios) regem a bainha de mielina e os florais são: Vervain (relaxa) e Water Violet (saúde ao cérebro).

bebês (doenças em)

Florais básicos: Rescue Remedy (para ajudar em caso de eclâmpsia e convulsão; para eliminar traumas do nascimento e da gestação; para o bebê que teve o cordão umbilical enrolado no pescoço e/ou que nasceu com uso de fórceps ou de cesariana; para a cicatrização do umbigo), Pine (tira as culpas que a mãe sente por não saber suprir as necessidades do bebê e acaba passando para ele); olhar o mapa astral do bebê e dar os florais relativos aos planetas principais: Sol, Lua, casas onde se encontram, e os mais complicados, que possuem mais quadraturas ou oposições, para que a criança vá crescendo com bastante equilíbrio; ir ao médico com frequência e dar os florais que curem as deficiências ou doenças que vão acontecendo com o passar do tempo ou que já vieram com a criança; não esquecer Honeysuckle para doenças genéticas, Rescue Remedy para tudo, Walnut em cada mudança de fase, Chicory se for muito apegado a alguma coisa ou situação, Crab Apple para doenças como rubéola, sarampo, catapora e alergias.

beech (floral)

Para trabalhar o orgulho.

Ajuda em caso de

- Desequilíbrios do quadril e períneo (por isso a pessoa pisa duro); tendência a fraturas por quedas; músculos tensos, rígidos, principalmente na área lombar e sacral; problemas na área cervical e ombros; esclerose; problemas de garganta e laringe; hipocondria, osteoporose, enfisema, joanete; acidente ou cirurgia nos pés, pernas e coxas.
- Falta de respeito pelo limite da consciência do outro; dificuldade na área afetiva (a pessoa não sabe expressar sentimentos, não se permite chorar, não gosta de voltar atrás); mente crítica, que acha defeitos nos outros para se defender; medo de perder o controle da mente.

É bom para

- A pessoa fechada, rígida, moralista, crítica, intolerante, exigente.
- Desenvolver a verdade, clareza nas atitudes, integridade; deixar a alma ensinar; ser o orientador, mestre, modelo; desenvolver tolerância, discernimento, individualidade, verdade que vem do coração, retidão do pensamento, fé, sabedoria, firmeza nas decisões, ação com sabedoria; ensinar o motivo de o outro estar em nossa vida, o respeito pela verdade do outro; ter consciência do limite corporal e a força do corpo; pisar firme; ter jogo de cintura.

A pessoa pode apresentar

- Inchaço, dor, varizes, hemorroidas, ciática, deformações ósseas, artrose, artrite, cálculos renais ou biliares; problemas de articulações, triglicérides, colesterol, ácido úrico, fígado, estômago; mioma uterino, hemorragia e alterações na menopausa (na mulher); impotência (no homem).

Em relação aos planetas

• Ajuda Saturno ao amenizar nossa rigidez, ampliar nossa visão, fazer-nos entender que talvez nossa verdade não sirva para o outro.

• Ajuda Júpiter ao nos dar orientação e discernimento na hora de orientar os outros, e nos orientar nas provas da vida.

• Ajuda Urano ao fazer com que aceitemos o limite do outro.

• Ajuda o Sol ao fazer com que este pai se torne conselheiro, amigo e acolhedor, e ilumine seus filhos.

bexiga................................

Definição: Reservatório muscular membranoso que se distende para receber os fluidos dos rins através dos ureteres, e depois elimina a urina através da uretra.

Os problemas indicam: ansiedade, medo de abandonar antigos condicionamentos; excesso de assuntos implicados que não são úteis; incapacidade de relaxar a despeito de todas as pressões sofridas, medo do futuro.

Regência: Áries e Marte (impulso) regem a bexiga e o floral é Impatiens (dá ritmo correto ao impulso); Libra (dúvidas) rege a bexiga e o floral é Scleranthus (equilíbrio); Escorpião (medo de perder o poder) rege a bexiga e o floral é Heather (regenerador).

Florais auxiliares: Crab Apple (antibiótico), Impatiens (anti-inflamatório), Rescue Remedy (equilibra, acaba, estabiliza, limpa, faz o que precisar ser feito), Heather (tira a inflamação).

Dores na

• Pode ser Marte (impulso, inflamação) em Escorpião (bexiga, inflamação). *Florais:* Impatiens (anti-inflamatório, dá ritmo certo ao impulso, tira a ansiedade), Heather (tira a inflamação, regenerador, ensina que não se perde o poder quando realmente se tem o poder), Holly (tira a dor) e mais os florais dos signos que regem a casa onde está o planeta e a casa oposta a ela.

Fraqueza na

• Pode ser Vênus (sem alegria, feminino, preguiça) em Escorpião (problemas com relacionamentos, medo de perder o poder). *Florais:* Wild Rose (alegria), Gentian (ativa a fé, que é a certeza de que tudo vai dar certo, dá segurança interior), Scleranthus (equilíbrio), Heather (bexiga, regenerador, ensina) e mais os florais dos signos que regem a casa onde está o planeta e a casa oposta a ela. Rescue Remedy (restaura a força da bexiga).

Infecção na

• Pode ser Urano (sistema nervos) em Gêmeos (ureteres). *Florais:* Water Violet (equilibra o sistema nervoso), Cerato (saúde dos ureteres) e mais os florais dos signos que regem a casa onde está o planeta e a casa oposta a ela.

Pedra na bexiga e supressão da urina

• Pode ser Saturno (retém, pedras) em Escorpião (bexiga). *Florais:* Rock Water (elimina as pedras, dá flexibilidade), Mimulus (tira os medos que produzem cálculos na bexiga), Heather (tira a inflamação), Holly (tira a dor) e mais os florais dos signos que regem as casas onde se encontram os planetas e as casas opostas a elas.

boca

Definição: Abertura de qualquer cavidade; a cavidade bucal ou oral é a cavidade interna às bochechas, que contém a língua e os dentes, e se comunica com a faringe.

Indica: a boca representa a assimilação de novas ideias, a nutrição e a abertura para o novo.

Regência: Touro (insegurança) rege a boca, e o floral é Gentian (ativa a fé, que é a certeza de que tudo dará certo, segurança); Mercúrio (pensamentos) rege a boca, e o floral é Cerato (saúde da boca e consciência às palavras, por ativar o mestre interior que dá intuição).

Florais auxiliares: Aspen (tira o medo do futuro), Rescue Remedy (acaba com qualquer mal), Cherry Plum (mostra a verdade dentro e fora).

Travada

Florais: Pine (tira as culpas) e Holly (dá aceitação), Rock Water (dá flexibilidade).

bochechas

Definição: Formam as paredes laterais da boca, abaixo dos olhos.

Regência: Câncer (mundo da lua) rege as bochechas e o floral é Clematis (coloca os pés no chão, faz se cuidar); Vênus (falta de alegria) rege as bochechas e os florais são: Wild Rose (alegria), Gentian (ativa a fé, que é a certeza de que tudo dará certo) e Scleranthus (equilíbrio).

bócio

Definição: Dilatação da glândula tireoide.

Indica: ódio por a pessoa ter sido maltratada; sente-se vítima; sente-se "atravessada" na vida, não realizada.

Regência: Touro (inseguro) rege a tireoide e o floral é Gentian (ativa a fé, que é a certeza de que tudo dará certo, segurança interior).

Em geral

Florais auxiliares: Willow (tira o amargo da vida, dá docilidade, ritmo certo à tireoide), Star of Bethlehem (ativa a fábrica de iodo da tireoide; bom para pessoas em estado de choque, que podem ter o ritmo das células corporais e dos hormônios comprometido), Heather (energiza a tireoide), Vervain (Iodo), Heather (ativa o chakra laríngeo, equilibra a tireoide), Pine (tira os nós da tireoide formados pelos pensamentos e sentimentos).

- Pode ser um mau aspecto entre Júpiter (exagera) e Saturno (para, retém) se um deles estiver em Touro (insegurança). *Florais:* Agrimony (faz a pessoa ser verdadeira, tira o exagero), Mimulus (tira os medos que nos deixam rígidos), Rock Water (dá flexibilidade), Gentian (tireoide, ativa a fé, que dá certeza de que tudo dará certo) e mais os florais dos signos que regem as casas onde estão os planetas e as casas opostas a elas.
- Pode ser uma desarmonia de Júpiter (exagero) em Touro (insegurança, tireoide). *Florais:* Agrimony (faz a pessoa ser verdadeira, tira o exagero), Gentian (ativa a fé, que é a certeza de que tudo dará certo, saúde da tireoide) e mais os florais dos signos que regem a casa onde está o planeta e a casa oposta a ela.

bolhose

Definição: Uma série de doenças que causam bolhas na pele.

Pele significa: como cremos que os outros nos veem, problemas na pele significam que somos inseguros, incertos e preocupados. A pele é a capa de proteção do mundo interior. Pode ser problema de identidade.

Regência: Capricórnio (rígido) rege a pele e os florais são: Mimulus (tira os medos que causam doenças na pele) e Rock Water (dá flexibilidade); Vênus (falta de alegria) cuida da pele e o floral é Wild Rose (alegria).

Florais auxiliares: Crab Apple (limpa), Impatiens (anti-inflamatório).

Em geral

• Pode ser um mau aspecto entre Vênus (textura da pele, falta de alegria) e Saturno (pele, rigidez), com Saturno em Escorpião (inflamação, medo de perder o poder). *Florais:* Wild Rose (alegria), Mimulus (tira os medos que nos deixam rígidos), Rock Water (dá flexibilidade), Heather (regenerador) e mais os florais dos signos que regem as casas onde estão os planetas e as casas opostas a elas.

braço

Definição: Em anatomia, é a extremidade superior, do ombro até o cotovelo; na linguagem comum, é toda a extensão desde o ombro até a mão. Os braços representam a capacidade e a habilidade de abraçar as experiências da vida.

Indica: nossa capacidade de abraçar as experiências da vida.

Regência: Gêmeos (braços, gosta de novidades) e Mercúrio (pensamento) regem os braços e o floral é Cerato (ativa o mestre interior, dá intuição, faz prestar atenção).

Braços fechados

Floral auxiliar: Cherry Plum (mostra a verdade dentro e fora), Pine (tira as culpas) e Holly (tira os braços fechados se for por não se conformar com os últimos acontecimentos).

Corte, fratura e ferimento no

• Pode ser Marte (impulso) em Gêmeos (adora novidades, braços). *Florais:* Impatiens (dá ritmo correto ao impulso), Cerato (ativa o mestre interior, faz prestar atenção), Walnut (tira as influências exteriores) e mais os florais dos signos que regem a casa onde está o planeta e a casa oposta a ela.

Deslocamento do

• Pode ser Saturno (prende, segura) em Gêmeos (adora novidades, braços). *Florais:* Mimulus (tira os medos do dia a dia e dos sentimentos), Rock Water (dá flexibilidade), Cerato (adora uma novidade, ativa o mestre interior, dá intuição, faz prestar atenção) e mais os florais dos signos que regem a casa onde está o planeta e a casa oposta a ela.

Dor no

• Pode ser Mercúrio (pensamentos) em Gêmeos (braços, gosta de novidades). *Florais:* Cerato (dá intuição para abraçar a novidade certa e boa), Holly (dá aceitação, enche de amor, tira a dor) e mais os florais dos signos que regem a casa onde está o planeta e a casa oposta a ela.

brônquios

Definição: Os dois principais ramos que vão desde a traqueia até os pulmões, proporcionando a via de passagem para o movimento do ar.

Os problemas indicam: emoções reprimidas, com a necessidade de expulsar a angústia.

Regência: Gêmeos rege os brônquios e os bronquíolos, e o floral é Cerato (ativa o mestre interior, dá intuição).

Floral auxiliar: Water Violet (ar, boa respiração).

Coágulo numa placa de ateroma

A placa de ateroma obstrui o fluxo de sangue nos brônquios.

• Pode ser um mau aspecto entre Mercúrio (brônquios) e Júpiter (exagera). *Florais:* Cerato (ar, boa respiração, desbloqueia os brônquios), Agrimony (faz a pessoa ser verdadeira, tira o exagero) e mais os florais dos signos que regem as casas onde estão os planetas e as casas opostas a elas.

Congestão dos

• Pode ser Marte (inflamação, impulso) em Gêmeos (brônquios). *Florais:* Impatiens (dá ritmo ao impulso), Cerato (tira o congestionamento que o excesso de pensamentos ruins faz nos brônquios) e mais os florais dos signos que regem a casa onde está o planeta e a casa oposta a ela.

Fibrose ou corpo estranho nos

Quando a fibrose é causada por uma inflamação crônica.

• Pode ser um mau aspecto entre Mercúrio (excesso de pensamentos) e Vênus (falta de alegria), quando um deles tiver algum aspecto com Saturno ou em Capricórnio (segura, prende, detém). *Florais:* Cerato (desbloqueia os brônquios), Gentian (ativa a fé, que é a certeza de que tudo vai dar certo), Scleranthus (dá equilíbrio, tanto aos pensamentos como aos brônquios), Wild Rose (alegria), Mimulus (tira os medos, que causam doenças), Rock Water (dá flexibilidade, tira a rigidez) e mais os florais dos signos que regem as casas onde estão os planetas e as casas opostas a elas.

Florais auxiliares: Crab Apple (antibiótico natural) e Impatiens (anti-inflamatório).

bronquite...........................

Definição: Inflamação da membrana mucosa dos tubos e túbulos brônquicos.

Indica: emoções reprimidas; necessidade que o núcleo afetivo contido possa ser expulso, já que prejudica a pessoa em seu mundo interior.

Regência: Gêmeos rege os tubos e o floral é Cerato (saúde dos brônquios).

Florais básicos: Agrimony (por a pessoa sufocar a própria personalidade, expande), Holly (por falta de satisfação com o momento que está vivendo, dá aceitação) e Pine (tira as culpas, que são a causa de muitas doenças; é o remédio do pulmão, dos brônquios).

Florais auxiliares: Crab Apple (antibiótico natural), Impatiens (anti-inflamatório), Water Violet (respiração perfeita).

Crônica

• Pode ser um mau aspecto entre Mercúrio (tubos do corpo) e Júpiter (tira a cronicidade) se este estiver em Gêmeos (brônquios), com mau aspecto com Netuno (desordem). *Florais:* Cerato (saúde aos brônquios), Agrimony (limpa), Rock Rose (tira o pânico que causou a desordem), White Chestnut (faz dominar e direcionar os pensamentos quando somos dirigidos pelos instintos, que ajuda na saúde), Mimulus (tira os medos que nos acompanham há muito tempo fabricando doenças) e mais os florais dos signos que regem as casas onde estão os planetas e as casas opostas a elas.

• Pode ser uma desarmonia de Júpiter (exagero) em Gêmeos (brônquios). *Florais:* Agrimony (tira a cronicidade) e mais os florais dos signos que regem a casa onde está o planeta e a casa oposta a ela.

• Pode ser uma desarmonia de Lua (emoções fortes e ruins) em Gêmeos (brônquios). *Florais:* Clematis (faz a reconstituição do órgão), Cerato (saúde dos brônquios) e mais os florais dos signos que regem a casa onde está o planeta e a casa oposta a ela.

• Pode ser Saturno (retém, atrasa, detém, também pode congestionar) em Gêmeos (brônquios). *Florais:* Mimulus (tira os medos que nos acompanham há muito tempo e causam doenças), Rock Water (dá flexibilidade, tira congestionamentos), Cerato (saúde, descongestiona) e mais os florais dos signos que regem a casa onde está o planeta e a casa oposta a ela.

Em geral

• Pode ser Sol (falta de energia vital) em Gêmeos (brônquios). *Florais:* Vervain (vitalidade), Cerato (saúde e descongestiona os brônquios) e mais os florais dos signos que regem a casa onde está o planeta e a casa oposta a ela.

• Pode ser Mercúrio (excesso de pensamentos) em Gêmeos (brônquios). *Florais:* Cerato (equilibra os pensamentos e dá saúde aos brônquios) e mais os florais dos signos que regem a casa onde está o planeta e a casa oposta a ela.

bruxismo

Definição: A ação de trincar os dentes.

Indica: dificuldade em canalizar a agressividade, ou falta de habilidade para se impor; que a pessoa é indecisa, não consegue raciocinar na hora de resolver os problemas.

Regência: Capricórnio e Saturno (que são bastante tensos) regem os dentes e os florais são: Mimulus (tira os medos que nos deixam tensos) e Rock Water (flexibilidade).

Florais auxiliares: Agrimony (por a pessoa não ser quem verdadeiramente é), Holly (por momentos tensos, faz aceitação, dá amor), Gentian (ativa a fé, que é a certeza de que tudo dará certo), Scleranthus (equilíbrio), Cerato (ativa o mestre interior, dá intuição, bom para resolver problemas e saber se impor).

bursite

Definição: Inflamação de uma bursa, que está localizada entre as saliências ósseas em um músculo ou tendão.

Regência: Marte (impulso) rege os músculos em geral e o floral é Impatiens (dá ritmo certo aos impulsos).

Indica: raiva reprimida, vontade de agredir.

Florais básicos: Holly (tira a dor, dá conhecimento, faz aceitação, acalma) e Pine (tira as culpas que causam muitas doenças).

Florais auxiliares: Crab Apple (atua como antibiótico natural), Impatiens (anti-inflamatório), Olive (limpa, por dar paz), Rescue Remedy (cura a inflamação), Hornbeam (tira a cronicidade, dá vida nova), Wild Oat (tira a inflamação).

• Pode ser Vênus (falta de alegria) em Capricórnio (rigidez). *Florais:* Wild Rose (alegria), Gentian (ativa a fé, que é a certeza de que tudo dará certo), Scleranthus (equilíbrio), Rock Water (tira a rigidez), Mimulus (tira os medos que nos deixam rígidos) e mais os florais dos signos que regem a casa onde está o planeta e a casa oposta a ela.

C

cabeça

Definição: Parte do corpo animal que contém o cérebro e os órgãos da visão, da audição, da olfação e da gustação, e que comporta os ossos faciais; extremidade proximal de um osso; a extremidade maior de qualquer estrutura ou corpo.

Regência: Áries e Marte (impulso) regem a cabeça (exceto o nariz), e o floral é Impatiens (ritmo correto ao impulso).

Florais auxiliares: Cherry Plum (dá bons pensamentos e sentimentos), Sweet Chestnut (bom para resolver os problemas), Elm (aumenta as sensibilidades: visuais, táteis, olfativas), Heather (ativa a sensibilidade sensorial), Rock Water (aguça os cinco sentidos), Walnut (aumenta a sensibilidade nos órgãos dos sentidos), Larch (melhora os cinco sentidos), Wild Rose melhora os cinco sentidos, Chestnut Bud (dá consciência dos cinco sentidos), Wild Oat (dá clareza aos cinco sentidos), Star of Bethlehem (melhora os cinco sentidos, tira o adormecimento), Agrimony (faz voltar a ser o que era).

Agrimony (tira a dor de cabeça), Red Chestnut (cabeça cheia de obsessão e pensamentos ruins), Clematis (sentem pouca dor por ficarem no mundo da lua), Holly (tira a dor de cabeça fazendo a eliminação de algum sentimento ruim), Elm (libera endorfina, tira a dor de cabeça), Cherry Plum (faz o controle da dor de enxaquecas), Wild Oat + Hornbeam (tiram a dor de cabeça), Star of Bethlehem (faz a mobilização do que está incomodando), Larch (expulsa o que está incomodando, faz a mobilização), Hornbeam (tira os processos crônicos), Impatiens (tira dor aguda da cabeça), Sweet Chestnut (por clarear os pensamentos tira a dor de cabeça e enxaquecas). Mimulus (o medo de assumir seu papel na vida afeta a cabeça, dá coragem para enfrentar um leão por dia), Olive (dá o entendimento da vida, ativa os centros de comando cerebral), Clematis (pessoas que sofrem muitos acidentes na cabeça por estar no mundo da lua), Gentian (ativa a fé, que é a certeza de que tudo dará certo, dá estrutura aos vasos de sustentação da cabeça), Heather (tira os bloqueios e regenera o que for preciso), Walnut (tira as más influências dos pensamentos, ajuda na comunicação entre os dois hemisférios da cabeça: racionaliza o emocional, faz o emocional entender o racional, o emocional fica mais racional), Cherry Plum (a cabeça é o lugar onde nascem os pensamentos, que com a constância se transformam em sentimentos bons ou ruins e, conforme o pensamento, a constância e intensidade, se tornam realidade; Cherry Plum pode evitar que sejamos assolados por maus pensamentos, traz bons pensamentos e sentimentos), Chicory (ativa o recipiente da cabeça para receber o conhecimento universal).

Acúmulo de muco na

• Pode ser Netuno (desordem) em Áries (cabeça). *Florais:* White Chestnut (limpa os mucos), Rock Rose (tira o pânico que causou a desordem), Impatiens (anti-inflamatório) e mais os florais dos signos que regem a casa onde está o planeta e a casa oposta a ela.

cabelo...............................

Definição: Conjunto de pelos que crescem nas partes superior e posterior da cabeça humana.

Os problemas indicam: stress, pressão e tensão; que a pessoa gosta de fazer tudo sozinha, pois os outros não fazem tão bem.

Regência: Áries (impulso) rege a cabeça e o floral é Impatiens (dá ritmo certo ao impulso), Capricórnio e Saturno (rígidos) regem os cabelos e os florais são: Mimulus (tira os medos que fazem o cabelo cair ou ficar sem brilho) e Rock Water (flexibilidade que dá suavidade aos cabelos).

Floral auxiliar: Heather (regenera), Cherry Plum (tira as manias de arrancar os cabelos), Crab Apple (tira oleosidade), Willow (para quedas de cabelos por tirar o negativismo e as preocupações e deixar entrar a Luz que dá força aos cabelos, bom para cabelos sem vida, com falta de brilho, murcho ou em pé, podem ficar grisalhos de uma hora para outra por tristezas ou mágoas), Wild Oat (fortalece os cabelos), Aspen (bom para cabelos brancos por susto ou sem ter idade, por ter medo do futuro).

Queda de

• **Indica:** medo, tensão, necessidade de ter o controle, falta de confiança no processo da vida.

• Pode ser um mau aspecto de Marte (impulso) com Saturno (poda, segura, envelhece), que faz um mau aspecto com Júpiter (exagero). *Florais:* Impatiens (tira a impulsividade, é anti-inflamatório, equilibra a impulsividade), Mimulus (tira os medos que fazem mal aos cabelos), Rock Water (dá flexibilidade), Agrimony (faz a pessoa ser verdadeira, tira o exagero) e mais os florais dos signos que regem as casas onde estão os planetas e as casas opostas a elas.

cãibra ....

Definição: Contração dolorosa e involuntária da musculatura esquelética.

Indica: abarrotamento mental; bloqueios e formas de pensamento que expressam angústia e dor psíquica; que a pessoa se sente atada, sem conseguir avançar; tensão, medo e busca desesperada de apoio.

Regência: Gêmeos (pensamentos) rege a mente e o floral é Cerato (tira o abarrotamento mental); Aquário (cérebro) rege o sistema nervoso periférico e o floral é Water Violet (ameniza a eletricidade do cérebro, equilibra o sistema nervoso); Marte (impulso) rege os músculos em geral e o floral é Impatiens (dá ritmo corretos aos impulsos).

Florais auxiliares: Rescue Remedy (resgata de qualquer mal), Cherry Plum (tira o abarrotamento mental), Rock Water (dá flexibilidade) e Mimulus (por falta de cálcio), Water Violet (acaba com as cãibras por unir o racional com o intuitivo), Vervain (tira a cãibra por relaxar).

Em geral

• Pode ser um mau aspecto entre a Lua (emoções) e Urano (sistema nervoso). *Florais:* Clematis (faz o órgão voltar ao normal), Water Violet (equilibra o sistema nervoso) e mais os florais dos signos que regem as casas onde estão os planetas e as casas opostas a elas.

• Pode ser um mau aspecto entre Vênus (falta de alegria) e Urano (sistema nervoso). *Florais:* Gentian (segurança interior), Scleranthus (equilíbrio), Wild Rose (alegria), Water Violet (equilíbrio do sistema nervoso) e mais os florais dos signos que regem as casas onde estão os planetas e as casas opostas a elas.

• Pode ser um mau aspecto entre Júpiter (exagero) e Urano (sistema nervoso). *Florais:* Agrimony (exagera), Water Violet (ameniza a parte elétrica do corpo) e mais os florais dos signos que regem as casas onde estão os planetas e as casas opostas a elas.

Na parte inferior das pernas

• Pode ser Sol (energia vital, efusão) em Aquário (eletricidade). *Florais:* Vervain (relaxa), Water Violet (ameniza a eletricidade do corpo e o sistema nervoso) e mais os florais dos signos que regem a casa onde está o planeta e a casa oposta a ela.

Nas mãos e braços

• Pode ser Urano (sistema nervoso, parte elétrica do corpo) em Gêmeos (mãos e braços). *Florais:* Water Violet (ameniza a eletricidade e equilibra o sistema nervoso), Cerato (braços e mãos) e mais os florais dos signos que regem a casa onde está o planeta e a casa oposta a ela.

Ou sensações incômodas

• Sensações que se irradiam a partir da região lombar, nádegas, coxas ou tornozelos. Aquário (cérebro) rege o tornozelo, e o floral é Water Violet (equilibra o racional com a intuição). Sagitário (exagera) rege as coxas, e o floral é Agrimony (tira o exagero, faz a pessoa ser verdadeira). Libra (dúvidas) rege a região lombar e as nádegas, e o floral é Scleranthus (equilíbrio).

cálcio................................

Definição: É o quinto elemento químico mais abundante no organismo; ocorre sob forma inorgânica e é responsável pela estrutura do esqueleto, pelos próprios ossos e pelos dentes; também contribui para a regularidade dos batimentos cardíacos, alimenta os nervos, ajuda na coagulação do sangue (na cicatrização de feridas), torna contínuas as reações musculares (em vez de trêmulas ou espasmódicas), mantém a saúde do sangue e ativa o metabolismo enzimático; é de vital importância para as estruturas celulares; o cálcio presente no sangue participa da regulação do equilíbrio ácido-base do organismo.

Regência: Saturno rege o cálcio e os florais são: Rock Water e Mimulus.

Sintomas de deficiência

• Insônia (o mais comum); inquietude, nervosismo, tremores nas mãos, cãibras musculares, insensibilidade e sensação de picadas nas extremidades do corpo; taquicardia ou batimento irregular do coração; retardamento do crescimento e problemas ósseos, como raquitismo nas crianças e osteoporose nos adultos.

• Falta de coragem e de vontade de viver; dificuldade para pensar ou completar os pensamentos; esquecimentos, ansiedade, depressão, dores de cabeça à tarde, suspiros, excesso de saliva na boca e cãibra nos dedos dos pés à noite; a pessoa pode ficar incapaz de se descontrair, algumas partes do corpo podem inchar e pode haver aumento de peso; tensão pré-menstrual com nervosismo, irritabilidade, choro, tremor, inquietude e dor na parte inferior das costas; pode haver cólicas e irregularidades no fluxo; na menopausa, pode haver problemas sérios de perturbação mental; pode haver espasmos no cólon, induzindo à constipação.

cálculo

Definição: Os cálculos em geral, comumente denominados "pedras", são concreções anormais no interior do corpo de um animal e geralmente se compõem de sais minerais; podem ocorrer nos rins, nos ureteres, na bexiga, na uretra e na vesícula biliar.

Indica: algum ressentimento, mágoa ou dor que ficou fossilizado, empedrado em alguma parte do corpo.

Floral básico: Cherry Plum (desfaz os nódulos causados por momentos emocionais difíceis que se tornaram em somatização), Pine (tira nódulos de culpas guardadas), Elm (dissolve as pedras em qualquer lugar do corpo), Crab Apple (limpa as pedras), Willow (tira cálculos por tristezas fossilizadas renais), Beech (acaba com os cálculos renais), Rock Water (tira os cálculos, as pedras, causados pela rigidez de pensamentos, emoções e atitudes), Chicory (tira os cálculos dos rins por ciúmes fossilizados), Vervain (tira os cálculos por euforia).

cálculo biliar

Definição: Os cálculos biliares são quase totalmente compostos por um excesso de pigmento sanguíneo, mas alguns contêm cálcio.

Indica: amargura, pensamentos agoniados, crítica, orgulho, repressão da agressividade que se petrifica, sente a vida parada.

Regência: Saturno (retém, atrasa) rege a vesícula biliar e os florais são: Mimulus (tira os medos que nos acompanham no dia a dia e que nos paralisam) e Rock Water (acaba com os cálculos biliares, dá flexibilidade).

Florais auxiliares: Crab Apple (serve para prevenir e tira depois de criado, limpa), Agrimony (faz a pessoa ser ela mesma, tira o que não é da pessoa, limpa quando estão se formando), Rescue Remedy (resgata de qualquer mal).

De colesterol

• Pode ser uma desarmonia de Júpiter (exagero, colesterol e fígado) em Libra (vias biliares). *Florais:* Agrimony (faz a pessoa ser verdadeira, dá saúde ao fígado, acaba com o exagero), Scleranthus (equilíbrio, saúde das vias biliares) e mais os florais dos signos que regem a casa onde está o planeta e a casa oposta a ela.

cálculo renal

Definição: Os cálculos renais são comumente formados por sais urinários cristalinos, que se mantêm unidos por uma matéria orgânica viscosa; causam bloqueio do fluxo urinário proveniente dos rins.

Indica: assuntos antigos que não foram solucionados; apegos a coisas sem importância que ficam bloqueando o desenvolvimento; raiva não resolvida.

Regência: Capricórnio (por ser rígido) tem relação com os cálculos renais e os florais são: Mimulus (tira os medos que podem calcificar os sentimentos e os pensamentos) e Rock Water (bom para quebrar as pedras); Libra (dúvidas) e Escorpião (medo de perder o poder) regem a bexiga e os florais são: Scleranthus (equilíbrio) e Heather (equilibra o sistema urinário).

Florais auxiliares: Beech (acaba com os cálculos renais), Chicory (tira os cálculos dos rins que são ciúmes petrificados), Aspen (ao tirar os medos do futuro expele os cálculos renais), Vervain (tira os cálculos nos rins criados por stress e expectativa).

Em geral

• Pode ser um mau aspecto entre Vênus (falta de alegria) e Saturno (prende, segura). *Florais:* Gentian (ativa a fé, que é a certeza de que tudo vai dar certo, segurança interior, por energizar o coração dá saúde aos rins que é onde colocamos as expectativas de vida), Scleranthus (saúde aos rins, por dar equilíbrio), Wild Rose (dá alegria de viver), Mimulus (tira os medos que nos acompanham por muito tempo, que mancham o corpo emocional e que são somatizados), Rock Water (tira as pedras, dá flexibilidade) e mais os florais dos signos que regem as casas onde estão os planetas e as casas opostas a elas.

calor ....

Regência: Marte (impulso) produz o calor e o floral é Impatiens (dá ritmo correto ao impulso, equilibra o calor); Saturno (prende, retém) se relaciona com a redução do calor do corpo e os florais são: Mimulus (tira os medos) e Rock Water (dá flexibilidade) aumenta a vontade de viver e aumenta o calor.

canais semicirculares ósseos......

Definição: Canais localizados no labirinto ósseo do ouvido interno, que envolvem os três ductos semicirculares (superior, posterior e lateral) e se abrem para o vestíbulo; estes canais estão contidos no interior da parte pétrea do osso temporal.

Indica: os ouvidos simbolizam a humildade e a obediência; problemas nos ouvidos podem indicar egocentrismo, dificuldade para aceitar ordens. Dor nos ouvidos indica raiva.

Regência: Touro (inseguro) e Vênus (sem alegria) regem os canais e os florais são: Wild Rose (alegria), Gentian (ativa a fé, que é a certeza de tudo dará certo, dá segurança interior) e Scleranthus (equilíbrio). Gêmeos (cérebro) rege os ouvidos e as tubas auditivas e o floral é Cerato (ativa o mestre interior, dá intuição).

câncer...............................

Definição: Crescimento descontrolado de células derivadas dos tecidos normais; são capazes de matar o hospedeiro pela disseminação das células, desde o local de origem até locais distantes ou pela disseminação local.

Indica: mágoas profundas, ressentimento e ódio corroendo o ser; pessoa rígida; forte carência afetiva na primeira infância.

Florais básicos: Heather (regeneração), Cherry Plum (controla a divisão celular, é bom para controlar as metástases) e Chestnut Bud (dá a noção exata do que a pessoa fez para estar com a doença, podendo assim encontrar a cura; ela passa a aceitar que é responsável pela própria doença e começa a querer a cura), Agrimony (por não ser quem verdadeiramente é, a pessoa não se aceita, não vê a gravidade da doença e não se trata; limpa a mágoa que causou o câncer), Holly (tira as dores), Pine (tira as culpas, o que numa grande parte de doenças físicas ela é a grande causadora), Sweet Chestnut (dá luz no fim do túnel).

Florais auxiliares: Crab Apple (bom para fazer catarse daquilo que incomoda; não usar quando o câncer já estiver instalado, pode causar metástase), Gorse (amor, faz a pessoa querer lutar contra a doença), Gentian (ativa a fé, que é a certeza de que tudo vai dar certo), Rescue Remedy (ajuda no resgate nesta doença, tira efeito colateral dos remédios), Elm (pessoas que fazem trabalho assistencial, que cuidam dos outros e se esquecem de si, são atacadas desde fungo até câncer, resgata a alegria de viver, ensina a viver nos dois papéis, o assistencial e o pessoal, libera a endorfina, tira a dor), Rock Water (bom para pessoas rígidas que sentem mágoas por não aceitar o que fazem com elas, por levar tudo a ferro e fogo), Willow (pessoas que se sentem coitadinhas são fáceis de criar câncer), Star of Bethlehem (cicatriza as mágoas, as dores, os maus sentimentos e pensamentos, eliminando tudo acaba com o câncer, ainda traz a inocência de volta para não se ter medo que ele volte e viver a vida com certeza dela), Mustard (por depressão que não sabe de onde vem).

Ginecológico

• Pode ser um mau aspecto entre Vênus (falta de alegria, feminino) e Plutão (órgão feminino de reprodução, modificação genética). *Florais:* Gentian, Scleranthus, Wild Rose, Heather e mais os florais dos signos que regem as casas onde estão os planetas e as casas opostas a elas.

câncer (signo) ....

Palavras-chave

• "eu sinto", alimentar, tenacidade, patriota, o que faz um lar, historiador da família, tenaz, intuitivo, maternal, doméstico, sensível, retentivo, ajuda os outros, simpático, emocional, boa memória, tradicional, melindroso, magoa-se com facilidade, negativo, manipulativo, cauteloso demais, preguiçoso, egoísta, tem pena de si mesmo, feminino, negativo, yin, cardinal, Água, Lua, prata.

Rege

• Membranas, meninges, pleuras e pericárdio, seios da face, fossa orbital, medula óssea, região malar, útero gravídico, neuro-hipófise, esterno e arcabouço torácico, cárdia, estômago, duodeno, bases pulmonares, ácinos e ductos das glândulas mamárias, sela túrcica, ventrículos cerebrais.

Ossos

• Esterno, cartilagens costais, da sétima à décima segunda costela.

Músculos

• diafragmático e intercostais, transverso torácico.

Artérias

• axilar, diafragmática, mediastinal posterior e esofagiana mamária interna.

funções secundárias do signo
• digestão, sucos digestórios.

candidíase ....

Definição: Infecção da pele ou da membrana mucosa por qualquer espécie de cândida.
Indica: sensação de dispersão, frustração, raiva, exigência e desconfiança nos relacionamentos.
Regência: Capricórnio (rigidez) rege a pele e os florais são; Mimulus (tira os medos que nos acompanham por tempo demais, que se transformam em doenças físicas) e Rock Water (flexibilidade); Vênus (falta de alegria) rege a textura da pele, e o floral é Wild Rose (alegria que cura qualquer doença).
Floral auxiliar: Crab Apple (limpa, atua como antibiótico natural), Impatiens (anti-inflamatório), Rescue Remedy (faz o resgate de qualquer mal), Clematis (coloca os pés no chão), Cherry Plum (dá a verdade dentro e fora), Holly (acaba com a frustração), Wild Rose (dá alegria que pode curar qualquer doença, relaciona-se com a textura da pele), Heather (regeneração, cura a infecção).
Em geral
• Pode ser um mau aspecto entre a Lua (emoções) e Netuno (desordem) se eles estiverem em Escorpião (mutação genética). *Florais:* Clematis (tira a pessoa do mundo da Lua, quando a pessoa não está presente ela deixa o corpo e alguma coisa pode atacar, ao colocar os pés no chão ela passa a cuidar do corpo, faz o órgão se defender), Rock Rose (tira o pânico que causou a desordem), White Chestnut (faz dominar os pensamentos e sentimentos quando somos dirigidos pelo instinto), Heather (saúde aos órgãos femininos de reprodução) e mais os florais dos signos que regem as casas onde estão os planetas e as casas opostas a elas.
• Pode ser uma desarmonia de Júpiter (exagero) em Escorpião (medo de perder o poder). *Florais:* Agrimony (faz a pessoa ser verdadeira, tira o exagero), Heather (tira a infecção) e mais os florais dos signos que regem a casa onde está o planeta e a casa oposta a ela.

capricórnio (signo) ....

Palavras-chave
• "eu sou", conseguir, ambição, organização, administração, conservador, cauteloso, responsável, escrupuloso, convencional, profissional, perfeccionista, tradicional, prático, trabalhador, econômico, sério, egoísta, dominador, rancoroso, fatalista, "a cabeça governa o coração", teimoso, inibido, busca *status*, feminino, negativo, yin, cardinal, Terra, Saturno, chumbo.
Rege
• Ossos do esqueleto, dentes, pele, cabelos, unhas, joelhos, tecido conjuntivo, vísceras digestórias, vesícula biliar, melanócito, síntese de proteína.
Osso
• patela.
Músculos
• semimembranoso, semitendinoso, tensor da fáscia lata, poplíteo.
Artérias
• poplítea, medial superior do joelho, lateral superior do joelho, medial inferior do joelho, inferior do joelho.
Veias
• poplítea, safena parva.

Ligamentos do joelho

• colateral da fíbula, colateral da tíbia, patelar, cruzado, poplíteo oblíquo.

Função secundária

• síntese da proteína do osso.

Florais

• Mimulus (tira os medos do dia a dia), Rock Water (deixa a pessoa menos rígida para consigo mesma) e Beech (ajuda a tirar a rigidez, trabalha o ego).

caquexia

Definição: Estado de saúde combalida, desnutrição e emaciamento; fraqueza geral do organismo; pode ocorrer em muitas doenças crônicas.

Indica: falta de vontade de viver.

Florais auxiliares: Wild Oat (dá metas, dá vontade de vida), Rescue Remedy (dá ânimo), Hornbeam (energia para viver) e Wild Rose (alegria no viver), Larch (vontade de fazer e acontecer por ativar o timo, que faz a energia superior ativar a energia interior), Olive (aumenta os anticorpos, dá prazer na vida), Elm (energiza os sete chakras, faz entrar luz, energia e equilíbrio), Gentian (ativa a fé, que é a certeza de que tudo dará certo, dá energia ao coração que energiza o timo e o pulmão), Impatiens (energia vital), Willow (dá boa energia, vontade de viver), Heather (ativa a pineal, faz entrar a luz superior que dá energia ao organismo).

Em geral

• Pode ser Netuno (desordem) e Peixes (confuso) em mau aspecto. *Florais:* White Chestnut (dá clareza, faz dominar os pensamentos e sentimentos quando somos dirigidos pelos instintos) e Rock Rose (tira o pânico que causou a desordem).

carcinoma

Definição: Novo crescimento ou tumor maligno que ocorre no tecido epitelial, com tendência a se infiltrar e dar origem a metástases; pode se disseminar por extensão direta, pelos vasos linfáticos ou pela corrente sanguínea.

Indica: mágoas profundas, ressentimento e ódio corroendo o ser; pessoa rígida; forte carência afetiva na primeira infância.

Florais básicos: Cherry Plum (tira as metástases, controla a divisão celular, dá bons pensamentos e sentimentos) e Chestnut Bud (mostra em que momento emocional a pessoa fabricou a doença; é o grande remédio para o câncer).

Florais auxiliares: Chicory (pela carência afetiva), Gorse (amor), Pine (tira as culpas, pois existe uma grande dose de culpa na maioria das doenças; é o floral do pulmão), Aspen (para medo do futuro, bom em caso de próstata), Agrimony (limpa as mágoas que fabricaram o tumor), Clematis (por estar no mundo da lua, a pessoa deixa o físico à mercê de doenças; coloca os pés no chão, faz a pessoa se cuidar), Holly (dá o entendimento, a aceitação e a eliminação da mágoa, tira as dores), Gorse (dá vontade de lutar contra a doença), Rescue Remedy (resgata de qualquer mal, tira o efeito colateral do remédio), Elm (pessoas que fazem trabalho assistencial, que cuidam dos outros e se esquecem de si, deixando o físico sem proteção, são atacadas por doenças; ativa a endorfina, tira a dor), Agrimony (limpa o que não é da pessoa, faz a pessoa ser verdadeira), Rock Water (para câncer dos que são rígidos e não aceitam nada fora de seus parâmetros).

Das vias biliares

• Pode ser uma desarmonia de Júpiter (vias biliares, exagero) em Libra (dúvidas). *Florais:* Agrimony (faz a pessoa ser verdadeira, fígado), Scleranthus (equilíbrio) e mais os florais dos signos que regem a casa onde está o planeta e a casa oposta a ela.

De bexiga

• Pode ser um mau aspecto entre a Lua (emoções) e Netuno (desordem) se um deles estiver em Escorpião (bexiga e mutação genética). *Florais:* Clematis (coloca os pés no chão, faz a pessoa se cuidar, quando a pessoa se afasta do físico alguma doença pode se apoderar dele), Rock Rose (tira o pânico que causou a desordem), White Chestnut (faz dominar e direcionar os pensamentos e sentimentos quando estamos sendo dirigidos pelo instinto), Heather (regenerador) e mais os florais dos signos que regem as casas onde estão os planetas e as casas opostas a elas.

De colo de útero

• pode ser um mau aspecto entre a Lua (emoções, útero) e Netuno (desordem) se um deles estiver em Escorpião (órgãos de reprodução femininos e mutação genética). *Florais:* Clematis (saúde do útero), Rock Rose (tira o pânico que causou a desordem), White Chestnut (faz dominar e dirigir os pensamentos e sentimentos quando são dirigidos pelos instintos), Heather (regeneração e órgãos de reprodução femininos) e mais os florais dos signos que regem as casas onde estão os planetas e as casas opostas a elas.

• pode ser uma desarmonia de Júpiter (exagero) em Escorpião (órgãos de reprodução femininos). *Florais:* Agrimony (tira o exagero, faz a pessoa ser verdadeira), Heather (saúde para os órgãos de reprodução femininos e regeneração) e mais os florais dos signos que regem a casa onde está o planeta e a casa oposta a ela.

• pode ser uma desarmonia de Lua (emoções, útero) em Escorpião (medo de perder o poder, órgãos de reprodução femininos). *Florais:* Clematis (coloca os pés no chão, quando a pessoa está longe do físico ela deixa a doença atacar), Heather (regeneração) e mais os florais dos signos que regem a casa onde está o planeta e a casa oposta a ela.

De pênis

• pode ser um mau aspecto entre Marte (impulso, masculino) e Plutão (mutação genética, medo de perder o poder, órgão de reprodução masculino). *Florais:* Impatiens (dá ritmo correto ao impulso), Heather (regenera, saúde aos órgãos de reprodução masculinos) e mais os florais dos signos que regem as casas onde estão os planetas e as casas opostas a elas.

De próstata

• pode ser uma desarmonia de Júpiter (exagero) em Libra (dúvidas). *Florais:* Agrimony (faz a pessoa ser verdadeira, tira o exagero), Scleranthus (equilíbrio), Aspen (tira os medos do futuro) e mais os florais dos signos que regem a casa onde está o planeta e a casa oposta a ela.

De testículo

• pode ser uma desarmonia de Júpiter (exagero) em Escorpião (órgão de reprodução masculino, medo de perder o poder, mutação genética, por ser passional). *Florais:* Agrimony (faz a pessoa ser verdadeira, tira o exagero), Heather (regeneração, saúde para os órgãos de reprodução masculinos), Aspen (tira os medos do futuro) e mais os florais dos signos que regem a casa onde está o planeta e a casa oposta a ela.

Do bronquíolo alveolar do pulmão

• pode ser um mau aspecto entre Mercúrio (pulmão, pensamentos) e Netuno (desordem) se um deles tiver um mau aspecto com Saturno (segura, retém) e Plutão (medo de perder o poder, mutação genética). *Florais:* Cerato (equilibra os pensamentos, ar e saúde aos pulmões), Rock Rose (tira o pânico), White Chestnut (faz dominar e direcionar os pensamentos e sentimentos quando somos levados pelos instintos), Rock Water (flexibilidade), Mimulus (tira os medos que nos acompanham por muito tempo), Heather (regeneração) e mais os florais dos signos que regem as casas onde estão os planetas e as casas opostas a elas.

Do endométrio

• pode ser uma desarmonia de Júpiter (exagero) em Escorpião (órgãos de reprodução femininos). *Florais:* Agrimony (faz a pessoa ser verdadeira, tira o exagero), Heather (regeneração, saúde para os órgãos de reprodução femininos) e mais os florais dos signos que regem a casa onde está o planeta e a casa oposta a ela.

Epidermoide de pele

Epidermoide é um câncer que deriva de um tecido epitelial; chama-se epidermoide por mimetizar estruturas da pele, com uma camada rica em queratina.

• pode ser um mau aspecto entre Júpiter (pessoas que por não serem elas mesmas terão muitos problemas de pele) e Plutão (mutação genética). *Florais:* Agrimony (faz a pessoa ser ela mesma, tira o exagero e a exaltação), Heather (regeneração), Wild Rose (o floral de Vênus, que rege a textura da pele), Mimulus (tira os medos do dia a dia que nos acompanham por muito tempo) e Rock Water (flexibilidade), que são os florais de Saturno e Capricórnio, regentes da pele, e mais os florais dos signos que regem as casas onde estão os planetas e as casas opostas a elas.

Epidermoide de pulmão

• pode ser uma desarmonia de Júpiter (exagero) em Gêmeos (pulmão). *Florais:* Agrimony (faz a pessoa ser ela mesma, tira o exagero), Cerato (saúde aos pulmões, equilibra os pensamentos) e mais os florais dos signos que regem a casa onde está o planeta e a casa oposta a ela.

cárdia

Definição: Orifício superior do estômago.

Regência: Câncer (vive no mundo da lua; quando a pessoa não fica presente no físico, ela deixa as doenças atacarem) rege a cárdia e o floral é Clematis (coloca os pés no chão e ensina a se cuidar).

cardiomegalia

Definição: Hipertrofia do coração.

Indica: amor, segurança, união. *Problemas no coração indicam*: falta alegria de viver por sentir estas faltas durante muito tempo; se nasceu assim, vem com estas faltas de vidas anteriores.

Regência: Leão e o Sol (orgulho, eu, ego, luz, hombridade, efusão) regem o coração e o floral é Vervain (relaxa, traz saúde ao coração e dá equilíbrio).

Florais auxiliares: Crab Apple (dá as devidas proporções; não dar se tiver hemorragia) e

Agrimony (faz a pessoa ser verdadeira, tira o exagero de tudo o que está por demais), Honeysuckle (se for genético), Rescue Remedy (resgata de qualquer mal).

Em geral

• *Floral básico:* Rescue Remedy (resgata de qualquer mal).

• *Florais auxiliares:* Crab Apple (dá as devidas proporções), Wild Rose (alegria), Gorse (amor), Gentian (ativa a fé, que é a certeza de que tudo dará certo, segurança, bom para problemas genéticos), Honeysuckle (bom para problemas genéticos), Crab Apple (dá as devidas proporções), Agrimony (tira o que está demais), Heather (regeneração), Clematis (faz funcionar o que não está funcionando), Chestnut Bud (para entender que boa parte do problema é causada pela pessoa), Cherry Plum (mostra a verdade), Scleranthus (equilibra o coração, ativa o quarto chakra, ensina a compreensão e a doação ao mundo).

• pode ser um mau aspecto entre Júpiter (expande), em Leão (coração), e Saturno (rigidez, atrasa, retém). *Florais:* Agrimony (faz a pessoa ser verdadeira, tira a exaltação), Mimulus (tira os medos que fazem mal ao coração), Rock Water (flexibilidade), Vervain (equilíbrio e saúde ao coração) e mais os florais dos signos que regem as casas onde estão os planetas e as casas opostas a elas.

• pode ser uma desarmonia de Júpiter (expande) em Leão (coração). *Florais:* Agrimony (faz a pessoa ser verdadeira, tira a exaltação), Vervain (equilíbrio ao coração) e mais os florais dos signos que regem a casa onde está o planeta e a casa oposta a ela.

• pode ser uma desarmonia da Lua (excesso de emoções) em Leão (coração). *Florais:* Clematis (coloca os pés no chão, quando a pessoa se afasta do corpo deixa a doença se instalar; se já nasceu assim é porque viveu no mundo da lua em vida ou vidas passadas), Vervain (equilíbrio ao coração) e mais os florais dos signos que regem a casa onde está o planeta e a casa oposta a ela.

cárie

Definição: Degradação e desintegração gradual óssea de um dente ou dos tecidos moles.

Indica: energia vital; capacidade de se cuidar, de usar a agressividade, de atuar na vida, a concretização das ideias, indecisão.

Regência: Capricórnio e Saturno (rigidez, podam, atrasam) regem os dentes e os florais são: Mimulus (tira os medos que desequilibram a estrutura) e Rock Water (flexibilidade, bom para descalcificação).

Florais básicos: Centaury (tártaro), Cerato (tártaro e escurecimento), Rescue Remedy (protege de cáries).

Florais auxiliares: Hornbeam (energia), Scleranthus (tira da indecisão), Crab Apple (antibiótico natural, dá as devidas proporções aos acontecimentos), Impatiens (equilibra a agressividade, é anti-inflamatório), Chestnut Bud (para se cuidar), Water Violet (bom para descalcificação).

Tendência a

• pode ser um mau aspecto entre Júpiter (expande) e Saturno (falta de cálcio). *Florais:* Agrimony (faz a pessoa ser verdadeira, tira o exagero), Mimulus (tira os medos que podem fazer cáries, equilíbrio à agressividade), Rock Water (flexibilidade) e mais os florais dos signos que regem as casas onde estão os planetas e as casas opostas a elas.

cartilagem

Definição: Tipo especializado de tecido conjuntivo denso, constituído de células incrustadas numa substância fundamental ou no nariz.

Regência: Capricórnio (rigidez) rege os tecidos conjuntivos e os florais são: Mimulus (tira os medos que nos acompanham há tempos e criam doenças) e Rock Water (dá flexibilidade); Júpiter (exagero) rege as cartilagens maiores das costas, as costelas e o esterno, e o floral é Agrimony (faz a pessoa ser verdadeira, tira o exagero).

Soldadura precoce

• pode ser um mau aspecto entre Júpiter (exagera) e Saturno (duro, rígido). *Florais:* Agrimony (faz a pessoa ser verdadeira, tira o exagero), Rock Water (flexibilidade), Mimulus (tira os medos que nos deixam rígidos) e mais os florais dos signos que regem as casas onde estão os planetas e as casas opostas a elas.

catarata

Definição: Opacidade do cristalino e/ou de sua cápsula.

Indica: falta de nitidez nas percepções; a visão embaçada permite que a pessoa tenha uma visão tranquilizadora do mundo e dela mesma; um véu para a pessoa não ver o que não quer ver.

Regência: O Sol (luz para a visão) rege o olho direito do homem e o esquerdo da mulher e os florais são Vervain (energia vital) e Clematis (acorda o órgão parado, faz trabalhar). Aquário (recluso) rege os olhos (trazendo nitidez das percepções para haver uma melhora nas doenças dos olhos) e o floral é Water Violet (acaba com os problemas visuais de quem é rígido, cura catarata e glaucoma).

Florais auxiliares: Cherry Plum melhora a visão por mostrar a verdade dentro e fora de nós, Rock Water (alterações no vítreo cristalino, acaba com a catarata e glaucoma que são lágrimas não vertidas) e Mimulus (melhora a visão de quem vê o mundo com medo, bom para glaucoma e catarata).

Florais auxiliares: Crab Apple (por limpar a visão, aumenta a visão global da realidade, dá as devidas proporções da realidade), White Chestnut (por clarear à volta), Walnut (por proteger das influências externas cura problemas de visão, dá firmeza e profundidade à visão).

E glaucoma

Lágrimas não vertidas.

• pode ser Leão (falta de energia vital) ou Lua (emoções presas), que, conforme o olho, representa o pai ou a mãe. *Florais:* Vervain (olho direito do pai e esquerdo da mãe) e Clematis (olho direito da mãe e esquerdo do pai).

Em geral

• pode ser um mau aspecto entre o Sol (falta de energia vital) e Urano (eletricidade do cérebro). *Florais:* Vervain (energia vital), Water Violet (acaba com a catarata e glaucoma de quem vê o mundo rigidamente, equilibra a eletricidade do corpo, do cérebro) e mais os florais dos signos que regem as casas onde estão os planetas e as casas opostas a elas.

• pode ser Netuno (desordem) em Touro (inseguro), por Netuno deixar os movimentos intestinais lentos, fazendo as toxinas irem para o sangue. *Florais:* White Chestnut (dá clareza à visão), Rock Rose (tira o pânico que causou a desordem), Gentian (ativa a fé, que é a certeza de que tudo dará certo, segurança interior) e mais os florais dos signos que regem a casa onde está o planeta e a casa oposta a ela.

• pode ser Saturno (rigidez, segura, para, retém) em Aquário (vê o mundo rigidamente, cérebro). *Florais:* Rock Water (flexibilidade para ver o mundo), Mimulus (tira os medos que não deixam ver a verdade), Water Violet (tira: reclusão, rigidez, falta de visão, catarata, glaucoma) e mais os florais dos signos que regem a casa onde está o planeta e a casa oposta a ela.

catarro

Definição: Inflamação das membranas mucosas na cabeça e na garganta.

Indica: baixa autoestima, não reconhece o próprio valor.

Regência: Peixes (desordem) rege as mucosas, e os florais são: White Chestnut (clareia, limpa catarro) e Rock Rose (tira o pânico que causou a desordem); Áries (impulso) rege a cabeça, e o floral é Impatiens (é anti-inflamatório, dá ritmo ao impulso); Gêmeos (pensamentos) rege os pulmões, e o floral é Cerato (ar e equilíbrio para os pulmões, por ativar o mestre interior e dar intuição e sabedoria para usar na vida); Touro (inseguro) rege a garganta, e o floral é Gentian (ativa a fé, que é a certeza de que tudo dará certo, segurança interior); Saturno (rígido, prende, segura) rege os mucos, e os florais são: Rock Water (flexibilidade) e Mimulus (tira os medos que nos seguram).

Florais auxiliares: Crab Apple (limpa, põe para fora, faz a catarse do catarro), Chestnut Bud (para se enxergar e perceber o seu valor), Cherry Plum (mostra a verdade dentro e fora de nós), Agrimony (tira tudo o que não é da pessoa), Olive (faz a eliminação do catarro), Aspen (limpa os pulmões, as vias respiratórias, tira o catarro).

Pulmonar crônico

• **Florais:** Agrimony (tira tudo o que não faz parte da pessoa), Cerato (saúde e equilíbrio aos pulmões) e Crab Apple (antibiótico natural, principalmente em processos bacterianos), Impatiens (anti-inflamatório), Elm (tira infecção), Hornbeam (tira a cronicidade), Pine (é o floral do pulmão, tira a culpa).

catarse

Definição: Ação purgante dos intestinos; liberação da mente pela recordação de eventos e experiências que se constituíram nas causas excitantes de uma psicose.

Floral básico: Crab Apple (para limpar, através das secreções, o físico, o mental ou psíquico, o sangue, os pensamentos e os sentimentos, faz a catarse de tudo o que não está bom ou que faz mal ao organismo, tira o que está engasgado na garganta das atitudes dos outros), Agrimony (acaba com tudo o que não faz parte da pessoa), Cherry Plum (deixa bons pensamentos e sentimentos depois de uma limpeza).

caxumba

Definição: Doença febril contagiosa e aguda, caracterizada pela inflamação das glândulas parótidas e outras glândulas salivares.

Indica: nossas referências.

Regência: Touro (inseguro) rege o pescoço e o floral é Gentian (ativa a fé, que é certeza de que tudo dará certo, segurança interior).

Em geral

• **Florais auxiliares:** Impatiens (anti-inflamatório) e Crab Apple (antibiótico natural, limpa), Honeysuckle (melhora o estado geral).

• pode ser Vênus (sem alegria) em Touro (inseguro). *Florais:* Gentian (ativa a fé, que é a certeza de que tudo dará certo, segurança interior), Wild Rose (alegria), Scleranthus (equilíbrio) e mais os florais dos signos que regem a casa onde está o planeta e a casa oposta a ela.

ceco ....

Definição: Bolsa cega (ou áreas em fundo de saco) que forma a primeira seção do intestino grosso e está localizada abaixo da entrada do íleo, no nível da válvula ileocecal.

Intestino, Indica: medo da vida e análise excessiva dos fatos, também corresponde ao nosso inconsciente.

Regência: Virgem (submissa) rege os intestinos e o floral é Centaury (individualidade); Netuno (desordem) rege as entranhas e os florais são: White Chestnut (dá clareza para dominar os pensamentos quando somos levados pelos instintos) e Rock Rose (tira o pânico que causou a desordem).

Grande e inativo

• pode ser Saturno (para, retém) em Peixes (desordem). *Florais:* Rock Water (flexibilidade), Mimulus (tira os medos que paralisam), White Chestnut (clareia, faz dominar e direcionar os pensamentos quando somos levados pelos instintos, pode nos levar a um futuro muito melhor que o presente), Rock Rose (tira o pânico que paralisa) e mais os florais dos signos que regem a casa onde está o planeta e a casa oposta a ela.

cefaleia ....

Definição: Dor difusa em partes diferentes da cabeça e não confinada a alguma área de distribuição nervosa; pode ser aguda ou crônica.

Indica: quando a pessoa se preocupa muito, pode ser por intuição de algum problema que se aproxima, mas também pode ser sofrer por antecipação.

Regência: Áries (impulso) rege a cabeça e o floral é Impatiens (dá ritmo ao sangue na cabeça). Gêmeos (pensamentos) rege o sistema nervoso central e o cérebro e o floral é Cerato (ativa o mestre interior, dá intuição, faz resolver os problemas), Aquário rege o cérebro e o floral é Water Violet (por não passar o conhecimento, que fica estagnado incomodando, pode dar dor crônica).

Florais auxiliares: Elm (libera endorfina, tira a dor), Holly (bom para a aceitação de problemas, tira a dor), Cherry Plum (dá bons sentimentos e pensamentos, clareia dentro e fora de nós, é a resolução dos problemas que causaram a dor), Water Violet (se a cabeça estiver com muita eletricidade), Sweet Chestnut (luz no fim do túnel para resolver os problemas), Agrimony (tira tudo o que não faz parte da pessoa), Willow (bom para dores fortes e enxaquecas, dá amor e aceitação), Wild Oat (tira a cronicidade das dores de cabeça) junto com Hornbeam (tiram as dores de cabeça, por dar vontade de agir), Larch (tira dores agudas), Impatiens (tira a dor por dar o ritmo certo ao sangue da cabeça) junto com Vervain (que relaxa, podem tirar dores fortes e violentas).

De aparecimento repentino

• pode ser Urano (parte elétrica do cérebro) em Áries (cabeça e impulso). *Florais:* Water Violet (tira a dor de cabeça de quem não passa conhecimento, que fica estagnado incomodando), Impatiens (dá ritmo ao impulso e ao sangue na cabeça) e mais os florais dos signos que regem a casa onde está o planeta e a casa oposta a ela. Ajudar com Holly (tira a dor) e Pine.

De origem latejante

Por causa das condições dos nervos

• pode ser Mercúrio (nervos, pensamentos) em Áries (cabeça, impulso). *Florais:* Cerato (equilíbrio aos pensamentos e aos nervos por ativar o mestre interior que dá intuição e resolve os problemas), Impatiens (dá ritmo à parte nervosa e aos impulsos) e mais os florais dos signos que regem a casa onde está o planeta e a casa oposta a ela. Ajudar com Holly (tira a dor, por dar o entendimento e fazer a aceitação) e Pine (tira as culpas, que são motivo de muita dor de cabeça).

Provocada por tensão

• pode ser uma desarmonia de Júpiter (expande) em Áries (impulso). *Florais:* Agrimony (faz a pessoa ser verdadeira, que já era um bom motivo para ter dor de cabeça, tira o exagero), Impatiens (equilibra o ritmo do impulso e do sangue na cabeça) e mais os florais dos signos que regem a casa onde está o planeta e a casa oposta a ela.

• pode ser uma desarmonia de Mercúrio (parte elétrica do cérebro) em Áries (cabeça, impulso). *Florais:* Cerato (ativa o mestre interior que dá intuição que resolve o problema e acaba com a dor de cabeça), Impatiens (dá ritmo correto aos pensamentos e ao impulso) e mais os florais dos signos que regem a casa onde está o planeta e a casa oposta a ela.

célula ....

Definição: Massa de protoplasma que contém um núcleo ou material nuclear; constitui a unidade estrutural de todos os animais e vegetais.

Regência: Aquário rege a respiração celular e o floral é Water Violet; Urano transporta o oxigênio até as células e o floral é Water Violet.

Indica: toda vivência nesta vida e em outras vidas são absorvidas pelas células; quando a dor da vivência é muito forte e muito doída, a célula perde o ritmo e se descontrola fabricando as doenças celulares como o câncer

Floral básico: Chestnut Bud (mostra em que momento emocional fabricamos a doença física, dando-nos a oportunidade de modificar nossa atitude), Cherry Plum (controla a divisão celular, mostra o que ocorre dentro e fora de nós).

Floral auxiliar: Star of Bethlehem (purifica as células do cérebro, cicatriza os momentos e as dores emocionais). Heather (regula o ritmo celular), Holly (ensina a ter aceitação do que passamos), Olive (traz descanso), Sweet Chestnut (traz a luz no fim do túnel, para pôr fim aos problemas).

Hipofunção das células reprodutivas

• pode ser Saturno (rígido, segura, para, prende, atrasa) em Peixes (desordem). *Florais:* Rock Water (tira as resistências), Mimulus (tira os medos que podem descontrolar o desenvolvimento celular), White Chestnut (clareia a desordem, para que seja organizada), Rock Rose (tira o pânico que causou a desordem) e mais os florais dos signos que regem a casa onde está o planeta e a casa oposta a ela.

centaury (floral)....................

"Ajudar o próximo sem ser capacho."

Relaciona-se com

• Virgem, musculatura esquelética do tronco, parede abdominal, baço, pâncreas, jejuno e epíploo.

Ajuda em caso de

• estômago sensível, dificuldade de absorção no intestino, dispepsia, úlcera, gastrite, azia, refluxo gástrico, colite, constipação intestinal, tensão muscular na região abdominal, anemia, inapetência.

• câncer, doenças autoimunes (por causa de muitas tristezas, mágoas, raiva); problemas genitais (desequilíbrios na parte sexual, alteração da próstata, útero, mama, ovário, hormônios do prazer sexual).

• compulsão alimentar, resignação, irritação, nervos à flor da pele; pessoa influenciável, escrava dos outros.

É bom para

• *trabalhar:* domínio, vontade forte, submissão, modéstia, obediência, parceria e companheirismo; transformar paixão em amor; a fraqueza; desenvolver a individualidade, a humildade (mas com firmeza e determinação), a autovalorização, a autoestima; eliminar toxinas; os terapeutas (para se libertarem do que os prende à terra); quem não sabe dizer não; os depressivos; trazer de volta a alegria, a vivacidade, a palavra correta.

• pessoas que gostam de açúcar, de sabores amargos, de salgados ou de cigarros, por causa de carência.

• *fazer trabalhar:* rins, baço, pâncreas, fígado.

Em associação com outros florais

• Centaury + Star of Bethlehem ou Wild Oat: para a cicatrização de problemas de pele, como erupções avermelhadas, exantemas no pescoço e colo, pitiríase, eczema atópico ou outros tipos crônicos difíceis de curar.

Em relação aos planetas

• ajuda Quíron ao ensinar o "cura-te a ti mesmo", liberando o peso de Saturno para recebermos a intuição de Urano.

• ajuda Saturno ao ativar a parte sábia que nos orienta, dando-nos flexibilidade para vencer as limitações.

• ajuda Urano ao nos ensinar a retomada do espaço perdido pela submissão.

• ajuda Vênus ao nos ensinar o amor pessoal e o prazer.

• ajuda Plutão ao ativar nossa vontade de ser.

cerato (floral)......................

"Ativar o mestre interior."

Relaciona-se com

• Gêmeos, Mercúrio, cintura escapular (exceto o esterno), traqueia, brônquios, membros superiores (braços, antebraços e mãos), sistema nervoso central e hemisférios cerebrais, tubos do corpo (vasos capilares, tuba auditiva de Eustáquio, trompa de Falópio, brônquios, bronquíolos, uretra e ureter), pulmões, seios e região peitoral.

Ajuda em caso de

• dificuldade de comunicação, linguagem confusa, medo da escuridão, sonhos simbólicos, problemas de aprendizagem.

• alergia, hipertrofia de adenoide, nódulos; problemas de ouvido, esclerose da parte óssea dos ouvidos, otite; sinusite, rinite, amigdalite; problemas na parte óssea dos dentes, deformações, tártaro, escurecimento.

É bom para

• trabalhar: a sabedoria, a abertura da mente, a obediência a nós mesmos, a autoconfiança; ativar o mestre interior, a intuição, a vontade, o feminino e o masculino, a sabedoria (a pessoa precisa trabalhar o corpo físico para suportar o peso da sabedoria).

• trazer sabedoria, com humildade e prudência nas atitudes; a pessoa insegura, com físico frágil, que pergunta aos outros o que já sabe e não ouve a resposta; pessoa insegura e medrosa.

Em relação aos planetas

• ajuda o Sol ao nos dar consciência do físico para recebermos toda a sabedoria que vem do nosso interior.

• ajuda a Lua ao fazer aflorar nosso mestre interior, para entendermos nossos sentimentos e trazermos a força do inconsciente.

• ajuda Saturno ao trabalhar a parte mineral do nosso "eu" (principalmente o chumbo) e nos trazer responsabilidade, mas sem que ela se torne um peso.

ceratoacantoma ....

Definição: Lesão papilar, preenchida com uma rolha de queratina, que pode assemelhar-se ao carcinoma epidermoide; é uma tumoração benigna da pele que cresce rapidamente, formando uma crosta endurecida, e habitualmente desaparece de modo espontâneo em seis meses.

Indica: ressentimento e insegurança de como o outro nos vê, problemas de identidade, reflete nossos pensamentos e sentimentos íntimos.

Regência: Capricórnio (rígido) rege a pele e os florais são: Mimulus (tira os medos que nos trazem manchas e problemas de pele) e Rock Water (deixa a pele suave); Vênus (falta de alegria) rege a pele e o floral é Wild Rose (alegria).

Florais auxiliares: Crab Apple (limpa a pele e o estado emocional que fabricou a doença, não pode se dar em tumorações com metástase, pode haver espalhamento), Chestnut Bud (ativa a pineal, que tem conexão com a pele e dá vida e consciência à pele), Elm (dá equilíbrio à pele).

Em geral

• pode ser um mau aspecto entre Júpiter (exagera) e Saturno (rigidez). *Florais:* Agrimony (faz a pessoa ser verdadeira, tira o exagero, tira os problemas de pele, tira tudo o que não é da pessoa), Rock Water (clareia), Mimulus (tira os medos que fazem mal à pele) e mais os florais dos signos que regem as casas onde estão os planetas e as casas opostas a elas.

cerebelo ....

Definição: Parte do cérebro que forma a maior porção do rombencéfalo; situa-se dorsalmente em relação à ponte de Varólio e ao bulbo, suprajacente a esta última estrutura. Centro sinergético dos músculos esqueléticos, é importante para a coordenação dos movimentos musculares voluntários, reforça alguns reflexos e inibe outros durante os movimentos.

Regência: Áries (cabeça) rege o cerebelo e o floral é Impatiens (dá ritmo correto ao sangue da cabeça e saúde ao cérebro); Netuno (desordem) rege o cerebelo e os florais são: White Chestnut (clareia) e Rock Rose (tira o pânico que causou a desordem).

cérebro ....

Definição: Grande massa mole de tecido nervoso, contida no interior do crânio; compõe-se de neurônios (células nervosas) e de neuroglia (ou células de sustentação); o cérebro consiste de matéria cinzenta (compõe-se de corpos de células nervosas) e matéria branca (compõe-se dos processos das células nervosas, que formam tratos que conectam entre si as diversas partes do cérebro).

Indica: é o nosso computador, onde guardamos tudo; os problemas significam que alguma coisa ultrapassada os está causando, pois a pessoa não quer mudar velhas atitudes.

Regência: Aquário (recluso) rege o cérebro e o floral é Water Violet (tira da reclusão faz dividir conhecimento); Áries (impulso, cabeça) rege os centros motores do cérebro e o floral é Impatiens (dá ritmo correto ao impulso e ao sangue na cabeça); Mercúrio (pensamentos) rege o cérebro e o floral é Cerato (ativa o mestre interior, dá intuição, deixa o cérebro saudável); Urano (eletricidade do cérebro) rege a oxigenação do cérebro e o floral é Water Violet (cerebelo, faz dividir o conhecimento).

Florais auxiliares: Honeysuckle (deixar o passado para trás), Chestnut Bud (para absorver o aprendizado que a vida quer nos dar), Cherry Plum (dá o aprendizado clareando dentro e fora de nós), Elm (energiza os chakras, tira os bloqueios que não deixavam a energia subir para a cabeça e não deixavam a pessoa raciocinar; aumenta a capacidade associativa), Olive (ativa o centro de comando cerebral), Larch (ativa o cerebelo que controla a comunicação e a capacidade para a pessoa fazer o equilíbrio das respostas que vêm do cérebro para fazer avaliação; ensina a fazer escolhas quando é ativado o conhecimento e o aprendizado), Star of Bethlehem (purifica as células cerebrais e a medula cerebral, que resgata a ordem dentro das células, limpa e purifica os líquidos cerebrais, os hormônios, o sangue), Cerato (rege os dois hemisférios cerebrais), Water Violet (rege o cérebro e os neurônios), Impatiens (cabeça, encéfalo, hemisférios cerebrais, centros motores cerebrais, vasos sanguíneos da cabeça).

cherry plum (floral) ....

"Acalma os pensamentos e sentimentos."

Ajuda em caso de

- sinusite crônica, problemas hormonais, irregularidade menstrual, problemas dos gânglios linfáticos, distúrbios visuais de todos os tipos, enxaqueca, rinite, problemas dos rins e das vias urinárias, metástases do câncer.
- sentimentos mal resolvidos, crises, falta de aceitação da vida; medo de perder o controle, a cabeça ou a razão; medo de enlouquecer; cacoete, pesadelo, depressão, insônia.
- pessoa que rói as unhas, arranca as sobrancelhas ou os cabelos.

É bom para

• controlar: hormônios, dores, esfíncteres, hábitos, apetite, vícios, a divisão celular (câncer), as emoções; tirar metástase do câncer; ajudar nas fases de desintoxicação, nas crises epiléticas e de esquizofrenia.

• as mães, na fase de aleitamento e para controlar os outros hormônios femininos; os terapeutas, quando não conseguem dissolver os nós dos pacientes; quem pensa em suicídio.

• o relacionamento do casal; a tomada de decisões importantes nos relacionamentos.

• clarear a mente na hora do pânico; clarear os sentimentos; harmonizar; ver a si mesmo; trazer calma e serenidade para os sentimentos; pôr fim aos conflitos; limpar conflitos e traumas.

Em relação aos planetas

• ajuda a Lua ao dar estabilidade aos nossos sentimentos, tirar nossa fragilidade e colocar nossos pés no chão.

• ajuda Vênus ao harmonizar nossos sentimentos, sensibilidade, sutileza e amor.

• ajuda Netuno ao ativar nossa criatividade, libertar nosso amor incondicional e trazer verdade à nossa visão.

• ajuda Urano ao dar estabilidade aos nossos sentimentos, tirar nossa fragilidade e nos ensinar a ver a realidade.

chestnut bud (floral)...............

"Faz compreender por que fabricou a própria doença."

Ajuda em caso de

• câncer (é o grande remédio para a cura do câncer; traz consciência para que a pessoa entenda em que momento emocional gerou a doença, podendo assim trabalhar e eliminar a mágoa, e recomeçar a viver saudavelmente).

• doença genética, vício, dependência.

É bom para

• dar consciência para a pessoa viver o presente, saber por que veio ao mundo, participar da vida (compreendendo cada aprendizado que vivencia); aprender a respeitar o limite do corpo; conhecer as necessidades dos corpos físico, emocional e mental; entender em qual momento a doença foi gerada; compreender completamente a Lei de Ação e Reação.

• o aprendizado em geral (das atitudes, escolar, memorização); a compreensão da vida (para não repetir os mesmos erros); entender a razão do outro em nossa vida; maturidade física e mental; aprender a ter maturidade perante a vida.

• crianças que estão atrasadas no falar, no andar e na dentição; os que têm memória curta, não gravam o que leram; atraso motor, deficiência física; melhorar o aprendizado dos deficientes; recuperação em doenças que afetam a parte motora após acidentes; capacidade associativa; terapias.

• trabalhar a pineal, a pele, a musculatura, a sensibilidade, o coração (que é o centro dos sentimentos); ativar a memória da célula latente, trazendo à consciência a memória celular e mostrando o que ficou sem aprendizado.

• *responder aos "por quê?"*: de um medo, uma insegurança ou falta de controle da criança que tem enurese à noite; de acidentes repetidos; de seguidos abortos espontâneos; de uma doença crônica (cistite, amigdalite, otite, enxaqueca); de acontecimentos ou doenças que ocorrem sempre na mesma época do ano.

Em associação com outros florais

• Chestnut Bud + White Chestnut + Crab Apple: para manias (quando o stress for repetido nas mesmas ocasiões).

Em relação aos planetas

• ajuda Mercúrio ao melhorar nosso aprendizado intelectual e a compreensão dos nossos relacionamentos.

• ajuda Vênus ao tirar o que está embotado em nossos sentidos e percepção corporal, e nos ensinar o amor pelo corpo físico.

• ajuda Saturno ao nos proporcionar aprendizado nas situações pelas quais devemos passar para, com compreensão, liberarmos o karma.

• ajuda Netuno ao nos dar percepção da vida, visão clara da realidade e percepção corporal, e nos ensinar a liberar o amor (com isso passamos a ver a vida de modo amadurecido, através do espírito).

chicory (floral) ....

"Cortar as obsessões."

Ajuda em caso de

• pessoa que idealiza muito os outros; sensação de vazio na barriga, querendo ser preenchida de qualquer maneira; pessoa que teve uma mãe ausente; homem que teve uma mãe forte (pois pode ter se tornado ciumento, possessivo, controlador, sufocante; homossexual, sem seu lado feminino equilibrado); mulher que não acredita em sua capacidade feminina; medo em relação ao lado feminino ou desequilíbrio na área genital.

• problemas de: hormônios, crescimento de tumor, cisto de ovário, mioma, prostatite, aparelho digestório, constipação intestinal crônica, sensibilidade no abdome.

• retirada de um órgão: para desenvolver o desapego em relação a ele: se for um órgão genital, a pessoa fica carente e tende a comer muito; se for a vesícula biliar, fica insegura e carente; se for um rim, sofre muito com os apegos, e podem surgir: cálculos renais, pielonefrite, infecção urinária, cistite, dor nas cadeiras, mioma, fluxo menstrual exagerado, mudança hormonal (menarca e menopausa).

É bom para

• desenvolver desapego material e sentimental; cortar vícios, manias, atitudes indesejáveis, sentimentos de posse, sentimentos negativos, raízes fortes, o passado; eliminar manias.

• os casais; o lado feminino; ensinar o afeto; preencher carências afetivas; ensinar a viver sem apegos, deixando a vida fluir.

• trabalhar: carência, ciúme, posse, vingança, desconfiança, poder, controle em demasia, a morte do que não vale mais; desenvolver o amor impessoal e incondicional.

• o chakra da base, tanto no homem como na mulher; fazer o corte do cordão umbilical que prende a pessoa aos outros; ajudar a área genital e intestinal (eliminando o que não serve mais).

Não é indicado para

• pessoas em estado terminal, pois pode cortar o fio que as une à vida.

Em relação aos planetas

• ajuda a Lua ao fertilizar nossos sentimentos e a doação.

• ajuda Saturno ao trabalhar nosso lado negativo: falta de amor, coração duro, despotismo, egoísmo, autocompaixão e decepção.

• ajuda Plutão ao trabalhar nosso desapego quando somos muito materialistas ou muito apegados aos outros e vamos perdendo nossos órgãos (vesícula, apêndice, ovário, etc.; cada órgão corresponde a um aspecto emocional).

choque

Definição: Choque psicológico, emocional, elétrico, etc.

Floral básico: Rescue Remedy (é o floral do choque: dá ritmo certo ao sangue na cabeça, acalma a mente, faz a cicatrização do choque e do ferimento se houver, tira do desmaio, faz ficar acordado, tira o pânico, dá bons sentimentos e pensamentos), Star of Bethlehem (bom para cicatrizar não só o ferimento mas também o choque, traz a inocência de volta); no Rescue Remedy tem Star of Bethlehem, mas se o choque for grande dar os dois juntos.

choque anafilático

Definição: Forma de reação de hipersensibilidade ou alérgica do tipo 1 contra um antígeno alergênico; produz alterações, com risco de vida, na circulação e nos bronquíolos.

Florais básicos: Rescue Remedy (resgata de qualquer tipo de choque), Agrimony (desintoxicante; elimina os venenos) e Crab Apple (limpa os venenos; quando a pessoa tomou um remédio errado que lhe fez mal).

ciática

Definição: Compressão ou trauma do nervo ciático, ou de suas raízes, sobretudo a resultante de uma ruptura de disco intervertebral ou da osteoartrose das vértebras lombossacrais.

Indica: descontentamento com o rumo que a pessoa está dando à própria vida; profunda dor interna, que a pessoa não quer aceitar conscientemente, por isso necessita mantê-la oculta; sentimento de inferioridade, medo do futuro, medo de tomar decisões importantes.

Regência: Sagitário (expande, aumenta, por ser de fogo favorece a inflamação) rege o nervo ciático e o floral é Agrimony (faz a pessoa ser verdadeira, tira o exagero, tira o que não faz parte da pessoa).

Florais auxiliares: Impatiens (anti-inflamatório), Crab Apple (atua como antibiótico natural, dá as devidas proporções aos acontecimentos), Holly tira a dor, Elm (libera a endorfina, tira a dor, dá flexibilidade aos pensamentos e atitudes), Cherry Plum (clareia dentro e fora da pessoa, sentimentos e pensamentos), Chestnut Bud (faz ver o que está fazendo consigo mesma).

Problemas crônicos no nervo ciático

• pode ser Marte (impulso) em Sagitário (exagera, nervo ciático). *Florais:* Impatiens (dá ritmo certo aos impulsos, tira o estado crônico), Agrimony (faz a pessoa ser verdadeira, tira o exagero) e mais os florais dos signos que regem a casa onde está o planeta e a casa oposta a ela. Ajudar com Rescue Remedy (resgata de qualquer mal) e Aspen (tira o medo do futuro).

cicatriz

Definição: Marca deixada por uma ferida cicatrizada.

Indica: falta de conexão da alma com o corpo físico.

Florais básicos: Rescue Remedy (cicatrizante, composto por: Star of Bethlehem, que faz a alma se aproximar; Rock Rose, que tira o pânico e é bom para o sangue; Clematis, que coloca os pés no chão; Cherry Plum, que acalma os sentimentos, aproxima a alma do corpo físico; e Impatiens, que afasta a impaciência), Holly (dá ensinamento, faz a aceitação, bom se tiver dor).

Florais auxiliares: White Chestnut (bom para pessoas que fabricam cicatrizes sem ter feito a ferida ou o machucado), Cherry Plum (aproxima a alma do corpo físico, faz boa cicatrização), Wild Oat.

Cicatrização lenta

• pode ser um mau aspecto entre Mercúrio (pensamentos) e Netuno (desordem). *Florais:* Cerato (por excesso de pensamentos), Rock Rose (tira o pânico que causou a desordem), White Chestnut (clareia) e mais os florais dos signos que regem as casas onde estão os planetas e as casas opostas a elas.

Em geral

• pode ser um mau aspecto entre Vênus (falta de alegria, textura da pele) e Marte (impulso), com mau aspecto com Urano (parte elétrica do cérebro), se a cicatriz for resultante de cirurgia ou acidente. *Florais:* Gentian (ativa a fé, que é a certeza de que tudo dará certo, segurança interior, alegria), Scleranthus (equilíbrio), Wild Rose (equilíbrio para a textura e a saúde da pele), Impatiens (equilíbrio do sangue na cabeça), Water Violet (dá saúde perfeita aos reclusos que criam as mais diferentes doenças, ensina a dividir conhecimento, tira da reclusão) e mais os florais dos signos que regem as casas onde estão os planetas e as casas opostas a elas.

• pode ser um mau aspecto entre Vênus (textura da pele) e Marte (impulso) e Netuno (desordem). *Florais:* Gentian (ativa a fé, que é a certeza que tudo dará certo, segurança interior, alegria), Scleranthus (a boa cicatrização tem a ver com o equilíbrio da pessoa), Wild Rose (alegria e boa cicatrização), Rock Rose (tira o pânico que causou a desordem), White Chestnut (tira cicatrizes), Impatiens (por tirar a impaciência, dá boa cicatrização) e mais os florais dos signos que regem as casas onde estão os planetas e as casas opostas a elas.

cicatrização ....

Definição: Que favorece ou promove a cicatrização; qualquer agente que ajude na cicatrização. Quando a pessoa reconecta seu corpo à sua alma, a regeneração dos tecidos celulares é mais rápida.

Florais básicos: Rescue Remedy (cicatrizante, composto por Star of Bethlehem, que faz a alma se aproximar tirando cicatrizes físicas e emocionais, regenerador celular, bom para queloides, queimaduras, cicatrizes ósseas, machucados sérios em acidentes, não deixa marca física ou emocional, traz de volta a inocência; Rock Rose, que tira o pânico e é bom para o sangue; Clematis, que coloca os pés no chão; Cherry Plum, que acalma os sentimentos, aproxima a alma do corpo físico; e Impatiens, que afasta a impaciência), Wild Oat (regenerador da pele e cicatrizante), Star of Bethlehem + Chestnut Bud + Red Chestnut + White Chestnut + Sweet Chestnut + Agrimony (para a pele voltar a ser o que era).

cifose

Definição: Exagero ou angulação da curva posterior normal da coluna vertebral; corcunda.

Regência: Leão e Sol (orgulho, ego, eu) regem a coluna dorsal e o floral é Vervain (luz, relaxa, energia vital).

Florais básicos: Pine (para o fechamento do peito; tira os nódulos de tensão nas costas, sendo que as costas são o entendimento do passado) e Honeysuckle (deixa o passado para trás).

Florais auxiliares: Hornbeam (tonifica a coluna, bom para os bloqueios no alto da coluna), Elm (quando a deformação é grande, tira os bloqueios da parte superior da coluna), Scleranthus (coloca a coluna no eixo, desde o cerebelo, onde está o chakra coordenador, até o cóccix, onde está o chakra básico), Wild Oat (bom para desvios na região cervical), Aspen (bom para nódulos de tensão nas costas).

cinetose

Definição: Qualquer distúrbio causado pelo movimento, como enjoo marítimo e enjoo em carro; enjoo em viagens.

Indica: perda de estabilidade e de contato com a realidade, por a vida não estar boa.

Floral básico: Rescue Remedy (resgata de qualquer mal), Scleranthus (dá equilíbrio, tira enjoo, tira tontura).

cintura escapular

Definição: Parte da extremidade superior do corpo (exceto o esterno), à qual estão aderidos os membros superiores; composta pelas duas clavículas e as duas escápulas.

Regência: Gêmeos (cérebro) rege a cintura escapular e o floral é Cerato (bons pensamentos e saúde à cintura escapular).

circulação

Definição: Movimento em um curso regular ou circular; movimento em que o sangue, ao deixar o ventrículo esquerdo, ingressa na aorta, de onde é bombeado para as várias artérias calibrosas próximas.

Sangue indica: a individualidade, a alegria de viver, a vida.

Regência: Aquário (recluso) rege a circulação do sangue em geral e o floral é Water Violet (desintoxica o sangue, faz dividir conhecimento, tira da reclusão); Áries (cabeça, impulso) rege a circulação do sangue no crânio e o floral é Impatiens (dá ritmo correto ao sangue na cabeça); o Sol (energia vital, orgulho, eufórico) rege a circulação arterial e o floral é Vervain (relaxa, energia vital, luz); Mercúrio (pensamentos) rege a circulação em geral e o floral é Cerato (equilíbrio e saúde à circulação e aos tubos do corpo); Júpiter (exagero) rege o sangue arterial e o floral é Agrimony (faz a pessoa ser verdadeira e tira o exagero e tudo o que não é da pessoa); Vênus (sangue, falta de alegria) rege a circulação do sangue venoso e os florais são Wild Rose (alegria, vida ao sangue)

Florais auxiliares: Gentian (ativa a fé, que é a certeza de que tudo dará certo, dá ritmo à frequência circulatória) e Scleranthus (equilíbrio), Hornbeam (tira a congestão circulatória quando a energia fica estagnada no chakra base ou problemas de circulação nos braços e pernas que podem ter sido causadas por deformações na coluna, melhora a circulação do períneo, acaba com as hemorroidas), Impatiens (dá ritmo na circulação da cabeça), Crab Apple (limpa o sangue), Olive (dá ritmo ao coração).

Deficiente

• pode ser Sol (orgulho, ego, eu, falta de energia vital) em Peixes (desordem). *Florais:* Vervain (relaxa o ego, energia vital), White Chestnut (clareia, faz dominar e direcionar os pensamentos quando somos levados pelos instintos, o que pode nos levar ao futuro que quisermos), Rock Rose (tira o pânico que causou a desordem) e mais os florais dos signos que regem a casa onde está o planeta e a casa oposta a ela.

• pode ser Lua (emoções) em Peixes (desordem). *Florais:* Clematis (coloca os pés no chão, toda pessoa que se afasta do corpo deixa-o para as doenças tomarem conta), White Chestnut (clareia, ensina a dominar e dirigir os pensamentos quando somos levados pelos instintos, o que nos leva aonde quisermos), Rock Rose (tira o pânico que causou a desordem) e mais os florais dos signos que regem a casa onde está o planeta e a casa oposta a ela.

Em geral

• pode ser um mau aspecto entre a Lua (emoções) e Saturno (rigidez, segura, prende, atrasa), que pode prejudicar a circulação no corpo. *Florais:* Clematis (faz a pessoa se cuidar), Mimulus (tira os medos que podem causar doenças), Rock Water (tira a rigidez, faz tudo funcionar) e mais os florais dos signos que regem as casas onde estão os planetas e as casas opostas a elas.

Lenta

• pode ser um mau aspecto entre Vênus (falta de alegria) e Marte (falta de impulso). *Florais:* Gentian (ativa a fé, que é a certeza de que tudo vai dar certo, dá ritmo à frequência circulatória), Scleranthus (equilíbrio), Wild Rose (alegria), Impatiens (dá ritmo à circulação da cabeça) e mais os florais dos signos que regem as casas onde estão os planetas e as casas opostas a elas.

cirrose ....

Definição: Doença crônica do fígado, caracterizada pela formação de um tecido conjuntivo perilobular denso, alterações degenerativas nas células parenquimatosas, alteração na estrutura dos cordões dos lóbulos hepáticos, infiltração adiposa e celular, e, em alguns casos, formação de áreas de regeneração.

Indica: raiva e emoções primitivas, queixas crônicas; que a pessoa não consegue saber o que é bom ou ruim para si mesma; que assimila coisas demais, falta-lhe moderação, é exagerada; seus ideais são demasiadamente elevados, vontade de vingança.

Regência: Sagitário (exagerado) rege o fígado e o floral é Agrimony (faz a pessoa ser verdadeira, tira o exagero e tudo o que não é da pessoa); Virgem (submissão) rege o fígado e o floral é Centaury (cuida da saúde do fígado, dá individualidade); Câncer (mundo da lua) rege os lóbulos superiores do fígado e o floral é Clematis (coloca os pés no chão, para pessoas que se afastam do corpo e deixam a doença se aproximar).

Floral auxiliar: Crab Apple (faz a depuração, ajuda a dar a verdadeira dimensão às coisas). Red Chestnut (tira a preocupação que faz mal ao fígado), Honeysuckle (para não ficar remoendo o passado, deixar o passado para trás) Cherry Plum (clareia os sentimento e pensamentos, clareia a situação), Holly (por dar aceitação, acaba as raivas), Elm (acaba com as afecções hepáticas).

Em geral

• pode ser um mau aspecto entre Vênus (falta de alegria) e Júpiter (exagero, fígado) se um deles estiver em Virgem (submissão, abdome). *Florais:* Gentian (ativa a fé, que é a certeza de que tudo dará certo, segurança interior), Scleranthus (equilíbrio, bom para os mal-estares do fígado), Wild Rose (alegria), Agrimony (faz a pessoa ser verdadeira, tira o exagero), Centaury (individualidade que dá saúde ao abdome e fígado) e mais os florais dos signos que regem as casas onde estão os planetas e as casas opostas a elas.

• pode ser uma desarmonia de Júpiter (exagero, fígado) em Virgem (submissão, abdome). *Florais:* Agrimony (faz a pessoa ser verdadeira, tira o exagero), Centaury (individualidade, saúde do fígado, saúde do abdome) e mais os florais dos signos que regem a casa onde está o planeta e a casa oposta a ela.

• pode ser uma desarmonia de Júpiter (exagero) em Sagitário (fígado). *Florais:* Agrimony (faz a pessoa ser verdadeira, tira o exagero e tudo o que não faz parte da pessoa) e mais os florais dos signos que regem a casa onde está o planeta e a casa oposta a ela.

• pode ser uma desarmonia de Júpiter (exagero e fígado) em Capricórnio (rigidez, segura, prende, atrasa). *Florais:* Agrimony (faz a pessoa ser verdadeira, tira o exagero), Mimulus (tira os medos que nos acompanham por tempo demais), Rock Water (flexibilidade das atitudes e pensamentos) e mais os florais dos signos que regem a casa onde está o planeta e a casa oposta a ela.

cirurgia ....

Florais básicos: Rescue Remedy (para antes e depois da cirurgia; é cicatrizante, tira o choque da situação), Crab Apple (não dar quando tiver hemorragia, bom para as cirurgias renais e intestinais; ajuda em processos que necessitam drenagem; também atua como antibiótico e anti-inflamatório) e Impatiens (dá ritmo correto ao sangue, atua como anti-inflamatório).

Florais auxiliares: Star of Bethlehem (para cicatrização), Cherry Plum (aproxima o corpo da alma, bom para cicatrização), Gentian (fé na cura, que é certeza de que tudo dará certo).

Com risco de complicação

• pode ser um mau aspecto entre Marte (impulso) e Plutão (por ser passional a força do pensamento ou sentimento é muito forte, o pessimismo e o otimismo são pra valer, o medo é grande, a saúde é grande, mutação genética e regeneração, tudo conforme o que ele desejar, seu desejo é uma ordem). *Florais:* Impatiens (dá ritmo correto), Heather (regeneração) e mais os florais dos signos que regem as casas onde estão os planetas e as casas opostas a elas.

De emergência

• pode ser um mau aspecto entre Marte (impulso, ação, rapidez) e Urano (eletricidade). *Florais:* Impatiens (dá ritmo correto), Water Violet (equilíbrio à eletricidade ao cérebro) e mais os florais dos signos que regem as casas onde estão os planetas e as casas opostas a elas.

Evitar a cirurgia

• se houver um mau aspecto, em progressão ou em trânsito, entre a Lua (emoções, a pessoa que vive no mundo da lua passa por muitas cirurgias para acordar e cuidar do físico) e Urano (eletricidade).

• se a Lua (por estar no mundo da lua, para acordar e cuidar do físico) progredida ou em trânsito estiver fazendo um aspecto desarmônico com Netuno (desordem).

• se a Lua (por estar no mundo da lua, para acordar e se cuidar) fizer um mau aspecto com Plutão (passionais, energia negativa).

Na região da pelve

• pode ser Marte (impulso) em Sagitário (pelve, exagero). *Florais:* Impatiens (dá ritmo correto), Agrimony (faz a pessoa ser verdadeira, tira o exagero e tudo o que não fizer parte da pessoa) e mais os florais dos signos que regem a casa onde está o planeta e a casa oposta a ela.

Para que seja bem-sucedida

• é necessário que haja um aspecto harmônico entre a Lua (pés no chão, emoções em equilíbrio) progredida e Júpiter (sem exageros, faz a pessoa ser verdadeira), e o floral é Clematis (coloca os pés no chão, pois quando a pessoa se distancia do físico qualquer coisa de ruim pode acontecer a ela).

Pode dar hemorragia

• se houver aspectos dissonantes entre a Lua (emoções fortes) e Marte (impulso forte), em cirurgias com corte. *Florais:* Clematis (coloca os pés no chão, faz a pessoa estar presente para se cuidar), Impatiens (dá ritmo correto ao impulso).

cistite ....

Definição: Inflamação da bexiga quando ocorre uma infecção do trato urinário.

Indica: irritação, frustração, medo do futuro, rancor, ódio e ira que não são canalizados como deveriam ser.

Regência: Libra (dúvida) rege a bexiga, e o floral é Scleranthus (faz a pessoa ser verdadeira). Escorpião (medo de perder o poder) rege a bexiga, e o floral é Heather (regeneração, tira a inflamação).

Florais auxiliares: Crab Apple (atua como antibiótico natural nas infecções renais), Impatiens (anti-inflamatório), Aspen (tira o medo do futuro).

Em geral

• pode ser um mau aspecto entre Vênus (falta de alegria) e Marte (impulso). *Florais:* Gentian (ativa a fé, que é a certeza que tudo dará certo), Scleranthus (equilíbrio), Wild Rose (alegria), Impatiens (dá ritmo ao impulso) e mais os florais dos signos que regem as casas onde estão os planetas e as casas opostas a elas.

• pode ser uma desarmonia de Lua (emoções) em Escorpião (bexiga, medo de perder o poder). *Florais:* Clematis (coloca os pés no chão, faz a pessoa se cuidar), Heather (saúde da bexiga, tira infecção ou inflamação) e mais os florais dos signos que regem a casa onde está o planeta e a casa oposta a ela.

• pode ser Lua (emoções, mundo da Lua) em Escorpião (bexiga, medos profundos). *Florais:* Clematis (coloca os pés no chão para se cuidar), Heather (tira infecção e inflamação) e mais os florais dos signos que regem a casa onde está o planeta e a casa oposta a ela.

• pode ser Marte (impulso) em Escorpião (bexiga, medo de perder o poder). *Florais:* Impatiens (ritmo correto ao impulso), Heather (bexiga, tira infecção e inflamação) e mais os florais dos signos que regem a casa onde está o planeta e a casa oposta a ela.

cisto

Definição: Um saco ou bolsa fechada, com uma parede definida que contém material líquido, semilíquido ou sólido.

Indica: que a pessoa esconde as dores, preocupações e decepções; tristezas relacionadas com o parceiro.

Florais básicos: Aspen (tira o medo do futuro), Chicory (dá o desapego, tira o ciúmes, para acabar com os cistos; trabalhar o feminino; ensinar o afeto), Red Chestnut (para cuidar de si e não do outro, tira nódulos) e Pine (para tirar culpas e qualquer nódulo), Cherry Plum (tira os nódulos fabricados pelos sentimentos ruins que se tornaram em doenças físicas).

Ovariano

• **Florais auxiliares:** Crab Apple (atua como antibiótico, limpa os ovários), Heather (tira doenças nos ovários, cistos, tumores, é regenerador), Larch (equilíbrio hormonal), Aspen (tira os cistos criados pelo medo do futuro), Centaury (equilibra a parte sexual, dá criatividade, dá saúde aos ovários).

• pode ser um mau aspecto entre a Lua (emoções, mundo da lua) e Vênus (falta de alegria, feminino). *Florais:* Clematis (coloca os pés no chão para cuidar do físico), Gentian (dá fé, que é a certeza de que tudo dará certo), Scleranthus (equilíbrio), Wild Rose (alegria, saúde a tudo o que é do feminino) e mais os florais dos signos que regem as casas onde estão os planetas e as casas opostas a elas.

Sinovial (líquido lubrificante das articulações)

• pode ser uma desarmonia da Lua (emoções, mundo da lua) em Capricórnio (prende, segura, é rígido). *Florais:* Clematis (coloca os pés no chão para a pessoa se cuidar), Rock Water (flexibilidade), Mimulus (tira os medos do dia a dia e dos sentimentos que tornam a pessoa rígida) e mais os florais dos signos que regem a casa onde está o planeta e a casa oposta a ela.

clavícula

Definição: Osso curvo, em forma de "F", que se articula com o esterno e a escápula.

Regência: Gêmeos (cérebro) rege a clavícula e o floral é Cerato (cuida da saúde da clavícula, tira os endurecimentos); Capricórnio (rígido) rege os ossos e os florais são: Mimulus (tira os medos que criam a rigidez) e Rock Water (flexibilidade).

Indica: sensação de inadequação, medo da vida, a pessoa se sente incapaz.

Floral auxiliar: Rescue Remedy (resgata de qualquer mal), Gentian (segurança interior), Cherry Plum (mostra quem somos), Agrimony (traz a verdadeira pessoa que habita dentro de nós).

Corte, fratura e ferimento na

• pode ser Marte (impulso) em Gêmeos (cérebro). *Florais:* Impatiens (ritmo correto ao impulso), Cerato (ativa o mestre interior da intuição, faz prestar atenção) e mais

os florais dos signos que regem a casa onde está o planeta e a casa oposta a ela.

clematis (floral) ....

"Colocar os pés no chão."

Relaciona-se com

• Câncer, Lua, casa 4, hipófise (pituitária) e com os cancerianos (são sonhadores, ficam planejando o futuro; indolentes; sonolentos, nunca estão completamente despertos nem demonstram interesse pela vida; vivem no futuro, esquecendo-se do presente).

Ajuda em caso de

• problemas hormonais dos líquidos, alterações na forma, mudança da forma física.

É bom para

• desenvolver estabilidade, praticidade, criatividade, alegria, sutileza, presença, ritmo, perseverança, constância; pôr os pés no chão.

• regular a hipófise, trazendo *insights*; o hipotálamo, trazendo o equilíbrio (o hipotálamo serve para o controle visceral).

Em associação com outro floral

• Clematis + Water Violet: para ajudar a parte nervosa.

Em relação aos planetas

• ajuda Urano ao agir no hipotálamo e na pineal.

• ajuda o Sol ao iluminar nossa consciência.

• ajuda Netuno ao fazer com que tenhamos atitudes.

• ajuda a Lua ao fazer ressurgir nosso interesse pela vida e firmar nossos pés no chão.

• ajuda Marte pelo calor.

• ajuda Saturno pela lignidade.

cloro ....

Definição: Gás altamente irritante e destrutivo para as membranas mucosas das vias respiratórias; é muito venenoso e a inalação excessiva pode causar morte; agente alvejante ativo e germicida; utilizado amplamente na desinfecção das reservas hídricas e no tratamento de esgotos; é encontrado no organismo em combinação com o sódio e o potássio; é um mineral que auxilia na manutenção do equilíbrio ácido-base; essencial na regulação da pressão osmótica das células, ele ajuda a estimular o ácido clorídrico do estômago na digestão dos alimentos; também ajuda o fígado a filtrar os produtos tóxicos e os resíduos; seus efeitos benéficos ajudam a manter elásticos e flexíveis os tendões e as articulações; também ajuda a transportar os hormônios através do organismo.

Regência: Marte rege o cloro e o floral é Impatiens.

Sintomas de deficiência

• perda de cabelos e dentes, deficiências na contração muscular e na digestão.

coágulo ....

Definição: Um trombo; um coágulo de sangue ou linfa.

Indica: bloqueio na circulação do fluxo das emoções, das ações, das amizades, dos amores, do trabalho (o local onde está o trombo corresponde ao ambiente, ao momento ou a algo externo à pessoa).

Florais básicos: Cherry Plum (dissolve as manchas causadas no corpo astral por sentimentos ruins guardados, que é somatizado e se torna em doenças graves ou não, que pode ser um bloqueio ou nódulo grave ou não), Crab Apple (faz dissolver), Impatiens (bom para dar ritmo à circulação), Wild Rose (bom para o sangue, que é a alegria para viver), Olive (limpa as manchas que criam os coágulos), Rescue Remedy (limpa e cicatriza).

Numa placa de ateroma

Que obstrui o fluxo do sangue nos brônquios.

• **Indica:** bloqueio de uma emoção que precisa ser expulsa.

• pode ser um mau aspecto entre Mercúrio (pensamentos, brônquios) e Júpiter (exagero). *Florais:* Cerato (dá equilíbrio aos pensamentos e saúde aos brônquios), Agrimony (faz a pessoa ser verdadeira, tira o exagero, tira o que não pertence à pessoa), Pine (tira as culpas, sara o pulmão), Crab Apple (limpa e expulsa o que for preciso) e mais os florais dos signos que regem as casas onde estão os planetas e as casas opostas a elas.

coarctação da aorta ....

Definição: Má formação localizada, resultante de uma estenose da aorta.

Indica: problemas emocionais duradouros, falta de alegria, rigidez mental, stress e tensão.

Regência: o Sol (falta de energia vital) rege as artérias e o floral é Vervain (energia vital).

Florais auxiliares: Wild Rose (sangue é vida, dá alegria no viver), Cherry Plum (clareia os pensamentos e sentimentos, dando boa solução aos problemas), Olive (alivia, dá paz), Rock Water (tira a tensão e a rigidez), Mimulus (tira os medos dos sentimentos e do dia a dia que causam a rigidez), Sweet Chestnut (dá luz aos problemas para serem solucionados), Heather (regeneração), Rescue Remedy (resgata de qualquer mal).

Em geral

• pode ser uma desarmonia de Júpiter (exagero, aumenta o tamanho do problema) em Gêmeos (tubos do corpo, cérebro). *Florais:* Agrimony (faz a pessoa ser verdadeira, tira o exagero e tudo o que não faz parte da pessoa), Cerato (saúde dos tubos do corpo, dá bons pensamentos), Wild Rose (alegria, saúde do sangue) e mais os florais dos signos que regem a casa onde está o planeta e a casa oposta a ela.

cobalto ....

Definição: Metal dúctil e duro, de cor acinzentada; é extremamente importante na formação do sangue, na manutenção da saúde das hemácias (ajuda a utilizar o ferro na construção das hemácias, curando anemias, mas seu uso como agente terapêutico não é aconselhável) e participa da formação da hemoglobina; é um elemento essencial na vitamina B_{12}; está basicamente relacionado com a ativação de certas funções enzimáticas no organismo.

Regência: Marte rege o cobalto e o floral é Impatiens (dá ritmo correto ao sangue).

Florais auxiliares: Wild Rose (dá alegria, que dá saúde ao sangue), Hornbeam (vitaliza o sangue), Wild Oat (por dar metas na vida, dá vontade de viver e energia ao sangue), Hornbeam (energia).

Sintomas de deficiência

• retardo do crescimento e vários tipos de anemia (de Cooley, septicêmica, nefrítica e em bebês prematuros).

cobre

Definição: Elemento químico avermelhado, muito usado em fios condutores de eletricidade, encanamentos, em ligas como latão com zinco, bronze com estanho, etc. Sua importância é demonstrada pelo fato desse mineral estar presente nos tecidos de quase todos os organismos, tanto animais como vegetais; o organismo humano utiliza pequenas quantidades de cobre e uma das diversas funções do cobre é ajudar na formação da hemoglobina e das hemácias; o aumento da ingestão de cobre em produtos naturais pode retardar o desenvolvimento de câncer e diminuir as lesões hepáticas.

Regência: Vênus rege o cobre e os florais são: Gentian (segurança interior), Scleranthus (equilíbrio) e Wild Rose (alegria de viver).

Sintomas de deficiência

• pode acontecer anemia em crianças; desproteinemia (doença infantil caracterizada por edema; pode ser por falta de cobre e ferro no organismo); doenças como: kwashiorkor, síndrome celíaca e hipoproteinemia (diminuição do nível sérico de cobre); fraqueza generalizada do corpo, feridas cutâneas e dificuldades respiratórias; aterosclerose e aneurisma (ocorrem inesperadamente, quando as veias perdem a elasticidade e formam bolsas); osteoporose.

Florais auxiliares: Hornbeam (energia ao sangue), Wild Oat (dá metas à vida, dá vontade de viver e energia ao sangue), Rock Water (bom para os ossos), Mimulus (bom para os ossos), Rescue Remedy (cura e cicatriza as feridas), Pine (é o grande remédio para o pulmão).

cócegas em excesso

Floral básico: Holly (a pessoa não tolera que encostem em seu corpo). Scleranthus (dá equilíbrio) + Willow (tiram o excesso de sensibilidade), Crab Apple (limpa o excesso), Agrimony (tira o exagero).

colagenose (doença sistêmica)

Definição: Qualquer doença do colágeno.

Colágeno: proteína insolúvel fibrosa encontrada no tecido conjuntivo como: pele, ossos, ligamentos e cartilagens.

Florais básicos: Rock Water (flexibilidade, saúde à parte óssea do corpo) e Mimulus (tira os medos que nos deixam rígidos), Wild Rose (pele), Beech (saúde dos ligamentos).

Degeneração dos tecidos colágenos

• pode ser um mau aspecto entre o Sol (falta de energia vital) e Plutão (mutação genética). *Florais:* Vervain (energia vital), Heather (regenerador) e mais os florais dos signos que regem as casas onde estão os planetas e as casas opostas a elas.

Em geral

• pode ser uma desarmonia de Lua (emoções, mundo da lua) em Escorpião (degeneração). *Florais:* Clematis (coloca os pés no chão, faz a pessoa se cuidar, quando nos afastamos do corpo o deixamos livre para a doença atacar), Heather (regeneração) e mais os florais dos signos que regem a casa onde está o planeta e a casa oposta a ela.

colangiolite

Definição: Inflamação dos ductos biliares que ocorre em várias formas de hepatite.

Indica: falta de moderação nas ideias e nos ideais.

Regência: Libra (dúvidas) rege as vias biliares e o floral é Scleranthus (equilíbrio); Gêmeos (pensamento) rege os ductos e o floral é Cerato (saúde dos tubos do corpo), Agrimony (cuida do fígado).

Floral auxiliar: Impatiens (anti-inflamatório), Crab Apple (antibiótico natural), Agrimony (faz a pessoa ser verdadeira, tira o exagero, retira tudo o que não pertence à pessoa).

colangite ....

Definição: Inflamação dos ductos biliares.

Indica: que a pessoa sente raiva por ser podada e não poder se expressar exageradamente.

Regência: Gêmeos (cérebro ativa a intuição, dá sabedoria) rege os ductos do corpo e o floral é Cerato (ativa a intuição, dá sabedoria e saúde para os ductos do corpo); Virgem (submisso) rege a vesícula biliar e o floral é Centaury (cuida da saúde do abdome, individualidade).

Florais auxiliares: Gentian (ativa a fé, que é a certeza de que tudo vai dar certo, segurança interior), Agrimony (faz a pessoa ser verdadeira, tira o exagero), Cherry Plum (mostra dentro e fora de nós, dá boas atitudes), Crab Apple (dá as devidas proporções aos acontecimentos, age como antibiótico natural), Impatiens (anti-inflamatório).

Aguda

• pode ser uma desarmonia de Júpiter (exagero) em Capricórnio (rigidez). *Florais:* Agrimony (faz a pessoa ser verdadeira, tira o exagero), Mimulus (tira os medos que nos deixam rígidos), Rock Water (flexibilidade), e mais os florais dos signos que regem a casa onde está o planeta e a casa oposta a ela.

colecistite ....

Definição: Inflamação da vesícula biliar; é causada pela irritação química decorrente da obstrução do ducto cístico, que impede o fluxo de bile a partir da vesícula biliar.

Indica: raiva reprimida; por não poder se manifestar.

Florais auxiliares: Agrimony (faz a pessoa ser verdadeira, tira a raiva) que vai ajudar Centaury (individualidade) e Gentian (ativa a fé, que é a certeza de tudo dará certo, segurança interior) a se manifestar de forma correta e segura.

Regência: Virgem (submissa, abdome) rege a vesícula biliar e o floral é Centaury (individualidade); Libra (dúvida) rege a vesícula biliar e as vias biliares, e o floral é Scleranthus (equilíbrio); Sagitário (exagero) rege as vias biliares e o floral é Agrimony (faz a pessoa ser verdadeira, tira o exagero).

Aguda

• pode ser uma desarmonia de Júpiter (exagero) em Capricórnio (rigidez). *Florais:* Agrimony (faz a pessoa ser verdadeira, tira o exagero), Mimulus (tira os medos que nos deixam rígidos), Rock Water (flexibilidade) e mais os florais dos signos que regem a casa onde está o planeta e a casa oposta a ela.

Crônica

• pode ser uma desarmonia de Lua (emoções, mundo da lua) em Escorpião (degeneração). *Florais:* Clematis (coloca os pés no chão, faz cuidar do corpo), Heather (tira o jogo de poder), Agrimony (faz a pessoa ser verdadeira, tira o exagero) e mais

os florais dos signos que regem a casa onde está o planeta e a casa oposta a ela.

cólera

Definição: Infecção aguda que envolve todo o intestino delgado, caracterizada por diarreia aquosa abundante e vômito intenso; causa uma perda severa de líquidos e eletrólitos, cãibras musculares, oligúria, desidratação e colapso.

Indica: medo da vida e análise crítica excessiva.

Regência: Virgem rege o intestino e o floral é Centaury.

Florais auxiliares: Agrimony (para ser verdadeiro), Clematis (coloca os pés no chão), Crab Apple (seria bom na hora da infecção, mas pode aumentar a diarreia), Impatiens (atua como anti-inflamatório), Scleranthus (vômitos), Rescue Remedy (bom para o equilíbrio da doença e para hidratar), Heather (regeneração), Rock Rose (limpa, purifica, melhora a absorção dos nutrientes no organismo, tira a intoxicação, acaba com fezes petrificadas, tira o pânico que causou a desordem), Rescue Remedy (hidrata, acaba com vômito e diarreia).

Em geral

• pode ser Marte (impulso) em Virgem (abdome). *Florais:* Impatiens (dá ritmo correto aos impulsos), Centaury (cuida da saúde da digestão e da absorção nos intestinos) e mais os florais dos signos que regem a casa onde está o planeta e a casa oposta a ela.

colesterol

Definição: Esterol amplamente distribuído nos tecidos animais, que é encontrado na gema de ovo e em vários óleos e gorduras, no tecido nervoso do cérebro e da medula espinhal, no fígado, nos rins e nas glândulas adrenais.

Indica: medo de aceitar a alegria (e obstrui os canais com colesterol).

Regência: Júpiter (exagero) rege os tecidos gordurosos e o floral é Agrimony (faz a pessoa ser verdadeira, tira o exagero e tudo mais que não pertencer a ela).

Florais auxiliares: Beech (faz falar o que sabe), Wild Rose (alegria), Aspen (tira o medo do futuro) e Crab Apple (equilibra os níveis alterados), Rock Rose (por medo que acaba desorganizando os sistemas), Vine + Gorse + Crab Apple (acabam com o desequilíbrio do colesterol), Red Chestnut (aproxima o anjo da guarda).

Alto

• pode ser um mau aspecto entre Marte (impulso) e Júpiter (exagero, tecidos gordurosos). *Florais:* Impatiens (dá ritmo correto), Agrimony (faz a pessoa ser verdadeira, tira o exagero e tudo o que estiver a mais) e mais os florais dos signos que regem as casas onde estão os planetas e as casas opostas a elas.

Nos vasos e/ou na pele, no fígado

• pode ser um mau aspecto entre Júpiter (exagero) e Saturno (retém, prende, segura, rigidez). *Florais:* Agrimony (faz a pessoa ser verdadeira, tira o exagero, tecidos gordurosos, fígado), Mimulus (tira os medos que nos deixam rígidos), Rock Water (flexibilidade), Cerato (saúde dos vasos) e mais os florais dos signos que regem as casas onde estão os planetas e as casas opostas a elas.

cólica

Definição: Dor usualmente súbita e intermitente em qualquer área do corpo, em especial nas vísceras abdominais e pélvicas.

Indica: irritação e impaciência; acúmulo de problemas que deveriam ter deixado de existir há muito tempo.

Regência: Virgem rege o abdome e o floral é Centaury (dá saúde a todo o sistema digestório).

Florais básicos: Elm libera endorfina que tira a dor, Holly (dá aceitação e tira a dor), Impatiens (tira a impaciência, acalma a irritação) e Agrimony (para cólicas intestinais se estiver com diarreia), Crab Apple (limpa os intestinos, bom para intestino preso, dá as devidas proporções aos acontecimentos), Honeysuckle (joga o lixo fora e deixa o passado para trás), Cherry Plum (mostra a verdade dentro e fora da pessoa, acalma).

Abdominal

• pode ser um mau aspecto entre Mercúrio (pensamentos) e Saturno (rígidos). *Florais:* Cerato (ativa o mestre interior, dá intuição, acaba com os problemas), Mimulus (tira os medos que nos deixam rígidos), Rock Water (flexibilidade), Centaury (abdome) e mais os florais dos signos que regem as casas onde estão os planetas e as casas opostas a elas.

Intestinal

• **Florais auxiliares:** Agrimony (faz a pessoa ser verdadeira e tira o exagero e tudo o que não faz parte dela, acaba com as diarreias), Holly (tira qualquer dor por dar o entendimento e a aceitação), Rock Rose (limpa, purifica, tira a intoxicação).

• pode ser um mau aspecto da Lua (emoções, mundo da lua), se estiver em Virgem (abdome, submissão), ou de Urano (eletricidade). *Florais:* Clematis (coloca os pés no chão para a pessoa cuidar do físico), Centaury (saúde ao abdome e da digestão até os intestinos), Water Violet (organiza a parte elétrica, por ativar a intuição acaba com os curtos-circuitos no corpo) e mais os florais dos signos que regem as casas onde estão os planetas e as casas opostas a elas.

Menstrual

• **Indica:** que o sangue muda, mas a mulher não (e isso causa muita dor); que talvez ela não aceite o fato de ser mulher.

• **Florais:** Wild Rose (para trabalhar o feminino), Impatiens (para trabalhar o masculino) os dois juntos trazem o equilíbrio, Chicory (trabalha o lado feminino), Holly (tira a dor da mulher que não gosta de ser mulher e tem ódio de menstruar, que é a causa da dor), Vervain (faz relaxar, tira as cólicas), Rescue Remedy (regulariza a menstruação, tira a cólica), Scleranthus (para a pessoa escolher se quer ser feminina ou masculina).

Nefrítica

• pode ser uma desarmonia de Júpiter (exagera) em Libra (rins). *Florais:* Agrimony (faz a pessoa ser verdadeira, tira o exagero e tudo o que não pertence a ela), Scleranthus (equilíbrio dos rins), Pine (elimina pedras), Crab Apple (dá as devidas proporções aos acontecimentos, elimina o que está incomodando no sentimento, pensamento ou fisicamente) e mais os florais dos signos que regem a casa onde está o planeta e a casa oposta a ela.

cólon ....

Definição: Parte do intestino grosso, desde o final do íleo até o reto.

Os problemas indicam: medo da vida, críticas demasiadas (problemas no cólon podem ocasionar problemas no coração, nas costas, na tireoide e nos olhos).

Regência: Virgem (sistema digestório) rege os intestinos e o floral é Centaury (faz a absorção dos nutrientes para o sangue); Escorpião (medo de perder o poder) rege o cólon descendente e o floral é Heather (regenerador).

Florais auxiliares: Crab Apple (limpa os intestinos), Rock Rose (dá movimento peristáltico aos intestinos, limpa, purifica, melhora a absorção dos nutrientes, tira a intoxicação, acaba com fezes petrificadas), Centaury (melhora as críticas, além de dar saúde aos intestinos e favorecer os movimentos peristálticos), Cherry Plum (dá bons sentimentos e pensamentos, tornando o futuro melhor); Holly (tira a dor por haver aceitação da situação), Elm (libera endorfina, tira a dor), Agrimony (tira as cólicas intestinais, por a pessoa se permitir ser quem verdadeiramente é), Gorse (faz a depuração dos intestinos), Elm (intestinos estressados, com diarreia ou constipados) + Crab Apple (para constipação) + Agrimony (em diarreias), Wild Oat (cuida das mucosas e regeneração, melhora a absorção dos alimentos), Rock Rose (limpa, purifica e melhora a absorção das vitaminas, tira a intoxicação, bom para acabar com fezes petrificadas), Crab Apple (tira os mal-entendidos que ficam parados nos intestinos intoxicando o sangue), Chicory (faz a eliminação do que não serve mais), Sweet Chestnut (dá vitalidade, saúde para o intestino grosso, quando o pulmão fica em baixa afeta o intestino grosso).

Espasmos no

Principalmente quando existe stress, também pode surgir constipação seguida de diarreia.

• pode ser Urano (parte elétrica do corpo) em Escorpião (cólon descendente). *Florais:* Water Violet (equilibra a parte elétrica do corpo), Heather (saúde do cólon), Elm + Crab Apple (quando há constipação) e Elm (bom para intestinos estressados) + Agrimony (quando há diarreia) e mais os florais dos signos que regem a casa onde está o planeta e a casa oposta a ela.

Estase de cólon

• pode ser Saturno (rigidez) em Escorpião (cólon descendente). *Florais:* Rock Water (flexibilidade para jogar o velho fora), Mimulus (tira os medos que nos dá rigidez), Heather (cólon e infecção) e mais os florais dos signos que regem a casa onde está o planeta e a casa oposta a ela.

Irritável

• pode ser uma desarmonia de Lua (emoções, mundo da lua) em Virgem (submissa, aparelho digestório). *Florais:* Clematis (coloca os pés no chão, cuida da saúde das vísceras), Centaury (bom para o aparelho digestório, melhora a absorção dos nutrientes no intestino) e mais os florais dos signos que regem a casa onde está o planeta e a casa oposta a ela.

Ou peristaltismo deficiente

• pode ser Netuno (desordem) em Escorpião (cólon). *Florais:* White Chestnut (faz dominar e direcionar os pensamentos quando somos levados pelos instintos o que nos faz comandar o nosso amanhã com relação à saúde e a tudo o mais na vida), Rock Rose (tira o pânico, faz funcionar o peristaltismo intestinal), Centaury (atua nos movimentos peristálticos dos intestinos), Heather (saúde do cólon descendente) e mais os florais dos signos que regem a casa onde está o planeta e a casa oposta a ela.

Tumor no cólon ou problemas crônicos

• pode ser Plutão (mutação genética) em Escorpião (cólon). *Florais:* Heather (regeneração), Chestnut Bud (ensina em que momento a pessoa fabricou a doença), Rock Rose (tira a desordem que pode ter causado o câncer, é bom para a saúde dos intestinos), Centaury (bom para a saúde dos intestinos) e mais os florais dos signos que regem a casa onde está o planeta e a casa oposta a ela.

coluna vertebral ....

Definição: Estrutura cilíndrica de sustentação. A coluna vertebral é o suporte flexível da vida.

Os problemas indicam: os desvios indicam incapacidade de adaptação ao fluxo da vida, medo, desejo de se agarrar ao que passou, falta de confiança no que está por vir; a hérnia de disco indica que a pessoa se sente sem nenhum apoio na vida, que está indecisa.

Regência: o Sol (vitalidade, ego, eu) rege a coluna vertebral e o floral é Vervain (energia vital); Saturno e Capricórnio (rígido) regem os ossos e Saturno (rígido, segura prende, atrasa) rege o sistema ósseo, e os florais são: Mimulus (tira os medos que nos deixam rígidos) e Rock Water (flexibilidade).

Florais auxiliares: Pine (para coluna sensível, deformações, nós de tensão nas costas), Hornbeam (dá força e energia à coluna, tira os bloqueios da parte de baixo da coluna), Holly (deformações por a pessoa estar fechada para o mundo), Rock Water (para trabalhar o ego; o orgulho que pode vir a afetar a coluna), Beech (por orgulho, trabalha o ego, bom para esclerose). Water Violet (por orgulho, bom para esclerose), Mimulus (medos dos sentimentos e do dia a dia dá rigidez na coluna), Crab Apple (limpa os problemas que causam problemas na coluna), Elm (tira os bloqueios da parte superior da coluna), Scleranthus (coloca a coluna nos eixos, equilíbrio para tomar decisões e definições), Willow (jogo de cintura, tira os bloqueios que as tristezas e mágoas deixaram), Aspen (tira os nódulos de tensão das costas ou deformações da coluna), Pine (tira os nódulos de tensão e ajuda a tirar as deformações da coluna), Vervain (tira as dores musculares da coluna).

Cáries e curvaturas anormais na coluna, ou compressão, ou esclerose do cordão espinhal

• pode ser Saturno (rigidez) em Aquário (sistema nervoso). *Florais:* Rock Water (faz dominar e direcionar os pensamentos quando somos levados pelos instintos fabricando doenças), Mimulus (tira os medos que nos deixam rígidos), Water Violet (equilibra o sistema nervoso, dá saúde ao corpo) e mais os florais dos signos que regem a casa onde está o planeta e a casa oposta a ela.

Tumores, excrescências e degeneração do cordão espinhal

A degeneração está relacionada à destruição do tecido nervoso.

• pode ser Plutão (mutação genética) em Aquário (sistema nervoso). *Florais:* Heather (regeneração), Water Violet (equilíbrio do sistema nervoso) e mais os florais dos signos que regem a casa onde está o planeta e a casa oposta a ela.

coma

Definição: Estupor profundo e anormal que ocorre em certas enfermidades, em decorrência dessa enfermidade ou de alguma lesão; o paciente não consegue ser despertado por estímulo externo.

Florais básicos: Rescue Remedy (bom para a pessoa acordar) e Larch (dá vontade de reagir). Sweet Chestnut (luz para encontrar o caminho), Clematis (coloca os pés no chão), Rock Rose (se for por desordem do organismo ou dos sentimentos, se for por fuga).

complexo

Definição: Uma ideia subconsciente, ou um grupo de ideias, que ficou associada a um desejo ou experiência emocional reprimida e pode influenciar o comportamento, embora a pessoa talvez não tenha qualquer percepção da conexão existente entre os pensamentos e as ações reprimidas.

De culpa – A culpa nasce numa pessoa, quando a mãe, ao não conseguir saber o que a criança está necessitando quando chora fica culpada e neste momento ela ensina a criança a se sentir culpada também. Todo sentimento ou pensamento é uma onda vibratória que passa de uma pessoa para outra.

• *Floral:* Pine (tira a culpa por a pessoa ter feito algo de que não gostou de ter feito ou que acha que não devia ter feito, mas não obrigatoriamente que tenha sido errado) e Holly (elimina a culpa, por fazer a aceitação do que foi feito). Larch (por deixar o potencial existente aparecer, tira o complexo de inferioridade), Agrimony, (bom para se descobrir, se dar o direito de ser quem na verdade é), Cherry Plum (mostra a verdade dentro e fora de nós).

condromalacia

Definição: Doença degenerativa que causa o amolecimento da cartilagem da superfície da rótula.

Joelhos indicam: orgulho e ego.

Regência: Capricórnio e Saturno (rígidos) regem os ossos. Capricórnio é o regente dos joelhos e os florais são Rock Water (flexibilidade) e Mimulus (tira os medos que nos deixam rígidos).

Floral auxiliar: Beech (para trabalhar o orgulho e o ego, pois os joelhos representam o orgulho e o ego, o abaixar, o se abaixar perante o outro), Heather (regeneração), Clematis (faz o órgão que não quer atuar acordar e trabalhar), Vervain (dá saúde ao coração, que dá saúde aos outros órgãos).

cones e bastonetes dos olhos

Definição: As partes fotossensíveis das células visuais (bastonetes e cones) da retina. Pelo fato de a pessoa não gostar do que está vendo, ela é capaz de distorcer o presente e ou o passado e ou o futuro.

Regência: Aquário (recluso) rege os cones e bastonetes dos olhos, e o floral é Water Violet (faz dividir conhecimento, tira da reclusão, dá boa visão).

confusão

Definição: Em estado agudo é quando acontece ao mesmo tempo: turvação da consciência, deficiência de memória, comprometimento da função cognitiva, percepção deficiente, distúrbios da emoção e depressão da atividade psicomotora.

Regência: Peixes e Netuno regem a confusão e o nebuloso (que dissolvem a compreensão, causam distúrbios por onde passam), e os florais são: White Chestnut (faz dominar e direcionar os pensamentos quando somos levados pelos instintos) e Rock Rose (tira o pânico que causou a desordem).

Florais auxiliares: Cherry Plum (mostra a verdade dentro e fora de nós), Crab Apple (dá as devidas proporções às coisas), Impatiens (por ativar os dois hemisférios cerebrais), Cerato (ativa os dois hemisférios cerebrais), Water Violet (ativa os neurônios, que passam conhecimento de um órgão para outro), Gorse (dá lucidez), Chestnut Bud (tira a confusão mental e do físico), Scleranthus (tira a confusão mental), Wild Oat (tira a confusão, faz o entendimento da situação), Vine (tira a confusão mental).

Pessoa confusa

• pode ser um mau aspecto entre Vênus (falta de alegria) e Netuno (desordem). *Florais:* Gentian (ativa a fé, que é a certeza de que tudo dará certo, segurança interior), Scleranthus (equilíbrio), Wild Rose (alegria), Rock Rose (tira o pânico que causou a desordem), White Chestnut (faz dominar e direcionar os pensamentos que são levados pelos instintos, clareia a confusão), Crab Apple (limpa a mente e dá as devidas proporções aos acontecimentos) e mais os florais dos signos que regem as casas onde estão os planetas e as casas opostas a elas.

congestão

Definição: Uma quantidade excessiva de sangue ou líquido tecidual num órgão ou tecido.

Regência: Saturno (rígido) rege os mucos e os líquidos, e os florais são: Rock Water (flexibilidade) e Mimulus (tira os medos que nos deixam rígidos).

Florais auxiliares: Wild Rose (para trabalhar o sangue, que se relaciona com a alegria de viver) e Olive (dá ritmo ao coração), Impatiens (dá ritmo ao sangue no cérebro) Cerato (bom para os tubos do corpo), Crab Apple (limpa a congestão), Agrimony (tira o que está em excesso), Cherry Plum (limpa, deixa ver dentro e fora), Sweet Chestnut (limpa por dar luz ao fim do túnel), Vervain (cuida da saúde do coração, que é por onde é feita a distribuição do sangue, para deixar todos os outros órgãos com saúde).

Cerebral

• pode ser Marte (impulso) em Áries (cabeça, centros motores cerebrais). *Florais:* Impatiens (dá ritmo ao sangue na cabeça) Holly (faz o entendimento que dá aceitação) e mais os florais dos signos que regem a casa onde está o planeta e a casa oposta a ela.

Vascular

• pode ser um mau aspecto entre Vênus (falta de alegria) e Marte (impulso do sangue no cérebro). *Florais:* Gentian (ativa a fé, que é a certeza de que tudo vai dar certo, segurança interior), Scleranthus (equilíbrio), Wild Rose (alegria), Impatiens (ritmo do sangue no cérebro) e mais os florais dos signos que regem as casas onde estão os planetas e as casas opostas a elas.

congestão nasal ....

Definição: Presença de uma quantidade excessiva de líquido no nariz.

Indica: que a pessoa não reconhece o próprio valor; baixa autoestima. Problemas no nariz significam que a pessoa é presunçosa e tem tendência do egocentrismo.

Regência: Escorpião (medo de perder o poder) rege o nariz, e o floral é Heather (regenerador). Capricórnio (rigidez que causa a congestão) rege as secreções respiratórias, e os florais são: Mimulus (tira os medos que nos enchem de líquidos) e Rock Water (dá flexibilidade).

Florais auxiliares: Gentian (segurança interior), Agrimony (para descobrir a verdadeira pessoa que existe dentro), Cherry Plum (mostra a verdade dentro e fora), Beech (trabalha o orgulho), Elm (faz trabalhar em prol do outro com prazer e sem se diminuir).

Em geral

• pode ser Vênus (falta de alegria) em Áries (impulso que congestiona). *Florais:* Wild Rose (alegria), Gentian (segurança interior), Scleranthus (equilíbrio), Impatiens (dá ritmo ao impulso) e mais os florais dos signos que regem a casa onde está o planeta e a casa oposta a ela.

consciência ....

Definição: Sentido íntimo do indivíduo acerca daquilo que é certo, que é errado ou que é razoável.

Perda da

• **Florais:** Rescue Remedy (resgata de qualquer confusão mental), Cherry Plum (clareia as ideias e os sentidos), Clematis (dá a consciência corporal e intuitiva), Scleranthus (ativa a pineal que ativa a consciência superior e nos dá maior inteligência e sabedoria) e White Chestnut (faz dominar e direcionar os pensamentos quando somos levados pelos instintos), Chestnut Bud (dá consciência do que se faz, o que nos leva aos acontecimentos que nos cercam), Gorse (ativa a consciência, dá lucidez, consciência às células do corpo), Scleranthus (ativa a pineal que faz entrar a Luz superior que nos dá: maior inteligência, sabedoria, renovação, clareza à ação, esperança, vida e cura), Gentian (dá consciência para entender a vida), Clematis (ativa a hipófise que dá *insights*, ideias de luz, que dão consciência), Walnut (dá consciência do consciente e do inconsciente), Centaury + Larch (para quem não tem consciência de seu limite de ação e fica sem ir de encontro aos sonhos), Larch (ativa a pineal, que faz entrar a Luz da consciência superior, que ativa nosso mestre interior, que aumenta a consciência), Wild Oat (dá consciência individual).

constipação ....

Definição: Defecação difícil; defecação infrequente com a excreção de material fecal indevidamente duro e seco; ação lenta dos intestinos.

Indica: frustração emocional, mesquinhez e possessividade; que a pessoa não aceita a realidade; medo que o inconsciente venha à tona; que o passado ficou tão marcado

que é difícil livrar-se dele; que a pessoa não quer jogar o lixo fora.
Regência: Virgem (submisso) e o *floral* é Centaury (melhora os movimentos peristálticos dos intestinos).
Florais auxiliares: Rescue Remedy (equilibra o organismo, limpa o lixo), Crab Apple (para jogar o lixo fora), Holly (bom para fazer a eliminação da frustração pelos intestinos) e Mimulus (bom para tirar o medo do inconsciente, deixá-lo vir à tona e jogá-lo fora pelos intestinos). Rock Rose (ajuda no movimento peristáltico dos intestinos), Gorse (faz a depuração dos intestinos), Elm (para intestinos estressados, que podem ter constipação), Chicory (faz a eliminação do que não serve mais, acaba com a constipação crônica), Sweet Chestnut (bom para pulmão sem vitalidade e intestino grosso).

Acúmulo de material fecal nas paredes do intestino grosso

• pode ser Saturno (para, segura, rígido) em Escorpião (quer ter o poder, por ser apegado, guarda o lixo). *Florais:* Rock Water (flexibilidade), Mimulus (tira os medos que nos deixam rígidos), Heather (regeneração faz eliminações) e mais os florais dos signos que regem a casa onde está o planeta e a casa oposta a ela.

Em geral

• pode ser um mau aspecto entre a Lua (emoções, vísceras) e Saturno (rígido, segura, para) se a Lua estiver em Escorpião (medo de perder o poder, cólon). *Florais:* Clematis (coloca os pés no chão; quando a pessoa se afasta do corpo, deixa entrar doenças, vermes, fungos, bactérias), Mimulus (tira os medos que criam doenças que nos deixam rígidos), Rock Water (flexibilidade), Heather (saúde do cólon) e mais os florais dos signos que regem as casas onde estão os planetas e as casas opostas a elas.

• pode ser Sol (falta de energia vital) em Escorpião (medo de perder o poder, vísceras). *Florais:* Vervain (vitalidade), Heather (cólon, regenerador) e mais os florais dos signos que regem a casa onde está o planeta e a casa oposta a ela.

• pode ser um mau aspecto entre Mercúrio (pensamentos) e Saturno (rigidez, prende, para, segura). *Florais:* Cerato (pulmão, saúde do sistema nervoso), Mimulus (tira os medos), Rock Water (flexibilidade) e mais os florais dos signos que regem as casas onde estão os planetas e as casas opostas a elas.

Por hipofunção da vesícula biliar

• pode ser Capricórnio (rígido, prende, segura, para), regente da vesícula biliar, que a deixa com hipofunção. *Florais:* Mimulus (medos do dia a dia e dos sentimentos) e Rock Water (flexibilidade).

constituição ....

Definição: A estrutura física e os hábitos funcionais do corpo.
Desânimo, a pessoa não se sente amada, falta de alegria de viver, pessoas sem metas de vida.

Fraca

• Peixes e Netuno (desordem) enfraquecem a constituição física e os florais são: White Chestnut (faz dominar e direcionar os pensamentos quando somos levados pelos instintos) e Rock Rose (tira o pânico que causou a desordem).

• **Floral auxiliar:** Centaury (ajuda na fixação das vitaminas dos alimentos), Hornbeam (energia, força motriz que realiza o movimento), Olive (aumenta os anticorpos), Larch (ativa a capacidade física, dá energia), Oak (força vital, tira o cansaço das extremidades), Cerato (dá consciência para cuidar do corpo, para receber sabedoria), Rock Water (dá flexibilidade), Rock Water + Vervain + Vine (transformam o corpo material de defeitos que foram criados por nossas intransigências), Walnut (equilíbrio ao corpo); Cerato + Crab Apple (fortalece a saúde do físico); Beech (transforma o físico por tirar a rigidez da mente, dá estrutura tira o que não gostamos nele).

• pode ser um mau aspecto entre Marte (impulso) e Netuno (desordem). *Florais:* Impatiens (dá ritmo correto ao impulso), Rock Rose (tira o pânico que causou a desordem), White Chestnut (faz dominar os pensamentos e direcionar quando somos levados pelos instintos, o que nos faz poder criar o melhor para o nosso amanhã) e mais os florais dos signos que regem as casas onde estão os planetas e as casas opostas a elas.

consultas médicas

Florais básicos: Rescue Remedy (para a pessoa ter mais clareza do que sente e do que precisa dizer) e Chestnut Bud (para ela perceber o que fez para estar como está).

contusão

Definição: Lesão em que a pele não sofre solução de continuidade.

Florais básicos: Rescue Remedy.

Florais auxiliares: Impatiens (por ser muito estabanado, está sempre sofrendo contusões), Agrimony (limpa ferimentos, bom tomar e passar) e Willow (quando se sente um coitadinho), Star of Bethlehem (para cicatrização), Heather (faz a regeneração), Rescue Remedy (tira a dor e faz ótima cicatrização).

Muscular

• pode ser um mau aspecto entre Marte (músculos) e Júpiter (exagero). *Florais:* Impatiens (dá ritmo correto para o impulso), Agrimony (faz a pessoa ser verdadeira, tira o exagero) e mais os florais dos signos que regem as casas onde estão os planetas e as casas opostas a elas.

convulsão

Definição: Paroxismo de contrações e relaxamentos musculares involuntários.

Em geral

• **Indica:** grande tensão interior.

• **Floral básico:** Water Violet (trabalha a parte elétrica do corpo).

• **Florais auxiliares:** Cherry Plum (dá bons sentimentos e pensamentos), Rescue Remedy (resgata de qualquer mal), Elm (relaxante), Wild Oat (relaxante).

• pode ser Lua (emoções) em Leão (tensão). *Florais:* Clematis (não deve ser dado em convulsões), Vervain (relaxa) e mais os florais dos signos que regem a casa onde está o planeta e a casa oposta a ela.

• pode ser Mercúrio (pensamento) em Leão (tensão). *Florais:* Cerato (equilíbrio aos pensamentos), Vervain (relaxa) e mais os florais dos signos que regem a casa onde está o planeta e a casa oposta a ela.

coordenação motora

Definição: Trabalho conjunto de vários músculos para a produção de um determinado movimento.

Indica: problemas com novas experiências.

Regência: Aquário rege a coordenação motora e a coordenação muscular nervosa e cerebral, e o floral é Water Violet (dá equilíbrio a todas estas coordenações).

Florais auxiliares: Chestnut Bud (ativa e dá consciência dos músculos), Olive (bom para doenças degenerativas e atrofias musculares, tonifica); Hornbeam, Larch e Wild Oat (tonificam); Star of Bethlehem (cicatriza os problemas emocionais que a pessoa somatiza nos músculos; pode dar dor se tomá-lo sozinho); Cherry Plum (tira as resistências a novas experiências).

Retardo na

- pode ser um mau aspecto entre Mercúrio (cérebro) e Urano (parte elétrica do cérebro). *Florais:* Cerato (equilíbrio a todas as capacidades do cérebro), Water Violet (cérebro e a parte elétrica do cérebro, equilibra) e mais os florais dos signos que regem as casas onde estão os planetas e as casas opostas a elas.

coração ....

Definição: Órgão muscular oco e contrátil, considerado como o centro do sistema circulatório; proporciona a força propulsora para a circulação do sangue por todo o sistema vascular. O coração representa o centro do amor, da união e da segurança.

Os problemas indicam: emoções que ficaram malresolvidas por muito tempo; falta de alegria; rigidez mental, stress e tensão, falta de metas na vida.

Regência: Leão e o Sol (orgulho, ego, eu) regem o coração e o floral é Vervain (energia vital, relaxa).

Florais auxiliares: Agrimony (por ir sempre contra a própria vontade, a pessoa pensa só nos outros), Vine (para alterações cardiológicas, hipertensão arterial, arteriosclerose por frieza emocional, ritmo cardíaco alterado, coração duro), Gorse (amor às coisas do coração e da mente, equilibra o feminino e o masculino, dá alegria, vontade de viver, de agir, de ser), Gentian (ativa a fé, que é a certeza de que tudo dará certo, a mesma que move montanhas; é o floral do coração, dá estrutura para o coração e para os vasos de sustentação do coração, transforma o sangue venoso quando chega ao coração, enche-o de oxigênio e impulsiona-o para alimentar as células; se o coração estiver com más emoções prejudica os rins; bom para coração duro, tônico para o coração, bom para problemas genéticos, bom para marca-passo, cirurgias cardíacas, em patologias aguda e crônica), Olive (organiza o ritmo do coração), Rock Water (para a rigidez mental) e Holly (para o coração duro, que corta o outro como se fosse uma espada), Red Chestnut (batimentos cardíacos alterados por medo do ruim que possa vir), Mimulus (por medo de assumir seu papel na vida afeta o coração por falta de alegria de viver), Olive (coração em desequilíbrio dá anemia, debilidade física), Holly (desbloqueia o coração fechado e indiferente, coração de pedra), Scleranthus (fortalece por dar equilíbrio, bom para arritmia cardíaca, dá ritmo ao coração por equilibrar a oscilação do humor), Water Violet (deixa entrar a Luz superior, que deixa o coração mais leve), Beech (solta os quadris, massageia os intestinos, manda boa energia ao coração),

Vine (alterações cardiológicas, hipertensão arterial, arteriosclerose por frieza emocional, ritmo cardíaco alterado), Hornbeam (energia para não ter hipertensão arterial ou arritmia cardíaca), Rock Rose (bom para prolapso da válvula mitral e AVC), Impatiens (tira ritmos alterados da frequência cardíaca e os bloqueios do coração), Aspen (bom para sopro no coração), Oak (bom para coração infartado por a pessoa ter ido além do limite do corpo), Heather (regenerador), Clematis (acorda o órgão que não funciona, faz funcionar), Wild Oat (dá metas na vida e muita vontade de viver).

Arritmia cardíaca

• pode ser um mau aspecto entre o Sol (falta de energia vital) e Urano (eletricidade do corpo comprometida). *Florais:* Vervain (energia vital), Water Violet (equilíbrio da parte elétrica do corpo), Scleranthus (fortalece o coração, bom para arritmia cardíaca, dá equilíbrio ao ritmo do coração) e mais os florais dos signos que regem as casas onde estão os planetas e as casas opostas a elas.

Arritmia e palpitações espasmódicas que podem ser causadas pela tireoide.

• pode ser Urano (parte elétrica do cérebro) em Leão (orgulho, falta de energia vital). *Florais:* Water Violet (equilíbrio aos ritmos do coração), Vervain (energia vital), Gentian (tireoide) e mais os florais dos signos que regem a casa onde está o planeta e a casa oposta a ela.

Ataque cardíaco súbito

Por problemas crônicos que levam a transplantes devido a sérios problemas nos músculos cardíacos.

• pode ser Plutão (mutação genética) em Leão (coração, falta de energia vital). *Florais:* Heather (regeneração), Vervain (energia vital) e mais os florais dos signos que regem a casa onde está o planeta e a casa oposta a ela.

Atrofia do

• pode ser Saturno (diminui, prende, para, segura) em Leão (coração). *Florais:* Rock Water (flexibilidade), Mimulus (tira os medos que nos deixam rígidos), Vervain (energia vital) e mais os florais dos signos que regem a casa onde está o planeta e a casa oposta a ela.

Cardiomegalia

É o aumento do tamanho do coração.

• pode ser um mau aspecto entre o Sol (coração, euforia, excesso de energia vital) e Marte (impulso), e entre o Sol (coração, euforia) e Júpiter (excesso). *Florais:* Impatiens (dá ritmo ao coração), Vervain (energia vital em equilíbrio), Agrimony (faz a pessoa ser verdadeira, tira o exagero), Crab Apple (dá as devida proporções) e mais os florais dos signos que regem as casas onde estão os planetas e as casas opostas a elas.

Degeneração cardíaca e aórtica

Causadas por excesso de colesterol, palpitações e um coração maior que o normal.

• pode ser Júpiter (exagero) em Leão (coração). *Florais:* Agrimony (faz a pessoa ser verdadeira, tira o excesso), Vervain (energia vital em equilíbrio), Crab Apple (limpa o excesso) e mais os florais dos signos que regem a casa onde está o planeta e a casa oposta a ela.

Dores no

• pode ser Mercúrio (sistema nervoso, pensamentos) em Leão (coração). *Florais:*

Cerato (equilíbrio ao sistema nervoso), Vervain (equilíbrio ao coração), Holly (dá aceitação, tira a dor) e mais os florais dos signos que regem a casa onde está o planeta e a casa oposta a ela.

Fraco

Quando há baixa frequência cardíaca, proveniente da hipofunção cardíaca.

• pode ser Netuno (desordem) em Leão (coração). *Florais:* White Chestnut (faz dominar e orientar os pensamentos quando somos dirigidos pelos instintos, que faz programar um amanhã perfeito e cheio de saúde), Rock Rose (tira o pânico que causou a desordem), Vervain (energia vital), Hornbeam (energia) e mais os florais dos signos que regem a casa onde está o planeta e a casa oposta a ela.

Hipofuncionamento do

• pode ser Netuno (desordem) em Escorpião (degeneração). *Florais:* White Chestnut (faz dominar e orientar os pensamentos quando somos levados pelos instintos, o que pode no levar a um amanhã perfeito), Rock Rose (tira o pânico que causou a desordem), Heather (regeneração), Hornbeam (energiza) e mais os florais dos signos que regem a casa onde está o planeta e a casa oposta a ela.

Insuficiência cardíaca

• pode ser um mau aspecto entre o Sol (falta de energia vital) e Marte (impulso). *Florais:* Vervain (energia vital), Impatiens (dá ritmo correto ao coração) e mais os florais dos signos que regem as casas onde estão os planetas e as casas opostas a elas.

• pode ser uma desarmonia de Lua (emoções, mundo da lua) em Leão (coração). *Florais:* Clematis (coloca os pés no chão), Vervain (energia vital) e mais os florais dos signos que regem a casa onde está o planeta e a casa oposta a ela.

Palpitação no

• pode ser Mercúrio (pensamento, sistema nervoso) em Leão (orgulho, ego e coração). *Florais:* Cerato (saúde dos pensamentos e do sistema nervoso), Vervain (relaxa, energia vital, bom funcionamento do coração) e mais os florais dos signos que regem a casa onde está o planeta e a casa oposta a ela.

• pode ser Urano (sistema nervoso) em Escorpião (medo de perder o poder, degeneração). *Florais:* Water Violet (equilíbrio ao sistema nervoso), Heather (regeneração) e mais os florais dos signos que regem a casa onde está o planeta e a casa oposta a ela.

Problema cardíaco

• pode ser um mau funcionamento do cólon, que é regido por Escorpião (medo de perder o poder, cólon). *Floral:* Heather (saúde ao cólon).

• pode ser Lua (emoções, mundo da lua) em Leão (coração). *Florais:* Clematis (coloca os pés no chão, sempre que se fica longe do corpo o deixamos exposto para ser atacado por doenças),Vervain (saúde e equilíbrio do coração) e mais os florais dos signos que regem a casa onde está o planeta e a casa oposta a ela.

• pode ser Saturno (rigidez, atrasa, retém) em Escorpião (medo de perder o poder, degeneração). *Florais:* Rock Water (flexibilidade), Mimulus (tira os medos que nos deixa rígidos), Heather (regeneração) e mais os florais dos signos que regem a casa onde está o planeta e a casa oposta a ela.

Problema cardíaco grave

• pode ser Plutão em Escorpião (mutação genética). *Florais:* Heather (regeneração), Vervain (por ser o coração regido por Leão e o Sol, dá saúde ao coração) e mais os florais dos signos que regem a casa onde está o planeta e a casa oposta a ela.

Taquicardia

• pode ser um mau aspecto entre o Sol (excesso de euforia) e Urano (sistema nervoso). *Florais:* Vervain (vitalidade ao coração), Water Violet (equilíbrio ao sistema nervoso) e mais os florais dos signos que regem as casas onde estão os planetas e as casas opostas a elas.

Vacilante

Quando o coração é menor que o tamanho normal.

• pode ser Saturno (retém) em Leão (coração). *Florais:* Mimulus (tira os medos do dia a dia), Rock Water (flexibilidade), Vervain (vitalidade ao coração), Crab Apple (dá as devidas proporções), Rescue Remedy (resgata de qualquer mal) e mais os florais dos signos que regem a casa onde está o planeta e a casa oposta a ela.

coragem ....

Definição: Bravura diante do perigo; ousadia.

Regência: Marte (impulso) rege a coragem e o floral é Impatiens (dá ritmo correto ao impulso). Chestnut Bud (para se conhecer), Rock Rose (ativa o herói interior), Mimulus (dá coragem para enfrentar um leão por dia), Gentian (ativa a fé, que é a certeza de que tudo vai dar certo, dá coragem).

cordas vocais ....

Definição: Duas pregas delgadas, em forma de palheta, no interior da faringe, que vibram com a passagem do ar entre elas, produzindo os sons que são a base da fala.

Problemas na voz indicam: insegurança pessoal.

Regência: Touro (inseguro) rege as cordas vocais e o floral é Gentian (segurança interior por ativar a fé, que é a certeza de que tudo dará certo); Vênus (falta de alegria) rege as funções da garganta e a fonação, e os florais são Wild Rose (alegria), Scleranthus (equilíbrio).

Floral básico: Olive (acalma as cordas vocais), Chestnut Bud (para entender por que contraiu a doença), Cherry Plum (limpa os nódulos, dá bons sentimentos e pensamentos que fabricam o dia de amanhã).

Florais auxiliares: Heather (desbloqueia o chakra laríngeo, ensina a comunicação), Olive (descansa a voz), Centaury (bom para voz), Vervain (bom para quem perde a voz de tanto falar por euforia).

Pólipos, tumores ou excrescência nas

• **Florais auxiliares:** Agrimony (faz a pessoa ser ela mesma, limpa mágoas que cria o tumor), Holly (dá o entendimento, faz aceitar, tira as dores), Gorse (dá vontade de lutar contra a doença), Rescue Remedy (tira o efeito colateral do remédio), Chestnut Bud (dá consciência de qual estado emocional estava para contrair a doença), Cherry Plum (controle da divisão de células).

• pode ser Plutão (mutação genética) em Touro (garganta, voz). *Florais:* Heather (regeneração), Gentian (segurança interior, por ativar a fé, que é a certeza de que tudo dará certo), Pine (bom para dissolver nódulos) e mais os florais dos signos que regem a casa onde está o planeta e a casa oposta a ela.

coreia de huntington ....

Definição: Doença do sistema nervoso central; normalmente tem seu início quando a pessoa está entre 30 e 50 anos, mas pode começar em qualquer idade; apresenta-se sob a forma de demência progressiva, acompanhada por movimentos involuntários, bizarros, característicos da doença.

Indica: não quer encarar os problemas da vida, se sente sem esperanças, sem defesa. Raiva.

Regência: Gêmeos (cérebro) rege o sistema nervoso central

Floral auxiliar: Cherry Plum (harmoniza o sistema nervoso central), Impatiens dá boa circulação sanguínea no cérebro, Water Violet (energia aos neurônios, equilibra a parte nervosa, bom para dores nos nervos por melhorar os curtos-circuitos do corpo), Rescue Remedy (resgata de qualquer mal), Sweet Chestnut (luz ao fim no túnel), Elm (energia aos nervos a começar pela medula, desde o cóccix, em cada nervo, em todos os nervos, até a região occipital, desbloqueia, desata os pontos de estagnação, dissolve os nódulos, bom para nervos sensíveis). Wild Oat (energiza os nervos do corpo, entra pelos pés sobe pelo esqueleto e pelos nervos; atua no sílex, que é o mineral condutor de energia e luz através dos nervos do corpo), Star of Bethlehem (limpa e purifica o sistema nervoso), Hornbeam (tira dores nos nervos), Centaury (acalma os nervos), Vervain (por equilibrar o sistema simpático e parassimpático, equilibra os nervos).

Em geral

• pode ser um mau aspecto entre Mercúrio (sistema nervoso) e Saturno (rígido, segura, retém) em Aquário (neurônios). *Florais:* Cerato (equilíbrio do sistema nervoso), Mimulus (tira os medos que nos fazem ser rígidos), Rock Water (flexibilidade), Water Violet (equilíbrio do sistema nervoso) e mais os florais dos signos que regem as casas onde estão os planetas e as casas opostas a elas.

• pode ser um mau aspecto entre Mercúrio (sistema nervoso) e Urano (sistema nervoso, parte elétrica do cérebro). *Florais:* Cerato (equilíbrio do sistema nervoso), Water Violet (equilíbrio aos neurônios, ao sistema nervoso) e mais os florais dos signos que regem as casas onde estão os planetas e as casas opostas a elas.

costas ....

Definição: Região posterior do tronco, desde o pescoço até a pelve. A coluna vertebral representa o suporte flexível da vida.

Os problemas indicam: os desvios na coluna indicam incapacidade de adaptação ao fluxo da vida, medo, desejo de se agarrar a velhos padrões, falta de confiança ou de coragem para acreditar nas próprias convicções; a hérnia de disco indica que a pessoa se sente sem nenhum apoio na vida, que está indecisa. Indica que os problemas podem ter vindo de vidas passadas.

Regência: Leão (orgulho) e o Sol (energia vital) regem a parte superior das costas e o floral é Vervain (energia vital); Libra (dúvidas) rege a parte inferior das costas e o floral é Scleranthus (equilíbrio), Rock Water (flexibilidade, cuida da saúde dos ossos),

Mimulus (tira os medos do dia a dia e dos sentimentos).

Florais auxiliares: Honeysuckle (como as costas estão relacionadas ao passado, seus problemas também têm relação com o passado e com vidas passadas), Holly (aceitação dos problemas, tira as dores) e Pine (tira os nódulos que foram formados no passado ou em vidas passadas), Chestnut Bud (trabalha a musculatura das costas, que traz do passado ou de vidas passadas conhecimentos que podem ser ativados nesta vida), Elm libera endorfina, tira dores, Rescue Remedy (bom para trabalhar e cicatrizar os problemas), Crab Apple (limpa as causas dos problemas na coluna), Hornbeam (dá energia à coluna, tonifica, tira o cansaço), Elm (tira os bloqueios da parte superior da coluna, dá clareza à conexão cerebral e o entendimento de que vamos cumprir nossa missão, tira os bloqueios energéticos que provocam cansaço no corpo e na mente), Larch (tira os bloqueios do alto da coluna, libera as capacidades superiores de intuição, de onde vem a criatividade), Scleranthus (coloca a coluna no eixo, desde o cerebelo até o cóccix, bom para dar equilíbrio, para tomar decisões e definir atos e atitudes, dá postura definida diante da vida), Willow (flexibilidade, ensina o lado bom da adversidade, que é o aprendizado e a criatividade que dá o jogo de cintura diante da vida, tira inflamações), Wild Oat (estrutura e energiza desde os pés e organiza a postura), Beech (acaba com as deformações ósseas da coluna), Aspen (tira nódulos de tensões da coluna, tira deformações, peito curvado, coluna sensível, expande o peito; ajudar com Elm e Hornbeam em grandes deformações), Vervain (tira as dores da coluna).

Doenças nervosas relacionadas com a coluna espinhal

• pode ser um problema com Aquário (sistema nervoso). *Floral:* Water Violet (equilíbrio do sistema nervoso).

Dores nas

• pode ser Mercúrio (sistema nervoso) em Leão (orgulho, falta de energia vital). *Florais:* Cerato (equilíbrio do sistema nervoso), Vervain (energia vital), Holly (tira as dores por dar aceitação) e mais os florais dos signos que regem a casa onde está o planeta e a casa oposta a ela.

Fracas e suas consequências

Por causa do coração

• pode ser Netuno (desordem) em Leão (coração). *Florais:* White Chestnut (faz dominar e direcionar os pensamentos conduzidos pelos instintos, ter um amanhã do jeito que se quer), Rock Rose (tira o pânico que causou a desordem), Vervain (bom funcionamento do coração) e mais os florais dos signos que regem a casa onde está o planeta e a casa oposta a ela.

Pressão nas vértebras

• pode ser Urano (parte elétrica do corpo) em Escorpião (medo de perder o poder degeneração). *Florais:* Water Violet (equilíbria a parte elétrica do corpo), Heather (regeneração) e mais os florais dos signos que regem a casa onde está o planeta e a casa oposta a ela.

Problemas crônicos e de natureza duradoura

• pode ser Plutão (mutação genética) em Leão (falta de energia vital). *Florais:*

Heather (regeneração), Vervain (energia vital) e mais os florais dos signos que regem a casa onde está o planeta e a casa oposta a ela.

Problemas decorrentes de exercícios físicos e erisipela

• **Erisipela nas costas:** A pessoa não tem noção do limite físico e do espiritual com relação a sua identidade vinda de vidas passadas.

• pode ser Marte (impulso) em Aquário (sistema nervoso). *Florais:* Impatiens (ritmo ao impulso), Water Violet (equilíbrio ao sistema nervoso) e mais os florais dos signos que regem a casa onde está o planeta e a casa oposta a ela.

Problemas na região lombar

• pode ser Sol (costas) em Aquário (sistema nervoso). *Florais:* Vervain (energia vital), Water Violet (equilíbrio do sistema nervoso) e mais os florais dos signos que regem a casa onde está o planeta e a casa oposta a ela.

Problemas nas

Por deficiência no cólon, que é regido por Escorpião.

• pode ser Plutão (apego, não consegue jogar o lixo fora, cólon) em Escorpião (por medo de perder o poder). *Florais:* Heather (dá saúde ao cólon, tira infecção) e mais os florais dos signos que regem a casa onde está o planeta e a casa oposta a ela.

Provenientes de queda de cavalo ou de arma de fogo

• pode ser Sol (orgulho) em Sagitário (exagero). *Florais:* Vervain (equilíbrio do orgulho), Agrimony (faz a pessoa ser verdadeira, tira o exagero) e mais os florais dos signos que regem a casa onde está o planeta e a casa oposta a ela.

Problemas por causa de intestinos com toxemia. A toxemia afeta as costas.

• pode ser Saturno (segura, prende) em Escorpião (intestino). *Florais:* Rock Water (flexibilidade para viver), Mimulus (tira os medos que nos fazem ser rígidos), Heather (saúde dos intestinos), Vervain (que é o floral de Leão, o regente das costas), Crab Apple (limpa os intestinos), Rock Rose (aumenta os movimentos peristálticos dos intestinos) e mais os florais dos signos que regem a casa onde está o planeta e a casa oposta a ela.

couro cabeludo ....

Definição: Tegumento piloso da cabeça; em anatomia, consiste de pele, tecido subcutâneo denso, músculo occipitofrontal com a gálea aponeurótica, tecido subaponeurótico frouxo e periósteo craniano.

Problemas indicam: medo de perder o controle da vida, falta de confiança no processo da vida.

Regência: Áries (cabeça) rege o couro cabeludo e o floral é Impatiens (dá ritmo ao sangue na cabeça).

Florais auxiliares: Aspen tira o medo do futuro, Vine (para os controladores do outro), Cherry Plum (dá bons sentimentos e pensamentos).

coxa ....

Regência: Sagitário e Júpiter (exagero, sonhos que se quer concretizar de qualquer maneira) regem as coxas e o floral é Agrimony (faz a pessoa ser verdadeira, tira o exagero).

Florais auxiliares: Beech (dá estrutura às coxas, pés, joelhos, solta os quadris, bom para inchaços, dores, varizes, nervo ciático, cansaço), Hornbeam (bom para circulação e deformações ósseas).

Cãibras na

• **Indicam:** abarrotamento mental, angústia e dor psíquica; tensão, medo; que a pessoa se sente amarrada, sente falta de apoio em relação aos seus sonhos futuros.

• **Florais auxiliares:** Red Chestnut (tira as preocupações) e ajudar com White Chestnut (clareia os pensamentos), Crab Apple (limpa os pensamentos e dá as devida proporções aos acontecimentos), Holly (elimina os pensamentos destrutivos), Cherry Plum: todo pensamento traz uma energia que é reforçada pelo sentimento e, se houver uma grande emoção que envolva este pensamento, eles se realizam. Nós fabricamos com os nossos pensamentos e sentimentos momentos e realidades futuras: bons pensamentos que animem nosso sentimento hoje para construir um amanhã bom. Walnut (protege os pensamentos das influências negativas), Walnut junto com Crab Apple melhora o pensamento associativo e global, White Chestnut (faz dominar e direcionar os pensamentos quando somos levados pelos instintos, que pode fazer com que construamos um futuro maravilhoso, já que somos o que pensamos, sentimos e fazemos).

• pode ser Urano (liberdade para sonhar, parte elétrica do corpo) em Sagitário (exagero). *Florais:* Water Violet (equilíbrio à eletricidade do corpo para realizar o sonho), Agrimony (faz a pessoa ser verdadeira, tira o exagero) e mais os florais dos signos que regem a casa onde está o planeta e a casa oposta a ela.

Fraca

• pode ser Netuno (desordem) em Sagitário (coxas). *Florais:* White Chestnut (clareia, dá direção aos sonhos), Rock Rose (tira o pânico que causou a desordem), Agrimony (faz a pessoa ser verdadeira, tira o exagero), Hornbeam (dá energia) e mais os florais dos signos que regem a casa onde está o planeta e a casa oposta a ela.

coxofemoral

Definição: Articulação entre o fêmur e o osso inominado; que pertence ao quadril e ao fêmur.

Problemas na articulação

• **Indicam:** mudanças de direção na vida, com facilidade ou não desse movimento.

• **Florais básicos:** Agrimony (nos faz ser quem verdadeiramente somos), Scleranthus (dá postura diante da vida), Honeysuckle (para deixar o passado), Walnut (para ter proteção), Clematis (para ter os pés no chão).

• pode ser Saturno (rigidez) em Sagitário (coxas, exagero). *Florais:* Rock Water (flexibilidade), Mimulus (tira os medos que nos fazem rígidos), Agrimony (faz a pessoa ser verdadeira, tira o exagero e tudo o que não pertence à pessoa) e mais os florais dos signos que regem a casa onde está o planeta e a casa oposta a ela.

crab apple (floral)

"Fazer a catarse do que está incomodando." "Limpeza."

Ajuda em caso de

• doença venérea, epidemia, repetidas ocorrências de vermes, infecções repetidas, piolhos, escabiose; problemas de pele: manchas, acne, cravos; transpiração com cheiro ácido, forte ou não; problemas de ouvido, infecção repetida das amígdalas, sinusite; catarro, pneumonia, processos bacterianos; intestino preso, processos inflamatórios nos órgãos genitais internos; mal-estar por causa de alimentos.

É bom para

• aumentar a autoestima; ensinar o amor universal altruísta; trabalhar o elemento Terra, clarear os pensamentos; fazer a catarse do que já não é mais necessário; dar senso de proporção, melhorar a percepção do mundo.

• a pessoa com mania de limpeza ou de banho; recuperar a ordem; ensinar prioridades; livrar a pessoa do supérfluo, deixando-a ver o mundo como ele é, sem complicações.

• a purificação, a limpeza do corpo físico; regenerar, rejuvenescer; limpar o sangue, os pensamentos e os sentimentos através das secreções; limpar as toxinas, renovar as funções vitais, aumentar a resistência. É um antibiótico natural.

• ajudar as outras essências ao quebrar as cristalizações; ajudar nos grupos dos controladores; limpar o efeito de um floral mal receitado.

Em relação aos planetas

• ajuda Vênus ao nos ensinar autoestima em relação ao corpo físico.

• ajuda Netuno ao nos ensinar amor impessoal, universal e altruísta.

crânio ....

Regência: Áries rege o encéfalo e o floral é Impatiens (dá ritmo ao sangue da cabeça); Gêmeos (pensamento) rege os hemisférios cerebrais e o floral é Cerato (equilíbrio aos pensamentos), Aquário (recluso) rege o cérebro e o floral é Water Violet (energia ao cérebro, aos neurônios, ao sistema nervoso).

Traumatismo

• **Indica:** raiva contida não expressada.

• **Regência:** Marte (impulso), e o floral é Impatiens (dá ritmo ao impulso).

• **Florais:** Impatiens (dá o ritmo correto) e mais o floral do signo do ascendente e os florais dos signos que regem a casa onde está o planeta e a casa oposta a ela.

• **Florais auxiliares:** Rescue Remedy (resgata de qualquer mal).

• pode ser um mau aspecto entre Marte (impulso) e o ascendente (age no físico).

crescimento desordenado ....

De verrugas, tumores e marcas de nascimento.

Indica: Ódio, a pessoa se sente feia, sente raiva profunda, frustração com relação ao futuro; algum momento emocional ruim que se transformou em mancha escura no corpo mental e em doença no corpo físico.

Regência: Capricórnio e Saturno (segura, prende, atrasa, rigidez) regem a pele, e os florais são: Rock Water (flexibilidade) e Mimulus (tira os medos dos sentimentos e do dia a dia).

Floral básico: Cherry Plum (tira as manchas do corpo mental que são sentimentos e pensamentos ruins que foram somatizados), Chestnut Bud (mostra o momento exato que o estado emocional criou a doença, para não repetir).

Floral auxiliar: Wild Rose (dá alegria de viver e é o regente da textura da pele), Sweet Chestnut (luz no fim do túnel), Crab Apple (tira manchas da pele).

Em geral

• pode ser por um mau aspecto de Plutão (mutação genética). *Floral*: Heather (regenerador) e mais os florais dos signos que regem a casa onde está o planeta e a casa oposta a ela.

criatividade ....

Definição: Capacidade de criar; inventividade.

Regência: Urano (eletricidade) rege a criatividade e o floral é Water Violet (ativa, faz aumentar e sair); Netuno (desordem) nos liga à criatividade e os florais são: Rock Rose (tira o pânico que causou a desordem) e White Chestnut (dá clareza, faz saber por onde começar).

Florais auxiliares: Larch (faz levantar e começar), Clematis (ativa a criatividade), Mimulus (tira o medo para deixar a criatividade surgir), Olive (aproxima a alma do corpo e ela é a criatividade), Scleranthus (ativa o lado bom de cada um e este lado é supercriativo), Walnut (desbloqueia a criatividade), Heather (desbloqueia a criatividade), Cherry Plum (aproxima a alma do corpo físico, ativa a criatividade e nos enche de imaginação).

Artes: trabalhos manuais, música, teatro, canto, dança, escrever, cozinhar e tudo o mais que fizer uso da criatividade sem bloqueios e com imaginação, coisas que são ativadas pela alma, podem nos trazer um círculo em volta fantasticamente grande, de harmonia entre os seres, basta que seja constante. A arte ensina a usar a essência, a nossa individualidade, a criar com o coração, com a alma, e faz tudo isto se manifestar no outro.

crise ....

Definição: Período instável na vida, caracterizado pela incapacidade de a pessoa se adaptar a uma mudança que resulta de um acontecimento súbito; momento crítico de uma doença.

Floral básico: Rescue Remedy (para crise de hipertensão, hipoglicemia, hiperglicemia, epilética) resgata de qualquer momento ruim que se esteja passando.

Florais auxiliares: Sweet Chestnut (luz no fim do túnel), Cherry Plum (aproxima a alma do corpo físico, dá bons pensamentos e sentimentos, bom para ter definições), Holly (acalma, dá aceitação). Rescue Remedy (ótimo em momentos de crise, faz o resgate, cicatriza as dores, coloca os pés no chão, clareia a vontade), Aspen (que tira o medo do futuro, expulsa as sombras), Heather e Walnut (bom para primeiro choro, e adultos em crise), Cherry Plum (bom para quando a dor é muita e sentimentos em crise, choro convulsivo).

De choro e pânico

• pode ser um mau aspecto entre Vênus (falta de alegria) e Urano (sistema nervoso). *Florais:* Gentian (ativa a fé, que é a certeza de que tudo dará certo), Scleranthus (equilíbrio), Wild Rose (alegria), Water Violet (equilíbrio do sistema nervoso) e mais os florais dos signos que regem as casas onde estão os planetas e as casas opostas a elas.

De ódio e agitação

• pode ser um mau aspecto entre Marte (impulso) e Netuno (desordem). *Florais:* Impatiens (dá ritmo), Rock Rose (tira o pânico que causou a desordem), White Chestnut (faz dominar e dirigir os pensamentos quando somos levados pelos instintos) e mais os florais dos signos que regem as casas onde estão os planetas e as casas opostas a elas.

De violência de curta duração

• pode ser um mau aspecto entre Marte (impulso) e Urano (eletricidade do corpo). Recebemos o que emitimos, e quando as emissões são descontroladas vamos receber o descontrole dos outros. *Florais:* Impatiens (ritmo correto ao impulso), Water Violet (parte elétrica do corpo), Cherry Plum (faz ver dentro e fora de nós), Sweet Chestnut, (luz no fim do túnel) e mais os florais dos signos que regem as casas onde estão os planetas e as casas opostas a elas.

crítica ....

Definição: Arte ou faculdade de examinar e/ou julgar.

Florais básicos: Beech (para a pessoa ensinar em vez de criticar) e Willow (para eliminar o peso da crítica do outro em nossa vida), Cherry Plum (para ver a verdade, se é boa ou ruim), Crab Apple (para dar as devidas proporções), Elm (para pensar com sinceridade no que é bom para o outro).

cromo ....

Definição: Oligoelemento essencial, necessário para o metabolismo normal da glicose; é essencial para a ação das enzimas relacionadas ao metabolismo de fornecimento de energia a partir da glicose; é necessário para a síntese das gorduras, doenças como a desnutrição reagem bem com o cromo.

Regência: Júpiter rege o cromo e o floral é Agrimony.

Sintomas de deficiência

• problemas na produção da insulina, que influenciam o metabolismo dos carboidratos causando hipo ou hiperglicemia; irritabilidade, nervosismo, desmaio, tontura, reações psicóticas, fraqueza no corpo, fadiga, mal-estar; diminuição na taxa do crescimento, endurecimento das artérias, diabete.

D

dedos

Definição: Os dedos representam os pormenores da vida; o polegar se relaciona ao intelecto e à preocupação; o indicador, ao ego e ao medo; o médio, à raiva e à sexualidade; o anular, às uniões e ao pesar; e o mínimo, à família e à honestidade.

Inflamação e supuração (panarício)

• **Florais auxiliares:** Rescue Remedy, Impatiens e Crab Apple.

• pode ser Vênus em Gêmeos. *Florais:* Wild Rose, Gentian, Scleranthus, Cerato e mais os florais dos signos que regem a casa onde está o planeta e a casa oposta a ela.

defesas do corpo

Definição: Resistência a doenças.

Regência: Marte (impulso) rege as defesas do corpo e o floral é Impatiens (dá ritmo correto ao impulso, e ao sangue na cabeça).

Florais auxiliares: Olive (aumenta os anticorpos), Cherry Plum (aproxima a alma do físico, traz defesa imunológica, dá resistência), Crab Apple (atua como antibiótico natural), Elm (ativa o timo, dá anticorpos e aumenta a resistência), Gentian (ativa a fé), Gorse (faz a transformação de doenças genéticas), Hornbeam (tonifica), Rescue Remedy (resgata o corpo de qualquer doença), Rock Rose (tira o pânico que causou a desordem), White Chestnut (ativa o timo que fabrica anticorpos, aumenta a resistência do organismo), Scleranthus (dá equilíbrio ao organismo e ao mental), Mimulus (tira os medos que prejudicam a boa saúde dos sistemas), Elm (aumenta a resistência), Clematis (faz funcionar o que não funcionava), Vervain (dá saúde ao coração, que dá saúde aos outros órgãos).

deficiência

Definição: Falta de substâncias essenciais ao corpo, como as vitaminas; a deficiência mais comum é das vitaminas A e D que são regidas pelo Sol (orgulho, ego, eu) e o floral é Vervain (energia vital). Essa deficiência pode gerar degeneração dos tecidos do corpo.

De alfa 1 antitripsina

Esta é uma proteína que protege os pulmões e o pâncreas da agressão das enzimas; quando em falta, a pessoa adquire fibrose pulmonar e pancreatite ainda jovem.

• pode ser uma desarmonia de Júpiter (exagera) em Virgem (abdome, submissa). *Florais:* Agrimony (faz a pessoa ser verdadeira, tira o exagero), Centaury (saúde ao abdome), Pine (é o floral do pulmão, tira a culpa) mais os florais dos signos que regem a casa onde está o planeta e a casa oposta a ela.

De lactase

Proteína que faz transformações necessárias no intestino.

• pode ser uma desarmonia de Júpiter (exagero) em Virgem (abdome). *Florais:* Agrimony (faz a pessoa ser verdadeira, tira o exagero), Centaury (saúde ao abdome, faz o intestino ter boa absorção dos nutrientes no organismo), Rock Rose (limpa, purifica, melhora a absorção das vitaminas, tira a intoxicação, acaba com fezes petrificadas) e mais os florais dos signos que regem a casa onde está o planeta e a casa oposta a ela.

De substâncias essenciais ao corpo

• pode ser um mau aspecto entre o Sol (falta de energia vital) e Netuno (desordem e movimentos peristálticos dos intestinos). *Florais:* Vervain (energia vital), Rock Rose (tira o pânico que causou a desordem, melhora os movimentos peristálticos nos intestinos), White Chestnut (clareia à volta) e mais os florais dos signos que regem as casas onde estão os planetas e as casas opostas a elas.

deformidade........................

Definição: Deformação da forma natural de uma parte de um órgão; distorção de qualquer parte ou desfiguração geral do corpo.

Indica: rigidez, desamor, carência afetiva na primeira infância; tensão, pressão mental, perda da agilidade mental; se for causada por fratura, indica necessidade de dar fim a um processo que está em andamento e a pessoa o ignora (a fratura acontece para fazer a pessoa parar). Toda doença genética é problema do mau uso de alguma emoção, pensamento, atitude ou do órgão em vidas passadas, pode também vir para fazer as pessoas à volta terem que passar por algum aprendizado que não tiveram em vidas anteriores, pode ter muitos outros motivos, mas, de qualquer jeito, quando uma mãe recebe um filho com alguma doença genética foi ela que escolheu ou teve que vir para viver essa situação para o seu aprendizado e o da criança.

Florais básicos: Rescue Remedy (regeneração), Clematis (faz o órgão que está parado funcionar), Hornbeam (energia) e Honeysuckle (se for de causa genética), Gorse (faz a transformação das deformações de doenças genéticas), Larch (tira deformações de coluna), Heather (regeneração), Rock Water (tira as deformações ósseas), Hornbeam (bom para dentes inclusos, faz que o órgão cumpra o seu papel), Willow (tira deformações da coluna), Gorse (faz a transformação do físico e do mal no organismo).

Florais auxiliares: Wild Oat (faz transformações), Hornbeam (energia para transformar), Rescue Remedy (faz o resgate de qualquer mal).

Congênita

Da genitália, tal como hermafroditismo

• pode ser um mau aspecto entre a Lua (órgãos reprodutivos femininos) e Plutão (modificação genética). *Florais:* Clematis (faz o órgão funcionar), Heather (regenera), Honeysuckle (por ser congênita) e mais os florais dos signos que regem as casas onde estão os planetas e as casas opostas a elas.

• **Florais auxiliares:** Scleranthus (para decidir), Impatiens (lado masculino) e Wild Rose (lado feminino).

Óssea

• **Florais:** Rock Water (saúde dos ossos, flexibilidade, cálcio), Mimulus (tira os medos que prejudicam os ossos) e Pine (ajuda tirando os nódulos), Hornbeam (energia), Wild Oat (estrutura os ossos), Scleranthus (dá eixo à estrutura óssea).

Por edema generalizado

• pode ser uma desarmonia de Lua em Aquário. *Florais:* Clematis, Water Violet e mais os florais dos signos que regem a casa onde está o planeta e a casa oposta a ela.

deglutição

Definição: Ato de engolir; é iniciado de modo voluntário, mas sempre completado de forma reflexa; o alimento é deslocado desde a boca até o estômago, através da faringe e do esôfago.

Regência: Vênus (falta de alegria) rege a deglutição e os florais são: Wild Rose (alegria), Scleranthus (equilíbrio); Touro (inseguro) rege o pescoço e o floral é Gentian (ativa a fé, que é a certeza de que tudo vai dar certo).

Dificuldade na

• pode ser Mercúrio (pensamento) em Touro (insegurança). *Florais:* Cerato (ativa o mestre interior, dá intuição e segurança interior), Gentian (ativa a fé, que é a certeza que tudo vai dar certo, segurança interior) e mais os florais dos signos que regem a casa onde está o planeta e a casa oposta a ela.

delírio

Definição: Estado de confusão mental e excitamento que se caracteriza pela desorientação relacionada ao tempo e ao lugar, e é acompanhado por ilusões e alucinações; a mente fica vagando; a fala se torna incoerente e a pessoa se vê num estado de atividade física contínua e despropositada.

Florais básicos: Rescue Remedy (faz o resgate de qualquer situação), Gorse (bom para doenças psiquiátricas, dá lucidez à mente, tira o efeito colateral dos remédios, dá esperança de cura); ajudar com Gentian (certeza da fé), Mustard (tira da depressão que não se sabe de onde vem).

Florais auxiliares: Impatiens (dá ritmo correto), Cherry Plum (organiza os sentimentos e pensamentos), Olive (clareza aos pensamentos), Chestnut Bud (consciência do que se está fazendo), Crab Apple (dá as devidas proporções aos acontecimentos) e Clematis (tira do mundo da lua e coloca os pés no chão, se for por problema de deficiência na mente pode acordar o órgão que não está funcionando).

Em geral

• pode ser Netuno (desordem) mal aspectado. *Florais:* White Chestnut (clareia à volta) e Rock Rose (tira o pânico que causou a desordem).

dentes

Definição: Estruturas cônicas e duras nos maxilares superior e inferior, utilizadas na mastigação; o dente consiste de uma coroa (ou parte acima da gengiva), uma raiz (ou parte incrustada numa cavidade do osso mandibular) e um colo (situado entre a coroa e a raiz). Os dentes representam o dinamismo agressivo, a capacidade de cuidar de si mesmo, a habilidade de enfrentar a vida, a habilidade de conduzir as ideias da análise à concretização e o estado da energia vital.

Regência: Capricórnio e Saturno (rigidez, trava) regem os dentes e os florais são: Mimulus (tira os medos que nos deixam rígidos) e Rock Water (flexibilidade); Áries (impulso) rege os dentes superiores e o floral é Impatiens (tira a raiva, dá paciência); Touro (inseguro) rege os dentes inferiores e o floral é Gentian (segurança interior).

Florais auxiliares: Crab Apple (antibiótico natural; para abscessos, secreções purulentas, infecções), Impatiens (anti-inflamatório) e Rescue Remedy (para o pânico em crianças e adultos e em caso de cirurgia; para diminuir o sangramento em cirurgias; para ajudar na cicatrização), Larch (para dentição tardia), Hornbeam (dentes fracos, bom para dentes inclusos).

Dentição tardia e dentes fracos

• pode ser um mau aspecto entre o Sol (falta de energia vital) e Saturno (atrasa, prende, segura). *Florais:* Vervain (energia vital), Mimulus (tira os medos), Rock Water (flexibilidade), Hornbeam (dá energia para o dente sair) e mais os florais dos signos que regem as casas onde estão os planetas e as casas opostas a elas.

• pode ser um mau aspecto entre Júpiter (exagera) e Saturno (segura, atrasa, retém, rigidez). *Florais:* Agrimony (faz a pessoa ser verdadeira, tira o exagero), Mimulus (tira os medos que dá rigidez), Rock Water (clareia, dá sensibilidade) e mais os florais dos signos que regem as casas onde estão os planetas e as casas opostas a elas.

Tártaro

• **Floral:** Centaury e Cerato (os dois tiram o tártaro).

Travados, bruxismo, ATM, gengivite por autodestruição

• **Florais:** Holly (tira a tensão), Impatiens (por raiva contida), Agrimony (por a pessoa não ser ela mesma), White Chestnut (tira a rigidez da boca), Vervain (bom para bruxismo, ATM, mania com a boca, dores de dente violentas).

dependência

Definição: Desejo psíquico intenso por uma droga ou medicamento; a dependência psíquica pode não ser física.

Indica: fuga de si mesmo, desejo de não enfrentar a realidade e os sentimentos dolorosos; traumas, abuso sexual, vidas passadas de escravidão; que o viciado tem como trabalho kármico aprender a pedir ajuda; o vício do tabaco indica uma tentativa de encontrar satisfação das necessidades, de preencher um vazio e uma incapacidade de se amar; que a pessoas tem muita necessidade de sexo.

Florais: Rescue Remedy (resgata de qualquer situação), Olive (preenche os espaços vazios que as pessoas costumam preencher com drogas e álcool, tira a angústia) Crab Apple (limpa o sangue), Agrimony (limpa os venenos do sangue, faz ser quem verdadeiramente é), Gorse (faz a limpeza do sangue, tira o efeito colateral das drogas), Scleranthus (faz decidir se quer largar ou não o vício, faz o esclarecimento da vontade do coração, dá vontade de viver) Chicory (bom para cortar o vício), Honeysuckle (para deixar o passado para trás), Walnut (protege das más influências), Willow + Scleranthus (bom para tirar o desequilíbrio e o exagero de excesso de comida, cigarro, álcool ou drogas), Aspen (drogados em recuperação quando sentem medo de morrer), Cherry Plum (controla o vício, desintoxica, dá perseverança e determinação), Centaury (tira a dependência), ajudar com Holly (faz a aceitação), Star of Bethlehem (tira o trauma), Cherry Plum (dá bons sentimentos e pensamentos).

Química de drogas

• pode ser um mau aspecto entre o Sol (orgulho, ego, eu) e Netuno (desordem). *Florais:* Vervain (luz, tira a euforia, relaxa, equilibra o ego), Rock Rose (tira o pânico que causou a desordem), White Chestnut (faz dominar e dirigir os pensamentos quando somos levados pelos instintos) e mais os florais dos signos que regem as casas onde estão os planetas e as casas opostas a elas.

• pode ser um mau aspecto entre Marte (impulso) e Netuno (desordem). *Florais:* Impatiens (dá ritmo correto ao impulso), Rock Rose (tira o pânico que causou a desordem), White Chestnut (clareia, faz dominar e dirigir os pensamentos quando somos levados pelos instintos) e mais os florais dos signos que regem as casas onde estão os planetas e as casas opostas a elas.

• pode ser uma desarmonia de Lua (emoções) em Aquário (rígido, isolado, sistema nervoso). *Florais:* Clematis (coloca os pés no chão para ver o que está fazendo consigo mesmo), Water Violet (equilíbrio do sistema nervoso) e mais os florais dos signos que regem a casa onde está o planeta e a casa oposta a ela.

Sensibilidade a drogas

• relacionada a Virgem (submisso). *Florais:* Centaury (dá individualidade) e Agrimony (limpa o sangue).

depressão mental ....

Definição: Alteração de humor; perda de interesse, exceto em todas as vias de escapismo prazerosas, como comida, sexo, trabalho, amizade, passatempo e diversão.

Indica: falta de metas na vida.

Regência: Saturno (por fazer a vida mais dura) é o grande causador da depressão, e os florais são: Mimulus (medos que nos atormentam no dia a dia) e Rock Water (flexibilidade).

Florais auxiliares: Wild Oat (dá metas), Mustard (quando não se descobre a causa, em geral a mãe da pessoa não estava de bem com a vida na época em que ela nasceu, e essa falta de energia ficou gravada na criança), Olive (dá ânimo), Gorse (dá vontade de vida que vem do coração, tira o efeito colateral dos remédios), Elm (quando acha que a vida está muito dura), Gentian (ativa a fé, na cura, tira a insegurança, bom para pessoas que não têm força para lutar pela vida), Cherry Plum (ensina a achar o caminho do meio), Vervain + Larch (bom quando a pessoa que tem muita euforia e pouca ação não consegue o que quer e fica deprimida, Larch faz a realização), Heather (tira da solidão, ensina a comunicação), Aspen (tira o medo do futuro, tira o pânico por estar com depressão), Pine (tira a depressão por culpa, verdadeira ou não).

Com irritabilidade

• pode ser um mau aspecto entre a Lua (emoções, sentimentos) e Saturno (rígido, prendem, retém). *Florais:* Clematis (coloca os pés no chão, tira do mundo da lua), Mimulus (tira os medos do dia a dia e dos sentimentos conscientes e inconscientes), Rock Water (flexibilidade) e mais os florais dos signos que regem as casas onde estão os planetas e as casas opostas a elas.

Em geral

• pode ser um mau aspecto entre o Sol (falta de vitalidade) e Saturno (prende, retém, segura). *Florais:* Vervain (energia vital), Mimulus (tira os medos para enfrentar um leão por dia), Rock Water (flexibilidade) e mais os florais dos signos que regem as casas onde estão os planetas e as casas opostas a elas.

• pode ser um mau aspecto entre o Sol (falta de energia vital) e Netuno (desordem). *Florais:* Vervain (relaxa o orgulho, vitalidade, ameniza a euforia), Rock Rose (tira o pânico que causou a desordem), White Chestnut (faz dominar e direcionar os pensamentos quando somos levados pelos instintos) e mais os florais dos signos que regem as casas onde estão os planetas e as casas opostas a elas.

• pode ser um mau aspecto entre a Lua (emoções) e Mercúrio (sistema nervoso). *Florais:* Clematis (coloca os pés no chão, tira do mundo da lua), Cerato (equilibra o sistema nervoso) e mais os florais dos signos que regem as casas onde estão os planetas e as casas opostas a elas.

• pode ser um mau aspecto entre a Lua (emoções e sentimentos) e Júpiter (exagero). *Florais:* Clematis (coloca os pés no chão, tira do mundo da lua), Agrimony (faz a pessoa ser verdadeira e tira o exagero) e mais os florais dos signos que regem as casas onde estão os planetas e as casas opostas a elas.

• pode ser um mau aspecto entre Mercúrio (pensamentos, sistema nervoso) e Saturno (rigidez, atraso, prende). *Florais:* Cerato (equilíbrio do sistema nervos), Mimulus (tira os medos que atormentam), Rock Water (dá suavidade no viver) e mais os florais dos signos que regem as casas onde estão os planetas e as casas opostas a elas.

• pode ser um mau aspecto entre Mercúrio (pensamentos e sistema nervoso) e Netuno (desordem). *Florais:* Cerato (equilíbrio do sistema nervoso), Rock Rose (tira o pânico que causou a desordem), White Chestnut (faz dominar e direciona os pensamentos quando somos levados pelos instintos) e mais os florais dos signos que regem as casas onde estão os planetas e as casas opostas a elas.

• pode ser um mau aspecto entre Marte (impulso) e Netuno (desordem). *Florais:* Impatiens (dá ritmo ao impulso), Rock Rose (tira o pânico que causou a desordem), White Chestnut (faz dominar e dirigir os pensamentos quando somos levados pelos instintos) e mais os florais dos signos que regem as casas onde estão os planetas e as casas opostas a elas.

Na tendência depressiva importante

• pode ser um mau aspecto entre Plutão (passional, pode ser muito ou muito pouco, é tudo ou nada, pode ser alguma mutação genética) e Mercúrio (sistema nervoso). *Florais:* Heather (regeneração), Cerato (equilíbrio do sistema nervoso) e mais os florais dos signos que regem as casas onde estão os planetas e as casas opostas a elas.

Profunda

• pode ser um mau aspecto entre Vênus (infelicidade) e Netuno (desordem). *Florais:* Gentian (ativa a fé, que é a certeza de que tudo dará certo), Scleranthus (equilíbrio), Wild Rose (alegria), White Chestnut (faz dominar e dirigir os pensamentos quando estamos sendo levados pelos instintos), Rock Rose (tira o pânico que causou a desordem) e mais os florais dos signos que regem as casas onde estão os planetas e as casas opostas a elas.

dermatite

Definição: Inflamação da pele, evidenciada por coceira, rubor e diversas lesões cutâneas.
Indica: insegurança, incerteza, preocupação (a dermatite reflete os sentimentos, os pensamentos e tudo aquilo que a pessoa não expressa de seu interior ou seus problemas de identidade). É um estado emocional que não aguenta mais ficar guardado, e como a pessoa não faz nada para curar sai pela pele.
Regência: Saturno e Capricórnio (rigidez, atrasa, detém) e os florais são: Rock Water (flexibilidade) e Mimulus (tira os medos que nos acompanham por bastante tempo); e Vênus (falta de alegria) e o floral é Wild Rose (alegria).
Florais auxiliares: Chestnut Bud (ativa a pineal, que tem conexão com a pele, dá vida), Rescue Remedy (hidratante, cicatrizante), Agrimony (por a pessoa sentir que o mundo não a aceita, faz a pessoa ser verdadeira, tira o exagero), Willow (tira as manchas que fabricou quando estava se sentindo uma coitadinha), Star of Bethlehem (limpa os traumas, pois cada trauma é uma mancha que é fabricada) e Wild Rose (para trabalhar a textura da pele), Holly (erupções, coceira, psoríase, vitiligo, alergias, qualquer erupção cutânea), Impatiens (bom para dermatites crônicas ou não), Pine (para dermatite crônica).

Ardencial

• **Floral:** Holly (por causa da ardência).

De contato

• pode ser um mau aspecto entre Vênus (falta de alegria) e Saturno (segura, para, retém). *Florais:* Gentian (ativa a fé, que é a certeza de que tudo vai dar certo, dá segurança interior que dá uma pele equilibrada), Scleranthus (equilíbrio), Wild Rose (alegria, dá boa textura à pele), Mimulus (tira os medos que causam manchas), Rock Water (dá suavidade à pele) e mais os florais dos signos que regem as casas onde estão os planetas e as casas opostas a elas.

Herpetiforme

• pode ser um mau aspecto entre Vênus (pele, sem viço) e Saturno (segura, retém, contém), com Saturno em Escorpião (mudança genética). *Florais:* Gentian (segurança para uma boa pele), Scleranthus (equilíbrio), Wild Rose (textura boa de pele, por dar alegria), Mimulus (tira os medos que dão manchas na pele), Rock Water (dá suavidade à pele), Heather (regenerador) e mais os florais dos signos que regem as casas onde estão os planetas e as casas opostas a elas.

dermatomiosite

Definição: Doença do tecido conjuntivo: edema, dermatite e inflamação dos músculos.

Indica: resistência a novas experiências.

Em geral

• pode ser um mau aspecto entre a Lua (emoções) e Netuno (desordem). *Florais:* Clematis (faz funcionar o órgão com saúde, no caso a pele), Rock Rose (tira o pânico que causou a desordem), White Chestnut (clareia a pele) e mais os florais dos signos que regem as casas onde estão os planetas e as casas opostas a elas.

derme

Definição: Ou pele, é a camada de tecido situada entre o corpo e o ambiente que o cerca; como o maior órgão do corpo, ela é essencial à vida; consiste em epiderme e derme. A derme representa a conexão entre o interno e o externo, e a maneira como os outros nos veem; é fonte de sensações e estabelece o limite; representa uma proteção contra nosso mundo interior, que não expressamos.

Os problemas indicam: as doenças indicam insegurança, preocupação, incerteza e problemas de identidade; as manchas indicam que a pessoa fica lembrando seus traumas e se sentindo uma coitadinha.

Regência: Saturno (rigidez) rege a pele e os florais são: Rock Water (flexibilidade) e Mimulus (tira os medos que fazem manchas); Vênus (alegria) rege a textura da pele e os florais são: Wild Rose (alegria), Gentian (segurança interior) e Scleranthus (equilíbrio).

Florais auxiliares: Agrimony (alergias), Clematis (bom para manchas claras, vitiligo, psoríase, alergias, por não estar presente ou por não se importar); Crab Apple (manchas, acnes, cravos, espinhas, pele oleosa, limpa a pele), Chestnut Bud (ativa a pineal, que tem conexão com a pele, dando vida e consciência à pele), Cerato (tira o cinza da pele), Elm (bom para pele em desequilíbrio, endurecimento por eczemas, psoríase ou outra dermatite), Scleranthus (pele esverdeada).

desânimo

Definição: Abatimento, falta de ânimo, desalento.

Indica: falta de vontade de viver, falta de metas na vida.

Florais: Clematis (para quem vive esperando pelo amanhã, não vive o hoje), Elm e Gentian (dão ânimo, por fabricar anticorpos), Olive dá ânimo, dá paz, Larch (dá vontade e ação), Hornbeam (energia), Willow + Larch (desânimo, sem força para continuar ou sair do negativismo, equilibra o eixo, dá força e ânimo para ir em frente).

Em geral

• pode ser Saturno (prende, segura, prende) em Áries (impulso do sangue no cérebro), por falta de fluxo sanguíneo para o cérebro. *Florais:* Mimulus (tira os medos), Rock Water (dá flexibilidade e suavidade para viver), Impatiens (dá ritmo ao sangue na cabeça) e mais os florais dos signos que regem a casa onde está o planeta e a casa oposta a ela.

• pode ser um mau aspecto em Peixes ou de Netuno (desordem). *Florais:* Rock Rose (tira o pânico que causou a desordem) e White Chestnut (dá clareza).

descontrole emocional

Definição: Falta de controle emocional, instabilidade emocional.

Florais auxiliares: Cherry Plum (controla: os sentimentos, os pensamentos, as atitudes, o choro, hábitos das emoções, da dor física ou emocional).

E violência

• pode ser um mau aspecto entre Marte (impulso) e Urano (sistema nervoso). *Florais:* Impatiens (dá ritmo correto ao impulso), Water Violet (equilíbrio do sistema nervoso) e mais os florais dos signos que regem as casas onde estão os planetas e as casas opostas a elas.

Em geral

• pode ser um mau aspecto entre Mercúrio (pensamento, sistema nervoso) e Netuno (desordem), pois Netuno, com a sua energia descontrolada, pode atrapalhar a energia de Mercúrio. *Florais:* Cerato (equilíbrio ao sistema nervoso), White Chestnut (faz dominar e dirigir os pensamentos quando somos levados pelos instintos), Rock Rose (tira o pânico que causou a desordem) e mais os florais dos signos que regem as casas onde estão os planetas e as casas opostas a elas.

• pode ser um mau aspecto entre Vênus (falta de alegria) e Urano (sistema nervoso). *Florais:* Gentian (segurança interior, ativa a fé), Scleranthus (equilíbrio), Wild Rose (alegria), Water Violet (equilíbrio do sistema nervoso) e mais os florais dos signos que regem as casas onde estão os planetas e as casas opostas a elas.

desequilíbrio

Definição: Equilíbrio desigual e instável; fora de equilíbrio; sem igualdade em termos de potência entre forças opostas.

Floral básico: Scleranthus (equilíbrio).

Ácido e base

• pode ser Plutão (passional, possessivo) em Libra (dúvida). *Florais:* Heather (tira as insatisfações), Scleranthus (equilíbrio) e mais os florais dos signos que regem a casa onde está o planeta e a casa oposta a ela.

Entre agitação e depressão

• pode ser um mau aspecto entre a Lua (emoções, feminino, humor que muda como as fases da Lua) e Marte (impulso, masculino). *Florais:* Clematis (coloca os pés no chão, faz sair do mundo da lua, faz estar presente), Impatiens (dá ritmo correto ao impulso) e mais os florais dos signos que regem as casas onde estão os planetas e as casas opostas a elas.

Entre depressão e pessimismo, entre disposição e otimismo

• pode ser um mau aspecto entre Júpiter (otimista exagerado) e Saturno (pessimismo fechado). *Florais:* Agrimony (faz a pessoa ser verdadeira, tira o exagero e o que não for da pessoa), Rock Water (dá suavidade), Mimulus (tira os medos) e mais os florais dos signos que regem as casas onde estão os planetas e as casas opostas a elas.

desmaio

Definição: Consequência de fraqueza; a quase perda da consciência, em decorrência de anemia cerebral ou de um aporte insuficiente de sangue ao cérebro.

Indica: incapacidade de lidar com a situação atual; fuga, medo, entrega.

Florais básicos: Clematis (para o desligamento do corpo físico), Rescue Remedy (resgata de qualquer mal, tira o trauma, coloca os pés no chão, dá bons sentimentos, pensamentos e emoções, dá as devidas proporções aos acontecimentos, dá bom ritmo ao sangue na cabeça), Olive (dá ritmo ao sangue).

Florais auxiliares: Elm (energiza todos os sete chakras, tira os bloqueios, por isto dá equilíbrio aos distúrbios afetivos; ajudar com White Chestnut que tira a obsessão), Vervain (equilibra a euforia), Scleranthus (equilibra as decisões, trabalha a integridade, equilibra entre recepção e ação), Impatiens (dá ritmo correto às atitudes).

Em geral

• pode ser problema com Peixes ou Netuno (desordem). *Florais:* Rock Rose (tira o pânico) e White Chestnut (faz dominar e direcionar os pensamentos quando somos levados pelos instintos).

• pode ser Marte em Áries (impulso) *Florais:* Impatiens (tira a impaciência, dá ritmo ao impulso), Holly (acalmar, dar maior aceitação ao que a pessoa está vivenciando) e mais os florais dos signos que regem a casa onde está o planeta e a casa oposta a ela.

• pode ser Lua (emoções) em Leão (euforia). *Florais:* Clematis (tira do mundo da lua, faz estar presente), Vervain (faz relaxar, equilibra a euforia) e mais os florais dos signos que regem a casa onde está o planeta e a casa oposta a ela.

• pode ser Mercúrio (sistema nervoso) em Leão (euforia). *Florais:* Cerato (equilibra o sistema nervoso), Vervain (faz relaxar, tira a euforia) e mais os florais dos signos que regem a casa onde está o planeta e a casa oposta a ela.

desmame ....

Definição: Acostumar o bebê à descontinuação do leite materno, substituindo-o por outros alimentos.

Floral básico: Chicory (cortar os apegos, os vícios, as coisas enraizadas).

Dificuldade no

• pode ser um mau aspecto entre a Lua (emoções, apego à mãe) e Marte (impulso). *Florais:* Clematis (coloca os pés no chão, faz ver outras coisas além da mãe), Impatiens (tira a impaciência) e mais os florais dos signos que regem as casas onde estão os planetas e as casas opostas a elas.

desnutrição ....

Definição: Nutrição inadequada; falta das substâncias alimentares necessárias ou apropriadas ao corpo, ou absorção e distribuição imprópria dos alimentos.

Indica: se for por falta de apetite, indica medo de viver, falta de confiança em si com relação à vida; se for em geral, indica que a pessoa não se sente acolhida, que tem problemas com a mãe.

Floral básico: Centaury (ajuda a fixar as vitaminas dos alimentos).

Em geral

• pode ser uma desarmonia de Lua (emoções) em Virgem (por falta de absorção dos alimentos nos intestinos). *Florais:* Clematis (coloca os pés no chão, tira do mundo da mãe), Centaury (dá boa absorção dos alimentos) e mais os florais dos signos que regem a casa onde está o planeta e a casa oposta a ela.

diabete ....

Definição: Termo geral para as doenças caracterizadas por urinação excessiva devido ao mau funcionamento do pâncreas.

Indica: dificuldade de assimilar as doçuras da vida; que a pessoa recebe um amor excessivo e sufocante, mas não da qualidade que necessita; desejo inconfessado de realização amorosa; incapacidade de aceitar o amor e de se entregar a ele; que a pessoa encobre a melancolia e a desesperança de assimilar o que precisa; necessidade de controlar.

Regência: Virgem (submisso) rege o pâncreas e o floral é Centaury (faz uma boa absorção), Júpiter (exagerado) rege o pâncreas e o floral é Agrimony (faz a pessoa ser verdadeira, tira o exagero).

Florais auxiliares: Scleranthus (equilíbrio), Crab Apple (limpa o pâncreas), Wild Rose (alegria), Agrimony (faz a pessoa ser verdadeira, tira o exagero, pâncreas) e Chestnut Bud (faz enxergar o estado emocional que criou o diabete), Honeysuckle (acaba se for herança genética), Red Chestnut (por medo e excesso de preocupações, quando a suprarrenal faz a liberação de adrenalina nos sistemas, o que faz o sangue consumir mais insulina e aumenta a glicemia, dando diabete; ou por susto ou perdas de entes queridos, o que causa o diabete), Star of Bethlehem (tira o trauma), Clematis (pessoas que vivem no mundo da Lua e deixam entrar doenças no corpo podem ter diabete), Crab Apple (depura o sangue), Beech (quando a pessoa não quer mudar o comportamento), Vine (bom para pessoas que têm diabete por não ter luz interior e possuem desequilíbrio no plexo solar).

Causado por disfunção do mecanismo de deliberação de hormônios da hipófise posterior.

• pode ser Urano (sistema nervoso) em Virgem (pâncreas). *Florais:* Water Violet (equilíbrio do sistema nervoso), Centaury (equilíbrio dos pâncreas) e mais os florais dos signos que regem a casa onde está o planeta e a casa oposta a ela.

Descompensado

• pode ser um mau aspecto entre Mercúrio (hormônios) e Vênus (falta de alegria) se um deles tiver um mau aspecto com Júpiter (pâncreas, exagero). *Florais:* Cerato (equilíbrio dos hormônios), Gentian (ativa a fé, que é a certeza de que tudo dará certo), Scleranthus (equilíbrio), Wild Rose (alegria), Agrimony (faz a pessoa ser verdadeira, tira o exagero, pâncreas) e mais os florais dos signos que regem as casas onde estão os planetas e as casas opostas a elas.

Em geral

• pode ser um mau aspecto entre a Lua (emoções) e Júpiter (pâncreas, exagero). *Florais:* Clematis (coloca os pés no chão, faz estar presente para se cuidar), Agrimony (faz a pessoa ser verdadeira, tira o exagero, saúde dos pâncreas) e mais os florais dos signos que regem as casas onde estão os planetas e as casas opostas a elas.

• pode ser Sol (falta de energia vital) em Virgem (pâncreas). *Florais:* Vervain (energia vital), Centaury (saúde do pâncreas) e mais os florais dos signos que regem a casa onde está o planeta e a casa oposta a ela.

Funcional

Causado pela relação da hipófise posterior com o metabolismo de carboidratos.

• pode ser Urano (metabolismo) em Peixes (desordem). *Florais:* Water Violet (equilíbrio do metabolismo), White Chestnut (faz dominar e direcionar os pensamentos quando são levados pelos instintos, o que pode nos levar a um amanhã saudável), Rock Rose (tira o pânico que causou a desordem) e mais os florais dos signos que regem a casa onde está o planeta e a casa oposta a ela.

Insipidus

• pode ser um mau aspecto entre a Lua (emoções) e Plutão (apego, posse) se um deles estiver em Câncer (mundo da lua, sempre que estamos alheios ao corpo físico a doença pode se instalar nele). *Florais:* Clematis (coloca os pés no chão, tira do mundo da lua, faz cuidar), Heather (regenera, faz dominar os instintos) e mais os florais dos signos que regem as casas onde estão os planetas e as casas opostas a elas.

Melito

Um dos mais perigosos.

• pode ser por falta das vitaminas A e D; se a Lua (mundo da lua, emoções) ou Plutão (posse, possessividade) estiver em Virgem (submissão, pâncreas), será um diabete melito. *Florais básicos:* Vervain (vitamina A e D), Clematis (coloca os pés no chão, faz a pessoa se cuidar), Heather (regeneração) e Centaury (saúde do pâncreas).

• pode ser Saturno (rígido, segura, retém atrasa) em Virgem (pâncreas). *Florais:* Rock Water (faz dominar e direcionar o pensamento quando somos levados pelos instintos), Mimulus (tira os medos que fazem as doenças), Centaury (cuida da saúde do pâncreas) e mais os florais dos signos que regem a casa onde está o planeta e a casa oposta a ela.

• pode ser um mau aspecto entre o Sol (falta de energia vital) e Júpiter (pâncreas, exagero). *Florais:* Vervain (eufórico), Agrimony (faz a pessoa ser verdadeira, tira o exagero) e mais os florais dos signos que regem as casas onde estão os planetas e as casas opostas a elas.

• pode ser um mau aspecto entre o Sol (orgulho, ego, euforia) e Netuno (desordem). *Florais:* Vervain (equilibra a euforia, deixa o sol entrar), Rock Rose (tira o pânico que causou a desordem), White Chestnut (faz dominar e direcionar os pensamentos quando somos levados pelos instintos) e mais os florais dos signos que regem as casas onde estão os planetas e as casas opostas a elas.

• pode ser um mau aspecto entre Mercúrio (hormônios) e Júpiter (pâncreas, exagero). *Florais:* Cerato (equilibra os hormônios), Agrimony (pâncreas, tira o exagero) e mais os florais dos signos que regem as casas onde estão os planetas e as casas opostas a elas.

• pode ser um mau aspecto entre Vênus (falta de alegria) e Júpiter (exagero, expande). *Florais:* Gentian (ativa a fé, que é a certeza de que tudo dará certo), Scleranthus (equilíbrio), Wild Rose (alegria), Agrimony (pâncreas) e mais os florais dos signos que regem as casas onde estão os planetas e as casas opostas a elas.

• pode ser um mau aspecto entre Marte (impulso) e Júpiter (exagero, pâncreas). *Florais:* Impatiens (dá ritmo ao impulso), Agrimony (faz a pessoa ser verdadeira, tira o impulso) e mais os florais dos signos que regem as casas onde estão os planetas e as casas opostas a elas.

• pode ser um mau aspecto entre Júpiter (exagero, expande) e Saturno (rígido, retém, segura, atrasa). *Florais:* Agrimony (faz a pessoa ser verdadeira, tira o exagero), Rock Water (flexibilidade), Mimulus (tira os medos que fazem doenças) e mais os florais dos signos que regem as casas onde estão os planetas e as casas opostas a elas.

• pode ser uma desarmonia de Júpiter (exagero, pâncreas) em Virgem (pâncreas). *Florais:* Agrimony (faz a pessoa ser verdadeira, tira o exagero, pâncreas), Centaury (pâncreas, submissão) e mais os florais dos signos que regem a casa onde está o planeta e a casa oposta a ela.

• pode ser uma desarmonia de Júpiter (expande) em Libra (dúvidas). *Florais:* Agrimony (faz a pessoa ser verdadeira, tira o exagero), Scleranthus (equilíbrio) e mais os florais dos signos que regem a casa onde está o planeta e a casa oposta a ela.

Por causa da ação pancreática debilitada

• pode ser Netuno em Peixes (desordem) *Florais:* White Chestnut (faz dominar e direcionar os pensamentos quando somos levados pelos instintos), Rock Rose (tira o pânico que causou a desordem) e mais os florais dos signos que regem a casa onde está o planeta e a casa oposta a ela.

Ou hipoglicemia

Diabete ou hipoglicemia, ocasionado por grave stress emocional.

• pode ser Plutão (passional, medo de perder o poder) em Virgem (pâncreas, submissão). *Florais:* Heather (regeneração), Centaury (pâncreas e individualidade) e mais os florais dos signos que regem a casa onde está o planeta e a casa oposta a ela.

Ou hipoglicemia subdiagnosticada

Neste caso, a pessoa pode ser internada num hospício ou ficar sob cuidados psiquiátricos, quando, na verdade, a causa seria orgânica, e não mental.

• pode ser Netuno (desordem) em Virgem (submissão, pâncreas em desequilíbrio). *Florais:* White Chestnut (faz dominar e direcionar os instintos quando somos conduzidos por eles), Rock Rose (tira o pânico que causou a desordem), Centaury (pâncreas, individualidade) e mais os florais dos signos que regem a casa onde está o planeta e a casa oposta a ela.

diarreia

Definição: Eliminação frequente, movimentos intestinais aquosos, com fezes não formadas; normalmente é um sintoma de distúrbios gastrintestinais.

Indica: medo, fuga; degeneração do próprio valor; mudanças abruptas no modo de viver; desinteresse pela vida; preocupação com os outros e consigo mesmo.

Florais básicos: Agrimony (faz a limpeza dos sentimentos, tira os venenos), Scleranthus (equilíbrio), Olive (hidrata, bom para quando se perde muito líquido), Holly (acaba com a diarreia) e Elm (bom para intestino estressado).

Bacilar

• pode ser uma desarmonia de Lua (emoções, mundo da lua) em Libra (dúvidas). *Florais:* Clematis (coloca os pés no chão, faz com que se cuide do físico e emocionalmente), Scleranthus (equilíbrio) e mais os florais dos signos que regem a casa onde está o planeta e a casa oposta a ela.

Bacteriana

• pode ser um mau aspecto entre o Sol (euforia, falta de energia vital) e Plutão (medo de perder o poder, intestinos). *Florais:* Vervain (energia vital), Heather (regeneração) e mais os florais dos signos que regem as casas onde estão os planetas e as casas opostas a elas.

Em geral

• pode ser um mau aspecto entre a Lua (emoções) e Netuno (desordem, cuida dos movimentos peristálticos). *Florais:* Clematis (coloca os pés no chão, faz se cuidar), Rock Rose (tira o pânico que causou a desordem), White Chestnut (faz dominar e direcionar os pensamentos quando somos levados pelos pensamentos) e mais os florais dos signos que regem as casas onde estão os planetas e as casas opostas a elas.

• pode ser por hipofunção da vesícula biliar, causada pelo regente Capricórnio (detém, atrasa). *Florais:* Mimulus (tira os medos que fazem as doenças) e Rock Water (flexibilidade).

Pastosa, com pedaços de comida nas fezes

• pode ser um mau aspecto entre a Lua (emoções e mundo da lua) e Júpiter (exagero), principalmente se a Lua estiver em Capricórnio (rígido, atrasa, poda), ou se tiver algum aspecto com Saturno ou se Saturno estiver em Câncer. *Florais:* Clematis (coloca os pés no chão, faz se cuidar), Rock Water (dá flexibilidade), Mimulus (tira os medos que criam doenças), Agrimony (faz a pessoa ser verdadeira, tira o exagero) e mais os florais dos signos que regem as casas onde estão os planetas e as casas opostas a elas.

Pastosa, por má absorção

• pode ser um mau aspecto entre Mercúrio (pensamentos) e Saturno (rigidez, segura, atrasa, retém). *Florais:* Cerato (equilíbrio aos pensamentos), Mimulus (tira os medos que causam doenças), Rock Water (dá flexibilidade) e mais os florais dos signos que regem as casas onde estão os planetas e as casas opostas a elas.

difteria

Definição: Doença infecciosa aguda, caracterizada pela formação de uma falsa membrana em qualquer superfície mucosa e, ocasionalmente, na pele; normalmente é acompanhada por grande prostração.

Regência: Vênus rege a textura da pele e o floral é Wild Rose.

Em geral

• pode ser Sol (falta de energia vital) em Touro (insegurança). *Florais:* Vervain (euforia, ego, orgulho), Gentian (ativa a fé, que é a certeza de que tudo dará certo) e mais os florais dos signos que regem a casa onde está o planeta e a casa oposta a ela.

digestão

Definição: Processo pelo qual o alimento é dividido mecânica e quimicamente no trato gastrintestinal e convertido em formas absorvíveis.

Os problemas indicam: dificuldade de lidar com os conflitos e de digerir as novas impressões.

Regência: Virgem (submisso) rege os sucos da digestão e o floral é Centaury (cuida do sistema digestório); a Lua (emoções, estômago) rege a digestão e o floral é Clematis (estômago, coloca os pés no chão, faz se cuidar).

Dificuldade de assimilação digestória dos carboidratos e do açúcar

• *Florais:* Agrimony (faz trabalhar as vias digestórias), Gentian (o elemento Terra relaciona-se com os processos de transformação como a digestão), Clematis (para trabalhar a Lua, que está completamente relacionada ao estômago), Crab Apple (para provocar vômito quando é necessário colocar para fora o alimento que fez mal) e Impatiens (pela impaciência e por não aceitar o tempo do outro), Elm (bom quando por ansiedade a pessoa não faz a digestão), Willow (por a pessoa se sentir coitadinha e ficar ruminando no estômago tudo o que sofreu durante o dia), Heather (por problemas emocionais que a pessoa fica remoendo no estômago), Holly (por dar aceitação dos problemas, bom para digestão, dispepsia, é tônico digestório), Impatiens (acalma, bom para digestão), Chicory (por sanar as necessidades, acabar com os apegos por comida, também melhora a digestão).

Lenta

• pode ser um mau aspecto entre a Lua (emoções, mundo da lua) e Júpiter (exagero, vias digestórias). *Florais:* Clematis (saúde do estômago), Agrimony (faz a pessoa ser verdadeira, tira o exagero, saúde das vias digestórias) e mais os florais dos signos que regem as casas onde estão os planetas e as casas opostas a elas.

• pode ser um mau aspecto entre Vênus e Urano, em Virgem. *Florais:* Gentian (ativa a fé, que é a certeza de que tudo dará certo, segurança interior), Scleranthus (equilíbrio), Wild Rose (alegria), Water Violet (sistema nervoso), Centaury (cuida do suco digestório) e mais os florais dos signos que regem as casas onde estão os planetas e as casas opostas a elas.

• pode ser uma desarmonia de Júpiter (exagero) em Câncer (estômago). *Florais:* Agrimony (faz a pessoa ser verdadeira, tira o exagero), Clematis (saúde do estômago) e mais os florais dos signos que regem a casa onde está o planeta e a casa oposta a ela.

Má digestão e episódios de diarreia e constipação

Quando a pessoa é submetida a stress pode haver necessidade de laparotomia na cavidade abdominal por dor reflexa causada por cálculos na vesícula biliar.

• pode ser Urano (sistema nervoso) em Capricórnio (segura, retém, atrasa). *Florais:* Water Violet (equilibra o sistema nervoso), Rock Water (flexibilidade), Mimulus (tira os medos que fazem a doença) e mais os florais dos signos que regem a casa onde está o planeta e a casa oposta a ela.

Vesícula biliar lenta ou hipofuncional

Quando a vesícula secreta pouca bile durante a digestão.

• pode ser Netuno (desordem) em Capricórnio (segura, retém, atrasa). *Florais:* White Chestnut (faz dominar e dirigir os pensamentos quando somos levados pelos instintos), Rock Rose (tira o pânico que causou a desordem), Rock Water (flexibilidade), Mimulus (tira os medos que fazem as doenças) e mais os florais dos signos que regem a casa onde está o planeta e a casa oposta a ela.

Problemas de

• pode ser Saturno em Capricórnio (rígido, retém, segura). *Florais:* Rock Water (flexibilidade para viver melhor), Mimulus (tira os medos que fazem doenças) e mais os florais dos signos que regem a casa onde está o planeta e a casa oposta a ela.

disartria

Definição: Fala difícil e defeituosa decorrente do comprometimento dos músculos da língua ou de outras partes essenciais à fala.

Indica: resistência a novas experiências (relacionada aos músculos) e medo das novidades (relacionado a problemas na boca). Se a pessoa nasceu com esta deficiência é porque usou mal a língua em outras vidas, pode ter falado da vida alheia, entre outras coisas.

Regência: Touro (inseguro) rege a garganta e o floral é Gentian (ativa a fé, que é a certeza de que tudo dará certo)

Florais auxiliares: Wild Rose (trabalha a fonação, alegria), Rescue Remedy (para a reconstituição de algum órgão), Clematis (para o órgão voltar a funcionar) e Honeysuckle (se for problema genético).

Em geral

• pode ser um mau aspecto entre Mercúrio (pensamentos, cérebro, boca, língua) e Saturno (rigidez, redução da atividade mental). *Florais:* Cerato (bom para dificuldade de comunicação e linguagem confusa, saúde ao cérebro), Mimulus (tira os medos que paralisam), Rock Water (flexibilidade, musculatura) e mais os florais dos signos que regem as casas onde estão os planetas e as casas opostas a elas.

Por problemas no sistema nervoso central

Quando há dificuldade na articulação das palavras

• pode ser um mau aspecto entre Marte (impulso) e Mercúrio (cérebro). *Florais:* Cerato (saúde ao cérebro, dificuldade de comunicação e linguagem confusa), Impatiens (cabeça, músculos, dá ritmo correto ao sangue da cabeça) e mais os florais dos signos que regem as casas onde estão os planetas e as casas opostas a elas.

disenteria

Definição: Termo aplicado a diversos distúrbios intestinais (do cólon), caracterizados pela inflamação da membrana mucosa.

Indica: medo e raiva intensos.

Regência: Escorpião rege o cólon, e o floral é Heather.

Em geral

• pode ser Marte (impulso) em Virgem (sistema digestório até os intestinos). *Florais:* Impatiens (dá ritmo correto ao impulso), Centaury (saúde aos intestinos), Rock Rose (limpa, purifica, melhora a absorção das vitaminas, tira intoxicação, acaba com fezes petrificadas), e mais os florais dos signos que regem a casa onde está o planeta e a casa oposta a ela.

disfunção

Definição: Funcionamento anormal, inadequado ou comprometido de um órgão ou parte.

Dos hormônios secretados pela hipófise

Esses hormônios influenciam diretamente as secreções das adrenais (suprarrenais); dependendo do aspecto de Plutão (medo de perder o poder), as glândulas podem ser indolentes, hipoativas ou hiperativas.

Florais dos hormônios: Olive (equilíbrio dos hormônios), Clematis (tira distúrbios hormonais), Cherry Plum (faz o controle hormonal), Heather (dá equilíbrio aos hormônios), Walnut e Larch (ativa a hipófise), Scleranthus (equilíbrio dos hormônios), Wild Rose (bom para mudanças hormonais), Water Violet (equilibra os hormônios), Beech (atua na hipófise, bom para os hormônios), Impatiens (equilibra os hormônios), Chicory (bom para mudanças hormonais), Centaury (regula os hormônios).

• pode ser Plutão (degeneração, medo de perder o poder) em Áries (impulso). *Florais:* Heather (regeneração, intestinos), Impatiens (dá o ritmo correto), Scleranthus (equilíbrio) e mais os florais dos signos que regem a casa onde está o planeta e a casa oposta a ela.

dislalia ....

Definição: Comprometimento da fala, decorrente de um defeito dos órgãos da fala; distúrbio de pronúncia devido à lesão dos órgãos internos responsáveis pela fala.

Indica: se for doença genética, indica que, em outras vidas, a pessoa fez mau uso da fala ou foi obrigada a não falar, ou foi obrigada a falar o que não queria; autopunição.

Regência: Touro (inseguro, cordas vocais) rege o pescoço e o floral é Gentian (ativa a fé, que é a certeza de que tudo dará certo, saúde das cordas vocais).

Florais básicos: Wild Rose (trabalha a fonação, dá alegria), Scleranthus (equilíbrio, tira os bloqueios) e Honeysuckle (deixa o passado para trás, se for doença genética). Ajudar com Rescue Remedy (resgata de qualquer mal), Heather (regenerador), Larch (ativa o potencial latente), Impatiens (ensina a ter paciência para desenvolver a fala).

Em geral

• pode ser um mau aspecto entre Mercúrio (fala) e Saturno (segura, retém, atrasa, prende), por Saturno bloquear a condução dos estímulos elétricos do sistema nervoso central. *Florais:* Cerato (equilíbrio do sistema nervoso central), Mimulus (tira os medos que fazem doenças), Rock Water (flexibilidade para viver a vida com leveza) e mais os florais dos signos que regem as casas onde estão os planetas e as casas opostas a elas.

dispepsia ....

Definição: Digestão imperfeita ou dolorosa; dificuldade digestória; vago desconforto abdominal, sensação de repleção após a ingestão de alimentos; não é uma doença em si, mas o sintoma de outras doenças ou distúrbios.

Indica: dificuldade em lidar com os conflitos e digerir novas impressões.

Regência: Virgem (por ser submissa engole coisas ruins por tempo demais) rege todo o sistema digestório.

Florais auxiliares: Impatiens (tira a impaciência, que não deixa a pessoa digerir), Mimulus (por medo da vida), Agrimony (para a dificuldade digestória) e Centaury (individualidade e saúde do sistema digestório), Agrimony (tira o mal-estar), Holly (por dar aceitação do problema e nos encher de amor, torna a digestão perfeita), Chicory (sana as necessidades, acaba com os apegos até de comida, melhora a digestão). O que a mente não entende o estômago fica ruminando.

Crônica inespecífica

• pode ser uma desarmonia de Lua (emoções, mundo da lua) em Virgem (submissa, sistema digestório). *Florais:* Clematis (estômago, coloca os pés no chão, faz se cuidar), Centaury (sistema digestório, individualidade) e mais os florais dos signos que regem a casa onde está o planeta e a casa oposta a ela.

Em geral

• pode ser um mau aspecto entre a Lua (emoções, mundo da lua) e Vênus (falta de alegria). *Florais:* Clematis (saúde do estômago), Gentian (segurança interior), Scleranthus (equilíbrio), Wild Rose (alegria) e mais os florais dos signos que regem as casas onde estão os planetas e as casas opostas a elas.

Inespecífica

• pode ser uma desarmonia de Júpiter (exagero) em Câncer (estômago). *Florais:* Agrimony (faz a pessoa ser verdadeira, tira o exagero), Clematis (cuida da saúde do estômago) e mais os florais dos signos que regem a casa onde está o planeta e a casa oposta a ela.

displasia ....

Definição: Desenvolvimento anormal dos tecidos.

Indica: se for na mulher, na mama esquerda indica falta de sentimento de aceitação como mulher e mãe, mas na mama direita indica falta de sentimento de aceitação no mundo, vergonha e rejeição; se for no homem, nas mamas indica autocrítica, sentimento de não ser aceito, não saber como expressar o lado feminino e como nutrir os outros, desejo oculto de ser mulher.

Florais auxiliares: Clematis (cuida da saúde das mamas), Heather (regenerador), Cherry Plum (tira a dor, cuida do equilíbrio da divisão celular), Elm (libera a endorfina que tira a dor), Holly (por dar a aceitação tira a dor).

Fibrocística de mama

• pode ser uma desarmonia de Lua em Câncer (mundo da lua, mamas). *Florais:* Clematis (coloca os pés no chão para a pessoa se cuidar, dá saúde às mamas) e mais os florais dos signos que regem a casa onde está o planeta e a casa oposta a ela.

dispneia ....

Definição: Falta de ar, resultando numa respiração laboriosa ou difícil que, em alguns casos, se faz acompanhar por dor.

Indica: falta de vontade de viver; mergulho no inconsciente, nas sombras e no lado escuro; medo, falta de confiança no processo da vida; estado emocional em desequilíbrio.

Florais básicos: Rescue Remedy (tira a dor, resgata de qualquer mal, alivia o sofrimento respiratório), Holly (enche a pessoa de amor, tira das sombras, faz o entendimento, dá aceitação, acaba com a falta de vontade de viver), Pine (tira as culpas, tira a dor, floral do pulmão, dá facilidade para respirar), Cerato (é o floral de Gêmeos, que rege os pulmões), Olive (dá ritmo à respiração) e Cherry Plum (acalma a respiração), Agrimony (tira o que está incomodando), Red Chestnut (dá ritmo à respiração por aproximar o anjo da guarda), Gentian (dá ritmo à frequência respiratória), Willow (equilibra a respiração), Impatiens (dá ritmo à respiração), Aspen (tira o medo do futuro, dá uma boa respiração), Sweet Chestnut (acaba com a respiração angustiada, por dar a luz no fim do túnel).

distensão ....

Definição: O ato de ficar distendido.

Florais básicos: Rock Water (para a flexibilidade) e Beech (tira a rigidez).

Florais auxiliares: Holly (por dar amor, fazer entender e dar aceitação, tira a rigidez e a dor), Cherry Plum (limpa a resistência a novas experiências, tira a distensão), White Chestnut (tira a musculatura tensa), Centaury (por ser submissa, a pessoa é tensa, tira a tensão dos músculos de sustentação), Oak (tira a tensão muscular de quem carrega o mundo nas costas), Vervain (relaxa, equilibra a parte nervosa dos músculos), Rescue Remedy (melhora a contração muscular).

Muscular

• **Indica:** falta de habilidade para agir diante das diferentes situações da vida.

• pode ser um mau aspecto entre Marte (impulso) e Júpiter (exagero). *Florais:* Impatiens (tira a impaciência e a falta de habilidade diante das situações), Agrimony (faz a pessoa ser verdadeira, tira o exagero e tudo o que não fizer parte dela, faz relaxar) e mais os florais dos signos que regem as casas onde estão os planetas e as casas opostas a elas.

distimia

Definição: Forma branda e crônica de depressão que está presente há pelo menos dois anos.

Indica: falta de vontade e ânimo para viver (por problemas com a mãe; por a pessoa não se sentir acolhida); falta de direção na vida.

Floral básico: Mustard; quando a criança foi concebida a mãe não estava num boa fase da vida e se sentia em depressão, talvez ela não quisesse ficar grávida nesse momento e passa essa falta de emoção, de vontade de viver a situação para a criança que está se formando; a criança se forma com esse desamor, a mãe indiretamente tirou a vontade de vida desse filho.

Em geral

• pode ser um mau aspecto entre Mercúrio (pensamentos) e Marte (impulso) se um deles tiver um mau aspecto com Saturno (prende, segura, tira). *Florais:* Cerato (dá saúde aos pensamentos), Impatiens (dá ritmo ao impulso), Mimulus (tira os medos que nos dão depressão), Rock Water (flexibilidade) e mais os florais dos signos que regem as casas onde estão os planetas e as casas opostas a elas.

distocia

Definição: Trabalho de parto difícil, podendo ser pelo tamanho grande do feto ou pelo pequeno diâmetro da saída pélvica.

Indica: medo da maternidade.

Floral básico: Rock Rose (tira o pânico), Red Chestnut (acalma neste momento por aproximar o anjo da guarda), Rescue Remedy (tem um papel importante nesta hora e para o bebê também; seria bom tomar antes do parto), Vervain (se a mãe tomar durante toda a gestação, não haverá este ou qualquer outro problema, faz bem para a mãe e para a criança).

Em geral

• pode ser um mau aspecto entre a Lua (útero) e Marte (impulso). *Florais:* Clematis (saúde ao útero), Impatiens (ritmo ao impulso) e mais os florais dos signos que regem as casas onde estão os planetas e as casas opostas a elas.

• pode ser um mau aspecto entre a Lua (útero) e Júpiter (exagero). *Florais:* Clematis (saúde ao útero), Agrimony (faz a pessoa ser verdadeira, tira o exagero) e mais os florais dos signos que regem as casas onde estão os planetas e as casas opostas a elas.

distrofia

Definição: Problema causado por nutrição ou metabolismo defeituoso; pode ser genética ou hereditária.

Indica: se a distrofia for muscular, indica uma profunda necessidade de se sentir seguro; perda da fé, e da confiança.

Floral básico: Honeysuckle (se for genética ou hereditária), Crab Apple (regula o metabolismo), Gentian (equilibra o metabolismo), Heather (tira o desequilíbrio do metabolismo), Elm (estimula trocas metabólicas).

Em geral

• pode ser um mau aspecto entre a Lua (mundo da lua) e Marte (impulso). *Florais:* Clematis (coloca os pés no chão, quando a pessoa fica longe do físico deixa a doença alcançá-lo, saúde do metabolismo), Impatiens (dá ritmo correto), Honeysuckle (por ser genética e ou hereditária) e mais os florais dos signos que regem as casas onde estão os planetas e as casas opostas a elas.

• pode ser um mau aspecto entre Marte (impulso) e Urano (parte elétrica do corpo). *Florais:* Impatiens (ritmo aos impulsos), Water Violet (equilíbrio da parte elétrica), Honeysuckle (se for genética ou hereditária) e mais os florais dos signos que regem as casas onde estão os planetas e as casas opostas a elas.

diverticulite

Definição: Inflamação de um divertículo ou vários divertículos do trato intestinal (cólon), causando a estagnação das fezes em sacos pouco distendidos do cólon e provocando dor.

Indica: medos e análise crítica da vida, medo de se deparar com o inconsciente.

Regência: Escorpião (medo de perder o poder, mutação genética) rege o cólon e o floral é Heather (intestino, regeneração); Virgem (submissa) rege os intestinos e o floral é Centaury (dá saúde aos intestinos, dá bom movimento peristáltico). Rock Rose (limpa, purifica, melhora a absorção dos nutrientes, tira intoxicação, acaba com fezes petrificadas).

Florais auxiliares: Wild Oat (regenerador), Rock Rose (atua no movimento peristáltico dos intestinos, bom para fezes petrificadas), Hornbeam (pela não aceitação da vida, dá força motriz), Crab Apple (limpa os mal entendidos que ficam parados nos intestinos), Chicory (ensina a fazer a eliminação do que não serve mais, tira a constipação crônica), Sweet Chestnut (ser for por causa dos pulmões em baixa que afeta o intestino grosso).

Floral auxiliar: Holly (para tirar a dor).

Do cólon

• pode ser um mau aspecto entre Mercúrio (pensamentos) e Saturno (rígido, retém, atrasa, poda). *Florais:* Cerato (ativa o mestre interior, dá intuição, dá conhecimento e bons pensamentos), Mimulus (tira os medos), Rock Water (flexibilidade) e mais os florais dos signos que regem as casas onde estão os planetas e as casas opostas a elas.

Por falta de bile

O que atrapalha a digestão das gorduras do organismo.

Regência: Capricórnio (rígido) rege a vesícula biliar e os florais são: Rock Water (flexibilidade) e Mimulus (tira os medos do dia a dia e dos sentimentos).

doença ateromatosa ....

Definição: Degeneração gorda ou espessamento das paredes das artérias mais calibrosas.

Indica: medo de ser feliz.

Florais básicos: Clematis (faz funcionar o órgão que não funcionava), Gentian (dá segurança interior e alegria, dá saúde e estrutura às artérias), Oak e Hornbeam (dão energia às artérias), Honeysuckle (acaba com os problemas se forem genéticos), Wild Rose (dá alegria de viver e dá saúde ao sangue), Agrimony (tira o que não faz parte da pessoa).

Da aorta

• pode ser uma desarmonia de Júpiter (exagero) em Leão (coração). *Florais:* Agrimony (faz a pessoa ser verdadeira, tira o exagero e tudo o que não for da pessoa), Vervain (relaxa, cuida da saúde da circulação arterial) e mais os florais dos signos que regem a casa onde está o planeta e a casa oposta a ela.

doença celíaca ....

Definição: Síndrome da má absorção intestinal caracterizada por diarreia, desnutrição, tendência hemorrágica e hipocalcemia.

Indica: medo, fuga; que a pessoa não acredita no próprio valor; mudanças repentinas na vida; a pessoa não quer viver.

Em geral

• pode ser uma desarmonia de Júpiter (exagero) em Virgem (submissa). *Florais:* Agrimony (faz a pessoa ser verdadeira), Centaury (individualidade, dá saúde à absorção dos nutrientes nos intestinos), Rock Rose (limpa, purifica, melhora a absorção dos nutrientes, tira a intoxicação, acaba com fezes petrificadas) e mais os florais dos signos que regem a casa onde está o planeta e a casa oposta a ela.

doença convulsiva.................

Definição: Paradoxismo de contrações e relaxamentos musculares involuntários.

Indica: autoviolência; que a pessoa se sente perseguida, rejeita a vida; uma grande luta interior.

Em geral

• pode ser um mau aspecto entre Júpiter (exagero) e Urano (parte elétrica do cérebro). *Florais:* Agrimony (faz a pessoa ser verdadeira, tira o exagero e tudo o que não for da pessoa), Water Violet (equilíbrio da parte elétrica do cérebro) e mais os florais dos signos que regem as casas onde estão os planetas e as casas opostas a elas.

doença de addison ....

Definição: Deficiência na secreção dos hormônios adrenocorticais; é causada pela destruição progressiva da glândula adrenal, ou devido a doença infecciosa (tuberculose), ou por infiltração no tecido glandular; causa o aumento da pigmentação da pele e das membranas mucosas, manchas irregulares de vitiligo, lentigens negras na cabeça e pescoço, astenia, fadiga, hipotensão, náusea, vômito, anorexia, perda de peso, hipoglicemia.

Pele indica: a divisão entre viver o fora e as novidades ou ser quem verdadeiramente somos, mesmo que nos vejam muito diferente do geral ou do modismo vigente.

Florais auxiliares: Olive (dá equilíbrio hormonal), Clematis, Holly, Vine (tiram os distúrbios hormonais, tiram as manchas claras, o vitiligo), Crab Apple (bom para manchas), Cerato (tira o acinzentado da pele), Cherry Plum (faz o controle dos hormônios), Scleranthus (equilibra os hormônios), Heather (equilibra os hormônios), Larch (tira os bloqueios), Walnut (ativa a hipófise), Water Violet (equilibra os problemas de hormônios), Wild Rose (rege a textura da pele), Wild Oat (regenerador da pele).

Em geral

• pode ser um mau aspecto entre Marte (impulso) e Netuno (desordem). *Florais:* Impatiens (dá ritmo ao impulso), Rock Rose (tira o pânico que causou a desordem), White Chestnut (faz dominar e direcionar os pensamentos quando somos levados pelos instintos), Scleranthus (faz trabalhar as suprarrenais) e mais os florais dos signos que regem as casas onde estão os planetas e as casas opostas a elas.

• pode ser um mau aspecto entre Marte (impulso) com Saturno (pele, rigidez, atrasa, poda, segura), fazendo mau aspecto com Plutão (modificação genética). *Florais:* Impatiens (dá ritmo correto ao impulso), Rock Water (flexibilidade), Mimulus (tira os medos), Heather (regeneração) e mais os florais dos signos que regem as casas onde estão os planetas e as casas opostas a elas.

• pode ser um mau aspecto entre Marte (impulso) e Netuno (desordem). *Florais:* Impatiens (ritmo certo ao impulso), Rock Rose (tira o pânico que causou a desordem), White Chestnut (faz dominar e direcionar os pensamentos quando são levados pelos instintos) e mais os florais dos signos que regem as casas onde estão os planetas e as casas opostas a elas.

doença de paget ....

Definição: Doença do esqueleto em pessoas idosas; ocorre inflamação crônica dos ossos, resultando em seu espessamento e amolecimento e no arqueamento dos ossos longos; osteíte deformante.

Indica: que a pessoa é rígida em relação aos princípios; tensão, perda da agilidade mental; falta de amor na infância.

Regência: Capricórnio e Saturno (rigidez) representam a velhice e os ossos, e os florais são: Mimulus (tira os medo do dia a dia e dos sentimentos) e Rock Water (flexibilidade).

Floral auxiliar: Impatiens (anti-inflamatório), Crab Apple (limpa os problemas que causaram problemas nos ossos, antibiótico), Elm (tira os bloqueios energéticos que provocam doenças na coluna por a energia não subir para a cabeça), Hornbeam (tonifica, deixa a coluna ereta), Scleranthus (coloca a coluna no eixo), Willow (dá flexibilidade, por tirar as tristezas), Larch (dá segurança), Wild Oat (estrutura), Beech (acaba com deformações ósseas), Aspen (tira deformações na coluna, por tirar o medo do futuro), Pine (tira deformações, por limpar as culpas).

Em geral

• pode ser um mau aspecto entre Júpiter (exagero) e Saturno (rigidez, ossos). *Florais:* Agrimony (faz a pessoa ser verdadeira, tira o exagero e tudo o que não faz parte da pessoa), Mimulus (tira os medos do dia a dia e dos sentimentos que nos faz rígidos), Rock Water (flexibilidade, saúde dos ossos) e mais os florais dos signos que regem as casas onde estão os planetas e as casas opostas a elas.

Na coluna ou nos ilíacos

• pode ser uma desarmonia de Júpiter em Sagitário (exagero, expande). *Florais:* Agrimony (faz a pessoa ser verdadeira, tira o exagero e tudo o que não pertence a ela) e mais os florais dos signos que regem a casa onde está o planeta e a casa oposta a ela.

doença de parkinson ....

Definição: Doença nervosa crônica caracterizada por tremor fino (que se alastra lentamente), astenia, rigidez muscular e ambulação peculiar; paralisia com agitação.

Indica: medo muito grande, vontade de controlar tudo e todos.

Regência: Capricórnio e Saturno (rigidez, medo de viver naturalmente, é preso e rígido em suas atitudes por medo das consequências) e os florais são: Rock Water (flexibilidade, mental e física, nesta ordem) e Mimulus (tira os medos que nos fazem rígidos).

Em geral

• pode ser um mau aspecto entre Mercúrio (pensamentos, sistema nervoso) e Saturno (rigidez, segura, prende), em Aquário (sistema nervoso, parte elétrica do corpo). *Florais:* Cerato (ativa o mestre interior, dá sabedoria, dá saúde aos pensamentos, equilibra o sistema nervoso), Mimulus (tira os medos que nos deixam rígidos), Rock Water (flexibilidade à mente e ao físico, nesta ordem), Water Violet (sistema nervoso e parte elétrica do corpo) e mais os florais dos signos que regem as casas onde estão os planetas e as casas opostas a elas.

doença de peironi ....

Definição: Problema no pênis.

Indica: culpa ao praticar o ato sexual por achá-lo pecaminoso devido a crenças religiosas; que o homem não gosta de ser homem, não gosta de determinada figura masculina à qual se acha parecido; uso do pênis só para ter poder.

Regência: Escorpião (medo de perder poder) rege o pênis, e o floral é Heather (regenerador, da mente e do físico).

Em geral

• pode ser um mau aspecto entre Vênus (falta de alegria) e Marte (impulso sexual). *Florais:* Gentian (ativa a fé, que é a certeza de que tudo dará certo, segurança interior), Scleranthus (equilíbrio), Wild Rose (alegria), Impatiens (dá ritmo correto ao impulso sexual) e mais os florais dos signos que regem as casas onde estão os planetas e as casas opostas a elas.

doença granulomatosa ....

Definição: Distúrbio caracterizado por defeitos na capacidade dos leucócitos polimorfonucleares de matar certas bactérias.

Indica: que a pessoa quer que alguém tome conta dela.

Regência: Peixe e Netuno (desordem) regem os glóbulos brancos do sangue e os florais são: Rock Rose (tira o pânico que causou a desordem) e White Chestnut (faz dominar e dirigir os pensamentos quando somos dirigidos pelos instintos).

Florais auxiliares: Pine (tira as culpas), Gentian (ativa o mestre interior, que é a certeza de que tudo dará certo, segurança interior), Willow (tira o escuro do sangue que pode criar doenças nele), Vine (faz a transformação, equilibra as alterações do sangue), Aspen (tira as doenças do sangue), Heather (regeneração), Rescue Remedy (resgata de qualquer mal).

Em geral

• pode ser um mau aspecto entre Júpiter (exagero) e Netuno (desordem). *Florais:* Agrimony (faz a pessoa ser verdadeira, tira o exagero e tudo o que não fizer parte da pessoa), Rock Rose (tira o pânico que causou a desordem), White Chestnut (faz dominar e dirigir os pensamentos quando somos levados pelos instintos) e mais os florais dos signos que regem as casas onde estão os planetas e as casas opostas a elas.

doença inflamatória pélvica ......

Definição: Infecção ascendente, desde a vagina ou cérvix até o útero, tubas uterinas e ligamentos largos.

Indica: medo, irritação, fúria; tem a ver com os relacionamentos.

Regência: Libra (dúvida) e Capricórnio (rigidez, segura, prende, atrasa) regem a pelve e os florais são: Scleranthus (equilíbrio), Mimulus (tira os medos que nos deixam rígidos) e Rock Water (flexibilidade).

Florais auxiliares: Beech (dá movimento aos quadris), Impatiens (anti-inflamatório), Crab Apple (antibiótico natural).

Em geral

• pode ser uma desarmonia de Lua (parte feminina de reprodução, emoções) em Escorpião (parte feminina de reprodução, medo de perder o poder). *Florais:* Clematis (coloca os pés no chão, faz se cuidar), Heather (regeneração, saúde aos órgãos de reprodução femininos) e mais os florais dos signos que regem a casa onde está o planeta e a casa oposta a ela.

doença mista dos tecidos conjuntivos ....

Definição: Doença dos tecidos que sustentam e conectam os outros tecidos e partes do corpo.

Indica: medo do dia a dia e dos sentimentos; que a pessoa é rígida e sem flexibilidade.

Regência: Capricórnio (rigidez) rege os tecidos conjuntivos e os florais são: Mimulus (tira os medos que deixam a pessoa rígida) e Rock Water (flexibilidade), Wild Rose (rege a textura da pele).

Em geral

• pode ser um mau aspecto entre a Lua (emoções) e Netuno (desordem). *Florais:* Clematis (coloca os pés no chão para a pessoa se cuidar), Rock Rose, White Chestnut (clareia as emoções) e mais os florais dos signos que regem as casas onde estão os planetas e as casas opostas a elas.

• pode ser um mau aspecto entre Júpiter (expande) e Netuno (desordem). *Florais:* Agrimony (faz a pessoa ser verdadeira, tira o exagero), White Chestnut (faz dominar e direcionar os pensamentos quando somos levados pelos instintos), Rock Rose (tira o pânico) e mais os florais dos signos que regem as casas onde estão os planetas e as casas opostas a elas.

doenças

Florais auxiliares: Cherry Plum (faz ver dentro e fora), Rescue Remedy (resgata de qualquer mal), Sweet Chestnut (dá a luz no fim do túnel), Gentian (dá fé, na cura), Vervain (dá saúde ao coração, que dá saúde aos outros órgãos), Clematis (faz funcionar o que não funciona).

Qualquer uma que gere muco nasal

• pode ser um mau aspecto entre o Sol (falta de energia vital) e Plutão (medo de perder o poder, nariz). *Florais:* Vervain (energia vital, ego equilibrado), Heather (saúde do nariz, equilibra o poder) e mais os florais dos planetas e as casas opostas a elas.

Obscuras, de difícil diagnóstico

Normalmente, são doenças de Netuno (desordem).

• neste caso, um mau aspecto entre Netuno (desordem) e Mercúrio (pensamentos). *Florais:* Cerato (ativa o mestre interior, dá intuição, equilíbrio aos pensamentos, sabedoria), Rock Rose (tira o pânico que causou a desordem), White Chestnut (faz dominar e direcionar os pensamentos quando somos levados pelos instintos), Chestnut Bud (faz ver exatamente o estado emocional que estávamos quando criamos a doença) e mais os florais dos signos que regem as casas onde estão os planetas e as casas opostas a elas.

doenças autoimunes

Definição: Doenças em que o corpo produz uma resposta imunológica desordenada contra si mesmo; normalmente, os mecanismos do corpo são capazes de diferenciar nitidamente uma substância estranha, mas, nestas doenças, o sistema está defeituoso e produz anticorpos contra partes normais, a tal ponto que ocorre lesão nos tecidos; doenças em que a pessoa se autodestrói.

Indica: culpa sexual, negação do "eu"; que a pessoa não sabe como satisfazer seus impulsos sexuais agressivos, não se sente autossuficiente.

Florais básicos: Agrimony (por a pessoa não se aceitar como é, por ter se afastado da verdade, por não ver a gravidade da doença e não se tratar), Pine (quando ela não consegue se resolver), Gentian (dar fé, para ela ter certeza de que vai se curar) e Holly (para a aceitação da doença), Clematis (faz a pessoa se cuidar), Chestnut Bud (faz ver que estado emocional ativou a doença), Holly (bom para doenças autodestrutivas), Gorse (dá fé, para se curar, tira o efeito colateral dos remédios), Elm (ativa o timo que fabrica anticorpos), Gentian (ativa o timo e a fé), Red Chestnut (por aproximar o anjo da guarda, tira os pensamentos obsessivos que podem piorar a doença), Centaury, Cherry Plum (tiram as doenças autoimunes).

Doenças do sistema reprodutivo

• **Indicam:** na mulher, indica medo do processo da vida, conflito conjugal e jogo de poder; no homem, indica medo da responsabilidade e do compromisso.

Florais básicos: Clematis (saúde do útero e dos ovários), Vervain (dá saúde ao coração, que torna todos os outros órgãos saudáveis), Cherry Plum (dá bons sentimentos e pensamentos, o que não permite a entrada de doenças).

• pode ser Sol (ego, eu, eufórico) em Escorpião (órgãos femininos e masculinos sexuais). *Florais:* Vervain (relaxa o ego), Heather (regenera, saúde aos órgãos genitais) e mais os florais dos signos que regem a casa onde está o planeta e a casa oposta a ela.

Doenças venéreas

• **Indicam:** culpa em relação ao sexo, necessidade de punição.

• pode ser Vênus (falta de alegria) em Escorpião (medo de perder o poder, órgãos sexuais femininos e masculinos). *Florais:* Wild Rose (alegria), Gentian (ativa a fé, que é a certeza de que tudo dará certo, segurança interior), Scleranthus (equilíbrio), Heather (equilibra o poder, saúde aos órgãos de reprodução feminino e masculino, regeneração) e mais os florais dos signos que regem a casa onde está o planeta e a casa oposta a ela.

Em geral

• pode ser um mau aspecto entre Júpiter (expande) e Saturno (rígido, segura, atrasa) se um dele tiver um mau aspecto com Peixes (desordem) ou Escorpião (medo de perder o poder). *Florais:* Agrimony (faz a pessoa ser verdadeira, tira o exagero e tudo o que não faz parte da pessoa), Mimulus (tira o medo que nos faz rígidos), Rock Water (flexibilidade), Rock Rose (tira o pânico que causou a desordem), White Chestnut (faz dominar e dirigir os pensamentos quando somos levados pelos instintos), Heather (regeneração, ensina o sentido do poder) e mais os florais dos signos que regem as casas onde estão os planetas e as casas opostas a elas.

• pode ser um mau aspecto entre Júpiter (expande) e Netuno (desordem). *Florais:* Agrimony (faz a pessoa ser verdadeira, tira o exagero e tudo o que não faz parte dela), Rock Rose (tira o pânico que causou a desordem), White Chestnut (faz dominar e dirigir os pensamentos quando somo levados pelos instintos) e mais os florais dos signos que regem as casas onde estão os planetas e as casas opostas a elas.

doenças desmielinizantes ....

Definição: Distúrbios das células nervosas decorrentes da destruição de suas bainhas de mielina; processo inflamatório dos nervos que destrói a mielina sadia e normal.

Indicam: ira; que a pessoa abala seu sistema nervoso por raiva.

Regência: Leão (ego, orgulho) e Urano (cérebro) regem a bainha de mielina e os florais são: Vervain (relaxa o ego, saúde da bainha de mielina) e Water Violet (equilíbrio ao sistema nervoso e à bainha de mielina).

Em geral

• pode ser um mau aspecto entre Mercúrio (bainha de mielina e pensamentos) e Vênus (falta de alegria) se Mercúrio estiver em Aquário (bainha de mielina e sistema nervoso) ou com mau aspecto com Urano (recluso sistema nervoso, bainha de mielina) e se houver um aspecto difícil com Plutão (mutação genética, medo de perder o poder). *Florais:* Cerato (saúde à bainha de mielina, ativa o mestre interior da intuição, dá sabedoria e a ter bons pensamentos), Gentian (segurança interior), Scleranthus (equilíbrio), Wild Rose (alegria), Heather (regeneração), Water Violet (bainha de mielina) e mais os florais dos signos que regem as casas onde estão os planetas e as casas opostas a elas.

• pode ser um mau aspecto entre Vênus (falta de alegria) e Urano (equilíbrio ao sistema nervoso, bainha de mielina) se houver também um mau aspecto com Mercúrio (sistema nervoso, bainha de mielina), Saturno (rigidez, segura, prende) e Plutão (degeneração). *Florais:* Gentian (segurança interior), Scleranthus (equilíbrio), Wild Rose (alegria), Water Violet (equilíbrio do sistema nervoso e da bainha de mielina), Cerato (ativa o mestre interior, dá intuição da sabedoria e cuida da bainha de mielina), Mimulus (tira os medos que dão rigidez), Rock Water (flexibilidade), Heather (regeneração) e mais os florais dos signos que regem as casas onde estão os planetas e as casas opostas a elas.

doenças hereditárias ....

Definição: Doenças decorrentes de fatores hereditários, transmitidos de pais para filhos.

Indicam: problemas mal resolvidos de vidas passadas.

Florais básicos: Honeysuckle (para deixar o passado para trás), Rescue Remedy (para reconstituir os órgãos ou movimentos), Clematis (acorda o órgão que não funciona), Vervain (dá bom funcionamento ao coração, que faz os outros órgãos funcionarem), Gentian, Larch, Hornbeam (mexem com deformações estruturais de longo prazo).

Infantis

• pode ser Sol (ego, orgulho, falta de energia vital) em Peixes (desordem). *Florais:* Vervain (energia vital, faz relaxar o ego), White Chestnut (faz dominar e direcionar os pensamentos quando nos levamos pelos instintos), Rock Rose (tira o pânico que causou a desordem) e mais os florais dos signos que regem a casa onde está o planeta e a casa oposta a ela.

Ou má formação congênita

• **Indica:** que houve um mau uso da parte do corpo em outras vidas; pode haver outros motivos também, mas sempre ligados a vidas passadas.

• pode ser um mau aspecto entre o Sol (orgulho e ego) e Plutão (mutação genética). *Florais:* Vervain (relaxa o ego, dá energia vital), Heather (regeneração), Honeysuckle (deixa o passado para trás) e Walnut (dar proteção, por a doença ter fatores hereditários ou genéticos), e mais os florais dos signos que regem as casas onde estão os planetas e as casas opostas a elas.

doenças infantis ....

Rubéola, catapora, caxumba e sarampo.

Florais básicos: Crab Apple (serve como antibiótico; para fazer explodir tudo a fim de a doença acabar logo; mas, se a doença for muito forte, é necessário cuidado e deixá-la acontecer naturalmente), Holly (para tirar a coceira) e Impatiens (para baixar a febre), Agrimony (ajuda quando tem coceira).

doenças mieloproliferativas .....

Definição: Proliferação da medula, seja na medula óssea, seja em lugares extramedulares.

Regência: Câncer (mundo da lua e todos os que abandonam o corpo deixam a doença pegá-los) rege a medula óssea e o floral é Clematis (coloca os pés no chão, faz a pessoa se cuidar, dá saúde à medula óssea); Aquário (recluso e cheio de conhecimentos, tem acesso à sabedoria superior, é intuitivo) rege a medula e o floral é Water Violet (dá equilíbrio ao sistema nervoso, cuida da saúde da medula óssea, tira da reclusão e faz dividir conhecimento).

Floral auxiliar: Scleranthus (equilíbrio da medula óssea), Heather (faz a regeneração na medula óssea).

Em geral

• pode ser um mau aspecto entre Júpiter (exagera) e Netuno (desordem, rege o sistema imunológico, os glóbulos brancos). Júpiter tem o dom da proliferação celular e direciona as energias para os ossos, onde está a medula e onde são produzidos os glóbulos brancos do sangue. *Florais:* Agrimony (faz a pessoa ser verdadeira, tira o exagero e tudo o que não for da pessoa), Rock Rose (tira o pânico que causou a desordem), White Chestnut (faz dominar e direcionar os pensamentos quando somos levados pelos instintos) e mais os florais dos signos que regem as casas onde estão os planetas e as casas opostas a elas.

doenças periodontais

Definição: Doenças das estruturas de sustentação dos dentes. Os dentes representam o dinamismo agressivo, a capacidade e a habilidade de enfrentar a vida.

Regência: Áries (impulsos) rege a face e Marte (impulso) rege a agressividade, e o floral é Impatiens (equilibra a agressividade, dá o ritmo correto); Capricórnio e Saturno (rígidos, atrasam, seguram retém) regem os dentes em geral, Áries (força e impulso) rege os dentes superiores, e Touro (inseguro), os inferiores, e os florais são: Mimulus (tiram os medos que nos dão rigidez), Rock Water (flexibilidade), Impatiens (tira a raiva, melhora a agressividade, dá tempo correto ao impulso) e Gentian (ativa a fé, que é a certeza de que tudo dará certo, segurança interior).

Florais auxiliares: Cerato (tira o tártaro ou o escuro dos dentes), Holly (bom para bruxismo, que pode trazer doenças periodontais), Hornbeam (bom para dentes inclusos), Vervain (tira bruxismo, ATM, o ranger de dentes, manias com a boca, dores violentas de dentes; ajudar com Impatiens e Rescue Remedy).

Em geral

• pode ser um mau aspecto entre Marte (impulso) e Saturno (rigidez, para, atrasa). *Florais:* Impatiens (dá o ritmo correto ao impulso), Mimulus (tira os medos que nos dão rigidez), Rock Water (flexibilidade) e mais os florais dos signos que regem as casas onde estão os planetas e as casas opostas a elas.

doenças sexualmente transmissíveis

Sífilis, gonorreia, AIDS, linfogranuloma venéreo, cancroide, granuloma inguinal, clamidiose, doença inflamatória pélvica, tricomoníase, candidíase genital, herpes genital, verrugas genitais, vaginite bacteriana.

Indicam: culpa de ordem sexual, necessidade de punição, frustração e desconfiança nos relacionamentos; que a pessoa acha que os órgãos sexuais são sujos e pecaminosos.

Regência: Escorpião (medo de perder o poder, modificação genética) rege os órgãos sexuais e o floral é Heather (regenerador).

Floral auxiliar: Pine (tira as culpas), Olive (faz o organismo lutar contra a doença), Clematis (faz colocar os pés no chão e se cuidar), Red Chestnut (tira a doença quando a pessoa, por medos e pensamentos ruins e obsessivos, provoca distúrbios nos sistemas; aproxima o anjo da guarda), Gentian (ativa a fé, que é a certeza de que tudo dará certo), Heather (tira esta doença por tirar a insatisfação da vida), Crab Apple (acaba com doenças sexualmente transmissíveis, atua como antibiótico natural), Holly (acaba com doenças autodestrutivas), Gorse (ativa a fé, na cura, tira o efeito colateral do remédio), Elm (ativa o timo, que fabrica anticorpos), Gentian (ativa a fé, e o timo, que fabrica anticorpos), Willow (bom para doenças autoimunes, para pessoas que se sentem vítimas do mundo; ajudar com Cherry Plum e Sweet Chestnut), Olive (dá respostas vitais).

Em geral

• pode ser um mau aspecto entre o Sol (orgulho, ego) e Plutão (medo de perder o poder). *Florais:* Vervain (energia vital, rela xa o ego), Heather (regenerativa, faz entender o significado do poder) e mais os florais dos signos que regem as casas onde estão os planetas e as casas opostas a elas.

• pode ser um mau aspecto entre Vênus (falta de alegria, doenças venéreas) e Netuno (espiritualidade, capacidades extrassensoriais, criativo, bondoso; mas quando se fala em doenças se está falando do lado negativo de Netuno, a desordem) se um deles estiver em Escorpião (cura doenças em órgãos sexuais femininos e masculinos e doenças sexuais por falta de satisfação na vida). *Florais:* Gentian (ativa a fé, que é a certeza de que tudo dará certo), Scleranthus (equilíbrio), Wild Rose (alegria), Rock Rose (tira o pânico que causou a desordem), White Chestnut (faz dominar e direcionar os pensamento quando somos levados pelos impulsos), Heather e mais os florais dos signos que regem as casas onde estão os planetas e as casas opostas a elas.

• pode ser um mau aspecto entre Vênus (falta de alegria, doenças venéreas) e Plutão (medo de perder o poder). *Florais:* Gentian (segurança interior), Scleranthus (equilíbrio), Wild Rose (alegria), Heather (regeneração) e mais os florais dos signos que regem as casas onde estão os planetas e as casas opostas a elas.

• pode ser um mau aspecto entre Júpiter (expande) e Plutão (medo de perder o poder, passional, doenças nos órgãos sexuais). *Florais:* Agrimony (faz a pessoa ser verdadeira, tira a exaltação e tudo o que não faz parte da pessoa), Heather (cura doenças nos órgãos sexuais, regeneração) e mais os florais dos signos que regem as casas onde estão os planetas e as casas opostas a elas.

dor de cabeça

Definição: Sensação dolorida ou dor localizada na cabeça, sobretudo a vivenciada na região da abóbada craniana.

Indica: autonegação, autocrítica, medo; um sinal da alma, avisando que a pessoa está fazendo muito, que está impondo a si mesma mais responsabilidade do que pode suportar; se for constante (repetitiva, quer seja enxaqueca ou não), indica que a pessoa está pensando muito numa situação e aumentando-a demais, o que ataca o fígado; que a intuição está tentando mostrar alguma coisa que a pessoa não está vendo.

Regência: Áries rege a cabeça e o floral é Impatiens.

Florais auxiliares: Agrimony (se tiver atacado o fígado, que é sensível à raiva e ao ódio, ou quando a pessoa faz tempestade em copo de água), Crab Apple (para dar as devidas proporções às coisas), Rescue Remedy (para dar compreensão e fazer sarar males emocionais e físicos), Impatiens (para trabalhar Áries, ligado à cabeça; dar a aceitação do tempo do outro; dá o ritmo correto do sangue na cabeça), Star of Bethlehem (tira os traumas, tira as dores), Clematis (para enfrentar o que precisar ser enfrentado), Holly (para aceitar a situação), Olive (ativa os centros de comando cerebrais, tira a dor de cabeça por cansaço), Gentian (dá estrutura aos vasos de sustentação da cabeça, tira a dor por cansaço), Heather (elimina os males da cabeça), Cherry Plum (faz entender dentro e fora, acaba com a dor de cabeça), Elm (libera a endorfina, tira a dor), Walnut (faz a comunicação entre os dois hemisférios da cabeça, faz entender o emocional e o racional, tira a dor se for por influências externas), Impatiens (tira os ritmos alterados da frequência do sangue na cabeça, tira a dor de cabeça), Sweet Chestnut (por clarear os pensamentos, tira a dor por tanto pensar), Red Chestnut (tira a dor de quem tem pensamentos obsessivos e ruins).

Aguda, de caráter explosivo

• pode ser Urano (eletricidade do cérebro) em Áries (cabeça). *Florais:* Water Violet (equilibra a eletricidade no cérebro), Impatiens (dá o ritmo correto do sangue na cabeça) e mais os florais dos signos que regem a casa onde está o planeta e a casa oposta a ela.

De origem gástrica

Por excesso de ingestão de carboidratos.

• pode ser Vênus (falta de alegria, vira glutão) em Áries (cabeça). *Florais:* Wild Rose (alegria), Scleranthus (equilíbrio), Gentian (segurança interior), Impatiens (dá ritmo correto ao sangue na cabeça), Clematis (saúde do estômago), e mais os florais dos signos que regem a casa onde está o planeta e a casa oposta a ela.

Em geral

• pode ser um problema de ácido e base, que é regido por Libra (dúvida) *Floral:* Scleranthus (equilíbrio do ácido e base).

Enxaqueca e dores repetitivas

• *Florais:* Agrimony (é bom para o fígado) e Crab Apple (dá à situação sua verdadeira dimensão), Elm (tira a cronicidade, libera a endorfina, que tira a dor).

Por congestão sanguínea

• pode ser Sol (orgulho, falta de vitalidade ou eufórico demais) em Áries (cabeça). *Florais:* Vervain (relaxa), Impatiens (dá ritmo correto ao sangue na cabeça) e mais os florais dos signos que regem a casa onde está o planeta e a casa oposta a ela.

• pode ser Mercúrio (cérebro, pensamentos, sistema nervoso) em Áries (impulso), por tensão nervosa. *Florais:* Cerato (equilíbrio do sistema nervoso, dos pensamentos), Impatiens (dá ritmo correto ao sangue na cabeça) e mais os florais dos signos que regem a casa onde está o planeta e a casa oposta a ela.

Porque o intestino não funciona e as toxinas voltam para a corrente sanguínea e intoxicam

• pode ser Netuno (intestino e desordem) em Touro (falta de resistência física). *Florais:* White Chestnut (faz dominar e dirigir os pensamentos quando somos dirigidos pelos instintos), Rock Rose (tira o pânico que causou a desordem), Gentian (segurança interior, falta de resistência física) e mais os florais dos signos que regem a casa onde está o planeta e a casa oposta a ela.

Violenta ou tendência generalizada para

• pode ser Marte (impulso) em Áries (cabeça) *Florais:* Impatiens (dá ritmo ao sangue na cabeça), Holly (acalma a dor), Elm (libera a endorfina, que tira a dor) e mais os florais dos signos que regem a casa onde está o planeta e a casa oposta a ela.

dores................................

Florais básicos: Rescue Remedy e Holly.

Florais auxiliares: Agrimony (dor de cabeça), Red Chestnut (tira a obsessão dos pensamentos, tira a dor de cabeça), Clematis (dá equilíbrio à dor, que é importante sentir para avisar que o órgão não está bem e precisa ser tratado; Câncer sente pouca dor por estar sempre no mundo da lua), Holly (tira a dor forte por fazer a liberação de algo muito doloroso, bom para dores de câncer e de AIDS ou em qualquer doença autoimune), Elm (libera endorfina, tira dores), Cherry Plum (bom para fazer o controle da dor nas enxaquecas e dores que trazem descontrole: sinusites, do câncer, displasia mamária, dores ósseas), Willow + Holly (dores fortes da artrose, síndrome pré-menstrual), Water Violet (pessoas que não conseguem passar o conhecimento para o outro e ficam com energia estagnada no físico, incomodando, causando dor no corpo), Wild Oat + Hornbeam (cansaço lombar e dores de cabeça), Hornbeam + Star of Bethlehem + Wild Oat (dores de crescimento, tira a cronicidade, mobiliza o que está fraco, tira o problema que está parado, vai haver eliminações intestinais, urinárias ou por gripes e resfriados), Larch (para processos agudos), Hornbeam (bom para processos crônicos, tira as dores dos nervos por desbloquear as energias), Holly (dor na nuca), Impatiens (dor aguda), Vervain + Impatiens (podem curar dores fortes, violentas), Impatiens + Vervain (dores crônicas, bom para dores de estômago por má digestão, acidez estomacal, gastrite e úlceras, intestinos estressados e com ulcerações), Centaury (acalma os nervos), Scleranthus (traz equilíbrio).

Generalizadas

• pode ser Sol (eufórico) em Capricórnio (rigidez). *Florais:* Vervain (relaxa), Rock Water (flexibilidade), Mimulus (tira os medos que nos deixam rígidos) e mais os florais dos signos que regem a casa onde está o planeta e a casa oposta a ela.

Nas costas, nervo ciático ou tornozelos

Florais básicos: Elm (libera endorfina), Wild Oat (energia aos nervos), Water Violet (tira as dores dos nervos, melhora os curtos-circuitos), Star of Bethlehem (limpa e purifica o sistema nervoso; ajudar com Wild Oat e Elm).

Que podem ser mal diagnosticadas

• pode ser Netuno (desordem) em Sagitário (exagero, nervo ciático). *Florais:* White Chestnut (limpa os pensamentos obsessivos), Rock Rose (tira o pânico que causou a desordem), Agrimony (faz a pessoa ser verdadeira, tira o exagero e tudo o que não faz parte da pessoa) e mais os florais dos signos que regem a casa onde está o planeta e a casa oposta a ela.

No músculo intercostal

- pode ser Mercúrio (pensamentos) em Gêmeos (músculos intercostais). *Florais:* Cerato (saúde do cérebro e dos músculos) e mais os florais dos signos que regem a casa onde está o planeta e a casa oposta a ela.

No quadril e nas coxas

- pode ser Mercúrio (sistema nervoso) em Sagitário (coxas e quadril). *Florais:* Cerato (saúde do sistema nervoso), Agrimony (faz a pessoa ser verdadeira, tira o exagero, equilibra as coxas e quadris) os florais dos signos que regem a casa onde está o planeta e a casa oposta a ela.

Ou inchaços no quadril e nas coxas

- pode ser Júpiter em Sagitário (coxas e quadris e exagero). *Florais:* Agrimony (faz a pessoa ser verdadeira, tira o exagero e tudo o que não faz parte da pessoa), Rescue Remedy (resgata de qualquer mal), Holly (dá o entendimento, tira a dor) e mais os florais dos signos que regem a casa onde está o planeta e a casa oposta a ela.

dormência ....

Definição: Ausência de sensação em uma parte do corpo.

Nas extremidades

- *Florais:* Oak, Hornbeam (ajuda a vascularização das extremidades) e Olive (traz ritmo ao coração), Clematis (faz funcionar o que não está funcionando), Vervain (faz o coração bombear o sangue por todo o organismo).

droga, dependência de ....

Definição: Estado psíquico, e por vezes físico, que resulta da interação entre um organismo vivo e um medicamento ou droga.

Regência: Netuno (desordem) rege o mundo das drogas e os florais são: White Chestnut (faz dominar e direcionar os pensamentos quando somos levados pelos instintos) e Rock Rose (tira o pânico que causou a desordem).

Florais auxiliares: Agrimony (faz a pessoa ser verdadeira, tira o exagero e tudo o que não pertence a ela, ajuda na desintoxicação), Vine (para trabalhar o eu, tira o desequilíbrio do ego), Olive (desintoxica o sangue), Cherry Plum (controla o vício, desintoxica, dá perseverança e determinação), Crab Apple (limpa o organismo, dá as devidas proporções às coisas, faz a vida ser mais real), Gorse (limpa o sangue das drogas, tira o efeito colateral das drogas), Aspen (bom para quem estiver em recuperação, tira o medo de morrer), Wild Oat (dá metas, e a pessoa com metas tem vontade de levantar todo dia pela manhã), Aspen (bom para drogados em recuperação quando sentem medo de morrer).

duodeno ....

Definição: A primeira parte do intestino delgado, que se conecta com o piloro e se estende até o jejuno.

Regência: Câncer (mundo da lua, emoções) rege o duodeno e o floral é Clematis (coloca os pés no chão, faz a pessoa se cuidar); Virgem (submisso) rege o duodeno e o floral é Centaury (individualidade).

E

eczema

Definição: Estado inflamatório cutâneo, agudo ou crônico, acompanhado de eritema, pápulas, vesículas, pústulas, descamação, crostas ou escaras, isoladamente ou em qualquer combinação.

Indica: que a pessoa não aceita mudar sua conduta ou o aspecto da personalidade que já não serve mais; sente-se como se estivesse em carne viva, como se não tivesse a proteção da pele (a troca de pele significa troca de identidade).

Regência: Capricórnio (rígido) rege a pele e os florais são: Mimulus (tira os medos que nos fazem rígidos) e Rock Water (flexibilidade).

Florais auxiliares: Wild Rose (rege a textura e a beleza da pele) e Holly (para que a pessoa aceite o que está vivenciando, tira a coceira e a ardência), Crab Apple (atua como antibiótico), Impatiens (atua como anti-inflamatório).

Atópico

• pode ser um mau aspecto entre Vênus (falta de alegria, textura da pele) e Saturno (sério, vida sem lazer, rigidez). *Florais:* Gentian (segurança interior), Scleranthus (equilíbrio), Wild Rose (alegria pele saudável), Mimulus (tira os medos que nos fazem rigidos), Rock Water (flexibilidade) e mais os florais dos signos que regem as casas onde estão os planetas e as casas opostas a elas.

Atópico e de contato

• pode ser uma desarmonia de Lua (emoções, mundo da lua) em Capricórnio (rigidez, velhice, duro). *Florais:* Clematis (coloca os pés no chão para se cuidar), Rock Water (flexibilidade), Mimulus (tira os medos que nos fazem duros) e mais os florais dos signos que regem a casa onde está o planeta e a casa oposta a ela.

Em geral

• pode ser uma desarmonia de Júpiter (exagero) em Capricórnio (rigidez). *Florais:* Agrimony (faz a pessoa ser verdadeira, tira o exagero), Mimulus (tira os medos do dia a dia e dos sentimentos), Rock Water (leveza) e mais os florais dos signos que regem a casa onde está o planeta e a casa oposta a ela.

Na cabeça e na face

• pode ser Vênus (textura da pele, falta de alegria) em Áries (cabeça). *Florais:* Wild Rose (alegria, dá boa textura à pele), Gentian (segurança interior), Scleranthus (equilíbrio), Impatiens (dá ritmo certo) e mais os florais dos signos que regem a casa onde está o planeta e a casa oposta a ela.

Seborreico

• pode ser um mau aspecto entre o Sol (falta de energia vital) e Saturno (rigidez). *Florais:* Vervain (energia vital, relaxar, equilíbrio da euforia), Mimulus (tira os medos que fazem mal à pele), Rock Water (suavidade) e mais os florais dos signos que regem as casas onde estão os planetas e as casas opostas a elas.

• pode ser um mau aspecto entre Vênus (pele feia, ressecada) e Marte (impulso), em Capricórnio (retido, parado). *Florais:* Gentian (segurança interior), Scleranthus (equilíbrio da pele e da pessoa), Wild Rose (alegria, beleza, feminino, suavidade, brilho, viço), Impatiens (dá ritmo correto, aparência suave), Mimulus (tira os medos e a rigidez), Rock Water (suavidade) e mais os florais dos signos que regem as casas onde estão os planetas e as casas opostas a elas.

• pode ser um mau aspecto entre Vênus (problemas de pele) e Saturno (rigidez, duro, envelhecido). *Florais:* Gentian (segurança interior), Scleranthus (equilíbrio à textura da pele e à pessoa), Wild Rose (textura da pele suave, bela, macia), Mimulus (tira os medos que fazem a rigidez), Rock Water (flexibilidade) e mais os florais dos signos que regem as casas onde estão os planetas e as casas opostas a elas.

Seborreico crônico

Um dos problemas da pessoa que está gorda é o medo de ser ela mesma, com medo de ser criticada ou de fazer coisas que acha proibido (por ser bonita e poder virar alguém que vai usar a beleza para ter poder, usar o outro, ter grandes conquistas para satisfazer o ego e não ter o amor, ser infiel com todos). Coisa que pode ter feito em outra vida e deve sofrer a consequência de seus atos.

• pode ser um mau aspecto entre a Lua (emoções embotadas) e Saturno (segura, atrasa, não deixa sair) se estiver em Capricórnio (segura). *Florais:* Clematis (coloca os pés no chão para se cuidar), Mimulus (tira os medos que nos faz rígidos), Rock Water (flexibilidade) e mais os florais dos signos que regem as casas onde estão os planetas e as casas opostas a elas.

edema ....

Definição: Um estado local ou generalizado em que os tecidos do corpo contêm uma quantidade excessiva de líquido tecidual; ocorre quando a água se acumula no corpo; inchaço; o mais comum é o edema linfático.

Indica: excesso de emoções guardadas que precisam ser expulsas.

Crônico

• pode ser um mau aspecto entre a Lua (emoções fortes, líquidos do corpo) e Netuno (desordem). *Florais:* Clematis (coloca os pés no chão, faz a pessoa se cuidar, dá equilíbrio aos líquidos do corpo), Rock Rose (tira o pânico que causou a desordem), White Chestnut (faz dominar e direcionar os pensamentos quando somos levados pelos instintos) e mais os florais dos signos que regem as casas onde estão os planetas e as casas opostas a elas.

• pode ser um mau aspecto entre a Lua (líquidos do corpo, emoções) e o ascendente (atua no físico). *Florais:* Clematis (coloca os pés no chão, faz a pessoa se cuidar, dá equilíbrio aos líquidos do corpo), Impatiens (dá ritmo correto, tira a impaciência) e mais o floral do signo do ascendente e os florais dos signos que regem a casa onde está o planeta e a casa oposta a ela.

De bolsa escrotal

• pode ser uma desarmonia de Júpiter (exagero) em Escorpião (bolsa escrotal). *Florais:* Agrimony (faz a pessoa ser ela mesma, tira o exagero e tudo o que não faz parte dela), Heather (cuida da saúde dos órgãos genitais) e mais os florais dos signos que regem a casa onde está o planeta e a casa oposta a ela.

De grandes lábios

• pode ser uma desarmonia de Júpiter (exagero) em Escorpião (órgãos sexuais). *Florais:* Agrimony (faz a pessoa ser verdadeira, tira o exagero), Heather (órgãos genitais, regeneração) e mais os florais dos signos que regem a casa onde está o planeta e a casa oposta a ela.

E inchaço dos tecidos do organismo

• pode ser Lua (emoções, líquidos do corpo) em Peixes (desordem). *Florais:* Clematis (equilíbrio dos líquidos do corpo), White Chestnut (faz dominar e direcionar os pensamentos quando somos conduzidos pelos instintos), Rock Rose (tira o pânico que causou a desordem), Rescue Remedy (resgata de qualquer mal) e mais os florais dos signos que regem a casa onde está o planeta e a casa oposta a ela.

Em geral

• pode ser um mau aspecto entre o Sol (falta de energia vital, ego, euforia) e Netuno (desordem). *Florais:* Vervain (vitalidade, faz relaxar o ego), Rock Rose (tira o pânico que causou a desordem), White Chestnut (clareia) e mais os florais dos signos que regem as casas onde estão os planetas e as casas opostas a elas.

• pode ser uma desarmonia de Lua (emoções, líquidos do corpo) em Libra (dúvidas). *Florais:* Clematis (equilíbrio dos líquidos do corpo), Scleranthus (equilíbrio) e mais os florais dos signos que regem a casa onde está o planeta e a casa oposta a ela.

• pode ser um mau aspecto entre a Lua (emoções e líquidos do corpo) e Vênus (falta de alegria). *Florais:* Clematis (equilíbrio dos líquidos do corpo), Gentian (segurança interior), Scleranthus (equilíbrio), Wild Rose (alegria) e mais os florais dos signos que regem as casas onde estão os planetas e as casas opostas a elas.

• pode ser um mau aspecto entre a Lua (emoções e líquidos do corpo) e Urano (parte elétrica do corpo), sendo que o edema pode ser migratório ou não. *Florais:* Clematis (equilibra os líquidos do corpo), Water Violet (equilíbrio da parte elétrica do corpo) e mais os florais dos signos que regem as casas onde estão os planetas e as casas opostas a elas.

• pode ser uma desarmonia de Júpiter (exagero) em Gêmeos (cérebro). *Florais:* Agrimony (exagero), Cerato (saúde do cérebro) e mais os florais dos signos que regem a casa onde está o planeta e a casa oposta a ela.

• pode ser uma desarmonia de Lua em Câncer (emoções e líquidos do corpo). *Florais:* Clematis (coloca os pés no chão, faz cuidar de si) e mais os florais dos signos que regem a casa onde está o planeta e a casa oposta a ela.

• pode ser Sol (falta de energia vital, euforia) em Áries (cabeça, sódio), ocasionando um desequilíbrio de sódio-potássio, com um excesso de sódio. *Florais:* Vervain (relaxa, dá energia vital), Impatiens (dá ritmo correto ao impulso, sódio) e mais os florais dos signos que regem a casa onde está o planeta e a casa oposta a ela.

• pode ser Plutão em Câncer. *Florais:* Heather, Clematis e mais os florais dos signos que regem a casa onde está o planeta e a casa oposta a ela.

Linfático de membros inferiores

Podendo ser consequência de infecções, como a erisipela.

• pode ser um mau aspecto entre Júpiter (exagero, problemas de pele) e Netuno (desordem). *Florais:* Agrimony (faz a pessoa ser verdadeira, tira o exagero e o que não faz parte da pessoa), Rock Rose (tira o pânico que causou a desordem), White Chestnut (limpa, dá clareza) e mais os florais dos signos que regem as casas onde estão os planetas e as casas opostas a elas.

Nas mãos e nos pés

• *Regência:* Gêmeos (cérebro) rege as mãos e o floral é Cerato (saúde das mãos); Peixes e Netuno (desordem) regem os pés e os florais são: Rock Rose (tira o pânico que causou a desordem) e White Chestnut (clareza).

• pode ser Lua (emoções e líquidos do corpo) em Libra (dúvidas). *Florais:* Clematis (equilíbrio dos líquidos do corpo), Scleranthus (equilíbrio) e mais os florais dos signos que regem a casa onde está o planeta e a casa oposta a ela.

Nos pés

• pode ser um mau aspecto entre Marte (impulso) e Netuno (desordem, pés). *Florais:* Impatiens (dá ritmo correto ao impulso), Rock Rose (desordem), White Chestnut (faz dominar e dirigir os pensamentos quando somos levados pelos instintos) e mais os florais dos signos que regem as casas onde estão os planetas e as casas opostas a elas.

Ou hidropisia cardíaca

• pode ser Júpiter (exagero) em Aquário (parte elétrica do corpo). *Florais:* Agrimony (faz a pessoa ser verdadeira, tira o exagero), Water Violet (parte elétrica do corpo) e mais os florais dos signos que regem a casa onde está o planeta e a casa oposta a ela.

Pulmonar

• pode ser uma desarmonia de Lua (líquidos do corpo) em Gêmeos (pulmão). *Florais:* Clematis (equilíbrio dos líquidos do corpo), Cerato (saúde dos pulmões) e mais os florais dos signos que regem a casa onde está o planeta e a casa oposta a ela.

Recorrente e migratório

Durante o dia o edema está nos pés e, à noite, nas mãos ou nos olhos.

• pode ser um mau aspecto entre a Lua (emoções e líquidos do corpo) e Marte (impulso). *Florais:* Clematis (equilíbrio aos líquidos do corpo), Impatiens (dá ritmo correto ao impulso) e mais os florais dos signos que regem as casas onde estão os planetas e as casas opostas a elas.

eletricidade do corpo ....

Definição: Energia que exibe efeitos magnéticos, químicos, mecânicos e térmicos.

Regência: Urano rege a eletricidade do corpo e o floral é Water Violet (que dá equilíbrio à eletricidade do corpo).

eletrocussão ....

Definição: A destruição da vida por meio de uma corrente elétrica.

Em geral

• pode ser um mau aspecto entre o Sol (orgulho, ego) e Urano (eletricidade do corpo). *Florais:* Vervain (relaxa), Water Violet (equilíbrio da eletricidade do corpo) e mais os florais dos signos que regem as casas onde estão os planetas e as casas opostas a elas.

elm (floral)........................

"Trabalhar a responsabilidade." "Responsabilidade pela humanidade."

Ajuda em caso de

• sentimento de inadequação e de dúvida se vai conseguir cumprir sua missão.

• cansaço em toda a coluna (a coluna é o ponto fraco de quem precisa do Elm): quando for na parte inferior da coluna, ajudar com Hornbeam para tonificar o corpo; quando for na parte superior, ajudar com Larch para liberar a intuição, a percepção e a inspiração.

• doença terminal, doença autodestrutiva e autoimune, perturbações digestórias (por causa do stress), constipação intestinal ou diarreias; problema nos rins; eczema, psoríase, outras dermatites e fungo nos pés e mãos.

• falta de fosfato (a pessoa se desgasta demais, precisando tomar vitaminas para reorganizar seu físico; o timo fica desvitalizado e pode ocorrer infecção por fungos ou vírus, que acompanham o trajeto dos nervos).

É bom para

• *trabalhar:* responsabilidade, missão assistencial, proteção, alegria de estar no mundo, felicidade, ritmo, sensibilidade, perseverança, constância, os princípios masculino e feminino no homem e na mulher.

• desenvolver a força humana, seguir a missão assistencial (pois não é fácil ser constante); abrir todas as sensibilidades: auditivas, visuais, táteis e olfativas.

• quem trabalha em grupo e leva o grupo nas costas (Elm dá à pessoa a consciência de seu papel, ensina a cumprir com as obrigações, mas sem carregar os outros nas costas).

• revitalizar, tirar os nódulos dos bloqueios, equilibrar os sistemas simpático e parassimpático (ajudar com Scleranthus).

• desobstruir os sete chakras: ajudar com Larch (para desbloquear o plexo coroide), Hornbeam (para desbloquear o vaso base) e Walnut (para abertura da individualidade e das conexões intercerebrais).

Em associação com outros florais

• Elm + Olive: para o cansaço mental.

• Elm + Walnut: para aumentar a capacidade associativa.

• Elm + White Chestnut: para a fixação mental.

• Elm + Red Chestnut: para aprender a lidar com os outros.

• Elm + Wild Rose + Olive: para melhorar o ânimo.

• Elm + Crab Apple: para infecção de repetição.

• Elm + Agrimony e/ou Water Violet: para herpes labial.

• Elm + Rock Rose: para ajudar na entrega ao mundo.

• Elm + Wild Oat: para perseverar no trabalho assistencial.

Em relação aos planetas

• ajuda Mercúrio ao nos trazer clareza às ideias e entendimento de nossa missão na Terra.

• ajuda Urano ao desbloquear a energia que causa dores e curtos-circuitos; ao desfazer os nós que são nossas questões emocionais estagnadas, com isso deixamos a vida fluir e passamos a ter intuições e qualidades superiores.

• ajuda Plutão ao nos trazer a vontade de transformação para seguirmos em frente, ajudando a humanidade.

embotamento ....

Definição: Estado em que a pessoa não está mentalmente alerta.

Indica: medo de precisar ser responsável pelas próprias atitudes.

Florais auxiliares: Chestnut Bud (tira o embotamento), White Chestnut (tira o embotamento da mente), Crab Apple (limpa a mente do que não serve mais), Cerato (abre a mente, tira o bloqueio mental), Cherry Plum (mostra dentro e fora, tira o bloqueio), Gorse (ilumina, dá clareza, tira as dúvidas, dá lucidez), Elm (por tirar os bloqueios da coluna, que fazem a mente ficar embotada), Scleranthus (tira a confusão mental), Larch (desbloqueia a hipófise e a pineal, ativa a sabedoria interior por receber a sabedoria superior), Beech + Olive (bom para cansaço mental), Star of Bethlehem (bom para esquecimento e confusão mental), Hornbeam (aumenta a velocidade mental), Impatiens (rapidez de pensamentos), Holly (tira o embotamento), White Chestnut (tira o embotamento mental).

Em geral

• pode ser Saturno (prende, segura, atrasa) em Áries (cabeça e tudo o que tem dentro dela), por falta de fluxo sanguíneo para o cérebro. *Florais:* Mimulus (tira os medos que nos fazem rígidos), Rock Water (flexibilidade), Impatiens (dá ritmo correto aos impulsos), Agrimony (faz a pessoa ser verdadeira, tira o exagero), Olive (descanso mental, traz ritmo ao sangue) e mais os florais dos signos que regem a casa onde está o planeta e a casa oposta a ela.

emoção ....

Definição: Paixão ou sensibilidade caracterizada por mudanças físicas, como alterações na frequência cardíaca, na atividade respiratória e no tônus muscular, e reações vasomotoras.

Florais básicos: Olive (dá paz quando se está muito apaixonado), Scleranthus (equilíbrio das emoções), Cerato (ativa o mestre interior, dá intuição, faz a pessoa entender o que está acontecendo), Larch (para dar segurança e vontade de estar bem) e White Chestnut (faz dominar e direcionar os pensamentos quando somos levados pelos instintos), Walnut (protege o emocional de más influências), Heather (harmoniza o emocional e o racional), Cherry Plum (organiza emoções contidas para não se tornarem doenças), Honeysuckle (mata as emoções guardadas, boas ou ruins, para viver o presente).

Conflitos emocionais

• pode ser um mau aspecto entre Marte (impulso) e Netuno (desordem). *Florais:* Impatiens (dá ritmo certo ao impulso), Rock Rose (tira o pânico que causou a desordem), White Chestnut (faz dominar e direcionar os pensamentos quando somos levados pelos instintos) e mais os florais dos signos que regem as casas onde estão os planetas e as casas opostas a elas.

Descontrole emocional em época de menstruação

Com fluxo intenso e dismenorreia

• pode ser um mau aspecto entre a Lua (emoções, ciclo menstrual) e o ascendente (atua no físico). *Florais:* Clematis, Impatiens e mais o floral do signo do ascendente e os florais dos signos que regem a casa onde está o planeta e a casa oposta a ela.

Floral auxiliar: Chicory (bom para fluxo menstrual intenso), Aspen (regula o ciclo menstrual), Holly (quando a mulher não gosta de ser mulher e tem cólicas menstruais fortes), Larch (regula o ciclo), Beech (para hemorragias), Vervain (bom para relaxar antes da menstruação, tira a enxaqueca e a cólica e regula o ciclo menstrual).

Pessoa hiperemotiva, com tendência à depressão

Florais auxiliares: Impatiens (bom para bipolaridade), Aspen (pânico por ter depressão), Centaury + Gorse + Mustard + Gentian + Sweet Chestnut (tiram a depressão), Pine (bom para o sentimento de culpa verdadeiro ou não), Mustard (sem motivo aparente).

• pode ser um mau aspecto entre a Lua (emoções fortes que doem no físico) e o ascendente (atua no físico). *Florais:* Clematis (equilíbrio das emoções), Impatiens (dá ritmo correto às emoções) e mais o floral do signo do ascendente e os florais dos signos que regem a casa onde está o planeta e a casa oposta a ela.

Pessoa emocionalmente frágil

• pode ser um mau aspecto entre Vênus (falta de alegria) e Netuno (desordem). *Florais:* Gentian (segurança interior), Scleranthus (segurança interior), Wild Rose (alegria), Rock Rose (tira o pânico que causou a desordem), White Chestnut (faz dominar e direcionar os pensamentos quando somos levados pelos instintos) e mais os florais dos signos que regem as casas onde estão os planetas e as casas opostas a elas.

endocrinopatia ....

Definição: Qualquer doença que resulta do distúrbio de uma ou mais glândulas endócrinas e é de difícil diagnóstico.

Indica: falta de referência e iniciativa.

Em geral

• pode ser um mau aspecto de Netuno (espiritualidade, mediunidade, artista, criatividade bastante desenvolvida, desordem). *Florais:* Rock Rose (tira o pânico que causou a desordem), White Chestnut (faz dominar e direcionar os pensamentos quando são levados pelos instintos) e mais os florais dos signos que regem a casa onde está o planeta e a casa oposta a ela.

Múltipla

• pode ser um mau aspecto entre Mercúrio (hormônios) e Netuno (desordem). *Florais:* Cerato (equilibra os hormônios), Rock Rose (tira o pânico que causou a desordem), White Chestnut (faz dominar e direcionar os pensamentos quando somos levados pelos instintos) e mais os florais dos signos que regem as casas onde estão os planetas e as casas opostas a elas.

endometrite ....

Definição: Inflamação do endométrio, que é a membrana mucosa que reveste o útero.

Indica: que a mulher vê o lado feminino como um peso; há dúvida com relação à identidade e à capacidade criativa; muita raiva embutida nas emoções.

Regência: Câncer e a Lua (emoções, mundo da lua) regem o útero e o floral é Clematis (saúde do útero, coloca os pés no chão para se cuidar).

Floral auxiliar: Impatiens (anti-inflamatório), Vervain (saúde do coração, que faz os outros órgãos funcionarem bem).

Em geral

• pode ser um mau aspecto entre a Lua (emoções e mundo da lua) e Netuno (desordem). *Florais:* Clematis (saúde do útero), Rock Rose (tira o pânico que causou a desordem), White Chestnut (faz dominar e dirigir os pensamentos quando estamos sendo levado pelos instintos) e mais os florais dos signos que regem as casas onde estão os planetas e as casas opostas a elas.

• pode ser um mau aspecto entre Vênus (falta de alegria) e Netuno (desordem) se um deles estiver em Escorpião (órgãos reprodutivos masculinos e femininos). *Florais:* Gentian (ativa a fé, que é a certeza de que tudo dará certo), Scleranthus (equilíbrio), Wild Rose (alegria), Rock Rose (tira o pânico que causou a desordem), White Chestnut (faz dominar e dirigir os pensamentos quando somos levados pelos instintos), Heather (saúde dos órgãos de reprodução feminino e masculino) e mais os florais dos signos que regem as casas onde estão os planetas e as casas opostas a elas.

enfisema ....

Definição: Distensão patológica dos tecidos por gás ou ar presente nos interstícios; doença pulmonar crônica caracterizada por um aumento maior que o normal no tamanho dos espaços aéreos distais ao bronquíolo terminal, acompanhado por alterações destrutivas em suas paredes.

Indica: medo de aceitar a vida e sentimento de não ser digno.

Regência: Gêmeos (pensamentos) rege os pulmões e o floral é Cerato (saúde dos pulmões).

Florais auxiliares: Pine (é o grande remédio para os pulmões) e Holly (dá o entendimento, faz a aceitação, enche de amor), Aspen + Pine + Olive (bom para enfisema pulmonar), Sweet Chestnut (bom para respiração sufocante, é revitalizante).

Floral auxiliar: Olive (melhora a oxigenação dos pulmões).

Pulmonar

Todo problema de pulmão é por tristeza, que vai criar uma doença por estar com a pessoa por um tempo grande demais ou por um choque grande e que ela sente culpa por alguém ou alguma coisa a ter entristecido.

• pode ser um mau aspecto entre Mercúrio (pensamento) e Júpiter (exagero) se este estiver em Gêmeos (pulmão) e com mau aspecto com Netuno (desordem). *Florais:* Cerato (saúde dos pulmões), Agrimony (faz a pessoa ser ela mesma, tira o exagero e tudo o que não for dela), Rock Rose (tira o pânico que causou a desordem) e White Chestnut (dá clareza à situação) e mais os florais dos signos que regem as casas onde estão os planetas e as casas opostas a elas.

• pode ser Saturno (rigidez, sombrio) em Gêmeos (pulmão). *Florais:* Rock Water (flexibilidade), Mimulus (tira os medos que nos fazem rígidos), Cerato (saúde dos pulmões) e mais os florais dos signos que regem a casa onde está o planeta e a casa oposta a ela.

Pulmonar, causado pelo hábito de fumar

• pode ser Netuno (desordem) em Gêmeos (pulmão). *Florais:* White Chestnut (limpa as tristezas dos pulmões), Rock Rose (tira o pânico que causou a desordem), Cerato (saúde e equilíbrio dos pulmões) e mais os florais dos signos que regem a casa onde está o planeta e a casa oposta a ela.

engasgamento ....

Definição: Obstrução no interior de uma via respiratória ou constrição no pescoço, interferindo na respiração e na circulação de sangue para o cérebro.

Regência: Vênus (falta de alegria) rege a deglutição e o floral é Wild Rose (alegria); Touro (inseguro) rege o pescoço e o floral é Gentian (segurança).

Floral auxiliar: Heather (tira os bloqueios), Willow (limpa a garganta das inseguranças).

Em geral

• pode ser Mercúrio (sistema nervoso, língua, boca, sistema respiratório) em Touro (pescoço, inseguro). *Florais:* Cerato (equilíbrio e saúde do sistema nervoso e traqueia), Gentian (saúde dos músculos do pescoço) e mais os florais dos signos que regem a casa onde está o planeta e a casa oposta a ela.

• pode ser Saturno (desaceleração dos ritmos biológicos) em Touro (inseguro, sem resistência física). *Florais:* Rock Water (suavidade), Mimulus (tira da atração por acontecimentos negativos), Gentian (pescoço, garganta) e mais os florais dos signos que regem a casa onde está o planeta e a casa oposta a ela.

• pode ser Urano (sistema nervoso) em Touro (pescoço). *Florais:* Water Violet (equilíbrio do sistema nervoso), Gentian (segurança) e mais os florais dos signos que regem a casa onde está o planeta e a casa oposta a ela.

enjoo ....

Definição: Distúrbio decorrente do movimento.

Indica: que a pessoa sente que a realidade é extremamente pesada; falta de estabilidade.

Floral básico: Rescue Remedy (em caso de gravidez, viagem), Scleranthus (equilíbrio, é bom para tontura e enjoos), Gorse (tira o efeito colateral do remédio).

enrijecimento ....

Definição: Desenvolvimento de maior resistência.

Indica: falta de flexibilidade em relação à vida.

Dos vasos sanguíneos

• pode ser um mau aspecto entre Vênus (por falta de alegria pode ter rigidez, tem a ver com a circulação do sangue venoso) e Marte (rígido, musculatura tensa, força). *Florais:* Gentian (segurança interior), Scleranthus (equilíbrio), Wild Rose (alegria), Impatiens (aprender a lidar com a força bruta), Cerato (tira os enrijecimentos dos tubos do corpo), Rock Water (tira o enrijecimento de tudo, dá flexibilidade) e mais os florais dos signos que regem as casas onde estão os planetas e as casas opostas a elas.

envelhecimento precoce ....

Definição: Processo de se tornar idoso e maduro antes do tempo; pode ser genético.

Indica: trauma em relação à vida.

Regência: Capricórnio e Saturno (pela rigidez que levam à vida) regem a velhice e os florais são: Mimulus (tira os medos que levam à rigidez) e Rock Water (tira todas as doenças que a inflexibilidade pode dar: problemas de ossos, níveis de sangue alterados, diminuição da visão e dos outros sentidos, esclerose, rigidez mental).

Florais auxiliares: Wild Rose (trabalha a textura e a beleza da pele) e Honeysuckle (transforma o velho em novo, mais agradável, faz deixar a velhice para trás), Cerato (deixa os velhos mais comunicativos, com controle no falar e calar, faz ouvir os outros, dá abertura para uma vida mais descontraída), Cerato + Wild Oat (ativa o propósito de vida), Cerato + Centaury (fortalece o amor por si mesmo), Gorse (faz os velhos ficarem lúcidos até o fim da vida), Larch (ativa todas as capacidades), Gentian (tira da depressão da velhice por ativar a fé, que é a certeza de que tudo dará certo), Clematis (faz funcionar o órgão que não funciona), Vervain (dá energia ao coração, que dá saúde aos outros órgãos), Star of Bethlehem e Chestnut Bud (trazem a memória de volta, da pele e da mente), Gorse (dá lucidez), White Chestnut (limpa e clareia a mente), Beech (tira da mente o embotamento), Honeysuckle (faz deixar o passado para trás, dá vida nova), Cerato + Wild Oat (ativam o propósito de vida, firmeza estrutural), Centaury + Cerato (para liberar o sofrimento corporal), Gentian (dá estrutura física), Larch (ativa todas as capacidades), Aspen (tira o medo do futuro).

Em geral

• pode ser um mau aspecto entre Vênus (preguiça, indecisão, indiferença, negligência, comodismo) e Marte (cólera, arrogância, instabilidade, egoísmo) com mau aspecto ou não com Saturno (desaceleração dos ritmos biológicos, redução de atividade mental, do calor, do metabolismo). *Florais:* Gentian (feminino na mulher e no homem, estabilidade, sustentação, firmeza, apoio, convicção, positivismo), Scleranthus (ajuda a decidir, tira os bloqueios dos pensamentos, confusão dos sentimentos), Wild Rose (entusiasmo, prazer, vontade de viver, luz à pele), Impatiens (tira a inflamação, dores violentas, cansaço, irritabilidade, ensina a amabilidade, cortesia, gentileza), Mimulus (traz coragem, alegria, boa reputação, deleite, amabilidade, faz conhecer a si mesmo, cura: timidez, claustrofobia, respostas ou sentimentos aumentados), Rock Water (ensina a ter: prazer, sabedoria, chorar, a fazer exercícios físicos, lazer, ensinar, a ter fraquezas e chorar, dá maior flexibilidade na vida) e mais os florais dos signos que regem as casas onde estão os planetas e as casas opostas a elas.

• pode ser um mau aspecto entre Vênus (deglutição, genitais femininos, ovários, rins, pescoço, órgãos sensoriais da pele, textura da pele) e Saturno (desaceleração dos ritmos biológicos, redução da atividade mental, problemas nos ligamentos). *Florais:* Gentian (tira: depressão, desconfiança, doenças crônicas, ativa a capacidade, vontade, positivismo, força e determinação), Scleranthus (tira doenças que variam entre estado crônico ou agudo, sintomas confusos, doença mental, hipocondria), Wild Rose (dá suavidade, traz beleza, profundidade, equilíbrios hormonais, prazer, cura rins, doenças venéreas, menstruação irregular, hemorragia ou amenorreia), Mimulus (tira os problemas nas vísceras, plexo solar, timidez, pensamentos confusos, claustrofobia; traz coragem, amabilidade, alegria de viver; tira a negatividade), Rock Water (bom para problemas ósseos, esclerose, insônia, orgulho, rigidez mental; ensina a pureza, a perfeição, a transpor barreiras; capacidade de adaptação) e mais os florais dos signos que regem as casas onde estão os planetas e as casas opostas a elas.

• pode ser um mau aspecto entre Vênus (indecisão, indiferente, negligente, superficial, ensina: afetividade, intimidade, habilidade artística) e Saturno (desaceleração dos ritmos biológicos, redução da atividade mental, dá paciência, precaução, profundidade de pensamento), com Saturno em Capricórnio. *Florais:* Gentian (cura alergias, problemas de pele, infecções, articulações rígidas, ensina confiança, determinação, positivismo, vontade, força), Scleranthus (cura labirintite, deformação óssea, queixo saliente, estômago sensível), Wild Rose (dá bondade, organização, beleza, boa textura de pele, luz à pele, tira doenças venéreas), Mimulus (tira respostas aumentadas, timidez, pensamentos confusos, claustrofobia, ensina: amabilidade, harmonia, alegria, coragem), Rock Water e mais os florais dos signos que regem as casas onde estão os planetas e as casas opostas a elas.

enxaqueca ....

Definição: Ataque paroxístico de cefaleia, frequentemente unilateral e habitualmente acompanhado por distúrbios da visão e do trato gastrintestinal; supõe-se que se deva à vasodilatação das artérias cranianas extracerebrais.

Indica: que a pessoa pode estar aumentando muito a situação que a rodeia; desagrado por ser impelida pelos outros; resistência ao fluxo da vida; que a sexualidade e a agressividade estão bloqueadas pelos pensamentos.

Florais básicos: Agrimony (bom para o fígado, pois a enxaqueca mexe com o fígado, que é regido por Júpiter), Crab Apple (dá a devida proporção aos acontecimentos) e Holly (quando a pessoa está fazendo um trabalho que não gosta ou tem um relacionamento que não está bem), Impatiens (dá ritmo correto ao sangue na cabeça).

Em geral

• pode ser uma desarmonia de Júpiter (exagero) em Áries (cabeça e fluxo de sangue na cabeça). *Florais:* Agrimony (faz a pessoa ser ela mesma, tira o exagero, tudo o que não é da pessoa, saúde do fígado), Impatiens (dá ritmo ao sangue da cabeça), Crab Apple (para dar as devidas proporções aos acontecimentos), Gorse (para tirar o efeito colateral do remédio da enxaqueca, que é preciso tomar constantemente e que está provado que faz mal), Holly (tira a dor, faz a aceitação do que a pessoa não aceita na vida), Cherry Plum (tira a dor por dar bons sentimentos), Scleranthus e Rescue Remedy (tiram o enjoo e a tontura), Elm (libera endorfina, tira a dor), Walnut (tira a dor se for por sentimentos e/ou pensamentos mal compreendidos), Willow e Holly (dão amor e aceitação; no caso de dores fortes, ajudar com Walnut, Centaury, Agrimony), White Chestnut (acalma a mente por dar consciência das situações), Sweet Chestnut (tira a enxaqueca) e mais os florais dos signos que regem as casas onde estão os planetas e as casas opostas a elas.

• pode ser a Lua (excesso de emoções mal-resolvidas) em Áries (cabeça). *Florais:* Clematis (coloca os pés no chão, ativa a criatividade, que é boa tanto para resolver a questão como para conseguir fazer algum trabalho artístico; a enxaqueca acaba e vai espaçando), Impatiens (dá paciência e dá ritmo correto ao sangue na cabeça) e mais os florais dos signos que regem a casa onde está o planeta e a casa oposta a ela.

enxofre ....

Definição: Elemento cristalino, amarelo pálido, que se queima com uma chama azul, produzindo dióxido de enxofre; os aminoácidos que contêm enxofre são essenciais para a vida, pois desempenham um importante papel no metabolismo das proteínas; o enxofre também faz parte da insulina, relacionada ao metabolismo dos carboidratos; trabalha com várias vitaminas do complexo B, ajudando a manter a saúde dos nervos; no fígado, ajuda na produção de bile e na remoção das toxinas produzidas pelo metabolismo do organismo; participa do processo de oxigenação dos tecidos; sendo de natureza ácida, se relaciona com o equilíbrio ácido-base do organismo.

Regência: Saturno rege o enxofre e os florais são Rock Water e Mimulus.

Florais auxiliares: Mustard e Rescue Remedy.

Sintomas de deficiência

• problemas na formação das cartilagens, como endurecimento e dor articular; ressecamento dos cabelos e unhas quebradiças, que não crescem; problemas na coluna ou nos discos vertebrais, como endurecimento ou perda de elasticidade do tecido de amortecimento intervertebral; cicatrização lenta dos ferimentos; recuperação das doenças mais demorada que o normal; problemas de pele, eczema, psoríase.

enzima ....

Definição: Catalisador orgânico produzido por células vivas, mas capaz de atuar independentemente.

Regência: Plutão rege as enzimas e o floral é Heather (é regenerador).

epididimite ....

Definição: Inflamação do epidídimo (pequeno corpo oblongo que repousa superior ou lateralmente à superfície posterior dos testículos).

Indica: raiva por o homem sentir medo e insegurança a respeito da sua condição masculina; raiva por ter medo de perder a virilidade ou raiva por estar perdendo a virilidade.

Regência: Escorpião (medo de perder o poder) rege os testículos e os florais são: Heather (regenerador), Crab Apple (atua como antibiótico), Impatiens (atua como anti-inflamatório).

Em geral

• pode ser um mau aspecto entre Marte (impulso, força à obsessão) e Plutão (que é obsessivo em manter o poder). *Florais:* Impatiens (dá ritmo correto a tudo), Heather (regenerador, dá saúde aos testículos, cuida dos órgãos sexuais) e mais os florais dos signos que regem as casas onde estão os planetas e as casas opostas a elas.

epilepsia

Definição: Distúrbio paroxístico recorrente da função cerebral, caracterizado por ataques súbitos e breves de alteração da consciência, atividade motora ou fenômenos sensoriais.

Indica: sensação de perseguição, de grande luta interior; rejeição da vida; violência contra si mesmo.

Regência: Aquário (recluso) trabalha a eletricidade e o floral é Water Violet (é o floral da Epilepsia, faz o racional e o intuitivo ficarem em equilíbrio, tira os outros problemas do físico que a epilepsia causa); Mercúrio (pensamentos) rege o sistema nervoso e o cérebro, e o floral é Cerato (dá saúde ao sistema nervoso central); Marte (impulso) rege a agressividade e o floral é Impatiens (dá ritmo correto, bom para crise hipertensiva).

Florais auxiliares: Cherry Plum (bom em crise ou para não entrar em crise, bom para mostrar como se sente com relação às coisas da vida e como a vida é do lado de fora), Holly (acalma, elimina o negativo) e Pine (faz perdoar a si mesmo), Rescue Remedy (nas crises).

Em geral

• pode ser um mau aspecto entre o Sol (orgulho, ego, sistema nervoso, cérebro) e Urano (atividade elétrica cerebral, movimentos do corpo). *Florais:* Vervain (relaxa), Water Violet (tira os outros problemas do corpo que a epilepsia pode causar, além de equilibrar o lado intuitivo e racional) e mais os florais dos signos que regem as casas onde estão os planetas e as casas opostas a elas.

• pode ser um mau aspecto entre Mercúrio (pensamentos, sistema nervoso) e Júpiter (exagero, expande) se Júpiter estiver em Aquário (sistema nervoso, cérebro). *Florais:* Cerato (saúde do cérebro, ensina a importância da saúde física), Agrimony (faz a pessoa ser verdadeira, tira todo tipo de excesso, e tira tudo o que não faz parte da pessoa), Water Violet (cuida da parte elétrica do cérebro e equilibra o intuitivo e o racional) e mais os florais dos signos que regem as casas onde estão os planetas e as casas opostas a elas.

• pode ser um mau aspecto entre Mercúrio (pensamentos, dois hemisférios cerebrais) e Urano (eletricidade e movimentos do corpo). *Florais:* Cerato (equilibra e dá saúde aos hemisférios cerebrais), Water Violet (equilibra e dá saúde aos movimentos do corpo e ao cérebro) e mais os florais dos signos que regem as casas onde estão os planetas e as casas opostas a elas.

• pode ser um mau aspecto entre Marte (impulso) e Urano (parte elétrica do corpo). *Florais:* Impatiens (dá ritmo correto ao impulso), Water Violet (dá saúde e equilíbrio à parte elétrica do corpo) e mais os florais dos signos que regem as casas onde estão os planetas e as casas opostas a elas.

• pode ser um mau aspecto entre Júpiter (exagero, exaltação) e Urano (parte elétrica do corpo). *Florais:* Agrimony (faz a pessoa ser verdadeira, tira o exagero e tudo o que não faz parte da pessoa), Water Violet (equilibra a parte intuitiva e o racional) e mais os florais dos signos que regem as casas onde estão os planetas e as casas opostas a elas.

Jacksoniana

• pode ser um mau aspecto entre Júpiter (exagero) e Urano (eletricidade do corpo). *Florais:* Agrimony (tira o exagero e tudo o que não faz parte da pessoa), Water Violet (equilibra o intuitivo e o racional) e mais os florais dos signos que regem as casas onde estão os planetas e as casas opostas a elas.

epíploo

Definição: Ou omento (uma dupla prega do peritônio, fixada ao estômago, que conecta este órgão a certas vísceras abdominais; contém uma cavidade, a bolsa omental).

Os problemas indicam: medo do desconhecido.

Regência: Virgem (submisso) rege o omento e o floral é Centaury (dá saúde a todo sistema digestório).

epistaxe

Definição: Hemorragia pelo nariz; sangramento nasal.

Indica: necessidade de reconhecimento; busca e necessidade de amor e de ser cuidado.

Florais básicos: Rescue Remedy (para qualquer tipo de sangramento), Impatiens (tira o sangramento do nariz por dar ritmo correto ao sangue da cabeça) e Rock Rose (tira o pânico que faz a hemorragia).

escápula

Definição: Osso triangular, situado na face posterolateral com a clavícula e com o úmero, compondo a articulação do ombro.

Regência: Gêmeos (racional) rege o ombro e o floral é Cerato (saúde aos membros superiores); Leão (líder, orgulho, ego, dramático, eufórico) rege a região escapular e o floral é Vervain (relaxa).

escarlatina

Definição: Moléstia contagiosa aguda caracterizada por faringite, febre, exantema escarlate puntiforme e pulso rápido.

Indica: insegurança.

Reumática

• pode ser Marte (falta de impulso vital, febre) em Leão (dramático, febre, eufórico). *Florais:* Impatiens (tira a febre, dá ritmo correto), Vervain (energia vital, relaxa) e mais os florais dos signos que regem a casa onde está o planeta e a casa oposta a ela.

esclerodermia

Definição: Doença em que os tecidos conjuntivos de qualquer órgão tornam-se cronicamente endurecidos e retraídos.

Indica: medo da vida interior; falta de autoconfiança para proteger, defender e manter a si mesmo.

Regência: Capricórnio rege os tecidos conjuntivos e os florais são: Mimulus (tira os medos do dia a dia e dos sentimentos) e Rock Water (dá flexibilidade).

Florais auxiliares: Gentian (segurança interior), Red Chestnut (ensina a confiar que Deus cuida também) e Agrimony (faz a pessoa ser verdadeira, dá confiança interior), Clematis (acorda qualquer órgão que estiver sem funcionar).

Em geral

• pode ser um mau aspecto entre a Lua (emoções) e Netuno (desordem). *Florais:*

Clematis (faz acordar o órgão que está parado endurecido e faz funcionar, coloca a pessoa com os pés no chão para se cuidar fisicamente, todo mundo que abandona o físico deixa que a doença o ataque), Rock Rose (tira o pânico que causou a desordem), White Chestnut (faz dominar e direcionar os pensamentos quando somos levados pelos instintos) e mais os florais dos signos que regem as casas onde estão os planetas e as casas opostas a elas.

• pode ser um mau aspecto entre Júpiter (exagera, destruição dos glóbulos vermelhos) e Saturno (rigidez, diminuição dos ritmos biológicos) se um deles estiver em Peixes (desordem) ou Escorpião (mudança genética). *Florais:* Agrimony (faz a pessoa ser verdadeira), Mimulus (tira os medos conhecidos que fazem a vida não andar como deveria), Rock Water (acaba com a esclerose), Rock Rose (tira o pânico que pode fazer algum órgão parar de funcionar), White Chestnut (limpa, clareia), Heather (regenerador) e mais os florais dos signos que regem as casas onde estão os planetas e as casas opostas a elas.

esclerose ....

Definição: Endurecimento ou enduração de um órgão ou tecido, sobretudo o decorrente de um crescimento excessivo do tecido fibroso.

Indica: falta de autovalorização, negação do sucesso.

Regência: Capricórnio e Saturno (rigidez) regem a esclerose e os florais são: Mimulus (tira os medos conhecidos que nos fazem rígidos) e Rock Water (dá flexibilidade); Aquário (intolerância, sem flexibilidade) está ligado à esclerose múltipla e lateral, e o floral é Water Violet (dá amor, humildade, faz compartilhar a sabedoria).

Floral auxiliar: Gorse (dá lucidez à mente), White Chestnut (limpa e clareia a mente), Beech (limpa a esclerose, por limpar a vontade de mandar na vida e na mente do outro), Honeysuckle (pessoas nostálgicas que não querem mudar), Rock Water (ficam com esclerose por falta de flexibilidade na vida).

De pele e de vários órgãos

• pode ser um mau aspecto entre Júpiter (expande, difunde) e Saturno (pele, envelhece), se um deles tiver um mau aspecto com Peixes (desordem) ou Escorpião (mutação genética). *Florais:* Agrimony (faz a pessoa ser verdadeira, tira a exaltação, bom para problemas de pele), Mimulus (tira os medos que nos deixam rígidos), Rock Water (dá flexibilidade, acaba com a esclerose), Rock Rose (tira o pânico que causou a desordem), White Chestnut (faz dominar e direcionar os pensamentos quando somos levados pelos instintos), Heather (regenerador) e mais os florais dos signos que regem as casas onde estão os planetas e as casas opostas a elas. Wild Rose (rege a textura da pele, alegria), Elm (tira o endurecimento na pele), Holly (tira patologias destrutivas da pele). Wild Oat (regenerador de pele), Water Violet (traz a juventude para a pele).

Dos órgãos

• pode ser um mau aspecto entre Júpiter (exagero) e Saturno (rigidez). *Florais:* Agrimony (tira o exagero), Mimulus (tira os medos que dão rigidez), Rock Water (flexibilidade), Clematis (faz qualquer órgão voltar a funcionar), Vervain (é energia que vem do coração saudável) e mais os florais dos signos que regem as casas onde estão os planetas e as casas opostas a elas.

Em geral

• pode ser um mau aspecto entre Mercúrio (pensamentos) e Saturno (rigidez) em Aquário (recluso). *Florais:* Cerato (dá maleabilidade por ativar a intuição), Mimulus (tira os medos que nos fazem rígidos) e Rock Water (flexibilidade), Water Violet (dá humildade e amor) e mais os florais dos signos que regem as casas onde estão os planetas e as casas opostas a elas.

• pode ser Saturno (rigidez, faz parar) em Sagitário (expande). *Florais:* Rock Water (dá movimentos flexíveis), Mimulus (tira os medos e faz ficar flexível), Agrimony (faz a pessoa ser verdadeira e acaba com tudo o que não faz parte da pessoa) e mais os florais dos signos que regem a casa onde está o planeta e a casa oposta a ela.

Em placas

• pode ser um mau aspecto entre Vênus (falta de alegria, pele) e Urano (sistema nervoso) se houver maus aspectos com Mercúrio (excesso de pensamentos), Saturno (pele, rigidez) e Plutão (obsessão, mudança genética). *Florais:* Gentian (ativa a fé), Scleranthus (dá equilíbrio), Wild Rose (alegria, saúde da pele), Water Violet (tira da reclusão, bom para dermatites), Cerato (dá ritmo correto aos pensamentos), Mimulus (tira o medo que deixa rígido), Rock Water (flexibilidade, boa textura à pele), Heather (regeneração, tira a obsessão) e mais os florais dos signos que regem as casas onde estão os planetas e as casas opostas a elas.

Em placas, com curso severo e progressivo

• pode ser um mau aspecto entre Mercúrio (por não usar o cérebro como deveria) e Vênus (textura da pele), com um deles em Plutão (mutação genética) e com aspecto em Saturno (rigidez, pele). *Florais:* Cerato (ativa o mestre interior, dá intuição, aumenta a sabedoria), Gentian (segurança interior), Scleranthus (equilíbrio, tira as dúvidas), Wild Rose (alegria em viver), Heather (regenerador), Mimulus (tira os medos que fazem a rigidez), Rock Water (limpa, clareia a mente) e mais os florais dos signos que regem as casas onde estão os planetas e as casas opostas a elas.

Lateral amiotrófica

• pode ser um mau aspecto entre Mercúrio (pensamentos) e Saturno (esclerose) em Aquário (reclusos). *Florais:* Cerato (abre a mente, faz usar a inteligência), Mimulus (tira os medos que nos fazem parar), Rock Water (acaba com a esclerose), Water Violet (tira a frieza) e mais os florais dos signos que regem as casas onde estão os planetas e as casas opostas a elas.

escoliose

Definição: Curvatura lateral da coluna vertebral; habitualmente consiste de duas curvas: a curva anormal original e uma curva compensatória na direção oposta.

Indica: incapacidade de se adaptar ao fluxo da vida; medo; desejo de se agarrar a velhos padrões.

Regência: Leão (orgulho, ego) rege a coluna vertebral e o floral é Vervain (relaxa, cuida da saúde da parte de cima das costas).

Florais auxiliares: Honeysuckle (bom para deixar o passado para trás, já que as costas são o passado), Chicory (para largar velhos padrões), Pine (para colocar a coluna no lugar) e Hornbeam (deformações posturais e ósseas, desvios, deixa a coluna ereta, tira as grandes deformações), Elm (bom para qualquer problema de coluna), Rock Water (equilíbrio ósseo), Gentian (deformações ósseas), Beech (bom para desequilíbrio na coluna), Larch (tira os bloqueios da coluna), Scleranthus (coloca a coluna no eixo), Wild Oat (dá estrutura, energiza), Clematis (faz qualquer órgão ou parte do corpo voltar a funcionar), Vervain (dá energia para o coração, que faz os outros órgãos funcionarem).

Em geral

• pode ser uma desarmonia de Lua (sensibilidade, insegurança) em Leão (coluna vertebral, ego, orgulho). *Florais:* Clematis (coloca os pés no chão, faz cuidar do físico), Vervain (relaxa, saúde à coluna vertebral, equilíbrio) e mais os florais dos signos que regem a casa onde está o planeta e a casa oposta a ela.

escoriação

Definição: Inflamação superficial que ocorre quando a pele é submetida a fricções pela roupa ou pela pele adjacente.

Indica: raiva, fúria.

Regência: Capricórnio (tenso, rígido, prende) rege a pele e os florais são: Mimulus (tira os medos que nos fazem rígidos) e Rock Water (ensina a ter mais alegria e flexibilidade na vida, lazer); Vênus rege a textura da pele e o floral é Wild Rose (textura da pele, alegria).

Florais auxiliares: Impatiens (tira a inflamação) e Crab Apple (atua como antibiótico natural).

Por acidente

• **Florais básicos:** Agrimony (alergias na pele por emoções), Willow (costuma acontecer acidente quando a pessoa se sente uma coitadinha), Star of Bethlehem (é bom para a cicatrização) e Impatiens (o floral de Marte, que causa atitudes impensadas).

escorpião (signo)

Palavras-chave

• "eu desejo", controlar, força, detetive, aniquilador, motivado, penetrante, realizador, cheio de expediente, determinado, científico, investigativo, explorador, passional, consciente, vingativo, temperamental, reticente, arrogante, violento, sarcástico, desconfiado, ciumento, intolerante, negativo, feminino, yin, fixo, Água, Plutão, Marte, ferro.

Rege

• Órgãos reprodutivos masculinos (testículos, vesículas seminais), órgãos reprodutivos femininos (útero, trompas de Falópio, ovários), glândula suprarrenal, genitália externa feminina e masculina, cólon descendente, próstata, nariz, bexiga, reto, ânus, sangue (glóbulos vermelhos).

Ossos

• etmoide nasal, tuberosidade do ísquio, sínfise pubiana, ilíaco, cóccix.

Músculos

• cremaster, esfíncter anal externo, elevador do pênis, bulbo esponjoso, esfíncter vesical e uretral, elevador do ânus, transverso do períneo, ísquio cavernoso.

Artérias

• ilíacas internas, pudenda interna, vesical superior, vesical inferior, peniana, ovariana direita, ovariana esquerda, uterina, vaginal, sacral média.

Veias

• espermática, mesentérica inferior, plexo hemorroidal, pudenda, ovariana, peniana, dorsal do pênis, bulbo venoso vestibular.

Glândula

• hipófise, que é a reguladora das atividades das glândulas endócrinas, como tireoide e suprarrenal; o floral é Heather (o floral de Escorpião); quando Sagitário ou Júpiter gera excessos nas glândulas, o floral é Agrimony.

esofagite

Definição: Inflamação do esôfago.

Indica: raiva por a pessoa se sentir insegura.

Regência: Touro (insegurança, garganta) rege o esôfago, e o floral é Gentian (segurança).

Floral auxiliar: Impatiens (anti-inflamatório), Crab Apple (limpa e atua como antibiótico), Holly (bom para problemas purulentos), Heather (por cuidar dos órgãos sexuais e como atuação reflexa cuida do esôfago), Willow (limpa tirando todas as inseguranças), Aspen (aproxima a alma do físico, tira os medos).

Em geral

• pode ser uma desarmonia de Júpiter (exagero) em Câncer (extremamente emocional). *Florais:* Agrimony (faz a pessoa ser verdadeira, tira o exagero), Clematis (equilibra as emoções, traz segurança) e mais os florais dos signos que regem a casa onde está o planeta e a casa oposta a ela.

espasmo

Definição: Movimento súbito e involuntário, ou contração muscular, que ocorre como resultado de algum agente irritante ou traumatismo.

Indica: estreitamento dos pensamentos devido a medos.

Regência: Aquário e/ou Urano (parte elétrica do corpo) regem os espasmos, e o floral é Water Violet (equilibra o racional e o intuitivo, tira as descargas elétricas do físico).

Arterial

• pode ser um mau aspecto entre Júpiter (doenças por excessos) e Urano (parte elétrica do corpo) se um deles estiver fazendo um mau aspecto com Marte (impulso). *Florais:* Agrimony (tira todos os excessos e tudo o que não faz parte da pessoa), Water Violet (tira as descargas elétricas dos nervos), Impatiens (acalma os impulsos elétricos), Vervain (relaxa), Clematis (faz funcionar o que não estava funcionando), e mais os florais dos signos que regem as casas onde estão os planetas e as casas opostas a elas.

Das artérias cerebrais

Evoluindo para acidente vascular cerebral.

• pode ser um mau aspecto entre a Lua (emoções ruins, fortes, por bastante tempo ou por choque com relação a algum acontecimento) e Urano (eletricidade dos nervos) se a Lua estiver em Áries (impulso). *Florais:* Clematis (coloca os pés no chão, faz ver a realidade, acorda o órgão que não está funcionando), Impatiens (dá ritmo correto ao impulso e ao sangue na cabeça), Water Violet (ameniza a eletricidade dos nervos), Clematis + Hornbeam (fazem a energia transitar livremente de baixo para cima e vice-versa) + Scleranthus (arruma o eixo), Wild Oat (bom para recuperar em casos de acidente vascular cerebral), Hornbeam + Chestnut Bud + Star of Bethlehem (bons para acidente vascular cerebral), Rock

Rose (tira a desordem do organismo em caso de AVC) e mais os florais dos signos que regem as casas onde estão os planetas e as casas opostas a elas.

Em geral

• pode ser um mau aspecto entre a Lua (mundo da lua, mundo das ilusões) em Virgem (submissa, fica remoendo o que não agradou) e Urano (parte elétrica dos nervos). *Florais:* Clematis (por estar fora do corpo, viver no mundo da lua, coisas diferentes ou ruins podem acontecer ao físico para acordar a pessoa e fazer cuidar do físico; ter espasmos é uma delas), Centaury (cuida do equilíbrio do corpo), Water Violet (cuida da parte elétrica dos nervos) e mais os florais dos signos que regem as casas onde estão os planetas e as casas opostas a elas.

Muscular

• pode ser um mau aspecto entre o Sol (rege boa parte dos músculos) e Urano (parte elétrica dos nervos). *Florais:* Vervain (relaxa), Water Violet (cuida da parte elétrica dos nervos) e mais os florais dos signos que regem as casas onde estão os planetas e as casas opostas a elas.

• pode ser um mau aspecto entre Saturno (prende, segura) e Urano (eletricidade dos nervos) se um deles estiver na casa 1 (atua no físico) ou 6 e se tiverem algum aspecto com Sol (músculos) e Lua (emoções ou mundo da Lua) ou com os planetas regentes das casas. *Florais:* Rock Water (dá flexibilidade), Mimulus (tira os medos e a rigidez), Water Violet (cuida da parte elétrica dos nervos) e mais os florais das casas 1 e 6, e os florais dos signos que regem as casas onde estão os planetas e as casas opostas a elas.

• pode ser um mau aspecto entre Vênus (órgãos do equilíbrio) e Urano (parte elétrica do corpo). *Florais:* Gentian (segurança interior), Scleranthus (equilíbrio), Wild Rose (alegria), Water Violet (eletricidade dos nervos) e mais os florais dos signos que regem as casas onde estão os planetas e as casas opostas a elas.

• pode ser um mau aspecto entre Júpiter (expande) e Urano (parte elétrica do corpo). *Florais:* Agrimony (tira o exagero, faz a pessoa ser verdadeira), Water Violet (eletricidade dos nervos) e mais os florais dos signos que regem as casas onde estão os planetas e as casas opostas a elas.

Na bexiga urinária

• pode ser Mercúrio (tensão mental) em Escorpião (bexiga). *Florais:* Cerato (equilibra o mental), Heather (dá saúde à bexiga) e mais os florais dos signos que regem a casa onde está o planeta e a casa oposta a ela.

Na musculatura uterina

Gerando dismenorreia ou, em gestantes, contrações e parto prematuro.

• pode ser um mau aspecto entre a Lua (útero) e Urano (eletricidade dos nervos) se a Lua estiver em Escorpião (útero). *Florais:* Clematis (saúde do útero), Heather (saúde do útero), Water Violet (equilibra a parte elétrica dos nervos) e mais os florais dos signos que regem as casas onde estão os planetas e as casas opostas a elas.

Nas mãos e nos braços

• pode ser Urano (parte elétrica do corpo) em Gêmeos (mãos e braços). *Florais:* Water Violet (eletricidade dos nervos), Cerato (equilíbrio de braços, mãos e pés) e mais os florais dos signos que regem a casa onde está o planeta e a casa oposta a ela.

Nos ureteres ou na uretra

• pode ser Urano (eletricidade dos nervos) em Gêmeos (tubos do corpo). *Florais:* Water Violet (equilíbrio à eletricidade dos nervos), Cerato (saúde aos tubos do corpo) e mais os florais dos signos que regem a casa onde está o planeta e a casa oposta a ela.

Por constrição espasmódica de alguns dos tubos do corpo

• pode ser Urano (eletricidade dos nervos) em Gêmeos (tubos do corpo). *Florais:* Water Violet (equilibra a eletricidade dos nervos), Cerato (cuida da saúde dos tubos do corpo) e mais os florais dos signos que regem a casa onde está o planeta e a casa oposta a ela.

esperma ....

Definição: Secreção testicular que contém as células reprodutivas masculinas, os espermatozoides.

Regência: o Sol (orgulho, ego) rege o esperma e o floral é Vervain (energia vital); Escorpião (possessivo, realizador) rege os órgãos sexuais e o floral é Heather (regenerador), Impatiens (bom para ejaculação precoce por dar o ritmo correto).

espinha dorsal ....

Definição: Coluna vertebral.

Os problemas indicam: incapacidade de se adaptar ao fluxo da vida; falta de confiança ou coragem para acreditar nas próprias convicções.

Regência: Leão (orgulho e ego) rege a espinha dorsal e o floral é Vervain (energia vital); Netuno (desordem) rege a espinha dorsal e os florais são: White Chestnut (dá clareza aos pensamentos, tira a desordem) e Rock Rose (tira o pânico que causou a desordem).

Florais auxiliares: Crab Apple (tira e limpa os problemas que causaram os problemas na espinha dorsal), Elm (tira os bloqueios da parte superior da coluna, dá clareza na conexão cerebral), Hornbeam (energiza e tonifica, tira o cansaço da coluna, bom para os bloqueios no alto da coluna), Larch (libera as capacidades superiores de intuição e faz chegar à criatividade), Scleranthus (coloca a coluna no eixo), Willow (tira as inflamações causadas pelas tristezas), Wild Oat (dá estrutura e arruma a postura), Aspen (tira os nódulos de tensão das costas, tira deformações da coluna), Pine (tira os nós de tensão das costas, cifose, peito curvado, coluna sensível, expande o peito), Vervain (tira as dores musculares na coluna), Beech (acaba com as deformações ósseas da espinha dorsal), Pine, Hornbeam e Elm (tiram grandes deformações).

Em geral

• pode ser Saturno (ossos, rigidez) em Leão (ego, coluna, dorso, coluna vertebral). *Florais:* Mimulus (tira os medos e a rigidez), Rock Water (tira e limpa os nós), Vervain (equilibra) e mais os florais dos signos que regem a casa onde está o planeta e a casa oposta a ela.

espondilite ....

Definição: Inflamação de uma ou mais vértebras, sobretudo por moléstia tuberculosa vertebral.

Indica: falta de confiança no fluxo da vida e nas próprias convicções.

Florais auxiliares: Gorse (ativa a fé), Gentian (dá segurança interior, ativa a fé), Red Chestnut (aproxima o anjo da guarda), Chicory (dá desapego, faz andar sozinho), Cherry Plum e Larch (aumentam e clareiam a visão dentro e fora, dão luz ao caminho, fazem acreditar nas próprias capacidades), Cerato (ativa o mestre interior).

Regência: Leão (orgulho e ego) rege as vértebras e o floral é Vervain (energia vital).

Florais auxiliares: Impatiens (anti-inflamatório) e Rock Water (saúde dos ossos), Crab Apple (atua como antibiótico, limpa).

Anquilosante

• pode ser uma desarmonia de Júpiter (expande) em Sagitário (expande). *Florais:* Agrimony (faz a pessoa ser verdadeira, tira o exagero e tudo o que não pertence à pessoa) e mais os florais dos signos que regem a casa onde está o planeta e a casa oposta a ela.

espontaneidade

Definição: Qualidade do que é espontâneo, voluntário, natural, sincero.

Floral básico: Agrimony (faz a pessoa ser verdadeira, tira o exagero e tudo o que não pertence à pessoa), Crab Apple (limpa, faz a pessoa ser verdadeira).

esquizofrenia

Definição: Grupo de distúrbios afins, de etiologia desconhecida, em que ocorre um tipo especial de pensamento, sensação e comportamento; a pessoa exibe distúrbio do conteúdo dos pensamentos, acompanhado de delírio.

Regência: Peixes e Netuno (desordem) levam ao inconsciente e os florais são: White Chestnut (faz dominar e direcionar os pensamentos quando somos levados pelos instintos) e Rock Rose (tira o pânico que causou a desordem).

Florais auxiliares: Pine (tira as culpas que pode nos levar a doenças mentais), Clematis (faz colocar os pés no chão), Cherry Plum (bom para controle de crises), Rescue Remedy (ajuda a não entrar em crise e melhora nas crises), Sweet Chestnut (dá luz no fim do túnel), White Chestnut (para a pessoa passar a ver o que verdadeiramente precisa ver, tira a fixação), Crab Apple (limpa pensamentos desnecessários, dá as devidas proporções aos acontecimentos) e Mimulus (tira o medo relacionado ao inconsciente), White Chestnut (limpa as manias, o que é bom para distúrbios psíquicos gerados pela rigidez de pensamentos repetitivos com fixação).

Em geral

• pode ser um mau aspecto entre Mercúrio (pensamentos), e Netuno (desordem), pois a energia perturbada de Netuno atrapalha a comunicação entre os neurônios que Mercúrio rege. *Florais:* Cerato (sistema nervoso central, hemisférios cerebrais, abre a mente, dá sabedoria), Rock Rose (tira o pânico, desfaz a desordem), White Chestnut (dá clareza à mente) e mais os florais dos signos que regem as casas onde estão os planetas e as casas opostas a elas.

esteatose

Definição: Degeneração gordurosa, doença das glândulas sebáceas.

Hepática

Indica: falta de iniciativa, de autenticidade.

Regência: Júpiter rege o fígado (expande, exagera, não é autêntica) e o floral é Agrimony (faz a pessoa ser verdadeira, tira o exagero e tudo o mais que não pertence à pessoa).

Floral básico: Agrimony (faz a pessoa ser verdadeira), Crab Apple (limpa, faz a pessoa ser ela mesma), Larch (dá iniciativa).

• pode ser um mau aspecto entre Vênus (indiferença e negligência) e Júpiter (exagero). *Florais:* Gentian (segurança interior), Scleranthus (equilíbrio), Wild Rose (alegria, ânimo, iniciativa), Agrimony (faz a pessoa ser verdadeira, tira o exagero) e mais os florais dos signos que regem as casas onde estão os planetas e as casas opostas a elas.

• pode ser uma desarmonia de Júpiter (exagero) em Virgem (servir). *Florais:* Agrimony (faz a pessoa ser verdadeira, tira o exagero), Centaury (dá individualidade) e mais os florais dos signos que regem a casa onde está o planeta e a casa oposta a ela.

• pode ser uma desarmonia de Lua (secreções glandulares, fortes emoções) em Sagitário (exagero). *Florais:* Clematis (coloca os pés no chão, saúde dos líquidos glandulares), Agrimony (faz a pessoa ser verdadeira, tira o exagero e tudo o mais que não pertence à pessoa) e mais os florais dos signos que regem a casa onde está o planeta e a casa oposta a ela.

estenose ....

Definição: Estreitamento ou constrição de uma passagem ou orifício.

Tubária.

Indica: que a mulher tem medo de ser mãe, tem medo do processo da vida.

• pode ser uma desarmonia de Lua (o lado mãe de uma mulher ou de um homem) em Gêmeos (tubos do corpo). *Florais:* Clematis (trabalha a vontade de ser mãe, coloca os pés no chão, faz a pessoa se cuidar), Cerato (saúde aos tubos do corpo) e mais os florais dos signos que regem a casa onde está o planeta e a casa oposta a ela.

esterilidade ....

Definição: Condição de estar isento de micro-organismos vivos; incapacidade da mulher de engravidar ou do homem de inseminar uma mulher.

Indica: na mulher, medo do processo da vida e de procriar, e problemas conjugais; no homem, medo da responsabilidade e do compromisso.

Florais básicos: Clematis (pode ser bom para o casal que já fez exames e nenhum problema foi encontrado; não há motivo), Wild Rose (para trabalhar o lado feminino) e Impatiens (para trabalhar o lado masculino), Scleranthus (equilíbrio; pode ser por haver um desequilíbrio entre feminino e masculino) e Water Violet (por doenças sexuais, quando a pessoa é aquariana e não quer se entregar ao mundo, também podem ser estéreis por se fecharem para a vida), Aspen (tira o medo do futuro).

Feminina

• pode ser um mau aspecto entre a Lua (útero, emoções) e Júpiter (exagero e fraqueza orgânica). *Florais:* Clematis (saúde do útero, faz o órgão que não funciona funcionar), Agrimony (faz a pessoa ser verdadeira, tira o exagero e tudo o que não faz parte da pessoa) e mais os florais dos signos que regem as casas onde estão os planetas e as casas opostas a elas.

• pode ser um mau aspecto entre a Lua (útero, emoções) e Saturno (rigidez, prende, atrasa). *Florais:* Clematis (coloca os pés no chão, faz se ocupar com a saúde: alimentação, exercícios físicos, este é o floral da gravidez, pois faz o órgão parado começar a funcionar), Mimulus (tira os medos que nos enchem de dúvidas), Rock Water (tira a preocupação com a vida, tira a rigidez do modo de vida) e mais os florais dos signos que regem as casas onde estão os planetas e as casas opostas a elas.

• pode ser um mau aspecto entre Mercúrio (tensão, preocupação) e Plutão (medo de perder o poder), com Plutão paralisando a energia que leva as informações (que vêm de Mercúrio) ao cérebro. *Florais:* Cerato (tira as preocupações e a tensão), Heather (regeneração) e mais os florais dos signos que regem as casas onde estão os planetas e as casas opostas a elas.

• pode ser um mau aspecto entre Vênus (tudo o que diz respeito ao feminino) e Saturno (medo, rígido, certinho). *Florais:* Gentian (segurança interior), Scleranthus (equilíbrio), Wild Rose (saúde a tudo o que diz respeito ao feminino por dar alegria em viver), Mimulus (tira os medos que nos fazem retroceder), Rock Water (dá flexibilidade, tira os medos) e mais os florais dos signos que regem as casas onde estão os planetas e as casas opostas a elas.

• pode ser uma desarmonia de Lua (útero) em Escorpião (possessivo, medo de ter que dividir). *Florais:* Clematis (faz o órgão que não está funcionando funcionar), Heather (regenerador) e mais os florais dos signos que regem a casa onde está o planeta e a casa oposta a ela.

esterno

Definição: Osso plano e estreito situado na linha média anterior do tórax.

Regência: Câncer (emoções) rege o esterno e o floral é Clematis (equilibra as emoções, faz o órgão parado funcionar).

estômago

Definição: Parte distensível, saculiforme e dilatada do canal digestório, abaixo do esôfago e do diafragma, à direita do baço e parcialmente sob o fígado; é composto de uma cavidade (ou parte arredondada), um corpo (ou parte média) e a parte pilórica (que é a pequena extremidade distal); garante a nutrição. O estômago representa a assimilação de ideias.

Os problemas indicam: medo do desconhecido, dificuldade de assimilar o novo e irritabilidade; incapacidade de lidar com os aborrecimentos de modo consciente e de resolver os problemas com senso de responsabilidade pessoal.

Regência: Câncer e a Lua regem o estômago e o floral é Clematis.

Florais auxiliares: Holly (para aceitar a situação que está perturbando, ativa o plexo solar, tira cólicas estomacais, faz enxergar os dois lados de uma mesma moeda, pode fazer a catarse dos problemas pelo estômago através de vômitos), Mimulus e Centaury (para haver uma boa absorção dos nutrientes dos alimentos), Agrimony (faz a pessoa ser verdadeira, tira o exagero e tudo o que não pertence à pessoa), Red Chestnut (melhora a dor de estômago por preocupação), Crab Apple (faz a catarse, a eliminação dos venenos pelo estômago, e faz a eliminação de tudo o que faz mal ao estômago, limpa), Gentian (quando o coração está triste, depressivo, por ser no estômago que se absorvem as reflexões e os alimentos; "o que a cabeça não entende o estômago rumina"; Gentian dá a clareza das situações ruins do coração e transforma em bem depois de dar os devidos esclarecimentos das situações), Scleranthus (bom para estômago fraco, cinetose, que é enjoo por causa do movimento, bom para enjoos em geral), White Chestnut (limpa o estômago, bom para dispepsia, úlceras por preocupação), Vine (bom para colites), Rock Rose (bom para sistema digestório desde a boca até o estômago), Impatiens (dá ritmo correto ao estômago), Centaury (bom para o estômago sensível por engolir todos os problemas, dispepsia, úlcera, gastrite, azia, refluxo), Gorse (dá fé, na vida, tira o enjoo).

Colite e cãibra no

Que pode ou não ser em períodos regulares.

• pode ser por causa de Capricórnio (prende, segura) que rege a vesícula biliar e a deixa com hipofunção. *Florais:* Mimulus (tira os medos que nos deixam rígidos), Rock Water (flexibilidade para atuar nos problemas) e mais os florais dos signos que regem a casa onde está Capricórnio e a casa oposta a ela.

estudo

Definição: Aplicação do espírito para aprender; conhecimento adquirido através da aplicação.

Florais básicos: Chestnut Bud (ativa os dois lados do cérebro, bom para o aprendizado) e Walnut (para fixar o aprendizado), Willow (diminui a probabilidade de erros), Larch (ativa os conhecimentos latentes e a pineal, que abre a consciência, ensina a aprender com os erros), Scleranthus (aumenta a inteligência por ativar a pineal), Clematis (ativa a hipófise, que nos dá *insights*), Walnut (nos faz entrar no inconsciente), Centaury e Larch (bom para quem não sabe seu limite de ação), Wild Oat (atua na consciência individual), Gorse (dá lucidez), Cerato (ativa o mestre interior, que nos dá sabedoria).

excesso

Definição: Diferença para mais entre duas quantidades.

Regência: Júpiter rege os excessos e o floral é Agrimony (tira o que não faz parte da pessoa).

Floral auxiliar: Crab Apple (traz a verdadeira dimensão da situação, limpa o excesso).

exigência para consigo mesmo

Definição: Nunca estar satisfeito consigo mesmo.

Florais básicos: Pine (tira as culpas), Rock Water (diminui as exigências, dá maior flexibilidade às atitudes) e Red Chestnut (bom para a pessoa parar de se cobrar por não ter feito mais pelo outro).

expectativa

Definição: Esperança fundada em supostos direitos, probabilidades ou promessas.

Florais básicos: Impatiens (dá mais paciência), Holly (faz entender a situação, dá aceitação, diminui a expectativa) e Pine (tira as culpas, acalma).

expressão ....

Definição: Ato de expelir algo por meio da pressão; a evidência facial de um sentimento ou de um estado físico.

Falta da capacidade de

Através de padrões verbais.

Florais auxiliares: Cerato (tira os bloqueios de expressão por ativar o mestre interior e dar intuição), Scleranthus (clareia o pensamento confuso e a dificuldade de expressão por vontade fraca, ativa o quinto chakra, o laríngeo, fortalece a palavra, a expressão natural, ensina a comunicação, dá postura diante da vida), Scleranthus e Heather (bom para melhorar a expressão), Heather e Beech (bom para expressar a sabedoria interior com clareza e tocar o outro internamente), Rock Water (dá expressão às faces), Heather (ensina a facilidade de expressão quando podamos ou fomos podados em nossa expressão, passamos a ficar submissos, bom para acabar com a poda da expressão do outro ou do outro em nós).

• pode ser Sol (orgulho, ego) em Áries (impulso). *Florais:* Vervain (hipertrofia do ego, autoritarismo), Impatiens (faz entender o tempo do outro e dar tempo ao outro) e mais os florais dos signos que regem a casa onde está o planeta e a casa oposta a ela.

extremidade ....

Definição: Parte terminal de alguma coisa.

Florais auxiliares: Hornbeam (ajuda o sangue a ter mais energia para circular nas extremidades) e Olive (dá ritmo ao sangue para circular nas extremidades), Impatiens (bom para extremidades quentes), Oak (bom para cansaço nas extremidades).

Dores agudas nas extremidades do corpo

• pode ser Marte (impulso) em Gêmeos (braço e mãos). *Florais:* Impatiens (dá ritmo correto ao impulso do sangue), Cerato (braços, antebraços e mãos) e mais os florais dos signos que regem a casa onde está o planeta e a casa oposta a ela.

F

face

Definição: Parte anterior da cabeça, desde a testa até o queixo, estendendo-se lateralmente, mas sem incluir as orelhas; rosto ou semblante.

Regência: Áries rege a cabeça e a face, e o floral é Impatiens (dá paciência, ritmo correto ao sangue na cabeça).

Floral auxiliar: Rock Water (melhora as marcas das feições cansadas pela rigidez e moralismo, traz sorriso verdadeiro e boas risadas, dá expressão às faces: alegria, tristeza e fome), Agrimony (o fato da pessoa não precisar representar um papel, a vida se torna suave e a face mostrará isso).

Cortes, feridas e cirurgias na

• pode ser Marte (por ser estabanado podem acontecer acidentes, impulso) em Áries (cabeça, face). *Florais:* Impatiens (dá paciência), Holly (dá entendimento e aceitação da situação, deixando as feições tranquilas) e mais os florais dos signos que regem a casa onde está o planeta e a casa oposta a ela.

fadiga crônica

Definição: Fadiga longa e contínua, não aliviada pelo repouso; indicativa de doenças como tuberculose ou diabete, ou de outras condições em que ocorre alteração do metabolismo corporal.

Indica: falta de amor pelo que se faz, tédio, que a pessoa não sabe o que quer para si, não cuida de suas necessidades vitais.

Florais auxiliares: Elm (ativa o timo, dá vida, ânimo, tira a fadiga), Olive (tira o cansaço, aumenta os anticorpos), Walnut (tira o cansaço crônico), Wild Oat (dá metas na vida, que faz acabar a fadiga crônica), Hornbeam (bom para os cansados da vida que estão sem ânimo para seguir adiante), Willow (tira o cansaço da vida), Larch (dá vontade de ação, vontade de viver).

Em geral

• pode ser problema com Netuno e/ou Peixes (desordem). *Florais:* White Chestnut (clareia a mente) e Rock Rose (tira o pânico que causou a desordem).

Mental

Por acúmulo de muco na cabeça.

• pode ser Netuno (desordem) em Áries (cabeça). *Florais:* White Chestnut (dá clareza mental), Rock Rose (tira o pânico que pode causar o muco), Impatiens (tira a impaciência que pode causar o muco) e mais os florais dos signos que regem a casa onde está o planeta e a casa oposta a ela. Ajudar com Rock Water e Mimulus (por causa do muco na cabeça).

Síndrome da

• pode ser uma conjunção de Sol (falta de energia vital) e Vênus (mal aspectado pode dar fadiga, indolência), pois a energia do Sol pouco nutre as medulas. *Florais:* Vervain (energia vital), Gentian (segurança interior, vontade de seguir), Scleranthus (equilíbrio), Wild Rose (alegria no viver, que tira a fadiga) e mais os florais dos signos que regem as casas onde estão os planetas e as casas opostas a elas.

• pode ser um mau aspecto entre Marte (impulso) e Netuno (desordem), fazendo um mau aspecto com Saturno (atrasa, poda). O impulso está em desordem e atrasado ou parado. *Florais:* Impatiens (dá ritmo ao impulso), Rock Rose (tira o pânico que causou a desordem), White Chestnut (clareia a mente), Mimulus (tira os medos que nos fazem rígidos), Rock Water (dá flexibilidade) e mais os florais dos signos que regem as casas onde estão os planetas e as casas opostas a elas.

fala (anormalidades da) ....

Definição: Certos defeitos da fala resultam em afasia motora, em que o paciente fica sem fala, mas não ocorre paralisia dos músculos da articulação; embora incapaz de expressar os pensamentos em palavras, ainda assim a pessoa compreende o que ouve e lê.

Indicam: que a pessoa sente medo de permitir que aquilo que a está oprimindo se expresse ou apareça conscientemente.

Regência: Touro (inseguro) rege o pescoço e o floral é Gentian (segurança interior); Vênus (falta de alegria) rege a fonação e o floral é Wild Rose (alegria).

Florais auxiliares: Rescue Remedy (bom para a regeneração dos órgãos), Clematis (faz funcionar o órgão paralisado), Cerato (por ativar o mestre interior que dá intuição e acaba com problemas na fala), Scleranthus (tira os bloqueios da mente, melhora a fala), Heather (ensina a comunicação), Larch (bom para a fala por ativar o potencial latente), Impatiens (tira a ansiedade, dá clareza à fala).

Em geral

• pode ser um mau aspecto entre Mercúrio (rege o aprendizado, sistema nervoso) e Marte (impulso), influenciando o sistema nervoso central. *Florais:* Cerato (equilibra o sistema nervoso), Impatiens (dá ritmo correto ao sangue na cabeça) e mais os florais dos signos que regem as casas onde estão os planetas e as casas opostas a elas.

faringe ....

Definição: Via de passagem para o ar, desde a cavidade nasal até a laringe, e de alimentos e água, desde a boca até o esôfago; também funciona como cavidade de ressonância.

Indica: por gostar do belo, tudo o que faz não é bom o bastante, e por isto se sente inseguro em se posicionar.

Regência: Touro (inseguro) rege a faringe e o floral é Gentian (segurança interior).

Floral auxiliar: Agrimony (faz a pessoa ser verdadeira, tira o exagero e tudo o que não faz parte da pessoa).

faringite ....

Definição: Inflamação da faringe. A garganta representa o local por onde entram a realidade e a vida.

Os problemas indicam: que a pessoa não aceita o que está vivenciando; sente raiva por se sentir insegura.

Regência: Áries (impulso) rege a cabeça e o floral é Impatiens (tira a inflamação); Touro (inseguro) rege a garganta e o floral é Gentian (ativa a fé, que é a certeza de que tudo está certo).

Floral auxiliar: Crab Apple (atua como antibiótico natural).

Abscessos

• pode ser Vênus (falta de alegria) em Touro (inseguro). *Florais:* Scleranthus (equilíbrio, tira as dúvidas), Wild Rose (alegria), Gentian (segurança interior) e mais os florais dos signos que regem a casa onde está o planeta e a casa oposta a ela.

Crônica

• pode ser uma desarmonia de Júpiter (exagero, expande) em Touro (inseguro). *Florais:* Agrimony (faz a pessoa ser ela mesma, tira o exagero), Gentian (segurança interior), Hornbeam (tira a cronicidade) e mais os florais dos signos que regem a casa onde está o planeta e a casa oposta a ela.

fasciculação

Definição: Formação de fascículos; contração involuntária de fibras musculares.

Indica: pensamentos de raiva, ressentimentos, amargura constante e desejo de vingança.

Regência: Marte (impulso) rege os músculos e o floral é Impatiens (dá ritmo correto aos impulsos).

Florais auxiliares: Holly e Pine (combinados, pois para haver aceitação é preciso eliminar a culpa), Vervain (faz relaxar), Water Violet (tira a contração por unir o racional e o intuitivo).

Muscular

• pode ser um mau aspecto entre Júpiter (exagera) e Urano (parte elétrica do corpo). *Florais:* Agrimony (tira tudo o que não faz parte da pessoa, faz ser verdadeira), Water Violet (une o racional com o intuitivo, acaba com a contração muscular) e mais os florais dos signos que regem as casas onde estão os planetas e as casas opostas a elas.

febre

Definição: Elevação da temperatura acima do normal.

Indica: raiva, que a pessoa se sente explodindo de fúria, conflito que absorve toda a energia.

Florais básicos: Impatiens (tira a febre, anti-inflamatório), Crab Apple (antibiótico natural, limpa, dá as devidas proporções aos acontecimentos), Rescue Remedy (resgata de qualquer mal), Holly (acaba com a febre), Gentian (antitérmico), Centaury (para tirar a febre), Vervain (tira a febre por ultrapassar o limite do corpo).

Cerebral

• pode ser Sol (energia vital) em Áries (cabeça). *Florais:* Vervain (faz relaxar), Impatiens (dá ritmo correto ao impulso) e mais os florais dos signos que regem a casa onde está o planeta e a casa oposta a ela.

De origem aguda

• pode ser Sol em Leão (orgulho, ego, energia vital). *Florais:* Vervain (faz relaxar) e mais os florais dos signos que regem a casa onde está o planeta e a casa oposta a ela.

De origem obscura

• **Florais:** Rescue Remedy (resgate de qualquer mal), Holly (dá o entendimento, ensina por que precisa aceitar, dá amor, acalma), Impatiens (dá ritmo correto ao sangue na cabeça) e Crab Apple (limpa, dá as devidas proporções aos acontecimentos).

Em geral

• pode ser uma desarmonia de Júpiter (exagero) em Leão (energia vital, ego, orgulho). *Florais:* Agrimony (faz a pessoa ser verdadeira, tira o exagero), Vervain (faz relaxar) e mais os florais dos signos que regem a casa onde está o planeta e a casa oposta a ela.

Intermitente

• pode ser Marte (impulso) em Aquário (sistema nervoso). *Florais:* Impatiens (dá ritmo correto ao impulso), Water Violet (equilibra o sistema nervoso) e mais os florais dos signos que regem a casa onde está o planeta e a casa oposta a ela.

Por contrariedade

• **Floral:** Holly (dá o entendimento, faz aceitar e perdoar, dá amor).

Reumática

• pode ser Marte (impulso) em Leão (orgulho, ego, coração). *Florais:* Impatiens (dá ritmo correto ao impulso), Vervain (faz relaxar) e mais os florais dos signos que regem a casa onde está o planeta e a casa oposta a ela.

feminino ....

Definição: Que diz respeito ou que pertence ao sexo feminino.

Regência: Vênus rege o lado feminino no homem e na mulher, e os florais são: Wild Rose (alegria, energia afetiva, desejo de partilhar, amor à natureza, intimidade, sedução, beleza, equilíbrio; tira indecisão, indiferença e negligência; dá equilíbrio, favorece a criatividade, ativa a energia feminina do homem e da mulher), Gentian (segurança interior) e Scleranthus; a Lua (emoções) trabalha a mulher e mãe, e os florais são: Clematis (cuida da saúde do útero, faz uma linda casa para o bebê), Gorse (ativa a energia do masculino e do feminino), Gentian (ativa a energia do feminino e do masculino), Larch (ativa a ação do feminino, transformando as emoções em aprendizado, trazendo à tona capacidades interiores), Aspen (dá luz ao feminino do homem e da mulher).

Problemas com as trompas de Falópio

• pode ser Lua (trompas, órgãos reprodutivos femininos) em Gêmeos (tubos do corpo). *Florais:* Clematis (dá saúde aos órgãos reprodutivos femininos), Cerato (dá saúde aos tubos do corpo) e mais os florais dos signos que regem a casa onde está o planeta e a casa oposta a ela.

feocromocitoma ....

Definição: Tumor das células cromafins do sistema simpático-adrenal, que produz catecolaminas e norepinefrina.

Indica: mágoa e dor que a pessoa não quis trabalhar; muito tempo sofrendo com ressentimentos.

Florais auxiliares: Chestnut Bud (mostra o estado emocional que criou a doença), Sweet Chestnut (luz no fim do túnel), Cherry Plum (mostra a verdade dentro e fora, limpa as emoções), Heather (equilibra a tireoide, que controla o ritmo celular), Cherry Plum (controla a divisão celular),

Larch (ativa o potencial latente de organização celular), Aspen (equilíbrio celular), Mustard (traz a consciência latente da célula).

Em geral

• pode ser um mau aspecto entre Marte (impulso) e Plutão (medo de perder o poder, mudança genética). *Florais:* Impatiens (dá ritmo correto ao desenvolvimento celular), Heather (regeneração) e mais os florais dos signos que regem as casas onde estão os planetas e as casas opostas a elas.

Tumor das glândulas suprarrenais

Ou, menos frequentemente, dos gânglios abdominais (este tumor secreta adrenalina, causando crises de hipertensão).

• **Indica:** mágoa por iniciativas que foram ou não tomadas.

• pode ser uma desarmonia de Júpiter (expande) em Libra (suprarrenais). *Florais:* Agrimony (tira a fraqueza orgânica), Scleranthus (tira as dúvidas que trazem doenças), Vervain e mais os florais dos signos que regem a casa onde está o planeta e a casa oposta a ela.

ferimento ....

Definição: Quebra da solução de continuidade das partes moles das estruturas do corpo, causada por violência ou traumatismo nos tecidos.

Indica: que a pessoa está se sentindo "coitadinha" e por isso acontecem acidentes que causam ferimentos.

Florais básicos: Willow (acaba com o coitadinho nas pessoas) e Agrimony (faz a assepsia, limpa os venenos), Rescue Remedy (cura, tira a dor, cicatriza, é antisséptico, tira a febre).

No quadril e nas coxas

Causado por equitação ou outros esportes e atividades físicas violentas.

• pode ser Marte (impulso) em Sagitário (equitação). *Florais:* Impatiens (tira a impaciência), Agrimony (tira tudo o que não faz parte da pessoa) e mais os florais dos signos que regem a casa onde está o planeta e a casa oposta a ela.

Nos braços e dedos

• pode ser Sol (energia vital) em Gêmeos (mãos). *Florais:* Vervain (relaxa), Cerato (saúde das mãos e dedos, braços), Crab Apple (antibiótico natural) e mais os florais dos signos que regem a casa onde está o planeta e a casa oposta a ela.

ferro ....

Definição: Um dos minerais mais importantes do organismo, é um componente das hemácias, e sua função básica é ligar o cobre à proteína para formar a hemoglobina (pigmento vermelho das hemácias); também participa da formação da mioglobina (globulina do tecido muscular), que transporta oxigênio até os músculos, para que estes possam se contrair; desempenha um papel extremamente importante no processamento das proteínas; o ferro é também um dos minerais mais difíceis de ser assimilados e armazenados, porém é facilmente perdido.

Regência: Marte rege o ferro e o floral é Impatiens.

Sintomas de deficiência grave

• exaustão, depressão, fadiga generalizada, desânimo, respiração curta, palidez na pele, perda de desejo por sexo e tonturas; pode haver: sensação de pontadas na cabeça, nos calcanhares, nas solas dos pés, nas pontas dos dedos e nas articulações dos ombros.

Sintomas de deficiência moderada

• achatamento das unhas, fissuras ou sulcos da língua, insônia à noite e sonolência durante o dia, choro sem motivo, respiração dolorosa e audição deficiente.

fibras nervosas ....

Definição: Parte da célula nervosa que conduz os impulsos.

Regência: Netuno (desordem) rege as fibras nervosas e os florais são: White Chestnut (clareia a mente) e Rock Rose (tira o pânico que causou a desordem).

fibrose ....

Definição: Formação anormal de tecido fibroso.

Indica: pessimismo profundo, sentimento de vítima, golpe no ego feminino, que a pessoa alimenta mágoas causadas pelo parceiro.

Florais básicos: Mustard (tira a depressão, que não se sabe de onde vem e deixa a pessoa pessimista), Willow (quando a pessoa se sente vítima o tempo todo), Holly (faz aceitação por dar o esclarecimento), Wild Rose (alegria), Pine (tira as culpas) e, para se sentir bem, Larch (dá vontade de vida), Scleranthus (equilíbrio), Olive (descanso) e Cerato (ativa a intuição que dá sabedoria).

Do pulmão

• pode ser Saturno (retém) em Gêmeos (pulmão). *Florais:* Rock Water (clareia a mente), Mimulus (tira os medos que nos deixam rígidos), Cerato (dá saúde aos pulmões), Pine (tira as culpas) e mais os florais dos signos que regem a casa onde está o planeta e a casa oposta a ela.

Em geral

• pode ser um mau aspecto entre Júpiter (exagero) e Saturno (retém, contém, segura). *Florais:* Agrimony (tira o exagero e tudo o que não pertence à pessoa), Mimulus (tira os medos que nos fazem ser rígidos), Rock Water (flexibilidade) e mais os florais dos signos que regem as casas onde estão os planetas e as casas opostas a elas.

fígado ....

Definição: É o maior órgão do corpo e está situado no lado direito, embaixo do diafragma; ocupa o hipocôndrio direito, o epigástrio e parte do hipocôndrio esquerdo e está no nível da parte inferior do esterno; sua superfície inferior é côncava; cobre o estômago, o duodeno, a flexura hepática do cólon, o rim direito e a cápsula suprarrenal; secreta bile e é o local em que ocorre um enorme número de funções metabólicas. O fígado é a sede da raiva e das emoções primitivas.

Os problemas indicam: problemas de avaliação e valorização (incapacidade de optar pelo que é útil ou não); queixas crônicas; que a pessoa está assimilando coisas em demasia, ultrapassando sua capacidade de elaboração; falta de moderação, ideias exageradas de exaltação e ideais elevados demais.

Regência: Sagitário e Júpiter regem o fígado e as funções hepáticas, e o floral é Agrimony (tira o exagero, a exaltação, cuida da saúde do fígado); a Lua (emoções) rege os lóbulos superiores do fígado e o floral é Clematis (faz a pessoa colocar os pés no chão para se cuidar, com boa alimentação, exercícios físicos); Marte (impulso) rege o fígado e o floral é Impatiens (dá paciência, dá ritmo correto aos órgãos); Virgem (submisso) rege o fígado e o floral é Centaury; Netuno rege o fígado e os florais são: White Chestnut (clareia a mente) e Rock Rose (tira o pânico que causou a desordem); Câncer (mundo da lua) rege a cobertura externa do fígado e o floral é Clematis (coloca os pés no chão, faz a pessoa se cuidar); Virgem (submisso) rege as funções internas de produção de enzimas e também se relaciona com o armazenamento de glicogênio no fígado e o floral é Centaury (saúde dessas funções e dá individualidade).

Florais auxiliares: Agrimony (para limpar os venenos), Holly (quando a pessoa está amarga em relação à vida), Crab Apple (para depurar o sangue) e Willow (ajuda a pessoa a querer ser melhor e ter menos raiva), Elm (afecções hepáticas).

Cirrose

Pelo uso excessivo de bebidas alcoólicas.

• pode ser Júpiter (exagero) em Peixes (desordem, drogas e álcool). *Florais:* Agrimony (limpa e depura o fígado), White Chestnut (dá clareza à mente), Rock Rose (tira o pânico que causou a desordem) e mais os florais dos signos que regem a casa onde está o planeta e a casa oposta a ela.

Colesterol no

• pode ser um mau aspecto entre Júpiter (exagero) e Saturno (níveis de sangue alterados). *Florais:* Agrimony (dá saúde ao fígado, tira os males por fazer a pessoa ser verdadeira, tira o exagero), Mimulus (tira os sentimentos aumentados por medos do subconsciente), Rock Water (ensina a capacidade de adaptação, equilibra o colesterol) e mais os florais dos signos que regem as casas onde estão os planetas e as casas opostas a elas. Ajudar com Crab Apple (para limpar as gorduras do organismo).

Doenças crônicas do

• pode ser um mau aspecto entre a Lua (emoções) e Vênus (indolência). *Florais:* Clematis (coloca os pés no chão, faz se cuidar), Gentian (inseguro, tira doenças crônicas), Scleranthus (tira a cronicidade das doenças), Wild Rose (traz alegria que é vida, dá saúde ao sangue) e mais os florais dos signos que regem as casas onde estão os planetas e as casas opostas a elas.

Esclerose hepática e hipofunção hepática

• pode ser Saturno (esclerose e hipofunção) em Virgem (abdome, submisso) rege as funções internas de produção de enzimas e também se relaciona com o armazenamento de glicogênio no fígado e o floral é Centaury (saúde dessas funções e individualidade). *Florais:* Rock Water (flexibilidade, equilibra os níveis sanguíneos), Mimulus (tira os medos que nos fazem presos), Centaury (dá individualidade) e mais os florais dos signos que regem a casa onde está o planeta e a casa oposta a ela.

Fígado aumentado, abscesso hepático, icterícia, regeneração gordurosa do fígado e depósito de colesterol no fígado.

• pode ser Júpiter (exagero) em Virgem (filtra o sangue, abdome). *Florais:* Agrimony (cuida da saúde do fígado), Centaury (saúde do abdome) e mais os florais dos signos que regem a casa onde está o planeta e a casa oposta a ela.

Inflamação do

• pode ser Marte (inflamação) em Virgem (infecção aguda, filtra o sangue). *Florais:* Impatiens (para eliminar a inflamação), Centaury e mais os florais dos signos que regem a casa onde está o planeta e a casa oposta a ela.

Insuficiência hepática ou hepatomegalia

Aumento do volume do fígado.

• pode ser um mau aspecto entre Mercúrio (pensamentos) e Vênus (sangue) se um deles estiver com um mau aspecto com Júpiter (exagero). *Florais:* Cerato (ativa a intuição, organiza os pensamentos), Gentian (segurança interior), Scleranthus (equilíbrio das vias biliares), Wild Rose (alegria), Agrimony (fígado e exagero) e mais os florais dos signos que regem as casas onde estão os planetas e as casas opostas a elas.

Que não funciona

Gerando intolerância alimentar e podendo haver falta de vitaminas que influenciam o metabolismo, como a tiamina e a coenzima Q10.

• pode ser um mau aspecto entre a Lua (emoções) e Mercúrio (pensamentos). *Florais:* Clematis (faz funcionar o órgão que não está funcionando), Cerato (ativa a intuição) e mais os florais dos signos que regem as casas onde estão os planetas e as casas opostas a elas.

Preguiçoso

• pode ser Saturno (desaceleração dos ritmos biológicos) em Peixes (desordem). *Florais:* Rock Water (ritmo normal aos órgãos), Mimulus (tira os medos que nos fazem parar), White Chestnut (clareia a mente), Rock Rose (tira o pânico que causou a desordem) e mais os florais dos signos que regem a casa onde está o planeta e a casa oposta a ela.

flanco ....

Definição: Parte do corpo entre as costelas e a borda superior do ilíaco.

Regência: Leão (orgulho, ego) rege o flanco e o floral é Vervain (faz relaxar).

flatulência ....

Definição: Excesso de gases no estômago e intestinos.

Indica: traumas e grandes preocupações já existentes ou que estão por vir, preocupações.

Floral básico: Star of Bethlehem (tira o trauma da preocupação).

Em geral

• pode ser uma desarmonia de Lua (emoções) em Virgem (submissão, digestão). *Florais:* Clematis (coloca os pés no chão, faz se cuidar), Centaury (cuida da digestão) e mais os florais dos signos que regem a casa onde está o planeta e a casa oposta a ela.

No abdome, causada por má digestão

• pode ser Mercúrio (por excesso de pensamentos) em Virgem (submissão, digestão). *Florais:* Cerato (equilíbrio dos pensamentos), Centaury (digestão) e mais os florais dos signos que regem a casa onde está o planeta e a casa oposta a ela. Ajudar com Rescue Remedy (resgata de qualquer mal).

flebite ....

Definição: Inflamação de uma veia; causa dor e sensibilidade em todo o trajeto da veia, descoloração da pele, tumefação inflamatória e edema agudo abaixo da obstrução, pulso rápido, leve elevação da temperatura e dor nas articulações.

Indica: raiva e frustração; que a pessoa culpa os outros pelas próprias limitações; falta de alegria.

Florais básicos: Gentian (segurança interior), Willow (para não colocar a culpa no outro), Holly (faz aceitar por mostrar a verdade), Agrimony (faz a pessoa ser verdadeira), Impatiens (para a inflamação, baixa a febre), Vervain (relaxa) e Wild Rose (alegria). Ajudar com Rescue Remedy (resgata de qualquer mal), Crab Apple (atua como antibiótico natural).

florais bons para ajudar outros florais........................

Wild Oat: ajuda os florais que melhoram o equilíbrio: Scleranthus, Hornbeam, Cerato, Gentian e Gorse, todos dão raízes aos inseguros. Bom para os influenciáveis, para direcionar os pensamentos; para talentosos sem direção, para quem pensa que precisa realizar algo importante e não sabe o quê; para ambição sem vontade; para quem tenta compensar o poder descabido ou fica desinteressado ou com depressão. Pode ser dado com todas as essências para dar chão aos pés, para ficar de frente com a realidade, bom para insegurança.

Gentian e Wild Oat: fortalecem o propósito, a fé, e a confiança no trabalho assistencial, bom quando a pessoa está insegura sobre se deve ou não seguir em frente.

Wild Oat e Scleranthus: bom para insegurança e oscilação de atitudes ou quando há sintomas confusos.

Centaury: cuida da saúde do estômago e do abdome, acaba com a compulsão alimentar.

florais que se pode dar sempre ..

Mimulus: ajuda os outros florais por dar força para enfrentar o que for preciso.

Crab Apple: deve ser dado sempre antes de começar a tomar qualquer floral para fazer a limpeza e o efeito do outro floral ser perfeito.

fluidos do corpo...................

Definição: Substâncias não sólidas do corpo.

Regência: A Lua (emoções) rege o equilíbrio dos fluidos do corpo e o floral é Clematis (faz colocar os pés no chão, para se cuidar com boa alimentação e exercícios físicos; quem se afasta do corpo deixa a doença se apoderar dele).

flúor ....

Definição: Elemento químico gasoso encontrado no solo em combinação com o cálcio; é frequentemente designado pelo termo "fluoreto" e existem dois tipos: fluoreto de cálcio (uma substância natural) e fluoreto de sódio (uma variedade sintética, que é adicionada aos reservatórios de água); o flúor é encontrado no organismo em várias formas; está relacionado com a proteção dos dentes, pois reduz a acidez da boca, e também fortalece os ossos.

Regência: Saturno rege o flúor e os florais são Rock Water e Mimulus.

Sintomas de deficiência

- problemas de desenvolvimento dos dentes e sua degeneração (no processo de crescimento, as crianças necessitam de flúor na água de beber, mas os adultos não).

fobia

Definição: Qualquer temor persistente e irracional de um objeto, atividade ou situação específica que resulte num desejo indomável de evitar o estímulo temido ou fóbico; pode ser de três tipos: agorafobia, fobia social e fobia simples.

Indica: medo inexplicável, que pode ser de outra vida, mas que nesta vida não tem fundamento.

Regência: Plutão (obsessão) rege as fobias e o floral é Heather (regenerador, elimina a obsessão).

Florais auxiliares: Rescue Remedy (resgata de qualquer mal), Chicory (acaba com a obsessão); ajudar com Honeysuckle (deixa o passado para trás).

fonação

Definição: Processo de produção dos sons vocais.

Regência: Vênus (alegria de viver, dependência, indiferença) rege a fonação e os florais são: Gentian (segurança interior), Wild Rose (alegria) e Scleranthus (equilíbrio); Touro (inseguro) rege o pescoço e o floral é Gentian (segurança interior).

força

Definição: Qualidade de ser forte ou poderoso em relação à atividade muscular.

Regência: O Sol (orgulho, ego) rege a força e o floral é Vervain (dá vitalidade, faz relaxar); Marte (impulso) rege a força e o floral é Impatiens (dá ritmo correto ao impulso).

Florais auxiliares: Hornbeam (energia), Larch (ação), Olive (dá força física e mental, aumenta os anticorpos), Gentian (fortalece a massa estrutural, as ligações intermoleculares, a mesma energia que fortalece as estruturas faz ter definições e acreditar), Cerato (dá a força masculina da sabedoria universal), Centaury (dá força ao físico).

fósforo

Definição: É um mineral muito importante, pois faz parte de todas as células e participa de quase todas as reações químicas do organismo; é o segundo mineral mais abundante no corpo; está relacionado com: desenvolvimento do esqueleto, dos dentes, das funções renais e nervosas e das características genéticas; o corpo não se desenvolve sem uma quantidade apropriada desse mineral; sem a participação do fósforo, os carboidratos, gorduras e proteínas não conseguem realizar no organismo suas funções energéticas e de manutenção; duas vitaminas do complexo B (niacina e riboflavina) não são digeridas sem a presença do fósforo no organismo; o fósforo energiza todos os componentes do organismo; é necessário para a produção da lecitina (nutriente que mantém a clareza mental, evita a fadiga cerebral e beneficia os nervos); participa do equilíbrio ácido-base do sangue e dos tecidos; é assimilado através do duodeno e do intestino delgado.

Regência: Marte rege o fósforo e o floral é Impatiens.

Sintomas de deficiência

• problemas no desenvolvimento dos dentes e dos ossos (por falta de uma quantidade adequada de fósforo, vitamina D e cálcio); doenças como: raquitismo, artrite, cáries dentárias, piorreia das gengivas; perda de apetite, aumento ou diminuição do peso sem motivo, respiração irregular e fadiga mental ou física; disfunções nervosas indefinidas: medo do dia seguinte, desagrado pelo sexo oposto ou pelo trabalho, perda do tônus muscular ou insensibilidade nos braços e nas pernas; repetidos ataques de bronquite e icterícia; também pode ocasionar: osteomalacia (tipo de raquitismo no adulto), osteoporose.

fossa orbital ....

Definição: Sulco ou depressão rasa do osso frontal.

Regência: Câncer (mundo da lua) rege a fossa orbital e o floral é Clematis (coloca os pés no chão para a pessoa se cuidar).

fraqueza ....

Definição: Termo usado para indicar pouca força, em comparação com a que a pessoa acredita ou sente ser a normal; a causa pode ser orgânica ou uma combinação de estado orgânico e mental.

Indica: tédio, falta de amor pelo que se faz; que a pessoa não cuida de si mesma o suficiente, não cuida de suas necessidades vitais; indefinição quanto aos desejos e necessidades do cotidiano.

Regência: Peixes ou Netuno (desordem) deixam a pessoa com baixa resistência, e os florais são: White Chestnut (clareza mental) e Rock Rose (tira o pânico que causou a desordem).

Florais auxiliares: Centaury (tira a fraqueza do organismo), Hornbeam (dá energia, dá força motriz ao físico, força o movimento), Wild Oat (para dar metas), Agrimony (faz a pessoa ser verdadeira, dá ânimo para viver) e Mustard (para quem tem depressão sem motivo nenhum), Olive (aumenta a força física e mental), Gentian (dá estrutura por ter fé), Cerato (dá força masculina da sabedoria, ensina a praticar exercício físico), Crab Apple (ativa as funções vitais), Elm (dá vida, ânimo, tira a fadiga), Oak (força vital ao físico), Clematis (coloca os pés no chão para cuidar da saúde física).

Orgânica

• pode ser um mau aspecto entre Mercúrio (pensamentos) e Netuno (desordem). *Florais:* Cerato (equilíbrio aos pensamentos), Rock Rose (tira o pânico que causou a desordem), White Chestnut (dá clareza aos pensamentos) e mais os florais dos signos que regem as casas onde estão os planetas e as casas opostas a elas.

• pode ser um mau aspecto entre Marte (impulso) e Netuno (desordem), com um mau aspecto com Júpiter (exagero). *Florais:* Impatiens (dá ritmo ao impulso), Rock Rose (tira o pânico que causou a desordem), White Chestnut (clareza aos pensamentos), Agrimony (tira o exagero) e mais os florais dos signos que regem as casas onde estão os planetas e as casas opostas a elas.

fratura ....

Definição: Súbita quebra de um osso.

Indica: que há necessidade de dar fim a um processo em andamento, mas a pessoa o ignora (o corpo deve romper uma velha ordem a fim de provocar a erupção da nova ordem; a fratura interrompe o caminho anterior cuja característica gera a atividade e o movimento).

Regência: Capricórnio rege os ossos e os florais são: Mimulus e Rock Water (dá equilíbrio ósseo).

Florais auxiliares: Rescue Remedy (para a cicatrização; melhora o inchaço no local, ajuda a formar o calo ósseo), Holly (tira a dor), Hornbeam (dá energia aos ossos), Honeysuckle (se a fratura for nos ossos das costas), Cerato (bom para ossos fracos).

frustração

Definição: Incapacidade da libido de encontrar uma saída adequada; condição decorrente do impedimento ou prevenção de atos que, se levados a cabo, resultariam em satisfação ou gratificação.

Florais básicos: Holly e Wild Rose (aumenta os sentidos, melhora a libido), Gentian (ativa a libido), Impatiens (energia vital de luta, ativa a libido), Larch (dá autoestima, segurança interior, ativa a libido), Vervain (ativa a libido, equilibra o excesso), Elm (aumenta a libido).

Em geral

• pode ser um mau aspecto entre Mercúrio (pensamentos) e Netuno (desordem). *Florais:* Cerato (ativa o mestre interior, dá intuição e sabedoria), Rock Rose (tira o pânico que causou a desordem), White Chestnut (dá clareza à mente) e mais os florais dos signos que regem as casas onde estão os planetas e as casas opostas a elas.

Quando a pessoa não suporta a

• pode ser um mau aspecto entre Vênus (libido) e Netuno (desordem). *Florais:* Gentian (segurança interior), Scleranthus (equilíbrio), Wild Rose (alegria, integridade), Rock Rose (tira o pânico que causou a desordem), White Chestnut (clareza na mente) e mais os florais dos signos que regem as casas onde estão os planetas e as casas opostas a elas.

fuga

Definição: Distúrbio dissociativo, em que a pessoa age de modo normal, mas, ao se recuperar, apresenta uma amnésia praticamente completa em relação ao que ocorreu.

Regência: Netuno (desordem, ligação com o inconsciente, mundo dos sonhos) pode levar para os mundos sombrios e os florais são: White Chestnut (clareia a mente) e Rock Rose (tira o pânico).

Florais auxiliares: Clematis (faz o órgão que está parado funcionar), Centaury (faz aterrissar).

Das ideias

• pode ser um mau aspecto entre Mercúrio (param os pensamentos) e o ascendente (atua no físico). *Florais:* Cerato (ativa o mestre interior, dá intuição) e mais o floral do signo do ascendente e os florais dos signos que regem a casa onde está o planeta e a casa oposta a ela.

G

gagueira

Definição: Distúrbio da fala, em que ela fica hesitante ou vacilante; pode ser decorrente de hesitação, pronúncia defeituosa, transposição das letras L, S ou R, ou repetição.

Indica: uma situação de ansiedade e/ou medo (que pode piorar a gagueira).

Regência: Touro (inseguro) rege a garganta e o floral é Gentian (segurança interior); Mercúrio (pensamentos) rege a lucidez e o floral é Cerato (por ativar o mestre interior que dá intuição); Vênus (falta de alegria) rege a fonação e o floral é Wild Rose (alegria).

Florais auxiliares: Impatiens (tira a ansiedade, dá ritmo certo), Mimulus (tira os medos que podem causar a gagueira), Pine (tira as culpas) e Holly (acalma na hora de falar), Heather (dá clareza à comunicação), Beech (ensina a palavra correta), Aspen (aproxima a alma do físico, tira os medos, dá segurança).

Em geral

• pode ser um mau aspecto entre Mercúrio (pensamentos) e Saturno (para, retém contém), sendo que Saturno afeta a condução dos estímulos elétricos do sistema nervoso central. *Florais:* Cerato (dá o bom funcionamento do cérebro), Mimulus (tira os medos), Rock Water (faz ter jogo de cintura) e mais os florais dos signos que regem as casas onde estão os planetas e as casas opostas a elas.

gânglio

Definição: Massa de tecido nervoso composta principalmente de corpos de neurônios e que se situa fora do cérebro ou da medula espinhal.

Os problemas indicam: ressentimento, mágoa e frustração em relação a si mesmo ou à carreira.

Regência: Libra (dúvidas) rege os gânglios parassimpáticos do plexo solar e os simpáticos lombares da pelve e o floral é Scleranthus (equilíbrio); Netuno (desordem) rege o sistema linfático e os florais são: White Chestnut (dá clareza à mente) e Rock Rose (tira o pânico que causou a desordem).

Florais auxiliares: Pine (para gânglios crônicos espalhados pelo corpo ou que não conseguem concluir seu processo, ajudar com Hornbeam no caso de mononucleose), Cherry Plum (acaba com o problema nos gânglios linfáticos, ajudar com Crab Apple).

Inchado

Por causa de dieta deficiente, sendo que as toxinas são reabsorvidas pelo corpo.

• pode ser Sol (falta de energia vital) em Peixes (desordem). *Florais:* Vervain (vitalidade), White Chestnut (clareia a mente), Rock Rose (tira o pânico que causou a desordem) e mais os florais dos signos que regem a casa onde está o planeta e a casa oposta a ela.

Linfático, devido a infecções ou tumores

• pode ser um mau aspecto entre Júpiter (expande) e Netuno (desordem). *Florais:* Agrimony (tira o exagero e tudo o que não pertence à pessoa), White Chestnut (clareia a mente), Rock Rose (tira o pânico que causou a desordem) e mais os florais dos signos que regem as casas onde estão os planetas e as casas opostas a elas.

Linfático, que cresce e obstrui a passagem do ar

• pode ser um mau aspecto entre Mercúrio (pensamentos, sistema nervoso) e Júpiter (expande). *Florais:* Cerato (equilíbrio do sistema nervoso central), Agrimony (tira o exagero) e mais os florais dos signos que regem as casas onde estão os planetas e as casas opostas a elas.

garganta ....

Indica: garganta representa o lugar por onde entra a realidade e a vida, portanto reflete o conflito da aceitação da própria existência e a assimilação da experiência que ela proporciona; é a porta de entrada e de saída dos sentimentos e se relaciona com a negação e a aceitação da realidade pela dor que esta produz.

Regência: Touro (inseguro) rege a garganta e o floral é Gentian (segurança por ativar a fé, que é a certeza de que tudo dará certo).

Florais auxiliares: Holly (para amigdalite purulenta, causada pela raiva de não querer ser contrariado), Pine (tira as culpas), Crab Apple (antibiótico natural) e Heather (equilibra a comunicação, ativa o chakra laríngeo), Willow (limpa a garganta das inseguranças por não aceitar a vida pela dor que ela produz), Beech (tira os problemas por ensinar a palavra correta), Aspen (aproxima a alma do físico, tira os medos, dá segurança).

Dor de

• pode ser Sol (ego, orgulho) em Touro (inseguro). *Florais:* Vervain (energia vital), Gentian (segurança interior), Wild Rose (alegria, trabalha a fonação), Scleranthus (equilíbrio) e mais os florais dos signos que regem a casa onde está o planeta e a casa oposta a ela.

• pode ser Júpiter (exagero) em Touro (segurança interior). *Florais:* Agrimony (faz a pessoa ser verdadeira, tira o exagero), Gentian (equilibra a garganta por dar segurança à pessoa) e mais os florais dos signos que regem a casa onde está o planeta e a casa oposta a ela.

Dor, inchaço e ulceração na

• pode ser Lua (emoções) em Touro (garganta). *Florais:* Clematis (coloca os pés no chão para cuidar da saúde), Gentian (segurança interior) e mais os florais dos signos que regem a casa onde está o planeta e a casa oposta a ela.

Muco na

• pode ser Saturno (rege os mucos) em Touro (garganta). *Florais:* Rock Water (clareia a mente), Mimulus (tira os medos), Gentian (dá segurança) e mais os florais dos signos que regem a casa onde está o planeta e a casa oposta a ela.

• pode ser Saturno (rígido, segura, prende) em Escorpião (comunicação, medo de perder o poder). *Florais:* Rock Water (clareia a mente), Mimulus (tira os medos), Heather e mais os florais dos signos que regem a casa onde está o planeta e a casa oposta a ela.

gases ....

Indicam: que a pessoa pode ter passado por um susto, um trauma ou um medo; principalmente quando tem medo do que está por vir.

Floral básico: Star of Bethlehem (tira os traumas que fazem formar gases).

Em geral

• pode ser um mau aspecto entre o Sol (orgulho, ego) e Plutão (medo de perder o poder). *Florais:* Vervain (relaxa), Heather (elimina os problemas de poder) e mais os florais dos signos que regem as casas onde estão os planetas e as casas opostas a elas.

gastrenterite ....

Definição: Inflamação do estômago e do trato intestinal.

Indica: raiva e frustração por medo do desconhecido, por dificuldade de lidar com os aborrecimentos de modo consciente e por não conseguir se ver livre do lixo guardado que aflora do inconsciente.

Florais auxiliares: Wild Oat (cuida do sistema gastrointestinal), Impatiens (acalma a pessoa, dá ritmo correto à digestão, tira a ansiedade), Centaury (acaba com a gastrenterite de pessoas que engolem coisas demais na vida), Crab Apple (limpa o estômago e os intestinos, tira os venenos e dá as devidas proporções aos acontecimentos), Gentian (tira as tristezas e a depressão, dá clareza às situações, faz ter uma boa digestão e consequentemente uma boa eliminação), Scleranthus (bom para mal-estar com enjoo), Holly (faz a catarse dos problemas pelo estômago e intestino, limpa os dois), Rock Rose (limpa, purifica, tira a intoxicação dos intestinos), Chicory (ajuda na eliminação pelos intestinos).

Em geral

• pode ser Marte (raiva, impulso) em Virgem (sistema digestório). *Florais:* Impatiens (acalma a raiva, dá paciência, dá ritmo correto ao impulso), Centaury (equilíbrio do sistema digestório) e mais os florais dos signos que regem a casa onde está o planeta e a casa oposta a ela.

gastrite ....

Definição: Inflamação do estômago, caracterizada por náusea, vômito e alterações eletrolíticas sistêmicas (caso aja persistência do vômito); a mucosa pode estar atrofiada ou hipertrofiada.

Indica: incerteza prolongada, sensação de prolongação.

Regência: Câncer rege o estômago e o floral é Clematis; Marte atrapalha o bom funcionamento do estômago e o floral é Impatiens (anti-inflamatório), Agrimony (faz a pessoa ser verdadeira, o que faz ter uma boa saúde na digestão), Red Chestnut (ajuda na gastrite se for por preocupação), White Chestnut (limpa o estômago), Holly (ativa o plexo solar e ensina a ver os dois lados de uma mesma moeda, tira cólicas estomacais), Vine (dá saúde ao sistema digestório), Crab Apple (limpa, faz a eliminação dos venenos do estômago), Gentian (deixa o coração leve para o estômago ficar bem), Scleranthus (tira o enjoo), Centaury (bom para estômago sensível, gastrite, azia, refluxo, úlcera).

Crônica

• pode ser uma desarmonia da Lua em Câncer (emoções fortes e estômago). *Florais:* Clematis (dá saúde ao estômago) e mais os florais dos signos que regem a casa onde está o planeta e a casa oposta a ela.

Em geral

• pode ser um mau aspecto entre a Lua (emoções, estômago) e Saturno (tensão) se Saturno estiver em Câncer. *Florais:* Clematis (saúde do estômago), Mimulus (tira os medos que colaboram para a má digestão), Rock Water (ensina o jogo de cintura) e mais os florais dos signos que regem as casas onde estão os planetas e as casas opostas a elas.

Hipertrófica

• pode ser uma desarmonia de Júpiter (exagero) em Câncer (emoções, estômago). *Florais:* Agrimony (faz a pessoa ser verdadeira e tira o exagero), Clematis (coloca os pés no chão, faz a pessoa cuidar da saúde com boa alimentação e exercícios físicos) e mais os florais dos signos que regem a casa onde está o planeta e a casa oposta a ela.

Por secreção excessiva de ácido clorídrico

• pode ser um mau aspecto entre Júpiter (exagero) e Plutão (obsessivo, medo de perder o poder). *Florais:* Agrimony (tira o exagero e tudo o que não faz parte da pessoa), Heather (regenerador) e mais os florais dos signos que regem as casas onde estão os planetas e as casas opostas a elas.

gêmeos (signo)

Palavras-chave

• pensar, variar, versatilidade, vendedor, intérprete, comunicador, positivo, agradável, curioso, adaptável, expressivo, perspicaz, literário, inventivo, destro, inteligente, mutável, ingrato, estouvado, inquieto, intrigante, sem concentração, sem persistência, masculino, yang, mutável, intelectual, comunicativo, Ar, Mercúrio.

Rege

• principalmente as tubulações do corpo: trompas de Falópio (ligadas aos ovários), trompa de Eustáquio (nos ouvidos), brônquios (que são tubulações dos pulmões), traqueia, ureteres (que são as tubulações que ligam os rins à bexiga urinária) e a uretra (que liga a bexiga urinária às aberturas para o meio externo).

• a cintura escapular (exceto o esterno), traqueia, brônquios, membros superiores (braços, antebraços e mãos), sistema nervoso central e hemisférios cerebrais; pulmões, seios e região peitoral.

Ossos

• clavícula, escápula, úmero, rádio, ulna, ossos do carpo e metacarpo, da primeira até a sexta costela, falanges das mãos.

Músculos

• deltoide, bíceps, subescapular, tríceps, serrátil anterior, palmar, redondo maior, redondo menor, infraespinhoso, branquial, braquiorradial, extensor comum dos dedos, extensor radial do carpo, extensor ulnar do carpo, flexor superficial dos dedos, flexor profundo dos dedos.

Artérias

• subclávia, braquial, bronquiais, intercostais I a IV, radial e ulnar, arco palmar superficial, arco palmar profundo.

Veias

• pulmonares, basílica, subclávia, ázigos, veias torácicas internas, veia cefálica.

Função secundária do signo

• inalação de ar.

gengiva ....

Definição: Tecido da mucosa bucal que envolve o colo do dente e cobre as partes alveolares dos maxilares superior e inferior. As gengivas representam o alicerce da vitalidade e da agressividade, da confiança primordial e da autossegurança.

Os problemas indicam: incapacidade de sustentar decisões, vacilação; a piorreia indica raiva por causa da incapacidade de manter decisões; as hemorragias indicam falta de alegria, sensação de estar perdido, mesmo diante de uma exigência mínima de vitalidade.

Regência: Touro (inseguro) rege a boca e o floral é Gentian (segurança interior).

Florais auxiliares: Impatiens (trabalha a agressividade), Gentian (saúde da boca, dá segurança interior), White Chestnut (clareza da mente), Cerato (ajuda na comunicação, no falar bem a linguagem), Centaury (para limpar o tártaro), Vervain (por ser inflamado) e Holly (melhora a gengivite), Crab Apple (atua como antibiótico natural).

Em geral

• pode ser um mau aspecto entre Marte (impulso) e Saturno (tensão). *Florais:* Impatiens (dá ritmo correto ao impulso), Mimulus (tira os medos que fazem tensionar os dentes, o que é péssimo para a saúde das gengivas), Rock Water (dá suavidade, tira a tensão da boca) e mais os florais dos signos que regem as casas onde estão os planetas e as casas opostas a elas.

genitália ....

Regência: Escorpião rege a genitália feminina e a masculina, e o floral é Heather; Vênus rege os genitais femininos e o floral é Wild Rose.

Florais auxiliares: Rescue Remedy (resgata de qualquer mal), Crab Apple (para os processos inflamatórios internos, na próstata ou nos ovários, corrimentos purulentos), Clematis (bom para genitais masculinos), Crab Apple (bom para inflamação dos órgãos internos, próstata, ovários, corrimento de repetição), Heather (por ação reflexa sempre que acontece problema na comunicação acontecem problemas nos genitais; do mesmo modo que cura a garganta, cura os genitais), Water Violet (por brigas com o parceiro, por não querer que se aproxime cria secreções genitais, serve para doenças venéreas), Vine (bom para alterações genitais no homem ou na mulher), Rock Rose e Star of Bethlehem (bom para próstata), Hornbeam (dá força aos genitais), Chicory (ativa o chakra dos genitais), Vervain (equilibra a parte genital).

Anormalidades congênitas da

• pode ser um mau aspecto entre Vênus (feminino) e Saturno (masculino), com Saturno em Escorpião (mutação genética). *Florais:* Gentian (trabalha o feminino do homem e da mulher), Scleranthus (equilibra), Wild Rose (alegria, saúde, a parte feminina do homem e da mulher), Mimulus (tira o medo de tomar decisões), Rock Water (dá flexibilidade), Heather (regeneração) e mais os florais dos signos que regem as casas onde estão os planetas e as casas opostas a elas.

Problema na genitália externa

• pode ser um mau aspecto entre Vênus (feminino do homem e da mulher) e Saturno (prende, masculino). *Florais:* Gentian (trabalha o lado feminino do homem e da mulher), Scleranthus (equilíbrio), Wild Rose (feminino do homem e da mulher), Mimulus (tira os medos, aumenta a criatividade), Rock Water (dá suavidade à vida) e mais os florais dos signos que regem as casas onde estão os planetas e as casas opostas a elas.

Problemas geniturinários

• pode ser Lua (emoções fortes) em Escorpião (medo de perder o poder, obsessão, genitais). *Florais:* Clematis (coloca os pés no chão, faz cuidar da saúde), Heather (regeneração) e mais os florais dos signos que regem a casa onde está o planeta e a casa oposta a ela.

gentian (floral) ....

Definição: Segurança interior. Segurança relaciona-se com Touro, Vênus, garganta e órgãos da reprodução.

Ajuda em caso de

• depressão, inércia, desconfiança, incerteza, fragilidade; doenças agudas (quando é preciso acreditar na Providência Divina para a salvação); doenças crônicas (quando já foi perdida a fé, na cura; associar com Hornbeam).

• musculatura flácida, articulações rígidas, deformações ósseas, gripe, baixa resistência, infecções, bronquite, pneumonia, fase terminal, dermatite, desidrólise, alterações alérgicas ou deformantes nas mãos.

É bom para

• trabalhar o lado feminino no homem e na mulher.

• desenvolver segurança interior, capacidade, fé, esperança, certeza, sustentação, estabilidade, firmeza, apoio, convicção, confiança, positivismo, vontade, força, determinação, proteção, desbloquear o dinamismo da vida.

• para quem está desesperado, inseguro, desanimado; os poderosos que acham que tudo depende só deles; dar fim aos sofrimentos do passado; vencer os obstáculos do caminho.

• coração, rins, estômago, baço e pâncreas.

Em relação aos planetas

• ajuda o Sol ao nos dar determinação e ação, e revigorar nosso lado masculino.

• ajuda a Lua ao nos trazer inspiração, sensibilidade, deixando-nos receptivos e revigorando nosso lado feminino.

• ajuda Marte ao acender a força que dá vontade de ser, revigora a libido, dá força e garra; Gentian promove o equilíbrio entre Saturno e Marte.

• ajuda Saturno ao nos mostrar o lado positivo do ensinamento, não deixando que ele seja visto como um peso e com amargura; ao nos dar dinamismo e consciência para seguirmos no dia a dia; ao nos dar confiança em nosso físico.

glândula ....

Definição: Estrutura ou órgão secretor; célula, ou grupo de células, que pode fabricar uma secreção, a qual será vertida para utilização em outra parte do corpo. As glândulas representam as referências, simbolizam as iniciativas.

Floral básico: Larch (representa a ação, ótimo para a iniciativa).

Floral auxiliar: Star of Bethlehem (quando o trauma afetou a glândula que pode trazer distúrbio hormonal, suspendendo a menstruação ou fazendo-a vir fora de hora).

glândula mamária ....

Definição: Glândula alveolar composta que secreta leite; na mulher, compõe-se de lóbulos ligados entre si por tecido aureolar (são de quinze a vinte os principais ductos lactíferos, que vertem através de um orifício separado na superfície do mamilo; as dilatações dos ductos formam reservatórios para o leite durante a lactação).

Os problemas indicam: questões vinculadas à autovalorização, a sentimentos de identidade; preocupação em saber como se cuidar e cuidar do outro.

Regência: Câncer (mundo da lua) rege as glândulas mamárias e o floral é Clematis (coloca os pés no chão, faz cuidar da saúde).

Hipodesenvolvimento

• pode ser um mau aspecto entre Vênus (feminino) e Saturno (reduz). *Florais:* Gentian (segurança interior), Scleranthus (equilíbrio), Wild Rose (alegria), Mimulus (tira os medos que nos fazem parar), Rock Water (dá flexibilidade) e mais os florais dos signos que regem as casas onde estão os planetas e as casas opostas a elas.

Disfunção das

• pode ser Plutão (mutação genética) em Libra (dúvidas). *Florais:* Heather (saúde dos órgãos de reprodução feminino e masculino), Scleranthus (equilíbrio) e mais os florais dos signos que regem a casa onde está o planeta e a casa oposta a ela.

glândula paratireoide ....

Definição: Várias e pequenas glândulas endócrinas, situadas na parte posterior e na borda inferior da glândula tireoide, ou então imiscuídas nesse tecido glandular; secretam paratormônio, que regula o metabolismo.

Os problemas indicam: medo e falta de flexibilidade em relação à vida.

Regência: Saturno (inflexível) rege a glândula paratireoide e os florais são: Mimulus (tira os medos do dia a dia e dos sentimentos) e Rock Water (faz ser flexível).

glândula pineal ....

Definição: Corpo glandular diminuto, de forma cônica, localizado entre os dois corpos quadrigêmeos superiores; a pineal está conectada ao tálamo, mas não faz parte do cérebro. A glândula pineal está relacionada às nossas referências.

Regência: Netuno (o inconsciente) rege a glândula pineal e os florais são: White Chestnut (clareia a mente) e Rock Rose (tira o pânico que causou a desordem).

glândula pituitária ....

Definição: Pequeno corpo cinzento e arredondado, fixado à base do cérebro pelo pedículo infundibuliforme.

Regência: Escorpião (possessivo, mutação genética) rege a glândula pituitária e o floral é Heather (regenerador).

glândula suprarrenal..............

Definição: Glândula endócrina situada junto ao rim e numa posição superior e medial em relação a esse órgão; glândula adrenal.

Regência: Escorpião (possessivo, medo de perder o poder) rege as glândulas suprarrenais e o floral é Heather (regenerador); Libra (dúvidas) rege as glândulas suprarrenais e o floral é Scleranthus (equilíbrio); Marte (impulso) rege as glândulas suprarrenais e, quando mal aspectado, pode afetar as glândulas genitais masculinas, e o floral é Impatiens (dá ritmo certo ao impulso).

Disfunção da

• pode ser Libra (dúvidas, suprarrenais) no meio do céu (atua quando se tem acontecimentos do social na projeção profissional) ou no ascendente (atua no físico). *Florais:* Scleranthus (equilíbrio e saúde das suprarrenais) e mais os florais dos signos do ascendente ou do meio do céu e das casas opostas a eles.

glaucoma ....

Definição: Grupo de doenças oculares caracterizadas pelo aumento da pressão intraocular, que atrofia o nervo óptico e pode causar cegueira.

Indica: pressão psíquica exercida por lágrimas não vertidas, mágoas duradouras, ressentimentos.

Regência: Aquário (recluso) trabalha o glaucoma e o floral é Water Violet (cura o glaucoma, a catarata, não chora); o Sol (luz) rege o olho esquerdo da mulher e o direito do homem e o floral é Vervain (energia vital); a Lua (emoções e mundo da lua) rege o olho direito da mulher e o esquerdo do homem e o floral é Clematis (coloca os pés no chão, faz a pessoa se cuidar através da alimentação e exercícios); Capricórnio (rígido, desaceleração da atividade mental) relaciona-se com as lágrimas não choradas e os florais são: Mimulus (tira os medos que nos acompanham sempre) e Rock Water (ensina a flexibilidade, a suavidade, faz chorar).

Em geral

• pode ser um mau aspecto entre o Sol (olho esquerdo da mulher e direito do homem, luz à visão) e Urano (parte elétrica do cérebro). *Florais:* Vervain (luz à visão), Water Violet (equilibra a parte elétrica do cérebro) e mais os florais dos signos que regem as casas onde estão os planetas e as casas opostas a elas.

• pode ser Netuno (desordem) em Touro (insegurança), sendo que Netuno causa a lentidão dos movimentos intestinais e traz toxinas ao sangue. *Florais:* White Chestnut, Rock Rose, Gentian, Olive (depurador do sangue) e mais os florais dos signos que regem a casa onde está o planeta e a casa oposta a ela.

glicemia ....

Definição: Açúcar ou glicose no sangue.

Indica: dificuldade em assimilar as doçuras da vida; que, mesmo sendo amada, a pessoa não se sente bem, gostaria que o amor fosse de outra qualidade.

Florais básicos: Olive (traz equilíbrio ao sangue) e Crab Apple (equilibra os níveis alterados, depura o sangue), Red Chestnut (quando por excesso de adrenalina o sangue consome muita insulina, causando diabete), Vine e Gorse (trazem o equilíbrio da glicemia).

Com hipofunção da insulina

• pode ser Saturno (para) em Peixes (desordem). *Florais:* Rock Water (ensina a chorar, dá flexibilidade), Mimulus (medos que nos acompanham sempre), White Chestnut (clareia a mente), Rock Rose (tira o pânico que causou a desordem) e mais os florais dos signos que regem a casa onde está o planeta e a casa oposta a ela.

De difícil controle

• pode ser um mau aspecto entre a Lua (mundo da lua) e Júpiter (exagero). *Florais:* Clematis (coloca os pés no chão, faz o órgão que não estava funcionando funcionar), Agrimony (faz a pessoa ser verdadeira, tira o exagero e tudo o que não faz parte dela) e mais os florais dos signos que regem as casas onde estão os planetas e as casas opostas a elas.

Decorrente de stress

• pode ser Mercúrio (pensamentos) em Peixes (desordem). *Florais:* Cerato (equilibra os pensamentos), White Chestnut (clareia a mente), Rock Rose (tira o pânico que causou a desordem) e mais os florais dos signos que regem a casa onde está o planeta e a casa oposta a ela.

Em geral

• pode ser Júpiter (exagero) em Peixes (desordem). *Florais:* Agrimony (glicogênio), White Chestnut (clareza aos pensamentos), Rock Rose (tira o pânico que causou a desordem) e mais os florais dos signos que regem a casa onde está o planeta e a casa oposta a ela.

Por consumo exagerado de doces

• pode ser Júpiter (exagero) em Libra (sem equilíbrio). *Florais:* Agrimony (faz a pessoa ser verdadeira, tira os excessos e tudo o que não pertence a ela), Scleranthus (equilíbrio) e mais os florais dos signos que regem a casa onde está o planeta e a casa oposta a ela.

Por problemas imprevisíveis

Quando há liberação do tipo espasmódica de insulina pelo pâncreas, decorrente do estado emocional.

• pode ser Urano (parte elétrica do corpo) em Peixes (desordem). *Florais:* Water Violet (tira do corpo as descargas elétricas), White Chestnut (dá clareza à mente), Rock Rose (tira o pânico que causou a desordem) e mais os florais dos signos que regem a casa onde está o planeta e a casa oposta a ela.

glicogênio e tecidos gordurosos ....

Definição: Polissacarídeos, chamados de amido animal.

Os problemas indicam: medo de aceitar as alegrias da vida.

Regência: Júpiter (expansão) rege o glicogênio e os tecidos gordurosos e o floral é Agrimony (faz a pessoa ser verdadeira, tira o exagero e tudo o que não faz parte dela).

glioblastoma ....

Definição: Formação de um glioma (um sarcoma de origem neuroglial; neoplasia é um tumor composto por células neurogliais).

Indica: teimosia em mudar velhos padrões.

Regência: Áries (cabeça) rege o cérebro e o floral é Impatiens (dá ritmo correto); Gêmeos (cérebro) rege os neurônios e o floral é Cerato (equilíbrio ao sistema cerebral); Aquário (isolado) trabalha a parte elétrica do corpo e o floral é Water Violet (equilibra a parte elétrica do cérebro), Chestnut Bud (mostra o momento exato em que a pessoa teve o estado emocional que criou o tumor), Cherry Plum (traz bons sentimentos e emoções, que trazem a cura de qualquer doença), Gentian e Gorse (dão fé, que também faz acreditar na cura), Sweet Chestnut (dá luz no fim do túnel).

Multiforme

É um tumor do cérebro, no qual a célula tumoral provém da glia (o sistema de sustentação e nutrição dos neurônios).

• pode ser uma desarmonia de Júpiter (exagero) em Áries (cabeça). *Florais:* Agrimony (faz a pessoa ser verdadeira, tira o exagero e tudo o que não pertence à pessoa), Impatiens (dá ritmo correto) e mais os florais dos signos que regem a casa onde está o planeta e a casa oposta a ela.

globo ocular ....

Definição: Estrutura do olho que tem o formato de um globo, disposto em uma cavidade óssea e protegido pelas pálpebras humanas.

Regência: Câncer (mundo da lua) rege o globo ocular e o floral é Clematis (bom para o olho direito da mulher e o esquerdo do homem), Vervain (cuida da saúde do olho direito do homem e do olho esquerdo da mulher).

glóbulo ....

Definição: Qualquer corpo arredondado pequeno.

Regência: Marte (impulso) rege os glóbulos vermelhos do sangue e o floral é Impatiens (dá ritmo correto ao impulso), Netuno (desordem, intuitivo, espiritual) rege o glóbulo branco do sangue e o floral é Rock Rose (tira o pânico que causou a desordem).

glomerulonefrite..................

Definição: Inflamação dos rins; uma forma de nefrite, em que as lesões envolvem principalmente os glomérulos renais.

Indica: crítica, desapontamento, fracasso, vergonha, medo, reações infantis em brigas entre parceiros.

Regência: Libra (dúvidas) rege os rins e o floral é Scleranthus (equilíbrio).

Florais auxiliares: Mimulus (medos que podem afetar os rins), Rock Rose (tira a desordem, que pode causar problemas graves nos rins), Aspen (medos do futuro que atacam os rins com doenças), Clematis (faz os rins funcionarem saudavelmente), Crab Apple (limpa os rins), Gorse (faz a depuração dos rins), Gorse (por excesso de expectativas, que sobrecarrega os rins), Vervain (dá saúde ao coração, que dá saúde aos rins), Willow (limpa as tristezas), Oak (ensina a não ir além do limite do corpo), Elm (tira as doenças dos rins).

Em geral

• pode ser uma desarmonia da Lua (emoções) em Libra (dúvidas). *Florais:* Clematis (faz colocar os pés no chão e se cuidar), Scleranthus (equilibra) e mais os florais dos signos que regem a casa onde está o planeta e a casa oposta a ela.

glomerulopatia ....

Definição: Qualquer doença do glomérulo renal (glomérulo é um tufo de capilares e fibras nervosas contorcidos, compostos de vasos sanguíneos capilares em forma de novelo e envolvidos por uma membrana delicada).

Indica: falta de alegria, frustração, desapontamento e fracasso, causados por brigas entre parceiros.

Regência: Libra (dúvidas) rege os rins e o floral é Scleranthus (equilíbrio).

Crônica

• pode ser um mau aspecto entre Vênus (falta de equilíbrio) e o ascendente (atua no físico). *Florais:* Gentian (segurança interior), Scleranthus (saúde dos rins, equilíbrio), Wild Rose (alegria) e mais o floral do signo do ascendente e os florais dos signos que regem a casa onde está o planeta e a casa oposta a ela.

gônada ....

Definição: Glândula sexual embrionária, antes da diferenciação definitiva em testículo ou ovário; designação genérica das glândulas sexuais, tanto femininas (ovários) como masculinas (testículos).

Os problemas indicam: que a pessoa tem dúvida se é homem ou mulher.

Regência: Escorpião (medo de perder o poder, possessivo) rege as gônadas e o floral é Heather (regenerador); e Lua (que rege a vontade de ser mãe) e o floral é Clematis (que, se a pessoa não estiver conseguindo ficar grávida e não tendo problemas físicos, tomando este floral vai conseguir).

Mau funcionamento da

• pode ser um mau aspecto entre a Lua (emoções) e Júpiter (masculino, rege todas as funções corporais). *Florais:* Clematis (faz colocar os pés no chão para se cuidar e não deixar a doença entrar), Agrimony (tira o exagero, saúde ao funcionamento do corpo) e mais os florais dos signos que regem as casas onde estão os planetas e as casas opostas a elas.

Problemas na

• pode ser um mau aspecto entre Mercúrio (excesso de pensamentos) e Marte (impulso) se um deles fizer também mau aspecto com Saturno (para o funcionamento). *Florais:* Cerato (equilíbrio aos pensamentos), Impatiens (dá ritmo correto ao impulso), Mimulus (tira os medos do dia a dia e dos sentimentos), Rock Water (dá suavidade e flexibilidade) e mais os florais dos signos que regem as casas onde estão os planetas e as casas opostas a elas.

gordura ....

Definição: Tecido adiposo do corpo, que serve como reserva de gordura; a obesidade é a quantidade anormal de gordura no corpo.

Em excesso indica: medo e necessidade de proteção, supersensibilidade, autorrejeição, raiva, resistência a perdoar, carência afetiva. Pode ser uma pessoa que, no passado, nesta vida ou em vida passada, foi bonita e usou mal a sua beleza física e teve um retorno muito ruim para si, e por isso tem medo de ser bonita.

Regência: as pessoas do signo de Câncer (mundo da lua) engordam e emagrecem com muita facilidade (mas sem controle) e o floral é Clematis (coloca os pés no chão, faz se cuidar através de alimentação e exercícios).

Florais básicos: os principais florais do mapa astral (fazem emagrecer ou engordar se for a necessidade, trazem equilíbrio), Crab Apple (elimina as gorduras) e Agrimony (quando a pessoa engorda por causa do desequilíbrio dos sentimentos); ver os aspectos da Lua, o signo e a casa, e dar os florais correspondentes.

No sangue

• **Florais:** Beech (limpa a gordura do sangue), Agrimony (tira o excesso e tudo o que não pertence à pessoa) e Crab Apple (limpa a gordura do corpo e do sangue).

Pessoa que engorda com facilidade

• pode ser um mau aspecto entre Vênus (por displicência, por comida ser um dos prazeres de Vênus) e o ascendente (atua no físico). *Florais:* Gentian (segurança interior), Scleranthus (equilíbrio), Wild Rose (alegria) e mais o floral do signo do ascendente e os florais dos signos que regem a casa onde está o planeta e a casa oposta a ela.

gorse (floral)........................

Amor. Amor universal.

Ajuda em caso de

• sofrimento intenso (físico ou emocional), desesperança, fraca vontade de viver, negativismo, estado de depressão profunda, distúrbios mentais, deformações físicas, doenças autoimunes, câncer, doença terminal, olheiras profundas, doenças crônicas ou genéticas.

É bom para

• desenvolver esperança, amor, fé, nos que duvidam; resgatar a vida dentro de nós; ensinar a ser feliz; transformar os sofrimentos; aproximar o físico da alma; consciência.

• pacientes desanimados, negativos, que não acham que vão sarar; pacientes psiquiátricos ou depressivos, que acham que não têm cura; manter a lucidez, a mente flexível.

• *curar:* medos e dúvidas depois de grandes calamidades, claustrofobia, medo de túneis ou locais sufocantes; dar esperança aos enfermos; trabalhar o sofrimento, transformando-o em sabedoria e alegria; trabalhar os sentimentos, dando consciência da totalidade; trabalhar a vontade, fortalecendo a decisão.

• resgatar a vida; limpar e purificar o sangue.

• dar percepção de início, esperança, morte que começa a vida, totalidade, imortalidade, eternidade; dar amparo, poder de luz ao corpo da criança com doença genética, para que ela se transforme.

• a pineal, os rins, os intestinos, o coração.

Em relação aos planetas

• ajuda o Sol ao nos dar a luz do amor para que a irradiemos para toda a humanidade, ao nos trazer esperança e nos dar consciência e lucidez.

• ajuda Saturno ao nos dar liberdade e transcendência, para rompermos os limites e nos tornarmos eternos.

• ajuda Netuno ao purificar o sangue de nossas angústias, eliminar os venenos, trazer clareza à mente e libertar-nos dos sofrimentos.

gota ....

Definição: Doença metabólica e hereditária, consistindo numa forma de artrite aguda que se caracteriza por inflamação das articulações; pode atacar qualquer articulação do corpo, mas geralmente ataca os joelhos e os pés.

Indica: dificuldade para as mudanças na vida.

Florais básicos: Rock Water (joelhos, quando há necessidade de controlar, impaciência e raiva), Honeysuckle (por ser hereditária), Impatiens (anti-inflamatório), Beech (joelho, para trabalhar o ego), Vine (pela vontade de manter o controle), Crab Apple (antibiótico natural), Clematis (por colocar os pés no chão, fazer cair na realidade) e Holly (tira a raiva).

Em geral

• pode ser um mau aspecto entre Marte (impulso) e Netuno (pés, desordem). *Florais:* Impatiens (dá ritmo correto ao impulso), Rock Rose (saúde aos pés, tira o pânico que causou a desordem), White Chestnut (clareza na mente) e mais os florais dos signos que regem as casas onde estão os planetas e as casas opostas a elas.

• pode ser uma desarmonia de Lua (emoções, mundo da lua) em Touro (inseguro). *Florais:* Clematis (coloca os pés no chão, faz cuidar da saúde), Gentian (articulações) e mais os florais dos signos que regem a casa onde está o planeta e a casa oposta a ela.

• pode ser uma desarmonia de Júpiter (exagero) em Capricórnio (articulações). *Florais:* Agrimony (tira o exagero, faz a pessoa ser verdadeira), Mimulus (tira os medos do dia a dia e dos sentimentos), Rock Water (dá suavidade e flexibilidade) e mais os florais dos signos que regem a casa onde está o planeta e a casa oposta a ela.

• pode ser uma desarmonia da Lua (emoções) em Sagitário (exagero). *Florais:* Clematis (coloca os pés no chão para enfrentar os problemas), Agrimony (tira o exagero e os venenos) e mais os florais dos signos que regem a casa onde está o planeta e a casa oposta a ela.

• pode ser Vênus (falta de alegria) em Sagitário (exagero). *Florais:* Wild Rose (alegria), Gentian (infecções), Scleranthus (equilíbrio), Agrimony (faz a pessoa ser verdadeira, tira o exagero e tudo o que não pertence à pessoa) e mais os florais dos signos que regem a casa onde está o planeta e a casa oposta a ela.

• pode ser Júpiter em Sagitário (expandem, exageram). *Florais:* Agrimony (tira a exaltação e o exagero), Rescue Remedy (resgata de qualquer mal), Holly (mostra os dois lados de uma mesma moeda, faz aceitar, enche de amor) e mais os florais dos signos que regem a casa onde está o planeta e a casa oposta a ela.

• pode ser Mercúrio (mudanças) em Capricórnio (prende, dá medo). *Florais:* Cerato (equilibra as novidades da vida), Rock Water (suavidade e flexibilidade), Mimulus (tira os medos do dia a dia e dos sentimentos) e mais os florais dos signos que regem a casa onde está o planeta e a casa oposta a ela.

Nos joelhos

• pode ser Vênus (falta de alegria) em Capricórnio (conservador, tradicional). *Florais:* Wild Rose (alegria), Gentian (infecção), Scleranthus (equilíbrio), Rock Water (suavidade, flexibilidade), Mimulus (tira os medos que nos acompanham sempre) e mais os florais dos signos que regem a casa onde está o planeta e a casa oposta a ela.

Nos pés

• pode ser Vênus (preguiça, indulgente consigo mesmo) em Peixes (pé, desordem). *Florais:* Wild Rose (faz o organismo sarar), Gentian (infecção), Scleranthus (equilíbrio), White Chestnut (clareia a mente), Rock Rose (tira o pânico que causou a desordem) e mais os florais dos signos que regem a casa onde está o planeta e a casa oposta a ela.

granulomatosa de wegener ......

Definição: Doença rara de etiologia desconhecida, caracterizada por lesões granulomatosas (disseminadas dos brônquios), arterolite necrosante e glomerulonefrite.

Indica: emoções reprimidas que precisam ser expulsas.

Regência: Mercúrio (pensamentos) rege o sistema respiratório e o floral é Cerato (equilíbrio do sistema respiratório), Pine (tira as culpas, é o floral do pulmão).

Em geral

• pode ser um mau aspecto entre Júpiter (exagero) e Netuno (desordem). *Florais:* Agrimony (faz a pessoa ser verdadeira, o que dá saúde ao organismo e mais: tira o exagero e tudo o que não faz parte da pessoa), Rock Rose (tira o pânico que causou a desordem), White Chestnut (clareia a mente) e mais os florais dos signos que regem as casas onde estão os planetas e as casas opostas a elas.

gravidez

Os problemas indicam: medo do futuro, vontade de adiar a responsabilidade, falta de coragem e de confiança na vida.

Florais básicos: Vervain (faz o bebê nascer perfeito, protege de doenças genéticas dentro da barriga da mãe, se a mãe tomar durante a gestação), Rescue Remedy (para antes, durante e depois do parto; para os inchaços; para a dilatação e contração uterina, em caso de eclampsia melhora a retenção hídrica), Clematis (floral da Lua, que representa a mãe, faz o melhor ambiente para o filho, faz os órgãos terem um funcionamento perfeito).

Florais auxiliares: Wild Rose (é ótimo para esperar um filho, aproxima o anjo da guarda da gestante, traz alegria à mãe, e a criança gestada com alegria viverá a vida do lado de fora com muito amor; mas cuidado, se houver algum sinal de hemorragia o floral deve ser suspenso), Scleranthus (bom para quando não há aceitação ou não se aceita a mudança do corpo, bom para enjoos), Walnut (tira a hipersensibilidade, protege de más influências, protege o bebê), Hornbeam (bom para dor nas pernas, braços cansados, dor nas cadeiras, falta de força para expulsão do feto quando já passou da hora; não dar em placenta prévia ou quando precisa de repouso por risco de hemorragia), Olive (dá descanso), Rock Rose (bom para peritonite causada por gravidez atópica), Chicory (preenche as necessidades: tira a carência, o ciúme, a vontade de controlar, regula a circulação, tira os calores excessivos, renova a energia).

Problemas na

• pode ser desarmonia entre o Sol (orgulho, ego) e a Lua (emoções e útero), principalmente se houver um mau aspecto com Saturno (retém, rígido). *Florais:* Vervain (dá flexibilidade e saúde à criação), Clematis (saúde e bom ambiente ao feto), Mimulus (tira os medos do dia a dia e dos sentimentos), Rock Water (dá flexibilidade e suavidade) e mais os florais dos signos que regem as casas onde estão os planetas e as casas opostas a elas.

Tubária

• pode ser Urano (sistema nervoso, metabolismo, parte elétrica do corpo) em Gêmeos (tubos do corpo), causando constrição das trompas de Falópio. *Florais:* Water Violet (equilíbrio da parte elétrica do corpo), Cerato (saúde dos tubos do corpo) e mais os florais dos signos que regem a casa onde está o planeta e a casa oposta a ela.

gripe

Definição: Doença infecciosa aguda, caracterizada por prostração, dores na cabeça e nas costas, sintomas no trato respiratório superior, como tosse e congestão nasal.

Indica: elaboração de conflitos, reação a situações frequentes de excesso de tensão, que são corriqueiras, mas importantes para a psique.

Floral básico: Rescue Remedy (melhora o corrimento do nariz, a obstrução nasal, a falta de ar e a dor de cabeça).

Florais auxiliares: Larch, Olive, Scleranthus e Cerato (os quatro florais trabalham: ação, descanso, equilíbrio e sabedoria), Clematis (faz o órgão funcionar perfeitamente), Vervain (energia vital).

De repetição

• pode ser um mau aspecto entre o Sol (falta de energia vital) e Netuno (desordem). *Florais:* Vervain (vitalidade), Rock Rose (tira o pânico que causou a desordem), White Chestnut (clareza mental) e mais os florais dos signos que regem as casas onde estão os planetas e as casas opostas a elas.

Em geral

• pode ser um mau aspecto entre a Lua (emoções) e Saturno (rigidez). *Florais:* Clematis (coloca os pés no chão, faz se cuidar tendo uma boa alimentação e fazendo exercícios físicos), Mimulus (tira os medos que nos acompanham durante muito tempo), Rock Water (dá flexibilidade) e mais os florais dos signos que regem as casas onde estão os planetas e as casas opostas a elas.

• pode ser um mau aspecto entre Mercúrio (brônquios e pulmão) e Urano (falta de resistência). *Florais:* Cerato (saúde dos brônquios), Water Violet (equilibra a parte elétrica do corpo) e mais os florais dos signos que regem as casas onde estão os planetas e as casas opostas a elas.

• pode ser Lua (emoções) em Peixes (desordem). *Florais:* Clematis (coloca os pés no chão; faz se cuidar), White Chestnut (clareza na mente), Rock Rose (tira o pânico que causou a desordem) e mais os florais dos signos que regem a casa onde está o planeta e a casa oposta a ela.

H

halitose

Definição: Odor ofensivo da respiração; a origem pode estar na boca, no nariz, nos pulmões, no sangue ou no trato digestório.

Indica: pensamentos reprimidos de raiva, desconfiança e vingança.

Regência: Touro (desconfiado) rege a boca e o floral é Gentian (segurança interior); a Lua (emoções e mundo da lua) rege o estômago e o floral é Clematis (saúde do estômago); Virgem (submisso) rege o aparelho digestório e o floral é Centaury (ajuda na digestão); Gêmeos (racional) rege os pulmões e o floral é Cerato (saúde dos pulmões); Escorpião (nariz, medo de perder o poder) rege o sangue (glóbulos vermelhos) e o floral é Heather (regeneração); Vênus (alegria) rege o sangue e o floral é Wild Rose.

Em geral

- pode ser um mau aspecto entre a Lua (emoções, estômago) e Vênus (sangue) e, se existe principalmente algum aspecto com Saturno (reprime), pode haver lentidão no processo digestório e há putrefação dos alimentos por bactérias, gerando a halitose. *Florais:* Clematis (coloca os pés no chão, faz cuidar da alimentação para ter uma boa digestão), Gentian (cuida da garganta e do hálito, dá segurança), Scleranthus (equilíbrio), Wild Rose (saúde do sangue), Mimulus (tira os medos que nos acompanham), Rock Water (dá suavidade e flexibilidade) e mais os florais dos signos que regem as casas onde estão os planetas e as casas opostas a elas.

heather (floral)

Definição: Cooperação e comunicação. Tira a solidão.

Relaciona-se com

- Escorpião, Plutão e as partes do corpo ligadas a Escorpião e Plutão.

Ajuda em caso de

- picadas de abelhas principalmente, mas ajuda em picadas de qualquer inseto (ajudar com Agrimony); calores da menopausa; voracidade sexual; voracidade pelo material e pelo afetivo; dificuldade de aprender línguas estrangeiras; monólogos superficiais.
- mioma, cisto de ovário, tumor, desequilíbrio hormonal, prostatite, cálculo renal; masturbação excessiva.

É bom para

- a laringe, a tireoide, as amígdalas, a área genital e urinária, os hormônios, os rins, o vaso base, a coluna, a medula, os nervos, os vasos do corpo, a cabeça, a hipófise, a pineal, vaso do coração; o elemento fogo.
- quem sente muita necessidade de companhia, de se comunicar; trabalhar; para

autoconfiança, comunicação, satisfação na expressão, compreensão do mundo, ouvir o outro, silêncio, interação, satisfação, sincronicidade; para desenvolver o dom do verbo, a palavra, a expressão, a real comunicação e a satisfação na existência, a facilidade de expressão, a interiorização, a harmonização psíquica e emocional, o ouvir e sentir o outro, a clareza e a simplicidade, a força, a vitalidade e o calor, os sentimentos verdadeiros, o autoconhecimento, o altruísmo; conquistar os objetivos.

• trazer prazer, cooperação, entendimento, plenitude, palavra de poder, vibração criativa; para a pessoa aprender a viver em grupo, comunicando-se e sentindo muito prazer; para aprender o domínio sobre o outro pelo dom da palavra; eliminar a compulsão de dominar os outros pela palavra; proteger contra maldições.

• pessoas insatisfeitas, abelhudas, curiosas, indiscretas, intrometidas, astutas, manhosas, ardilosas, orgulhosas.

• quando há passagem de uma etapa cronológica para outra, como: infância, adolescência, menopausa (pode ocorrer hipo ou hipertireoidismo, vazio no estômago, por isso o excesso de fumo ou comida, ou então não comer nada).

• terapeutas que não conseguem se comunicar com seus pacientes por causa do orgulho; crianças, quando estão começando a se comunicar; professores, comunicadores e aqueles que não possuem facilidade de comunicação.

Em relação aos planetas

• ajuda Mercúrio ao atuar no chakra da garganta, promovendo a criatividade e a comunicação.

• ajuda Vênus ao fazer que a comunicação traga prazer para todo o corpo.

• ajuda Júpiter ao ensinar a lidar com Saturno, para libertar Mercúrio e Urano, e para conseguir se comunicar claramente e tornar-se natural e cooperativo.

• ajuda Saturno ao tirar a negatividade, o peso que deixa a vida rígida e metódica; ao evitar que tenhamos doenças ósseas ou articulares degenerativas e inflamatórias.

• ajuda Urano ao dar equilíbrio e aumentar a intuição e a percepção do espaço interior, acabando com a engorda e o emagrecimento por causa da insatisfação corporal.

• ajuda Plutão ao liberar o fogo criativo, para que não haja doenças destrutivas causadas pela insatisfação com a vida.

hemangioma ....

Definição: Tumor benigno dos vasos sanguíneos dilatados.

Indica: mágoa profunda, falta de alegria de viver.

Regência: Gêmeos (racional) rege os dutos do corpo em geral e o floral é Cerato (equilíbrio dos tubos do corpo).

Em geral

• pode ser uma desarmonia da Lua (mágoas, emoções) em Gêmeos (dutos do corpo). *Florais:* Clematis (coloca os pés no chão, faz entender a situação), Cerato (saúde dos tubos do corpo), Chestnut Bud (para saber o estado emocional que fez a doença aparecer) e mais os florais dos signos que regem a casa onde está o planeta e a casa oposta a ela.

hemibalismo ....

Definição: Movimentos convulsivos e contrativos de um dos lados do corpo.

Regência: Urano (eletricidade do corpo) é um dos responsáveis pela convulsão e o floral é Water Violet (equilíbrio à eletricidade do corpo), Scleranthus (equilíbrio).

Em geral

• pode ser um mau aspecto entre Mercúrio (cérebro) e Urano (eletricidade do corpo). *Florais:* Cerato (saúde ao cérebro), Water Violet (equilibra a parte elétrica do corpo) e mais os florais dos signos que regem as casas onde estão os planetas e as casas opostas a elas.

• pode ser um mau aspecto entre Mercúrio (cérebro) e Plutão (mutação genética) em Aquário (eletricidade). *Florais:* Cerato (saúde do cérebro), Heather (regeneração), Water Violet (equilíbrio da eletricidade do corpo) e mais os florais dos signos que regem as casas onde estão os planetas e as casas opostas a elas.

hemisfério cerebral ....

Definição: Qualquer das metades do cérebro ou do cerebelo.

Regência: Áries (cabeça) rege os hemisférios cerebrais, principalmente os centros motores cerebrais, e o floral é Impatiens (dá ritmo aos impulsos).

Floral auxiliar: Scleranthus (para o equilíbrio entre os dois hemisférios), Elm (bom para aumentar a capacidade associativa), Star of Bethlehem (faz a comunicação entre os hemisférios cerebrais e a medula cerebral, purifica as células cerebrais, do cerebelo, as áreas de comunicação entre os hemisférios cerebrais e a medula cerebral, resgata a ordem dentro de cada célula, limpa e purifica os líquidos cerebrais, hormônios e sangue); Gêmeos rege os dois hemisférios cerebrais e o floral é Walnut (ajuda na comunicação entre os dois hemisférios cerebrais, por isso ajuda na capacidade associativa, dá consciência do lado emocional e do racional ajudando-se mutuamente).

hemofilia ....

Definição: Doença sanguínea hereditária, caracterizada por um tempo de coagulação extremamente aumentado (o sangue não coagula e ocorre um sangramento anormal).

Indica: busca de amor, necessidade de ser cuidado, falta de alegria.

Florais básicos: Rescue Remedy (bom para hemorragia), Aspen (tira o medo do futuro, que faz a pessoa se sentir em risco o tempo todo), Agrimony (faz a pessoa ser quem verdadeiramente é e tira o exagero e tudo o que não pertence à pessoa), Honeysuckle (por ser doença hereditária), Clematis (faz funcionar o que não está funcionando), Heather (regenerador).

Florais auxiliares: Rock Rose (acaba com a hemorragia), Impatiens (dá ritmo correto).

hemoptise ....

Definição: Expectoração do sangue, originária da cavidade oral, laringe, traqueia, brônquios ou pulmões.

Indica: que a pessoa não consegue ser feliz, é insegura em relação às novidades da vida.

Regência: Touro (inseguro) rege a laringe, traqueia e boca e o floral é Gentian (segurança interior ativada pela fé, que é a certeza que temos de que tudo dará certo); Gêmeos (pulmões) e Mercúrio (pulmões) regem o sistema respiratório e o floral é Cerato (saúde aos pulmões).

Florais auxiliares: Clematis (faz funcionar o órgão que não funciona), Vervain (dá saúde ao coração, que dá saúde a todos os outros órgãos).

Em geral

• pode ser uma desarmonia de Júpiter (exagero) em Gêmeos (pulmões). *Florais:* Agrimony (exagero), Cerato (pulmões) e mais os florais dos signos que regem a casa onde está o planeta e a casa oposta a ela.

hemorragia

Definição: Corrimento de sangue, interno ou externo, de forma anormal e intensa.

Indica: se for hemorragia nasal, indica necessidade de reconhecimento; se for uterina, indica raiva, frustração, perda da alegria.

Florais básicos: Rescue Remedy (é o melhor floral para hemorragia), Star of Bethlehem (tira o trauma, faz a cicatrização, estanca o sangue; se a hemorragia for forte, dar junto com Rescue Remedy), Impatiens (se digestória) e Rock Rose (ginecológica, intestinal, por úlceras, por epistaxes), Aspen (nos pulmões), Impatiens e Chicory (hemorragia digestória). Após a hemorragia é bom dar Wild Rose, Olive, Vervain, Wild Oat (todos bons para dar força ao sangue), Clematis (faz funcionar o que não funciona), Heather (regenerador).

Em geral

• pode ser um mau aspecto entre Vênus (falta de alegria) e Marte (impulso). *Florais:* Gentian (segurança interior), Scleranthus (equilíbrio), Wild Rose (alegria; não dar em hemorragia porque dá força ao sangue), Impatiens (dá ritmo correto) e mais os florais dos signos que regem as casas onde estão os planetas e as casas opostas a elas.

Cerebral

• pode ser Sol (sem vitalidade, coração) em Áries (impulso). *Florais:* Vervain (força vital, faz relaxar), Impatiens (dá ritmo correto ao sangue) e mais os florais dos signos que regem a casa onde está o planeta e a casa oposta a ela.

• pode ser Marte em Áries (impulso). *Florais:* Impatiens (dá ritmo correto), Holly (ensina, faz entender e aceitar) e mais os florais dos signos que regem a casa onde está o planeta e a casa oposta a ela.

• pode ser Mercúrio (cérebro) em Escorpião (glóbulos vermelhos do sangue). *Florais:* Cerato (saúde do cérebro e dos tubos do corpo), Heather (equilíbrio aos glóbulos vermelhos do sangue) e mais os florais dos signos que regem a casa onde está o planeta e a casa oposta a ela.

hemorroidas

Definição: Massa de veias dilatadas e tortuosas na região anorretal, envolvendo os plexos venosos da área.

Indicam: que a pessoa deseja manter reprimido certo conteúdo emocional que não se permite soltar (a origem pode estar na natureza agressiva desses afetos contidos e nas tendências possessivas sufocadas).

Regência: Escorpião (medo de perder o poder) rege o reto e o ânus, e o floral é Heather (regenerador).

Florais auxiliares: Beech (tira as hemorroidas por tirar a rigidez do pensamento, dá jogo de cintura), Hornbeam (acaba com as hemorroidas), Rescue Remedy (resgata de qualquer mal).

Em geral

• pode ser um mau aspecto entre a Lua (emoções reprimidas) e Saturno (que reprime), principalmente se a Lua estiver em Escorpião (medo da perda, segura, prende, não larga). *Florais:* Clematis (faz funcionar o órgão que não funciona), Mimulus (tira os medos do dia a dia e dos sentimentos), Rock Water (dá suavidade e flexibilidade), Heather (regeneração) e mais os florais dos signos que regem as casas onde estão os planetas e as casas opostas a elas.

• pode ser um mau aspecto entre Júpiter (exagero) e Vênus (falta de alegria). *Florais:* Gentian (segurança), Scleranthus (equilíbrio), Wild Rose (alegria), Agrimony (tira o exagero e tudo o que não pertence à pessoa, faz a pessoa ser verdadeira) e mais os florais dos signos que regem as casas onde estão os planetas e as casas opostas a elas.

• pode ser Sol (falta de vitalidade) em Escorpião (reto). *Florais:* Vervain (vitalidade), Heather (regenerador) e mais os florais dos signos que regem a casa onde está o planeta e a casa oposta a ela.

• pode ser Marte (falta de impulso) em Escorpião (reto). *Florais:* Impatiens (dá ritmo correto ao impulso), Heather (regenerador) e mais os florais dos signos que regem a casa onde está o planeta e a casa oposta a ela.

• pode ser Júpiter (exagero) em Escorpião (possessivo). *Florais:* Agrimony (faz a pessoa ser verdadeira, tira o exagero e tudo o que não pertence à pessoa), Heather (regenerador) e mais os florais dos signos que regem a casa onde está o planeta e a casa oposta a ela.

hepatite ....

Definição: Inflamação do fígado; pode ser causada por vírus, bactérias, agentes físicos ou químicos.

Indica: resistência a mudanças; medo.

Regência: Sagitário (exagero) rege o fígado e o floral é Agrimony (tira o exagero, limpa os venenos do corpo).

Florais auxiliares: Mimulus (tira os medos do dia a dia e dos sentimentos), Aspen (medos do futuro), Rock Rose (tira o pânico que causou a desordem), Holly (tira a resistência, faz aceitar), Pine (tira as culpas).

Anictérica

Sem icterícia (olhos e pele amarelos).

• pode ser uma desarmonia da Lua (emoções) em Sagitário (fígado, exagero). *Florais:* Clematis (faz o órgão voltar a funcionar), Agrimony (tira os venenos do organismo, tira o exagero, saúde para o fígado) e mais os florais dos signos que regem a casa onde está o planeta e a casa oposta a ela.

Autoimune

• pode ser um mau aspecto entre Júpiter (fígado, exagero) e Netuno (desordem) se um deles tiver um mau aspecto com Saturno (velhice, segura, retém). *Florais:* Agrimony (tira o exagero e os venenos do corpo), Rock Rose (tira o pânico que causou a desordem), White Chestnut (dá clareza à mente), Rock Water (suavidade e flexibilidade), Mimulus (tira os medo do dia a dia e dos sentimentos) e mais os florais dos signos que regem as casas onde estão os planetas e as casas opostas a elas.

Autoimune e tóxica

• pode ser um mau aspecto entre a Lua (mundo da lua, emoções) e Júpiter (fígado, exagero). *Florais:* Clematis (coloca os pés no chão para cuidar da saúde através da alimentação e de exercício físico; quando a pessoa vive fora do físico deixa a doença entrar), Agrimony (tira o exagero e tudo o que não faz parte da pessoa, faz a pessoa ser verdadeira) e mais os florais dos signos que regem as casas onde estão os planetas e as casas opostas a elas.

Crônica

• ajudar com Clematis (para o fígado voltar a funcionar), Heather (regenerador).

• pode ser um mau aspecto entre Vênus (falta de vida) e Júpiter (fígado, exagero). *Florais:* Gentian (segurança), Scleranthus (equilíbrio), Wild Rose (faz o organismo sarar), Agrimony (tira o exagero e tudo o que não faz parte da pessoa, faz a pessoa ser verdadeira) e mais os florais dos signos que regem as casas onde estão os planetas e as casas opostas a elas.

• pode ser um mau aspecto entre Júpiter (fígado, exagero) e Plutão (possessivo, medo de perder o poder). *Florais:* Agrimony (tira o exagero e tudo o que não faz parte da pessoa, tira os venenos e faz a pessoa ser verdadeira), Heather (regenerador) e mais os florais dos signos que regem as casas onde estão os planetas e as casas opostas a elas.

• pode ser uma desarmonia de Júpiter (fígado, exagero) em Virgem (submisso). *Florais:* Agrimony (tira o exagero e tudo o que não pertence à pessoa, tira os venenos, faz a pessoa ser verdadeira), Centaury (dá individualidade) e mais os florais dos signos que regem a casa onde está o planeta e a casa oposta a ela.

• pode ser uma desarmonia de Júpiter (fígado, exagero) em Capricórnio (faz parar). *Florais:* Agrimony (tira os venenos, tira tudo o que não pertence à pessoa, e faz ser verdadeira, acaba com o exagero), Mimulus (tira os medos do dia a dia e dos sentimentos), Rock Water (dá suavidade e flexibilidade) e mais os florais dos signos que regem a casa onde está o planeta e a casa oposta a ela.

• pode ser um mau aspecto entre a Lua (emoções) e Vênus (falta de vida). *Florais:* Clematis (coloca os pés no chão, faz a pessoa se cuidar), Gentian (segurança interior), Scleranthus (equilíbrio), Wild Rose (alegria, vida, faz sarar o organismo), Agrimony (tira o exagero) e mais os florais dos signos que regem as casas onde estão os planetas e as casas opostas a elas.

Crônica persistente

• pode ser uma desarmonia de Júpiter (fígado, exagero) em Sagitário (fígado, exagero). *Florais:* Agrimony (faz a pessoa ser verdadeira, tira o exagero e tudo o que não faz parte da pessoa, tira os venenos) e mais os florais dos signos que regem a casa onde está o planeta e a casa oposta a ela.

Tóxica

• pode ser um mau aspecto entre Júpiter (fígado, exagero) e Netuno (desordem) se um deles fizer um mau aspecto com Saturno (faz parar de funcionar). *Florais:* Agrimony (tira os venenos e o exagero, faz a pessoa ser verdadeira e tira os venenos), White Chestnut (dá clareza à mente), Rock Rose (tira o pânico que causou a desordem), Mimulus (tira os medos do dia a dia e dos sentimentos), Rock Water (suavidade e flexibilidade) e mais os florais dos signos que regem as casas onde estão os planetas e as casas opostas a elas.

Viral

• pode ser um mau aspecto entre a Lua (emoções, tendência a pegar vírus) e Júpiter (exagero, fígado). *Florais:* Clematis (faz funcionar o órgão que não funciona e coloca os pés no chão para a pessoa se cuidar), Agrimony (tira o exagero e tudo o que não pertence à pessoa, faz ser verdadeira) e mais os florais dos signos que regem as casas onde estão os planetas e as casas opostas a elas.

hepatoma

Definição: Tumor maligno do fígado.

Indica: mágoa profunda, sentimento de muita raiva, falta de moderação, necessidade de emoções primitivas, ideais elevados demais.

Regência: Júpiter (exagero) rege o fígado e o floral é Agrimony (tira os venenos e tudo o que não pertence à pessoa, faz ser verdadeira).

Floral auxiliar: Chestnut Bud (para mostrar em que momento emocional a pessoa fabricou a doença; é o grande remédio do câncer, leva à cura, assim como o sândalo, dentre os óleos essenciais).

Em geral

• pode ser um mau aspecto entre Mercúrio (excesso de pensamentos) e Netuno (desordem) se um deles tiver um mau aspecto com Plutão (mutação genética) ou Saturno (faz parar, retém). *Florais:* Cerato (saúde ao cérebro), Rock Rose (tira o pânico que causou a desordem), White Chestnut (clareza aos pensamentos), Rock Water (suavidade e flexibilidade na vida), Mimulus (tira os medos do dia a dia e dos sentimentos), Heather (regenerador) e mais os florais dos signos que regem as casas onde estão os planetas e as casas opostas a elas.

hepatomegalia

Definição: Aumento do tamanho do fígado.

Indica: ideais elevados demais, problemas de avaliação; que a pessoa não sabe o que é útil ou não; falta de moderação.

Regência: Sagitário (expande) rege o fígado e o floral é Agrimony (tira o exagero).

Florais auxiliares: Vervain (dá saúde ao coração, que dá saúde aos outros órgãos), Clematis (faz funcionar o órgão que não funcionava), Crab Apple (dá as devidas proporções ao estado emocional que causou a doença e por isto dá as devidas proporções ao fígado), Holly (dá aceitação dos estados emocionais, fazendo que a doença vá embora), Centaury (saúde ao fígado), Elm (bom para problemas hepáticos).

Em geral

• pode ser um mau aspecto entre Júpiter (fígado, expande) e Saturno (mau funcionamento). *Florais:* Agrimony (tira o exagero), Rock Water (suavidade à vida), Mimulus (tira o medo do dia a dia e dos sentimentos) e mais os florais dos signos que regem as casas onde estão os planetas e as casas opostas a elas.

• pode ser uma desarmonia de Júpiter (expande, fígado) em Virgem (abdome e tudo o que está dentro dele). *Florais:* Agrimony (tira o exagero), Centaury (saúde do abdome) e mais os florais dos signos que regem a casa onde está o planeta e a casa oposta a ela.

• pode ser uma desarmonia de Júpiter (fígado, expande) em Sagitário (fígado, exagero). *Florais:* Agrimony (tira o exagero), e mais os florais dos signos que regem a casa onde está o planeta e a casa oposta a ela.

herança genética ....

Definição: As características genéticas e outras características transmitidas para a prole; o somatório de tudo o que é herdado; o que é resultante de fatores hereditários contidos no óvulo e no espermatozoide.

Floral básico: Honeysuckle (tira os problemas genéticos, para transformar situações às quais nos conformamos, faz deixar o passado para trás, acaba com problema vascular, diabete, reumatismo, alergias).

hermafroditismo ....

Definição: Condição em que coexistem, num mesmo indivíduo, os tecidos ovarianos e testiculares.

Indica: problemas de identidade.

Florais básicos: Wild Rose (trabalhar o feminino) e Impatiens (trabalhar o masculino).

Em geral

• pode ser um mau aspecto entre a Lua (sistema de reprodução feminino) e Plutão (mutação genética). *Florais:* Clematis (problemas hormonais, que dão alterações na forma), Heather (regenerador) e mais os florais dos signos que regem as casas onde estão os planetas e as casas opostas a elas.

hérnia ....

Definição: Protrusão ou projeção de um órgão todo ou de uma parte através da parede da cavidade que normalmente o contém.

Indica: tensão, sobrecarga, falha na expressão criativa.

De hiato

A hérnia hiatal é a protrusão do estômago numa direção superior, até a cavidade mediastínica, através do hiato esofágico do diafragma.

• pode ser uma desarmonia de Júpiter (expande) em Câncer (estômago). *Florais:* Agrimony (tira a exaltação), Clematis (saúde para o estômago) e mais os florais dos signos que regem a casa onde está o planeta e a casa oposta a ela.

Inguinal

• pode ser uma desarmonia da Lua (emoções, falta de criatividade) em Escorpião (tensão). *Florais:* Clematis (ativa a criatividade), Heather (virilha, regenerador) e mais os florais dos signos que regem a casa onde está o planeta e a casa oposta a ela.

Inguinal e escrotal

• pode ser Marte (impulso) em Escorpião (virilha e escroto). *Florais:* Impatiens (dá ritmo correto ao impulso), Heather (regenerador) e mais os florais dos signos que regem a casa onde está o planeta e a casa oposta a ela.

Ventral

• pode ser Marte (impulso) em Virgem (abdome). *Florais:* Impatiens (ritmo correto ao impulso), Centaury (saúde ao abdome) e mais os florais dos signos que regem a casa onde está o planeta e a casa oposta a ela.

herpes ....

Definição: Dermatose inflamatória caracterizada pela formação de pequenas vesículas que se apresentam em grupo.

Indica: que a pessoa se sente atacada emocionalmente, de modo indireto; sente-se amarrada e busca, conscientemente ou não, proteção contra as próprias emoções; com frequência, arquétipos arcaicos ou kármicos, provocados por comportamento expiatório e sentimento de culpa, exercem seu papel; a impressão é que a máscara de proteção não é suficiente.

Florais básicos: Pine (tira as culpas), Holly (dá o aprendizado, faz entender e aceitar), Honeysuckle (pois pode ser uma doença proveniente de um momento kármico), Elm (bom para acabar com o herpes; por a pessoa cuidar dos outros e se esquecer de si mesma, fica desvitalizada), Agrimony (tira tudo o que não pertence à pessoa), Water Violet (desbloqueia o coração).

Genital

• pode ser um mau aspecto entre a Lua (emoções) e Netuno (desordem), que se encontra em Escorpião (genitais). *Florais:* Clematis (coloca os pés no chão, faz a pessoa se cuidar), Rock Rose (tira o pânico que causou a desordem), White Chestnut (clareia a mente), Heather (regenera) e mais os florais dos signos que regem as casas onde estão os planetas e as casas opostas a elas.

• pode ser um mau aspecto entre Vênus (genitais femininos) e Urano (coração bloqueado). *Florais:* Gentian (segurança interior), Scleranthus (equilíbrio), Wild Rose (alegria e genitais femininos), Water Violet (desbloqueia o coração) e mais os florais dos signos que regem as casas onde estão os planetas e as casas opostas a elas.

hiperatividade ....

Definição: Aumento da atividade ou atividade excessiva, que pode referir-se a todo o organismo ou a uma entidade específica, como, por exemplo, a hiperatividade do coração ou da tireoide.

Regência: Marte (impulso) pode trazer hiperatividade e o floral é Impatiens (dá ritmo correto ao impulso).

Florais auxiliares: Vervain (acalma), Clematis (faz tudo funcionar como deve), Rock Water (faz ter mais responsabilidade e menos pressa), Crab Apple (dá as devidas proporções).

Do sistema suprarrenal

• pode ser um mau aspecto entre Marte (impulso) e o ascendente (atua no físico, dar o floral do ascendente). *Florais:* Impatiens (dá ritmo correto ao impulso) e mais o floral do signo do ascendente e os florais dos signos que regem a casa onde está o planeta e a casa oposta a ela.

Em geral

• pode ser um mau aspecto entre Mercúrio (cérebro) e Urano (parte elétrica do corpo). *Florais:* Cerato (saúde do cérebro), Water Violet (equilibra a parte elétrica do corpo) e mais os florais dos signos que regem as casas onde estão os planetas e as casas opostas a elas.

Na criança

• pode ser um mau aspecto entre Mercúrio (pensamentos) e Júpiter (exagera). *Florais:* Cerato (saúde do cérebro), Agrimony (faz a criança ser verdadeira, tira o exagero e tudo o que não pertence a ela) e mais os florais dos signos que regem as casas onde estão os planetas e as casas opostas a elas.

hipercolesterolemia ....

Definição: Quantidade excessiva de colesterol no sangue.

Indica: medo de aceitar a alegria.

Regência: Júpiter (exagero) regula o excesso de colesterol e o floral é Agrimony (tira o exagero).

Florais auxiliares: Crab Apple (limpa), Rock Rose (tira a desordem), Beech (equilibra a gordura no sangue).

Em geral

• pode ser um mau aspecto entre o Sol (orgulho, ego, vigor) e Júpiter (exagero). *Florais:* Vervain (relaxa), Agrimony (faz a pessoa ser verdadeira, tira o exagero e tudo o que não pertence a ela) e mais os florais dos signos que regem as casas onde estão os planetas e as casas opostas a elas.

hiperfunção ....

Definição: Atividade excessiva.

Regência: A Lua (emoções) rege as secreções glandulares e o floral é Clematis (saúde das secreções glandulares); Marte (impulso) mal aspectado pode ocasionar hiperfunção das glândulas endócrinas e o floral é Impatiens (dá ritmo correto ao impulso).

Floral auxiliar: Rescue Remedy (bom para equilibrar o hiper ou o hipo).

Hiperfuncionamento glandular

• pode ser um mau aspecto entre Marte (impulso) e Plutão (tudo nele é muito forte, hiper). *Florais:* Impatiens (dá ritmo correto), Heather (regenera) e mais os florais dos signos que regem as casas onde estão os planetas e as casas opostas a elas.

hiperglicemia ....

Definição: Aumento de açúcar no sangue, aumento da taxa de glicose no sangue.

Indica: dificuldade de assimilar o doce da vida; mesmo recebendo amor, a pessoa sempre sente falta de outro tipo de amor; não saber dar ou receber amor.

Regência: Júpiter (exagero, expande) traz o equilíbrio e o floral é Agrimony (tira tudo o que não faz parte da pessoa).

Florais básicos: Rescue Remedy (equilibra o sistema) e Agrimony (trabalha o açúcar), Red Chestnut (por excesso de adrenalina o sangue consome mais insulina, o que causa o excesso de glicemia), Crab Apple (depura o sangue, acaba com a hiperglicemia), Vine (equilíbrio da glicemia no sangue), Gorse (faz a limpeza da glicemia do sangue).

Hiperglicemia e hipoglicemia, intercaladas

• pode ser um mau aspecto entre Júpiter (expande) e Netuno (desordem), que desenvolve o diabete melito, tornando difícil o controle dos episódios de hiperglicemia e hipoglicemia. *Florais:* Agrimony (tira o exagero e tudo o que não pertence à pessoa), Rock Rose (tira o pânico que causou a desordem), White Chestnut (clareia a mente) e mais os florais dos signos que regem as casas onde estão os planetas e as casas opostas a elas.

hipergonadismo ....

Definição: Secreção excessiva das glândulas sexuais.

Regência: Escorpião (medo de perder o poder) rege as glândulas sexuais e o floral é Heather (regenerador).

Floral auxiliar: Clematis (faz funcionar corretamente o que não funcionava).

Em geral

• pode ser um mau aspecto entre Júpiter (expande) e Plutão (possessivo) se um deles estiver em Escorpião (medo de perder o poder). *Florais:* Agrimony (traz a verdadeira pessoa que habita dentro de nós), Heather (regenera) e mais os florais dos signos que regem as casas onde estão os planetas e as casas opostas a elas.

hiperinsulinismo ....

Definição: Quantidade excessiva de insulina no sangue.

Floral básico: Crab Apple (para hiperinsulinismo e outros problemas de glicemia; limpa o sangue), Vine (equilibra as alterações do sangue), Gorse e Crab Apple (limpam), Rock Rose (limpa e purifica o sangue), Aspen (tira as doenças do sangue).

Em geral

• pode ser um mau aspecto entre Marte (impulso) e Plutão (tudo é muito, sangue). *Florais:* Impatiens (dá o ritmo correto), Heather (regenerador) e mais os florais dos signos que regem as casas onde estão os planetas e as casas opostas a elas.

• pode ser um mau aspecto entre Marte (impulso) e Plutão (degenerador). *Florais:* Impatiens (dá ritmo correto), Heather (regenerador) e mais os florais dos signos que regem as casas onde estão os planetas e as casas opostas a elas.

• pode ser Marte (impulso) em Peixes (desordem). *Florais:* Impatiens (dá ritmo correto ao impulso), White Chestnut (clareia a mente), Rock Rose (tira o pânico que causou a desordem) e mais os florais dos signos que regem a casa onde está o planeta e a casa oposta a ela.

hiperlipemia ....

Definição: Quantidade excessiva de gordura no sangue.

Indica: medo da alegria da vida.

Regência: Júpiter (expande) atua na gordura do sangue e o floral é Agrimony (tira o excesso e tudo o que não faz parte da pessoa).

Floral auxiliar: Crab Apple (limpa e depura o sangue), Beech (equilibra os níveis alterados do sangue), Vine (transforma o sangue), Rock Water (equilibra os níveis alterados do sangue), Rock Rose (limpa e purifica o sangue).

Excesso de triglicérides

• pode ser um mau aspecto entre a Lua (problemas com as emoções) e Júpiter (exagero). *Florais:* Clematis (coloca os pés no chão para se cuidar), Agrimony (faz a pessoa ser verdadeira e tira tudo o que não faz parte dela, inclusive o exagero) e mais os florais dos signos que regem as casas onde estão os planetas e as casas opostas a elas.

hipernefroma ....

Definição: Carcinoma das células renais.

Indica: desentendimento entre parceiros, críticas, desapontamento, vergonha, fracassos, infantilidade.

Florais auxiliares: Agrimony (limpa as mágoas), Clematis (para dar alegria na vida), Gorse (dá vontade de lutar contra qualquer doença), Cherry Plum (faz o controle da divisão da célula), Elm (libera a endorfina, se tiver dor).

Em geral

• pode ser uma desarmonia de Júpiter (expande) em Libra (rins). *Florais:* Agrimony (tira o exagero), Scleranthus (equilibra os rins), Chestnut Bud (para reconhecer o estado emocional que deu inicio à doença e não repetir) e mais os florais dos signos que

regem a casa onde está o planeta e a casa oposta a ela.

hiperparatireoidismo

Definição: Condição decorrente do aumento de atividade das glândulas paratireoides.

Indica: que a pessoa faz mais pelos outros do que por si mesma; desapontada por não fazer o que quer.

Regência: Saturno (rígido) rege as glândulas paratireoides e os florais são Rock Water (clareia a mente) e Mimulus (tira os medos do dia a dia e dos sentimentos).

Em geral

• pode ser um mau aspecto entre Júpiter (expande) e Plutão (orgulho, obsessão) se um deles estiver em Touro (inseguro). *Florais:* Agrimony (tira o exagero), Heather (regenera), Gentian (segurança interior) e mais os florais dos signos que regem as casas onde estão os planetas e as casas opostas a elas.

hiperplasia

Definição: Proliferação excessiva das células normais na disposição do tecido normal de um órgão.

Regência: Plutão (mutação genética) atua no desenvolvimento celular e o floral é Heather (regenerador).

Florais auxiliares: Cherry Plum (controle da divisão celular), Gorse (vontade de lutar contra a doença, tira o efeito colateral do remédio).

Das suprarrenais

• pode ser um mau aspecto entre Marte (impulso) e Plutão (mutação genética). *Florais:* Impatiens (dá ritmo ao impulso), Heather (regenerador) e mais os florais dos signos que regem as casas onde estão os planetas e as casas opostas a elas.

hipertensão

Definição: Tensão ou tônus maior que o normal; quando a pressão sanguínea está mais alta que o normal.

Indica: falta de confiança, temor e sensação de angústia em estado flutuante; que a pessoa mostra, por um lado, uma aparente passividade diante de uma agressividade reprimida pelo autocontrole (que não é descarregada através da ação); que a pessoa é bastante obsessiva, rígida e perfeccionista; teme a falta de afeto; e, às vezes, carrega episódios traumáticos do passado que não foram drenados, permanecendo vivos no mundo interior.

Florais básicos: Rescue Remedy, Vine (na hipertensão arterial, quando a pessoa acha que precisa controlar tudo) e Impatiens (dá ritmo correto), Rescue Remedy (bom para crises hipertensivas), Vervain (acalma).

Arterial

• pode ser um mau aspecto entre Marte (impulso) e Júpiter (exagero) se um deles estiver em Gêmeos (tubos do corpo). *Florais:* Impatiens (dá ritmo correto), Agrimony (tira o exagero), Cerato (saúde aos tubos do corpo) e mais os florais dos signos que regem as casas onde estão os planetas e as casas opostas a elas.

• pode ser uma desarmonia de Júpiter (expande) em Leão (circulação arterial). *Florais:* Agrimony (tira o exagero), Vervain (saúde à circulação arterial) e mais os florais dos signos que regem a casa onde está o planeta e a casa oposta a ela.

Em geral

• pode ser um mau aspecto entre Marte (impulso) e o ascendente (atua no físico). *Florais:* Impatiens (dá ritmo correto) e mais o floral do signo do ascendente e os florais dos signos que regem a casa onde está o planeta e a casa oposta a ela.

• pode ser um mau aspecto entre o Sol (circulação arterial, vida, energia) e Marte (impulso). *Florais:* Vervain (relaxa, energia vital), Impatiens (ritmo correto), Holly (se for quadratura) ou Scleranthus (se for oposição) e mais os florais dos signos que regem as casas onde estão os planetas e as casas opostas a elas.

• pode ser um mau aspecto entre o Sol (entusiasmo) e Júpiter (exagero). *Florais:* Vervain (energia vital), Agrimony (tira o exagero) e mais os florais dos signos que regem as casas onde estão os planetas e as casas opostas a elas.

• pode ser um mau aspecto entre a Lua (emoções) e Marte (impulso). *Florais:* Clematis (coloca os pés no chão, faz se cuidar), Impatiens (dá ritmo correto) e mais os florais dos signos que regem as casas onde estão os planetas e as casas opostas a elas.

Intracraniana

• pode ser uma desarmonia de Júpiter (exagero) em Áries (cabeça). *Florais:* Agrimony (tira o exagero), Impatiens (dá ritmo correto ao impulso) e mais os florais dos signos que regem a casa onde está o planeta e a casa oposta a ela.

Pulmonar

• pode ser uma desarmonia de Júpiter (expande) em Gêmeos (pulmão). *Florais:* Agrimony (tira o exagero), Cerato (saúde dos pulmões), Pine (tira as culpas) e mais os florais dos signos que regem a casa onde está o planeta e a casa oposta a ela.

Renovascular

• pode ser uma desarmonia de Júpiter (expande) em Libra (rins). *Florais:* Agrimony (tira o exagero), Scleranthus (equilíbrio dos rins) e mais os florais dos signos que regem a casa onde está o planeta e a casa oposta a ela.

hipertermia

Definição: Febre incomumente elevada.

Florais básicos: Impatiens (para a febre), Rescue Remedy (tira a febre), Vervain (relaxa), Holly (tira a febre por dar calma) e Crab Apple (antibiótico natural).

Maligna

• pode ser um mau aspecto entre Marte (impulso) e Júpiter (exagero). *Florais:* Impatiens (tira a febre), Agrimony (tira o exagero) e mais os florais dos signos que regem as casas onde estão os planetas e as casas opostas a elas.

hipertireoidismo

Definição: Excessiva secreção das glândulas tireoides; os sintomas são: excesso de tensão nervosa, incapacidade de relaxar, tremores, palpitação cardíaca, perda de peso, intolerância ao calor, sudorese excessiva, atividade intestinal acelerada, angústia mental, sensação de estar no limite entre sanidade e insanidade mental.

Indica: que a pessoa não se sente capaz de agradar a si mesma; necessidade compulsiva de agradar os outros.

Regência: Touro (inseguro) rege a tireoide e o floral é Gentian (segurança interior).

Florais auxiliares: Willow (dá ritmo correto à tireoide), Star of Bethlehem (se for por choque, cura), Gentian + Heather (equilibram o chakra laríngeo).

Em geral

• pode ser um mau aspecto entre Júpiter (exagero) e Plutão (possessivo, para ter o outro faz qualquer coisa) se um deles estiver em Touro (pescoço, tireoide). *Florais:* Agrimony (tira o excesso), Heather (regenerador), Gentian (segurança interior) e mais os florais dos signos que regem as casas onde estão os planetas e as casas opostas a elas.

• pode ser uma desarmonia de Júpiter (expande) em Touro (tireoide). *Florais:* Agrimony (tira o exagero), Gentian (segurança, saúde à tireoide) e mais os florais dos signos que regem as casas onde estão os planetas e as casas opostas a elas.

• pode ser uma desarmonia da Lua (emoções, hormônios) em Touro (tireoide). *Florais:* Clematis (coloca os pés no chão para se cuidar), Gentian (tireoide) e mais os florais dos signos que regem a casa onde está o planeta e a casa oposta a ela.

• pode ser Marte (impulso) em Touro (tireoide). *Florais:* Impatiens (dá ritmo correto), Gentian (segurança por ativar a fé) e mais os florais dos signos que regem a casa onde está o planeta e a casa oposta a ela.

hipertrofia........................

Definição: Aumento do tamanho de um órgão.

Da próstata

Indica: temores que enfraquecem a masculinidade; crença no envelhecimento.

• pode ser um mau aspecto entre Júpiter (expande) e Plutão (próstata). *Florais:* Agrimony (tira a exaltação), Heather (saúde da próstata), Beech, Larch, Centaury, Aspen (saúde da próstata) e mais os florais dos signos que regem as casas onde estão os planetas e as casas opostas a elas.

Das adenoides ou das amígdalas

Indica: emoções reprimidas; criatividade bloqueada.

• pode ser uma desarmonia de Júpiter (expande) em Touro (garganta). *Florais:* Agrimony (tira a exaltação), Gentian (amígdalas), Heather (equilíbrio), Beech (por ensinar a palavra, equilibra a garganta), Aspen (por aproximar a alma do corpo, tira as inseguranças, dá saúde às adenoides e amígdalas), Cerato (hipertrofia das adenoides e amígdalas, por se afastar dos outros) e mais os florais dos signos que regem a casa onde está o planeta e a casa oposta a ela.

Do coração

O coração representa o centro do amor, da união e da segurança.

Indica: a existência de brigas, dúvidas, desentendimentos e falta de alegria durante longo tempo.

Regência: o Sol (orgulho, ego) rege o coração e o floral é Vervain (energia vital).

Florais auxiliares: Wild Rose (alegria), Clematis (faz o órgão ficar normal), Vervain (faz o coração ter saúde para emitir aos outros órgãos).

• pode ser um mau aspecto entre o Sol (coração) e Júpiter (expande). *Florais:* Vervain (energia vital), Agrimony (tira o exagero) e mais os florais dos signos que regem as casas onde estão os planetas e as casas opostas a elas.

hiperventilação

Definição: Aumento da ventilação, que resulta numa redução do nível do dióxido de carbono; ocorre na asma, na acidose metabólica, no embolismo pulmonar, no edema pulmonar e nos estados de ansiedade induzida.

Indica: carência afetiva durante os primeiros momentos de vida.

Regência: Gêmeos (racional) rege os pulmões e o floral é Cerato (dá saúde aos pulmões); Aquário (recluso) tem a asma como uma característica da sua influência, e o floral é Water Violet (dá ritmo à respiração).

Em geral

• pode ser Sol (falta de energia) em Gêmeos (pulmões). *Florais:* Vervain (relaxa), Cerato (dá saúde aos pulmões) e mais os florais dos signos que regem a casa onde está o planeta e a casa oposta a ela.

hiperviscosidade sanguínea

Definição: Viscosidade excessiva ou um exagero das propriedades adesivas, observada na anemia e nas doenças inflamatórias.

Indica: raiva por a pessoa não sentir alegria e prazer na vida.

Regência: Escorpião (mutação genética) rege a parte vermelha do sangue e o floral é Heather (regeneração); Marte (impulso) rege a parte vermelha do sangue e o floral é Impatiens (dá ritmo correto ao impulso); Vênus (alegria ou falta dela) trabalha a parte venosa do sangue e o floral é Wild Rose (alegria); Netuno (desordem) rege a parte branca do sangue e os florais são: White Chestnut (clareia a mente) e Rock Rose (tira o pânico que causou a desordem).

Em geral

• pode ser um mau aspecto entre Marte (impulso) e Saturno (para, retém). *Florais:* Impatiens (dá ritmo correto ao impulso), Mimulus (tira os medos do dia a dia e dos sentimentos), Rock Water (dá suavidade e flexibilidade) e mais os florais dos signos que regem as casas onde estão os planetas e as casas opostas a elas.

hipocloridria

Definição: Redução da capacidade do estômago de secretar ácido clorídrico, o que pode causar carcinoma ou anemia.

Indica: medo do desconhecido, incapacidade de lidar com os problemas de modo consciente.

Regência: Virgem (rege a liberação dos sucos necessários às diversas fases da digestão) e o floral é Centaury (dá saúde ao processo da digestão); a Lua (emoções) rege o estômago e o floral é Clematis (saúde ao estômago, faz funcionar o que não estava funcionando).

Em geral

• pode ser uma desarmonia da Lua em Câncer (estômago, mundo da lua). *Florais:* Clematis (coloca os pés no chão, faz se cuidar, bom para o estômago) e mais os florais dos signos que regem a casa onde está o planeta e a casa oposta a ela.

• pode ser um mau aspecto entre a Lua (emoções, estômago) e Mercúrio (condutos do corpo em que circule qualquer líquido do corpo, pensamentos). *Florais:* Clematis (faz funcionar o que não funcionava), Cerato (cuida da saúde dos condutos do corpo) e mais os florais dos signos que regem as casas onde estão os planetas e as casas opostas a elas.

hipófise ....

Definição: Glândula ou corpo da pituitária; glândula de secreção interna situada na sela túrcica do osso esfenoide.

Regência: Mercúrio (pensamento) rege a hipófise e o floral é Cerato (equilíbrio do cérebro); Netuno (desordem) e Plutão (medo de perder o poder) regulam a hipófise e os florais são: White Chestnut (clareia a mente), Rock Rose (tira o pânico que causou a desordem) e Heather (regenerador, ativa a hipófise e a pineal deixando a luz superior se manifestar em todo nosso ser).

Florais auxiliares: Clematis (atua na hipófise trazendo *insights*, ideias iluminadas), Cherry Plum (abre a hipófise, que transmite energia ao coração, fazendo ter consciência para resolver todos os problemas pelo coração), Scleranthus (abre o sexto chakra, o frontal, que dá equilíbrio a todos os outros chakras), Heather (ativa a hipófise), Cherry Plum (traz a energia da hipófise para o coração), Larch (tira os bloqueios da hipófise, equilibra os humores e o fluxo de qualquer substância líquida do corpo), Beech (atua na hipófise, equilibra os hormônios e líquidos do corpo), Centaury (ativa a hipófise e faz distribuir a energia por todo o corpo).

Disfunção da

• pode ser um mau aspecto entre Vênus (órgãos do equilíbrio) e Plutão (degenerador). *Florais:* Gentian (segurança interior), Scleranthus (equilíbrio), Wild Rose (saúde aos órgãos do equilíbrio, faz sarar o organismo), Heather (regenerador) e mais os florais dos signos que regem as casas onde estão os planetas e as casas opostas a elas.

• pode ser Plutão (medo de perder o poder, possessivo) em Capricórnio (segura, prende, é rígido). *Florais:* Heather (regenerador), Rock Water (dá flexibilidade, suavidade), Mimulus (tira os medos que nos acompanham no dia a dia) e mais os florais dos signos que regem a casa onde está o planeta e a casa oposta a ela.

hipofunção ....

Definição: Diminuição da função de algum órgão.

Do timo

Local onde se fabricam anticorpos.

• pode ser Lua (emoções, sensibilidade) em Peixes (desordem). *Florais:* Clematis (faz funcionar o que não está funcionando), White Chestnut (clareia a mente, tira a rigidez da mente), Rock Rose (tira o pânico que causou a desordem), Mimulus (medo de assumir seu papel na vida, que baixa a resistência), Olive (ativa a formação de anticorpos no timo), Elm (revitaliza o timo), Scleranthus (ativa o timo), Gentian (energiza o timo), Water Violet (dá leveza para viver, por desbloquear o timo), Vine (dá vida ao timo), Sweet Chestnut + Olive (ativa o timo que nos dá vitalidade) e mais os florais dos signos que regem a casa onde está o planeta e a casa oposta a ela.

Das suprarrenais

• pode ser Netuno (desordem) em Áries (cérebro). *Florais:* White Chestnut (dá clareza à mente), Rock Rose (tira o pânico que causou a desordem), Impatiens (dá ritmo correto ao sangue na cabeça) e mais os florais dos signos que regem a casa onde está o planeta e a casa oposta a ela.

Renal

• pode ser Netuno (desordem) em Áries (cabeça). *Florais:* White Chestnut (clareia a mente), Rock Rose (desordem), Impatiens (dá ritmo correto ao sangue na cabeça) e mais os florais dos signos que regem a casa onde está o planeta e a casa oposta a ela.

hipogeusia ....

Definição: Amortecimento do sentido do paladar.

Regência: Touro e Vênus (inseguros e infelizes) regem o paladar e os florais são: Gentian (segurança interior, ativa a fé, que faz sarar qualquer doença) e Wild Rose (alegria, cura o organismo).

Em geral

• pode ser um mau aspecto entre o Sol (orgulho, ego, rege a consciência) e Netuno (desordem). *Florais:* Vervain (energia vital, consciência), Rock Rose (tira o pânico que causou a desordem), White Chestnut (clareia a mente) e mais os florais dos signos que regem as casas onde estão os planetas e as casas opostas a elas.

hipoglicemia ....

Definição: Deficiência de açúcar no sangue pelo mau funcionamento do pâncreas; taxa de glicose no sangue abaixo do normal.

Indica: falta de doçura na vida.

Regência: Virgem (submisso) rege o pâncreas e o floral é Centaury (dá individualidade e saúde ao pâncreas).

Floral auxiliar: Red Chestnut (quando é afetado por excesso de preocupações), Crab Apple (dá bom funcionamento), Gentian (transforma o amargo da vida no coração pela alegria através do entendimento), Vine (ativa o plexo solar, que dá luz ao pâncreas) e Rescue Remedy (resgata de qualquer mal).

Em geral

• pode ser Sol (falta de energia vital) em Virgem (pâncreas). *Florais:* Vervain (energia vital, luz), Centaury (saúde ao pâncreas) e mais os florais dos signos que regem a casa onde está o planeta e a casa oposta a ela.

• pode ser Lua (emoções ou falta de atenção ao físico) em Virgem (pâncreas). *Florais:* Clematis (coloca os pés no chão, faz cuidar do físico), Centaury (saúde do pâncreas) e mais os florais dos signos que regem a casa onde está o planeta e a casa oposta a ela.

• pode ser um mau aspecto entre a Lua (emoções, vida amarga, falta de atenção com o físico) e Mercúrio (condutos do corpo por onde passa o sangue), principalmente se Júpiter (expande) ou Saturno (retém, atrasa) fizerem aspectos com a Lua ou Mercúrio. *Florais:* Clematis (faz funcionar o órgão que não funciona), Cerato (saúde dos tubos do corpo), Agrimony (tira o exagero), Rock Water (clareia a mente), Mimulus (tira os medos que nos acompanham no dia a dia) e mais os florais dos signos que regem as casas onde estão os planetas e as casas opostas a elas.

• pode ser uma desarmonia de Lua (vida amarga) em Virgem (pâncreas). *Florais:* Clematis (alegria, criatividade), Centaury (saúde ao pâncreas) e mais os florais dos signos que regem a casa onde está o planeta e a casa oposta a ela.

Leve

• pode ser Netuno em Peixes (desordem). *Florais:* White Chestnut (clareza da mente), Rock Rose (tira o pânico que causou a desordem) e mais os florais dos signos que regem a casa onde está o planeta e a casa oposta a ela.

hipogonadismo ....

Definição: Falta dos hormônios segregados pelas gônadas.

Em geral

• pode ser um mau aspecto entre a Lua (órgão reprodutivo feminino) e Vênus (órgãos internos de reprodução). *Florais:* Clematis (faz funcionar o órgão que não funciona), Gentian (ativa a fé, cura doenças crônicas), Scleranthus (faz escolher, equilíbrio), Wild Rose (vontade de viver) e mais os florais dos signos que regem as casas onde estão os planetas e as casas opostas a elas.

• pode ser um mau aspecto entre Marte (masculino, impulso) e Saturno (atrasa, prende), que fazem um mau aspecto com Plutão (degenera, órgão de reprodução feminino e masculino). *Florais:* Impatiens (dá ritmo correto, lado masculino, saúde do masculino), Mimulus (tira os medos), Rock Water (tira a rigidez, dá suavidade, faz soltar), Heather (regenerador) e mais os florais dos signos que regem as casas onde estão os planetas e as casas opostas a elas.

hipoinsulinismo ....

Definição: Secreção insuficiente de insulina.

Em geral

• pode ser Saturno (segura, atrasa), em Virgem (pâncreas, onde se fabrica a insulina). *Florais:* Rock Water (faz soltar, dá flexibilidade), Mimulus (tira os medos que causam a rigidez), Centaury (saúde do pâncreas) e mais os florais dos signos que regem a casa onde está o planeta e a casa oposta a ela.

hipomania ....

Definição: Leve mania de excitamento, com moderada mudança de comportamento.

Em geral

• pode ser um mau aspecto entre Marte (impulso em excesso) e Netuno (desordem). *Florais:* Impatiens (dá ritmo correto), Rock Rose (tira o pânico que causou a desordem), White Chestnut (clareia a mente) e mais os florais dos signos que regem as casas onde estão os planetas e as casas opostas a elas.

hipoparatireoidismo ....

Definição: Secreção insuficiente das glândulas paratireoides.

Indica: vontade de desistir de tudo.

Regência: Touro (inseguro) rege a tireoide e o floral é Gentian (saúde para a tireoide).

Em geral

• pode ser um mau aspecto entre Mercúrio (hormônios) e Netuno (desordem). *Florais:* Cerato (equilíbrio dos hormônios), White Chestnut (clareia a mente), Rock Rose (tira o pânico que causou a desordem) e mais os florais dos signos que regem as casas onde estão os planetas e as casas opostas a elas.

hipopituitarismo ....

Definição: Condição resultante de uma diminuição da secreção dos hormônios da pituitária, sobretudo os do lobo anterior; qualquer distúrbio da glândula pituitária e de suas funções. Hipófise: glândula ou corpo da pituitária.

Indica: as iniciativas.

Regência: Plutão (possessivo, medo de perder o poder) rege a glândula pituitária e o floral é Heather (regenerador).

Florais auxiliares: Clematis (atua na hipófise trazendo *insights*, ideias iluminadas), Cherry Plum (abre a hipófise fazendo que ative o coração com energia, o que nos faz resolver os mais difíceis pensamentos e sentimentos), Scleranthus (ativa o sexto chakra, frontal, hipófise, que dá equilíbrio para os líquidos do corpo, equilibra o chakra coordenador das energias), Heather (ativa a hipófise e a pineal, que deixam entrar a luz superior para a nossa orientação), Larch (tira os bloqueios, ativa a hipófise, que equilibra os humores e qualquer substância líquida do corpo), Beech (equilibra os hormônios e líquidos do corpo), Centaury (ativa a hipófise e faz distribuir a energia pelo corpo todo).

Em geral

• pode ser um mau aspecto entre a Lua (secreções glandulares) e Saturno (prende, segura). *Florais:* Clematis (faz funcionar o órgão que funciona), Rock Water (faz soltar, dá flexibilidade), Mimulus (tira os medos que nos acompanham) e mais os florais dos signos que regem as casas onde estão os planetas e as casas opostas a elas.

• pode ser um mau aspecto entre a Lua (secreções glandulares) e Vênus (vontade de viver ou falta dela). *Florais:* Clematis (faz funcionar o órgão que não funciona), Scleranthus (equilíbrio no funcionamento dos órgãos), Wild Rose (vontade de viver), Gentian e mais os florais dos signos que regem as casas onde estão os planetas e as casas opostas a elas.

hipotálamo ....

Definição: A parte do diencéfalo que compreende a parede ventral do terceiro ventrículo, abaixo do sulco hipotalâmico, e que inclui as estruturas formadoras do assoalho ventricular, que são o quiasma óptico, túber cinzento, infundíbulos e corpos mamilares; contém neurossecreções que são importantes no controle de certas atividades metabólicas, como manutenção do equilírio hídrico, metabolismo do açúcar e das gorduras, regulação da temperatura do corpo, regulação das secreções e hormônios liberadores e inibidores; o hipotálamo integra as atividades simpáticas e parassimpáticas.

Regência: Netuno (desordem) rege o hipotálamo e os florais são: White Chestnut e Rock Rose (tira o pânico que causou a desordem); Plutão (mutação genética) rege o hipotálamo e o floral é Heather (regenerador).

hipotensão arterial................

Definição: Diminuição da pressão sanguínea.

Indica: falta de amor na infância, o que leva a pessoa a ter uma vida desanimada, não sentir vontade de viver.

Florais auxiliares: Olive (dá ritmo ao coração), Hornbeam (dá energia ao sangue) e Wild Rose (trabalha o sangue, dá alegria que é vida, e sangue é vida), Gentian (equilibra o coração), Impatiens (dá ritmo ao sangue), Rescue Remedy (regula a tensão arterial), Gorse (aproxima o físico da alma, tira o negativismo, dá vida, e sangue é vida), Red Chestnut (faz a liberação da adrenalina no corpo), Wild Rose (dá vida, alegria), Rescue Remedy (equilibra os sistemas).

Em geral

• pode ser um mau aspecto entre Marte (impulso) e Netuno (desordem), fazendo um mau aspecto com Júpiter (exagero). *Florais:* Impatiens (ritmo correto), Rock Rose (tira o pânico que causou a desordem), White Chestnut (clareia a mente), Agrimony (tira o exagero) e mais os florais dos signos que regem as casas onde estão os planetas e as casas opostas a elas.

• pode ser uma desarmonia de Lua (emoções) em Leão (falta de entusiasmo). *Florais:* Clematis (coloca os pés no chão, faz se cuidar), Vervain (energia vital) e mais os florais dos signos que regem a casa onde está o planeta e a casa oposta a ela.

hipotireoidismo ....

Definição: Condição decorrente da deficiência da secreção tireoidiana, resultando em cretinismo; deficiência da atividade tireoidiana; os sintomas são: obesidade, pele seca, cabelos quebradiços e opacos, pressão arterial baixa, pulso lento, lentidão de todas as funções, atividade muscular diminuída, sensação de estar mentalmente embotado e apático, pouca capacidade de memorização, sensibilidade à queda de temperatura, constipação intestinal.

Indica: vontade de desistir de tudo.

Florais auxiliares: Willow (dá o ritmo certo à tireoide por dar docilidade para viver a vida, limpa), Star of Bethlehem (quando por estado de choque a tireoide parou de funcionar, iodo), Heather (energia à tireoide, ativa o chakra laríngeo), Vervain (aumenta o iodo), Pine (tira os nós emocionais e dos pensamentos de tristeza e ressentimento da tireoide).

Em geral

• pode ser Netuno (desordem) em Escorpião (mudança genética). *Florais:* White Chestnut (clareia a mente), Rock Rose (tira o pânico que causou a desordem), Heather (regenerador) e mais os florais dos signos que regem a casa onde está o planeta e a casa oposta a ela.

• pode ser um mau aspecto entre a Lua (hormônios) e Vênus (tireoide). *Florais:* Clematis (coloca os pés no chão, faz cuidar do físico, faz funcionar o órgão que não funciona), Gentian (dá saúde à garganta e à tireoide), Scleranthus (equilíbrio), Wild Rose (acaba com a falta de respostas do organismo) e mais os florais dos signos que regem as casas onde estão os planetas e as casas opostas a elas.

• pode ser Netuno (desordem) em Escorpião (degeneração). *Florais:* White Chestnut (clareia a mente), Rock Rose (tira o pânico que causou a desordem), Heather (regenera) e mais os florais dos signos que regem a casa onde está o planeta e a casa oposta a ela.

holly (floral) ....

Traz aceitação. Tira a raiva e o ressentimento.

Ajuda em caso de

• dor e aperto no coração, angústia; coração de pedra (as mãos e os pés ficam fechados, em forma de garra); raiva em estado manifesto; processos explosivos.

• dentes e garganta fechados, travados; bruxismo, ATM, gengivite, dentes gastos; quando fica tudo travado na garganta; amigdalite purulenta por raiva.

É bom para

• quem é invejoso, ciumento, vingativo e desconfiado (Holly elimina o negativo, deixa a vida fluir, traz o amor verdadeiro);

abrir o coração e abrir os braços, no sentido de doação para o mundo.

• quando a pessoa é alvo de raiva, inveja, injúria, injustiça; quando, nos momentos ruins, sente indiferença, apatia, revolta, ressentimento, não aceitando esses momentos.

• quem sente dores fortes (dói muito quando a musculatura precisa ser transformada); sente cócegas exageradas; não aceita que seu corpo seja tocado; não se aceita, não gosta de si mesmo; adolescente revoltado por ser como é; criança adotiva (bom para a atitude de indiferença).

Em relação aos planetas

• ajuda Marte ao nos dar força para a luta, energizando e purificando nosso sangue.

• ajuda Saturno ao nos dar força para transpormos as limitações do corpo, agindo nos ossos.

• ajuda Plutão ao limpar o coração de tudo o que é negativo, só deixando o amor.

honeysuckle (floral) ....

Deixar o passado para trás.

Ajuda em caso de

• doenças hereditárias e genéticas, alergias, doenças vasculares, diabete e doenças reumáticas.

É bom para

• a pessoa viver o presente, entregar-se com confiança; trabalhar a morte, o viver, o presente, o "conhece-te a ti mesmo"; ser dona do seu destino, não olhar para trás; eliminar os bloqueios do passado e ir em frente, para o resgate da harmonia; acabar de vez com o que passou e ir em frente; em terapias, para transformar o passado.

• a transformação, a harmonia; limpar amores malresolvidos; a fidelidade eterna; é o elixir do amor, pela entrega ao presente.

• terapia de vidas passadas (sara as saudades).

Em associação com outros florais

• Honeysuckle + Pine + Holly + Chicory + White Chestnut: para limpar nostalgia, culpa, vingança e obsessão.

• Honeysuckle + Heather: para trabalhar algo que ficou gravado e foi mal entendido.

• Honeysuckle + Pine: para o idoso viver melhor o presente; bom para quem tem nódulos nas costas.

Em relação aos planetas

• ajuda Plutão ao limpar nosso passado e ao nos trazer transformação.

• ajuda Netuno ao limpar nossos amores malresolvidos.

• ajuda Saturno ao tirar nosso peso e limitações.

• ajuda Júpiter ao nos trazer a sabedoria do passado.

hormônio ....

Definição: Substância que se origina de um órgão, glândula ou parte do corpo, e é transportada através do sangue até outra parte, estimulando esta parte pela ação química, o que faz aumentar a atividade funcional ou a secreção de outro hormônio.

Regência: Mercúrio (racional) rege os hormônios em geral e o floral é Cerato (equilibra os hormônios); Virgem (submisso) rege a insulina e o glicogênio (no fígado) e o floral é Centaury (hormônios); Escorpião (medo de perder o poder) é responsável pelos hormônios secretados pelas suprarrenais e o floral é Heather (regenerador).

Florais auxiliares: Centaury (é o regente geral de todos os hormônios; se houver distúrbios sexuais, significa alterações na hipófise), Larch (ativa os hormônios) e Clematis (se houver alterações na hipófise, a pessoa pode alternar entre o engordar e o emagrecer; pode ser por ela estar no mundo da lua, então come demais, sem prestar atenção, ou não se interessa por comida; tira os distúrbios hormonais), Olive (equilíbrio hormonal), Cherry Plum + Larch (equilíbrio da hipófise), Scleranthus (equilibra os hormônios), Cherry Plum (equilíbrio dos hormônios femininos), Walnut (equilíbrio da hipófise), Larch (tira os bloqueios, equilibra os hormônios), Wild Rose (equilibra os hormônios), Water Violet (tira os problemas hormonais), Beech (atua na hipófise, equilibra os hormônios), Vine (se o primeiro e o segundo chakras estiverem desequilibrados), Impatiens (dá ritmo correto aos hormônios), Chicory (bom para mudanças hormonais), Centaury (regulador de todos os hormônios).

Em geral

• pode ser uma conjunção entre o Sol (falta de energia vital) e Vênus (falta de alegria); o Sol prejudica a fisiologia dos hormônios femininos, podendo haver oligomenorreia ou amenorreia. *Florais:* Vervain (relaxa, acalma, dá equilíbrio à energia vital), Wild Rose (ativa o lado feminino, faz o organismo sarar) e mais os florais dos signos que regem as casas onde estão os planetas e as casas opostas a elas.

Problemas com

• pode ser um mau aspecto de Netuno (desordem). *Florais:* White Chestnut (clareia a mente), Rock Rose (tira o pânico que causou a desordem) e mais os florais dos signos que regem a casa onde está o planeta e a casa oposta a ela.

hornbeam (floral).................

Energia.

Ajuda em caso de

• problemas de coluna e dos ossos, deformações posturais e ósseas, desvio, esporão; deformação nos pés ou mãos, nas articulações; musculatura flácida; artrose, artrite, dores nos nervos, congestão circulatória, osteoporose.

• preguiça, cansaço, anemia, dentição atrasada, troca de dentes, espinhas inclusas, furúnculos que não explodem, acne, varizes, hematomas no corpo; dor nas cadeiras e no baixo-ventre; mioma; hipertensão.

• Marte em desequilíbrio no mapa (pode causar problemas genitais, intestinais, abdominais).

É bom para

• dar prazer nas atividades; trazer equilíbrio, disponibilidade, abundância, entusiasmo, participação, entrega, prazer, revitalização, vontade, fortalecimento, tonificação; tirar o cansaço da segunda-feira pela manhã.

• quem não sente prazer no corpo; foi rejeitado durante a gravidez; criança adotiva, criança com defeito genético; mãe que rejeita o filho durante a geração e/ou gestação; criança que não teve a presença do pai na gestação ou na infância.

• engenheiros, construtores, artesãos, arquitetos e taurinos.

• dar estruturação ao corpo, energia; trabalhar a coluna, dando energia e regeneração, tirando os desvios e os nós e desatando os bloqueios; trabalhar a tonicidade dos músculos, as articulações e os ossos; melhorar a circulação; aumentar o fluxo menstrual.

• na gestação: quando há muito cansaço nas pernas; ajudar no nascimento. Obs.: não dar para a mulher que tem placenta prévia.

Em associação com outros florais

• Hornbeam + Wild Oat: para osteoporose muito grave; osteoporose da menopausa; dores de crescimento.

• Hornbeam + Wild Oat + Oat Olive: para anemia ferropriva.

• Hornbeam + Chestnut Bud: para problemas de postura; para quem precisa fazer RPG.

• Hornbeam + Clematis + Star of Bethlehem + Chestnut Bud: para quem sofreu um AVC e ficou com sequelas.

• Hornbeam + Crab Apple: para alergias e todas as doenças crônicas (rinite, sinusite, bronquite).

• Hornbeam + Crab Apple e/ou Cherry Plum: para alergias com catarro.

Em relação aos planetas

• ajuda Marte ao fortalecer a libido, o impulso para a busca do prazer; ao ajudar a fixar o ferro, fortificando a parte genital e intestinal.

• ajuda Touro ao nos dar o senso da beleza e da estética.

• ajuda Mercúrio na atividade intelectual, promovendo a criação com o pensamento.

• ajuda Virgem ao trazer perfeição na criação e no domínio sobre a matéria.

• ajuda Netuno ao pôr nossos pés no chão e trazer inspiração.

I

icterícia ....

Definição: Condição caracterizada por um amarelecimento da pele, do branco dos olhos, das membranas mucosas e dos líquidos corporais em decorrência da deposição de pigmento biliar, resultante do excesso de bilirrubina no sangue.

Indica: raiva, sede de emoções primitivas, não sabe o que é útil ou não, falta de equilíbrio, tudo é em demasia.

Regência: Júpiter (expande) rege o fígado e o floral é Agrimony (faz a pessoa ser verdadeira, tira o exagero e tudo o que não pertence à pessoa).

Florais auxiliares: Honeysuckle (por ficar remoendo o ruim que já passou), Red Chestnut (por preocupação), Crab Apple (limpa o fígado e dá as devidas proporções aos acontecimentos), Holly (por dar o entendimento e acalmar, tira as doenças do fígado, que assimila a raiva, a inveja e sentimentos de vingança).

Em geral

• pode ser uma desarmonia de Júpiter (exagero) em Virgem (submissão). *Florais:* Agrimony (faz a pessoa ser verdadeira, tira o exagero e tudo o que não faz parte da pessoa), Centaury (individualidade) e mais os florais dos signos que regem a casa onde está o planeta e a casa oposta a ela.

Obstrutiva

• pode ser uma desarmonia de Júpiter (exagero) em Capricórnio (segura, prende). Florais: Agrimony (tira o exagero, faz a pessoa ser verdadeira), Mimulus (tira os medos que nos acompanham por tempo demais), Rock Water (dá suavidade e flexibilidade na vida) e mais os florais dos signos que regem a casa onde está o planeta e a casa oposta a ela.

imaginação ....

Definição: Faculdade do espírito para representar imagens; fantasia.

Regência: Urano (traz para si o inconsciente coletivo) e Mercúrio (velocidade dos pensamentos, é muito imaginativo) regem a imaginação e os florais são: Water Violet (faz dividir conhecimentos) e Cerato (saúde para os hemisférios cerebrais).

impatiens (floral)..................

Tira a impaciência, dá ritmo correto ao sangue na cabeça.

Relaciona-se com

• Áries, Marte e com as partes do corpo e as funções secundárias ligadas a Áries e Marte.

Ajuda em caso de

• inflamação, febre, febre com delírio, fases agudas, processos crônicos da pele, dores violentas, epistaxe, sangramento nasal, hemorragia digestória, queimadura, crise hipertensiva, problemas no cóccix, dermatite, manchas roxas, psoríase, dor de cabeça, enxaqueca, gastrite, úlcera, azia, problemas digestórios, rinite, sinusite, bronquite, obstrução nasal, dores em geral, pneumonia.

• cansaço, irritabilidade, agressão, grosseria, brutalidade, gagueira por pressa, tensão, ansiedade, insônia, excesso de transpiração, calores da menopausa.

É bom para

• *trabalhar:* impaciência, condescendência, benevolência, perseverança, ritmo interno, calor, amor, ação, paciência, confiança, perspicácia, vida, alegria, tranquilidade, clareza de pensamento, astúcia na ação, amabilidade, cortesia, gentileza.

• o sofredor, o doloroso, quem perdeu a batalha; pessoas impetuosas, arrojadas, ansiosas, apaixonadas, inquietas.

• o terapeuta aprender a respeitar o tempo do paciente, observando-o e esperando que ele se cure.

• conviver em fraternidade; aprender a dominar os impulsos; aprender o momento certo para conseguir alcançar os objetivos; dar direção à ação; energia de recepção.

• aumentar a vitalidade masculina; ajudar meninas que não gostam de ser femininas, que detestam menstruar, que têm muita testosterona.

Em associação com outros florais

• Impatiens + Wild Rose: para equilibrar o masculino e o feminino.

Em relação aos planetas

• ajuda Marte ao acalmar nossa energia belicosa; ao organizar a luta para atingirmos nossos objetivos; ao trazer calor, vitalidade, energia, criatividade e realização; ao burilar o lado bruto, transformando-o em energia, cortesia e amabilidade; ao nos ensinar a conquista afetiva e profissional.

• ajuda Mercúrio ao controlar a rapidez e a velocidade dos nossos pensamentos para termos respostas precisas e rápidas; ao moderar os ritmos que estão mais acelerados que o normal na frequência cardíaca, na frequência respiratória, na velocidade do pensamento, na alimentação e na pressa para fazer tudo.

impotência ....

Definição: Incapacidade do homem de conseguir uma ereção ou mantê-la.

Indica: medos da masculinidade, de ser muito agressivo, de ter que assumir a virilidade e a feminilidade, da tensão e culpa sexual, da figura materna.

Regência: Escorpião (não sente prazer em nada, é exigente) rege os órgãos sexuais e o floral é Heather (regenerador).

Florais auxiliares: Hornbeam (energia), Wild Rose (ajuda a libido, alegria em ter vida), Rock Rose (trabalha a entrega), Larch (dá autoestima, levanta, dá ação, tira a impotência no homem e na mulher).

Em geral

• pode ser um mau aspecto entre a Lua (falta de sensibilidade) e Júpiter (exagero). *Florais:* Clematis (faz funcionar o órgão que não funciona), Agrimony (tira o exagero e tudo o que não pertence à pessoa, faz ser verdadeira) e mais os florais dos signos que regem as casas onde estão os planetas e as casas opostas a elas.

• pode ser um mau aspecto entre Vênus (falta de libido) e Marte (impulso, libido, força, masculino). *Florais:* Gentian (segurança interior), Scleranthus (equilíbrio), Wild Rose (ativa a libido, dá alegria de viver), Impatiens (dá ritmo correto ao impulso) e mais os florais dos signos que regem as casas onde estão os planetas e as casas opostas a elas.

impulso vital ....

Definição: Força ou o impulso para agir.

Regência: Marte (impulso) rege o impulso vital e os florais são: Impatiens (dá ritmo correto ao impulso vital) e Vervain (energia vital, faz o bom funcionamento do coração, que dá saúde aos outros órgãos).

imunodeficiência ....

Definição: Capacidade diminuída ou comprometida de responder a estímulos antigênicos através de uma reação de imunidade celular adequada.

Indica: culpa sexual; que a pessoa não se sente suficientemente boa, sente-se impedida de satisfazer seus impulsos sexuais e agressivos.

Florais auxiliares: Red Chestnut (por medos e pensamentos ruins obsessivos que provocam desordem nos sistemas), Olive (faz o organismo lutar contra a doença), Clematis (quando por tristeza a pessoa não liga se vai morrer ou não), Gentian (protege de doenças físicas por ativar a fé, que é a certeza de que tudo dará certo, aproxima o anjo da guarda), Heather (regenerador), Centaury + Holly + Cherry Plum (tiram as doenças autoimunes), Pine (tira as culpas), Mustard (para quem foi rejeitado no ventre e já nasce sem vida), Star of Bethlehem (quando se recebe a notícia da doença, não deixa piorar e faz a regeneração).

Em geral

- pode ser Netuno e/ou Peixes (desordem) mal aspectados. *Florais:* White Chestnut (clareia a mente) e Rock Rose (tira o pânico que causou a desordem).
- pode ser um mau aspecto entre Marte (impulso, sem pensar) e Netuno (desordem), fazendo um mau aspecto com Júpiter (expande). *Florais:* Impatiens (dá ritmo correto ao impulso), Rock Rose (tira o pânico que causou a desordem), White Chestnut (clareia a mente), Agrimony (tira o exagero) e mais os florais dos signos que regem as casas onde estão os planetas e as casas opostas a elas.
- pode ser uma desarmonia de Lua (emoções) em Sagitário (prende, retém). *Florais:* Clematis (coloca os pés no chão, faz cuidar da saúde), Agrimony (tira o exagero, faz a pessoa ser verdadeira) e mais os florais dos signos que regem a casa onde está o planeta e a casa oposta a ela.

inalação ....

Definição: Ato de sorver ar, vapor ou gás para o interior dos pulmões.

Florais básicos: Rescue Remedy (resgata de qualquer mal-estar, alivia o sofrimento respiratório), Cerato (saúde dos pulmões), Olive (paz e boa respiração) e Water Violet (que trabalha o elemento ar), Agrimony (tira o problema respiratório), Red Chestnut (equilibra a respiração), Willow (tira a respiração sufocante), Impatiens (dá ritmo correto à respiração), Aspen (por dar ritmo aos pensamentos, dá uma boa respiração), Pine (tira a respiração angustiada), Sweet Chestnut (tira a respiração angustiada ou sufocante por mostrar a luz no fim do túnel).

inchaço

Definição: Intumescimento ou distensão além do tamanho normal.

Indica: que a pessoa está presa aos mesmos padrões de pensamentos; ideias dolorosas retidas por medo de expressá-las.

Florais básicos: Rescue Remedy, Agrimony (faz a pessoa ser verdadeira, tira o excesso e o inchaço), Scleranthus (se for por problemas renais).

infância (problemas na)

Florais básicos: Rescue Remedy (para qualquer problema infantil, até choro sem motivo); Chestnut Bud (para a criança assimilar o que aprende); Honeysuckle e Walnut (nos momentos de seguir novos caminhos e em todos os momentos de mudanças); Chicory (para trabalhar o desapego na hora do desmame, de ir para a escola, etc.); Pine e Holly (para tirar as culpas e trazer aceitação do que a criança está passando); Mimulus (tira os medos do dia a dia), Larch (bom para novos começos da vida da criança). Dar como remédio de fundo os principais florais do mapa natal e pode dar um floral na mamadeira de água durante o dia, os florais do *stock* das respectivas doenças que aparecerem diagnosticadas pelos médicos ou pelos mapas do ano para prevenir.

Problemas de alimentação

• pode ser uma desarmonia entre o Sol (falta de energia vital) e a Lua (estômago). *Florais:* Vervain (energia vital, luz à vida), Clematis (faz funcionar direito ou faz funcionar o órgão que não funciona), Centaury (para assimilação alimentar, faz absorção correta nos intestinos), Rock Rose (faz a correta absorção nos intestinos) e mais os florais dos signos que regem as casas onde estão os planetas e as casas opostas a elas.

Saúde fraca

• pode ser Netuno (desordem) mal aspectado. *Florais:* White Chestnut (clareia a mente), Rock Rose (tira o pânico que causou a desordem e dá a absorção correta dos alimentos nos intestinos), Walnut (bom nas mudanças de fase durante o crescimento) + Larch e Clematis (para as fases de crescimento).

infarto

Definição: Área de tecido num órgão ou numa parte dele que sofre necrose após a cessação da irrigação sanguínea.

Indica: desprezo por si mesmo, rigidez e desejo de poder que fazem que a pessoa tenha um excesso de autocontrole das emoções (as quais são descarregadas no coração); falta de dar carinho, de dar amor, de se amar.

Florais básicos: Rescue Remedy (é primordial para o resgate dessa pessoa nesta doença), Larch (para querer recomeçar), Clematis (faz a recomposição do órgão afetado), Olive (dá ritmo correto ao coração) e Wild Rose (bom para o sangue, dá alegria para querer viver), Vervain (faz o coração funcionar perfeitamente, o que dará boa saúde aos outros órgãos), Impatiens (ritmo ao sangue na cabeça).

Em geral

• pode ser Júpiter (expande, e por a pessoa não ser verdadeira) em Leão (coração). *Florais:* Agrimony (faz a pessoa ser verdadeira, tira o exagero e tudo o que não faz parte da pessoa), Vervain (faz relaxar) e mais os florais dos signos que regem a casa onde está o planeta e a casa oposta a ela.

infecção ....

Definição: Invasão do corpo ou de uma parte dele por um agente patogênico, micro-organismo ou vírus que, em condições favoráveis, multiplica-se e gera efeitos lesivos; normalmente a infecção se faz acompanhar por inflamação.

Indica: conflito que está sendo vivido; irritação, raiva, aborrecimento com aspectos da vida; se for viral e bacteriana, indica falta de alegria, amargura; se for urinária, indica raiva do parceiro ou do sexo oposto, e culpar os outros.

Florais básicos: Impatiens (anti-inflamatório), Crab Apple (atua como antibiótico; bom para infecção purulenta de repetição), Vervain (energia vital), Elm (por a pessoa querer ajudar os outros e se esquecer de si, vai suportando tudo e vai sendo corroída por dentro), Gentian (ativa o timo, que aumenta os anticorpos e aumenta a resistência), Heather (bom para infecção por desequilíbrio afetivo), Willow (infecção de repetição, por se sentir um coitadinho), Holly + Crab Apple (dá o entendimento, limpa a infecção de repetição), Water Violet + Willow (tiram infecções), Vine (tira infecção dos intestinos), Water + Crab Apple (tira a infecção vaginal de repetição), Aspen (por ativar o timo, tira infecções), Rescue Remedy + Crab Apple (elimina as infecções).

Fúngica na boca ou garganta

• pode ser Vênus (garganta, falta de alegria) em Touro (garganta, insegurança). *Florais:* Gentian (saúde da garganta e segurança interior), Scleranthus (equilíbrio), Wild Rose (saúde da garganta e alegria de viver) e mais os florais dos signos que regem a casa onde está o planeta e a casa oposta a ela.

Generalizada (septicemia)

• pode ser um mau aspecto entre Júpiter (exagero) e Netuno (desordem). *Florais:* Agrimony (tira o exagero, faz a pessoa ser verdadeira), White Chestnut (dá clareza à mente), Rock Rose (tira o pânico que causou a desordem) e mais os florais dos signos que regem as casas onde estão os planetas e as casas opostas a elas.

Invasão do corpo por infecção virulenta

• pode ser um mau aspecto entre Júpiter (exagero) e Netuno (desordem) se também houver um mau aspecto com Saturno (prende, retém) ou Marte (impulso). *Florais:* Agrimony (tira o exagero), White Chestnut (clareia a mente), Rock Rose (tira o pânico que causou a desordem), Mimulus (tira os medos que nos acompanham), Rock Water (dá suavidade e flexibilidade para viver a vida), Impatiens (dá o ritmo correto) e mais os florais dos signos que regem as casas onde estão os planetas e as casas opostas a elas.

Na vagina, pênis, uretra

• pode ser um mau aspecto entre a Lua (emoções confusas ou mundo da lua e não cuidar do físico) e Plutão (órgãos genitais femininos e masculinos). *Florais:* Clematis (saúde para os órgãos de procriação femininos), Heather (regenera, saúde para os órgãos genitais femininos e masculinos) e mais os florais dos signos que regem as casas onde estão os planetas e as casas opostas a elas.

Nos pés

• pode ser um mau aspecto entre Marte (impulso) e Netuno (pés, desordem). *Flo-*

rais: Impatiens (dá ritmo ao impulso), Rock Rose (tira o pânico que causou a desordem, dá saúde aos pés), White Chestnut (clareia a mente) e mais os florais dos signos que regem as casas onde estão os planetas e as casas opostas a elas.

• pode ser um mau aspecto entre Marte (impulso) e o ascendente (atua no físico). *Florais:* Impatiens (dá ritmo correto ao impulso) e mais o floral do signo do ascendente e os florais dos signos que regem a casa onde está o planeta e a casa oposta a ela.

Por meningococo e endocardite bacteriana

• pode ser um mau aspecto entre Júpiter (exagero) e Netuno (desordem). *Florais:* Agrimony (tira o exagero e tudo o que não pertença à pessoa), Rock Rose (tira o pânico que causou a desordem), White Chestnut (clareia a mente, faz limpeza) e mais os florais dos signos que regem as casas onde estão os planetas e as casas opostas a elas.

Urinária

• pode ser um mau aspecto entre o Sol (falta de energia vital) e Plutão (bexiga). *Florais:* Vervain (vitalidade), Heather (saúde da bexiga, regenera) e mais os florais dos signos que regem as casas onde estão os planetas e as casas opostas a elas.

• pode ser um mau aspecto entre Vênus (rins) e Marte (impulso). *Florais:* Gentian, Scleranthus, Wild Rose, Impatiens e mais os florais dos signos que regem as casas onde estão os planetas e as casas opostas a elas.

Urinária ou genital crônica

• pode ser um mau aspecto entre Vênus (falta de alegria por brigas nos relacionamentos) e Saturno (retém, prende) se houver um mau aspecto com Plutão (bexiga) ou Marte (impulso), ou se Saturno (retém, faz parar) estiver em Libra (dúvidas). *Florais:* Gentian (cura a infecção), Scleranthus (equilíbrio, tira as dúvidas), Wild Rose (alegria, tira infecção genital), Mimulus (tira os medos que nos acompanham durante bastante tempo), Rock Water (flexibilidade, suavidade), Scleranthus (equilíbrio), Heather (regenerador, saúde da bexiga e genitais), Impatiens (dá ritmo correto ao impulso) e mais os florais dos signos que regem as casas onde estão os planetas e as casas opostas a elas.

Urinária recorrente

• pode ser uma desarmonia da Lua (emoções, tristezas provocam infecção urinária) em Libra (rins, dúvidas). *Florais:* Clematis (faz funcionar o órgão que não funciona), Scleranthus (equilíbrio) e mais os florais dos signos que regem a casa onde está o planeta e a casa oposta a ela.

infertilidade

Definição: Incapacidade ou capacidade diminuída de procriar.

Indica: medo e resistência ao processo da vida; na mulher, indica resistência à gravidez; no homem e na mulher, indica conflito conjugal, medo da responsabilidade e do compromisso, falta de certeza de querer ser pai/mãe.

Regência: Aquário traz a possibilidade de a pessoa ser estéril por não querer dividir nada com o outro, e o floral é Water Violet.

Floral auxiliar: Clematis (para o casal que não consegue ter filhos e não há motivo detectado em exames), Olive (dá energia vital), Crab Apple (dá fertilidade por limpar o ruim), Walnut (protege novos começos, dá fertilidade), Wild Rose (bom para tudo o que é do feminino, aumenta a fertilidade no homem e na mulher), Hornbeam (dá fertilidade para quem está sem energia), Chicory (ativa a criatividade, dá alegria e fertilidade), Pine (dá fertilidade, tira as culpas).

Em geral

• pode ser um mau aspecto entre a Lua (falta de fertilidade por estar sempre no mundo da lua) e Vênus (dá alegria, sana as doenças do feminino no homem e na mulher). *Florais:* Clematis (faz funcionar o órgão que não funciona), Gentian (ativa a fé, que é a certeza, no caso, de que vai ficar grávida), Scleranthus (equilíbrio), Wild Rose (alegria e fertilidade) e mais os florais dos signos que regem as casas onde estão os planetas e as casas opostas a elas.

• pode ser um mau aspecto entre a Lua (fica no mundo da lua e não fica grávida) e Marte (impulso, masculino, libido). *Florais:* Clematis (faz funcionar o órgão que não funcionava), Impatiens (dá ritmo correto ao impulso, dá força à libido) e mais os florais dos signos que regem as casas onde estão os planetas e as casas opostas a elas.

• pode ser um mau aspecto entre a Lua (não fica grávida por ficar no mundo da lua) e Júpiter (por o ciclo ser alterado, pode haver redução na fertilidade). *Florais:* Clematis (coloca os pés no chão, faz funcionar o órgão que não funcionava), Agrimony (tira a fraqueza orgânica, faz a pessoa ser verdadeira) e mais os florais dos signos que regem as casas onde estão os planetas e as casas opostas a elas.

inflamação..........................

Definição: Queimação por dentro; resposta imune inespecífica que ocorre em resposta a qualquer tipo de lesão corporal.

Indica: exaltação no modo de pensar; raiva.

Florais básicos: Impatiens (anti-inflamatório), Crab Apple (atua como antibiótico).

Em geral

• pode ser um mau aspecto entre Marte (inflamação) e o ascendente (atua no físico). *Florais:* Impatiens (anti-inflamatório) e mais o floral do signo do ascendente e os florais dos signos que regem a casa onde está o planeta e a casa oposta a ela.

Intestinal

• pode ser um mau aspecto entre Mercúrio (tensão e preocupação) e Marte (inflamação), principalmente se estiver em Virgem (abdome, intestino). *Florais:* Cerato (ativa o mestre interior, tira as preocupações por dar intuição), Impatiens (anti-inflamatório), Centaury (saúde para os intestinos, ajuda a fazer a absorção perfeita dos nutrientes no intestino) e mais os florais dos signos que regem as casas onde estão os planetas e as casas opostas a elas.

inquietação ....

Definição: Estado de preocupação; desassossego que impede o repouso, a paz, a tranquilidade.

Florais auxiliares: Vervain (acalma), Cherry Plum (dá bons sentimentos e pensamentos), Sweet Chestnut (luz no fim do túnel), Rescue Remedy (coloca as coisas nos devidos lugares), Crab Apple (limpa, dá as devidas proporções aos acontecimentos).

Extrema

• pode ser Marte em Áries (impulso). *Florais:* Impatiens (dá ritmo correto aos impulsos), Holly (ensina, dá aceitação) e mais os florais dos signos que regem a casa onde está o planeta e a casa oposta a ela.

insolação

Definição: Reação aguda e perigosa à exposição térmica.

Indica: pessoas que têm: Marte, Áries (impulso), Sol, Leão (energia vital), todos são de fogo; se estiverem cheios de aspectos que o fortaleçam ou no ascendente, possuem tendência a ter insolação, ter queimaduras, ter problemas com fogo. É bom se cuidar por saber disso.

Em geral

• pode ser Marte (ação, impulso, calor) em Leão (fogo, efusão). *Florais:* Impatiens (dá o ritmo correto ao impulso, à ação, tira o calor), Vervain (relaxa), Elm (libera endorfina, que tira a dor) e mais os florais dos signos que regem a casa onde está o planeta e a casa oposta a ela. Toda pessoa marciana (regida principalmente pelo planeta Marte) tem tendência a ter insolação e acidentes com fogo.

insônia

Definição: Distúrbio do sono.

Indica: falta de confiança na vida, medo e fuga do lado sombrio do inconsciente.

Regência: Libra rege o equilíbrio ácido-base (que, quando tem problemas, pode causar insônia) e o floral é Scleranthus (equilíbrio do ácido-base); Netuno (desordem) rege o sono e os sonhos, e os florais são: White Chestnut (clareia a mente) e Rock Rose (tira o pânico que causou a desordem).

Florais auxiliares: Clematis (quando a pessoa prefere ficar acordada para sonhar), Rescue Remedy (dá equilíbrio) e Holly (faz o ensinamento do que está em desequilíbrio, acalma), Agrimony (tira a cronicidade, pessoas que pioram de todos os males à noite), Rock Water (por a pessoa não conseguir relaxar), White Chestnut (para quem não consegue desligar), Wild Oat (faz relaxar), Star of Bethlehem (tira os traumas, traz a inocência de volta), Impatiens (dá ritmo correto aos pensamentos, tira a insônia), Elm (tira a insônia), Red Chestnut (bom para quando o sono é interrompido), Cherry Plum (acaba com a insônia, por dar bons pensamentos e sentimentos), Sweet Chestnut (dá soluções para os problemas, bom para quem não dorme para solucioná-los), Willow (bom para quem tem pesadelos com monstros e tragédias, cemitério e mortes, bom para insônia).

Em geral

• pode ser um mau aspecto entre Mercúrio (pensamentos) e Júpiter (exacerba). *Florais:* Cerato (ativa o mestre interior, dá ensinamentos, ativa a intuição, a pessoa não precisa se preocupar), Agrimony (crônica ou não, faz a pessoa ser verdadeira, dá equilíbrio à vida, tira a insônia) e mais os florais dos signos que regem as casas onde estão os planetas e as casas opostas a elas.

• pode ser um mau aspecto entre Mercúrio (pensamentos) e o ascendente (atua no físico). *Florais:* Cerato (torna a pessoa intuitiva, faz acreditar em si, não precisa pensar tanto para resolver os problemas) e mais o floral do signo do ascendente e os florais dos signos que regem a casa onde está o planeta e a casa oposta a ela.

• pode ser um mau aspecto entre Marte (impulso) e o ascendente (atua no físico), *Florais:* Impatiens (dá ritmo correto ao impulso) e mais o floral do signo do ascendente (atua no físico) e os florais dos signos

que regem a casa onde está o planeta e a casa oposta a ela.

• pode ser um mau aspecto entre Júpiter (expande) e Urano (eletricidade no cérebro). *Florais:* Agrimony (tira o exagero, faz a pessoa ser verdadeira), Water Violet (tira a tensão cerebral, ameniza a eletricidade do cérebro) e mais os florais dos signos que regem as casas onde estão os planetas e as casas opostas a elas.

• pode ser Lua (emoções, pode haver falta de potássio) em Áries (cabeça cheia). *Florais:* Clematis (potássio), Impatiens (dá o ritmo correto ao organismo, aos pensamentos, às emoções) e mais os florais dos signos que regem a casa onde está o planeta e a casa oposta a ela.

• pode ser Mercúrio (pensamentos) em Virgem (críticos). *Florais:* Cerato (ativa o mestre interior, dá intuição e conhecimento), Centaury (faz ver o todo, dá individualidade, ameniza os pensamentos) e mais os florais dos signos que regem a casa onde está o planeta e a casa oposta a ela.

instabilidade emocional ....

Definição: Instabilidade das emoções, que vai da depressão à euforia.

Indica: medos e dúvidas.

Em geral

• pode ser um mau aspecto entre a Lua (emoções) e Urano (eletricidade cerebral) *Florais:* Clematis (tira do mundo da Lua, coloca os pés no chão, dá constância), Water Violet (ameniza a eletricidade do cérebro, que dá constância ao funcionamento do organismo) e mais os florais dos signos que regem as casas onde estão os planetas e as casas opostas a elas. Ajudar com Scleranthus (equilíbrio).

Florais auxiliares: Crab Apple (tira os processos repetitivos da mente), Gentian (por ativar a fé, elimina problemas crônicos da mente), Heather (clareia os processos psíquicos), White Chestnut (distúrbios psíquicos causados por rigidez de pensamentos), Mustard (por depressão que não se sabe de onde vem), Honeysuckle (mata a emoção guardada, boa ou ruim, para viver melhor o presente), Walnut (equilibra o emocional por proteger das más influências), Cherry Plum (bom para emoções contidas que podem se tornar doença física), Water Violet (para quem tem problemas graves que são somatizados no físico, até mesmo em doenças mentais).

insuficiência ....

Definição: Incapacidade de funcionar.

Aórtica

Indica: falta de amor.

• pode ser uma desarmonia de Júpiter (exacerba) em Leão (coração). *Florais:* Agrimony (tira tudo o que não faz parte da pessoa ou do organismo, tira o exagero), Vervain (força vital, dá saúde ao coração e a tudo o que diz respeito a ele) e mais os florais dos signos que regem a casa onde está o planeta e a casa oposta a ela.

Florais auxiliares: Agrimony (pelas tristezas que carrega no coração), Mimulus (por medo de assumir seu papel na vida, falta de alegria), Rock Rose (por pânico e medo visceral), Aspen (medo do futuro), Olive (ativa o timo, que dá anticorpos), Wild Oat (aumenta a vontade de viver por um ideal),

Holly (dá o entendimento da vida, enche o coração de amor), Gorse (é amor), Scleranthus (desfaz os nós do coração).

Hepática

Indica: crítica em relação à vida.

• pode ser uma desarmonia de Júpiter (exagero, fígado) em Capricórnio (segura, poda, retém). *Florais:* Agrimony (faz a pessoa ser verdadeira, limpa e depura o fígado), Mimulus (medos que nos paralisam), Rock Water (flexibilidade na vida,) e mais os florais dos signos que regem a casa onde está o planeta e a casa oposta a ela.

Florais auxiliares: Honeysuckle (por limpar o passado que não serve mais), Red Chestnut (quando é por preocupação), Crab Apple (limpa e depura o fígado), Holly (dá o entendimento, faz a aceitação, tira a raiva, a inveja, o ódio, o sentimento de vingança, que se tornaram doenças no fígado), Centaury (saúde para o fígado, por dar individualidade à pessoa), Elm (bom para afecções hepáticas).

Mitral

Indica: falta de amor.

• pode ser uma desarmonia de Júpiter (expansão) em Leão (coração). *Florais:* Agrimony (tira tudo o que não faz parte da pessoa e do organismo), Vervain (vitalidade, força, saúde para o coração) e mais os florais dos signos que regem a casa onde está o planeta e a casa oposta a ela.

Florais auxiliares: Gentian (transforma o sangue venoso que chega ao coração, enchendo-o de oxigênio e impulsionando-o para alimentar as células), Vervain (dá ritmo, equilibra os movimentos de expansão e contração), Heather (dá amor ao coração, regenera), Cherry Plum (faz entender dentro e fora, resolve os mal-entendidos, deixa o coração leve), Water Violet (deixa a vida mais leve), Aspen (bom para sopro no coração e prolapso da válvula mitral), Oak (quando a pessoa foi além do limite do corpo e forçou demais o coração), Vervain (bom para qualquer doença do coração).

Pancreática

• pode ser uma desarmonia de Júpiter (exagero) em Virgem (pâncreas, submissão). *Florais:* Agrimony (faz a pessoa ser verdadeira, tira o exagero), Centaury (equilíbrio e saúde para o pâncreas, ensina a individualidade) e mais os florais dos signos que regem a casa onde está o planeta e a casa oposta a ela.

Florais auxiliares: Red Chestnut (equilibra se for por excesso de medos e preocupações), Crab Apple (limpa), Gentian (pâncreas é o entendimento da vida dada pelo coração, que é a área de reflexão; faz a transformação do ruim da vida no coração para a alegria através do entendimento), Vine (ativa o plexo solar, bom para o pâncreas).

Renal

• pode ser uma desarmonia de Lua (emoções) em Libra (rins, dúvidas). *Florais:* Clematis (coloca os pés no chão, faz trabalhar as emoções), Scleranthus (equilibra os rins) e mais os florais dos signos que regem a casa onde está o planeta e a casa oposta a ela.

Florais auxiliares: Honeysuckle (diurético), Red Chestnut (acalma, quando por preocupações os rins liberam adrenalina, que faz mal aos outros órgãos), Rock Rose (protege dos medos inconscientes que atacam os rins), Clematis (coloca os pés no chão, cuida do corpo), Crab Apple (limpa os rins), Cherry Plum (por medos e emoções contidas, limpa), Willow (tira as tristezas), Wild Oat (dá estrutura e sustentação, equilibra o eixo), Olive (tira o cansaço), Larch (por fazer acreditar na liberdade de ação), Wild Rose (dá alegria), Star of Bethlehem (dá vida aos rins), Rock Water e Chicory (limpa as pedras, os cálculos), Aspen (limpa cálculos, tira a infecção por tirar o medo do futuro), Oak (tira os problemas se for por a pessoa ir além do limite do corpo), Vervain (por euforia, stress, expectativas que causam infecções e cálculos), Elm (tira os problemas renais).

Tricúspide

• pode ser uma desarmonia de Júpiter (expansão) em Leão (coração). *Florais:* Agrimony (faz a pessoa ser verdadeira), Vervain (vitalidade e energia para o coração) e mais os florais dos signos que regem a casa onde está o planeta e a casa oposta a ela.

Florais auxiliares: Gentian (transforma o sangue venoso que chega ao coração, enchendo-o de oxigênio e impulsionando-o para alimentar as células; ativa a fé, que é a certeza que existe dentro de nós de que tudo vai dar certo), Vervain (dá ritmo, equilibra os movimentos de expansão e contração), Heather (dá amor ao coração), Cherry Plum (faz entender dentro e fora, resolve os mal-entendidos, deixa o coração leve), Water Violet (deixa a vida mais leve), Vervain (bom para qualquer doença no coração).

Venosa

• pode ser um mau aspecto entre Vênus (tristeza) e Júpiter (exacerba). *Florais:* Gentian (segurança interior, transforma o sangue venoso, dando oxigênio às células, dá fé, que é a certeza que existe dentro de nós de que tudo vai dar certo), Scleranthus (equilibra o coração, tira arritmias, dá o ritmo cardíaco correto), Wild Rose (alegria, sangue), Agrimony (tira os venenos, faz a pessoa ser verdadeira) e mais os florais dos signos que regem as casas onde estão os planetas e as casas opostas a elas.

• pode ser uma desarmonia da Lua (emoções) em Aquário (reclusão). *Florais:* Clematis (coloca os pés no chão, faz trabalhar as emoções, faz se importar), Water Violet (desbloqueia o coração, abre o coração, faz a vida entrar) e mais os florais dos signos que regem a casa onde está o planeta e a casa oposta a ela.

Florais auxiliares: Agrimony (tira os venenos), Gentian (transforma o sangue venoso e o impulsiona para alimentar as células), Willow (tira as tristezas, transforma o coração), Beech (solta os quadris, massageia os intestinos, manda boa energia para o coração), Vervain (para dar bom funcionamento ao coração).

insulinoma

Definição: Tumor da célula beta do pâncreas, que segrega insulina, fazendo a pessoa ter crises de hipoglicemia.

Indica: mágoa profunda, falta das coisas boas da vida; que a pessoa se doa, mas não faz nada por si mesma.

Regência: Virgem (submissão) rege o pâncreas e o floral é Centaury (equilíbrio para o pâncreas, individualidade).

Florais auxiliares: Chestnut Bud (para a pessoa saber em que momento teve determinado tipo de pensamento que criou um sentimento ruim que foi somatizado), Cherry Plum (faz ver a verdade dentro e fora, elimina qualquer outro pensamento ruim que venha reforçar o que já existe, traz bons sentimentos e pensamentos).

Em geral

• pode ser um mau aspecto entre Mercúrio (pensamentos) e Júpiter (exacerbado).

Florais: Cerato (equilibra os pensamentos, com inteligência e intuição), Agrimony (faz a pessoa ser verdadeira, tira o exagero) e mais os florais dos signos que regem as casas onde estão os planetas e as casas opostas a elas.

inteligência ....

Definição: Capacidade de compreender, pensar, solucionar problemas e se ajustar a novas situações.

Regência: Mercúrio (pensamentos) rege a inteligência e o floral é Cerato (ativa o mestre interior, ativa a intuição, dá raciocínio apurado), Aquário (rege cérebro e neurônios, possui a capacidade de obter conhecimentos do inconsciente coletivo).

Florais básicos: Olive (ativa a inteligência), Gorse (aumenta a inteligência por dar clareza e lucidez à mente), Scleranthus (ativa a pineal, que faz entrar a luz da consciência superior, que ativa a nossa inteligência, dá mais sabedoria), Gentian (ativa a inteligência por dar luz à consciência), White Chestnut (por clarear a mente, aumenta a inteligência), Impatiens (a pessoa Impatiens tem inteligência rápida), Aspen (acaba com os medos, deixa que a inteligência se manifeste com base na consciência e no inconsciente, faz entender a mensagem da alma que fortalece a inteligência).

intestinos ....

Definição: Intestino primitivo ou tubo digestório primitivo; composto de intestino anterior, médio e posterior; canal alimentar que se estende desde o piloro até o ânus. O intestino delgado corresponde à análise crítica dos fatos, e o intestino grosso corresponde ao inconsciente.

Os problemas indicam: no intestino delgado, medo da vida; constipação, medo de que o inconsciente venha à tona, que a pessoa não quer jogar fora o lixo (os pensamentos e sentimentos que não servem mais).

Regência: Virgem (dominado) rege os intestinos e o floral é Centaury (individualidade).

Florais auxiliares: Rock Rose (trabalha o pânico do inconsciente; trabalha as vísceras; faz a limpeza das sujeiras, limpa, purifica, melhora a absorção dos nutrientes pelo organismo, tira a intoxicação, acaba com fezes petrificadas) e Crab Apple (quando o intestino está preso e precisa de eliminações), Gorse (faz a depuração dos intestinos), Elm (bom para intestinos estressados com diarreias ou constipação), Wild Oat (cuida das mucosas e regenera, melhora a absorção das vitaminas, tira intoxicação, bom para intestino delgado, duodeno, jejuno, íleo, intestino grosso, ceco, apêndice, colunas cedente transverso, descendente, sigmoide, reto, canal anal, dá força motriz), Holly (por falta de aceitação da vida e cirurgias nos intestinos), Rock Rose (bom para fezes petrificadas, colites, intestino parado, constipação crônica ou não), Crab Apple (limpa os mal-entendidos que ficam parados nos intestinos intoxicando o sangue), Chicory (atua na área intestinal, fazendo a eliminação do que não serve mais, ativa o primeiro e o segundo chakras, ensina a amar a si mesmo, tira a constipação crônica, elimina e corta o que não serve mais), Centaury (bom para dificuldade de absorção nos intestinos com constipação, bom para os movimentos peristálticos intestinais), Sweet Chestnut (intestino grosso, quando o pulmão fica em baixa afeta o intestino grosso; dá vitalidade).

Bloqueio ou constrição nos

Disfunção do peristaltismo intestinal, criando crises de diarreia e de constipação; colite.

• pode ser Saturno (desgaste) em Virgem (peristaltismo). *Florais:* Rock Water (flexibilidade), Mimulus (tira os medos que paralisam), Centaury (equilibra os movimentos peristálticos) e mais os florais dos signos que regem a casa onde está o planeta e a casa oposta a ela.

Colite ou diarreia

• pode ser Sol (energia vital forte) em Virgem (movimentos peristálticos fortes). *Florais:* Vervain (vitalidade equilibrada), Centaury (movimentos peristálticos com equilíbrio) e mais os florais dos signos que regem a casa onde está o planeta e a casa oposta a ela.

Constipação

• pode ser Saturno (prende) em Peixes (desordem). *Florais:* Rock Water (flexibilidade), Mimulus (tira os medos que paralisam), White Chestnut (dá domínio e direção aos pensamentos quando os instintos nos dominam), Rock Rose (tira o pânico) e mais os florais dos signos que regem a casa onde está o planeta e a casa oposta a ela.

Diverticulose ou colite de fundo nervoso, e cólicas

• pode ser Mercúrio (sistema nervoso) em Virgem (dominada). *Florais:* Cerato (equilíbrio dos pensamentos), Centaury (ativa a individualidade; todo o sistema digestório até o ânus) e mais os florais dos signos que regem a casa onde está o planeta e a casa oposta a ela.

Espasmos e cãibras nos, torção e intussuscepção dos

• pode ser Urano (descarga elétrica) em Virgem (aparelho digestório). *Florais:* Water Violet (ameniza as descargas elétricas), Centaury (equilíbrio para o aparelho digestório) e mais os florais dos signos que regem a casa onde está o planeta e a casa oposta a ela.

Estase de cólon

Peristaltismo deficiente que resulta em constipação; acúmulo de material fecal nas paredes do intestino grosso; toxemia que, por sua vez, afeta a tireoide, o coração e as costas.

• pode ser Saturno (prende) em Escorpião (não gosta de jogar o lixo fora). *Florais:* Rock Water (flexibilidade), Mimulus (tira os medos que paralisam), Heather (dá energia para os movimentos), ajudar com Crab Apple (faz a limpeza), Rock Rose (movimentos peristálticos), Centaury (movimentos peristálticos) e mais os florais dos signos que regem a casa onde está o planeta e a casa oposta a ela.

Função irregular dos

• pode ser Vênus (preguiçoso) em Virgem (sistema digestório, ou movimentos peristálticos). *Florais:* Wild Rose (alegria e dinamismo), Gentian (dinamismo), Scleranthus (equilíbrio), Centaury (movimento peristáltico) e mais os florais dos signos que regem a casa onde está o planeta e a casa oposta a ela.

Inflamação nos

• pode ser Marte (inflamação) em Virgem (intestinos). *Florais:* Impatiens (anti-inflamatório), Centaury (movimentos peristálticos) e mais os florais dos signos que regem a casa onde está o planeta e a casa oposta a ela.

Obstrução ou fecalomas

• pode ser um mau aspecto entre Mercúrio (excesso de pensamentos), Vênus (preguiça) e Saturno (prende) em Virgem (intestinos). *Florais:* Cerato (acalma os pensamentos), Gentian (dinamismo), Scleranthus (equilibra), Wild Rose (dinamismo), Rock Water (dá domínio e direção aos pensamentos quando os instintos nos dominam) e Mimulus (tira os medos que nos fazem parar), Centaury (movimentos peristálticos) e mais os florais dos signos que regem as casas onde estão os planetas e as casas opostas a elas.

Problemas crônicos: colite ou diverticulose

• pode ser Plutão (modificação genética) em Virgem (intestinos). *Florais:* Heather (regenerador), Centaury (equilibra os movimentos peristálticos) e mais os florais dos signos que regem a casa onde está o planeta e a casa oposta a ela.

Problemas nos movimentos peristálticos

Aceleração seguida de estagnação, com distensão abdominal e gases.

• pode ser um mau aspecto entre Mercúrio (excesso de pensamentos ou de ar) e Netuno (desordem). *Florais:* Cerato (equilibra os pensamentos), Rock Rose (tira o pânico), White Chestnut (dá domínio e direção aos pensamentos quando somos dominados pelos instintos) e mais os florais dos signos que regem as casas onde estão os planetas e as casas opostas a elas.

Prolapso e peristaltismo intestinal fraco

Quando a comida fica muito tempo nos intestinos, fazendo que as toxinas sejam reabsorvidas através das paredes, envenenando o indivíduo.

• pode ser Netuno (desordem) em Virgem (intestinos e movimentos peristálticos). *Florais:* White Chestnut (dá domínio e direção aos pensamentos quando somos dominados pelos instintos), Rock Water (flexibilidade), Centaury (organiza o movimento peristáltico), Agrimony (elimina as toxinas do organismo), Holly (tira a colite) e mais os florais dos signos que regem a casa onde está o planeta e a casa oposta a ela.

Intestino solto, inchaços ou tumores no intestino

• pode ser Lua (emoções fortes) em Virgem (submissão). *Florais:* Clematis (coloca os pés no chão, faz trabalhar as emoções), Centaury (equilibra os movimentos peristálticos dos intestinos), Rescue Remedy (tira o inchaço), Cherry Plum (faz ver claramente dentro e fora de nós, faz trabalhar as emoções, os pensamentos e resolver os mal-entendidos que estão guardados gerando tumores, elimina e acaba com os tumores), Chestnut Bud (ajuda mostrando em que momento criamos os pensamentos que abalaram as emoções e criaram doenças como tumores e colites) e mais os florais dos signos que regem a casa onde está o planeta e a casa oposta a ela.

intoxicação ....

Definição: Condição de estar intoxicado ou envenenado por um medicamento, droga ou substância tóxica.

Indica: que a pessoa deixa que os outros tenham o controle de sua vida.

Regência: Netuno depura as substâncias tóxicas do organismo, trabalha as reações idiossincráticas a drogas, e os florais são: White Chestnut (dá domínio e direção aos pensamentos quando somos dominados pelos instintos) e Rock Rose (tira o pânico que causou a desordem, tira a intoxicação).

Floral básico: Agrimony (é o grande floral para qualquer tipo de intoxicação; limpa os venenos; é bom contra picada de insetos e bichos peçonhentos; trabalha os sentimentos malresolvidos que nos levam a ter intoxicação).

Florais auxiliares: Rescue Remedy (na intoxicação por corticoides) e Crab Apple (limpa o organismo), Cherry Plum (quando estamos nos intoxicando com pensamentos e sentimentos desagradáveis), Wild Oat (limpa todo o organismo, desintoxica, para haver a iluminação para descobrir o que queremos fazer).

Alimentar

• pode ser um mau aspecto entre a Lua (emoções ruins) e Netuno (desordem). *Florais:* Clematis (coloca os pés no chão para ver a verdade), Rock Rose (depura e limpa), White Chestnut (clareia, dá domínio e direção sobre os pensamentos quando os instintos nos dominam) e mais os florais dos signos que regem as casas onde estão os planetas e as casas opostas a elas.

Grave

• pode ser um mau aspecto entre Marte (impulso, pode ser comida, bebida ou os dois) e Netuno (desordem). *Florais:* Impatiens (dá ritmo correto), Rock Rose (tira o pânico que causou a desordem), White Chestnut (dá domínio e direção aos pensamentos quando os instintos nos dominam) e mais os florais dos signos que regem as casas onde estão os planetas e as casas opostas a elas.

Medicamentosa

• pode ser um mau aspecto entre Vênus (indolente) e Netuno (reações idiossincráticas a medicamentos). *Florais:* Gentian (desintoxicante), Scleranthus (equilíbrio), Wild Rose (alegria, espontaneidade), Rock Rose (tira o pânico, faz a depuração do sangue), White Chestnut (dá domínio e direção aos pensamentos quando os instintos nos dominam) e mais os florais dos signos que regem as casas onde estão os planetas e as casas opostas a elas.

Por metais pesados

• pode ser uma desarmonia de Lua (emoções) em Aquário. *Florais:* Clematis (equilíbrio das emoções), Water Violet e mais os florais dos signos que regem a casa onde está o planeta e a casa oposta a ela.

iodo ....

Definição: Elemento não metálico pertencente ao grupo dos halogênios; é uma substância negra e cristalina; apesar de ser um mineral-traço, possui uma enorme e permanente importância no metabolismo humano; ajuda no desenvolvimento e no funcionamento da glândula tireoide, na formação da tiroxina e na prevenção do bócio.

Regência: o Sol rege o iodo e o floral é Vervain.

Toxicidade

• uma superdosagem pode bloquear a síntese de tiroxina na glândula tireoide; a intoxicação pode ser sentida como queimadura na boca, no estômago e na garganta, muita sede, vômitos, diarreias sanguinolentas, micção dolorosa e ininterrupta, e eventualmente morte devido ao colapso circulatório.

irritação ....

Definição: Reação àquilo que é irritante (irritabilidade é a capacidade de responder de modo específico a uma mudança do ambiente, uma propriedade de todos os tecidos vivos; condição em que uma pessoa, um órgão ou parte dele responde excessivamente a um estímulo).

Indica: raiva; que a pessoa não admite determinadas coisas.

Florais básicos: Impatiens (dá paciência), Holly (dá entendimento, tira a raiva) e Pine (tira a culpa por sentir raiva).

Em geral

• pode ser um mau aspecto entre Mercúrio (excesso de pensamentos) e o ascendente. *Florais:* Cerato (ativa o mestre interior, intuição, sabedoria) e mais o floral do signo do ascendente e os florais dos signos que regem a casa onde está o planeta e a casa oposta a ela.

• pode ser um mau aspecto entre Vênus (falta de alegria) e Urano (irritabilidade por excesso de eletricidade). *Florais:* Gentian (segurança interior), Scleranthus (equilíbrio), Wild Rose (alegria, bom humor), Water Violet (equilíbrio da parte elétrica) e mais os florais dos signos que regem as casas onde estão os planetas e as casas opostas a elas.

Das meninges

• pode ser uma desarmonia de Júpiter (excesso) em Áries (cabeça). *Florais:* Agrimony (tira tudo o que é demais), Impatiens (dá tempo correto aos pensamentos, ao sangue na cabeça) e mais os florais dos signos que regem a casa onde está o planeta e a casa oposta a ela.

isquemia ....

Definição: Deficiência local e temporária do aporte sanguíneo em decorrência da obstrução para determinada parte do corpo.

Indica: falta de alegria de viver.

Florais auxiliares: Vervain (dá boa movimentação do sangue no coração, que vai atuar com perfeição nos outros órgãos), Clematis (faz qualquer órgão funcionar com saúde), Gorse (bom para quando a energia vital está em baixa).

Em geral

• pode ser Saturno (retém, contém, obstrui) em Áries (rege a cabeça). *Florais:* Rock Water (flexibilidade), Mimulus (tira os medos que atormentam o dia a dia), Impatiens (dá ritmo correto ao sangue na cabeça), Agrimony (para aumentar o fluxo sanguíneo), Hornbeam (para dar força para eliminar a obstrução), Olive (paz e ritmo ao coração) e mais os florais dos signos que regem a casa onde está o planeta e a casa oposta a ela.

J

jejuno ....

Definição: A segunda parte do intestino delgado, estendendo-se desde o duodeno até o íleo.

Os problemas indicam: medo da vida, críticas excessivas em relação à vida.

Regência: Virgem (submissa) rege o jejuno e o floral é Centaury (dá individualidade).

joanete ....

Definição: Inflamação e espaçamento da bolsa da articulação do hálux, comumente associada a um crescimento significativo da articulação e deslocamento lateral do hálux.

Indica: que a pessoa abarrota seu intelecto com preocupações.

Regência: Peixes e Netuno (desordem) regem os pés e os florais são: White Chestnut (dá domínio e direção aos pensamentos quando estamos sendo dominados pelos instintos) e Rock Rose (tira o pânico e nos deixa alertas para a vida), Impatiens (anti-inflamatório).

Em geral

• pode ser Vênus (desânimo) em Peixes (desordem). *Florais:* Wild Rose (beleza), Gentian (segurança), Scleranthus (equilíbrio), White Chestnut (clareza nas atitudes), Rock Rose (tira o pânico que causou a desordem), Heather (regeneração) e mais os florais dos signos que regem a casa onde está o planeta e a casa oposta a ela.

joelho ....

Definição: Aspecto anterior da perna, na articulação do fêmur e da tíbia, e a própria articulação, coberta anteriormente pela patela ou rótula; é formado pelo fêmur, pela tíbia e pela patela. Os joelhos representam o orgulho, o ego, o ato de dobrar-se.

Regência: Capricórnio e Saturno regem os joelhos e os florais são: Mimulus e Rock Water (pessoas com Sol em Capricórnio ou com Capricórnio na casa 6 sentem os joelhos estalarem quando se levantam ou abaixam; em idade mais avançada, podem vir a ter artrite nos joelhos, o que ocasiona endurecimento das articulações. *Florais:* Rock Water, Mimulus e Vervain).

Florais auxiliares: Beech (trabalha o ego e o ato de dobrar-se) e Hornbeam (dá energia aos ossos).

Excesso de tecidos no

Ou ao redor dele; tendência a artrite crônica.

• pode ser Plutão (mutação genética) em Capricórnio (velhice). *Florais:* Heather (regeneração), Rock Water (dá flexibilidade), Mimulus (tira os medos que nos fazem parar) e mais os florais dos signos que

regem a casa onde está o planeta e a casa oposta a ela.

Ferimento no

• pode ser Marte (impulso) em Capricórnio (rigidez). *Florais:* Impatiens (dá ritmo correto ao impulso), Rock Water (flexibilidade), Mimulus (tira os medos que nos atormentam no dia a dia) e mais os florais dos signos que regem a casa onde está o planeta e a casa oposta a ela.

Fraco

E no caso do uso de drogas para tratamento de artrite (como cortisona e esteroides, que podem causar má digestão).

• pode ser Netuno (desordem) em Capricórnio (velhice). *Florais:* White Chestnut (dá o domínio e direciona os pensamentos quando somos dominados pelos instintos), Rock Rose (tira o pânico que causou a desordem), Rock Water (dá jovialidade, flexibilidade), Mimulus (tira os medos do dia a dia que nos paralisam), Clematis (bom para o estômago), Gorse (limpa o efeito colateral das drogas), Hornbeam (dá energia) e mais os florais dos signos que regem a casa onde está o planeta e a casa oposta a ela.

Inchaço no

• pode ser Júpiter (exagera) em Capricórnio (rigidez). *Florais:* Agrimony (tira tudo o que não faz parte do ser), Rock Water (flexibilidade), Mimulus (tira os medos que atormentam e nos deixam paralisados), Rescue Remedy (tira o inchaço) e mais os florais dos signos que regem a casa onde está o planeta e a casa oposta a ela.

Problemas no

• pode ser Saturno em Capricórnio (rigidez e orgulho). *Florais:* Rock Water (flexibilidade), Mimulus (tira os medos que nos paralisam) e mais os florais dos signos que regem a casa onde está o planeta e a casa oposta a ela.

júpiter (planeta) ....

É o regente do signo de Sagitário, portanto ligado ao elemento fogo, ao masculino e ao yang; leva doze anos para percorrer o zodíaco e um ano para percorrer o signo.

Relaciona-se com

• religião, lei, universidade, filosofia, valores éticos e culturais.

Bem aspectado

• traz jovialidade, otimismo, benevolência, filantropia, lealdade, simpatia.

Mal aspectado

• traz presunção, extravagância, indulgência.

Rege

• o excesso, a hiperatividade de todas as funções corporais, principalmente o sistema endócrino, sangue arterial, fígado, coxas, quadris, pés, orelha direita, testa, glicogênio e tecidos gordurosos, pâncreas, funções hepáticas, acúmulo de tecido adiposo, metabolismo dos glicídios e lipídios, artérias, plasma sanguíneo, pituitária, odor, vesícula, glóbulos brancos, nádegas, pâncreas, duodeno.

Provoca

• aumento, proliferação; dificuldade de assimilação digestória dos carboidratos (e do açúcar); deposição de matéria nas cartilagens e ossos; câncer, hemorragia, gânglios e tumores, obesidade; difusão das doenças, destruição de glóbulos vermelhos; hepatite, apoplexia, pústulas, diabete, anemia, problemas sanguíneos, gangrena, hipertrofia, elefantíase, albumina na urina, gula, acúmulo de substâncias inúteis, ácido úrico, doenças por excesso.

Floral básico

• *Agrimony:* traz a verdadeira alegria; elimina as doenças causadas por Saturno, Mercúrio e Marte; desenvolve a capacidade de decisão verdadeira e de bom raciocínio.

Em relação aos outros florais

• Honeysuckle trabalha Júpiter ao trazer a sabedoria do passado; ajuda em terapia de vidas passadas.

• Pine ajuda Júpiter ao nos dar entendimento da vida, sorte, constância na adversidade e consciência.

• Beech ajuda Júpiter ao nos ensinar a ensinar e a sermos juízes.

• Larch ajuda Júpiter na ação para realizarmos o que tem de ser feito.

• Walnut ajuda Júpiter ao nos proteger das influências externas para mantermos nossas atitudes e opiniões.

• Heather ajuda Júpiter ao trabalhar Saturno e liberar Urano e Mercúrio para conseguirmos nos comunicar claramente.

• Scleranthus ajuda Júpiter ao trazer equilíbrio para sermos quem verdadeiramente somos.

• Vine ajuda Júpiter ao nos proporcionar o ensinamento da verdadeira autoridade.

L

lábio ....

Definição: Estrutura externa mole que forma os limites da boca ou a abertura da cavidade oral.

Regência: Áries (cabeça e tudo o que tem nela) rege o lábio superior e o floral é Impatiens; Touro (pescoço, inseguro) rege o lábio inferior e o floral é Gentian.

labirintite ....

Definição: Inflamação aguda ou crônica do labirinto, otite externa.

Regência: Gêmeos (racional, cérebro) rege os ouvidos e o floral é Cerato (ativa o mestre interior, dá intuição, aguça os cinco sentidos).

Indica: medo de não ter controle sobre si mesmo.

Florais auxiliares: Scleranthus (se a pessoa for rígida, dá equilíbrio), Beech (trabalha o orgulho, que não deixa ouvir o outro), Rock Water (dá flexibilidade), Vine (trabalha o poder), Chicory (corta os males que afligem a pessoa).

Em geral

• pode ser uma desarmonia entre o Sol (orgulho) e a Lua (emoções), que afeta o equilíbrio, pois os órgãos do ouvido interno poderão ter o seu funcionamento afetado, gerando labirintite crônica e vertigens. *Florais:* Vervain (vitalidade, tira o orgulho descabido), Clematis (coloca os pés no chão, aguça os sentidos) e mais os florais dos signos que regem as casas onde estão os planetas e as casas opostas a elas.

• pode ser um mau aspecto entre Marte (impulsivo, impaciente) e Júpiter (exagera) se um deles estiver em mau aspecto com Vênus (pescoço). *Florais:* Impatiens (tira a impaciência), Agrimony (faz a pessoa ser verdadeira), Gentian (segurança interior), Scleranthus (equilíbrio para o labirinto), Wild Rose (aguça os cinco sentidos) e mais os florais dos signos que regem as casas onde estão os planetas e as casas opostas a elas.

Lesão do labirinto que resulta em surdez

• pode ser um mau aspecto entre o Sol (orgulho) e Saturno (tira, retém). *Florais:* Vervain (energia vital), Rock Water (dá flexibilidade), Mimulus (tira os medos que paralisam) e mais os florais dos signos que regem as casas onde estão os planetas e as casas opostas a elas.

larch (floral) ....

Força para agir, para recomeçar.

Ajuda em caso de

• complexo de inferioridade, energia vital bloqueada, desespero, palavras negativas, desvalorização, sentimentos contidos, impotência física, desequilíbrio, deformações na coluna, tremores, fracassos, mau funcionamento hormonal.

• *medos:* de o mundo cair, de altura, de olhar para baixo, de voar de avião, de transpor obstáculos e pontes, de passar em locais estreitos, de pular na piscina, de esquiar, de ir em frente nas situações, de enfrentar as coisas, de animais (pássaros, baratas, borboletas).

É bom para

• desenvolver liberdade, ação, espontaneidade, personalidade, liberdade da alma, visão interior, força, autoconfiança, capacidade de transcender os limites, energia criativa, audácia, intuição, percepção, visão interior, ritmo, perseverança, constância, valor, prudência, limite.

• tirar os bloqueios, trazer equilíbrio, saber para onde ir, quem fracassou fazer o aprendizado do erro, redescobrir a determinação masculina, recomeçar, quem está em fase de aposentadoria, a grávida que não vê o valor de sua condição.

• trabalhar a hipófise, a pineal, o plexo coroide, o cerebelo; abrir as capacidades latentes e o chakra coordenador.

Em associação com outros florais

• Larch + Rock Rose: para se entregar ao outro.

• Larch + Wild Rose: quando há bloqueio de sentir o outro.

• Larch + Hornbeam: para a impotência masculina.

Em relação aos planetas

• ajuda Vênus ao desbloquear nossa sensibilidade e fazer que passemos a amar.

• ajuda Mercúrio ao abrir nossa mente, ativando nossa capacidade interior de associação, intuição, percepção e visão.

• ajuda Júpiter ao fazer que passemos a acreditar em nossas capacidades e as coloquemos em ação, ao nos fornecer o caminho mais curto para alcançarmos nossos objetivos, nos dar espontaneidade e ativar nossa força interior.

• ajuda Saturno ao fazer que, com muita alegria, usemos a responsabilidade para o bem, ao acabar com nossa frustração porque os problemas passam a ser um grande aprendizado, e ao nos dar espontaneidade.

laringe ....

Definição: A extremidade superior e dilatada da traqueia, abaixo da raiz da língua, estrutura muscular cartilaginosa revestida com membrana mucosa.

Regência: Touro (inseguro) rege a laringe e o floral é Gentian (segurança interior); Escorpião (medo de perder o poder) rege a comunicação e o floral é Heather, Water Violet (trabalha a comunicação).

laringite ....

Definição: Inflamação da laringe.

Indica: que a pessoa tem vontade de manifestar a ira e os sentimentos de raiva, mas tem medo de fazê-lo.

Florais básicos: Rescue Remedy (resgata de qualquer doença) e Crab Apple (atua como antibiótico natural; elimina o que está engasgado), Clematis (dá boa saúde a qualquer órgão), Vervain (acalma).

Florais auxiliares: Scleranthus (ativa o quinto chakra, o laríngeo, fortalece a palavra, a expressão natural, ensina a comunicação clara), Heather (ativa o chakra laríngeo, dá energia à laringe, sara a infecção), Willow (limpa a laringe das inseguranças em aceitar ou não a verdadeira vida pela dor que produz), Beech (por ensinar a palavra verdadeira, tira os problemas da laringe).

Em geral

• pode ser Marte (inflamação, impulso) em Touro (garganta, laringe). *Florais:* Impatiens (anti-inflamatório), Gentian (protege a garganta, dá saúde à laringe) e mais os florais dos signos que regem a casa onde está o planeta e a casa oposta a ela.

• pode ser Mercúrio (excesso de pensamentos) em Touro (insegurança, laringe). *Florais:* Cerato (equilibra os pensamentos), Gentian (segurança interior, saúde para a laringe) e mais os florais dos signos que regem a casa onde está o planeta e a casa oposta a ela.

laticínio ....

Definição: Qualquer produto derivado do leite.

Mal-estar ao comê-los

Quando a pessoa adora laticínios, mas não se sente bem com eles (existem alimentos que podem substituí-los com igual sabor, mas sem causar danos à saúde).

• pode ser um mau aspecto entre a Lua (digestão, emoções, problemas com a mãe) e Marte (impulso). *Florais:* Clematis (equilibra o problema com a mãe), Impatiens (dá ritmo correto ao impulso) e mais os florais dos signos que regem as casas onde estão os planetas e as casas opostas a elas.

leão (signo) ....

Palavras-chave

• poder, fazer, fé, líder, masculino, dramático, idealista, orgulhoso, ambicioso, criativo, majestoso, romântico, generoso, autoconfiante, otimista, vaidoso, preocupado com *status*, arrogante, tem medo do ridículo, cruel, jactancioso, pretensioso, autocrático, positivo, yang, fixo, fogo, Sol, ouro.

Rege

• dorso, região escapular, coração, coluna vertebral, valvas cardíacas, bainha de mielina, mediastino.

Ossos

• vértebras dorsais.

Músculos

• longo do tórax, grande dorsal, semiespinhal do tórax, espinhal, ileocostal, serrátil superior e posterior, romboide maior e menor, músculo cardíaco.

Artérias

• aorta, coronária direita, coronária esquerda, descendente anterior, circunflexa, artérias pulmonares.

Veias

• cava inferior, cava superior e coronárias.

Funções secundárias do signo

• energia, vitalidade.

lesão ....

Definição: Área circunscrita de tecido patologicamente alterada.

Floral básico: Rescue Remedy (para qualquer tipo de lesão).

Dos músculos e ligamentos

Indica: resistência a novas experiências.

Regência: Marte (impulso) rege os músculos e o floral é Impatiens (dá ritmo certo aos impulsos).

• pode ser um mau aspecto entre Marte (força e impulso) e o ascendente. *Florais:* Impatiens (dá ritmo certo ao impulso) e mais o floral do signo ascendente e os florais dos signos que regem a casa onde está o planeta e a casa oposta a ela.

letargia

Definição: Condição de torpor ou de lentidão funcional.

Floral básico: Clematis (por estar sempre no mundo da lua, dá alegria de viver), Crab Apple (tira a preguiça).

Por hipofunção da tireoide

Indica: vontade de desistir de tudo; falta de vontade para a ação.

Regência: Touro (insegurança) rege a tireoide e o floral é Gentian (segurança interior, dinamismo).

• pode ser Netuno (desordem) em Touro (acomodado). *Florais:* White Chestnut (dá vontade de vida), Rock Rose (tira o pânico, deixa pronto para ação, deixa em estado de alerta), Gentian (dinamismo) e mais os florais dos signos que regem a casa onde está o planeta e a casa oposta a ela.

leucemia

Definição: Doença crônica ou aguda da proliferação clonal desregulada das células-tronco dos tecidos formadores de sangue. O sangue representa a alegria de viver.

Indica: que a pessoa se retrai por causa de um trauma e acaba tendo câncer no sangue.

Regência: Netuno (desordem) trabalha o sangue e os florais são: White Chestnut (faz direcionar e dominar os pensamentos que são dirigidos pelos instintos; em vez de reagir, o que nem sempre é bom, passamos agir) e Rock Rose (tira o pânico que causou a desordem); Marte (força vital) rege o sangue e o floral é Impatiens (energia, força e ritmo ao sangue).

Florais auxiliares: Agrimony (traz equilíbrio para o desenvolvimento desregulado, tira a mágoa que fabricou o câncer), Chestnut Bud (para a pessoa entender como fabricou a doença), Cherry Plum (traz bons pensamentos para garantir que não surja de novo a doença, elimina a metástase, controla a divisão celular), Aspen (tira os medos do futuro), Wild Rose (alegria, saúde do sangue), Star of Bethlehem (cicatriza a mágoa que fabricou o câncer), Rock Water (a doença se criou por levar tudo a ferro e fogo, por ser rígido e as coisas não saírem como queria que saíssem), Mustard (por depressão que não sabe de onde vem), Heather (regenerador), Rock Rose (tira a desordem), Aspen (tira as doenças do sangue, inclusive leucemia, por tirar o medo do futuro), Vervain (dá saúde ao coração, que dá saúde aos outros órgãos).

Aguda

• pode ser um mau aspecto entre Marte (força e impulso) e Netuno (descontrolado), com mau aspecto com Saturno (lentidão que pode fazer a doença ser crônica). *Florais:* Impatiens (dá ritmo correto ao impulso), Rock Rose (tira o pânico que causou a desordem), White Chestnut (faz direcionar e dominar o pensamento quando somos dirigidos pelos instintos), Mimulus (tira os medos do dia a dia e dos sentimentos), Rock Water (dá flexibilidade, faz soltar) e mais os florais dos signos que regem as casas onde estão os planetas e as casas opostas a elas.

Em geral

• pode ser um mau aspecto entre Marte (impulso) e Plutão (mutação genética). *Florais:* Impatiens (força vital), Heather (regeneração) e mais os florais dos signos que regem as casas onde estão os planetas e as casas opostas a elas.

Linfocítica crônica

• pode ser uma desarmonia de Júpiter (exagero) em Escorpião (mutação genética). *Florais:* Agrimony (tira tudo o que não faz parte da pessoa ou do organismo), Heather (regeneração), Hornbeam (tira a cronicidade) e mais os florais dos signos que regem a casa onde está o planeta e a casa oposta a ela.

Mielocítica crônica

• pode ser uma desarmonia de Júpiter (exagero) em Escorpião (mutação genética). *Florais:* Agrimony (tira o que não faz parte da pessoa ou do organismo), Heather (regeneração), Impatiens (tira a cronicidade) e mais os florais dos signos que regem a casa onde está o planeta e a casa oposta a ela.

Mieloide crônica

• pode ser um mau aspecto entre Júpiter (exacerba) e Netuno (desordem). *Florais:* Agrimony (faz a pessoa ser verdadeira, tira o exagero), Rock Rose (tira o pânico que causou a desordem), White Chestnut (faz dominar e direcionar os pensamentos quando somos dirigidos pelos instintos) e mais os florais dos signos que regem as casas onde estão os planetas e as casas opostas a elas.

leucócitos ....

Definição: São as principais células efetoras contra as infecções e a lesão nos tecidos; não apenas neutralizam ou destroem os micro-organismos, mas também funcionam como lixeiras, limpando as células lesionadas por fagocitose.

Regência: Netuno (desordem) rege a parte branca do sangue e os florais são: White Chestnut (dá direção e faz dominar os pensamentos, tira a dominação dos instintos) e Rock Rose (tira o pânico que causou a desordem).

Florais auxiliares: Heather (regenera), Beech (ativa as células, traz a consciência latente), Star of Bethlehem (limpa e traz a inocência de volta, resgata a ordem dentro de cada célula).

Contagem baixa de

• pode ser Saturno (atrasa, segura, retém) em Peixes (leucócitos, desordem). *Florais:* Mimulus (tira os medos que paralisam), Rock Water (dá flexibilidade), White Chestnut (direciona e faz dominar os pensamentos que são dirigidos pelos instintos), Rock Rose (tira o pânico) e mais os florais dos signos que regem a casa onde está o planeta e a casa oposta a ela. Impatiens (tira o ritmo alterado das células).

leucopenia ....

Definição: Diminuição anormal dos leucócitos, falta de leucócitos no sangue.

Indica: falta de alegria de viver; falta de vontade de se defender.

Regência: Netuno (desordem) rege a parte branca do sangue e os florais são: White Chestnut (ensina a dominar e direcionar os pensamentos quando somos dirigidos pelos instintos) e Rock Rose (tira o pânico que causou a desordem).

Em geral

• pode ser um mau aspecto entre a Lua (emoções) e Marte (impulso, força vital). *Florais:* Clematis (se a pessoa fica no mundo da lua, deixa o corpo sem vida,

Clematis coloca os pés no chão), Impatiens e mais os florais dos signos que regem as casas onde estão os planetas e as casas opostas a elas.

• pode ser um mau aspecto entre Vênus (falta de alegria) e Marte (falta de impulso e força vital). *Florais:* Gentian (segurança interior), Scleranthus (equilíbrio), Wild Rose (alegria), Impatiens (dá ritmo correto ao impulso) e mais os florais dos signos que regem as casas onde estão os planetas e as casas opostas a elas.

leucorreia ....

Definição: Corrimento mucoso branco ou amarelo através do canal cervical ou da vagina.

Indica: crença na impotência feminina diante dos homens, raiva do companheiro.

Regência: Escorpião (possessivo) rege os órgãos femininos de reprodução e o floral é Heather (saúde para os órgãos de reprodução femininos).

Florais auxiliares: Wild Rose (trabalha o lado feminino), Impatiens (trabalha o lado masculino), Scleranthus (equilibra), Crab Apple (limpa e atua como antibiótico), Hornbeam (tira a cronicidade), Cherry Plum + Crab Apple (faz a limpeza dos sentimentos e dos pensamentos, dá paz, aumenta a autoestima e dá visão verdadeira, acaba com corrimento vaginal, através do corrimento vaginal grosso e escuro é eliminado o abandono).

Crônica

• pode ser um mau aspecto entre a Lua (emoções) e Vênus (feminino). *Florais:* Clematis (equilibra as emoções), Gentian (segurança interior), Scleranthus (equilíbrio), Wild Rose (dá alegria, equilibra o feminino) e mais os florais dos signos que regem as casas onde estão os planetas e as casas opostas a elas.

libra (signo)........................

Palavras-chave

• "eu equilibro", moderar, harmonia, diplomata, moderador, masculino, cooperativo, persuasivo, amistoso, amante da paz, refinado, imparcial, artístico, diplomata, sociável, inconstante, apático, intrigante, paz a qualquer preço, rabugento, indeciso, desanima facilmente, positivo, yang, cardinal, ar, Vênus, cobre.

Rege

• sistema pielocalicinal, bexiga, próstata, gânglios parassimpáticos do plexo sacral, gânglios simpáticos lombares, pelve, sigmoide e ovários, vias biliares.

Ossos

• vértebras lombares.

Músculos

• quadrado lombar, lombo-sacro, ileocostal lombar, intertransversais lombares, eretor da espinha, multífidos.

Artérias

• suprarrenais superior, média e inferior; renais esquerda e direita, artérias lombares, aorta abdominal.

Veias

• renais, lombares.

Funções secundárias do signo

• eliminação de toxinas, metabolismo basal, controle vasomotor.

ligamento ....

Definição: Faixa ou bainha de tecido conjuntivo fibroso que conecta as extremidades articulares dos ossos com a finalidade de ligá-los e uni-los para facilitar ou limitar os movimentos.

Indica: mudanças de direção na vida que podem ou não ser bem-aceitas.

Regência: Capricórnio e Saturno (rígidos) regem os ligamentos e os florais são: Mimulus (tira os medos que atormentam o dia a dia, que fazem a pessoa ser rígida) e Rock Water (dá flexibilidade para as mudanças da vida).

lilith (lua negra)....................

Não se sabe ao certo se é um asteroide ou uma pequena Lua que reflete a luz do Sol; só pode ser vista quando faz conjunção com o Sol; chama-se "Lua negra" porque Eva brigou com Adão por direitos iguais e, ao se separarem, este lado bravo feminino se tornou um escape para Eva superar seus problemas pessoais.

Características

• ocasiona o crescimento do aspecto masculino na mulher e do feminino no homem, tendo como consequência a igualdade entre os sexos; intransigência, firmeza, lucidez e ausência de debilidade; despertar da consciência; amor ao proibido, ao inacessível, ao impossível; medo de viver por causa da hora da morte; transformar o comportamento sexual e a neurose na hora da morte; conseguir sublimar os instintos, transformando-os em criatividade.

Aspectos negativos

• podem ser perigosos e têm a ver com o signo em que Lilith está e os planetas envolvidos e as casas: problemas psicológicos com os pais; problemas sexuais e outros, causados por reveses e conflitos; traumas, problemas ocultos no inconsciente, morbidez.

• a casa em que Lilith está é onde a pessoa pode fazer escolhas erradas, que precisam ser retificadas se ela quiser progredir; se sente intimidada e sem confiança, surgindo então frustrações e vulnerabilidades.

Aspectos positivos

• a falta de harmonia trazida por Lilith tem como propósito o desapego, a impessoalidade e a criatividade para que a pessoa descubra em seus próprios recursos e talentos a magia do bem-estar e da tranquilidade, em vez de procurar substitutos.

Nos signos

• *em Áries:* medo de não terminar o que começou; *em Touro*: necessidade compulsiva de possuir e acumular; *em Gêmeos*: sedução; *em Câncer*: frustrações familiares; *em Leão*: ego inflado, decepção por não ser reconhecido; *em Virgem*: tempo e trabalho perdido, deveres impedem interesse pessoal; *em Libra*: querer ser querido e amado, mas não conseguir; *em Escorpião*: ressentimentos e feridas emocionais, fascinação por morbidez; *em Sagitário*: falta de percepção, erros de julgamento que impedem a expansão; *em Capricórnio*: ambição compulsiva frustrada; *em Aquário*: atração por assuntos cósmicos, mas sem conseguir entrar em sintonia com eles; *em Peixes*: desgaste com situações ou pessoas negativas.

linfedema ....

Definição: Edema decorrente de obstrução dos vasos linfáticos.

Regência: Netuno (desordem) rege o sistema linfático e os florais são: White Chestnut (faz dominar e direcionar os pensamentos para não sermos dirigidos pelos instintos) e Rock Rose (tira o pânico que causou a desordem).

Em geral

• pode ser um mau aspecto entre Vênus (rege o equilíbrio dos linfoides) e Netuno (desordem). *Florais:* Gentian (segurança interior), Scleranthus (equilíbrio da pessoa e dos órgãos), Wild Rose (equilíbrio dos linfoides), Rock Rose (tira o pânico que causou a desordem), White Chestnut (faz direcionar e dominar os pensamentos quando somos levados pelos instintos) e mais os florais dos signos que regem as casas onde estão os planetas e as casas opostas a elas.

• pode ser uma desarmonia de Júpiter (exagero) em Escorpião (mutação genética). *Florais:* Agrimony (tira tudo o que é ruim do organismo e da personalidade, tira o exagero), Heather (regeneração) e mais os florais dos signos que regem a casa onde está o planeta e a casa oposta a ela.

• pode ser uma desarmonia de Lua (emoções, líquidos do corpo) em Aquário (reclusão). *Florais:* Clematis (equilíbrio dos líquidos do corpo), Water Violet (desbloqueio) e mais os florais dos signos que regem a casa onde está o planeta e a casa oposta a ela.

linfoma

Definição: Neoplasia do tecido linfático (neoplasma é um tecido anormal que se forma de um tecido normal); raramente é benigno.

Regência: Netuno (desordem) rege o sistema linfático e os florais são: White Chestnut (faz dominar e direcionar os pensamentos quando somos levados pelos instintos) e Rock Rose (tira o pânico que causou a desordem).

Florais auxiliares: Chestnut Bud (ensina a pessoa a não repetir o que fez para ter essa doença) e Rescue Remedy (resgata de qualquer mal), Heather (regenerador), Wild Oat (regenerador), Cherry Plum (dá bons sentimentos e pensamentos, acaba com as anormalidades).

Em geral

• pode ser um mau aspecto entre a Lua e Netuno se um deles estiver em Escorpião. *Florais:* Clematis, Rock Rose, White Chestnut, Heather e mais os florais dos signos que regem as casas onde estão os planetas e as casas opostas a elas.

linfonodos

Definição: Pequenos nódulos linfáticos, de forma esférica, encontrados na lâmina própria dos intestinos.

Regência: Netuno (desordem) rege o sistema linfático e os florais são: White Chestnut (faz dominar e direcionar os pensamentos quando somos regidos pelos instintos) e Rock Rose (tira o pânico que causou a desordem, limpa, purifica, melhora a absorção dos nutrientes no organismo, tira a intoxicação); Virgem (submissa) rege os intestinos e o floral é Centaury (equilibra toda a parte digestória), Elm (dissolve nódulos que bloqueiam em qualquer lugar do organismo), Cherry Plum (tira os nódulos causados por sentimentos malresolvidos), Cerato (tira os nódulos).

língua

Definição: Órgão muscular de livre movimentação, situado, em parte, no assoalho da boca e, em parte, na faringe; suas funções são a manipulação dos alimentos durante a mastigação e deglutição, a produção da fala e do paladar; sua superfície é revestida por uma membrana mucosa.

Regência: Touro (matéria, terra, tem facilidade em línguas estrangeiras) rege a língua e o floral é Gentian (tira a insegurança, quem come muito é carente); Mercúrio (pensamento, ar, usa a língua para falar) rege a língua e o floral é Cerato (ativa o mestre interior, dá sabedoria).

lipodistrofia ....

Definição: Distúrbio ou defeito do metabolismo das gorduras; tem mais chance de ocorrer nas mulheres.

Regência: Júpiter pode ser a causa do distúrbio (por seu efeito de acumular e expandir) e o floral é Agrimony (tira tudo o que é demais); Virgem (submissa) rege o metabolismo e o floral é Centaury (dá individualidade).

Florais auxiliares: Clematis (faz funcionar qualquer órgão que não funcione), Vervain (saúde do coração, que dá saúde aos outros órgãos), Scleranthus (equilíbrio) e os principais florais que correspondem aos planetas e casas, que trazem equilíbrio e saúde.

Em geral

• pode ser um mau aspecto entre Vênus (gosta de comer bem) e Júpiter (exagerado). *Florais:* Gentian (segurança interior que acaba com o excesso de vontade de comer), Scleranthus (equilíbrio), Wild Rose (alegria), Agrimony (tira o que é exagero) e mais os florais dos signos que regem as casas onde estão os planetas e as casas opostas a elas.

• pode ser uma desarmonia da Lua (glutão, por causa das emoções) em Aquário (reclusão, por isso absorve mais gordura, gordura é proteção). *Florais:* Clematis (coloca os pés no chão, faz ver o que está fazendo), Water Violet (ensina a comunicação) e mais os florais dos signos que regem a casa onde está o planeta e a casa oposta a ela.

lipotimia ....

Definição: Desmaio, síncope.

Indica: fuga, incapacidade de lidar com a situação que se apresenta.

Floral básico: Rescue Remedy.

Em geral

• *Florais:* Clematis (coloca os pés no chão), Vervain (vitalidade, faz relaxar diante dos problemas da vida) e mais os florais dos signos que regem a casa onde está o planeta e a casa oposta a ela.

líquen plano ....

Definição: Qualquer forma de doença cutânea; a palavra "plano" se refere a lesões pruriginosas e inflamatórias da pele.

Indica: insegurança, incerteza e preocupação em relação aos limites externos e internos; vontade de se proteger dos outros; problemas de identidade; desejo de ter uma capa de proteção.

Regência: Capricórnio rege a pele e os florais são: Mimulus e Rock Water; Vênus rege a textura da pele e o floral é Wild Rose (alegria).

Florais auxiliares: Crab Apple (atua como antibiótico, limpa as impurezas), Impatiens (tira a inflamação, tira problemas crônicos de pele), Holly (tira as erupções, por ativar o plexo solar, protege a pele, tira raiva e ressentimentos), Wild Oat (regenerador da pele), Centaury (tira erupções), Agrimony (tira da pessoa o que não faz parte dela), Clematis (por a pessoa colocar os pés no chão e não deixar a doença entrar), Elm (tira o desequilíbrio da pele), Water Violet (rejuvenescedor da pele), Vine (bom para dermatites em geral), Rock Water (bom para problemas na aparência).

Em geral

• pode ser um mau aspecto entre Vênus (textura da pele) e Saturno (velhice). *Florais:* Gentian (segurança interior), Scleranthus (equilíbrio), Wild Rose (alegria), Mimulus (tira os medos que criam problemas na pele), Rock Water (dá flexibilidade e suavidade) e mais os florais dos signos que regem as casas onde estão os planetas e as casas opostas a elas.

• pode ser um mau aspecto entre Júpiter (exagera) e Saturno (velhice). *Florais:* Agrimony (faz a pessoa ser verdadeira, tira o exagero), Mimulus (tira os medos da vida e dos sentimentos, que provocam doenças na pele), Rock Water (dá suavidade à pele) e mais os florais dos signos que regem as casas onde estão os planetas e as casas opostas a elas.

• pode ser uma desarmonia de Júpiter (exacerba) em Capricórnio (falta de vitalidade). *Florais:* Agrimony (tira tudo o que não faz parte do organismo e da pessoa), Mimulus (tira os medos que fazem mal à pele), Rock Water (dá suavidade à pele) e mais os florais dos signos que regem a casa onde está o planeta e a casa oposta a ela.

líquidos do corpo (retenção dos)

Definição: A incapacidade de eliminação de líquidos do organismo em decorrência de doença renal, cardíaca ou metabólica, ou da combinação desses distúrbios.

Indica: acúmulo de emoções não expressadas.

Regência: Câncer rege os líquidos do corpo e o floral é Clematis (equilíbrio dos líquidos do corpo); Libra (dúvidas) rege os rins e o floral é Scleranthus (equilíbrio); Leão (vitalidade) rege o coração e o floral é Vervain (energia vital); Virgem (submissa) rege o metabolismo e o floral é Centaury (dá individualidade, equilíbrio do metabolismo); a Lua (emoções) rege o metabolismo e o floral é Clematis (equilíbrio do metabolismo).

Florais auxiliares: Willow (limpa o escuro dos líquidos do corpo criados por nossas tristezas, amarguras e dores), Larch (equilibra os líquidos ou humores do corpo), Beech (ativa a hipófise, equilibra os hormônios e os líquidos do corpo, atuando nas glândulas que dão nutrição aos líquidos), Cherry Plum (mostra a verdade dentro e fora), Wild Rose (bom para rins alterados por falta de expectativa de vida, o que dá falta de vitalidade e adormecimento), Beech (tira os cálculos renais), Rock Water (tira cálculos ou pedras, acaba com eles, por a pessoa ter postura rígida com relação à vida), Star of Bethlehem (tira os traumas, dá vida aos rins), Chicory (acaba com ciúmes e apegos que criam cálculos nos rins), Aspen (por tirar o medo do futuro que cria cálculos renais e infecções), Oak (problemas nos rins por ir além do limite do corpo), Elm (bom para equilíbrio dos rins), Honeysuckle (diurético), Rock Rose (protege dos medos do futuro que fazem mal para os rins), Gorse (ativa o bom funcionamento dos rins), Willow (tira os cálculos dos rins criados por tristezas na vida).

Em geral

• pode ser um mau aspecto entre Vênus (alegria, expectativa de vida) e Júpiter (exagero). *Florais:* Gentian (segurança interior), Scleranthus (equilíbrio), Wild Rose (alegria), Agrimony (faz a pessoa ser verdadeira, tira o exagero) e mais os florais dos signos que regem as casas onde estão os planetas e as casas opostas a elas.

litíase renal ....

Definição: Formação de cálculos e de concreções; diátese do ácido úrico.

Indica: conflito entre parceiros, vergonha, fracasso, medo, reação infantil.

Regência: Libra (dúvida) rege os rins e o floral é Scleranthus (equilíbrio).

Florais auxiliares: Crab Apple (limpa as emoções e os rins), Larch (aumenta a autoestima, faz acreditar na liberdade de ação), Cherry Plum (mostra a verdade dentro e fora), Wild Rose (bom para rins alterados por falta de expectativa de vida, o que dá falta de vitalidade e adormecimento), Beech (tira os cálculos renais), Rock Water (tira cálculos ou pedras, acaba com eles, por a pessoa ter postura rígida com relação à vida), Star of Bethlehem (tira os traumas, dá vida aos rins), Chicory (acaba com ciúmes e apegos que criam cálculos nos rins), Aspen (por tirar o medo do futuro que cria cálculos renais e infecções), Oak (problemas nos rins por ir além do limite do corpo), Elm (bom para equilíbrio dos rins), Honeysuckle (diurético), Rock Rose (protege dos medos do futuro que fazem mal para os rins), Gorse (ativa o bom funcionamento dos rins), Willow (tira os cálculos dos rins criados por tristezas na vida).

Em geral

• pode ser um mau aspecto entre o Sol (vitalidade baixa) e Saturno (retém, contém, pode causar pedras nos rins). *Florais:* Vervain (vitalidade), Mimulus (tira os medos das emoções, dos sentimentos, do dia a dia), Rock Water (tira as pedras, dá flexibilidade) e mais os florais dos signos que regem as casas onde estão os planetas e as casas opostas a elas.

• pode ser um mau aspecto entre Júpiter (exagera) e Saturno (contém, retém). *Florais:* Agrimony (tira qualquer coisa que não faz parte de nós), Rock Water (dá flexibilidade), Mimulus (tira os medos dos sentimentos que criaram as pedras) e mais os florais dos signos que regem as casas onde estão os planetas e as casas opostas a elas.

• pode ser uma desarmonia de Júpiter (exagero) em Libra (rins, dúvidas). *Florais:* Agrimony (faz a pessoa ser verdadeira e tira o exagero), Scleranthus (dá equilíbrio aos rins e à pessoa) e mais os florais dos signos que regem a casa onde está o planeta e a casa oposta a ela.

lombalgia..........................

Definição: Dor na região lombar, devida a lesões da coluna ou afecções que atingem as vísceras situadas naquela região.

Indica: carência afetiva, sofrimento na infância, abuso sexual, culpa e ódio por si mesmo, rejeição da sexualidade, insegurança financeira, dificuldade de comunicação.

Florais auxiliares: Wild Oat (bom para cansaço no lombo e dores na região lombar), Crab Apple (limpa os problemas que causaram a dor na coluna), Hornbeam (tonifica), Scleranthus (coloca a coluna no eixo), Willow (dá flexibilidade para resolver os problemas que causaram a dor), Larch (atua na base da coluna), Vervain (tira as dores musculares da coluna).

Crônica

• pode ser uma desarmonia de Júpiter (exagero) em Capricórnio (duro, retém, atrasa). *Florais:* Agrimony (faz a pessoa ser verdadeira, tira o exagero), Mimulus (tira os medos que nos paralisam), Rock Water (dá flexibilidade perante a vida), Hornbeam (tira a cronicidade) e mais os florais dos signos que regem a casa onde está o planeta e a casa oposta a ela.

Em geral

• pode ser uma desarmonia de Júpiter (exacerba) em Sagitário (exagero). *Florais:* Agrimony (faz a pessoa ser verdadeira, tira o exagero) e mais os florais dos signos que regem a casa onde está o planeta e a casa oposta a ela.

lombar

Definição: Parte das costas entre o tórax e a pelve.

Regência: Libra (dúvidas) rege a região lombar e o floral é Scleranthus (equilíbrio).

Floral auxiliar: Wild Oat (bom para cansaço no lombo).

longevidade

Definição: Longa duração da vida.

Regência: Saturno (o velho sábio), com bom aspecto, traz longevidade e os florais são: Mimulus (tira os medos do dia a dia e dos sentimentos, dá vida longa) e Rock Water (tira a rigidez, faz a vida mais leve). Toda pessoa mais velha que tem rotina na vida dura muito mais tempo, por isso o Saturno ou Capricórnio que tem rotina pela responsabilidade é o que dura mais.

Florais auxiliares: Honeysuckle (faz viver o presente inteiramente) e Rescue Remedy (resgata das dores, dá uma vida tranquila, que pode ser longa), Cerato (ensina a hora de calar e de falar, dá abertura para a vida, melhora a velhice), Gorse (faz transcender os sofrimentos, dá lucidez até o fim da vida), Gentian (dá estrutura física, dá garra para enfrentar a vida, tira a depressão da velhice) + Aspen (tira o medo do futuro), Larch (ativa todas as capacidades, impulsiona e dá ação), Heather (ensina a interação com a vida), Walnut (protege a postura de cada um perante a vida), Willow (tira a apatia, ativa a vivacidade), Cherry Plum (faz conhecer a própria verdade, dá personalidade), Wild Rose (alegria para viver), Mimulus (tira os medos, faz atuar com abertura da alma), Olive (vontade de viver), Clematis (faz viver o presente), Chestnut Bud (dá suporte para a vida), Holly (dá amor para viver), Scleranthus (dá postura definida perante a vida), Wild Oat (dá propósito de vida), Wild Oat + Hornbeam (dá direção, sentido à vida, tira a depressão), Chicory (deixa a vida nos levar), Aspen (ensina a viver naturalmente o consciente e o inconsciente).

lua (planeta)

Rege Câncer, onde está em domicílio; fica em exílio em Capricórnio, em exaltação em Touro e em queda em Escorpião. Leva 28 dias para percorrer o zodíaco; dois dias, quatro horas e 38 minutos para percorrer o signo; em um dia percorre dez graus e quinze minutos.

Relaciona-se com

• água, feminino, negativo, yin, prata.

Bem aspectada

• traz sensibilidade, receptividade, astúcia, intuição.

Mal aspectada

• traz inquietação, insegurança, hipersensibilidade, carência afetiva.

Rege

• sensibilidade, insegurança, criatividade, influencia o inconsciente, os afetos, os sonhos, imaginação, o metabolismo dos líquidos do corpo, os órgãos reprodutivos femininos, peito, estômago, digestão, secreções glandulares, olho esquerdo do homem e olho direito da mulher, alergias, manutenção da estrutura dos órgãos e tecidos.

Floral básico

• Clematis (faz enxergar o inconsciente a fim de trabalhá-lo).

Em relação aos outros florais

• Olive (ajuda a Lua ao dar clareza ao inconsciente).

• Cerato (ajuda a Lua ao ativar nosso mestre interior, para trabalharmos o inconsciente com sabedoria).

• Water Violet (ajuda a Lua ao dar fertilidade, ao trazer equilíbrio nos distúrbios emocionais).

• Wild Oat (ajuda a Lua ao dar constância no propósito).

• Aspen (ajuda a Lua ao trazer claridade ao inconsciente, tirando o medo das sombras, ao ensinar a doação).

• Walnut (ajuda a Lua ao dar proteção das influências externas, protegendo a sensibilidade e o humor).

• Cherry Plum (ajuda a Lua ao trazer ritmo, harmonia e paz aos sentimentos).

• Star of Bethlehem (ajuda a Lua ao tirar os traumas que carregamos).

• Willow (ajuda a Lua ao limpar as mágoas).

• Gentian (ajuda a Lua ao dar segurança interna, trazendo equilíbrio entre o feminino e o masculino, seja no homem ou na mulher).

• Scleranthus (ajuda a Lua ao dar equilíbrio à fluidez das emoções).

lucidez ....

Definição: Qualidade de clareza ou iluminação, sobretudo nas condições mentais.

Regência: Mercúrio (pensamentos) rege a lucidez e o floral é Cerato (ativa o mestre interior, abre a mente, ativa a intuição, dá lucidez); Urano rege a lucidez e o floral é Water Violet (ameniza a força da eletricidade da mente, dá lucidez).

Floral auxiliar: White Chestnut (faz dominar e direcionar os pensamentos quando somos dominados pelos instintos), Gorse (nos enche de amor e lucidez), Cherry Plum (dá a verdade dentro e fora, dá lucidez).

lumbago ....

Definição: Dor entorpecente e pulsante na região lombar.

Indica: carência afetiva na infância, necessidade de solidão, insegurança, dificuldade de comunicação.

Regência: Libra rege a região lombar e o floral é Scleranthus.

Florais auxiliares: Holly (tira a dor por dar o entendimento da situação que causou a dor), Rescue Remedy (cicatriza o motivo da dor e traz de volta a inocência), Impatiens (tira o pulsante).

Em geral

• pode ser Júpiter (expande) em Aquário (eletricidade). *Florais:* Agrimony (faz a pessoa ser verdadeira, tira o exagero), Water Violet (ameniza a eletricidade) e mais os florais dos signos que regem a casa onde está o planeta e a casa oposta a ela.

lúpus ....

Definição: Qualquer doença cutânea crônica e progressiva, habitualmente ulcerante.

Indica: que a pessoa sente insegurança, incerteza e preocupação em relação à maneira como os outros a veem.

Regência: Capricórnio rege a pele e os florais são: Mimulus e Rock Water; Vênus rege a textura da pele e o floral é Wild Rose.

Floral auxiliar: Star of Bethlehem (faz a cicatrização dos sentimentos, dos pensamentos e da doença), Agrimony (por a pessoa estar longe da sua verdade, não se aceitar, não ver a gravidade da doença e não se tratar, tira o que não pertence à pessoa), Impatiens (bom para problemas crônicos de pele), Crab Apple (bom para limpar), Wild Oat (regenerador da pele), Vine (bom para dermatites), Holly (bom para dermatites, patologias destrutivas ou crônicas da pele), Elm (bom para qualquer doença ou desequilíbrio na pele), Heather (regenerador).

Cutâneo

• pode ser um mau aspecto entre Vênus (textura da pele) e Saturno (envelhecimento da pele, falta de energia). *Florais:* Gentian (segurança interior), Scleranthus (equilíbrio da pele), Wild Rose (saúde da pele), Mimulus (tira os medos do dia a dia que tiram a alegria e prejudicam a pele), Rock Water (deixa a pele suave) e mais os florais dos signos que regem as casas onde estão os planetas e as casas opostas a elas.

Eritematoso

Doença do tecido conjuntivo, mas fica só na pele, não entrando no organismo.

• pode ser um mau aspecto entre a Lua (fortes emoções) e Netuno (desordem). *Florais:* Clematis (a pessoa pode ter doenças na pele por não estar presente na vida, ficar no mundo da lua, longe da pele), Rock Rose (tira o pânico que causou a desordem), White Chestnut (limpa a pele) e mais os florais dos signos que regem as casas onde estão os planetas e as casas opostas a elas.

Eritematoso sistêmico

Fica não só na pele, como também penetra no organismo, atacando os órgãos.

• pode ser um mau aspecto entre a Lua (emoções fortes) e Netuno (desordem) se um deles estiver em Escorpião (mutação genética). *Florais:* Clematis (coloca os pés no chão, faz acordar, bom para a pele), Rock Rose (tira o pânico que causou a desordem), White Chestnut (clareia e limpa dentro e fora), Heather (regenerador) e mais os florais dos signos que regem as casas onde estão os planetas e as casas opostas a elas.

• pode ser um mau aspecto entre Júpiter (expande) e Netuno (desordem). *Florais:* Agrimony (faz a pessoa ser verdadeira, tira o exagero), Rock Rose (tira o pânico que causou a desordem), White Chestnut (faz direcionar os pensamentos quando somos dirigidos pelos instintos) e mais os florais dos signos que regem as casas onde estão os planetas e as casas opostas a elas.

luxação ....

Definição: Deslocamento de qualquer parte do corpo.

Indica: que a pessoa está em dúvida em relação ao caminho que está seguindo.

Florais básicos: Agrimony (quando a pessoa não é ela mesma, está sujeita a quedas, machucados, luxações, picadas de insetos) e Rescue Remedy (para a cicatrização).

M

magnésio

Definição: Elemento mineral branco que ocorre naturalmente na Terra, sendo extraído da água do mar e de poços; o corpo humano possui aproximadamente 25 gramas de magnésio, cuja maior parte está nos ossos, mas é encontrado também nos tecidos moles e nos músculos e, em certo teor, nos líquidos corporais.

Regência: o Sol rege o magnésio e o floral é Vervain.

Sintomas de deficiência

- sensibilidade ao barulho, tristeza, depressão, apreensão permanente; espasmos e tremores musculares; os olhos tendem a vaguear, a esclerótica dos olhos pode adquirir uma cor amarelada e as pálpebras ficam entreabertas durante o sono; dentes sensíveis à água fria, doendo sem motivo; qualquer parte do corpo pode apresentar contrações musculares e tremores; taquicardia repentina, mas o coração volta ao ritmo normal logo depois; dores nos músculos do pescoço e dos ombros; alergia a lã; intumescimento dos intestinos, gases abdominais, enurese noturna, queimação na boca, etc.

mal-estar

Definição: Com vômito, febre ou diarreia e dores de cabeça.

Indica: recusa evidente de expulsão do que a pessoa não quer assimilar.

Floral básico: Rescue Remedy (hidrata, tira a fraqueza, a tontura e a contração muscular), Scleranthus (equilibra, bom para vômito), Cherry Plum (dá aprendizado total das situações, bom para dor de cabeça), Agrimony (faz a eliminação dos venenos através da diarreia), Olive (quando se perde muito líquido, hidrata), Rescue Remedy e Holly (por dar aceitação do problema que causou mal-estar, elimina a diarreia), Impatiens (tira a febre), Crab Apple (atua como antibiótico natural, bom para limpar do organismo o que está fazendo mal, mas aumenta a diarreia, não é conveniente dar quando a pessoa já está com diarreia).

mama

Definição: Na fêmea, estrutura glandular cutânea que secreta o leite. As mamas estão vinculadas aos sentimentos afetivos de identidade e autovalorização; representam a alimentação e os cuidados maternais.

Regência: Gêmeos rege os seios e o floral é Cerato; Câncer rege o peito e o floral é Clematis.

Florais auxiliares: Gentian e Pine (para os nódulos, que estão ligados à tristeza), Cherry Plum (limpa as tristezas e as mágoas através de secreções mamárias, bom quando a mãe produz secreção sem parar nas mamas), Centaury (por equilibrar a parte sexual, dá saúde às mamas), Pine (tira os nódulos das mamas).

mancha

Definição: Pequena área de determinada superfície que, quanto ao aspecto, é diferente das partes circunjacentes.

Indica: principalmente por se sentir uma coitadinha perante os acontecimentos da vida, apreensão pelo que os outros pensam ou acham dela, rigidez com relação aos princípios.

Regência: Capricórnio rege a pele e os florais são: Mimulus (tira os medos que fazem manchas na pele) e Rock Water (deixa a pele relaxada); Vênus rege a textura da pele e o floral é Wild Rose (dá beleza à pele).

Florais auxiliares: Crab Apple (ajuda no branqueamento da pele), Willow (cada vez que, pelos fatos da vida, a pessoa se sente uma coitadinha, ela fabrica uma mancha na pele), Star of Bethlehem (para cada trauma, uma mancha; é cicatrizante), Rescue Remedy (resgata de qualquer mal), Clematis (por a pessoa não estar presente na vida e ficar no mundo da lua, por não se importar, as manchas que causa são claras, pode até ter vitiligo), Chestnut Bud (ativa a pineal, que faz conexão com a pele, dá consciência à pele), Holly (tira os ressentimentos que dão manchas ou inflamações na pele), Wild Oat (regenerador da pele), Vine (bom para vitiligo), Impatiens (bom para problemas crônicos de pele), Centaury (bom para manchas vermelhas na pele), Heather (regenerador), Cherry Plum (dá bons sentimentos e pensamentos, que quando ruins fazem as manchas), Impatiens (tira as manchas roxas de choque).

Senis

• pode ser um mau aspecto entre Vênus (textura da pele) e Saturno, em Capricórnio (regem a velhice e a rigidez). *Florais:* Gentian (segurança interior), Scleranthus (equilíbrio), Wild Rose (beleza da pele), Mimulus (tira os medos do dia a dia que nos atormentam), Rock Water (deixa a pele suave), Honeysuckle (melhora a aparência velha) e mais os florais dos signos que regem as casas onde estão os planetas e as casas opostas a elas.

manganês

Definição: Elemento metálico encontrado em muitos alimentos, alguns vegetais e nos tecidos dos animais; essencial para o metabolismo ósseo normal e para muitas reações enzimáticas; trabalha em conjunto com as enzimas, participando da síntese dos ácidos graxos e do colesterol; também participa da produção de proteínas, carboidratos e gorduras.

Regência: Júpiter rege o manganês e o floral é Agrimony.

Sintomas de deficiência

• a falta de manganês nas fêmeas de todas as espécies, inclusive a humana, faz que as mães rejeitem os filhos logo após o parto; na mulher, os bicos dos seios podem ficar muito sensíveis (com edema nos linfonodos), e ela quer ficar sozinha, tem crises de choro, fica irritada e briga à toa.

• estalar dos ossos, sensação de queimação ou de rigidez nos braços e pernas; olhos vermelhos e inchados; prejuízo do crescimento das crianças; esterilidade ou impotência; alguns tipos de diabete; miastenia grave; esclerose múltipla, etc.

mania ....

Definição: Distúrbio mental caracterizado por excitamento excessivo.

Florais básicos: Chestnut Bud (para ver como está se comportando), White Chestnut (ensina a dominar e direcionar os pensamentos quando somos dirigidos pelos instintos, tira as manias obsessivas; ajudar com Chicory para cortar mania de mastigar).

Florais auxiliares: Crab Apple (bom para mania de limpeza que pode ser por se sentir suja por dentro, bom para mania de organização, de detalhes, de perfeição; simplifica o supérfluo, tira a mania de doenças), Cherry Plum (bom para controle de mania de roer unhas, arrancar sobrancelhas, arrancar cabelos, cacoetes), Chicory (corta as manias) e Vervain (dá lucidez, tira as manias com a boca).

Em geral

• pode ser um mau aspecto entre Mercúrio (sistema nervoso) e Júpiter (expande). *Florais:* Cerato (intuição, ensinamento), Agrimony (tira tudo o que não faz parte da pessoa ou do organismo, tira o exagero) e mais os florais dos signos que regem as casas onde estão os planetas e as casas opostas a elas.

• pode ser um mau aspecto entre Mercúrio (sistema nervoso) e Urano (eletricidade). *Florais:* Cerato (equilibra o sistema nervoso, tira as manias por ativar o mestre interior e aproximar o espírito do corpo), Water Violet (bom para problemas emocionais fortes) e mais os florais dos signos que regem as casas onde estão os planetas e as casas opostas a elas.

mão ....

Regência: Gêmeos (comunicação) e Mercúrio (pensamento) regem as mãos e floral é Cerato (criatividade).

Florais auxiliares: Holly (para a pessoa com mãos em garra ou que dorme com as mãos fechadas, tensas), Elm, Water Violet (toda pessoa que se isola e não cumpre com seu dever assistencial passa a ter problemas com fungos ou bactérias nas mãos), Red Chestnut (falta de sintonia fina, quebra coisas), Gentian (bons para as mãos por a pessoa ser cética e as mãos representarem o dar e o receber; dermatites, desidrose, alergias), Star of Bethlehem (cicatriza), Rock Rose (tira o desequilíbrio e enche de energia).

Dor na mão, de origem nervosa

• pode ser Mercúrio (sistema nervoso) em Gêmeos (sistema nervoso, pensamentos, mãos). *Florais:* Cerato (acalma o sistema nervoso) e mais os florais dos signos que regem a casa onde está o planeta e a casa oposta a ela.

Ferimentos, cortes e fraturas

• pode ser Marte (impulso) em Gêmeos (pensamentos, mãos). *Florais:* Impatiens (dá ritmo correto, paciência), Cerato (dá boa intuição para se prevenir) e mais os florais dos signos que regem a casa onde está o planeta e a casa oposta a ela.

marte (planeta)....................

Rege Áries, onde está em domicílio; fica em exílio em Libra e em Touro; fica em exaltação em Capricórnio e em queda em

Câncer. Leva dois anos para percorrer o zodíaco, 67 dias para percorrer o signo e percorre zero grau e 46 minutos em um dia. O lugar onde está Marte no mapa natal mostra a maneira como a pessoa exprime seu desejo ou executa sua busca; mostra como ela responde instintivamente ao emocional.

Relaciona-se com

- masculino, yang, ferro, ruptura.

Bem aspectado

- traz energia de ação, de sobrevivência, de assertividade, de conquista; traz força e resistência, necessidade de fazer algo novo, desejo de ter sucesso; dá forças para a cura rápida de uma doença; mostra com clareza o lado masculino: no homem representa a virilidade, na mulher a vida instintiva.

Mal aspectado

- traz cólera, arrogância, instabilidade, egoísmo, imprudência, tirania; afeta o fígado, prejudicando o fluxo da bile; causa hiperfunção das glândulas endócrinas.

Rege

- cabeça, energia muscular, músculos, impulso vital, células vermelhas do sangue, metabolismo e produção de calor, órgãos externos de reprodução, cabeça, rosto, nervos motores, bexiga, glândulas suprarrenais.

Promove

- forte instinto, aumento do ferro na medula óssea, fortalecimento das glândulas genitais masculinas.

Floral básico

- Impatiens.

Em relação aos outros florais

- Agrimony ajuda Marte ao eliminar as doenças causadas por Saturno (rigidez).
- Holly ajuda Marte ao dar entendimento para lutarmos contra as adversidades.
- Clematis ajuda Marte ao colocar nossos pés no chão para enfrentarmos as batalhas da vida.
- Hornbeam ajuda Marte ao nos dar energia para a fixação do ferro em nosso organismo, fortalecendo a libido, ajudando o intestino, os genitais e o baixo-ventre.
- Gentian ajuda Marte ao nos dar segurança interior, melhorar a libido e dar força e determinação.
- Vervain ajuda Marte ao diminuir a adrenalina, dando-nos mais calma para enfrentar o dia a dia e a possibilidade de conhecer o amor.
- Scleranthus ajuda Marte ao trazer equilíbrio e desbloquear os nós para que a energia flua.

mastite

Definição: Inflamação das mamas.

Indica: recusa em nutrir o eu, superproteção e excesso na atuação maternal, querendo ter o domínio.

Regência: Gêmeos (pensamentos) rege as mamas e o floral é Cerato (intuição e sabedoria para educar e se cuidar); Câncer rege as glândulas mamárias, a Lua (metabolismo dos líquidos do corpo, emoções, secreções glandulares) trabalha o lado maternal e o floral é Clematis (equilibra os sentimentos).

Florais auxiliares: Impatiens (anti-inflamatório) e Crab Apple (atua como antibiótico), Cherry Plum (dá bons pensamentos sentimentos e saúde perfeita), Centaury (por equilibrar a parte sexual, dá saúde às mamas).

Em geral

• pode ser um mau aspecto entre a Lua (emoções) e Júpiter (expande). *Florais:* Clematis (saúde para o alimento que sai da mama), Agrimony (faz a pessoa ser verdadeira, o que traz bastante alegria para passar ao filho, tira o exagero) e mais os florais dos signos que regem as casas onde estão os planetas e as casas opostas a elas.

maxilar

Definição: Osso pareado, contendo vários processos que formam a base esquelética da maior parte da porção superior da face, do teto da boca, dos lados da cavidade nasal e do assoalho da órbita; o processo alveolar do maxilar sustenta os dentes. O maxilar representa as novidades da vida e das ideias; representa como a pessoa se nutre.

Regência: Touro (inseguro) rege o maxilar inferior e o floral é Gentian (segurança interior); Áries (impulso) rege o maxilar superior e o floral é Impatiens (dá ritmo correto).

mediastino

Definição: Massa de órgãos e tecidos que separam os pulmões; contém: o coração e seus grandes vasos, traqueia, esôfago, timo, linfonodos e tecido conjuntivo.

Enfisema de

Distensão patológica causada por gás ou ar presente nos interstícios; doença pulmonar crônica caracterizada por um aumento além do normal no tamanho dos espaços aéreos distais ao bronquíolo terminal, acompanhado por alterações destrutivas em suas paredes.

Indica: que a pessoa não se sente digna, medo da vida e culpa.

Regência: Gêmeos (pensamentos) rege os pulmões (pensamentos que provocam sentimentos ruins que nunca foram resolvidos) e o floral é Cerato (cérebro, dá boa oxigenação aos pulmões); Leão (energia vital ou falta de) rege o mediastino e o floral é Vervain (vitalidade), Agrimony (tira o que não pertence à pessoa), Pine (culpa), Clematis (faz funcionar o órgão que não funciona).

• pode ser Urano (ar) em Câncer (sentimentos). *Florais:* Water Violet (oxigênio para os pulmões), Clematis (acalma a sensibilidade) e mais os florais dos signos que regem a casa onde está o planeta e a casa oposta a ela.

medula

Definição: Tecido mole que ocupa as cavidades medulares dos ossos longos, alguns canais de Havers e espaços entre as trabéculas do osso trabécula ou esponjoso. A medula está relacionada à ideia mais profunda sobre o eu e também à maneira como nos cuidamos e nos amparamos, e ao que acreditamos que somos.

Regência: Câncer rege a medula óssea e o floral é Clematis (saúde para a medula); Aquário rege a medula e o floral é Water Violet (saúde para a medula); Marte aumenta o ferro da medula óssea e o floral é Impatiens (dá ritmo correto ao sangue, ferro), Heather (regeneração).

Em geral

• pode ser Vênus em Leão. *Florais:* Wild Rose, Gentian, Scleranthus, Vervain e mais os florais dos signos que regem a casa onde está o planeta e a casa oposta a ela.

melanócito

Definição: Célula formadora da melanina.

Regência: Capricórnio rege os melanócitos e os florais são: Mimulus (tira os medos do dia a dia e dos sentimentos) e Rock Water (dá flexibilidade).

melanoma

Definição: Tumor ou mola (pinta) cutânea maligna, com pigmentação escura.

Indica: mágoa profunda, que a pessoa se sente injustiçada pela vida.

Regência: Capricórnio (rígido) rege a pele e os florais são: Mimulus (medos que atormentam e fazem mal à pele) e Rock Water (tira a rigidez); Vênus (alegria) rege a textura da pele e o floral é Wild Rose (dá boa textura à pele).

Florais auxiliares: Chestnut Bud (mostra o que estava sentindo para ter construído essa doença), Cherry Plum (acaba com os maus sentimentos e pensamentos que construíram as pintas), Willow (tira o negativismo que faz as manchas).

Em geral

• pode ser um mau aspecto entre Vênus (textura da pele, falta de alegria) e Saturno (segura, poda, retém, vida dura; por ser responsável, a pessoa é podada por sua própria rigidez de comportamento, não se permite ter lazer). *Florais:* Gentian (ativa a alegria), Scleranthus (equilíbrio), Wild Rose (alegria), Mimulus (tira os medos que atormentam no dia a dia), Rock Water (dá flexibilidade, deixa a vida mais leve) e mais os florais dos signos que regem as casas onde estão os planetas e as casas opostas a elas.

melasma

Definição: Qualquer descoloração da pele.

Indica: preocupação, falta de alegria, incerteza, insegurança, problema de identidade, falta de maleabilidade em relação aos fatos da vida; que a pessoa se sente observada.

Regência: Capricórnio (rígido) rege a pele e os florais são: Mimulus (tira os medos que atormentam e fazem mal à pele) e Rock Water (dá flexibilidade); Vênus (alegria) rege a textura da pele e o floral é Wild Rose, Câncer rege a pele e o floral é Clematis (por não estar presente e estar sempre no mundo da Lua), Wild Oat (bom para todo tipo de manchas na pele).

Florais auxiliares: Clematis (por a pessoa não estar presente, não sentir nada na pele, as manchas são claras, vitiligo), Rescue Remedy (cicatriza a pele, dá boa textura).

Facial

• pode ser um mau aspecto entre Vênus (textura da pele) e Saturno (rígido, para, segura), com Saturno em Libra (dúvida) ou Câncer (mundo da lua). *Florais:* Gentian (bom para determinar a ausência de imperfeições), Scleranthus (equilíbrio), Wild Rose (textura da pele), Mimulus (clareia), Rock Water (rigidez), Clematis (descoloração da pele por não estar presente na Terra, estar sempre no mundo da lua) e mais os florais dos signos que regem as casas onde estão os planetas e as casas opostas a elas.

membrana

Definição: Camada delgada, macia e flexível que reveste um tubo ou cavidade, cobre um órgão ou estrutura, ou separa uma parte da outra.

Regência: Câncer rege as membranas e o floral é Clematis (saúde das membranas).

membro

Um braço ou perna; uma extremidade, um órgão ou parte do corpo.

Regência: Gêmeos (pensamento) rege os membros superiores e inferiores e o floral é Cerato (criatividade); Libra (dúvidas) rege a pelve e o floral é Scleranthus (equilíbrio); Sagitário (expande) rege as coxas e o floral é Agrimony (tira tudo o que é ruim no organismo, nas atitudes, tira o exagero); Aquário (liberdade) rege os tornozelos e o floral é Water Violet (direciona), Netuno (desordem) rege os pés e os florais são: White Chestnut (dá clareza) e Rock Rose (tira o pânico que causou a desordem).

memória, problemas de

Regência: Gêmeos e Mercúrio regem a memória e o floral é Cerato.

Florais auxiliares: Chestnut Bud (bom para reter o aprendizado, ativa a memória latente celular), Red Chestnut (tira a dificuldade de memorização), Clematis (quem está no mundo da lua não presta atenção e por isso não tem memória boa), Cerato (ativa a memória celular que potencializa o conhecimento), Walnut (abre a mente) + Chestnut Bud (faz a memorização), White Chestnut (limpa a mente, tira o que não precisa ser guardado, bom para a memória), Cerato + Chestnut Bud (memória rápida), Vine (ativa a memória latente de vidas passadas, traz lembranças e aprendizados, aproxima do espírito).

Perda por hipofunção tiroidiana

• pode ser Netuno (desordem) em Touro (tireoide). *Florais:* White Chestnut (clareia, bom para memorização), Rock Rose (tira o pânico que causou a desordem, faz prestar atenção, ensina a entrega ao que se está aprendendo), Gentian (ativa a tireoide) e mais os florais dos signos que regem a casa onde está o planeta e a casa oposta a ela.

meningite

Definição: Inflamação das meninges (as membranas que revestem a medula espinhal e o cérebro).

Indica: extrema discórdia em família, atmosfera de raiva e medo intenso, tumulto interior, falta de apoio.

Regência: Áries (impulso) rege a cabeça e o floral é Impatiens (anti-inflamatório, dá ritmo correto ao sangue da cabeça); Câncer (emoções) rege as meninges e o floral é Clematis (saúde para as meninges).

Florais auxiliares: Crab Apple (limpa os pensamentos, as emoções, atua como antibiótico natural), Mimulus (tira os medos do dia a dia e dos sentimentos).

Em geral

• pode ser Sol (energia vital) em Áries (impulso). *Florais:* Vervain (relaxa), Impatiens (anti-inflamatório) e mais os florais dos signos que regem a casa onde está o planeta e a casa oposta a ela. Ajudar com Elm (pela discórdia em família), Gorse (amor), Walnut (tira as influências externas).

menstruação

Definição: Eliminação periódica de fluido sanguinolento pelo útero; no período pré-menstrual pode haver tensão ou síndrome pré-menstrual (TPM ou SPM), que se caracteriza por aumento exagerado das mamas, mente confusa (que dá poder a influências externas), rejeição dos processos femininos, falta de alegria, falta de ritmo e prejulgamentos sociais.

Os problemas indicam: rejeição da feminilidade, culpa ou medo; cólera contra a impotência e a servidão; pensamentos de que os órgãos genitais são sujos ou pecaminosos.

Regência: Escorpião rege os órgãos reprodutivos e o sangue e o floral é Heather (energia para o sangue e para os órgãos reprodutivos); Câncer e Lua regem os órgãos de reprodução femininos e o floral é Clematis (saúde para esses órgãos), Vênus rege o sangue e o feminino e o floral é Wild Rose (alegria e saúde para o sangue).

Florais auxiliares: Elm (tira os problemas da menstruação), Aspen (regula o ciclo menstrual; não dar em hemorragias; bom para amenorreia) + Wild Rose (sangue, para trabalhar o lado feminino, bom para TPM, para menstruação tardia por trauma, perda, decepção, bom para alteração do ciclo menstrual; não dar em hemorragias; bom para amenorreia); Walnut (bom quando a pessoa fica de baixo astral, protege) e Scleranthus (equilibra), Holly (para quando não gosta de ser mulher, dá cólicas), Gentian (ativa a menstruação, bom quando está atrasada ou é pouca), Cherry Plum (ativa a hipófise, que equilibra os hormônios, bom para irregularidades menstruais), Chicory (bom para ciclo menstrual intenso, equilibra), Rescue Remedy (bom dar em hemorragias, tira a cólica), Centaury (acelera a menstruação atrasada), Vervain (bom para síndrome pré-menstrual, relaxa, tira a dor de cabeça, enxaqueca, dor muscular, tira a cólica, bom quando é irregular).

Amenorreia ou atraso na

• pode ser um mau aspecto entre Vênus (feminino em desequilíbrio) e Marte (falta de impulso). *Florais:* Gentian (ativa a menstruação), Scleranthus (equilibra a menstruação), Wild Rose (equilibra o feminino, ativa a menstruação), Impatiens (impulso) e mais os florais dos signos que regem as casas onde estão os planetas e as casas opostas a elas.

• pode ser um mau aspecto entre Vênus (sangue, lado feminino) e Saturno (segura, prende, atrasa). *Florais:* Gentian (ativa a menstruação), Scleranthus (equilibra), Wild Rose (alegria, saúde para o sangue), Mimulus (tira os medos que atormentam e que podem prejudicar a menstruação), Rock Water (dá flexibilidade, solta a menstruação) e mais os florais dos signos que regem as casas onde estão os planetas e as casas opostas a elas.

Atraso, sangue escuro ou coágulos na

• pode ser um mau aspecto entre a Lua (rege os órgãos femininos e o ciclo menstrual) e Saturno (segura e atrasa). *Florais:* Clematis (equilibra, saúde para os ovários), Mimulus (tira os medos que atormentam no dia a dia), Rock Water (flexibilidade, deixa a menstruação vir), Wild Rose (sangue e alegria) e mais os florais dos signos que regem as casas onde estão os planetas e as casas opostas a elas. Ajudar com Crab Apple (limpa e solta a menstruação), Elm (bom para problemas menstruais), Crab Apple (limpa o sangue, mas não se deve tomar enquanto estiver menstruada).

Ciclo irregular

• pode ser um mau aspecto entre Vênus (sangue, feminino) e Saturno (segura, prende). *Florais:* Gentian (ativa a menstruação),

Scleranthus (equilibra), Wild Rose (tira os atrasos), Mimulus (tira os medos que podem interromper a menstruação), Rock Water (dá vitalidade), Vervain (bom para ciclo menstrual irregular) e mais os florais dos signos que regem as casas onde estão os planetas e as casas opostas a elas.

• pode ser Lua (emoções "ruins") em Gêmeos ("abarrotamento" mental). *Florais:* Clematis (coloca os pés no chão, faz entender as emoções), Cerato (ativa o mestre interior, dá sabedoria com relação à vida) e mais os florais dos signos que regem a casa onde está o planeta e a casa oposta a ela.

Problemas em geral

• pode ser um aspecto dissonante entre a Lua (órgãos femininos do corpo, emoções) e Júpiter (exacerbado), com a possibilidade de um ciclo longo e sangramento excessivo. *Florais:* Clematis (equilíbrio das emoções e do ciclo menstrual), Agrimony (tira tudo o que faz mal ao corpo) e mais os florais dos signos que regem as casas onde estão os planetas e as casas opostas a elas.

Síndrome pré-menstrual intensa

• pode ser um mau aspecto entre a Lua (órgão feminino de reprodução e emoções) e o ascendente. *Florais:* Clematis (saúde para os órgãos femininos de reprodução), Impatiens (dá ritmo correto à menstruação), Vervain (relaxa, tira a dor de cabeça ou enxaqueca, dor muscular e irritação) e mais o floral do signo do ascendente e os florais dos signos que regem a casa onde está o planeta e a casa oposta a ela.

TPM com dor de cabeça ....

• pode ser um mau aspecto entre Vênus e Marte. *Florais:* Gentian, Scleranthus, Wild Rose, Impatiens e mais os florais dos signos que regem as casas onde estão os planetas e as casas opostas a elas.

mercúrio (planeta) ....

Rege Gêmeos e Virgem, onde está em domicílio; fica em exílio em Sagitário e Peixes; fica em exaltação em Virgem e em queda em Peixes. Leva um ano para percorrer o zodíaco; 27 dias, quatro horas e dez minutos para percorrer o signo; percorre um grau e 49 minutos em um dia.

Relaciona-se com

• ar, positivo, masculino, yang, mercúrio.

Bem aspectado

• traz inteligência, curiosidade, versatilidade, habilidade; regula a qualidade dos reflexos.

Mal aspectado

• traz inconstância, cinismo, inconsistência, superficialismo; pode trazer tensão, preocupação.

Rege

• sistema nervoso periférico e autônomo, aprendizado, memória, cérebro, boca, língua, sistema respiratório, mãos e braços, todos os hormônios, inteligência, curiosidade, lucidez, palavra articulada, capacidade de expressão, comunicação, todos os condutos do corpo em que circule qualquer líquido ou substância, hipófise, sistema endócrino.

Floral básico

• Cerato.

Em relação aos outros florais

• White Chestnut ajuda Mercúrio ao iluminar o caminho para buscar as verdades de que necessita.

• Agrimony ajuda Mercúrio ao eliminar as doenças causadas por Saturno (rigidez).

• Chestnut Bud ajuda Mercúrio ao fixar o aprendizado.

• Water Violet ajuda Mercúrio ao ensinar a troca de conhecimentos.

• Wild Oat ajuda Mercúrio ao dar direção aos pensamentos para conseguirmos alcançar nossos propósitos.

• Rock Rose ajuda Mercúrio ao nos dar prudência, astúcia e perspicácia.

• Aspen ajuda Mercúrio ao nos estruturar e fortalecer para que não tenhamos medo de receber as mensagens do inconsciente ou do mundo dos mortos.

• Hornbeam ajuda Mercúrio ao impulsionar a energia da coluna para a cabeça, tirando os bloqueios e trazendo a criatividade.

• Impatiens ajuda Mercúrio ao dar ritmo normal aos nossos pensamentos para realizarmos o que é preciso.

• Larch ajuda Mercúrio ao coordenar e associar as mensagens que recebemos, ajudando o raciocínio.

• Star of Bethlehem ajuda Mercúrio ao tirar os traumas que nos causaram esquecimento, amnésia ou confusão mental.

• Scleranthus ajuda Mercúrio ao dar equilíbrio aos pensamentos, eliminando a confusão mental.

• Elm ajuda Mercúrio ao trazer clareza e entendimento que nos auxiliam a cumprir nossa missão.

• Pine ajuda Mercúrio, pois ajuda as pessoas muito pensantes.

metabolismo ....

Definição: A soma de todas as alterações físicas e químicas que ocorrem no interior de um organismo.

Os problemas indicam: que a pessoa não escuta o que a vida tem a dizer, não assimila o aprendizado.

Regência: Marte (impulso) rege o metabolismo e o floral é Impatiens (tira a impaciência); Libra (dúvidas) rege o metabolismo basal e o floral é Scleranthus (equilíbrio); Virgem (se deixa ser comandado) rege o metabolismo dos carboidratos e o floral é Centaury (ensina a individualidade, apesar de ajudar o outro); Júpiter (exagerado) rege o metabolismo dos glicídios e lipídios, e o floral é Agrimony (faz a pessoa ser verdadeira, dá equilíbrio ao exagero); Urano (o isolado) rege os processos metabólicos e o floral é Water Violet (ensina a dividir conhecimento, tira do isolamento); Saturno (o sério, o que segura e retém) reduz o metabolismo e os florais são: Mimulus (tira os medos do dia a dia e dos sentimentos) e Rock Water (dá flexibilidade na vida e deixa o metabolismo funcionar livremente), Touro rege a tireoide e o Floral é Gentian (dá segurança, cuida do metabolismo).

Florais auxiliares: Chestnut Bud (para a pessoa perceber como responde às situações da vida que causam a doença), Crab Apple (regula o metabolismo), Gentian (equilibra o coração, dá boa digestão, organiza o metabolismo), Heather (tira o desequilíbrio do metabolismo, acaba com o engorda e emagrece), Elm (estimula trocas metabólicas, tira o esgotamento nervoso, a insônia, a enxaqueca).

Aumentado

É preciso observar se há falta de vitaminas no organismo.

• pode ser um mau aspecto entre Júpiter (exagera) e Plutão (autodestrutivo). *Florais:* Agrimony (tira tudo que faz mal ao organismo, tira o exagero também), Heather (regenerador) e mais os florais dos signos que regem as casas onde estão os planetas e as casas opostas a elas.

Lento

• pode ser um mau aspecto entre a Lua (por ficar no mundo da lua e não estar presente na vida) e Vênus. *Florais:* Clematis (equilíbrio do metabolismo), Wild Rose (alegria que dá equilíbrio para o metabolismo) e mais os florais dos signos que regem as casas onde estão os planetas e as casas opostas a elas.

metaplasia mieloide ....

Definição: Conversão de um tipo de tecido numa forma que não é normal.

Floral básico: Escorpião e Plutão são autodestruidores e causadores da mutação genética e o floral é Heather (por ajudar em caso de conversões, é regenerador).

Em geral

• pode ser um mau aspecto entre Netuno (desordem) e Júpiter (expande). *Florais:* Agrimony (tira tudo o que não faz parte do organismo), Rock Rose (tira o pânico que causou a desordem), White Chestnut (ensina a dominar e direcionar os pensamentos quando estamos sendo dominados pelos instintos) e mais os florais dos signos que regem as casas onde estão os planetas e as casas opostas a elas.

miastenia ....

Definição: Debilidade muscular e fadiga anormal.

Indica: falta de habilidade de agir diante das diferentes situações da vida, resistência a novas experiências.

Regência: Marte (impulso) rege os músculos e o floral é Impatiens (energia vital).

Florais auxiliares: Hornbeam (para dar vigor), Wild Rose (traz alegria para viver), Wild Oat (dá metas e vontade de viver por elas), Rescue Remedy (organiza a saúde dos músculos, melhora a contração muscular), Olive (bom para doenças degenerativas), Chestnut Bud (ativa e dá consciência), Gentian (tira a flacidez), Rock Water (dá vitalidade), Cherry Plum (tira as doenças dos músculos por mal entendimento das situações), Hornbeam (dá tônus), Vervain (equilibra a parte nervosa dos músculos).

Grave

Fadiga e exaustão do sistema muscular.

• pode ser um mau aspecto entre a Lua e Marte. *Florais:* Clematis, Impatiens e mais os florais dos signos que regem as casas onde estão os planetas e as casas opostas a elas.

micose ....

Definição: Qualquer doença induzida por um fungo.

Indica: Bloqueio na evolução dos pensamentos, recusa em libertar-se do passado.

Florais básicos: Crab Apple (limpa o organismo), Honeysuckle (faz o passado ficar no passado), Olive (traz paz aos pensamentos), Agrimony (tira tudo o que não faz parte do organismo).

Florais auxiliares: Elm (tira as micoses causadas por a pessoa cuidar do outro e se esquecer de cuidar de si), Rescue Remedy (tira as micoses).

Fungoide

• pode ser um mau aspecto entre Júpiter (expande) e Plutão (autodestruição). *Florais:* Agrimony (tira tudo o que não faz parte do organismo), Heather (regenerador) e mais os florais dos signos que regem as casas onde estão os planetas e as casas opostas a elas.

Pulmonar

• pode ser uma desarmonia da Lua em Sagitário. *Florais:* Clematis, Agrimony, Cerato (por ser o floral de Gêmeos, que rege os pulmões) e mais os florais dos signos que regem a casa onde está o planeta e a casa oposta a ela.

microcirculação ....

Fluxo de sangue ou linfa em vasos muito pequenos.

Regência: Aquário rege a microcirculação e o floral é Water Violet (dá equilíbrio à microcirculação).

mielite ....

Definição: Inflamação da medula óssea.

A medula representa a maneira como nos vemos, como acreditamos que somos.

Indica: que a pessoa sente raiva por ser quem é.

Regência: Câncer rege a medula óssea e o floral é Clematis (faz a pessoa estar presente para não deixar a doença entrar), Aquário (isolado, não consegue ter amigos) rege a medula e o floral é Water Violet (ensina a dividir conhecimento, tira do isolamento).

Floral auxiliar: Heather (regenerador).

Florais auxiliares: Impatiens (para a inflamação) e Crab Apple (atua como antibiótico natural).

mielofibrose ....

Definição: Substituição da medula óssea por tecido fibroso. A medula representa a maneira como nos vemos, sentimos e amamos.

Indica: que a pessoa talvez esteja querendo ser outra pessoa.

Regência: Câncer rege a medula óssea e o floral é Clematis (equilíbrio para a medula); Aquário rege a medula e o floral é Water Violet (saúde para a medula).

Florais auxiliares: Heather (regenerador), Crab Apple (limpa), Chestnut Bud (para a pessoa ver o que está causando a doença).

Em geral

• pode ser um mau aspecto entre Marte (agressão) e Plutão (mutação). *Florais:* Impatiens (tira a agressão, dá paciência), Heather (regeneração) e mais os florais dos signos que regem as casas onde estão os planetas e as casas opostas a elas.

• pode ser um mau aspecto entre Júpiter (expande) e Netuno (desordem). *Florais:* Agrimony (tira tudo o que não faz parte da pessoa ou do organismo), Rock Rose (tira o pânico que causou a desordem), White Chestnut (direciona os pensamentos, pois é através deles que estamos construindo nosso amanhã; bom quando somos guiados pelos instintos) e mais os florais dos signos que regem as casas onde estão os planetas e as casas opostas a elas. Ajudar com Rescue Remedy e Chestnut Bud (para a pessoa perceber o que está causando a doença).

mieloma ....

Definição: Tumor originário das células da parte hematopoiética da medula óssea.

Indica: falta de alegria na vida, mágoa profunda.

Regência: Câncer (emoções) rege a medula óssea e o floral é Clematis (dá bons sentimentos, cura tumores, ativa a criatividade, coloca os pés no chão); Aquário rege a medula óssea e o floral é Water Violet (ensina a direcionar os pensamentos para o lado bom, tira a reação à vida que nos faz seguir os instintos); Marte (impulso) rege o ferro que é levado para a medula óssea e o floral é Impatiens (ferro).

Florais auxiliares: Chestnut Bud (para a pessoa entender o que a levou a ter a doença), Wild Rose (trabalha a alegria da vida, e sangue é vida), Rescue Remedy (resgata de qualquer mal), Rock Rose (tira o pânico que causou a desordem celular) e Olive (ativa os centros de comando cerebral, harmoniza os chakras superiores), Heather (regenerador, bom para a medula óssea).

Múltiplo

• pode ser uma desarmonia de Júpiter (expande) em Aquário (rege a medula). *Florais:* Agrimony (faz a pessoa ser verdadeira e acaba com tudo o que é demais na mente e no organismo), Water Violet (saúde para a medula) e mais os florais dos signos que regem a casa onde está o planeta e a casa oposta a ela.

mimulus (floral)....................

Tira os medos do dia a dia e dos sentimentos.

Relaciona-se com

• Capricórnio, Saturno e com os ossos, dentes, pele e seus anexos (cabelo, unhas), joelhos, tecido conjuntivo, vísceras, vesícula biliar, bile, melanócito, síntese de proteína; a estrutura, os limites, a seriedade, a responsabilidade, a disciplina, a obrigação, a obediência, o ser lógico, o conservadorismo.

Ajuda em caso de

• problema nas vísceras, no plexo solar; timidez, respostas ou sentimentos aumentados, pensamentos confusos, ação limitada, atração por situações negativas, claustrofobia; medrosos que se tornaram egoístas.

É bom para

• trazer coragem, harmonia, alegria de viver, glória da reputação, deleite, prazer, amabilidade; fertilizar a vontade, a oratória, limpar a mente negativa das mães.

• tirar os medos conhecidos: de ser, de conhecer a si mesmo, da vida, do escuro, das doenças, do chefe, do pai, do novo, de perder os bens materiais, das fases e mudanças da vida.

Em relação aos planetas

• ajuda o Sol ao nos dar consciência das nossas limitações para desenvolver nossas qualidades e ativar nossa criatividade.

• ajuda Saturno ao tirar nossos medos, permitindo que nos lancemos na vida sem tantas limitações e alcancemos nossas metas.

miocardite ....

Definição: Inflamação do miocárdio (a camada média das paredes do coração, composta de músculos cardíacos).

Indica: falta de amor, segurança e união; falta de alegria; problemas emocionais que duram muito tempo; stress, tensão, rigidez mental; dificuldade e resistência em relação a novas experiências.

Regência: o Sol rege o coração e o floral é Vervain (é relaxante, bom para quem é eufórico, que sobrecarrega o coração com sua efusividade; equilibra as respostas); Marte (impulso) rege o sistema muscular e o floral é Impatiens (tira a impaciência, dá ritmo correto).

Florais auxiliares: Impatiens (anti-inflamatório), Crab Apple (antibiótico natural) e Gorse (energia ao coração, alegria e vontade de viver), Gentian (estrutura ao coração), Agrimony (tira as tristezas do coração), Mimulus (tira o medo de assumir seu papel na vida), Red Chestnut (aproxima o anjo da guarda), Olive (ativa o timo, que fabrica anticorpos), Wild Oat (eleva o ideal de vida).

Hipertrófica

• pode ser uma desarmonia de Júpiter (exagera) em Leão (coração). *Florais:* Agrimony (faz a pessoa ser verdadeira, tira o exagero), Vervain (acalma, dá equilíbrio às respostas) e mais os florais dos signos que regem a casa onde está o planeta e a casa oposta a ela.

Uterino

• pode ser uma desarmonia da Lua (emoção ruim que cria mioma) em Câncer (emoção ruim que cria mioma). *Florais:* Clematis (bom para prevenir miomas, acalma os sentimentos, cuida da saúde do útero) e mais os florais dos signos que regem a casa onde está o planeta e a casa oposta a ela. Ajudar com Rescue Remedy (resgata de qualquer doença), Agrimony (tira os males que não pertencem à pessoa) e Chestnut Bud (mostra que sentimento criou a doença), Vervain (dá saúde ao coração, que dá saúde aos outros órgãos).

mioma

Definição: Tumor que contém tecido muscular.

Indica: mágoa profunda e falta de flexibilidade com o novo; decepção, tristeza; que a pessoa esconde suas dores, não mostra como se sente.

Florais auxiliares: Holly (bom para mulheres que não gostam de ser mulheres, que querem destruir o útero e por isso criam miomas), Wild Rose (bom para quando foram criados por algum estado emocional ruim), Beech (bom para miomas uterinos), Hornbeam (bom para miomas com dor no baixo-ventre e nas cadeiras; dar entre as menstruações, porque aumenta o fluxo menstrual), Chicory (bom para miomas no baixo-ventre porque preenche as carências e tira o ciúme), Aspen (tira os miomas e cistos criados pelo medo do futuro), Olive (bom para doenças degenerativas), Hornbeam e Wild Oat (tonificam os músculos), Star of Bethlehem (faz a cicatrização dos sentimentos ruins e da doença).

miomatose

Definição: Desenvolvimento de muitos miomas.

Indica: mágoa profunda e falta de flexibilidade com o novo; frustração, decepção; que a pessoa esconde suas tristezas; problemas com o companheiro.

Regência: Escorpião e Plutão regem o sistema reprodutivo e a mutação genética e o floral é Heather (regeneração).

Florais auxiliares: Holly (bom para mulheres que não gostam de ser mulheres e querem destruir o útero e criam miomas), Wild Rose (bom para quando foram criados por algum estado emocional ruim), Beech (bom para miomas uterinos), Hornbeam (bom para miomas com dor no baixo-ventre e nas cadeiras; dar entre as menstruações, porque aumenta o fluxo menstrual), Chicory (bom para miomas no baixo-ventre porque preenche as carências e tira o ciúme), Aspen (tira os miomas e cistos criados pelo medo do futuro).

Em geral

• pode ser um mau aspecto entre a Lua (emoções que criam miomas no útero) e Netuno (desordem) se um deles estiver em Capricórnio (segura, retém) ou com aspecto desfavorável com Saturno (prende, atrasa). *Florais:* Clematis (previne câncer e miomas, limpa os processos mentais confusos), Rock Rose (tira o pânico que causou a desordem), White Chestnut (faz dominar e direcionar os pensamentos, já que somos o que pensamos, sentimos e fazemos), Mimulus (tira os medos do dia a dia e dos sentimentos), Rock Water (dá flexibilidade para viver) e mais os florais dos signos que regem as casas onde estão os planetas e as casas opostas a elas.

Uterina

Desenvolvimento de muitos miomas ao mesmo tempo, em que o útero cresce e fica endurecido.

• pode ser um mau aspecto entre a Lua (emoções que formam miomas no útero) e Saturno (rígido, duro, inflexível). *Florais:* Clematis (saúde para o útero), Mimulus (limpa os processos mentais confusos, faz a personalidade surgir verdadeira), Rock Water (tira a rigidez) e mais os florais dos signos que regem as casas onde estão os planetas e as casas opostas a elas.

• pode ser uma desarmonia de Júpiter (exagero) em Câncer (emoções ruins que criam miomas). *Florais:* Agrimony (faz ser verdadeiro, tira o exagero), Clematis (previne miomas, saúde do útero, trabalha e acalma as emoções) e mais os florais dos signos que regem a casa onde está o planeta e a casa oposta a ela. Ajudar com Rescue Remedy (resgata de qualquer mal), Agrimony (faz a pessoa ser verdadeira, tira o exagero) e Wild Rose (alegria, feminilidade).

miopatia ....

Definição: Qualquer doença ou condição anormal do músculo estriado.

Indica: falta de habilidade diante das novidades da vida.

Regência: Marte (impulso) rege o sistema muscular e o floral é Impatiens (dá ritmo certo ao impulso).

Florais auxiliares: Aspen (tira os medos perante o novo na aventura da vida), Olive (doença degenerativa), Gentian (bom para musculatura flácida), Cherry Plum (tira os problemas dos músculos).

Em geral

• pode ser um mau aspecto entre Marte (impulso) e Netuno (desordem), que faça um mau aspecto com Saturno (segura, prende) ou Plutão (medo de perder o poder). *Florais:* Impatiens (dá ritmo ao impulso), Rock Rose (tira o pânico que causou a desordem), White Chestnut (tira a tensão muscular, clareia e dá direção aos pensamentos), Rock Water (flexibilidade), Mimulus (tira os medos do novo), Heather (tira o orgulho, a prepotência, a onipotência) e mais os florais dos signos que regem as casas onde estão os planetas e as casas opostas a elas.

miosite ....

Definição: Inflamação do tecido muscular, sobretudo dos músculos voluntários.

Indica: raiva por falta de habilidade diante das novidades da vida.

Floral básico: Impatiens (anti-inflamatório).

Em geral

• pode ser um mau aspecto entre Marte (inflamação) e Netuno (desordem), com um mau aspecto com Saturno (segura, impede) ou Plutão (medo de perder o poder). *Florais:* Impatiens (anti-inflamatório), Rock Rose (tira o pânico que causou a desordem), White Chestnut (direciona os pensamentos para o bom), Mimulus (tira os medos das novidades), Rock Water (dá flexibilidade, solta), Heather (acaba com a prepotência, orgulho, onipotência e egoísmo) e mais os florais dos signos que regem as casas onde estão os planetas e as casas opostas a elas.

mixedema ....

Definição: É o resultado da hipofunção da glândula tireoide.

Indica: que a pessoa quer desistir de tudo, como se não adiantasse mais lutar.

Regência: Touro (insegurança) rege a tireoide e o floral é Gentian (segurança interior), Júpiter rege o sistema endócrino e o floral é Agrimony (limpa e tira tudo o que não faz parte do organismo).

Florais auxiliares: Willow (tira o amargo da vida, dá ritmo certo à tireoide), Star of Bethlehem (quando em estado de choque pode comprometer o ritmo da tireoide, ajuda na fabricação de iodo), Heather (ativa o chakra laríngeo, dá energia à tireoide), Pine (tira os nós da tireoide por tristeza e ressentimento).

Hipotireoidismo avançado

No qual a pessoa fica toda inchada e há um significativo aumento de peso.

• pode ser uma desarmonia de Júpiter (sistema endócrino, exacerba) em Áries (impulso). *Florais:* Agrimony (equilibra os hormônios, ensina a pessoa ser verdadeira, tira o exagero), Impatiens (tira a impaciência, equilíbrio do ritmo celular), Rescue Remedy (por causa do inchaço), Willow (dá ritmo correto à tireoide), Star of Bethlehem (quando por choque a tireoide fica comprometida), Heather (faz o controle celular), Vervain (aumenta o iodo), e mais os florais dos signos que regem a casa onde está o planeta e a casa oposta a ela.

Em geral

• pode ser um mau aspecto entre Júpiter (sistema endócrino) e Saturno (contém, retém). *Florais:* Agrimony (equilibra os hormônios), Mimulus (tira os medos que atormentam no dia a dia), Rock Water (dá flexibilidade na vida) e mais os florais dos signos que regem as casas onde estão os planetas e as casas opostas a elas.

Por redução do metabolismo

Causado por baixa do iodo na tireoide.

• pode ser um mau aspecto entre Mercúrio (hormônios) e Vênus (tireoide), desde que um deles faça um mau aspecto com Marte (energia) ou Áries (força). *Florais:* Cerato (ensina a se cuidar), Gentian (tireoide, segurança), Scleranthus (equilíbrio), Wild Rose (equilíbrio da tireoide), Impatiens e mais os florais dos signos que regem as casas onde estão os planetas e as casas opostas a elas. Ajudar com Rescue Remedy (resgata de qualquer mal) e Chestnut Bud (mostra o que fez para ter a doença), Vervain (iodo).

molibdênio ....

Definição: Elemento metálico, duro e pesado; está envolvido com o funcionamento de duas enzimas do organismo: a xantinoxidase (relacionada à mobilização do ferro armazenado no fígado) e a aldeído-oxidase (relacionada à oxidação das gorduras); o molibdênio é absorvido com bastante facilidade pelos intestinos e é eliminado através da urina e da bile; é rapidamente transportado a todos os tecidos, especialmente para o fígado, rins e ossos; ele aumenta tanto a absorção quanto a excreção do fósforo, e diminui o acúmulo de cobre do fígado; é usado na prevenção das cáries; se consumido em excesso, há eliminação do cobre.

Regência: Marte rege o molibdênio e o floral é Impatiens.

mononucleose ....

Definição: Número anormalmente elevado de leucócitos no sangue.

Indica: excesso de autocrítica; raiva por não receber amor e atenção; depreciação da vida.

Regência: Netuno (desordem) rege a parte branca do sangue e os florais são: White Chestnut e Rock Rose.

Florais auxiliares: Gentian (no acometimento dos gânglios do pescoço e da garganta, que afeta as células do sistema imunológico), Gorse (amor), Holly (dá o entendimento, faz a aceitação) e Pine (tira as culpas).

movimento peristáltico ....

Definição: Movimento ondulatório progressivo que ocorre involuntariamente nos tubos ocos do corpo, sobretudo no canal digestório.

Os problemas indicam: medo do desconhecido e do novo.

Regência: Virgem (sistema digestório) rege o movimento peristáltico e o floral é Centaury (autossuficiente); Peixes (desordem) rege os movimentos peristálticos dos intestinos e os florais são: Rock Rose (tira o pânico) e White Chestnut (faz dominar e direcionar os pensamentos; ajuda a jogar fora o lixo mental e emocional).

muco do organismo ....

Definição: Líquido viscoso secretado pelas membranas mucosas e pelas glândulas, consistindo de mucina, leucócitos, sais inorgânicos, água e células epiteliais; o excesso de muco ou catarro pode obstruir vários órgãos do corpo e isso traz uma sensação generalizada de apatia e fadiga.

Regência: Peixes (desordem e medos inconscientes) rege o muco e os florais são; White Chestnut (clareia) e Rock Rose (tira o pânico); Saturno (retém, contém) rege os fluidos do corpo e os florais são: Rock Water (flexibilidade) e Mimulus (tira os medos que atormentam no dia a dia).

mucosa ....

Definição: Membrana mucosa ou camada de tecido úmido que reveste um órgão oco ou cavidade corporal.

Regência: Peixes rege as mucosas e os florais são: White Chestnut (clareia à volta) e Rock Rose (tira o pânico); Saturno rege os fluidos e os florais são: Rock Water (flexibilidade) e Mimulus (medos que atormentam no dia a dia).

mucoviscidose ....

Definição: Uma condição hereditária em que as secreções são excessivamente espessas; com isso a pessoa não consegue expectorar o catarro e a secreção do pâncreas fica retida, causando pancreatite e infecções respiratórias de repetição.

Regência: Peixes (desordem) rege a mucosa e os florais são: Rock Rose (tira o pânico que causou a desordem), Saturno rege as secreções respiratórios e os florais são: Mimulus (medos que atormentam no dia a dia) e Rock Water (dá flexibilidade na vida), Honeysuckle (por ser hereditária), Virgem rege o pâncreas e o Floral é Centaury.

Indica: medo e pânico.

Em geral

• pode ser uma desarmonia de Júpiter (exagero) em Virgem (pâncreas). *Florais:* Agrimony (faz a pessoa ser verdadeira, tira o exagero), Centaury (saúde do pâncreas) e mais os florais dos signos que regem a casa onde está o planeta e a casa oposta a ela. Ajudar com Rescue Remedy (resgata de qualquer mal) e Crab Apple (limpa, dá as devidas proporções).

mudança ....

Definição: Ato ou efeito de mudar.

Florais básicos: Rescue Remedy (bom para qualquer problema ou sentimentos ruins), Walnut (bom para tirar as influências externas, se tiver que decidir ou se for da casa, misturar com água e borrifar na casa para tirar as influências que ali estiverem), Chicory (tira os apegos) e Honeysuckle (deixar o passado para trás).

músculo ....

Definição: Tipo de tecido composto de células ou fibras contráteis que efetuam o movimento de um órgão ou parte do corpo. Os músculos representam a habilidade de agir diante das diferentes situações da vida.

Os problemas indicam: resistência a novas experiências.

Regência: Marte rege os músculos em geral e o floral é Impatiens; Leão e o Sol regem os músculos longo dorsal, grande dorsal, transverso, diafragmático e cardíaco, e o floral é Vervain; Sagitário rege os músculos ileopsoas, ilíaco, pectíneo, sartório, reto, extensor do quadríceps e glúteos, e o floral é Agrimony; Escorpião rege os músculos cremaster, esfíncter, estreito superior do ânus, esfíncter da bexiga, elevador do pênis e do clitóris, e o floral é Heather; Virgem rege a musculatura esquelética do tronco e os músculos oblíquos, transversos do abdome e reto abdominal, e o floral é Centaury; Capricórnio rege o ligamento patelar poplíteo e os florais são: Rock Water e Mimulus; Aquário rege os músculos e tendões tibial anterior, fibular terceiro, tendão calcâneo, sóleo e gastrocnêmico, e o floral é Water Violet; Peixes rege os músculos extensor e flexor curtos dos artelhos, abdutores do hálux e do dedo mínimo do pé, flexor curto do hálux e flexor acessório ou músculo quadrado plantar, e os florais são: White Chestnut e Rock Rose; Urano rege a oxigenação do tecido muscular nervoso e o floral é Water Violet.

Florais auxiliares: Water Violet (trabalhar a coordenação muscular), White Chestnut (para tensão e dores musculares), Impatiens (para trabalhar os músculos tensos), Olive (para doenças degenerativas em atrofias musculares), Beech (para tensão na área sacral e lombar, que pode comprometer a cervical e os ombros), Star of Bethlehem (para quem está coberto de couraças causadas por traumas ou sentimentos; o trauma sofrido fica na memória celular) e Vervain (atua como relaxante nas armaduras de tensão, criadas por princípios fixos e rígidos).

Cãibra na parte inferior da perna

Por falta de cálcio; anemia devido a um cólon enfraquecido.

Indica: abarrotamento de pensamentos, bloqueios, dor psíquica e angústia.

• pode ser Saturno (retém, contém, paralisa) em Aquário. *Florais:* Rock Water (dá vitalidade aos músculos), Mimulus (tira os medos que paralisam os músculos), Water Violet (tira as cãibras e tensões por ativar a intuição, que melhora os curtos-circuitos) e mais os florais dos signos que regem a casa onde está o planeta e a casa oposta a ela. Ajudar com Cherry Plum.

Contusão e distensão muscular

• pode ser um mau aspecto entre Marte (impulso, impaciência) e Júpiter (exagera). *Florais:* Impatiens (dá paciência, ritmo correto), Agrimony (faz a pessoa ser verdadeira, tira o exagero), Holly (dá entendimento, tira a tensão) e mais os florais dos signos que regem as casas onde estão os planetas e as casas opostas a elas.

Distrofia ou problemas de nervos

Que influenciam nas disfunções musculares e cerebrais; cãibras musculares.

Indica: angústia relacionada à comunicação; autopunição por culpa; resistência a novas experiências.

• pode ser Mercúrio (por excesso de pensamentos, problemas nos nervos) em Aquário (impulsos elétricos). *Florais:* Cerato, Water Violet (ativa a intuição, melhora os impulsos elétricos), Olive (bom para distrofia), e mais os florais dos signos que regem a casa onde está o planeta e a casa oposta a ela.

Fraqueza muscular

• pode ser um mau aspecto entre o Sol (falta de vitalidade) e Vênus (desânimo, falta de alegria na vida), pois o Sol atrapalha Vênus na nutrição da medula, trazendo fraqueza muscular. *Florais:* Vervain (energia vital), Wild Rose (dá vida, faz o organismo sarar), Gentian (segurança interior), Scleranthus (equilíbrio) e mais os florais dos signos que regem as casas onde estão os planetas e as casas opostas a elas.

Problema de coordenação muscular

• pode ser Mercúrio (cérebro) em Áries (impulso), por falta de liberação do neurotransmissor. *Florais:* Cerato (saúde ao cérebro e ao sistema nervoso, por ativar a intuição), Impatiens (dá ritmo aos sistemas) e mais os florais dos signos que regem a casa onde está o planeta e a casa oposta a ela.

Traumatismo muscular

• pode ser um mau aspecto entre Marte (impulso) e o ascendente. *Florais:* Impatiens (tira a tensão), e mais o floral do signo do ascendente e os florais dos signos que regem a casa onde está o planeta e a casa oposta a ela.

mustard (floral) ....

Depressão.

Ajuda em caso de

• depressão, melancolia, desespero, desinteresse pela vida no presente, preguiça por causa da depressão; neurose e psicose depressivas.

• câncer, AIDS, doenças autodestrutivas; transpiração com odor forte; vasos e veias bem marcados.

• desejos fortes, calor interno, cansaço pela vida.

É bom para

• os melancólicos, desesperados, que sentem falta de alegria e de interesse pelo presente; os depressivos que não sabem por que estão com depressão.

• acender a consciência celular; trazer a vontade de ser, a fé, a vida, o amor; trazer a morte do negativo, da melancolia, da preguiça.

• quem não tem vontade de viver; quem vai definhando por falta de vontade de viver; quem perdeu a individualidade, é indiferente aos prazeres e aos estímulos externos, não vibra com mais nada, não tem mais alegrias.

• quem trabalha com energia radioativa, que está destruindo as células normais; quem gosta de comidas fortes.

Em associação com outros florais

• Mustard + Star of Bethlehem: para as prostitutas que perderam o sentimento, a sensibilidade e a vontade de viver, que sentem que "tanto faz".

Em relação aos planetas

• ajuda o Sol ao nos dar força para sair da escuridão, do endurecimento e da inércia.

• ajuda Plutão ao nos fazer sair da depressão, dando movimento às nossas células para acabar com a inércia.

N

nariz

Os problemas indicam: que a pessoa tem problemas com o poder, sente-se sem muita autonomia; estado emocional alterado.

Regência: Escorpião rege o nariz e o floral é Heather.

Floral auxiliar: Rescue Remedy (para a obstrução nasal).

Muco nasal

• pode ser Sol (falta de vitalidade) em Touro (insegurança). *Florais:* Vervain (vitalidade, energia vital, sistema imunológico), Gentian (segurança interior, autonomia), Rock Water (equilíbrio das secreções respiratórias) e mais os florais dos signos que regem a casa onde está o planeta e a casa oposta a ela.

Inflamação dos condutos nasais

Indica: raiva por a pessoa não ter o poder e se sentir insegura.

• pode ser Marte (inflamação) em Touro (insegurança). *Florais:* Impatiens (anti-inflamatório), Gentian (segurança interior) e mais os florais dos signos que regem a casa onde está o planeta e a casa oposta a ela.

náusea

Definição: Sensação desagradável que habitualmente antecede o vômito.

Indica: medo e recusa de ideias ou experiências novas; consciência abarrotada com ideias controversas que a pessoa não consegue digerir.

Regência: Sagitário rege a vesícula biliar e o floral é Agrimony (tira o excesso e tudo o que não faz parte da pessoa).

Florais básicos: Scleranthus (cura qualquer tipo de náusea), Crab Apple (limpa o pensamento, o sentimento que possa causar náusea) e Cherry Plum (por dar o entendimento de dentro e de fora, acaba com o desequilíbrio que causa a náusea), Gorse (se for efeito colateral de remédio).

Por causa da vesícula biliar

Sagitário (exagero) rege a vesícula biliar e o floral é Agrimony (tira tudo o que não pertence à pessoa).

Indica: que a beleza e a espontaneidade foram reprimidas.

• pode ser Vênus (beleza, espontaneidade) em Capricórnio (retém, contém, atrasa, segura). *Florais:* Wild Rose (alegria que traz beleza, espontaneidade), Gentian (segurança interior), Scleranthus (equilíbrio), Rock Water (tira a rigidez), Mimulus (tira os medos que atormentam sem parar) e mais os florais dos signos que regem a casa onde está o planeta e a casa oposta a ela.

nefrite

Definição: Inflamação dos rins.

Indica: conflito nos relacionamentos; raiva causada por crítica, desapontamento, fracasso, vergonha, medo; reação infantil; pessoa sem jogo de cintura para enfrentar os problemas.

Regência: Libra (dúvidas) rege os rins e o floral é Scleranthus (equilíbrio).

Florais auxiliares: Clematis (para tirar a reação infantil), Centaury (para a pessoa aprender a ser ela mesma), Larch (dá vontade de recomeçar), Mimulus e Agrimony (para limpar os venenos em caso de hematúria, que é a presença de sangue na urina), Oak (problema nos rins por ir além do limite do corpo), Vervain (por euforia, stress e expectativas, infecções e cálculos), Elm (qualquer problema nos rins, tira a dor por soltar a endorfina), Impatiens (anti-inflamatório), Crab Apple (atua como antibiótico natural, limpa os rins), Aspen (por medo do futuro), Mimulus (por medo de assumir seu papel na vida).

Em geral

• pode ser Sol (euforia, expectativa, stress) em Libra (dúvidas). *Florais:* Vervain (bom para infecções e cálculos), Scleranthus (equilíbrio) e mais os florais dos signos que regem a casa onde está o planeta e a casa oposta a ela.

nervos

Definição: Feixe ou grupo de feixes de fibras nervosas, situado fora do sistema nervoso central e que conecta o cérebro e a medula espinhal às diversas partes do corpo.

Regência: Aquário rege os nervos periféricos e o floral é Water Violet (para os impulsos nervosos); o Sol rege os nervos e o floral é Vervain; Áries e Marte regem os nervos motores e o floral é Impatiens.

Florais auxiliares: Elm (dá energia começando pela medula, vai desde o cóccix para todos os nervos até a região occipital, desbloqueia, tira os pontos de estagnação energética, dissolve os nós, bom para nervos sensíveis), Wild Oat (energiza os nervos do corpo desde os pés, através do esqueleto e dos nervos até o sílex, que é o mineral condutor de energia pelos nervos do corpo), Water Violet (bom para dores nos nervos por melhorar os curtos-circuitos do corpo), Star of Bethlehem (limpa o sistema nervoso), Hornbeam (tira as dores dos nervos bloqueados pela energia) Holly (por dar aceitação, tira a dor, tira a raiva e a revolta), Willow (tira os bloqueios causados por tristezas e raiva), Centaury (acalma os nervos), Vervain (por equilibrar os sistemas simpático e parassimpático, equilibra os nervos), Scleranthus (equilibra os nervos), Heather (energiza os nervos).

Degeneração dos

Relacionada a doenças dos músculos, dos nervos e da coluna.

Indica: medo de continuar a viver.

• pode ser Urano em Aquário (atividade elétrica cerebral, oxigenação dos tecidos nervosos, sistema nervoso superior, impulsos elétricos entre as sinapses dos neurônios, sistema nervoso periférico, sistema nervoso autônomo simpático, medula, nervos periféricos, cérebro, neurônios). *Florais:* Water Violet (melhora a irritação, os curtos-circuitos, dores nos nervos, tira a tensão do corpo, cãibras, abre os chakras, tira os bloqueios de todo o corpo) e mais

os florais dos signos que regem a casa onde está o planeta e a casa oposta a ela.

Problemas nos

• pode ser o Sol (sistema nervoso) em Gêmeos (sistema nervoso central). *Florais:* Vervain (equilibra, dá saúde ao sistema simpático, a grande parte do sistema nervoso autônomo, aos gânglios, nervos e plexos que inervam os músculos involuntários, nervos do sistema nervoso e alguns dos sensitivos), Cerato (equilibra o sistema cerebral e nervoso, por ativar o mestre interior) e mais os florais dos signos que regem a casa onde está o planeta e a casa oposta a ela.

nervo ciático ....

Definição: O maior nervo do corpo; começa no plexo sacral, de ambos os lados, e avança da pelve, através do grande forame ciático, prosseguindo pela parte posterior da coxa, onde se divide nos nervos tibial e peroneal.

Os problemas indicam: descontentamento com o rumo que as coisas estão tomando, dor interna profunda que não vem à tona, excesso de encargos assumidos, sentimento de inferioridade, medo do futuro, medo de tomar decisões importantes e não ter por onde avançar.

Regência: Sagitário rege o nervo ciático e o floral é Agrimony.

Florais auxiliares: Crab Apple (dá ao momento sua verdadeira proporção, pois Sagitário tende a aumentar tudo), Beech (pode acabar com o problema por dar flexibilidade aos pensamentos e às atitudes, melhora o cansaço), Elm (energia, tira a dor), Wild Oat (energia), Water Violet (tira a dor, por melhorar os curtos-circuitos), Hornbeam (tira a dor por desbloquear a energia), Willow (bom para tirar a dor se for por tristeza), Centaury (acalma os nervos), Vervain (tira a dor por equilibrar os sistemas simpático e parassimpático).

Dor no

• pode ser Marte (impulso, centros motores cerebrais) em Sagitário (coxas, exagero). *Florais:* Impatiens (equilibra o impulso, tira a impaciência), Agrimony (ensina a pessoa a ser verdadeira, tira o exagero), Holly (tira a dor por dar entendimento) e mais os florais dos signos que regem a casa onde está o planeta e a casa oposta a ela.

• pode ser o Sol (falta de vitalidade) em Sagitário (exacerba). *Florais:* Vervain (vitalidade, equilibra os sistemas simpático e parassimpático, equilibra os nervos), Agrimony (faz a pessoa ser ela mesma, decidir o que achar melhor) e mais os florais dos signos que regem a casa onde está o planeta e a casa oposta a ela.

Inflamação do

• pode ser Mercúrio (pensamento) em Sagitário (exacerbado). *Florais:* Cerato (ativa o mestre interior que faz resolver os problemas com sabedoria), Agrimony (faz a pessoa ser quem verdadeiramente é) e mais os florais dos signos que regem a casa onde está o planeta e a casa oposta a ela. Ajudar com Impatiens (anti-inflamatório).

Problemas crônicos, nevralgia

• pode ser Plutão (obsessão) em Sagitário (exacerbação). *Florais:* Heather (bom para os nervos, tira a obsessão), Agrimony (ensina a pessoa a ser verdadeira), Hornbeam e/ou Larch (tiram a cronicidade) e mais os florais dos signos que regem a casa onde está o planeta e a casa oposta a ela.

Problemas sérios, mas esporádicos

• pode ser Urano (eletricidade) em Sagitário (exacerbada). *Florais:* Water Violet (equilibra a eletricidade dos nervos), Agrimony (faz a pessoa ser verdadeira para resolver seus problemas com equilíbrio) e mais os florais dos signos que regem a casa onde está o planeta e a casa oposta a ela. Ajudar sempre com Rescue Remedy (resgata de qualquer situação ou doença), Holly (faz entender, dá aceitação, tira dores) e Pine (tira as culpas, todo problema de saúde tem uma ponta de culpa, talvez por termos de certa forma consciência do inconsciente).

nervosismo

Definição: Condição de estar nervoso.

Indica: medo e falta de confiança em si mesmo e na vida.

Em geral

Floral básico: Rescue Remedy (pode substituir tranquilizantes e sedativos).

Florais auxiliares: Elm (dá energia aos nervos, ativa o timo, tira todos os bloqueios, dá energia ao corpo, acaba com o nervoso e o stress), Wild Oat (por dar metas à vida, dá alegria e vontade de viver, tira o nervoso e o stress), Star of Bethlehem (limpa o sistema nervoso), Water Violet (melhora os curtos-circuitos), Rescue Remedy (deixa a vida melhor), Centaury (acalma os nervos), Vervain (relaxa, dá espontaneidade), Pine (tira as culpas, tira o nervoso), Oak (se for por excesso de trabalho).

• pode ser uma conjunção entre Mercúrio (cérebro) e o ascendente, pois essa conjunção aumenta a energia de Mercúrio (sistema nervoso). *Florais:* Cerato (equilibra o sistema nervoso por ativar o mestre interior) e mais o floral do signo do ascendente e os florais dos signos que regem a casa onde está o planeta e a casa oposta a ela.

• pode ser um mau aspecto entre Marte (impulso, cérebro) e o ascendente. *Florais:* Impatiens (tira a impaciência, dá ritmo correto) e mais o floral do signo do ascendente e os florais dos signos que regem a casa onde está o planeta e a casa oposta a ela.

• pode ser Mercúrio (pensamento) em Sagitário (expande). *Florais:* Cerato (equilibra, dá conhecimento por ativar o mestre interior), Agrimony (faz a pessoa ser verdadeira, equilibra a exaltação, o exagero) e mais os florais dos signos que regem a casa onde está o planeta e a casa oposta a ela.

• pode ser Lua (emoções) em Sagitário (exacerba). *Florais:* Clematis (equilibra as emoções), Agrimony (faz a pessoa ser verdadeira, dá equilíbrio) e mais os florais dos signos que regem a casa onde está o planeta e a casa oposta a ela.

Sem motivo

• pode ser Libra em desequilíbrio, desorganizando o ácido-base. Floral: Scleranthus (equilibra).

netuno (planeta)

Rege Peixes, fica em exílio em Virgem, em exaltação em Câncer e em queda em Capricórnio. Leva 165 anos para percorrer o zodíaco e treze anos e seis meses para percorrer o signo.

Relaciona-se com

• água e ar, infiltração, platina.

Bem aspectado

• traz altruísmo, santidade, humanitarismo, desprendimento, caridade, idealismo.

Mal aspectado

• traz dispersão, passividade, fraqueza, fuga da realidade, desconfiança, distorção do que é visto; deixa a imaginação tomar conta.

Rege

• ativação do cérebro, coordenação das funções exercidas pelo cerebelo; espinha dorsal, fibras nervosas, funções telepáticas, glóbulos brancos do sangue, funções sinestésicas pela glândula pineal e pela substância reticular; funcionamento do sistema linfático, circulação da linfa pelo corpo, funcionamento da hipófise, funções do sistema imunológico, capacidade do fígado de depurar as substâncias tóxicas, sistema nervoso autônomo.

Florais básicos: Rock Rose (libera inspiração e amor impessoal), White Chestnut (ensina a compreensão da existência).

Em relação aos outros florais

• Agrimony ajuda Netuno ao mostrar a verdadeira pessoa que habita em nós, deixando assim fluir a criatividade e a inspiração e dando fim às fofocas e desentendimentos.

• Honeysuckle ajuda Netuno ao trazer nosso passado à tona para podermos entender os fatos que foram mal interpretados.

• Clematis ajuda Netuno ao tirar os medos do inconsciente, deixando que trabalhemos a espiritualidade.

• Crab Apple ajuda Netuno ao nos deixar ver as verdadeiras proporções das nossas atitudes para entendermos o amor pessoal e podermos desenvolver o amor impessoal.

• Red Chestnut ajuda Netuno ao dar percepção corporal.

• Olive ajuda Netuno ao aliviar o inconsciente e ativar a criação psíquica.

• Aspen ajuda Netuno ao tirar o medo do futuro para podermos ir em frente na vida.

• Hornbeam ajuda Netuno ao dar energia para trabalharmos a criatividade no dia a dia.

• Walnut ajuda Netuno ao abrir nossa visão interior.

• Cherry Plum ajuda Netuno ao trazer paz aos nossos sentimentos para que a criatividade possa fluir.

• Star of Bethlehem ajuda Netuno ao eliminar os traumas e nos tirar do mundo da fantasia.

• Gorse ajuda Netuno ao trazer o amor que purifica os sentimentos envenenados.

• Vervain ajuda Netuno ao fazer manifestar o amor universal; desse modo, Vervain diminui nossas expectativas, pois diminui a adrenalina.

• Scleranthus ajuda Netuno desfazendo nossos nós para que possamos receber o amor universal.

• Vine ajuda Netuno ao dar respeito por nós mesmos, pelo nosso físico e nossa mente, deixando assim fluir a criatividade.

neurite óptica ....

Definição: Inflamação de um nervo óptico, ou de vários, habitualmente acompanhada de processos degenerativos. Os olhos representam a capacidade de ver claramente o passado, o presente e o futuro.

Indica: que a pessoa sente raiva por não gostar do que está vendo em sua vida.

Regência: o Sol (luz) rege o olho direito do homem e o esquerdo da mulher, e o floral é Vervain (faz a constrição da parte inervada, contração das pupilas, equilibra as respostas do organismo); a Lua (não vê por não estar presente, está no mundo da Lua) rege o olho direito da mulher e o esquerdo do homem, e o floral é Clematis (faz estar presente, melhora os órgãos dos sentidos).

Florais auxiliares: Impatiens (anti-inflamatório), Crab Apple (atua como antibiótico natural, limpa os olhos, bom para a visão) Water Violet (acaba com problemas visuais de quem vê tudo rigidamente).

Em geral

• pode ser um mau aspecto entre o Sol (luz para os olhos, orgulho que não deixa ver) e Urano (pessoas muito rígidas). *Florais:* Vervain (vitalidade), Water Violet (tira o orgulho, protege o cristalino) e mais os florais dos signos que regem as casas onde estão os planetas e as casas opostas a elas.

neurodermatite ....

Definição: Inflamação cutânea acompanhada de prurido.

Indica: por insegurança, a pessoa não deixa sua verdadeira identidade aparecer, mas agora essa identidade está vindo à tona e querendo se manifestar com muita raiva.

Regência: Saturno (rigidez) rege a pele e os florais são: Mimulus (medos do dia a dia e dos sentimentos) e Rock Water (dá vitalidade à pele); Vênus rege a textura da pele e o floral é Wild Rose (regula os hormônios, dá boa textura à pele).

Em geral

• pode ser uma desarmonia de Júpiter (por insegurança, não é ela mesma, expande, exagera) em Capricórnio (rígido, pele). *Florais:* Agrimony (faz a pessoa ser verdadeira), Mimulus (tira os medos dos sentimentos e do dia a dia), Rock Water (vitalidade, por trazer felicidade) e mais os florais dos signos que regem a casa onde está o planeta e a casa oposta a ela.

neuro-hipófise ....

Definição: Parte posterior ou parte nervosa da glândula pituitária. A neuro-hipófise representa nossas iniciativas e referências.

Regência: a Lua rege a neuro-hipófise e o floral é Clematis (regula o metabolismo dos líquidos do corpo).

Problemas na

• pode ser um mau aspecto entre Vênus (carência afetiva) em Câncer (neuro-hipófise) e Plutão (metabolismo). *Florais:* Gentian, Scleranthus (equilibra), Wild Rose (equilíbrio dos hormônios), Clematis (equilibra a hipófise), Heather (regula a hipófise) e mais os florais dos signos que regem as casas onde estão os planetas e as casas opostas a elas.

neurônio ....

Definição: A célula nervosa; a unidade estrutural e funcional do sistema nervoso; tem como funções a iniciação e a condução dos impulsos, que são vários.

Regência: Aquário rege os neurônios, o cérebro e o sistema nervoso e o floral é Water Violet (traz equilíbrio para a energia ser conduzida por todo o organismo).

neurose ....

Definição: Sintoma mental desagradável num indivíduo que consta como intacto nos testes que avaliam a realidade; ou conflitos inconscientes que fazem aflorar a ansiedade e levam ao uso mal adaptativo de mecanismos defensivos.

Indica: abarrotamento mental, falta de fé, no processo da vida; que a pessoa quer ter o controle de tudo.

Florais básicos: Walnut (traz proteção), Chicory (ajuda a cortar a neurose), Crab Apple (dá aos acontecimentos as devidas proporções, limpa os processos repetitivos da mente) e White Chestnut (dá clareza ao que se passa à volta), Scleranthus (tira a neurose por dar equilíbrio), Chestnut Bud (dá a noção exata de como se está agindo), Larch (bom para querer modificar), Wild Oat (firma este propósito), Heather (acalma os nervos, tira a vontade de poder), Mustard (se for por depressão que não se sabe de onde vem).

Ansiosa

• pode ser um mau aspecto entre Mercúrio (ansiedade por excesso de pensamentos) e Júpiter (exacerba, expande). *Florais:* Cerato (dá ritmo correto aos pensamentos), Agrimony (faz a pessoa ser quem é de verdade, tira a ansiedade que faz o exagero) e mais os florais dos signos que regem as casas onde estão os planetas e as casas opostas a elas.

Em geral

• pode ser Netuno (desordem) com um mau aspecto. *Florais:* White Chestnut (dá clareza aos acontecimentos) e Rock Rose (tira o pânico que causou a desordem, quando a harmonia é quebrada dá coragem para trazer de volta).

Estruturada

• pode ser um mau aspecto entre a Lua (imaginação fértil) e Netuno (desordem), estando ou não um deles em Escorpião (passional). *Florais:* Clematis (coloca os pés no chão, faz ver a verdade), Rock Rose (tira o pânico que causou a desordem, dá coragem para trazer a harmonia de volta), White Chestnut (clareia à volta), Heather (regenera, volta ao normal) e mais os florais dos signos que regem as casas onde estão os planetas e as casas opostas a elas.

Obsessiva

• pode ser um mau aspecto entre o Sol (egocentrismo) e Plutão (obsessão). *Florais:* Vervain (relaxa, dá autoconfiança), Heather (equilibra o psíquico) e mais os florais dos signos que regem as casas onde estão os planetas e as casas opostas a elas.

Obsessivo-convulsiva

• pode ser um mau aspecto entre Mercúrio (inteligência, reflexos, sistema nervoso) e Netuno (desordem), pois a energia perturbada de Netuno atrapalha a comunicação entre os neurônios cerebrais, que Mercúrio domina. *Florais:* Cerato (por ativar a consciência superior, aumenta a capacidade cerebral, organiza as vibrações cerebrais), Rock Rose (quando a harmonia é quebrada, faz trazer de volta), White Chestnut (tira o obsessivo, por limpar processos mentais repetitivos) e mais os florais dos signos que regem as casas onde estão os planetas e as casas opostas a elas.

Organizada

• pode ser um mau aspecto entre Marte (impulso, pensamentos) e Netuno (desordem). *Florais:* Impatiens (dá ritmo aos pensamentos), Rock Rose (dá coragem para trazer a harmonia de volta), White Chestnut (clareia as situações, limpa os processos repetitivos da mente) e mais os florais dos signos que regem as casas onde estão os planetas e as casas opostas a elas.

nevralgia

Definição: Dor aguda e intensa ao longo de um nervo.

Indica: que a pessoa se castiga devido à culpa; angústia em relação à comunicação; falta de confiança na vida.

Florais básicos: Pine (tira as culpas), Heather (comunicação) e Water Violet (comunicação e nervos).

Florais auxiliares: Holly (faz entender, dá aceitação, acalma a dor), Crab Apple (limpa os nós das emoções que fazem os nervos doerem), Impatiens (se houver inflamação, é anti-inflamatório), Scleranthus (equilibra os nervos), Larch (dá força aos nervos), Chestnut Bud (mostra o que estamos fazendo que nos causa tanta dor), Wild Oat (firma o propósito de fazer a transformação do estado emocional que nos fez ter a atitude que causou a dor), Elm (ativa a endorfina, que tira a dor), Wild Oat (desbloqueia as energias, acaba com as dores), Water Violet (tira os curtos-circuitos e as dores), Hornbeam (tira as dores por tirar os bloqueios), Centaury (acalma os nervos), Vervain (relaxa os nervos).

De caráter latejante

• pode ser Mercúrio (sistema nervoso) em Áries (impulso). *Florais:* Cerato (equilibra o sistema nervoso), Impatiens (dá ritmo correto aos impulsos nervosos) e mais os florais dos signos que regem a casa onde está o planeta e a casa oposta a ela.

Dor no nervo trigêmeo

• pode ser um mau aspecto entre Marte (impulso) e Mercúrio (sistema nervoso), que pode afetar o sistema nervoso central. *Florais:* Cerato (equilibra o sistema nervoso), Impatiens (dá ritmo correto aos impulsos) e mais os florais dos signos que regem as casas onde estão os planetas e as casas opostas a elas.

Intercostal

• pode ser uma desarmonia de Júpiter (exacerba) em Gêmeos (sistema nervoso). *Florais:* Agrimony (equilibra o exagero), Cerato (equilibra o sistema nervoso) e mais os florais dos signos que regem a casa onde está o planeta e a casa oposta a ela.

• pode ser uma desarmonia de Mercúrio (sistema nervoso) em Áries (impulso). *Florais:* Cerato (equilibra o sistema nervoso por ativar o mestre interior que dá sabedoria e faz acalmar), Impatiens (tira a impaciência, acalma) e mais os florais dos signos que regem a casa onde está o planeta e a casa oposta a ela.

nódulo

Definição: Pequena agregação de células.

Indica: ressentimento, frustração e mágoa.

Florais básicos: Rescue Remedy, Holly e Pine (por tensão nas costas, por tristezas e ressentimento; tiram os nódulos da mama, da tireoide).

Florais auxiliares: Honeysuckle (tira os nódulos de tensão nas costas, resolve o que passou, e as costas significam o passado), Cerato (elimina os nódulos, causados por não entender alguma situação), Elm (dissolve os nódulos de bloqueio em qualquer lugar), Cherry Plum (tira os nódulos causados por sentimentos malresolvidos).

notícias (más)

Definição: Notícias chocantes, desagradáveis ou por perda de entes queridos.

Floral básico: Rescue Remedy.

Florais auxiliares: Holly (faz entender, dá aceitação, ameniza a dor), Cherry Plum (faz entender o que acontece dentro e fora), Pine (tira as culpas), Sweet Chestnut (luz no fim do túnel).

nutrição ....

Definição: Ato de alimentar ou de ser alimentado.

Regência: Virgem rege a absorção dos nutrientes dos alimentos e o floral é Centaury; a Lua é a mãe que nutre e o floral é Clematis.

Má nutrição

• pode ser um mau aspecto entre a Lua e Saturno, prejudicando a nutrição do corpo. *Florais:* Clematis, Mimulus, Rock Water e mais os florais dos signos que regem as casas onde estão os planetas e as casas opostas a elas.

O

oak (floral) ....

Para quem trabalha em demasia. Ensina o sentido do trabalho.

Ajuda em caso de

• problemas visuais, desequilíbrio ou tontura na pessoa insegura, fratura óssea, artrose, artrite, cansaço nas extremidades, deformação óssea, problemas vasculares e renais, infecções, problemas de próstata, estômago sensível, musculatura rígida, falta de flexibilidade e jogo de cintura.

É bom para

• quem só gosta de trabalhar, trabalha sem parar, carrega o mundo nas costas, a pessoa corajosa que faz o possível e o impossível para ser bem-sucedida, que não deixa de lutar por seus ideais, que é incansável.

• trabalhar a força, a flexibilidade, a expectativa, a lealdade, a fidelidade, a coragem.

• ensinar o limite do corpo, a ter persistência e perseverança, acreditar em si mesmo, fazer a sua parte e não a do outro.

• pessoa limitada, com os sentimentos endurecidos e a sensibilidade bloqueada, que não consegue ser carinhosa e afetuosa, que, por esperar muito de si, forma pedras no corpo.

• a pessoa "certinha", que gosta de ter tudo em ordem para que ninguém a critique; tudo de ruim cai sobre ela; metódica, servil, que não sabe dizer não.

Em associação com outros florais

• Oak + Hornbeam: para artrose, artrite.

• Oak + Holly ou Gentian: para quando o amor está bloqueado.

Em relação aos signos

• ajuda Áries mal aspectado ao nos dar consciência de nosso pleno potencial.

• ajuda Touro ao tirar todas as nossas limitações, abrindo nossa mente.

• ajuda Leão ao nos ensinar a usar toda a nossa força para nos realizarmos na vida.

obesidade ....

Definição: Quantidade anormal de gordura no corpo.

Indica: sensibilidade, medo e necessidade de proteção (o medo pode esconder raiva e resistência a perdoar); insegurança, autorrejeição; compensação da carência afetiva por meio da alimentação.

Regência: Júpiter (por ser um planeta de expansão) pode trabalhar melhor a obesidade e também trabalhar o problema do açúcar, e o floral é Agrimony.

Florais básicos: o ideal é dar os florais dos signos onde estão o Sol, a Lua e o ascendente, e mais os florais das casas que contiverem mais planetas. Ajudar com Gentian (pela vontade de ter mais e mais).

Florais auxiliares: Agrimony (por carência afetiva), Heather (por a pessoa estar sempre procurando, mas nunca encontrar, e por isso comer demais), Chicory (pessoa muito carente, que preenche seu vazio com comida), Clematis (se houver problemas hormonais, a pessoa pode ser muito gorda ou muito magra, ou variar de um estado para o outro, pode haver desinteresse pela comida ou então comer demais sem perceber) e Gorse (para receber amor). Se a pessoa tomar os principais florais que estão indicados no mapa natal, trará equilíbrio à pessoa e ela naturalmente emagrecerá.

Por ter rins enfraquecidos ou obstruídos

• pode ser Lua (emoções) em Libra (dúvidas). *Florais:* Clematis (por estar presente e saber o que come, fica saciada mais cedo), Scleranthus (equilíbrio ao comer) e mais os florais dos signos que regem a casa onde está o planeta e a casa oposta a ela.

Em geral

• pode ser um mau aspecto entre o Sol (euforia) e Júpiter (tendência a acumular demais). *Florais:* Vervain (relaxa, dá consciência), Agrimony (bom para quem engorda fácil, para a pessoa ser quem verdadeiramente é) e mais os florais dos signos que regem as casas onde estão os planetas e as casas opostas a elas.

• pode ser um mau aspecto entre a Lua (emoções que dão fome, come sem se dar conta por estar no mundo da lua) e Júpiter (é o planeta da expansão). *Florais:* Clematis (faz estar presente e ver o que come, fica saciada mais cedo), Agrimony (deixa a pessoa feliz em se descobrir, o que ameniza a fome) e mais os florais dos signos que regem as casas onde estão os planetas e as casas opostas a elas.

• pode ser um mau aspecto entre a Lua (engorda por não estar presente na hora de comer, fica no mundo da lua e não presta atenção ao que come, ou nem se dá conta de que já comeu) e o ascendente. *Florais:* Clematis (coloca os pés no chão, a pessoa fica saciada logo), Impatiens (tira a pressa ao comer, que faz a pessoa comer demais) e mais o floral da casa do ascendente e os florais dos signos que regem a casa onde está o planeta e a casa oposta a ela.

• pode ser um mau aspecto entre Vênus (come muito por apreciar comer, tem o paladar apurado) e Júpiter (exacerba). *Florais:* Gentian (deixa sem carências, diminui o apetite), Scleranthus (equilibra a fome), Wild Rose (aguça os órgãos dos sentidos, faz a pessoa ficar saciada com menos comida), Agrimony (a pessoa come menos por estar feliz por ser quem verdadeiramente é) e mais os florais dos signos que regem as casas onde estão os planetas e as casas opostas a elas.

• pode ser um mau aspecto entre Marte (impulso) e Júpiter (exagera) se um deles fizer um mau aspecto com Vênus (gosta de comer bem). *Florais:* Impatiens (ameniza o impulso), Agrimony (tira o exagero), Gentian (dá segurança interior, o que ameniza a fome), Scleranthus (equilibra a fome), Wild Rose (aguça os sentidos, o que faz comer só o que tem vontade e nada mais) e mais os florais dos signos que regem as casas onde estão os planetas e as casas opostas a elas.

• pode ser um mau aspecto entre Júpiter (exacerba) e Saturno (retém, contém). *Flo-*

rais: Agrimony (faz a pessoa ser verdadeira, o que diminui o apetite), Rock Water (tira a rigidez, faz a pessoa ser mais natural, o que faz que a comida não seja seu único prazer), Mimulus (tira os medos que causam angústia e dão fome) e mais os florais dos signos que regem as casas onde estão os planetas e as casas opostas a elas.

• pode ser uma desarmonia de Júpiter (expansão) em Touro (por ser inseguro gosta de comer). *Florais:* Agrimony (tira o exagero), Gentian (dá segurança que sacia boa parte da fome) e mais os florais dos signos que regem a casa onde está o planeta e a casa oposta a ela.

• pode ser uma desarmonia com Júpiter (exagero) em Câncer (come muito por não prestar atenção no que está comendo, fica no mundo da lua e muitas vezes nem sabe se comeu). *Florais:* Agrimony (faz a pessoa ser verdadeira, ter alegria, o que sacia uma parte da fome), Clematis (coloca os pés no chão, faz prestar atenção ao que se está comendo) e mais os florais dos signos que regem a casa onde está o planeta e a casa oposta a ela.

• pode ser uma desarmonia de Júpiter (exagero) em Sagitário (exacerbação). *Florais:* Agrimony (tira o exagero) e mais os florais dos signos que regem a casa onde está o planeta e a casa oposta a ela.

• pode ser uma desarmonia da Lua (pessoas que ficam no mundo da lua não prestam atenção ao que estão comendo e comem o dobro ou mais) em Touro (insegurança que é sanada com comida). *Florais:* Clematis (faz prestar atenção ao que se come, sacia a fome mais rápido), Gentian (dá segurança interior, sensação de preenchimento, que evita que a pessoa tente preencher o vazio com comida) e mais os florais dos signos que regem a casa onde está o planeta e a casa oposta a ela.

• pode ser uma desarmonia de Lua em Câncer (a pessoa fica no mundo da lua e não presta atenção se comeu ou não, come mais do que necessita). *Florais:* Clematis (faz prestar atenção ao que se está comendo, por isso a pessoa come menos) e mais os florais dos signos que regem a casa onde está o planeta e a casa oposta a ela.

Por desequilíbrio sódio-potássio

• pode ser Sol (entusiasmo) em Áries (impulso), ocasionando um desequilíbrio sódio-potássio, com excesso de sódio. *Florais:* Vervain (acalma), Impatiens (dá o ritmo correto) e mais os florais dos signos que regem a casa onde está o planeta e a casa oposta a ela. Ajudar com Scleranthus (pelo desequilíbrio), Clematis (floral do potássio) e Impatiens (floral do sódio).

• pode ser Júpiter (por não ter a alegria de ser verdadeira, a pessoa come demais) em Touro (por insegurança, tende a comer demais). *Florais:* Agrimony (faz a pessoa ser verdadeira, ela fica feliz e come menos), Gentian (dá segurança interior, e a pessoa come menos) e mais os florais dos signos que regem a casa onde está o planeta e a casa oposta a ela.

Na mulher

• pode ser Plutão (quer ter poder), em Câncer (está sempre no mundo da lua), em conjunção com o ascendente. *Florais:* Heather (aguça os sentidos, a pessoa sente mais prazer em comer, fica saciada mais rápido), Clematis (faz a pessoa prestar atenção ao que está comendo, ela fica saciada com menos comida) e mais os florais dos signos que regem a casa onde estão o planeta e o ascendente e a casa oposta a ela.

Por a pessoa estar infeliz

• pode ser Lua (emoções) em Touro (insegurança). *Florais:* Clematis (acalma as emoções, faz estar presente ao se alimentar, o que faz a pessoa ficar saciada com menos comida), Gentian (segurança interior, faz precisar de menos comida) e mais os florais dos signos que regem a casa onde está o planeta e a casa oposta a ela.

obsessão

Definição: Estado mental neurótico que se caracteriza por um desejo incontrolável de insistir numa ideia ou emoção.

Regência: Plutão rege as obsessões e o floral é Heather.

Florais auxiliares: Chicory (para cortar a obsessão), White Chestnut (traz clareza à mente), Crab Apple (põe a situação em suas devidas proporções) e Chestnut Bud (para a pessoa se enxergar, ver suas atitudes; este floral só deve ser dado depois que a pessoa estiver melhor, não mais em crise), Vervain (dá luz às coisas, faz relaxar), Cherry Plum (ensina a arte da observação, clareia o caminho da personalidade, dá o poder de criar a própria vida, de encontrar a própria verdade, clareia os conflitos da alma).

odores

Florais básicos: Crab Apple (elimina os odores ácidos e fortes; bom para a transpiração) e Wild Rose (aguça o olfato) Cerato (dá mais sensibilidade aos órgãos dos sentidos), Elm (abre as percepções corporais, aumenta o olfato), Heather (ativa a sensibilidade sensorial), Rock Water (aumenta a sensibilidade dos cinco sentidos), Larch (aguça os cinco sentidos), Cerato (purifica os órgãos dos sentidos para receber sabedoria), Walnut (aumenta a sensibilidade dos sentidos), Wild Rose (aguça os sentidos), Wild Oat (dá clareza aos órgãos dos sentidos), Star of Bethlehem (tira os traumas, purifica os sentidos). Chestnut Bud + White Chestnut + Red Chestnut + Sweet Chestnut + Agrimony (fazem o órgão do sentido voltar ao que era).

olho

Definição: Órgão da visão. Os olhos representam a capacidade de ver claramente o passado, o presente e o futuro.

Os problemas indicam: que a pessoa não gosta do que vê em sua vida.

Regência: a Lua (emoção) rege o olho esquerdo do homem e direito da mulher, e o floral é Clematis (por aumentar a consciência, melhora a visão); o Sol (luz) rege o olho direito do homem e o esquerdo da mulher, e o floral é Vervain (vitalidade); Aquário (cérebro) regula os cones e bastonetes dos olhos (quando o cólon não está funcionando bem, pode ocorrer fraqueza ocular e até glaucoma e catarata) e o floral é Water Violet.

Florais auxiliares: Rescue Remedy (em processos oculares crônicos, glaucoma, perda de visão, catarata; para fazer compressas), Clematis (por não estar presente, a pessoa não enxerga direito), Vine (para o "olhar de peixe morto", frio, distante e poderoso; a pessoa não enxerga), Agrimony (desintoxica o olhar) e Water Violet (pelo modo rígido como a pessoa vê o mundo; processos crônicos), Cherry Plum (faz enxergar a verdade dentro e fora), Crab Apple (dá visão global da realidade), Scleranthus (ativa a pineal, melhora a visão por deixar entrar a luz superior), Rock Water (bom para problemas no cristalino, glaucoma, que são lágrimas não vertidas, por ver a vida rigidamente, bom para catarata), Walnut (deixa a visão mais clara, dá firmeza e profundidade à visão, abre o terceiro olho), Willow (mostra o lado bom de tudo), Wild Oat (clareza na visão), Centaury (aguça os cinco sentidos), Oak (alterações visuais).

Dor ou constrição

Do tipo espasmódico nos vasos sanguíneos dos olhos.

• pode ser Urano (eletricidade) em Áries (impulso, sangue). *Florais:* Water Violet (acalma a eletricidade, cura por a pessoa passar a ver a vida com menos rigidez), Impatiens (dá ritmo ao sangue na cabeça) e mais os florais dos signos que regem a casa onde está o planeta e a casa oposta a ela.

Embaçamento da visão

• pode ser Urano em Aquário (por ver o mundo com olhos rígidos, pode ter glaucoma ou catarata). *Florais:* Water Violet (tira a rigidez, faz a cura) e mais os florais dos signos que regem a casa onde está o planeta e a casa oposta a ela.

Problema de refração

• pode ser uma desarmonia de Lua (olho direito da mulher e esquerdo do homem) em Leão (olho direito do homem e esquerdo da mulher). *Florais:* Clematis (faz a pessoa estar presente, aguça os cinco sentidos), Vervain (energia vital, luz, clareia a visão) e mais os florais dos signos que regem a casa onde está o planeta e a casa oposta a ela.

Tumor ou excrescência

• pode ser Plutão (mutação genética) em Aquário (cérebro). *Florais:* Heather (regeneração celular), Water Violet (acaba com os problemas visuais por tirar a rigidez com que vê o mundo) e mais os florais dos signos que regem a casa onde está o planeta e a casa oposta a ela.

Vista fraca, catarata ou glaucoma

Devido à má alimentação ou à hereditariedade.

• pode ser Netuno (desordem) em Aquário (problemas no cristalino). *Florais:* White Chestnut (clareia, a pessoa vê mais), Rock Rose (tira o bloqueio, dá precisão), Water Violet, Honeysuckle (se for hereditário) e mais os florais dos signos que regem a casa onde está o planeta e a casa oposta a ela.

Vista fraca e problemas oculares

• pode ser Lua (por estar sempre no mundo da lua) em Áries (por não ter paciência). *Florais:* Clematis (faz estar presente), Impatiens (dá o ritmo correto) e mais os florais dos signos que regem a casa onde está o planeta e a casa oposta a ela.

oligomenorreia ....

Definição: Fluxo menstrual escasso ou infrequente.

Indica: rejeição da feminilidade, culpa ou medo; raiva contra a impotência e a servidão; crença de que os órgãos genitais são sujos ou pecaminosos.

Florais auxiliares: Gentian (ativa a menstruação), Walnut (ajuda no desequilíbrio hormonal), Larch (regula o ciclo menstrual), Cherry Plum (por ativar a hipófise, que equilibra os hormônios, regulariza o ciclo menstrual), Wild Rose (bom para alteração do ciclo menstrual, amenorreia e outras), Aspen (regula a menstruação), Vervain (regula a menstruação, bom no pré-menstrual, relaxa, tira a cólica).

Menstruação atrasada

• pode ser um mau aspecto entre a Lua (regula ciclos menstruais) e Marte (impulso, força, sangue), que piora se tiver também algum aspecto com Saturno (retém, suspende, para). *Florais:* Clematis (regula os hormônios), Impatiens (dá ritmo certo ao sangue), Rock Water (flexibilidade), Mimulus (medos que desarranjam o organismo), Centaury (acelera a menstruação atrasada) e mais os florais dos signos que regem as casas onde estão os planetas e as casas opostas a elas.

Menstruação com problemas

• *Florais:* Elm (bom para menstruação irregular), Vervain (relaxa, tira a dor, a enxaqueca, dor muscular e irritação, tira a cólica, faz ficar regular), Rescue (tira as cólicas menstruais).

olive (floral) ....

Traz paz aos pensamentos e atitudes.

Ajuda em caso de

• exaustão mental e física, infertilidade, convalescença (traz energia para o cansaço mental), depressão, anemia; problemas da musculatura: doenças degenerativas e atrofia muscular, e na fase de recuperação; perda de líquidos por vômito e diarreia.

É bom para

• trabalhar a paz, o elemento ar, a segurança interior, a sabedoria para viver o presente; preencher o vazio nos sentimentos e nas ideias e a falta de ação.

• desenvolver: criação psíquica, síntese por reflexão, inteligência, sabedoria para uma resposta firme e correta na hora certa, força para lutar, sabedoria para agir, discernimento, clareza mental, perspicácia.

• deixar a pessoa pronta para seu trabalho assistencial; vencer uma batalha; trazer paz e energia de luta para os viciados; ativar o herói interior.

• equilibrar os sais do corpo, estabilizar a pressão, equilibrar os hormônios; ajudar o timo a continuar criando anticorpos; recuperar a voz quando ela some por rouquidão, etc.

Em associação com outros florais

• Rescue Remedy: na perda de líquidos por vômito e diarreia; hidratante.

Em relação aos planetas

• ajuda a Lua ao ativar nossa força oculta.

• ajuda Júpiter ao nos dar luz e sabedoria para enfrentar o dia a dia.

• ajuda Netuno ao ativar nossa criatividade, dando vida à alma e nos inspirando e ensinando o amor universal.

ombro ....

Definição: Região do úmero proximal, clavícula e escápula; parte do complexo da cintura escapular. Os ombros representam a capacidade de suportar, com alegria e leveza, as experiências da vida.

Os problemas indicam: os ombros caídos indicam que a pessoa carrega a vida como um fardo; impotência e desesperança.

Regência: Gêmeos rege os ombros e o floral é Cerato (ativa o mestre interior, ensina a ter bons momentos na vida); Leão rege a coluna e o floral é Vervain (dá vitalidade); Capricórnio e Saturno regem os ossos e os florais são: Mimulus: (tira os medos do dia a dia e dos sentimentos) e Rock Water (dá flexibilidade).

Deslocamento do

• pode ser Saturno (rigidez) em Gêmeos (ombros). *Florais:* Mimulus (medos e negativismos), Rock Water (tira a rigidez), Cerato (ativa o mestre que dá sabedoria para a transformação) e mais os florais dos signos que regem a casa onde está o planeta e a casa oposta a ela.

órgãos da audição ....

Definição: Consistem em ouvido externo, ouvido médio, ouvido interno e também a orelha.

Regência: Saturno rege os órgãos da audição, a orelha direita e a cartilagem, e os florais são: Mimulus (tira os medos) e Rock Water (dá flexibilidade); Touro rege as orelhas e o floral é Gentian; Júpiter rege a orelha direita e o floral é Agrimony; Gêmeos rege os cinco sentidos e o floral é Cerato; Marte rege as orelhas e o floral é Impatiens.

Florais auxiliares: Beech (trabalha o ego quando, por causa dele, a pessoa não quer ouvir) e Clematis (por estar no mundo da lua, a pessoa perde o que está ao seu redor), Heather (ensina a compreensão do mundo e a importância do silêncio para ouvir o outro), Impatiens (ensina a respeitar o tempo do outro e a ouvir o outro), Aspen (tira o medo do futuro, faz estar presente e escutar o outro), Centaury (aguça os cinco sentidos).

órgãos de reprodução ....

Definição: Consistem em órgãos primários (testículos e ovários) e estruturas acessórias (pênis e cordão espermático; tubas uterinas, útero e vagina).

Os problemas indicam: geralmente, culpa ao sentir prazer durante o ato sexual, por achá-lo pecaminoso; briga entre parceiros; não gostar de ser homem/mulher.

Regência: Escorpião (masculino, poder) rege os órgãos reprodutivos masculinos e femininos, e o floral é Heather (que traz saúde a eles); Marte (impulso) rege os órgãos externos de reprodução e o floral é Impatiens (dá o tempo correto); Vênus (feminino, alegria) rege os órgãos internos de reprodução e o floral é Wild Rose (aumenta a sensibilidade); a Lua (emoções) rege os órgãos reprodutivos femininos e o floral é Clematis (saúde do útero).

Baixa contagem de espermatozoides

• pode ser Netuno (desordem) em Escorpião (regenera, aumenta o número de espermatozoides, atua no sistema límbico). *Florais:* White Chestnut, Rock Rose, Heather e mais os florais dos signos que regem a casa onde está o planeta e a casa oposta a ela.

Dor e disfunção

Nos ureteres, uretra, trompas de Falópio, testículos.

• pode ser Mercúrio (tubos) em Escorpião (órgãos reprodutivos femininos e masculinos). *Florais:* Cerato (tira os bloqueios), Heather (organiza, atua no sistema límbico), Holly (faz aceitação, tira a dor) e mais os florais dos signos que regem a casa onde está o planeta e a casa oposta a ela.

Fraqueza nos órgãos femininos

• pode ser Netuno (desordem) em Escorpião (órgãos femininos). *Florais:* White Chestnut (clareia, limpa, organiza a desordem), Rock Rose (tira o pânico, bom em casos de hemorragias ginecológicas, ensina a entrega), Heather (dá saúde, regenera, energiza os órgãos femininos), Hornbeam (energiza), Wild Oat (estrutura) e mais os florais dos signos que regem a casa onde está o planeta e a casa oposta a ela.

órgãos do sistema reticuloendotelial

Definição: Compõe-se de todas as células fagocitárias do corpo, exceto os leucócitos.

Regência: Peixes rege os órgãos do sistema reticuloendotelial e os florais são: White Chestnut e Rock Rose.

órgãos linfoides (ou vasos linfáticos)

Definição: Vasos que conduzem a linfa (que é um líquido alcalino).

Regência: Peixes rege o sistema linfático e os florais são: Rock Rose e White Chestnut; Vênus rege os órgãos linfoides e o floral é Wild Rose.

órgãos otolíticos

Definição: Órgãos encontrados na superfície das máculas dos ouvidos.

Regência: Vênus rege os órgãos otolíticos e os florais são: Wild Rose (aguça os cinco sentidos), Gentian (aumenta a consciência e aguça os sentidos) e Scleranthus (aguça os sentidos por equilibrar a coluna).

órgãos sensoriais da pele

Definição: Terminações nervosas sensitivas especializadas, que são capazes de reagir a um estímulo. Os órgãos sensoriais da pele refletem os sentimentos e pensamentos íntimos, e os problemas de identidade.

Os problemas indicam: que a pessoa sente insegurança em relação à maneira como os outros a veem.

Regência: Vênus rege os órgãos sensoriais da pele e o floral é Wild Rose.

orgulho

Definição: Sentimento de dignidade pessoal; altivez.

Florais básicos: Water Violet (para a pessoa que se fecha para o mundo; para trabalhar a humildade), Beech (tira o "bicho" que habita em nós, trazendo o professor calmo), Rock Water (ensina a humildade) e Mimulus (tira o medo que faz ser orgulhoso), Vervain (acalma o orgulho).

orquite

Definição: Inflamação de um testículo em decorrência de traumatismo.

Indica: dúvida, medo e insegurança em relação à condição masculina, ou medo de perder a virilidade.

Regência: Escorpião (medo de perder o poder) rege os testículos e o floral é Heather (saúde da próstata).

Florais auxiliares: Crab Apple (atua como antibiótico natural), Rescue Remedy (resgata de qualquer mal, tira inchaço e muito mais), Impatiens (é anti-inflamatório).

Em geral

• pode ser um mau aspecto entre Marte (masculino, inflamação, impulso) e Plutão (poder). *Florais:* Impatiens (anti-inflamatório, dá o ritmo correto), Heather (saúde para os testículos) e mais os florais dos signos que regem as casas onde estão os planetas e as casas opostas a elas.

osso

Definição: Tecido ósseo; uma forma especializada de tecido conjuntivo denso, consistindo de células ósseas incrustadas numa matriz constituída por substância intercelular calcificada. Os ossos representam o princípio da firmeza e dos preceitos básicos.

Os problemas indicam: que a pessoa é rígida, sente desamor e passou por forte carência afetiva na primeira infância; as deformidades indicam tensão mental, perda da agilidade mental, medo, rigidez mental, falta de flexibilidade; as fraturas indicam necessidade de dar fim a um processo que está em andamento, mas é ignorado (a fratura interrompe o caminho anterior cuja característica era a atividade e o movimento).

Regência: Capricórnio e Saturno regem os ossos em geral e a patela em especial, e os florais são: Mimulus e Rock Water; Júpiter é o responsável pela deposição de matérias nos ossos e o floral é Agrimony; Leão e o Sol regem as vértebras dorsais e o floral é Vervain; Áries rege os ossos do crânio e da face (occipital, temporal, parietal, frontal, etmoide, lacrimal, vômer, palatino), e o floral é Impatiens; Libra rege os ossos quadrado lombar e os sacrolombares e o floral é Scleranthus; Escorpião rege os ossos da tuberosidade do ísquio, o estreito superior da pelve (margem pélvica) e a sínfise do púbis e o floral é Heather; Sagitário rege os ossos ílio, fêmur, cóccix e sacro e o floral é Agrimony; Aquário rege os ossos da tíbia, da fíbula e dos tornozelos (interno e externo) e o floral é Water Violet; Peixes rege os ossos tarso, metatarso e as falanges e os florais são: White Chestnut e Rock Rose.

Florais auxiliares: Clematis (coloca os pés no chão, faz cuidar da saúde), Cerato (bom para ossos frágeis ou deformados, dá vontade de fazer exercícios), Gentian (bom para deformação óssea de todo tipo), Scleranthus (bom para deformações ósseas, desvio do eixo do corpo), Wild Oat (bom para dar estrutura), Beech, Rock Water, Vine, Vervain e Chicory (quando poderosos sofrem de labirintite por causa da rigidez), Cherry Plum (para dores ósseas), Hornbeam (estrutura entre ossos, músculos e articulações).

Esclerose dos ossos

Indica: rigidez com relação à vida.

• pode ser um mau aspecto entre Júpiter (exacerba) e Saturno (ossos). *Florais:* Agrimony (faz a pessoa ser verdadeira), Rock Water (equilíbrio ósseo), Mimulus (medos que trazem doenças ósseas) e mais os florais dos signos que regem as casas onde estão os planetas e as casas opostas a elas.

Problema grave de ossos

• pode ser Saturno ou Capricórnio (ossos, rigidez e medos) na casa 12 (desordem). *Florais:* Rock Water (equilíbrio aos ossos), Mimulus (tira os medos que trazem doenças ósseas) e mais os florais dos signos que regem a casa onde está o planeta e a casa oposta a ela.

osteomalacia

Definição: Amolecimento do esqueleto.

Indica: medo de lutar.

Regência: Capricórnio e Saturno (ossos, rigidez, medos) e os florais são: Mimulus (tira os medos que trazem doenças ósseas), Rock Water (equilíbrio para os ossos).

Em geral

• pode ser um mau aspecto entre o Sol (falta de energia vital) e Saturno (ossos). *Florais:* Vervain (energia vital), Mimulus (tira os medos para ir à luta), Rock Water (equilíbrio para os ossos), Hornbeam (energia), Wild Oat (firmeza) e mais os florais dos signos que regem as casas onde estão os planetas e as casas opostas a elas.

osteomielite

Definição: Inflamação de ossos, sobretudo da medula, causada por micro-organismos patogênicos.

Indica: que a pessoa sente raiva por não ter apoio e por causa de seu modo de vida.

Regência: Marte (raiva, impulso, ação, inflamação) e o floral é Impatiens (anti-inflamatório, tira a impaciência, acalma a raiva, dá impulso direcionado), Saturno e Capricórnio regem os ossos e os florais são Rock Water (equilíbrio ósseo), Mimulus (bom contra agentes nocivos).

Florais auxiliares: Elm (tira organismos patogênicos, revitaliza o timo), Crab Apple (limpa, atua como antibiótico), Agrimony (tira tudo o que não fizer parte do organismo), Olive (ativa o timo, que aumenta os anticorpos), Scleranthus (ativa o timo, dá equilíbrio aos ossos), Water Violet, Vine, Aspen, Sweet Chestnut, Gentian (cada um destes florais ativa o timo, que cria anticorpos).

Em geral

• pode ser um mau aspecto entre Marte (inflamação) e Saturno (ossos). *Florais:* Impatiens (anti-inflamatório), Rock Water (equilíbrio para os ossos), Mimulus (limpa os agentes nocivos) e mais os florais dos signos que regem as casas onde estão os planetas e as casas opostas a elas.

osteopetrose

Definição: Condição hereditária caracterizada por uma excessiva calcificação do osso, causando fraturas espontâneas e dando ao osso um aspecto de mármore.

Regência: Saturno e Capricórnio (rígidos) regem os ossos e os florais são: Rock Water (equilíbrio para os ossos), Mimulus (limpa processos mentais confusos e rígidos).

Indica: rigidez, desamor, carência, falta do pai na infância, pressão mental.

Florais auxiliares: Scleranthus (dá equilíbrio aos ossos), Heather (tira a rigidez), Rescue Remedy (resgata de qualquer mal), Vine, Rock Water, Beech, Vervain (todos trabalham a rigidez), Honeysuckle (por ser hereditário).

Em geral

• pode ser um mau aspecto entre o Sol (pai, energia vital, parte superior das costas) e Saturno (pai rígido, ossos). *Florais:* Vervain (tira a rigidez, relaxa, saúde para os ossos), Mimulus (tira processos mentais rígidos e os medos dos sentimentos), Rock Water (equilibra os ossos) e mais os florais dos signos que regem as casas onde estão os planetas e as casas opostas a elas.

osteoporose

Definição: Redução da massa óssea.

Indica: desamparo, medo da vida; que a pessoa se sabota por não mais se sentir apoiada e aceita.

Regência: Capricórnio e Saturno (rigidez e medos) e os florais são: Rock Water (dá equilíbrio aos ossos, bom para osteoporose, deformações ósseas, descalcificação), Mimulus (transforma os processos mentais rígidos e tira os medos que nos acompanham sempre, que vivem nos corroendo).

Florais auxiliares: Heather (bom para problemas degenerativos nos ossos), Clematis (por não estar presente na vida), Cerato (ativa o mestre interior que ensina a se cuidar, fazer ginástica, boa alimentação), Hornbeam (dá energia para construção da massa óssea), Wild Oat (dá estrutura ao esqueleto, bom para osteoporose), Willow (por tristeza que acaba com a massa óssea), Rescue Remedy (calcifica, faz calo ósseo, equilibra, cicatriza, organiza a postura, etc.).

Em geral

• pode ser um mau aspecto entre a Lua (emoções) e Saturno (contenção) se estiver em Capricórnio (rigidez e medos). *Florais:* Clematis (faz trabalhar os sentimentos ocultos que atormentam e são contidos), Mimulus (transforma processos mentais confusos e tira os medos dos sentimentos que atormentam, deixa entrar no inconsciente), Rock Water (dá equilíbrio aos ossos, cura osteoporose, ensina a flexibilidade) e mais os florais dos signos que regem as casas onde estão os planetas e as casas opostas a elas.

• pode ser um mau aspecto entre Marte (impulso contido que fica corroendo) e Saturno (rigidez, ossos, retém, freia, para). *Florais:* Impatiens (ensina a dar tempo ao tempo), Mimulus (tira os medos que nos fazem parar), Rock Water (equilíbrio aos ossos, calcifica) e mais os florais dos signos que regem as casas onde estão os planetas e as casas opostas a elas.

• pode ser um mau aspecto entre Júpiter (exagero) e Saturno (prende, para, retém). *Florais:* Agrimony (faz a pessoa ser verdadeira), Mimulus (ensina a enfrentar os medos), Rock Water (tira a rigidez, dá equilíbrio aos ossos) e mais os florais dos signos que regem as casas onde estão os planetas e as casas opostas a elas.

Rarefação anormal de osso

• pode ser Saturno ou Capricórnio (ossos, retém, contém, rigidez) na casa 12 (casa dos medos e sentimentos ocultos). *Florais:* Rock Water (equilíbrio para os ossos), Mimulus (tira os medos do dia a dia e dos sentimentos) e mais o floral da casa 12 e os florais dos signos que regem a casa onde está o planeta (ou o signo) e as casas opostas a elas.

otosclerose ....

Definição: Surdez progressiva crônica, principalmente para os tons graves, causada pela formação do osso esponjoso; é mais comum nas mulheres, principalmente na gravidez.

Indica: egocentrismo, inflexibilidade, intolerância; problemas em relação ao ouvir, à obediência, à humildade.

Regência: Capricórnio (rigidez) rege os ossos e os florais são: Rock Water (melhora a audição, dá flexibilidade) e Mimulus (por tirar os medos, faz escutar melhor); Gêmeos rege os canais e os condutores e o floral é Cerato (por ativar o mestre interior que ensina a ouvir).

Florais auxiliares: Beech (bom para os ouvidos, para o orgulho, se o fato de não escutar for por orgulho), Crab Apple (limpa, atua como antibiótico natural), Heather (dá a compreensão do mundo, ensina a importância de escutar), Walnut (por tirar as influências externas, aguça todos os órgãos dos sentidos), Impatiens (ensina o ritmo de si e do outro, faz prestar atenção ao outro, ensina a ouvir), Centaury (aguça os cinco sentidos).

ouvido

Definição: Órgão da audição; consiste em ouvido externo, ouvido médio e ouvido interno. Os ouvidos são a expressão corporal da obediência e da humildade.

Os problemas indicam: egocentrismo, inflexibilidade, intolerância, dificuldade para obedecer e para assimilar o que é ouvido; a dor de ouvido indica raiva e não querer ouvir nem obedecer.

Regência: Saturno rege as cartilagens e o ouvido direito, e os florais são: Mimulus (tira os medos que não nos deixam ouvir) e Rock Water (dá flexibilidade para ouvir o próximo); Sagitário rege o ouvido direito e o floral é Agrimony; Gêmeos rege os canais e condutores, e o floral é Cerato (ativa o mestre interior que ensina a ouvir); Touro rege o ouvido externo e médio e as orelhas e o floral é Gentian (cura otite).

Florais auxiliares: Clematis (não escuta porque a mente está sempre no mundo da Lua), Crab Apple (para infecção de repetição ou não; atua como antibiótico) e Beech (por orgulho a pessoa deixa de ouvir), Heather (ensina a compreensão do mundo e a importância do silêncio para ouvir), Walnut (por tirar a influência externa, aguça os órgãos dos sentidos), Impatiens (por dar paciência, ensina a ouvir o outro), Aspen (tira os medos, faz estar presente, aguça os ouvidos e os outros órgãos dos sentidos).

Muco no

Que pode causar surdez ou dor de ouvido.

• pode ser Saturno (líquidos do corpo) em Áries (cabeça). *Florais:* Rock Water (audição), Mimulus (por tirar os medos, faz escutar), Impatiens (ensina os ritmos nossos e dos outros, ensina a ouvir o outro) e mais os florais dos signos que regem a casa onde está o planeta e a casa oposta a ela. Ajudar com Rescue Remedy (faz o resgate de qualquer mal).

ovários

Definição: Na fêmea, duas glândulas que produzem a célula reprodutora, o óvulo, e os hormônios estradiol, estriol, estrogênio, estrona e progesterona. Os ovários representam o ponto de criação.

Regência: Escorpião rege os ovários e o floral é Heather (bom para doenças nos ovários, cistos, tumores, bom para prevenir); Libra e Vênus regem os ovários e os florais são: Wild Rose (por falta de alegria pode criar miomas, hemorragias) e Scleranthus (equilíbrio para os chakras, que dá saúde a todos os órgãos, ativa o timo, que cria anticorpos, dá resistência); a Lua rege o útero e o floral é Clematis (dá saúde ao útero, protege os ovários).

Florais auxiliares: Rescue Remedy (resgata de qualquer doença, deficiência, problema) e Aspen (para miomas e cistos criados pelo medo do futuro), Larch (bom para equilíbrio hormonal), Centaury (equilibra a parte sexual, dá criatividade, bom para a saúde dos ovários), Crab Apple (tira a inflamação, atua como antibiótico natural),

Chicory (tira os apegos que causam problemas nos ovários), Hornbeam (energia para os ovários).

Pequenos ou subdesenvolvidos

• pode ser Saturno (segura, atrasa, retém) em Escorpião (ovários). *Florais:* Rock Water (flexibilidade), Mimulus (tira os medos dos sentimentos), Heather (equilíbrio hormonal) e mais os florais dos signos que regem a casa onde está o planeta e a casa oposta a ela.

Policísticos

• pode ser um mau aspecto entre Marte (impulso) e Plutão (culpas, mutação genética). *Florais:* Impatiens (dá ritmo), Heather (bom para cistos e tumores) e mais os florais dos signos que regem as casas onde estão os planetas e as casas opostas a elas.

oxigenação do sangue ....

Definição: Quantidade máxima de oxigênio que determinada quantidade de sangue irá absorver. O sangue representa a alegria de viver.

Regência: o Sol rege a oxigenação do sangue e o floral é Vervain; Aquário (ar) rege a respiração celular e o floral é Water Violet.

Florais auxiliares: Wild Rose (para ter alegria de viver), Rock Rose (bom para o sangue), Olive (dá ritmo ao coração) e Crab Apple (limpa o sangue).

P

paladar

Definição: Sensação química que depende dos órgãos sensitivos presentes na superfície da língua.

Regência: Vênus rege o paladar e os florais são: Wild Rose (aumenta a sensibilidade nos órgãos dos sentidos), Gentian e Scleranthus.

Florais auxiliares: Walnut (aumenta a sensibilidade dos órgãos dos sentidos, por tirar a influência externa), Cherry Plum (aguça os sentidos), Elm (abre a sensibilidade), Rock Water (aguça os cinco sentidos), Larch (aguça os cinco sentidos), Wild Oat (dá clareza aos cinco sentidos), Star of Bethlehem (tira o adormecimento dos sentidos).

palidez

Definição: Ausência de cor, palidez.

Por problemas respiratórios

Florais: Agrimony (por a pessoa não ser quem verdadeiramente é), Wild Rose (alegria que dá cor à pele) e Clematis (coloca os pés no chão, quando a pessoa é pálida por não estar presente na vida).

palpitação

Definição: Pulsação rápida, violenta ou palpitante.

Indica: o descarregar da agressividade.

Regência: o Sol rege a palpitação e o floral é Vervain (cuida da saúde do coração).

Florais auxiliares: Olive (dá ritmo ao coração), Red Chestnut (batimentos cardíacos aumentados, por medo do ruim que possa vir a acontecer), Scleranthus (dá ritmo ao coração), Vine (dá ritmo ao coração), Impatiens (dá ritmo aos batimentos cardíacos).

Em geral

• pode ser um mau aspecto entre o Sol (eufórico) e Marte (impulso). *Florais:* Vervain (dá ritmo ao coração), Impatiens (dá ritmo ao coração) e mais os florais dos signos que regem as casas onde estão os planetas e as casas opostas a elas.

Cardíaca, por hiperfunção tireoidiana

• pode ser Netuno (desordem) em Touro (tireoide). *Florais:* White Chestnut (direciona pensamentos e atitudes), Rock Rose (tira o pânico que causou a desordem), Gentian (ativa o chakra laríngeo, dá saúde à tireoide) e mais os florais dos signos que regem a casa onde está o planeta e a casa oposta a ela.

Ocasionada por problemas de tireoide

• pode ser Marte (impulso) em Leão (coração). *Florais:* Impatiens (ritmo ao coração), Vervain (dá ritmo ao coração, dá iodo à tireoide) e mais os florais dos signos que

regem a casa onde está o planeta e a casa oposta a ela.

panarício ....

Definição: Infecção ou abscesso dos tecidos moles da articulação terminal de um dedo da mão; inflamação e supuração dos dedos.

Indica: no polegar, indica intelecto e preocupação; no indicador, indica ego e medo; no médio, indica sexualidade e raiva; no anular, indica uniões e pesar; no mínimo, indica família e honestidade.

Regência: Gêmeos rege as mãos e o floral é Cerato.

Em geral

Florais auxiliares: Crab Apple (bom para infecções de repetição), Elm (quando a pessoa se preocupa com os outros e se esquece de si, é agredida por fungos e bactérias nas mãos; Elm ativa o timo, que fabrica anticorpos que acabam com a infecção), Gentian (ativa o timo e acaba com as infecções de quem está sem energia e sem resistência), Holly + Crab Apple (infecção de repetição), Aspen (ativa o timo, melhora as respostas, acaba com a infecção), Rescue Remedy + Crab Apple (tira a infecção).

• pode ser Vênus (negligência, preguiça; pessoas que não cumprem seu papel assistencial no mundo são tomadas por fungos e bactérias nas mãos) em Gêmeos (mãos). *Florais:* Wild Rose (ativa o timo, que cria anticorpos que aumentam a resistência), Scleranthus (equilíbrio), Gentian (segurança interior), Cerato (ativa o mestre interior para cumprir o papel na Terra) e mais os florais dos signos que regem a casa onde está o planeta e a casa oposta a ela.

pancitopenia ....

Definição: Redução em todos os elementos celulares do sangue; anemia aplástica. O sangue representa a alegria de viver.

Regência: o Sol rege a oxigenação do sangue e o floral é Vervain (vitalidade); Escorpião rege os glóbulos vermelhos do sangue e o floral é Heather (regeneração); Júpiter (exagero) rege o sangue arterial e o floral é Agrimony (baço, formação do sangue para o feto, serve como reserva sanguínea para o adulto). Netuno rege os glóbulos brancos e os florais são: White Chestnut (domina e direciona os pensamentos) e Rock Rose (tira o pânico, bom para anemias quando acontecem as quebras das hemácias e a pessoa entra em pânico).

Florais auxiliares: Wild Rose (traz vida e alegria, e o sangue é vida) e Olive (traz ritmo ao coração quando em desequilíbrio), Holly (limpa e elimina os venenos do sangue), Crab Apple (limpa e depura o sangue), Gorse (purifica o sangue, enche de energia), Willow (limpa o escuro do sangue, fabricado pelas mágoas e tristezas da vida), Vine, Beech e Crab Apple (limpam e equilibram o sangue, bons para triglicérides, colesterol, ácido úrico, reumatismo), Vine (transforma o sangue, dá vida e energia), Rock Rose (bom para sangue descompensado), Aspen (tira as doenças do sangue), Vervain (dá ritmo ao sangue).

Em geral

• pode ser um mau aspecto entre Marte (células vermelhas do sangue) e Netuno (desordem), fazendo um mau aspecto com Saturno (desaceleração dos ritmos biológicos). *Florais:* Impatiens (dá bom ritmo às células), Rock Rose (bom para anemias agudas ou genéticas quando na quebra das hemácias a pessoa entra em pânico), White Chestnut (bom para dominar e direcionar os pensamentos), Mimulus (tira o medo de ser, de atuar na vida), Rock Water (saúde das células) e mais os florais dos signos que regem as casas onde estão os planetas e as casas opostas a elas.

• pode ser um mau aspecto entre a Lua (hipersensibilidade) e Marte (células vermelhas do sangue). *Florais:* Clematis (saúde do sangue), Impatiens (ritmo celular que dá equilíbrio aos outros órgãos) e mais os florais dos signos que regem as casas onde estão os planetas e as casas opostas a elas.

• pode ser um mau aspecto entre Vênus (circulação do sangue venoso) e Marte (células vermelhas do sangue). *Florais:* Gentian (ativa a fé, dá certeza na cura, mobilização para deixar de ser crônico), Scleranthus (equilíbrio), Wild Rose (alegria, vida, sangue), Impatiens (ritmo celular que dá equilíbrio aos outros órgãos) e mais os florais dos signos que regem as casas onde estão os planetas e as casas opostas a elas.

pâncreas ....

Definição: Glândula acinotubular composta, situada atrás do estômago e na frente da primeira e da segunda vértebras lombares, em posição horizontal. O pâncreas representa as doçuras da vida.

Os problemas indicam: que a pessoa rejeita o momento da vida que está vivendo; raiva, frustração.

Regência: Virgem rege o pâncreas e o floral é Centaury; Sagitário e Júpiter regem o pâncreas e o floral é Agrimony.

Florais auxiliares: Red Chestnut (quando está afetado por excesso de medos e preocupações), Crab Apple (limpa), Gentian (é a área da reflexão, transforma o ruim), Vine (ativa o plexo solar, dá luz ao pâncreas).

Adenocarcinoma do

• pode ser um mau aspecto entre Mercúrio (preocupações) e Netuno (desordem) se um deles tiver um mau aspecto com Saturno (segura, prende) ou Plutão (medo de perder o poder). *Florais:* Cerato (confiança em si), Rock Rose (tira o pânico), White Chestnut (dá direção e faz dominar os maus pensamentos), Mimulus (tira os medos do dia a dia e dos sentimentos), Rock Water (flexibilidade), Heather (faz o controle do desenvolvimento das células) e mais os florais dos signos que regem as casas onde estão os planetas e as casas opostas a elas.

Pancreatite

Estado de inflamação do pâncreas.

Indica: raiva porque a vida não está como a pessoa esperava.

Floral básico: Impatiens (anti-inflamatório).

• pode ser um mau aspecto entre Mercúrio (preocupação) e Vênus (indecisão), com um mau aspecto com Marte (masculino, impulso, inflamação). *Florais:* Cerato (intuição que faz entender), Gentian (segurança interior), Scleranthus (equilíbrio), Wild Rose (alegria), Impatiens (dá paciência, tira o que inflama) e mais os florais dos signos que regem as casas onde estão os planetas e as casas opostas a elas.

• pode ser um mau aspecto entre Mercúrio (preocupação) e Júpiter (exagera). *Florais:* Cerato (intuição que ensina), Agrimony (faz a pessoa ser verdadeira, tira a fraqueza do organismo) e mais os florais dos signos que regem as casas onde estão os planetas e as casas opostas a elas.

• pode ser um mau aspecto entre Vênus (dependência) e Mercúrio (preocupação), com um deles fazendo um mau aspecto com Marte (impulso, inflamação). *Florais:* Cerato (intuição que ensina), Gentian (segurança interior), Scleranthus (equilíbrio), Wild Rose (alegria, cura o organismo), Impatiens (anti-inflamatório) e mais os florais dos signos que regem as casas onde estão os planetas e as casas opostas a elas.

• pode ser Marte (inflamação) em Virgem (pâncreas). *Florais:* Impatiens (anti-inflamatório), Centaury (saúde para o pâncreas) e mais os florais dos signos que regem a casa onde está o planeta e a casa oposta a ela.

Problema crônico no

• pode ser Plutão (medo de perder o poder) em Peixes (desordem). *Florais:* Heather (harmoniza o psíquico e o emocional), White Chestnut (domina e redireciona os pensamentos), Rock Rose (tira o pânico, resolve os sentimentos mal resolvidos) e mais os florais dos signos que regem a casa onde está o planeta e a casa oposta a ela.

Tumor de

• pode ser um mau aspecto entre Mercúrio (preocupação) e Júpiter (exagero). *Florais:* Cerato (ativa a intuição, traz esclarecimento), Agrimony (faz a pessoa ser verdadeira), Chestnut Bud (faz a pessoa entender o que a fez criar a doença), Cherry Plum (dá bons sentimentos e pensamentos) e mais os florais dos signos que regem as casas onde estão os planetas e as casas opostas a elas.

pan-hipopituitarismo ....

Definição: Funcionamento defeituoso ou ausente de toda a glândula pituitária.

As glândulas representam as referências e as iniciativas.

Regência: Plutão rege a glândula pituitária e o floral é Heather (ajuda a célula a atingir a maturidade).

Em geral

• pode ser um mau aspecto entre a Lua (emoções) e Vênus (faz o organismo sarar). *Florais:* Clematis (saúde dos órgãos, regenera), Gentian (segurança interior), Scleranthus (equilíbrio), Wild Rose (alegria) e mais os florais dos signos que regem as casas onde estão os planetas e as casas opostas a elas.

• pode ser um mau aspecto entre Vênus (alegria) e Netuno (desordem). *Florais:* Gentian (segurança interior), Scleranthus (equilíbrio), Wild Rose (alegria que cura o organismo), Rock Rose (tira o pânico que causou a desordem), White Chestnut (clareia, deixa entender) e mais os florais dos signos que regem as casas onde estão os planetas e as casas opostas a elas.

pânico..............................

Definição: Ansiedade aguda, terror ou medo que, em geral, surge subitamente e pode ser incontrolável; medo de dentista, de cirurgia, etc.

Florais básicos: Rescue Remedy (ajuda na cicatrização, não deixa a pessoa perder os sentidos, tira o pânico, dá bons sentimentos e pensamentos, tira a impaciência, é anti-

-inflamatório; usar antes, durante e depois), Rock Rose (tira o pânico).

panturrilha ....

Definição: A parte posterior muscular e carnosa da perna, abaixo do joelho, formada pelos músculos gastrocnêmio e sóleo.

Regência: Aquário rege a panturrilha e o floral é Water Violet.

papiloma ....

Definição: Qualquer tumor epitelial benigno.

Indica: ressentimentos, mágoas.

Floral básico: Chestnut Bud (para tumores; ensina como a pessoa fabricou a doença; leva à cura).

Em geral

• pode ser Vênus (textura da pele) em Gêmeos (pessimismo). *Florais:* Wild Rose (alegria), Gentian (segurança), Scleranthus (equilíbrio), Cerato (bons pensamentos), Cherry Plum (dá bons sentimentos e pensamentos, equilibra a divisão celular), Sweet Chestnut (luz no fim do túnel) e mais os florais dos signos que regem a casa onde está o planeta e a casa oposta a ela.

paralisia ....

Definição: Perda temporária ou permanente da sensibilidade, ou perda da capacidade de se mover ou controlar os movimentos.

Indica: medo, terror, fuga, resistência a ir em frente.

Regência: Gêmeos rege o sistema nervoso central e o floral é Cerato; Netuno rege as funções exercidas pelo cerebelo, que coordena a maior parte dos movimentos do corpo, e os florais são: Rock Rose (bom para paralisia por pânico), White Chestnut (dá clareza aos pensamentos, tira a resistência, faz querer andar), Larch (autoconfiança para recomeçar, dá vontade de fazer), Clematis (faz funcionar o órgão que não funciona), Rock Rose (tira a desordem do organismo), Vervain (dá saúde ao coração, que emite saúde a todos os órgãos).

De Bell

Paralisia do nervo facial na sua distribuição periférica; os nervos ficam inflamados e a paralisia se estabelece, juntamente com ataque de vertigem ou delírio.

Regência: Áries rege a face e o floral é Impatiens (anti-inflamatório); Leão trabalha a musculatura da face e o floral é Vervain (saúde, vitalidade).

• pode ser Mercúrio (pensamento) em Áries (impulso). *Florais:* Cerato (intuição), Impatiens (anti-inflamatório) e mais os florais dos signos que regem a casa onde está o planeta e a casa oposta a ela.

Devido à destruição do cóccix

Causada por ferimentos físicos ou por problemas hereditários.

Indica: culpa, apego a velhas mágoas, desequilíbrio interno.

Regência: Escorpião (medo de perder o poder) rege o cóccix e o floral é Heather (harmoniza o psíquico e o emocional); Capricórnio trabalha a coluna vertebral e os florais são: Rock Water (flexibilidade) e Mimulus (tira os medos do dia a dia e dos sentimentos).

Florais auxiliares: Scleranthus (energiza o chakra básico, o cóccix; esta energia vem desde o cerebelo até o cóccix, dá equilíbrio à coluna, coloca o corpo no prumo, no eixo, bom para tomar decisões, atitudes e atos em equilíbrio, dá postura definida, faz entender as mudanças da vida), Larch (atua no cóccix, dá segurança), Hornbeam (revitaliza do cóccix até o alto da cabeça).

Floral auxiliar: Honeysuckle (se for por problemas hereditários).

- pode ser Plutão (poder) em Sagitário (exacerbação). *Florais:* Heather, Agrimony (faz a pessoa ser verdadeira) e mais os florais dos signos que regem a casa onde está o planeta e a casa oposta a ela.

Em geral

- pode ser Mercúrio (pensamentos) em Sagitário (exacerba). *Florais:* Cerato (intuição), Agrimony (faz a pessoa ser ela mesma) e mais os florais dos signos que regem a casa onde está o planeta e a casa oposta a ela.

Facial

- pode ser um mau aspecto entre Mercúrio (cérebro, boca, língua) e Marte (face e impulso), influenciando o sistema nervoso central. *Florais:* Cerato (dá ritmo ao cérebro), Impatiens (ritmo ao sangue no cérebro) e mais os florais dos signos que regem as casas onde estão os planetas e as casas opostas a elas.

Por problemas no cóccix

- pode ser Sol (vitalidade) em Sagitário (exacerba). *Florais:* Vervain (equilibra a vitalidade), Agrimony (faz a pessoa ser verdadeira), Pine (tira as culpas), Scleranthus (equilíbrio), Chicory (desapego), Honeysuckle (deixa o passado para trás) e mais os florais dos signos que regem a casa onde está o planeta e a casa oposta a ela.

paranoia ....

Definição: Estado em que há ilusões persistentes de perseguição ou ciúme ilusório; emoções e comportamentos apropriados ao conteúdo do sistema ilusional.

Regência: Aquário rege o sistema nervoso central e o floral é Water Violet (tira os curtos-circuitos da mente); Mercúrio rege o sistema nervoso e o cérebro, e o floral é Cerato (dá clareza à mente); Netuno pode trazer ilusões e os florais são: Rock Rose (tira a desordem) e White Chestnut (limpa os pensamentos).

Florais auxiliares: Crab Apple (dá as devidas proporções aos acontecimentos), Gentian (ativa a fé, e o lado bom, o ser espiritual), Cherry Plum (mostra a verdade dentro e fora de nós), Gorse (dá lucidez), Olive (tira o esgotamento), Wild Rose (dá alegria), Heather (faz a pessoa conhecer as reações interiores, emoções, pensamentos e limitações), Wild Oat (faz não querer repetir o processo, firma o propósito).

Em geral

- pode ser Mercúrio (pensamentos) em Peixes (desordem). *Florais:* Cerato (ativa a intuição), White Chestnut (clareia à volta), Rock Rose (tira o pânico que causou a desordem) e mais os florais dos signos que regem a casa onde está o planeta e a casa oposta a ela.

parasitose ....

Definição: Doença ou estado resultante do parasitismo; estado ou condição de infecção ou infestação por parasita (organismo que vive à custa de outro organismo, que é conhecido como hospedeiro).

Indica: delegação de poder aos outros.

Regência: Virgem rege os intestinos e o floral é Centaury.

Florais auxiliares: Crab Apple (acaba, limpa os parasitas do organismo), Gentian (antídoto contra corpos estranhos no organismo, limpa os parasitas), Willow (acaba com verminoses crônicas que a pessoa adquiriu por ser negativa), Water Violet (tira os parasitas de crianças isoladas e tristes mas orgulhosas).

Intestinal

• pode ser uma desarmonia de Lua (emoções) em Virgem (servem aos outros). *Florais:* Clematis (coloca os pés no chão), Centaury (ensina a se gostar antes dos outros, dá saúde ao processo digestório) e mais os florais dos signos que regem a casa onde está o planeta e a casa oposta a ela.

parto

Regência: Escorpião rege os órgãos de reprodução e o floral é Heather; Câncer rege o útero grávido e o floral é Clematis (protege o útero, coloca os pés no chão), Rock Rose (bom para pânico na gravidez ectópica).

Florais auxiliares: Rescue Remedy (para antes, durante e após o parto), Pine (tira as culpas da mãe e do bebê), Holly (dá entendimento e aceitação de tudo), Vervain (floral do coração, dá bom desenvolvimento para o feto e para a criança durante os primeiros anos de vida), Rock Rose (tira o pânico de morrer durante o parto ou de a criança morrer durante o parto).

Dificultado

• pode ser um mau aspecto entre Marte (impulso) e Plutão (medo de perder o poder com o nascimento da criança). *Florais:* Impatiens (tira a impaciência, dá o ritmo correto), Heather (desenvolve o amor pessoal, bom para passar para a criança, faz assumir os sentimentos) e mais os florais dos signos que regem as casas onde estão os planetas e as casas opostas a elas.

Prematuro

• pode ser um mau aspecto entre a Lua (emoções) e Marte (impulso, impaciência), principalmente se um deles estiver em Câncer (útero grávido), pois a capacidade de nutrir o feto será afetada. Impatiens (tira a impaciência, dá o tempo correto), Vervain (dá um bom desenvolvimento do feto, deveria ser tomado durante toda a gravidez e nos primeiros anos do bebê) e mais os florais dos signos que regem as casas onde estão os planetas e as casas opostas a elas.

• pode ser um mau aspecto da Lua (emoções) e Urano (sistema nervoso) com algum deles em Escorpião (medo de perder o poder). *Florais:* Clematis (saúde ao útero), Heather (dá harmonia à psique), Water Violet (dá compreensão, tolerância, humildade para se doar ao outro), e mais os florais dos signos que regem as casas onde estão os planetas e as casas opostas a elas.

Prolongado

• pode ser um mau aspecto entre a Lua (emoções, os líquidos do corpo) e Júpiter (exacerbação). *Florais:* Clematis (coloca os pés no chão), Agrimony (tira o exagero, faz a pessoa ser verdadeira), Rescue Remedy (resgata de qualquer complicação), Vervain (ajuda no desenvolvimento do feto e da criança) e mais os florais dos signos que regem as casas onde estão os planetas e as casas opostas a elas.

paz

Definição: Tranquilidade, concórdia, harmonia.

Florais básicos: Agrimony (limpa tudo o que não faz parte de nossa natureza), Gorse (amor), Pine (limpa as culpas), Cherry Plum (paz aos sentimentos e pensamentos), Olive (paz aos pensamentos) e Star of Bethlehem (limpa os traumas para vivermos em paz), Rescue Remedy (faz o resgate para termos paz). Cada um dos florais vai dar paz em um setor diferente, eles vão mexer naquilo que nos está atormentando e, eliminado esse tormento, poderemos ter paz.

pé

Definição: Parte terminal da extremidade inferior do corpo. Os pés representam a espiritualidade, a compreensão de nós mesmos, da vida e dos outros; os artelhos representam os pormenores do futuro. Em qualquer problema nos pés, o lado espiritual da pessoa deve ser trabalhado.

Os problemas indicam: medo do futuro e de ir em frente na vida.

Regência: Peixes e Netuno (desordem) regem os pés e os florais são: Rock Rose (tira o pânico que causou a desordem) e White Chestnut (clareza para saber onde andar);

Florais auxiliares: Vine (eczemas, torções ou qualquer sintoma), Rock Rose (dor, problemas em geral, torções), Holly (pé tenso e torcido; ajudar com Pine) e Honeysuckle (se for problema genético), Red Chestnut (pés vulneráveis que se machucam constantemente), Clematis (coloca os pés no chão), Walnut (protege e mostra as situações para a pessoa saber onde está andando), Wild Oat (coloca os pés no chão, dá estrutura), Beech (dá estrutura a pés, joelhos e coxas, solta os quadris, bom para quem pisa duro, pés com deformações, joanetes, acidentes e cirurgias), Oak (bom para deformações ósseas em pessoas muito rígidas), Agrimony (faz a pessoa ser verdadeira).

Aleijado

Por problemas como tumores e cistos, ou excrescências. Falta espiritualidade para esta pessoa.

• pode ser Plutão (mutação genética) em Peixes (desordem). *Florais:* Heather (organização celular), White Chestnut (clareza), Rock Rose (tira o pânico que causou a desordem), Chestnut Bud (para entender em que momento criou a doença e fazer a transformação do estado emocional), Cherry Plum (mostra a verdade dentro e fora, tira metástases) e mais os florais dos signos que regem a casa onde está o planeta e a casa oposta a ela.

Chato ou deformado

O pé chato é aquele com flacidez do arco, e o pé deformado é aquele cuja circulação é deficiente ou limitada.

• pode ser Saturno (rigidez) em Peixes (desordem). *Florais:* Rock Water (bom para deformações ósseas), Mimulus (tira os medos do dia a dia), White Chestnut (clareia, mostra o caminho), Rock Rose (tira o pânico que causou a desordem), Hornbeam e Olive (energizam, dão boa circulação) e mais os florais dos signos que regem a casa onde está o planeta e a casa oposta a ela.

Deformado, ou problemas no

• pode ser Lua (emoções) em Peixes (desordem). *Florais:* Clematis (coloca os pés no chão), White Chestnut (clareia), Rock Rose (tira o pânico), Rock Water (bom para deformações ósseas) e mais os florais dos signos que regem a casa onde está o planeta e a casa oposta a ela.

Deformidade, cãibra e espasmo dos músculos do

• pode ser Urano (sistema nervoso, parte elétrica do cérebro) em Peixes (desordem). *Florais:* Water Violet (acaba com as cãibras por unir o racional com o intuitivo), White Chestnut (tira as cãibras, por tirar a tensão muscular), Rock Rose (pés), Vervain (relaxa, tira a cãibra), Rock Water (equilibra os ossos, bom para deformações ósseas) e mais os florais dos signos que regem a casa onde está o planeta e a casa oposta a ela.

Dor nos pés ou frio nas extremidades do corpo

• pode ser Mercúrio (mãos e braços) em Peixes (pés). *Florais:* Cerato (dá direção), White Chestnut (clareia o caminho), Rock Rose (tira o pânico que causou a desordem), Hornbeam e Olive (levam energia para as extremidades do corpo) e mais os florais dos signos que regem a casa onde está o planeta e a casa oposta a ela.

Ferimento, osso quebrado, corte e suor no

• pode ser Marte (impulso, calor, corte, suor) em Peixes (desordem). *Florais:* Impatiens (anti-inflamatório, ameniza o calor e o suor), White Chestnut (clareia a mente), Rock Rose (tira o pânico), Rescue Remedy (cicatrização de osso) e mais os florais dos signos que regem a casa onde está o planeta e a casa oposta a ela.

Fraqueza, arco deficiente e má circulação no

• pode ser Netuno em Peixes (desordem nos pés). *Florais:* White Chestnut (clareza), Rock Rose (tira o pânico que causou a desordem), Hornbeam e Olive (bons para a circulação nas extremidades) e mais os florais dos signos que regem a casa onde está o planeta e a casa oposta a ela.

Inchaço ou cisto no

• pode ser Júpiter (exacerba) em Peixes (pés). *Florais:* Agrimony, White Chestnut (clareia as respostas, tira as dificuldades de lidar com a realidade e de ações atrapalhadas), Rock Rose (tira o pânico) e mais os florais dos signos que regem a casa onde está o planeta e a casa oposta a ela. Ajudar com Rescue Remedy (que, entre tantas coisas, tira o inchaço).

Torto

• pode ser Saturno (rigidez) em Aquário (rigidez). *Florais:* Rock Water (flexibilidade, dá equilíbrio ósseo, bom para deformações ósseas), Mimulus (tira os medos do dia a dia e dos sentimentos), Water Violet (tira a rigidez, ensina a humildade, falta entender a que veio) e mais os florais dos signos que regem a casa onde está o planeta e a casa oposta a ela.

peito ....

Regência: Câncer e a Lua regem o peito e o floral é Clematis; Gêmeos rege a região peitoral e o floral é Cerato.

Florais auxiliares: Pine (expande o peito) + Holly (para peito curvado, tira o aperto no peito); Hornbeam (dá energia aos ossos e à musculatura), Rock Water e Mimulus.

peixes (signo)......................

Palavras-chave

• fé, sacrifício, sentir, unidade, místico ou mártir, feminino, compassivo, caridoso, simpático, emocional, intuitivo, introspectivo, musical, artístico, procrastinador, muito tagarela, melancólico, pessimista, emocionalmente inibido, tímido, sem praticidade, indolente, muitas vezes se sente sem compromisso, negativo, yin, mutável, água, Netuno, Júpiter, latão.

Rege

- substância reticular, sistema linfático, mucosas, órgãos do sistema reticuloendotelial, pés, mediunidade.

Ossos

- tarso, metatarso e falanges.

Músculos

- extensor curto dos dedos, flexor curto dos dedos, adutor, extensor curto do hálux, flexor curto do hálux, adutor do dedo mínimo, quadrado plantar, digitais dorsais.

Veias

- arco venoso dorsal do pé, arco venoso profundo do pé, veia plantar, veias digitais comuns do pé, rede venosa dorsal do pé.

Funções secundárias do signo

- parte das atividades do sistema imunológico, o metabolismo dos fluidos; o processo do sono, dos sonhos e os estados análogos.

pele ....

Definição: Camada de tecido situada entre o corpo e o ambiente que o cerca; o maior órgão do corpo. A pele representa a conexão entre o interno e o externo, a fonte das sensações, e estabelece os limites; vincula-se a nossas crenças de como os outros nos veem; reflete os pensamentos e sentimentos íntimos; é uma capa de proteção contra o mundo interior, que não é expresso.

Os problemas indicam: insegurança, incerteza e preocupação; problemas de identidade.

Regência: Capricórnio e Saturno regem a pele e os florais são: Mimulus e Rock Water; Vênus rege a textura da pele e o floral é Wild Rose.

Florais auxiliares: Willow (para manchas, cada vez que a pessoa se sente coitadinha perante a vida é uma ou mais manchas que fabrica), Pine (tira culpas que causam muitas manchas), Star of Bethlehem (dermatite crônica, eczema crônico, psoríase, vitiligo por tristeza, trauma ou ressentimento), Holly (erupções, eczemas, dermatites, ardências, alergias, vitiligo, câncer, por a pessoa manifestar a cólera na pele), Crab Apple (para limpar acne, cravo e qualquer outra impureza; tirar manchas; para pele oleosa), Agrimony (para alergias), Clematis (bom para manchas claras, vitiligo, psoríase, alergias, por não estar presente na vida), Chestnut Bud (ativa a pineal, que tem conexão com a pele, dá vida e consciência à pele), Cerato (tira o acinzentado da pele), Elm (bom para pele sem equilíbrio, com endurecimento por eczemas, psoríase ou outra dermatite), Scleranthus (pele esverdeada), White Chestnut (bom para pessoas que nascem com ou em que surgem cicatrizes sem motivo), Wild Oat (regenerador, cicatrizante), Water Violet (rejuvenesce, limpa as manchas por problemas hormonais), Vine (bom para psoríase, vitiligo, dermatites em crianças), Hornbeam (bom para cravos, espinhas, acnes), Rock Water (psoríase e cicatrizes), Impatiens (bom para problemas crônicos de pele ou de pelos no rosto de mulheres), Centaury (erupções vermelhas, exantemas, no pescoço e no colo, pitiríase, eczemas atópicos).

Com manchas

- pode ser um mau aspecto entre Vênus (alegria), em Capricórnio (rigidez), e Netuno (desordem). *Florais:* Gentian (segurança interior), Scleranthus (equilíbrio), Wild Rose (alegria), Rock Rose (tira o pânico que causou a desordem e provocou o aparecimento de manchas), White Chestnut (clareia à volta e a pele), Rock Water (dá flexibilidade à pessoa e à pele), Mimulus (tira os medos que causam manchas) e mais os florais dos signos que regem as casas onde estão os planetas e as casas opostas a elas. Ajudar com Crab Apple (para limpar).

Doenças crônicas da

• pode ser um mau aspecto entre Vênus (textura da pele) e Marte (inflamação, impulso, tira a cronicidade). *Florais:* Gentian (segurança interior), Scleranthus (equilíbrio), Wild Rose (dá boa textura à pele), Hornbeam (tira a cronicidade), Impatiens (tira a inflamação, ameniza os calores da pele, que fabricam problemas) e mais os florais dos signos que regem as casas onde estão os planetas e as casas opostas a elas.

Doenças da

• pode ser Vênus (textura da pele) em Capricórnio (rigidez). *Florais:* Wild Rose (dá boa textura à pele), Gentian (segurança interior), Scleranthus (equilibra a pessoa e a pele), Mimulus (tira os medos que causam manchas), Rock Water (flexibilidade à pessoa e à pele) e mais os florais dos signos que regem a casa onde está o planeta e a casa oposta a ela.

Erupções cutâneas

• pode ser Netuno (desordem) em Touro (trazendo lentidão à tireoide e fazendo com que os movimentos intestinais fiquem lentos, o que leva toxinas para o sangue). *Florais:* White Chestnut (limpa), Rock Rose (tira o pânico que causou a desordem), Gentian (tira a lentidão da tireoide) e mais os florais dos signos que regem a casa onde está o planeta e a casa oposta a ela.

• pode ser Lua (emoções) em Capricórnio (presas). *Florais:* Clematis (coloca os pés no chão, faz entender as emoções), Rock Water (flexibilidade), Mimulus (tira os medos que causam manchas na pele) e mais os florais dos signos que regem a casa onde está o planeta e a casa oposta a ela.

Problemas na

• pode ser Sol (vitalidade) em Capricórnio (contida). *Florais:* Vervain (dá vitalidade), Mimulus (tira os medos que causam problemas na pele), Rock Water (flexibilidade) e mais os florais dos signos que regem a casa onde está o planeta e a casa oposta a ela.

Problemas por retenção renal de resíduos

• pode ser Sol (vitalidade, orgulho) em Libra (rins, dúvidas). *Florais:* Vervain (dá vitalidade), Scleranthus (tira as dúvidas, dá equilíbrio) e mais os florais dos signos que regem a casa onde está o planeta e a casa oposta a ela.

Pruridos na

• pode ser Mercúrio (físico frágil) em Capricórnio (rigidez, líquidos do corpo). *Florais:* Cerato (ensina a cuidar do físico), Rock Water (equilibra os líquidos do corpo), Mimulus (tira os medos que dão doenças na pele) e mais os florais dos signos que regem a casa onde está o planeta e a casa oposta a ela.

Seca ou com descamação

• pode ser um mau aspecto entre Vênus (textura da pele) em Capricórnio (líquidos do corpo) e Netuno (desordem). *Florais:* Gentian (aumenta a resistência do organismo), Scleranthus (equilíbrio), Wild Rose (alegria e boa textura à pele), Rock Rose (tira o pânico que causou a desordem), White Chestnut (limpa e clareia a pele), Mimulus (tira os medos que causam manchas na pele), Rock Water (dá flexibilidade) e mais os florais dos signos que regem as casas onde estão os planetas e as casas opostas a elas.

pelo ....

Falta de cabelo indica: tensão e medo, necessidade de ter o poder nas mãos, falta de confiança no processo da vida, por ser no púbis estes problemas seriam sexuais ou de falta de equilíbrio.

Regência: Escorpião (poder) rege os pelos e o floral é Heather.

Floral auxiliar: Scleranthus (equilíbrio, tira as dúvidas).

Hipodesenvolvimento dos pelos pubianos

• pode ser um mau aspecto entre Vênus (órgãos genitais femininos) e Saturno (retém, poda). *Florais:* Gentian (segurança interior), Scleranthus (equilíbrio), Wild Rose, Mimulus, Rock Water e mais os florais dos signos que regem as casas onde estão os planetas e as casas opostas a elas.

pelve ....

Definição: Estrutura em forma de bacia. A pelve representa o nosso equilíbrio.

Regência: Libra (dúvidas) rege a pelve e o floral é Scleranthus (equilíbrio); Capricórnio (rigidez) rege a pelve e os florais são: Mimulus (tira os medos) e Rock Water (flexibilidade).

Deslocamento da

• pode ser Saturno (duro, trava) em Sagitário (exacerba). *Florais:* Rock Water (flexiona), Mimulus (tira os medos), Agrimony (faz a pessoa ser verdadeira) e mais os florais dos signos que regem a casa onde está o planeta e a casa oposta a ela.

Tumor, calcificação ou cálculos na

Indica: assuntos que magoaram e ficaram sem ser resolvidos.

• pode ser um mau aspecto entre a Lua (emoções) e Netuno (desordem) se um deles estiver em Saturno ou Capricórnio (poda, retém). *Florais:* Clematis (consciência, elimina as mágoas), Rock Rose (tira o pânico que causou a desordem), White Chestnut (limpa os cálculos, clareia a situação), Rock Water (bom para calcificações ósseas), Mimulus, e mais os florais dos signos que regem as casas onde estão os planetas e as casas opostas a elas.

pênfigo, penfigoide ....

Definição: É uma bolhose (uma série de doenças que causam bolhas na pele) de causa desconhecida.

Indica: raiva por a pessoa se sentir insegura.

Regência: Capricórnio rege a pele e os florais são Rock Water (clareia) e Mimulus (tira os medos); Vênus rege a textura da pele e os florais são: Wild Rose (alegria), Gentian (segurança interior) e Scleranthus (equilíbrio).

Em geral

• pode ser um mau aspecto entre Vênus (textura da pele, dá alegria, se não a tiver a pele fica endurecida) e Saturno (se a vida for dura, o ressentimento traz manchas à pele) em Escorpião (mutação genética). *Florais:* Gentian (segurança interior), Scleranthus (equilíbrio), Wild Rose (alegria, bom para a textura da pele), Mimulus (tira os medos que dão manchas na pele), Rock

Water (flexibilidade, maleabilidade), Heather (organiza a desordem celular) e mais os florais dos signos que regem as casas onde estão os planetas e as casas opostas a elas.

pensamento ....

Definição: A ordem mais elevada de atividade intelectual; é difícil sua descrição analítica.

Regência: Gêmeos rege os pensamentos e o floral é Cerato; Saturno causa a lentidão dos pensamentos e os florais são: Mimulus e Rock Water; Urano rege a velocidade dos pensamentos e o floral é Water Violet.

Falta de coordenação no

• pode ser Mercúrio (pensamentos) em Áries (impulso). *Florais:* Cerato (ativa o mestre interior, dá sabedoria), Impatiens (dá direção correta aos pensamentos) e mais os florais dos signos que regem a casa onde está o planeta e a casa oposta a ela.

perda................................

Definição: Privação de alguma coisa que se possuía; desolação.

Florais básicos: Rescue Remedy (resgata de qualquer situação), Chicory (desapego), Honeysuckle (deixa o passado para trás) e Walnut (protege de influências externas).

pericárdio ....

Definição: O duplo saco fribrosseroso membranoso que envolve o coração e as origens dos grandes vasos sanguíneos.

Os problemas indicam: que a pessoa não se sente amada, e sim insegura.

Regência: Leão rege o coração e o floral é Vervain; Touro rege a resistência física, a capacidade de recuperação da saúde, o sistema imunológico e o floral é Gentian; Gêmeos rege a região peitoral e o floral é Cerato.

Pericardite

• pode ser Marte (inflamação, impulso) em Leão (euforia, coração). *Florais:* Impatiens (anti-inflamatório), Vervain (relaxa, saúde ao coração) e mais os florais dos signos que regem a casa onde está o planeta e a casa oposta a ela.

peristaltismo ....

Definição: Movimento ondulatório progressivo que ocorre involuntariamente nos tubos ocos do corpo.

Regência: Virgem rege a digestão, o movimento peristáltico e a liberação dos sucos necessários às diversas fases da digestão; trabalha a absorção dos nutrientes nos intestinos e os movimentos peristálticos intestinais; o floral é Centaury. Gêmeos rege os tubos, e o floral é Cerato.

Florais auxiliares: Rock Rose (ativa o movimento peristáltico nos intestinos), Chicory (tira a constipação crônica, elimina o que não serve mais), Sweet Chestnut (bom para intestino grosso, quando o pulmão fica em baixa e afeta o intestino grosso, dá vitalidade).

Lento ou fraco no intestino grosso

Indica: problemas subconscientes guardados

• pode ser Netuno (desordem, subconsciente) em Câncer (emoções, estômago), ocasionando peristaltismo fraco do estômago durante a fase de digestão, na qual interfere. *Florais:* Rock Rose (bom para movimento peristáltico do intestino), White Chestnut (bom para problemas de estômago por preocupação, clareia à volta, minimiza os problemas), Clematis (estômago) e mais os florais dos signos que regem a casa onde está o planeta e a casa oposta a ela.

• pode ser Netuno (desordem, subconsciente) em Touro (maxilar, insegurança), por causa da oposição. *Florais:* White Chestnut (bom para estômago), Rock Rose (movimento peristáltico), Gentian (digestão) e mais os florais dos signos que regem a casa onde está o planeta e a casa oposta a ela.

peritonite

Definição: Inflamação do peritônio (que é o revestimento membranoso que cobre a cavidade abdominal e reveste as vísceras).

Indica: raiva das emoções.

Regência: Virgem rege o abdome e o floral é Centaury.

Florais auxiliares: Crab Apple (atua como antibiótico natural), Impatiens (anti-inflamatório), Rock Rose (bom se for por causa ginecológica ou hemorragia uterina, por perdas graves, gravidez ectópica).

Em geral

• pode ser Marte (impulso, inflamação) em Virgem (se torna capacho dos outros, abdome). *Florais:* Impatiens (dá o ritmo correto, anti-inflamatório), Centaury (ajuda os outros sem se tornar capacho, saúde do abdome) e mais os florais dos signos que regem a casa onde está o planeta e a casa oposta a ela.

perna

Definição: Extremidade inferior do corpo, inclui o fêmur, a tíbia, a fíbula e a patela; especificamente, a parte do corpo entre o joelho e o tornozelo. As pernas representam o ir em frente na vida.

Os problemas indicam: nas coxas, traumas de infância; na parte inferior, medo do futuro, o querer parar.

Regência: Capricórnio (rigidez) rege a parte inferior das pernas e os florais são: Mimulus (tira os medos do dia a dia e dos sentimentos) e Rock Water (flexibilidade); Sagitário (exacerba no sonho) rege a parte superior das pernas e o floral é Agrimony (faz a pessoa ser verdadeira).

personalidade

Definição: A organização exclusiva de traços, características e comportamentos de um indivíduo, que o posiciona diferentemente dos demais indivíduos e, ao mesmo tempo, determina como as outras pessoas reagirão a esse indivíduo; refere-se aos aspectos mentais de um indivíduo, em contraste com o físico.

Florais básicos: os florais que correspondem aos principais signos ou aspectos do mapa natal (para dar equilíbrio à personalidade), Agrimony (em caso de troca de personalidade), Walnut (protege a personalidade), Centaury (por querer agradar ao outro, perde a própria personalidade), Cerato (gosta de imitar o outro, pode perder a sua verdadeira personalidade).

pesadelo

Definição: Um sonho mau, acompanhado de medo intenso; sonhos recorrentes e desagradáveis.

Regência: Netuno rege o sono e os florais são: White Chestnut e Rock Rose.

Florais auxiliares: Agrimony (por a pessoa não ser ela mesma), Cherry Plum (bom para pesadelos, insônias, sonhos com água, mar, sonhos em que se está sendo engolido por buracos, com perseguição, sonhos atormentadores, como se se estivesse no inferno) e Clematis (sonhos ou lembranças de vidas passadas, desligamento do corpo no sono, muitos sonhos bons e ruins).

Em geral

• pode ser uma desarmonia de Lua (sonhos) em Câncer (mundo da lua). *Florais:* Clematis (coloca os pés no chão) e mais os florais dos signos que regem a casa onde está o planeta e a casa oposta a ela.

pescoço ....

Definição: Parte do corpo que fica entre a cabeça e os ombros. O pescoço representa a conexão entre o corpo físico e o mental; representa nossa flexibilidade e capacidade de compreensão total de todas as coisas, inclusive de usar o passado no presente.

Regência: Touro (inseguro) rege o pescoço e o floral é Gentian (segurança interior).

Inchaço no

Indica: apegado aos mesmos padrões de pensamentos, ideias retidas por serem dolorosas e por medo de expressá-las.

• pode ser Vênus (deglutição) em Touro (pescoço, inseguro). *Florais:* Gentian (segurança interior), Scleranthus (equilíbrio), Wild Rose (alegria) e mais os florais dos signos que regem a casa onde está o planeta e a casa oposta a ela.

Pólipos, tumores e excrescências no

Indicam: mágoa e tristeza em relação a todas as coisas já vividas.

• pode ser Plutão (mutação genética) em Touro (inseguro). *Florais:* Heather (ativa o chakra da garganta), Gentian (segurança interior), Pine (para eliminar os nódulos) e mais os florais dos signos que regem a casa onde está o planeta e a casa oposta a ela. Cherry Plum (controla a divisão celular, elimina as metástases), Sweet Chestnut (dá a luz no fim do túnel), Chestnut Bud (mostra em que momento foi criada a doença para que haja a reversão).

peso ....

Definição: Força gravitacional exercida sobre um objeto, habitualmente pela Terra; o peso corporal normal depende da compleição física do indivíduo. Problemas de peso significam desequilíbrio no mapa natal; deve-se sempre ver onde estão a Lua (casa e signo), o Sol (casa e signo) e os planetas que estiverem mais desarmoniosos no mapa, e dar os florais correspondentes.

Os problemas indicam: perda de peso indica perda de si, da realidade, do amor; ganho de peso indica insegurança, falta de proteção.

Florais auxiliares: Cherry Plum (bom para ajudar no controle da alimentação para mais ou para menos).

Dificuldade de ganhar peso

• pode ser um mau aspecto entre o Sol (vitalidade) e Netuno (desordem). *Florais:* Vervain (dá vitalidade), Rock Rose (tira o pânico que causou a desordem), White Chestnut (clareia), Centaury (para assimilar os nutrientes) e mais os florais dos signos que regem as casas onde estão os planetas e as casas opostas a elas.

Perda de peso

• pode ser um mau aspecto entre a Lua (emoções) e Netuno (desordem). *Florais:* Clematis (coloca os pés no chão), Rock Rose (tira o pânico), White Chestnut (clareia) e mais os florais dos signos que regem

as casas onde estão os planetas e as casas opostas a elas.

picada

Definição: Ferida puntiforme causada por inseto, cobra e outros animais venenosos; mordida ou ferroada; dor local aguda, lancinante ou espasmódica.

Indica: que a pessoa não é ela mesma ou se sente uma coitadinha.

Florais básicos: Rescue Remedy (resgata de qualquer situação), Agrimony (a pessoa que não é ela mesma, que finge ser outra, é habitualmente atacada por bichos; para eliminar os venenos) e Willow (quando a pessoa se sente coitadinha, é atacada por bichos).

Florais auxiliares: Crab Apple (limpa os venenos), Impatiens (tira a inflamação).

pielonefrite

Definição: Inflamação da substância renal e da pelve.

Indica: raiva por conflitos emocionais, críticas, fracassos, vergonha, medo.

Regência: Libra rege os rins e o floral é Scleranthus (equilíbrio).

Florais auxiliares: Crab Apple (atua como antibiótico natural, limpa), Impatiens (anti-inflamatório), Mimulus (tira os medos de assumir seu papel na vida), Rock Rose (medos inconscientes que atacam os rins), Aspen (tira os medos do futuro que fazem mal aos rins), Clematis (dá saúde aos rins), Heather (bom para os rins se for por problemas emocionais e afetivos), Cherry Plum (se for por problemas emocionais e medos contidos), Willow (limpa as tristezas dos rins), Olive (tira o cansaço da mente), Vervain (bom para infecção nos rins), Hornbeam (tira o caráter crônico da inflamação).

Crônica

• pode ser uma desarmonia de Lua (emoções, águas) em Libra (dúvidas). *Florais:* Clematis (limpa as águas), Scleranthus (dá a decisão) e mais os florais dos signos que regem a casa onde está o planeta e a casa oposta a ela.

pine (floral)

Tira as culpas. Dá sorte.

Relaciona-se com

• o elemento ar, que se manifesta perto do pulmão; yin.

Ajuda em caso de

• pneumonia (é o floral da pneumonia).

• peito curvado, coluna sensível, braços fechados, problemas de gânglios, nódulos, aborto; processos mais latentes; boca mais travada, tensa, com ATM afetada; doenças reumáticas, artrose, artrite.

• depressão, menos-valia, angústia existencial, sentimento de pecado em relação ao certo e errado.

É bom para

• quem carrega a culpa do mundo, quem reage a algum sofrimento com sentimento de culpa, quem é perfeccionista.

• perdoar a si mesmo, limpar as culpas, eliminar o negativo, dar sorte.

• desenvolver honestidade, retidão, integridade, fidelidade, vitalidade, força de caráter.

• pessoas cruéis, para que o perfeito poder possa surgir.

• a expansão, quando a pessoa está em estado de introversão, para que possa sentir a vida na sua plenitude.

• as fases de autoconhecimento, para a pessoa reencontrar a ligação com o divino.

Em associação com outros florais

• Pine + Honeysuckle: para quando o núcleo da culpa vem do passado; para nódulos na mama, na tireoide, nos gânglios; para nós de tensão nas costas; para todas as patologias de retração.

• Pine + Rescue Remedy + Crab Apple: para tuberculose.

• Pine + Hornbeam: para problemas na coluna, como cifose (corcunda), nódulos de tensão e deformações; para tirar o caráter crônico dos cistos sebáceos (tristezas), tireoide (tristezas, ressentimentos), gânglios, mononucleose.

• Pine + Centaury (um de cada vez): para estados crônicos da pele, como dermatite, eczema, psoríase e vitiligo (neste caso, ajudar com Star of Bethlehem).

• Pine + Holly: para doenças autoimunes ou destrutivas.

Em relação aos planetas

• ajuda Saturno ao tirar as culpas, o pecado e o arrependimento que ele traz; ao nos libertar do karma e ao quebrar as inflexibilidades.

• ajuda Júpiter ao trazer a boa sorte, ou seja, ao ativar o lado bom de Júpiter, que nos dá criatividade, fecundidade, consciência, entendimento da vida e constância nas adversidades.

• ajuda Vênus ao nos fazer sentir a vida em sua plenitude.

placenta ....

Definição: Estrutura esponjosa oval ou discoide localizada no útero dos mamíferos eutérios, através da qual o feto obtém sua nutrição. A placenta representa a criatividade.

Os problemas indicam: conflitos e dúvidas sobre ser mulher e sobre a feminilidade; angústia por não saber se quer ou não nutrir e se responsabilizar por uma nova vida.

Regência: Câncer (emoções) rege a placenta e o floral é Clematis (líquidos do corpo); Escorpião rege os órgãos de reprodução e o floral é Heather.

Floral auxiliar: Scleranthus (para a mulher escolher se quer ou não ter filhos, ser mulher, ser mãe).

Prévia

A placenta que é implantada no segmento uterino inferior.

• pode ser um mau aspecto entre a Lua (emoções) e Marte (impulso). *Florais:* Clematis (saúde ao útero), Impatiens (dá o ritmo correto) e mais os florais dos signos que regem as casas onde estão os planetas e as casas opostas a elas.

pleura ....

Definição: Membrana serosa que envolve os pulmões e que se rebate sobre as paredes do tórax e do diafragma.

Os problemas indicam: medo do que está por vir; a pessoa se sente sem vontade de continuar.

Regência: Câncer rege a pleura e o floral é Clematis; Gêmeos rege os pulmões e o floral é Cerato.

Pleurite

É a inflamação da pleura.

Florais básicos: Impatiens (anti-inflamatório), Crab Apple (antibiótico natural, limpa), Pine (tira as culpas, é o floral dos pulmões).

Todo geminiano tem constituição física fraca.
Florais auxiliares: Hornbeam (dá energia e direção), Wild Oat (estrutura).

• pode ser Sol (vitalidade) em Gêmeos (pulmões). *Florais:* Vervain (bom para inflamação), Cerato (ensina a cuidar do físico através de exercícios e alimentação, ativa o mestre interior, dá as respostas) e mais os florais dos signos que regem a casa onde está o planeta e a casa oposta a ela.

• pode ser Mercúrio (sistema respiratório) em Gêmeos (os tubos do pulmão). *Florais:* Cerato (ensina a saúde) e mais os florais dos signos que regem a casa onde está o planeta e a casa oposta a ela.

• pode ser Marte em Gêmeos. *Florais:* Impatiens, Cerato e mais os florais dos signos que regem a casa onde está o planeta e a casa oposta a ela.

• pode ser uma desarmonia de Júpiter (exacerba) em Gêmeos (tubos do pulmão). *Florais:* Agrimony (faz a pessoa ser verdadeira), Cerato (ensina a se cuidar fisicamente, saúde para o sistema respiratório) e mais os florais dos signos que regem a casa onde está o planeta e a casa oposta a ela. Ajudar com Crab Apple (atua como antibiótico; ajuda a dar as devidas proporções aos acontecimentos).

plexo inferior ....

Definição: Nervos e gânglios no sistema nervoso autônomo.

Regência: Virgem rege o plexo inferior e o floral é Centaury.

plexo solar ....

Definição: Conjunto de gânglios e filetes nervosos cuja forma lembra uma teia de aranha, pertencente ao setor simpático do sistema nervoso autônomo, e situado adiante da parte superior do segmento abdominal da artéria aorta. O plexo solar representa a ação e a vida.

Florais básicos: Rock Rose (para proteger), Aspen (para proteger), Cerato (consciência do talento), Holly (para acalmar) e Walnut (proteger das más influências).

plutão (planeta) ....

Rege Escorpião, onde está em domicílio; fica em exílio em Touro e em Libra; fica em exaltação em Leão; e fica em queda quando está em Aquário. Leva 248 anos para percorrer o zodíaco e 21 anos para percorrer o signo; sua localização no mapa astral mostra onde haverá grandes transformações.

Relaciona-se com

• Escorpião, água e fogo, masculino, positivo, plutônio.

Bem aspectado

• traz poder para criar, construir, organizar, regenerar, recuperar, consertar, reparar.

Mal aspectado

• a sexualidade fica pervertida, prostituída, insatisfeita; a pessoa se sente culpada, um ninguém, angustiada, se destruindo; pode pensar em suicídio; arrogância, tirania, ódio, vingança, violência, autoritarismo, orgulho, obsessão, compulsão, domínio, luta por poder, crueldade.

Rege

• o metabolismo; a mutação genética (podendo gerar anormalidades); ajuda as células a atingirem a maturidade; influencia o sistema enzimático corporal; atua no cérebro, no hipotálamo e no sistema límbico.

Floral básico

• Heather: transforma nossas insatisfações.

Em relação aos outros florais

• Honeysuckle ajuda Plutão ao eliminar o passado que nos faz sofrer, ao queimar o que é velho.

• Holly ajuda Plutão ao transformar a morte em amor, ao nos fazer aceitar a transformação, ao acabar com o negativo.

• Mustard ajuda Plutão ao trazer a luz que nos tira da escuridão.

• Chicory ajuda Plutão ao cortar o velho para que o novo possa chegar.

• Centaury ajuda Plutão ao nos fazer ver que, quando só ajudamos os outros, estamos nos atrapalhando.

• Vervain ajuda Plutão ao diminuir a adrenalina para que, com paciência, busquemos nossa transformação.

• Vine ajuda Plutão ao nos dar vontade de ser.

• Elm ajuda Plutão ao trazer força para cumprirmos as provas sem desistir.

pneumonia ....

Definição: Inflamação dos pulmões provocada basicamente por bactérias, agentes virais e produtos químicos irritantes.

Indica: que a pessoa não consegue respirar devido a alguma situação que tem de enfrentar; aflição, desespero, cansaço da vida, depressão, irritação, frustração e temor da solidão; ferimentos emocionais que não recebem permissão para sarar.

Regência: Gêmeos rege os brônquios (as tubulações dos pulmões) e Mercúrio rege todo o sistema respiratório e o floral é Cerato.

Florais auxiliares: Pine (floral da pneumonia), Scleranthus, Olive (traz ritmo à respiração, tira a tristeza do pulmão, ativa o timo, que fabrica anticorpos), Crab Apple (antibiótico natural; ótimo quando há catarro e o processo é bacteriano), Wild Oat (energia para o pulmão), Gorse (amor), Larch (mobiliza a doença, faz sair), Rescue Remedy (resgata de qualquer doença), Gentian (ativa o timo, aumenta a resistência) e Agrimony (a falta de alegria faz caírem as defesas), Sweet Chestnut (bom para pneumonia, bronquite, falta de ar, respiração sufocante, revitalizante, dá serenidade, luz no fim do túnel), Aspen (problemas no pulmão por medo do futuro), Willow (protege os pulmões por ativar o plexo solar, faz das tristezas aprendizado de vida), Wild Oat (dá estrutura), Hornbeam (energia).

Adquirida de uma hora para outra

Após uma grande decepção.

Florais: Star of Bethlehem (tira o choque, traz a inocência de volta), Cerato (porque Gêmeos rege os pulmões), Holly (dá o entendimento do problema), Pine (tira a culpa, é o grande remédio para o pulmão) e Chestnut Bud (para a pessoa saber em que momento adquiriu a doença).

Aguda

• pode ser Marte (vitalidade, impaciência) em Gêmeos (sistema respiratório, estrutura física fraca). *Florais:* Impatiens (dá o ritmo correto), Cerato (dá sabedoria para cuidar do físico) e mais os florais dos signos que regem a casa onde está o planeta e a casa oposta a ela.

Após o corpo ter sido molhado

• pode ser um mau aspecto entre o Sol (vitalidade) e Netuno (desordem, água). *Florais:* Vervain (relaxa, bom para respirar), Rock Rose (tira o pânico), White Chestnut (dá clareza) e mais os florais dos signos que regem as casas onde estão os planetas e as casas opostas a elas.

Em geral

• pode ser Lua (as emoções) em Gêmeos (respiração). *Florais:* Clematis (consciência), Cerato (ativa o mestre interior, dá consciência da necessidade de se cuidar) e mais os florais dos signos que regem a casa onde está o planeta e a casa oposta a ela.

• pode ser Saturno (segura, para) em Gêmeos (sistema respiratório). *Florais:* Rock Water (flexibilidade), Mimulus (tira os medos dos sentimentos e do dia a dia), Cerato (consciência da saúde física) e mais os florais dos signos que regem a casa onde está o planeta e a casa oposta a ela.

• pode ser um mau aspecto entre Mercúrio (sistema respiratório) e Urano (nervos). *Florais:* Cerato (consciência de cuidar do físico, melhora a respiração), Water Violet (parte nervosa do organismo) e mais os florais dos signos que regem as casas onde estão os planetas e as casas opostas a elas.

• pode ser uma desarmonia de Lua (sentimentos) em Gêmeos (sistema respiratório). *Florais:* Clematis (consciência), Cerato (ativa o mestre interior, ensina a se cuidar), Wild Oat (dá estrutura ao físico), Hornbeam (energia) e mais os florais dos signos que regem a casa onde está o planeta e a casa oposta a ela.

• pode ser Netuno (desordem) em Gêmeos (sistema respiratório). *Florais:* White Chestnut (clareia), Rock Rose (tira o pânico que causou a desordem), Cerato (ensina a cuidar do físico) e mais os florais dos signos que regem a casa onde está o planeta e a casa oposta a ela.

policitemia ....

Definição: Excesso de eritrócitos (hemácias ou corpúsculos sanguíneos maduros); forma um disco bicôncavo, anucleado, que pode ter 7,7 micrômetros de diâmetro.

Regência: Aquário rege a medula e a respiração celular e o floral é Water Violet; Câncer rege a medula óssea e o floral é Clematis.

Idiopática

• pode ser uma desarmonia de Júpiter (exacerba) em Câncer (medula óssea). *Florais:* Agrimony (equilibra), Clematis (ritmo) e mais os florais dos signos que regem a casa onde está o planeta e a casa oposta a ela.

Vera

É um distúrbio mieloproliferativo crônico que abrevia a vida de seus portadores, envolvendo todos os elementos da medula óssea; caracteriza-se por um aumento na massa eritrocitária e na concentração de hemoglobina.

• pode ser um mau aspecto entre Marte e Júpiter. *Florais:* Impatiens, Agrimony e mais os florais dos signos que regem as casas onde estão os planetas e as casas opostas a elas.

• pode ser um mau aspecto entre Júpiter e Netuno. *Florais:* Agrimony, Rock Rose, White Chestnut e mais os florais dos signos que regem as casas onde estão os planetas e as casas opostas a elas.

polifagia ....

Definição: Condição de quem come uma quantidade absurdamente grande de alimento durante as refeições.

Indica: falta de amor, que a pessoa substitui por comida.

Regência: Câncer rege a digestão e o floral é Clematis (equilíbrio do aparelho digestório); Virgem rege a liberação dos sucos digestórios e o floral é Centaury (ensina a individualidade, faz a assimilação dos alimentos).

Florais auxiliares: Chicory (corta o apego pela comida), Chestnut Bud (para dar consciência de suas próprias atitudes) e Gorse (amor, para a pessoa amar a si mesma).

Em geral

• pode ser uma desarmonia de Júpiter (exacerba) em Touro (insegurança, glutão). *Florais:* Agrimony (traz a verdadeira pessoa que habita dentro de nós), Gentian (segurança interior, melhora o apetite), Chicory (corta a mania de comer), Chestnut Bud (faz entender o que a pessoa faz consigo mesma) e mais os florais dos signos que regem a casa onde está o planeta e a casa oposta a ela.

poli-idrâmnio ....

Definição: Excesso de líquido amniótico na bolsa de água na gestação.

Indica: mãe excessivamente emotiva, ocupada o tempo todo com a gestação.

Regência: Escorpião rege os órgãos de reprodução e o floral é Heather; Câncer e Lua regem o metabolismo dos líquidos do corpo, órgãos reprodutivos femininos, o útero grávido e o floral é Clematis (equilíbrio dos líquidos do corpo).

Em geral

• pode ser um mau aspecto entre a Lua (líquidos do corpo) e Júpiter (exacerba). *Florais:* Clematis (equilíbrio dos líquidos, das emoções), Agrimony (faz a pessoa ser verdadeira) e mais os florais dos signos que regem as casas onde estão os planetas e as casas opostas a elas.

pólipo ....

Definição: Um tumor com um pedículo, comumente encontrado nos órgãos vascularizados, como o nariz, o útero e o reto.

Indica: acúmulo de ressentimentos; que a pessoa alimenta velhas mágoas; que não está sabendo usar o poder e a criatividade, e não consegue jogar fora o que não serve mais.

Regência: Escorpião rege o nariz, o útero e o sistema excretor, e o floral é Heather; Vênus rege as cordas vocais e o floral é Wild Rose; Lua rege o útero e o floral é Clematis.

Florais auxiliares: Chestnut Bud (mostra a causa da doença, fazendo a pessoa mudar de atitude), Pine (para dissolver os nós, tira as culpas), Cherry Plum (dá bons pensamentos e bons sentimentos, é o grande floral do tumor ou câncer por tirar as metástases).

Na garganta, por insegurança

• pode ser Marte (ação) em Touro (insegurança). *Florais:* Impatiens (trabalha o ritmo celular), Gentian (mágoas), Pine (tira as culpas para haver aceitação e transcendência) e mais os florais dos signos que regem a casa onde está o planeta e a casa oposta a ela.

Na garganta ou nas cordas vocais

• pode ser Sol (perde a voz de tanto falar) em Touro (garganta). *Florais:* Vervain (relaxa), Gentian (segurança interior) e mais os florais dos signos que regem a casa onde está o planeta e a casa oposta a ela.

No nariz e nas cordas vocais, por insegurança em usar o poder

• pode ser uma desarmonia de Júpiter (exacerba) em Touro (pescoço, cordas vocais). *Florais:* Agrimony (faz a pessoa ser verdadeira), Gentian (segurança interior), Pine (tira as culpas, por haver aceitação) e mais os florais dos signos que regem a casa onde está o planeta e a casa oposta a ela.

postura

Definição: Atitude ou posição do corpo.

Regência: Netuno rege a espinha dorsal e os florais são Rock Rose e White Chestnut; o Sol rege a parte superior das costas; Saturno rege os ossos e os florais são: Mimulus, Rock Water, Vervain (energia vital).

Florais auxiliares: Hornbeam (dá força aos ossos), Pine (força a coluna para a frente, eliminando a deformação nas costas), Scleranthus (para o equilíbrio), Beech (trabalha o orgulho, dá boa postura física).

potássio

Definição: Elemento mineral encontrado em combinação com outros elementos no corpo e constituindo 0,35% do peso corporal; no organismo, o equilíbrio sódio-potássio é precário (eles cooperam entre si, regulando o teor de água do organismo, o que mantém a pressão osmótica dos fluidos num nível semelhante ao do sangue em circulação; a ingestão de sal de cozinha em excesso pode tirar grande quantidade de potássio do organismo, ocasionando edema generalizado dos tecidos; é um diurético natural).

Regência: A Lua rege o potássio e o floral é Clematis.

Sintomas de deficiência

• gosto amargo na boca, garganta seca, eczema nos pés e nas pernas, dores na parte posterior da cabeça, ressecamento e prurido cutâneo, sensação de vazio no estômago, fraqueza muscular, piorreia, edema nos tornozelos, edema nos ovários e nos testículos, enfraquecimento generalizado dos órgãos femininos, infecções leves e constrição da uretra sem causa definida, retenção hídrica, músculos enfraquecidos e flácidos, distensão do estômago, incapacidade de digerir o açúcar, disfunção renal, irritação, desorientação mental; as tarefas do dia a dia parecem mais difíceis do que realmente são; contínuo desgaste energético, causando fraqueza muscular; hipertensão, aumento da pressão osmótica; contração dos vasos, diminuindo a velocidade da circulação; glicemia, diabete, hipoglicemia.

preocupação

Definição: Excesso de pensamentos em relação a acontecimentos que estão por vir.

Regência: Mercúrio rege os pensamentos e o floral é Cerato (ativa o mestre interior, dá sabedoria).

Florais auxiliares: Cherry Plum (dá bons pensamentos e sentimentos), Rescue Remedy (resgata, faz viver o momento), Sweet Chestnut (dá luz no fim do túnel).

pressão arterial

Definição: Pressão do sangue nas artérias.

Os problemas indicam: de pressão alta: episódios traumáticos do passado que não foram resolvidos, baixa autoestima, insegurança, viver no limite máximo da vida; de pressão baixa: que a pessoa está vivendo no limite mínimo da vida, sensação de derrota, renúncia ao poder.

Florais básicos: Rescue Remedy (faz o resgate emocional e físico), Holly (acalma),

Pine (tira as culpas), Wild Rose (trabalha o sangue), Agrimony (faz a pessoa ser verdadeira), Vervain (energia vital, relaxa, dá saúde ao coração), Olive (tira o stress, bom para queda de pressão), Clematis (faz funcionar o que não funciona).

primeiros socorros ....

Definição: Administração de ajuda de emergência a pessoas que sofreram ferimentos ou qualquer outra incapacitação.

Florais básicos: Rescue Remedy (resgata de qualquer situação ou doença), Star of Bethlehem (tira o trauma, faz voltar a inocência), Clematis (tira do desmaio, traz a consciência), Rock Rose (tira o pânico), Impatiens (tira a impaciência, acalma), Cherry Plum (dá bons pensamentos e sentimentos).

problema com açúcares ....

Definição: Problema com carboidratos de sabor adocicado, pertencentes ao grupo das monossacaroses.

Indica: dificuldade em assimilar as doçuras da vida.

Regência: Júpiter (exacerba) rege os açúcares do corpo e o floral é Agrimony (ativa a verdadeira pessoa que existe dentro de nós).

Florais auxiliares: Star of Bethlehem (problemas de açúcar no sangue por estado de choque). Vine (equilibra a glicemia no sangue), Rock Rose (bom para hipoglicemia), Aspen (bom para hipoglicemia).

Em mulheres que tomam pílulas

Devido à disfunção endócrina.

Regência: Touro rege a tireoide e o floral é Gentian.

Florais auxiliares: Star of Bethlehem (ativa a inocência, dá saúde a todas as células e sistemas), Pine (tira os nós emocionais e dos pensamentos da tireoide, dando saúde a todos os sistemas).

• pode ser Vênus (alegria e segurança interna) em Virgem (individualidade). *Florais:* Wild Rose (alegria), Gentian (segurança, chakra da garganta, bom para tireoide), Scleranthus (equilíbrio), Centaury (por não ter individualidade) e mais os florais dos signos que regem a casa onde está o planeta e a casa oposta a ela.

Intermitente

Resultante de algum trauma pelo qual o indivíduo passou.

• pode ser Urano (sistema nervoso superior) em Virgem (servir ao outro). *Florais:* Water Violet (equilíbrio para a mente), Centaury (individualidade) e mais os florais dos signos que regem a casa onde está o planeta e a casa oposta a ela. Ajudar com Rescue Remedy (resgata de qualquer doença), Star of Bethlehem (tira o choque, dá inocência para voltar à vida naturalmente).

problemas diversos ....

Problema de fluxo menstrual

Indica: ressentimento quanto ao papel feminino.

Florais básicos: Clematis (trabalha útero, ovário, a mãe), Wild Rose (trabalha o lado feminino, dá alegria).

Florais auxiliares: Gentian (ativa a menstruação, bom para quando está atrasada ou quando é pouca), Walnut (ajuda no desequilíbrio hormonal), Larch (regula o ciclo menstrual), Cherry Plum (por ativar a hipófise, que equilibra os hormônios, é bom para irregularidades menstruais), Wild Rose (bom para menstruação tardia, por trauma, por perda, decepção; não dar quando há hemorragia), Beech (bom para hemorragias ou alterações da menopausa), Chicory (bom para fluxo menstrual intenso, equilibrar com Rescue Remedy), Aspen (regula o ciclo menstrual), Centaury (acelera a menstruação tardia), Vervain (bom para síndrome pré-menstrual, relaxa, tira a dor de cabeça, dor muscular e irritação, bom para cólica e menstruação irregular), Elm (bom para problemas menstruais), Rescue Remedy (tira cólicas menstruais), Holly (dá o entendimento, traz aceitação).

• pode ser Marte (masculino) em Escorpião (órgãos genitais). *Florais:* Impatiens (tira a impaciência, trabalha o lado masculino), Heather (saúde aos órgãos genitais e de reprodução, trabalha a sexualidade) e mais os florais dos signos que regem a casa onde está o planeta e a casa oposta a ela.

• pode ser Lua (emoções) em Virgem (amadurecimento). *Florais:* Clematis (coloca os pés no chão, bom para útero e ovários), Centaury (acelera a menstruação tardia) e mais os florais dos signos que regem a casa onde está o planeta e a casa oposta a ela.

Problema esplênico por causa de pânico

Relacionado com os glóbulos brancos do sangue.

Regência: Netuno (desordem) rege os glóbulos brancos do sangue e os florais são: White Chestnut (clareia para enxergar as situações que o pânico não deixa ver) e Rock Rose (tira o pânico que causou a desordem).

Problema hepático por raiva e necessidade de sentir emoções primitivas

Relacionado com as funções enzimáticas.

• pode ser Júpiter (exacerba) em Virgem (digestão). *Florais:* Agrimony (fígado), Centaury (trabalha o sistema digestório, onde as enzimas fazem parte do suco gástrico, para fazer a quebra dos alimentos, tornando-os fáceis de ser digeridos e absorvidos) e mais os florais dos signos que regem a casa onde está o planeta e a casa oposta a ela.

Problema linfático agudo por insegurança

Regência: Touro rege os vasos linfáticos e o floral é Gentian.

Florais auxiliares: Honeysuckle (por trabalhar o sangue, trabalha as linfas), Clematis (tira os problemas no sistema linfático).

• pode ser Marte (ação) em Peixes (desordem). *Florais:* Impatiens (dá segurança na ação), White Chestnut (clareia para que haja o entendimento), Rock Rose (tira o pânico que causou a desordem) e mais os florais dos signos que regem a casa onde está o planeta e a casa oposta a ela.

Problema mental

Termo impreciso e bastante geral que pode ser descrito brevemente como um padrão ou síndrome comportamental ou psicológico clinicamente significativo, associado a um sintoma angustiante ou ao comprometimento de uma função.

Floral básico: Gorse (dá lucidez).

Florais auxiliares: Crab Apple (acaba com os processos repetitivos da mente), Gentian (faz entrar a luz, faz acreditar em Deus, dá fé, facilita o problema mental), Heather (faz entender as reações interiores emocionais e pensamentos, dá autoconhecimento), White Chestnut (acaba com os distúrbios psíquicos gerados pela rigidez de pensamentos), Mustard (depressão de que não se sabe a origem), Vervain (bom para problemas de bipolaridade, psicose maníaco-depressiva), Wild Rose (alegria), Olive (tira o esgotamento mental), Wild Oat (para ter vontade de manter a mente lúcida, ativa o propósito), Gorse (dá lucidez), Chicory (corta a compulsão).

Regência: Gêmeos (pensamentos) rege o sistema nervoso central e o floral é Cerato (ativa o mestre interior, dá sabedoria, dá lucidez); Urano (parte elétrica cerebral) rege a vida psíquica e o floral é Water Violet (trabalha o conhecimento recebido, dá lucidez); Netuno rege o lado nebuloso da mente, e os florais são: Rock Rose (tira o pânico) e White Chestnut (clareia, tira a rigidez dos pensamentos).

• pode ser Mercúrio (pensamentos) em Peixes (desordem). *Florais:* Cerato (mostra a verdade), White Chestnut (dá clareza), Rock Rose (tira o pânico) e mais os florais dos signos que regem a casa onde está o planeta e a casa oposta a ela.

Problema nervoso

Regência: Aquário rege os problemas nervosos relacionados com a coluna espinhal e o floral é Water Violet (equilíbrio da coluna espinhal, tira os curtos-circuitos do corpo, tira as dores).

Florais auxiliares: Elm (dá energia aos nervos, desbloqueia, tira os pontos de estagnação energética, dissolve os nódulos), Wild Oat (passa a energia através dos nervos), Star of Bethlehem (limpa e purifica o sistema nervoso), Hornbeam (tira as dores dos nervos por bloqueios de energias), Willow (problemas nos nervos por tristeza ou raiva), Rescue Remedy (limpa os bloqueios), Centaury (acalma os nervos), Vervain (por equilibrar os sistemas simpático e parassimpático, equilibra os nervos).

Problema no conduto vaginal ou nos ovários por brigas com o companheiro

Regência: Escorpião rege os órgãos genitais e o floral é Heather.

Florais auxiliares: Crab Apple (limpa, atua como antibiótico natural), Heather (por ter problemas na garganta por insegurança, que traz desequilíbrio na parte genital), Water Violet (por problemas com parceiros), Beech (bom para problemas ginecológicos), Hornbeam (dá energia, tira a preguiça e o cansaço, que podem dar problemas nos genitais), Chicory (ativa o chakra dos genitais, dá energia e saúde), Vervain (equilibra a parte genital).

• pode ser Vênus (feminino e alegria) em Escorpião (vingativo). *Florais:* Wild Rose (dá alegria), Gentian (segurança), Scleranthus (equilíbrio), Heather (tira os processos passionais) e mais os florais dos signos que regem a casa onde está o planeta e a casa oposta a ela.

Problemas na primeira infância por não se sentir amado

Gripe, resfriados contínuos e febre súbita.

Florais auxiliares: Gorse (amor), Larch (vontade de ação) + Scleranthus (equilíbrio) + Olive (carrega as baterias) + Cerato (sabedoria do superior, acaba com as doenças por carência).

• pode ser Marte em Peixes. *Florais:* Impatiens, White Chestnut, Rock Rose e mais os florais dos signos que regem a casa onde está o planeta e a casa oposta a ela. Ajudar com Larch, Scleranthus, Olive e Cerato.

Problemas noturnos

Regência: Netuno (desordem) rege o sono e os florais são: White Chestnut (clareza) e Rock Rose (tira o pânico).

Florais auxiliares: Cherry Plum + Agrimony (para insônia, bruxismo, angústia, pesadelo, bronquite, rinite, crise alérgica, sonambulismo), Red Chestnut (bom para sono interrompido ou insônia por excesso de pensamentos), Clematis (bom para pessoas que estão sempre sonolentas), Cherry Plum (tira a insônia), Willow (bom para quem acorda por excesso de pesadelos), Wild Oat (melhora o sono, é relaxante), Sweet Chestnut (bom para pessoas que não param de pensar e por isso têm insônia, ou para quem dorme rápido e profundamente para fugir dos problemas), Agrimony (para pessoas que sempre ficam doentes à noite, ou com sintomas que pioram à noite).

Problemas reprodutivos em mulheres por incerteza de querer assumir responsabilidades

Floral básico: Scleranthus (faz a pessoa decidir se quer ou não ficar grávida, dá certeza).

Floral auxiliar: Chicory (ativa o chakra dos genitais, dá saúde e energia aos genitais).

• pode ser Lua (emoções, útero) em Escorpião (órgãos genitais). *Florais:* Clematis (bom para casais que já fizeram todos os exames e não encontraram motivo físico para não conseguir engravidar), Heather (genitais, obsessão) e mais os florais dos signos que regem a casa onde está o planeta e a casa oposta a ela.

• pode ser Plutão (problemas genitais e de obsessão) em Virgem (pessoas muito críticas, fazem tudo o que o outro quer mas não deixam sua vontade prevalecer e ficam sempre na dúvida). *Florais:* Heather (tira a obsessão, saúde para os genitais), Centaury (dá direção, individualidade) e mais os florais dos signos que regem a casa onde está o planeta e a casa oposta a ela.

Problemas urinários e seminais por medo e falta de equilíbrio

Regência: Escorpião rege a bexiga e as vesículas seminais e o floral é Heather (dá saúde à bexiga e às vesículas seminais); Libra rege os rins e o floral é Scleranthus (equilíbrio aos rins).

• pode ser Júpiter (exacerba) em Escorpião (rins e vesículas seminais). *Florais:* Agrimony (faz a pessoa ser verdadeira), Heather (saúde para a bexiga e as vesículas seminais) e mais os florais dos signos que regem a casa onde está o planeta e a casa oposta a ela.

• pode ser Marte (masculino) em Escorpião (genitais e vesículas seminais). *Florais:* Impatiens (dá ritmo correto à ação, ao masculino), Heather (dá saúde às vesículas seminais e à bexiga) e mais os florais dos signos que regem a casa onde está o planeta e a casa oposta a ela.

progéria ....

Definição: Senilidade prematura que ocorre durante a infância; estatura baixa, pouco cabelo, rugas na face e órgãos sexuais infantis.

Indica: pessoa que não encara a vida e deseja voltar à segurança da infância.

Florais básicos: Honeysuckle (para trabalhar a velhice) e Heather (para trabalhar os órgãos sexuais e os pelos).

Em geral

• pode ser um mau aspecto entre Vênus (alegria, feminino) e Marte (masculino, ação) em mau aspecto com Saturno (o velho, a responsabilidade, o sério). *Florais:* Gentian (segurança), Wild Rose (alegria), Scleranthus, Impatiens (tempo certo para a ação), Mimulus (tira os medos), Rock Water (flexibilidade) e mais os florais dos signos que regem as casas onde estão os planetas e as casas opostas a elas.

prolapso mitral ....

Definição: Queda ou deiscência de um órgão ou de sua parte interna; quando a válvula mitral entra em prolapso. O coração representa o amor, a união e a segurança.

Regência: Leão rege o coração e o floral é Vervain.

Florais auxiliares: Rock Rose (quando por pânico, bom para prolapso da válvula mitral), Aspen (quando por medo do futuro, bom para prolapso da válvula mitral), Cherry Plum (bom para qualquer problema no coração, por trazer bons sentimentos), Willow (bom para qualquer problema no coração, por ensinar os porquês dos problemas da vida e tirar o stress e a tensão), Heather (dá amor ao coração), Clematis (faz funcionar o órgão que não funciona), Vervain (dá saúde ao coração).

Em geral

• pode ser uma desarmonia de Júpiter (exacerbação) em Leão (coração). *Florais:* Agrimony (faz a pessoa ser verdadeira), Vervain (vitalidade) e mais os florais dos signos que regem a casa onde está o planeta e a casa oposta a ela. Ajudar com Rescue Remedy e Gorse.

próstata ....

Definição: Glândula, no macho, que circunda o colo da bexiga e a uretra; é parcialmente muscular e parcialmente glandular, com ductos que se abrem para a parte prostática da uretra; secreta um líquido ralo, opalescente e ligeiramente alcalino, que faz parte do líquido seminal.

Os problemas indicam: desistência, culpa e pressão sexual; crença no envelhecimento.

Regência: Libra rege a próstata e o floral é Scleranthus; Escorpião rege a próstata e o floral é Heather.

Florais auxiliares: Crab Apple (antibiótico natural), Heather + Hornbeam + Chicory (bom para prevenir prostatite ou tumor na próstata), Beech (bom para próstata alterada; se for por onipotência, pode ter impotência por bloqueio da criatividade; ajudar com Larch), Chicory + Aspen (tiram a prostatite, por insatisfação sexual, por medo do futuro), Centaury (equilibra a parte sexual), Impatiens (anti-inflamatório, dá o tempo correto à ação).

prostatite ....

Definição: Inflamação da glândula prostática; pode ser por complicação de uma infecção gonorreica.

Indica: raiva e medo que enfraquecem a masculinidade; desistência, culpa e pressão sexual; que o homem se acredita velho.

Regência: Escorpião rege a próstata e o floral é Heather.

Florais auxiliares: Pine (tira as culpas), Impatiens (anti-inflamatório), Crab Apple (atua como antibiótico natural), Aspen (para hipertrofia).

Em geral

• pode ser Sol (energia vital) em Escorpião (rege os genitais do homem). *Florais:* Vervain (vitalidade), Heather (bom para problemas genitais) e mais os florais dos signos que regem a casa onde está o planeta e a casa oposta a ela.

• pode ser um mau aspecto entre Vênus (falta alegria) e Marte (para ação, libido). *Florais:* Gentian (segurança), Scleranthus (equilíbrio), Wild Rose (alegria), Impatiens (ação e libido) e mais os florais dos signos que regem as casas onde estão os planetas e as casas opostas a elas.

• pode ser um mau aspecto entre Marte (ação, libido) e Plutão (genitais). *Florais:* Impatiens (libido), Heather (bom para problemas genitais) e mais os florais dos signos que regem as casas onde estão os planetas e as casas opostas a elas.

Hipertrofia e inflamação da

• pode ser Marte (inflamação) em Escorpião (genitais). *Florais:* Impatiens (inflamação), Heather (saúde para os genitais) e mais os florais dos signos que regem a casa onde está o planeta e a casa oposta a ela.

Problemas crônicos na

• pode ser Plutão em Escorpião. *Florais:* Heather (genitais), Gentian (fé, na cura), Honeysuckle (para tirar a ideia de velhice), Clematis (para o órgão voltar a funcionar), Rescue Remedy (faz o resgate), Hornbeam (energia) e mais os florais dos signos que regem a casa onde está o planeta e a casa oposta a ela.

proteína do corpo ....

Definição: Substância pertencente a uma classe de compostos nitrogenados complexos que ocorre naturalmente em plantas e animais e que gera aminoácidos essenciais para o crescimento e reparo dos tecidos animais.

Regência: Saturno rege as proteínas do corpo e os florais são: Mimulus e Rock Water.

prurido genital ....

Definição: Coceira intensa na genitália da mulher.

Indica: desejo de ser descoberta, de expressar as emoções; sensação de estar indefesa, de não poder resolver ou enfrentar uma situação frustrante; insatisfação interior; que a pessoa recusa uma situação da vida para a qual não encontra solução.

Regência: Escorpião rege os órgãos genitais e o floral é Heather.

Florais auxiliares: Wild Rose (feminino), Crab Apple (limpa) e Impatiens (dá paciência, e no caso de ter inflamação).

Em geral

• pode ser um mau aspecto entre a Lua (sentimentos) e Netuno (desordem) se um deles estiver em Escorpião (rege a parte genital). *Florais:* Clematis (coloca os pés no chão), Rock Rose (tira o pânico), White Chestnut (tira a rigidez dos pensamentos), Heather (cura a parte genital), Holly (se for por causa de frustração) e mais os florais dos signos que regem as casas onde estão os planetas e as casas opostas a elas.

Idiopático

Coceira sem causa aparente; pode ser um indício precoce de diabete; pode estar associado a uma vaginite (inflamação da vagina, corrimento vaginal purulento).

Florais básicos: Crab Apple (antibiótico natural), Impatiens (anti-inflamatório), Cherry Plum (por medos, choques por perdas, a suprarrenal faz liberação de adrenalina nos sistemas, o que faz o sangue consumir mais insulina e aumenta a glicemia, provocando diabete), Clematis (por estar no mundo da lua e não estar presente na vida – sangue –, vão ter problemas no sangue, como diabete), Honeysuckle (se for diabete por herança genética).

Florais para diabete: Honeysuckle (se for hereditário), Red Chestnut (se for por excesso de preocupação), Clematis (por a pessoa estar no mundo da Lua, e sangue é vida), Beech (bom para diabete), Vine (para diabete por falta de luz interior, desequilíbrio do plexo solar).

psicopatia

Definição: Qualquer doença mental, sobretudo a associada a personalidade ou caráter defeituosos.

Regência: Urano rege o psiquismo e o floral é Water Violet; Mercúrio rege a lucidez e o floral é Cerato; Netuno mal aspectado produz as psicopatias e os florais são: White Chestnut e Rock Rose.

Florais auxiliares: os florais dos signos mais importantes do mapa: o do Sol, da Lua, de Plutão, de Urano, de Saturno, de Netuno e de Mercúrio e Gêmeos. Ajudar com Rescue Remedy, Scleranthus (equilíbrio), Mustard (depressão de procedência desconhecida) e Agrimony (traz a verdadeira pessoa que habita dentro de nós).

Grave, de tendência obsessiva

• pode ser uma desarmonia de Lua (emoções) em Aquário (imaginação, velocidade do pensamento, atividade elétrica cerebral). *Florais:* Clematis (coloca os pés no chão), Water Violet (equilíbrio ao cérebro), Crab Apple (limpa os processos repetitivos da mente), Gorse (dá lucidez) e mais os florais dos signos que regem a casa onde está o planeta e a casa oposta a ela.

psicose

Definição: Distúrbio mental de grande magnitude, a ponto de ocorrer uma desintegração da personalidade e a perda de contato com a realidade.

Indica: reação emocional e idealização da pessoa que não consegue espelhar a realidade como ela é; reage equivocadamente à realidade e constrói falsos conceitos concernentes às situações.

Regência: Netuno trabalha o lado obscuro da mente e os florais são: White Chestnut e Rock Rose.

Florais auxiliares: Mustard (tira a pessoa da depressão de origem desconhecida), Wild Rose (traz alegria), Star of Bethlehem (cicatriza o problema que levou à depressão), White Chestnut (bom para distúrbio mental gerado pela rigidez de pensamentos), Gentian (enche de luz, ativa o lado bom, o ser espiritual, e o amor que tira a escuridão que dá depressão, medos e psicoses).

Em geral

• pode ser um mau aspecto entre Júpiter (exacerba) e Saturno (escurece, deixa triste e pesado) se um deles tiver um mau aspecto com outro planeta. *Florais:* Agrimony (ensina a pessoa a ser verdadeira), Rock Water (flexibilidade), Mimulus (tira os medos do dia a dia e dos sentimentos) e mais os florais dos signos que regem as casas onde estão os planetas e as casas opostas a elas.

• pode ser um mau aspecto entre Júpiter e Saturno. *Florais:* Agrimony, Rock Water, Mimulus e mais os florais dos signos que regem as casas onde estão os planetas e as casas opostas a elas.

• pode ser um mau aspecto entre a Lua (emoções) e Netuno (desordem) se um deles estiver em Escorpião (obsessão). *Florais:* Clematis (coloca os pés no chão, faz ver a vida como ela é), Rock Rose (tira o pânico), White Chestnut (tira a rigidez dos pensamentos), Heather (tira as obsessões) e mais os florais dos signos que regem as casas onde estão os planetas e as casas opostas a elas.

• pode ser um mau aspecto entre Mercúrio (pensamentos) e Saturno (sombrio, rígido, preso). *Florais:* Cerato (ativa o mestre interior, ilumina a mente, dá criatividade), Mimulus (tira os medos do dia a dia e dos sentimentos), Rock Water (tira a rigidez) e mais os florais dos signos que regem as casas onde estão os planetas e as casas opostas a elas.

• pode ser um mau aspecto entre Vênus (alegria) e Netuno (desordem). *Florais:* Gentian (segurança), Scleranthus (equilíbrio), Wild Rose (alegria), Rock Rose (pânico), White Chestnut (tira a rigidez dos pensamentos) e mais os florais dos signos que regem as casas onde estão os planetas e as casas opostas a elas.

Maníaco-depressiva

• pode ser um mau aspecto entre Marte (ações impensadas) e Netuno (desordem). *Florais:* Impatiens (dá ritmo correto aos pensamentos e ações), Rock Rose (tira o pânico), White Chestnut (tira a rigidez dos pensamentos), Vervain + Crab Apple (equilibram entre mania eufórica e depressão, tiques nervosos ou manias com ritos patológicos) e mais os florais dos signos que regem as casas onde estão os planetas e as casas opostas a elas.

• pode ser uma desarmonia de Lua (emoções) em Gêmeos (pensamentos). *Florais:* Clematis (coloca os pés no chão), Cerato (ativa o mestre interior, dá criatividade e bons pensamentos) e mais os florais dos signos que regem a casa onde está o planeta e a casa oposta a ela.

Pós-parto

• pode ser um mau aspecto entre a Lua (emoções) e Júpiter (exacerba). *Florais:* Clematis (coloca os pés no chão), Agrimony (faz a pessoa ser verdadeira), Crab Apple (para dar as devidas proporções aos acontecimentos) e mais os florais dos signos que regem as casas onde estão os planetas e as casas opostas a elas.

psique..............................

Definição: Concernente à mente e aos seus processos.

Regência: Urano rege as funções superiores e o floral é Water Violet; Netuno rege o lado escuro da mente e os florais são: White Chestnut e Rock Rose; Plutão é o grande vilão da psique se estiver desequilibrado e o floral é Heather (regenera).

Florais auxiliares: Crab Apple (acaba com os processos repetitivos da mente), Gentian (bom para processos psíquicos crônicos), Heather (clareia os processos psíquicos, harmoniza a psique e faz conhecer as reações interiores), White Chestnut (bom para distúrbios psíquicos gerados pela rigidez dos pensamentos), Mustard (bom para processos psíquicos causados por depressão com motivos desconhecidos), Vervain (bom para psicose maníaco-depressiva), Gorse (bom para lucidez), Scleranthus (equilíbrio, tira a agressividade), Wild Rose (alegria), Wild Oat (dá estrutura, firma o propósito), Olive (tira o esgotamento).

psoríase ....

Definição: Doença crônica e comum da pele, consistindo de pápulas eritematosas que coalescem e formam placas distintas.

Indica: que a pele, que é a proteção, se transforma em armadura; que a pessoa se protege de todas as maneiras para não ser magoada; que o eu fica adormecido e a pessoa cria resistência em abandonar velhas atitudes mentais ou psíquicas, passando a imaginar ser outra pessoa (por isso muda de pele como se mudasse suas atitudes).

Regência: Capricórnio (as pessoas de Capricórnio querem tudo perfeito e nos devidos lugares, podem ter psoríase para deformar a aparência para ficar mais humanas) rege a pele e os florais são: Rock Water e Mimulus; Vênus rege a textura da pele e o floral é Wild Rose.

Florais auxiliares: Chicory (tira os apegos), Honeysuckle (faz deixar o passado para trás), Walnut (protege e faz seguir para o novo) e Holly (tira as mágoas, dá aceitação, bom para psoríase).

Em geral

• pode ser um mau aspecto entre o Sol e Saturno. *Florais:* Vervain, Mimulus, Rock Water e mais os florais dos signos que regem as casas onde estão os planetas e as casas opostas a elas.

• pode ser um mau aspecto entre Vênus e Marte, em Capricórnio. *Florais:* Gentian, Scleranthus, Wild Rose, Impatiens, Mimulus, Rock Water e mais os florais dos signos que regem as casas onde estão os planetas e as casas opostas a elas.

• pode ser uma desarmonia de Júpiter em Capricórnio. *Florais:* Agrimony, Mimulus, Rock Water e mais os florais dos signos que regem a casa onde está o planeta e a casa oposta a ela.

• pode ser um mau aspecto entre Vênus e Saturno. *Florais:* Gentian, Scleranthus, Wild Rose, Mimulus, Rock Water e mais os florais dos signos que regem as casas onde estão os planetas e as casas opostas a elas.

De origem nervosa

Ou por excesso de tensão, que não é liberada.

• pode ser Mercúrio em Capricórnio. *Florais:* Cerato, Rock Water, Mimulus e mais os florais dos signos que regem a casa onde está o planeta e a casa oposta a ela.

puberdade ....

Definição: Período da vida em que os indivíduos de ambos os sexos tornam-se funcionalmente capazes de reproduzir.

Os problemas indicam: medo de assumir por completo as responsabilidades da vida.

Tardia

• pode ser um mau aspecto entre Vênus (sexualidade) e Saturno (segura, prende, contém). *Florais:* Gentian (segurança), Scleranthus (equilíbrio), Wild Rose (sexualidade em equilíbrio), Mimulus (tira os medos da vida e dos sentimentos), Rock Water (dá flexibilidade) e mais os florais dos signos que regem as casas onde estão os planetas e as casas opostas a elas.

pulmão ....

Os problemas indicam: ansiedade, ânsia de viver, espírito crítico, agressão e repulsa; que a razão de viver está bloqueada e que a luta é em vão; com tudo desmoronando, a pessoa se sente cansada, amargurada, angustiada, com o pulmão cheio de tristezas.

Regência: Gêmeos (pensamentos) rege os pulmões e o floral é Cerato (ativa o mestre interior que dá sabedoria e entendimento); Câncer (sentimentos) rege as bases pulmonares e o floral é Clematis (coloca os pés no chão para viver no presente); Sagitário (exacerba) rege a expiração do ar dos pulmões e a eliminação do dióxido de carbono produzido pelo metabolismo, e o floral é Agrimony (faz a pessoa ser verdadeira).

Florais auxiliares: Pine (o melhor remédio para a saúde dos pulmões; abre e limpa as vias respiratórias durante uma gripe forte), ajudar com Crab Apple (para a limpeza); Chestnut Bud (para a pessoa entender por que foi acometida pela doença) e Agrimony (limpa as águas e os sentimentos), Water Violet (trabalha o ar que o pulmão respira).

Câncer de

Ou carcinoma dos bronquíolos alveolares.

• pode ser um mau aspecto entre Mercúrio (pensamentos) e Netuno (desordem) se um deles fizer um mau aspecto com Saturno (prende, amarra, poda, retém) e Plutão (mutação genética). *Florais:* Cerato (ativa o mestre interior, traz criatividade e entendimento), Rock Rose (tira o pânico que causou a desordem), White Chestnut (clareia), Rock Water (bom para pessoas rígidas, que não se conformam, acham que tudo tem que ser do seu jeito), Mimulus (tira o medo da doença, faz enfrentar), Heather (bom para organizar a mutação genética) e mais os florais dos signos que regem as casas onde estão os planetas e as casas opostas a elas, Pine (tira a culpa, é o remédio do pulmão), Cherry Plum (dá a verdade dentro e fora, dá bons sentimentos e pensamentos, é o floral do câncer, tira metástases).

Congestão no

• pode ser Saturno (líquidos do corpo) em Gêmeos (pulmões). *Florais:* Rock Water (equilibra os líquidos do corpo), Mimulus (tira os medos que temos na vida), Cerato (ativa o mestre interior, faz entender) e mais os florais dos signos que regem a casa onde está o planeta e a casa oposta a ela.

Disfunção, hemorragia

• pode ser Marte (força, sangue) em Gêmeos (pulmões). *Florais:* Impatiens (ameniza a força, dá paciência), Cerato (bom para pulmões) e mais os florais dos signos que regem a casa onde está o planeta e a casa oposta a ela; Rescue Remedy (para hemorragia), Star of Bethlehem (para hemorragia), Pine (tira as culpas, é o remédio do pulmão).

Dor no

• pode ser Mercúrio em Gêmeos (pensamentos e pulmões). *Florais:* Cerato (bom para os pulmões) e mais os florais dos signos que regem a casa onde está o planeta e a casa oposta a ela; Holly (aceitação que tira a dor), Pine (tira as culpas, é o grande remédio para os pulmões).

• pode ser Marte (força) em Gêmeos (pulmão). *Florais:* Impatiens (tira a impaciência), Cerato (bom para o pulmão) e mais os florais dos signos que regem a casa onde está o planeta e a casa oposta a ela. Holly (tira a dor por dar o entendimento), Pine (tira a culpa, é o floral dos pulmões).

Falta de oxigenação no corpo

Como o signo de Aquário exige muito oxigênio, as células podem deixar de funcionar plenamente se a pessoa comer muito amido (que sequestra o oxigênio do organismo).

Florais básicos: Water Violet (oxigenação); ajudar com Olive (para dar equilíbrio à respiração), Pine (tira as culpas, faz respirar).

• pode ser Saturno (prende, para, contém) em Aquário (falta de ar, de oxigenação). *Florais:* Rock Water (dá flexibilidade), Mimulus (tira o medo das coisas da vida), Water Violet (oxigênio, respiração) e mais os florais dos signos que regem a casa onde está o planeta e a casa oposta a ela.

Fraco

A pessoa pode ter pneumonias constantes e baixa resistência a viroses.

• pode ser Lua (sentimentos) em Peixes (desordem). *Florais:* Rescue Remedy (tira o pânico, dá o entendimento dos problemas, coloca os pés no chão para resolvê-los, tira a impaciência, cicatriza a dor que o problema causa e traz a inocência de volta), Clematis (coloca os pés no chão), White Chestnut (clareia à volta), Rock Rose (tira o pânico), Hornbeam (para tirar do estado crônico, energia), Crab Apple (atua como antibiótico, limpa), Wild Oat (força) e mais os florais dos signos que regem a casa onde está o planeta e a casa oposta a ela.

Hiperventilação

• pode ser Urano (oxigenação) em Sagitário (exacerbação). *Florais:* Water Violet (equilibra o oxigênio), Agrimony (equilibra o gênio da pessoa, o oxigênio) e mais os florais dos signos que regem a casa onde está o planeta e a casa oposta a ela.

Limitação da oxigenação do

• pode ser Netuno (desordem) em Gêmeos (pulmão). *Florais:* White Chestnut (clareia para resolver a desordem), Rock Rose (tira o pânico que causou a desordem), Cerato (equilibra o pulmão) e mais os florais dos signos que regem a casa onde está o planeta e a casa oposta a ela.

Pouca capacidade pulmonar

• pode ser Netuno (desordem) em Sagitário (exacerbação). *Florais:* White Chestnut (limpa), Rock Rose (tira o pânico), Agrimony (torna a pessoa verdadeira, coloca os ritmos da pessoa no lugar) e mais os florais dos signos que regem a casa onde está o planeta e a casa oposta a ela.

Pouca exalação de ar

• pode ser Saturno (prende, segura, poda) em Sagitário (exacerbação). *Florais:* Rock Water (solta, dá flexibilidade), Mimulus (tira os medos da vida), Agrimony (ensina a pessoa a ser verdadeira) e mais os florais dos signos que regem a casa onde está o planeta e a casa oposta a ela.

Problemas por causa da poluição

• pode ser Netuno (desordem) em Gêmeos (pulmão). *Florais:* White Chestnut (limpa), Rock Rose (tira o pânico), Cerato (bom para o pulmão) e mais os florais dos signos que regem a casa onde está o planeta e a casa oposta a ela; Pine (floral do pulmão saudável).

Tumor no

• pode ser Saturno (rígido) em Gêmeos (pensamentos). *Florais:* Rock Water (flexibilidade, ensina a aceitar o outro como ele é), Mimulus (tira os medos das coisas da vida, dos sentimentos), Cerato (cura os pulmões) e mais os florais dos signos que regem a casa onde está o planeta e a casa oposta a ela; Pine (tira as culpas), Cherry Plum (dá a verdade dentro e fora, é o grande remédio para o tumor).

Q

quadratura ....

Definição: É uma grande frustração; uma grande energia dirigida aos planetas do aspecto.

Indica: tensão interior; que duas partes importantes da personalidade estão em guerra uma contra a outra dentro do indivíduo.

Florais básicos: Holly (aceitação por ter o entendimento) e Pine (tira a culpa), (dissolve a frustração de não poder ser um ou outro).

quadril ....

Definição: Parte superior da coxa, formada pelos ossos fêmur e inominado; suas três partes são: ilíaco, ísquio e púbis. O quadril deixa o corpo em equilíbrio; é o impulso mais importante para o avanço.

Os problemas indicam: medo de avançar e tomar decisões importantes porque a pessoa acha que sua vida não tem futuro.

Regência: Sagitário e Júpiter (exacerbam) regem o quadril e o floral é Agrimony (faz a pessoa ser verdadeira); Libra (dúvidas) rege o quadril e o floral é Scleranthus (equilíbrio).

quando não dar um floral ....

Crab Apple: para pessoas terminais, aidéticos já com sintomas, doentes terminais de câncer, doenças crônicas; em doenças autoimunes dar Gorse, que faz a limpeza sem fazer a catarse; em hemorragias digestórias e ginecológicas dar Rescue Remedy ou Rock Rose. Não deve ser dado quando houver vômito, diarreia, desidratação, porque aumenta a eliminação; dar Rescue Remedy (hidratante) e Scleranthus (equilibra).

Scleranthus: não dar quando houver hemorragia por causa de mioma; em fase de metástase de câncer, em herpes ou certos vírus que podem se alastrar.

Clematis: para autista ou quando há convulsões.

Wild Rose: quando houver hemorragia.

Star of Bethlehem: quando se toma sozinho para cicatrizar o que é necessário, pode dar dores musculares, porque mexe na memória dos músculos; dar misturado no Rescue Remedy.

queimadura ....

Definição: Lesão dos tecidos, resultante de uma excessiva exposição a agentes térmicos, químicos, elétricos ou radiativos; os efeitos variam de acordo com o tipo, duração e intensidade do agente e com a parte do corpo envolvida.

Indica: fúria que explode.

Florais básicos: Rescue Remedy (cicatrizante, tanto em gotas como em pomada), Star of Bethlehem (cicatrizante), Vervain (acalma), Heather (regenerador), Wild Rose (textura da pele).

Com cicatriz extensa

• pode ser um mau aspecto entre Vênus (energia feminina aprisionada) e Marte (forte vontade de ação não canalizada) em Áries (vontade de ação). *Florais:* Gentian (segurança), Scleranthus (equilíbrio), Wild Rose (alegria), Impatiens (dá paciência e o tempo correto) e mais os florais dos signos que regem as casas onde estão os planetas e as casas opostas a elas.

queixo

Definição: Ponta da mandíbula inferior; região abaixo do lábio inferior.

Regência: Vênus rege o queixo e os florais são: Wild Rose (alegria), Gentian (segurança) e Scleranthus (equilíbrio).

quíron

Definição: Planeta ou asteroide que, no mapa astral, fornece a melhor indicação do papel que temos nesta vida. Quíron é um centauro que, por ter se machucado e não conseguir se curar, começou a curar a todos, pois entendia o que é a dor.

Floral básico: Centaury (ajuda Quíron, tirando nossa rigidez, para aceitarmos a intuição que nos leva a realizar nosso trabalho verdadeiro). Ajudar com Chestnut Bud.

R

raiva em estado latente ....

Definição: Raiva de si mesmo; raiva contida por a pessoa fazer o que não queria; raiva por não se permitir ser feliz.

Regência: Marte é o planeta da guerra, traz ira e raiva, e o floral é Impatiens.

Florais auxiliares: Holly (acalma), Pine (a pessoa não consegue ter aceitação se não se perdoar), Vervain (relaxa), Agrimony (faz a pessoa ser verdadeira), Cherry Plum (dá bons sentimentos e pensamentos).

raquitismo ....

Definição: Estado de deficiência em crianças, resultante da deposição inadequada de sais de cálcio na cartilagem em desenvolvimento e no osso recém-formado, provocando anormalidades na forma e na estrutura óssea.

Indica: que a criança não se sente amada, não quer viver.

Florais básicos: Centaury (para haver assimilação dos sais e do cálcio) e Honeysuckle (se for doença genética).

Em geral

• pode ser um mau aspecto entre o Sol (energia vital) e Saturno (segura, poda, retém). *Florais:* Vervain (vitalidade), Mimulus (tira o medo de viver) Rock Water (dá flexibilidade) e mais os florais dos signos que regem as casas onde estão os planetas e as casas opostas a elas.

reação ....

Definição: Resposta de um organismo ou de parte dele a um estímulo.

Florais básicos: Crab Apple (limpa os venenos, desintoxica, tira o efeito do remédio mal administrado) e Agrimony (tira os venenos do organismo, limpa o sangue).

Florais auxiliares: Gorse (limpa o sangue das drogas, tira o efeito colateral das drogas, dá lucidez), Cherry Plum (desintoxica, controla o vício, dá perseverança e determinação para parar), Agrimony (limpa o organismo das drogas).

Idiossincrática a drogas

• pode ser Netuno (desordem) mal aspectado. *Florais:* White Chestnut (clareia à volta) e Rock Rose (tira o pânico que causou a desordem), Aspen (bom quando a pessoa em recuperação sente medo de morrer).

Idiossincrática a medicamentos

• pode ser uma desarmonia de Lua (as pessoas que vivem sem estar presentes precisam ser acordadas, sofrem acidentes, levam choques para acordar) em Aquário (reclusão, eletricidade). *Florais:* Clematis (dá consciência), Water Violet (equilibra a parte elétrica) e mais os florais dos signos que

regem a casa onde está o planeta e a casa oposta a ela.

Floral auxiliar: Crab Apple (limpa e tira o efeito de remédio mal indicado), Gorse (tira o efeito colateral do remédio).

recuperação

Definição: Processo ou ato de voltar a ficar bem ou de retornar a um estado de higidez.

Lenta

A recuperação lenta é uma característica de Netuno ou Peixes, e os florais são: Rock Rose e White Chestnut.

• pode ser uma característica de Capricórnio e Saturno (que segura, poda, atrasa), e os florais são: Rock Water (flexibilidade) e Mimulus (tira os medos do dia a dia e dos sentimentos).

• pode ser um mau aspecto entre Mercúrio (pensamentos) e Netuno (desordem), pois a energia turbulenta de Netuno afeta a integração de Mercúrio. *Florais:* Cerato (equilibra os pensamentos), Rock Rose (tira o pânico que causou a desordem), White Chestnut (traz clareza à situação) e mais os florais dos signos que regem as casas onde estão os planetas e as casas opostas a elas.

Do corpo deficiente

• pode ser um mau aspecto entre Mercúrio (pensamentos) e Netuno (desordem). *Florais:* Cerato (equilibra os pensamentos), Rock Rose (tira o pânico que fez a desordem), White Chestnut (dá clareza), Clematis (bom para recuperação), Hornbeam (energia), Larch (força para mudar) e mais os florais dos signos que regem as casas onde estão os planetas e as casas opostas a elas.

red chestnut (floral)

Tira as preocupações.

Ajuda em caso de

• medos que causam somatizações como sinusite, dor de cabeça por preocupação, disritmia cardíaca, problemas nos rins (os sentimentos descontrolados causam a liberação de muita adrenalina pelas suprarrenais, afetando os outros sistemas, como o baço e o pâncreas, que sofrem com o excesso de adrenalina e consomem muita insulina, diminuindo o sangue circulante, o que aumenta a glicemia e pode desenvolver o diabete), problemas no fígado (o mau funcionamento psíquico afeta esse órgão), insônia por preocupação, síndrome do pânico, hipo ou hiperglicemia, colesterol alto, doenças autoimunes, machucado ou algum sintoma nos pés (principalmente no esquerdo), machucado nas mãos (por a pessoa não prestar atenção no que faz ou por quebrar coisas).

É bom para

• quem se preocupa demais com os outros, enchendo-se tanto de medo e pensamentos pessimistas que chega a ter disritmia no coração; quem tem pensamentos descontrolados, pois aquilo que pensamos se materializa (tendo bons sentimentos e pensamentos, vamos atrair só as coisas boas); quem procura a proteção do outro por se sentir desprotegido, esquecendo que tem dentro de si a proteção.

• trabalhar o zelo, a compaixão, a simpatia, a harmonia, a relação com o outro.

• ensinar a pessoa a ser compassiva, a amar o próximo, a ter compreensão do outro, a ser calorosa e espontânea; acabar com o ego para deixar o outro entrar.

• tirar o medo da falta de proteção e da vulnerabilidade; clarear a mente.

Em relação aos planetas

• ajuda o Sol ao fazer nosso coração entrar no ritmo do coração universal.

• ajuda Mercúrio ao clarear nossa mente para que tenhamos inteligência e pensamentos bem conduzidos.

reflexo

Definição: Resposta involuntária a um estímulo; ação reflexa.

Regência: Mercúrio (pensamentos) rege os reflexos e o floral é Cerato (ativa o mestre interior, aumenta a intuição, aguça os cinco sentidos).

região malar

Definição: Refere-se à bochecha ou aos ossos malares.

Regência: Câncer rege a região malar (ossos) e o floral é Clematis.

regurgitação

Definição: Fluxo retrógrado.

Em geral

• pode ser uma desarmonia de Lua em Câncer (estômago). *Florais:* Clematis (equilibra o estômago) e mais os florais dos signos que regem a casa onde está o planeta e a casa oposta a ela.

rescue remedy (floral)

Cura os traumas, acalma os sentimentos, tira o pânico e a impaciência, faz a pessoa colocar os pés no chão.

Fórmula composta por

• Star of Bethlehem, Rock Rose, Impatiens, Cherry Plum e Clematis.

Ajuda em caso de

• primeiros socorros e resgates, traumas, sustos, más notícias, acidentes, perda de consciência, coma, choque elétrico, atropelamento, fratura craniana, queimadura, fratura óssea, ansiedade.

• cicatrização, cirurgia, crise alérgica, choque anafilático, dor forte, hipoglicemia, hiperglicemia, crise epilética, gravidez (em qualquer situação), parto, aborto natural ou não, inchaço, convulsão, prurido vaginal, cólica menstrual, retenção hídrica, mal-estar com vômito e diarreia, dor de cabeça, fraqueza, tontura, enjoo, contração muscular, gripe, enjoo em viagem (cinetose), tratamento dentário (em qualquer situação), processo ocular crônico ou não, catarata, glaucoma, perda de visão, processos degenerativos.

É bom para

• trazer harmonia, serenidade, luz e equilíbrio; diminuir a ansiedade em momentos difíceis, como apresentações em público, longas caminhadas, provas escolares.

• o bebê ao nascer, principalmente se o cordão umbilical enrolou no pescoço ou houve uso de fórceps.

• hidratar.

• animais e plantas em todas as fases da vida e em todas as doenças.

resfriado

Definição: Coriza ou inflamação das membranas mucosas respiratórias.

Indica: que, além de outros motivos, a pessoa está principalmente insegura, fazendo que seu organismo perca a resistência.

Florais básicos: Olive (descanso para as angústias), Scleranthus (dá equilíbrio), Cerato (pensamentos), Larch (é ótimo para eliminar resfriados), Rescue Remedy (resgata), Impatiens (anti-inflamatório), Crab Apple (limpa).

Contínuo

Com coriza e obstrução das cavidades dos seios da face.

• pode ser por toxicidade causada por infecção nos rins (regidos por Libra). *Florais:* Scleranthus (saúde para os rins), Crab Apple (limpa as angústias, é um antibiótico natural), Larch (faz a eliminação), Olive (tira as angústias) e Cerato (ativa o mestre interior, dá sabedoria).

E gripe, de forma contínua e grave

• pode ser Saturno em Peixes. *Florais:* Rock Water, Mimulus, White Chestnut, Rock Rose e mais os florais dos signos que regem a casa onde está o planeta e a casa oposta a ela.

Em geral

• pode ser Netuno em Gêmeos. *Florais:* White Chestnut, Rock Rose, Cerato e mais os florais dos signos que regem a casa onde está o planeta e a casa oposta a ela.

Repetido e gripe

• pode ser Sol em Peixes. *Florais:* Vervain, White Chestnut, Rock Rose e mais os florais dos signos que regem a casa onde está o planeta e a casa oposta a ela.

respiração ....

Definição: Intercâmbio de gases entre um organismo e o meio no qual ele vive.

Regência: Gêmeos rege os pulmões e o floral é Cerato; Urano rege a oxigenação do corpo e o floral é Water Violet.

Florais auxiliares: Red Chestnut (para respiração aumentada), Gentian (para dar ritmo e frequência à respiração), Willow (para respiração sufocante, sibilosa), Olive (melhora a oxigenação), Rescue Remedy (alivia o sofrimento respiratório), Impatiens (equilibra os ritmos alterados da frequência respiratória), Aspen (por tirar o medo do futuro, dá ritmo aos pensamentos e dá uma boa respiração), Pine (para respiração angustiada), Sweet Chestnut (para respiração angustiada ou sufocante).

Curta

• pode ser Sol (euforia) em Gêmeos (pensamentos). *Florais:* Vervain (relaxa), Cerato (acalma a mente) e mais os florais dos signos que regem a casa onde está o planeta e a casa oposta a ela.

respiração celular ....

Definição: A combinação de oxigênio com substâncias intracelulares, resultando na formação de CO_2 e H_2O e na liberação de energia.

Regência: Aquário rege a respiração celular e o floral é Water Violet.

retenção urinária ....

Definição: Incapacidade de esvaziar a bexiga.

Indica: medos emocionais, medo do futuro; impaciência com os resultados que a pessoa espera ter na vida.

Regência: Libra (equilíbrio) rege os rins (emoções e expectativas da vida) e o floral é Scleranthus; Marte (ação) rege a bexiga (medo do futuro) e o floral é Impatiens (tira a impaciência).

Florais auxiliares: Rescue Remedy (bom para dar harmonia, equilibrar, controlar, controle das reações, direciona qualquer sistema), Heather (se for por carência afetiva, ajuda a prevenir problemas no sistema urinário), Scleranthus (equilibra qualquer sistema quando está oscilando).

Em geral

• pode ser um mau aspecto entre Vênus (alegria e tristeza) e Marte (ações conscientes ou inconscientes). *Florais:* Gentian (segurança interior), Scleranthus (equilíbrio), Wild Rose (alegria), Impatiens (tira a impaciência) e mais os florais dos signos que regem as casas onde estão os planetas e as casas opostas a elas.

retina

Definição: A camada mais interna do olho, que recebe a imagem transmitida através do cristalino; é o instrumento imediato da visão. Os olhos representam a capacidade de ver claramente o presente, o passado e o futuro.

Os problemas indicam: que a pessoa não gosta do que vê na vida.

Regência: Aquário (reclusão) rege a visão e o floral é Water Violet (ensina a comunicação); o Sol (orgulho) rege a retina, o olho direito do homem e o esquerdo da mulher, e o floral é Vervain (dá luz ao olho que rege); a Lua rege o olho esquerdo do homem e o direito da mulher, e o floral é Clematis (coloca os pés no presente, melhora a visão).

Florais auxiliares: Cerato (faz fixar o olhar, melhora a visão), Elm (limpa), Walnut (melhora a visão), Wild Rose (dá profundidade à visão), Wild Oat (clareza à visão), Cherry Plum + Walnut + White Chestnut (bom para distúrbios visuais, por não ter clareza na mente), Crab Apple (dá visão global da realidade), Scleranthus (deixa entrar a luz da consciência superior), Rock Water (bom para problemas no cristalino, como glaucoma, que são lágrimas não vertidas), Larch (acaba com a deficiência visual), Water Violet (acaba com problemas visuais de pessoas rígidas ao olhar o mundo), Beech (faz ver a verdade, tira a lente cor-de-rosa), Centaury (aguça os cinco sentidos), Oak (bom para alterações visuais).

Retinopatia

Qualquer distúrbio da retina.

• pode ser um mau aspecto entre o Sol (luz que clareia a visão) e Urano (cérebro). *Florais:* Vervain (vitalidade e energia para a visão), Water Violet (saúde para o cérebro, que traz boa visão) e mais os florais dos signos que regem as casas onde estão os planetas e as casas opostas a elas.

reto

Definição: Parte inferior do intestino grosso.

Os problemas indicam: que a pessoa guarda o lixo interior por tempo demais.

Regência: Escorpião rege o reto e o floral é Heather.

Floral auxiliar: Rock Rose (ativa o movimento peristáltico, facilita a eliminação do lixo guardado).

reumatismo

Definição: Distúrbio agudo ou crônico caracterizado por inflamação, sensibilidade e rigidez dos músculos, e por dores nas articulações e estruturas associadas.

Indica: sentimento de vítima, carência de amor, amargura e ressentimento crônico; intensa autocrítica, ira e falta de amor-próprio; agressividade reprimida.

Florais básicos: Beech (limpa a ira; faz aparecer o calmo professor), Pine (por a pessoa estar fechada, o reumatismo tende a tornar-se crônico), Willow (pelo sentimento de vítima) e Hornbeam (dá força aos músculos e ajuda a tirar o caráter crônico da doença).

Florais auxiliares: Honeysuckle (se for herança genética), Clematis (bom para reumatismo por colocar os pés no chão e fazer resolver os problemas), Water Violet (pessoas que ficam isoladas, tristes, com orgulho ferido), Rescue Remedy (resgata de qualquer doença ou mal).

Em geral

• pode ser Júpiter em Sagitário (por a pessoa agradar sempre o outro e se esquecer de si, e pela exacerbação dos sentimentos). *Florais:* Agrimony (torna a pessoa verdadeira) e mais os florais dos signos que regem a casa onde está o planeta e a casa oposta a ela.

• pode ser Sol (ego) em Capricórnio (poda, restringe). *Florais:* Vervain (vitalidade), Mimulus (tira os medos que incomodam no dia a dia), Rock Water (dá flexibilidade) e mais os florais dos signos que regem a casa onde está o planeta e a casa oposta a ela.

• pode ser Mercúrio (pensamentos) em Capricórnio (retém, contém). *Florais:* Cerato (ativa o mestre interior, nos músculos está a nossa memória latente de outros tempos), Rock Water (flexibilidade), Mimulus (tira os medos que nos perseguem) e mais os florais dos signos que regem a casa onde está o planeta e a casa oposta a ela.

Muscular, nas costas

• pode ser Marte (ações sem consciência) em Leão (ego). *Florais:* Impatiens (ritmo para as ações; com consciência vem a paciência), Vervain (relaxa) e mais os florais dos signos que regem a casa onde está o planeta e a casa oposta a ela.

Nos braços, mãos e ombros

• pode ser Saturno (contém e retém) em Gêmeos (rege braços e ombros, pensamentos). *Florais:* Rock Water (flexibilidade), Mimulus (tira os medos dos sentimentos e do dia a dia), Cerato (dá segurança por ativar o mestre interior que nos dá sabedoria) e mais os florais dos signos que regem a casa onde está o planeta e a casa oposta a ela.

rinite ....

Definição: Inflamação da mucosa nasal.

Indica: sobrecarga emocional, medo dos compromissos sociais; que a pessoa se sente perseguida, sente culpa e raiva.

Regência: Escorpião rege o nariz e o floral é Heather.

Florais auxiliares: Holly (por causa de contrariedade), Agrimony (por a pessoa sentir falta de aceitação do mundo), Pine, Impatiens (anti-inflamatório), Agrimony (limpa os sentimentos que causam a doença), Cerato (por ativar o mestre interior, dá o entendimento, acaba com a rinite), Hornbeam (por ser doença crônica, torna aguda e elimina), Centaury (acaba com a rinite, por a pessoa parar de querer agradar ao próximo), Rescue Remedy (resgata de qualquer mal), Walnut (bom para alergias por mudanças climáticas, rinites).

Em geral

• pode ser um mau aspecto entre o Sol (orgulho) e Plutão (poder). *Florais:* Vervain (relaxa), Heather (ameniza o jogo do poder) e mais os florais dos signos que regem

as casas onde estão os planetas e as casas opostas a elas.

Crônica ozenosa

• pode ser uma desarmonia de Júpiter em Escorpião. *Florais:* Agrimony, Heather e mais os florais dos signos que regem a casa onde está o planeta e a casa oposta a ela.

rinosporidiose ....

Definição: Condição causada por um fungo; micose que acomete a mucosa do nariz, caracterizada pela formação de pólipos pedunculados nas membranas dessa mucosa (às vezes, se alastra por várias partes do corpo, como olhos, pênis e vagina); provoca hipertrofia dos tecidos, deformando a face.

Regência: Escorpião (mutação genética) rege o nariz e o floral é Heather (equilibra os males causados por Escorpião).

Florais auxiliares: Clematis (ajuda o bom funcionamento do órgão). Ajudar com Rescue Remedy (resgata de qualquer mal), Elm (elimina vírus, fungos e bactérias), Crab Apple (limpa).

Em geral

• pode ser uma desarmonia de Júpiter em Escorpião. *Florais:* Agrimony (tira o que não faz parte da pessoa), Heather (regenerador) e mais os florais dos signos que regem a casa onde está o planeta e a casa oposta a ela.

rinossinusite ....

Definição: Inflamação da parte interna do nariz.

Indica: raiva por não ter o poder.

Regência: Escorpião rege o nariz e o poder e o floral é Heather (regenerador); Áries rege o rosto e o floral é Impatiens (dá ritmo correto ao sangue da cabeça, o que favorece o bom funcionamento de todos os órgãos na cabeça).

Florais auxiliares: Hornbeam (se for crônico, resolve o problema, sara), Crab Apple, Agrimony, Wild Rose, Cherry Plum (bons para fazer a eliminação do motivo que levou à doença), Centaury + Rescue Remedy (acabam com a sinusite e a rinite), Cerato (acaba com a rinite), Walnut (bom para alergias causadas por mudanças climáticas), Holly (para sentimento não manifestado que está causando a doença).

Crônica

• pode ser uma desarmonia de Lua (emoções) em Touro (inseguro). *Florais:* Clematis (coloca os pés no chão, faz entender, faz funcionar qualquer órgão que não funcione), Gentian (segurança interior) e mais os florais dos signos que regem a casa onde está o planeta e a casa oposta a ela.

• pode ser uma desarmonia de Lua (emoções) em Escorpião (poder, infantilidade). *Florais:* Clematis (coloca os pés no chão, tira do mundo da lua, equilibra a infantilidade), Heather (equilibra o jogo de poder e a infantilidade) e mais os florais dos signos que regem a casa onde está o planeta e a casa oposta a ela.

rins ....

Definição: Órgãos pareados, de cor castanho-arroxeada, situados na parte posterior da cavidade abdominal, um de cada lado da coluna vertebral.

Os problemas indicam: conflito entre parceiros, crítica, desapontamento, fracasso, vergonha, medo, reação infantil.

Regência: Libra (dúvidas) rege os rins e os túbulos renais, e o floral é Scleranthus (equilíbrio); Vênus rege os rins e os florais são: Wild Rose (alegria), Gentian (segurança) e Scleranthus (equilíbrio).

Florais auxiliares: Crab Apple (para provocar eliminações, como os cálculos), Centaury (para trabalhar a compreensão), Holly, Pine e Clematis (para tirar as reações infantis), Honeysuckle (diurético), Red Chestnut (bom para quando o rim faz a liberação de adrenalina, que faz mal aos outros sistemas), Rock Water (quebra as pedras), Mimulus (bom para quando há problemas nos rins por ter medo de assumir seu papel na vida), Rock Rose (protege dos medos inconscientes, viscerais que atacam os rins), Aspen (protege dos medos do futuro que fazem mal aos rins), Clematis (dá saúde aos rins), Crab Apple (limpa os rins), Gorse (ativa os rins para fazer a depuração nos intestinos), Elm (bom para quem tem muita expectativa da vida, o que sobrecarrega os rins, libera endorfina, tira a dor), Gentian (dá saúde ao coração, que ajuda o bom funcionamento dos rins), Heather (bom para distúrbios renais por problemas afetivos), Cherry Plum (bom para fazer a eliminação das emoções contidas, que são descarregadas nos rins), Willow (limpa os rins das tristezas das expectativas não cumpridas, que formam uma sombra escura nos rins, e limpa os cálculos), Rescue Remedy + Star of Bethlehem + Aspen + Chicory (bons para limpar). Wild Oat (dá estrutura aos rins), Wild Rose (quando por tristezas e falta de expectativas na vida, adormecimento e falta de vitalidade), Star of Bethlehem (dá vida), Vervain (por expectativas demais na vida e stress que causam infecções e cálculos nos rins).

Cálculo renal

• pode ser um mau aspecto entre o Sol (orgulho) e Saturno (cálcio). *Florais:* Vervain (euforia), Mimulus (tira os medos que nos assombram no dia a dia), Rock Water (flexibilidade) e mais os florais dos signos que regem as casas onde estão os planetas e as casas opostas a elas.

Doença do tipo crônico ou terminal

• pode ser Plutão em Libra (rins). *Florais:* Heather (equilibra os exageros, as carências, a solidão de Plutão), Scleranthus (equilibra as emoções que afetam os rins), e mais os florais dos signos que regem a casa onde está o planeta e a casa oposta a ela.

Dor nos nervos e cólica renal

• pode ser Mercúrio (pensamentos) em Libra (rins). *Florais:* Cerato (equilibra os nervos por equilibrar os pensamentos, ativa o mestre interior), Scleranthus (equilíbrio das emoções e dos rins), e mais os florais dos signos que regem a casa onde está o planeta e a casa oposta a ela.

Em geral

• pode ser um mau aspecto entre a Lua (emoções) e Netuno (desordem, que se manifesta por uma tendência à perda de potássio pela urina e sensibilidade ao uso de diurético, o que agrava as perdas). *Florais:* Clematis (coloca os pés no chão para resolver as emoções), Rock Rose (tira o pânico que causou a desordem), White Chestnut (dá clareza) e mais os florais dos signos que regem as casas onde estão os planetas e as casas opostas a elas.

• pode ser um mau aspecto entre Júpiter (exacerba) e Saturno (por reter e segurar, faz que o organismo desenvolva diabete, trazendo sequelas renais). *Florais:* Agrimony (limpa, por fazer a pessoa ser verdadeira), Mimulus (tira os medos do dia a dia e dos sentimentos), Rock Water (ensina a flexibilidade) e mais os florais dos signos que regem as casas onde estão os planetas e as casas opostas a elas.

Espessamento das paredes do túbulos renais

E mais: más condições de filtração para a remoção da ureia do sangue; retenção de urina ou retenção renal; bloqueio dos rins devido a resíduos ou pedras de compostos de cálcio; supressão da urina; hipofunção renal generalizada.

Regência: Gêmeos rege os tubos do corpo e o floral é Cerato (dá saúde aos tubos do corpo).

• pode ser Saturno (por prender os sentimentos, provoca o aparecimento de pedras e retenção renal) em Libra (equilíbrio dos rins). *Florais:* Rock Water (flexibilidade), Mimulus (tira os medos que fazem a petrificação das emoções e fabricam pedras renais), Scleranthus (saúde para os rins, por equilibrar) e mais os florais dos signos que regem a casa onde está o planeta e a casa oposta a ela.

Funcionamento intermitente ou espasmódico

Causando albuminúria cíclica, doença em que a urina não é completamente filtrada a partir do sangue.

• pode ser Urano (nervos) em Libra (rins). *Florais:* Water Violet (equilibra a parte nervosa e elétrica), Scleranthus (saúde por equilibrar os problemas nos rins) e mais os florais dos signos que regem a casa onde está o planeta e a casa oposta a ela.

Hipofunção renal ou lentidão das funções renais

E mais: rins enfraquecidos devido a doenças ou por hereditariedade, má filtração da urina a partir do sangue.

• pode ser Netuno (desordem) em Libra (rins). *Florais:* White Chestnut (clareia), Rock Rose (protege dos medos inconscientes, viscerais que atacam os rins), Scleranthus (equilíbrio para os rins), Honeysuckle (se for hereditário) e mais os florais dos signos que regem a casa onde está o planeta e a casa oposta a ela.

Inflamação

• pode ser um mau aspecto entre a Lua (emoções) e Saturno (retém, o que pode trazer lentidão ao funcionamento dos rins, fazendo com que se formem cálculos). *Florais:* Clematis (para trazer à tona os sentimentos ocultos), Mimulus (tira os medos dos sentimentos), Rock Water (flexibilidade) e mais os florais dos signos que regem as casas onde estão os planetas e as casas opostas a elas.

Florais auxiliares: Impatiens (anti-inflamatório), Crab Apple (limpa, é um antibiótico natural).

Inflamação do tipo nefrítico

É uma inflamação súbita dos rins, proveniente de ferimentos físicos.

• pode ser Marte (ação sem consciência) em Libra (rege o equilíbrio ou o desequilíbrio). *Florais:* Impatiens (dá paciência), Scleranthus (dá equilíbrio) e mais os florais dos signos que regem a casa onde está o planeta e a casa oposta a ela.

Florais auxiliares: Star of Bethlehem (se for por choque), Rescue Remedy (resgata de todos os males físicos e emocionais).

Retenção de material nos

• pode ser Urano (eletricidade) em Gêmeos (pensamentos), que faz que a uretra tenha espasmos, ocasionando a retenção de material nos rins. *Florais:* Water Violet (equilibra os espasmos), Cerato (equilibra o excesso de pensamentos, que pode formar resíduos) e mais os florais dos signos que regem a casa onde está o planeta e a casa oposta a ela.

Tumores nos

• pode ser Plutão (mutação genética) em Libra (equilíbrio). *Florais:* Heather (organiza a mutação genética), Scleranthus (dá equilíbrio às células) e mais os florais dos signos que regem a casa onde está o planeta e a casa oposta a ela.

Urina com cor intensa, uremia

• pode ser Vênus (sangue e rins) em Libra (equilíbrio). *Florais:* Wild Rose (alegria que traz saúde ao sangue e aos rins), Gentian (segurança interior), Scleranthus (saúde aos rins) e mais os florais dos signos que regem a casa onde está o planeta e a casa oposta a ela.

rock rose (floral)..................

Tira o pânico.

Relaciona-se com

• Peixes, Netuno e as partes do corpo ligadas a Peixes e Netuno.

Ajuda em caso de

• problemas no intestino delgado (duodeno, jejuno e íleo), no intestino grosso (ceco e apêndice; cólon ascendente, transverso, descendente; sigmoide, reto, canal anal), no fígado, nos pulmões, nos rins e na bexiga.

• cirurgia gástrica ou intestinal; fecaloma (fezes petrificadas), parada intestinal, diarreia contínua, câncer terminal, aneurisma cerebral ou de aorta, anemia, hemofilia, leucemia, AIDS, hipoglicemia, prolapso da válvula mitral, epistaxe (sangramento nasal), hemorragias em geral, hemorragia ginecológica, hemorragia uterina por mioma, peritonite, gravidez ectópica, cistite, pólipos na bexiga, dor no umbigo, úlcera, síndrome do pânico, terror noturno, enurese noturna.

• pessoa desgastada, sem ânimo, com olheiras; sentimentos mal resolvidos.

• crises, perda de alguém querido.

É bom para

• tirar o pânico; trazer entrega, autoconfiança, heroísmo, coragem, gratidão, harmonia, entendimento, força de proteção, prudência, confiança; ensinar a pessoa a entrar no ritmo da vida; consciência no aqui e agora; ensinar a jogar o lixo fora.

• trabalhar as entranhas.

• o terapeuta (quando fica sem ação ao ser requisitado); pânico ao ver sangue; a hora do parto.

• quem é possessivo, controlador; quem controla a mente, mas não controla as paixões.

Em associação com outros florais

• Rock Rose + Crab Apple: para constipação intestinal crônica; para os cirurgiões após a cirurgia.

• Rock Rose + Willow: para colite.

Em relação aos planetas

• ajuda o Sol ao dar clareza aos nossos sentimentos para nos sairmos bem nas provas da vida; traz coragem, valentia, sinceridade, criatividade e ação sem medo.

• ajuda Mercúrio ao nos trazer astúcia, persistência, prudência e perspicácia.

rock water (floral) ....

Dá e ensina flexibilidade.

Relaciona-se com

• Capricórnio, Saturno e as partes do corpo ligadas a Capricórnio e Saturno.

Ajuda em caso de

• osteoporose, exame sanguíneo alterado, colesterol, triglicérides, ácido úrico, diabete, cálculos biliares e renais; alterações visuais (catarata, diminuição da visão), olfativas, gustativas ou no tato; esclerose, Parkinson, metástase óssea com muita dor, rigidez.

• rigidez mental, orgulho, insônia.

É bom para

• ensinar a ser flexível, ter sabedoria, prazer, firmeza sem rigidez, firmeza de atitudes; quem gosta de tudo certinho, não se permite ter fraquezas nem chorar; faz exercícios físicos com muito rigor; os militares.

• o prazer e a sexualidade; quem gosta de se masturbar pelo perfeccionismo; a ocasião do primeiro ato sexual.

• quem é austero, severo, forte, ativo, moralista, exagerado, quem teme que as alegrias interfiram em seu trabalho, quem segue à risca os regimes.

• trabalhar a beleza, a pureza, a perfeição, o orgulho, a flexibilidade, a capacidade de adaptação; contornar os obstáculos; transpor as barreiras e limitações; tirar as cristalizações.

• o equilírio ósseo, as articulações, a musculatura, o vaso do coração, os sentidos (ver, ouvir, sentir, tocar).

• quem faz muitas cirurgias plásticas; quem vai ao médico por achar que vai ter alguma doença.

Em relação aos planetas

• ajuda Saturno ao mostrar as limitações que teremos de transpor, as dificuldades da casa 4, a casa da família, e as da casa 10, a casa da profissão.

romboide ....

Definição: Um dos dois músculos que ficam por baixo do músculo trapézio.

Regência: Leão (orgulho) rege o romboide maior e o menor, e o floral é Vervain (relaxa).

rouquidão ....

Definição: Qualidade áspera da voz.

Indica: dificuldade de aceitar e assimilar as experiências vividas; não aceitação da dor que a vida proporciona.

Regência: Touro (inseguro) rege a garganta e o floral é Gentian (segurança interior); Escorpião (possessivo) e o floral é Heather (facilidade na expressão); Vênus trabalha a fonação e o floral é Wild Rose (equilibra o tom de voz).

Florais auxiliares: Scleranthus (equilibra as emoções e consequentemente a voz), Olive (ensina a não querer dominar o outro pela palavra, dá descanso à voz cansada), Rescue Remedy (resgata de qualquer problema), Holly (dá entendimento, dá aceitação), Pine (tira as culpas por trazer aceitação), Heather (trabalha a comunicação).

Por nervosismo ou por falar durante muito tempo

• pode ser Mercúrio em Touro. *Florais:* Cerato (fala), Gentian (dá segurança), Olive (traz descanso à voz) e mais os florais dos signos que regem a casa onde está o planeta e a casa oposta a ela.

ruga ....

Definição: Prega ou vinco na pele.

Indica: falta de alegria de viver, cansaço perante a vida, a pessoa se sente cobrada pela vida.

Regência: Capricórnio rege a pele e a velhice e o floral é Mimulus (tira as incertezas) e Rock Water (tira as preocupações); Vênus rege a textura da pele e o floral é Wild Rose.

Florais básicos: Rescue Remedy (bom para equilibrar, é hidratante), Honeysuckle (o passado) e Clematis (coloca os pés no chão para viver o presente), Vervain (faz relaxar).

Florais auxiliares: Olive (descanso), Wild Oat (regenerador, bom para tirar manchas de hormônios), Vine (energiza), Rock Water (dá aparência suave), Crab Apple (limpa), Chestnut Bud (dá vida), Elm (equilíbrio), Holly (acalma), Wild Rose (dá viço).

Em geral

• pode ser um mau aspecto entre Vênus (pele), em Capricórnio (envelhecimento), e Netuno (desordem). *Florais:* Gentian (segurança interior), Scleranthus (equilíbrio), Wild Rose (textura da pele, alegria de viver), Rock Rose (pânico), White Chestnut (clareia), Mimulus (tira os medos do dia a dia), Rock Water (tira a velhice) e mais os florais dos signos que regem as casas onde estão os planetas e as casas opostas a elas.

S

sacroileíte

Definição: Inflamação da articulação sacroilíaca. As articulações representam a facilidade ou não para fazermos modificações em nossa vida.

Regência: Escorpião rege o ilíaco e o floral é Heather.

Florais básicos: Impatiens (anti-inflamatório), Crab Apple (antibiótico, limpa as articulações).

Florais auxiliares: Gentian (enrijecidas), Heather (regeneração), Rock Water (flexibilidade), Willow (tira as manchas causadas pelo emocional mal resolvido), Willow + Holly (tiram as dores), Willow + Hornbeam (deformações articulares), Beech (tira problemas), Vine (flexibilidade), Hornbeam (maleabilidade), Centaury (artropatias), Vervain (deformações articulares).

Crônica

• pode ser uma desarmonia de Júpiter em Sagitário (exacerbam). *Florais:* Agrimony (faz a pessoa ser verdadeira) e mais os florais dos signos que regem a casa onde está o planeta e a casa oposta a ela.

safena

Definição: Qualquer uma das duas grandes veias superficiais das pernas.

Os problemas indicam: cansaço, falta de elasticidade em relação aos problemas da vida.

Regência: Sagitário (exacerba) rege as safenas e o floral é Agrimony (cuida da saúde da safena, purifica o sangue).

Esclerose ou constrição da

• pode ser Saturno (falta de elasticidade) em Sagitário (exacerba). *Florais:* Rock Water (flexibilidade), Mimulus (tira os medos que nos atormentam no dia a dia), Agrimony (faz a pessoa ser verdadeira) e mais os florais dos signos que regem a casa onde está o planeta e a casa oposta a ela; ajudar com Crab Apple.

sagitário (signo)

Palavras-chave

• eu vejo, ensinar, liberdade, filósofo ou jogador, masculino, honesto, filosófico, amante da literatura, tolerante, atlético, generoso, otimista, justo, religioso, estudioso, entusiástico, inclinado a discussões, exagerado, tagarela, procrastinador, autoindulgente, brusco, impaciente, intrometido, irascível, positivo, yang, mutável, fogo, Júpiter, latão.

Rege

• fígado, vesícula biliar, tecido adiposo, parte do pâncreas, sistema vascular arterial, quadril, articulação coxofemoral, nervo ciático, coxas.

Ossos

• ilíaco, fêmur, vértebras coccígeas, sacro.

Músculos

• iliopsoas, ilíaco, pectíneo, sartório, reto femoral, quadríceps, glúteos, grácil, grande adutor da coxa.

Artérias

• ilíaca externa, femoral profunda e femoral superficial, sacral lateral, glútea superior e inferior.

Veias

• sacrais, ilíaca externa, safena magna, femoral.

Funções secundárias do signo

• as funções expiatórias dos pulmões; limitação do dióxido de carbono produzido durante o metabolismo.

sais minerais ....

Em geral os sais minerais desempenham as seguintes funções no corpo: manutenção das condições osmóticas apropriadas; manutenção do equilíbrio hídrico e regulação da volemia; manutenção do equilíbrio ácido-base, sobretudo nos ossos e dentes; manutenção da irritabilidade normal das células musculares e nervosas; manutenção das condições de coagulação do sangue; fornecimento de componentes essenciais para certos sistemas enzimáticos, pigmentos respiratórios e hormônios; regulação da membrana celular e da permeabilidade capilar; os sais minerais são tão importantes para a saúde quanto as vitaminas.

Minerais como o enxofre (Saturno, Rock Water e Mimulus), cloro (Marte, Impatiens), potássio (Lua, Clematis), magnésio (Sol, Vervain), cálcio (Saturno, Rock Water e Mimulus) e fósforo (Marte, Impatiens) estão presentes em grandes quantidades no corpo. Outros minerais existem em quantidades menores e são chamados de minerais-traço; entretanto, a deficiência desses minerais-traço, como ferro (Marte, Impatiens), cobre (Vênus, Wild Rose) ou zinco (Júpiter, Agrimony), pode ocorrer com a mesma facilidade com que ocorre a dos outros minerais. Outros sais minerais são cromo (Júpiter, Agrimony), cobalto (Marte, Impatiens), flúor (Saturno, Rock Water e Mimulus), iodo (Sol, Vervain), manganês (Júpiter, Agrimony), molibdênio (Marte, Impatiens), selênio (Marte, Impatiens) e sódio (Marte, Impatiens).

saliva ....

Definição: Líquido das glândulas salivares e das glândulas mucosas orais; secreção que começa o processo de digestão dos alimentos.

Regência: Saturno rege a saliva e os florais são: Mimulus e Rock Water.

salpingite ....

Definição: Inflamação da tuba uterina (trompas de Falópio).

Indica: raiva pela condição de ser mulher; perda do poder.

Regência: Gêmeos (pensamento) rege os tubos e o floral é Cerato (saúde das trompas, ativa o mestre interior que dá o entendimento); Escorpião (órgãos de reprodução) trabalha os tubos do corpo e a comunicação entre os demais órgãos e os órgãos de reprodução e os florais são: Heather (saúde dos órgãos femininos), Crab Apple (atua como antibiótico natural, dá as devidas proporções às situações) e Impatiens (anti-

-inflamatório, tira a raiva), Hornbeam (se for crônica, dá energia).

Crônica

• pode ser um mau aspecto entre Mercúrio (trompas de Falópio) e Plutão (órgãos de reprodução femininos e masculinos). *Florais:* Cerato (saúde das trompas), Heather (saúde dos órgãos femininos e masculinos) e mais os florais dos signos que regem as casas onde estão os planetas e as casas opostas a elas.

Em geral

• pode ser um mau aspecto entre a Lua (emoções) e Netuno (desordem), estando ou não em mau aspecto com Saturno (segura, restringe, freia) ou em Capricórnio (se Saturno ou Capricórnio estiver envolvido, pode haver cronicidade da doença). *Florais:* Clematis (trompas de Falópio), Rock Rose (tira o pânico que causou a desordem), White Chestnut (clareia), Impatiens (anti-inflamatório), Crab Apple (atua como antibiótico).

• pode ser um mau aspecto entre Mercúrio (trompas de Falópio) e Vênus (o feminino) se um deles estiver mal aspectado com Marte (ações). *Florais:* Cerato (saúde das trompas de Falópio), Gentian (segurança interior), Scleranthus (equilíbrio), Wild Rose (alegria, vida), Impatiens (anti-inflamatório), Crab Apple (antibiótico natural) e mais os florais dos signos que regem as casas onde estão os planetas e as casas opostas a elas.

sangue ....

Definição: Líquido que contém células e que circula através do coração, veias, artérias e capilares, transportando nutrientes, eletrólitos, hormônios, vitaminas, anticorpos, calor e oxigênio para os tecidos, e recolhendo matérias do catabolismo e dióxido de carbono. O sangue é o símbolo da vida e da expressão da individualidade; representa a alegria que flui livremente pelo corpo.

Regência: Vênus (alegria) rege o sangue venoso e o floral é Wild Rose (energia para o sangue); Escorpião (vida) rege os glóbulos vermelhos e o floral é Heather (energia para o sangue); Júpiter (exacerba) rege o sangue arterial e o floral é Agrimony (depurador do sangue); Netuno (desordem) rege os glóbulos brancos e os florais são: White Chestnut (dá consciência) e Rock Rose (ativa o sistema imunológico); Aquário pode envenenar o sangue por ação reflexa de Escorpião, que produz toxemia, e o floral é Water Violet (equilibra o metabolismo).

Florais auxiliares: Olive (dá ritmo ao coração quando ele está em desequilíbrio, dá ânimo e vontade de comer), Hornbeam (dá energia ao sangue, firma o elemento ferro no sangue), Agrimony (tira os venenos do sangue) e Walnut (depurador do sangue), Clematis (bom para problemas no sangue, por estar no mundo da lua, não ter alegria no presente), Crab Apple (limpa o sangue, tira as impurezas), Holly (limpa o sofrimento, mata o negativo, elimina os venenos do sangue), Gorse (purifica o sangue, que é vida, dá energia ao coração, que emite ao sangue amor e inspiração, que são espalhados por todo o corpo físico, dando saúde), Willow (tira o escuro do sangue, que pode se transformar em doenças físicas), Beech (bom para triglicérides, colesterol, ácido úrico, reumatismo), Vine (transforma o sangue, dá energia e vida),

Elm (bom para anemia), Vervain (bom para anemia por fluxo menstrual excessivo), Centaury (acaba com a anemia por favorecer a boa absorção dos alimentos), Aspen (bom para anemia hemofílica, genética, falciforme; para pessoas que pensam que vão morrer a cada crise).

Alterações do sangue, gorduras, glicemia, colesterol

• *Floral:* Vine (por causa da rigidez). Ajudar com Gorse e Crab Apple (para a limpeza das gorduras).

Alterações na circulação

Devido a flutuações nas funções renais ou depósitos de colesterol nos túbulos renais.

Indicam: problemas emocionais do casal, frustração, fracasso, reação infantil, desapontamento, excesso de críticas.

• pode ser Júpiter (exacerba) em Libra (equilibra). *Florais:* Agrimony (faz a limpeza do sangue), Scleranthus (equilibra) e mais os florais dos signos que regem a casa onde está o planeta e a casa oposta a ela.

Anemia aguda genética

Indica: que a pessoa não se sente amada; falta de alegria na vida. *Florais*: Rock Rose (quando as células se quebram), Hornbeam (dá energia ao sangue), Gorse (purificador do sangue), Agrimony (purificador do sangue, mesmo em caso de pessoas que ainda usam drogas), Walnut (desintoxicante, depurador do sangue, antídoto contra venenos), Mustard (limpa o veneno da morte) e Crab Apple (limpa os níveis sanguíneos), Honeysuckle (por ser genética).

Contagem alta de leucócitos

• pode ser Netuno (desordem) em Escorpião (glóbulos vermelhos do sangue). *Florais:* White Chestnut (clareza), Rock Rose (glóbulos brancos do sangue, limpa e purifica o sangue), Heather (dá energia ao sangue) e mais os florais dos signos que regem a casa onde está o planeta e a casa oposta a ela.

Deficiente por causa de hipofunção hepática

Indica: que a pessoa tem ideias exageradas a respeito de tudo o que é ruim à sua volta.

• pode ser Júpiter (exacerba) em Peixes (desordem). *Florais:* Agrimony (faz a pessoa ser verdadeira, equilibra o exagero), White Chestnut (clareza), Rock Rose (limpa e purifica o sangue), Olive (dá ritmo ao coração) e mais os florais dos signos que regem a casa onde está o planeta e a casa oposta a ela.

Disfunções do

• pode ser Marte (energia para o sangue) em Gêmeos (carrega o sangue). *Florais:* Impatiens (força e energia, ao sangue, dá ritmo à circulação do sangue na cabeça), Cerato (leva o sangue com equilíbrio a todo o corpo) e mais os florais dos signos que regem a casa onde está o planeta e a casa oposta a ela.

Disfunções no

• pode ser Vênus (sangue é alegria de viver) em Aquário (excesso de eletricidade). *Florais:* Wild Rose (saúde para o sangue), Gentian (segurança interior, energia para o sangue), Scleranthus (equilibra as funções), Water Violet (purifica o sangue) e mais os florais dos signos que regem a casa onde está o planeta e a casa oposta a ela.

Envenenamento do

E problemas oculares, como glaucoma e catarata, relacionados ao cólon.

Indica: que a pessoa não quer ser quem verdadeiramente é.

• pode ser Lua (emoções) em Aquário (reclusão). *Florais:* Clematis (coloca os pés no chão), Water Violet (faz a purificação do sangue) e mais os florais dos signos que regem a casa onde está o planeta e a casa oposta a ela.

Envenenamento do sangue das pernas

• pode ser Marte (circulação do sangue na cabeça) em Aquário (enche de eletricidade, pernas). *Florais:* Impatiens (equilibra a circulação do sangue), Water Violet (faz a purificação do sangue) e mais os florais dos signos que regem a casa onde está o planeta e a casa oposta a ela. Ajudar com Hornbeam (energia) e Agrimony (faz a pessoa ser verdadeira, purifica o sangue), de acordo com a parte da perna que estiver afetada (Saturno rege a parte de baixo, e Sagitário as coxas).

Envenenamento no

• pode ser Júpiter (exacerba) em Aquário (eletricidade). *Florais:* Agrimony (purifica o sangue, faz a pessoa ser verdadeira), Water Violet (purifica o sangue) e mais os florais dos signos que regem a casa onde está o planeta e a casa oposta a ela.

Envenenamento por falta de oxigenação

Podendo ocasionar memória deficiente, letargia e fadiga.

• pode ser Netuno (desordem) em Aquário (oxigenação). *Florais:* White Chestnut (clareia, limpa), Rock Rose (glóbulos brancos do sangue, limpa e purifica o sangue), Water Violet (purifica o sangue), Cerato (trabalha o sistema respiratório), Olive (dá ritmo ao coração) e mais os florais dos signos que regem a casa onde está o planeta e a casa oposta a ela.

Insuficiência venosa

• pode ser um mau aspecto entre Vênus (sangue) e o ascendente. *Florais:* Gentian (segurança interior), Scleranthus (equilíbrio do sistema sanguíneo), Wild Rose (sangue e alegria) e mais o floral do signo do ascendente e os florais dos signos que regem a casa onde está o planeta e a casa oposta a ela.

Problemas por falta de filtragem dos resíduos tóxicos

• pode ser Saturno (segura, retém) em Libra (equilíbrio). *Florais:* Rock Water (flexibilidade), Mimulus (tira os medos que nos atormentam no dia a dia), Scleranthus (equilíbrio), Agrimony (purifica e desintoxica o sangue) e mais os florais dos signos que regem a casa onde está o planeta e a casa oposta a ela.

Problemas relacionados ao cólon, envenenamento por monóxido de carbono

• pode ser Sol (efusivo) em Aquário (reclusão). *Florais:* Vervain (dá ritmo ao sangue), Water Violet (ação purificadora) e mais os florais dos signos que regem a casa onde está o planeta e a casa oposta a ela.

Superaquecido

• pode ser Marte (calor) em Aquário (frio). *Florais:* Impatiens (dá ritmo à circulação do sangue na cabeça), Water Violet (purifica o sangue) e mais os florais dos signos que regem a casa onde está o planeta e a casa oposta a ela.

sarcoidose ....

Definição: Moléstia de etiologia desconhecida, caracterizada por ocorrência de lesões granulomatosas disseminadas, que podem afetar qualquer órgão ou tecido do corpo, mas o mais comum é afetar o fígado, a pele, os pulmões, os linfonodos, o baço, os olhos e os ossos pequenos das mãos e dos pés.

Em geral

• pode ser um mau aspecto entre Júpiter (fígado) e Netuno (desordem). *Florais:* Agrimony (depurador do sangue, bom para o fígado e baço), Honeysuckle (por ser doença genética), Rock Water (dá flexibilidade às juntas, cuida da pele e dos ossos), Mimulus (tira os medos do dia a dia e dos sentimentos, cuida da pele), Wild Rose (dá saúde à pele e ao sangue, alegria de viver), Pine (tira as culpas, é o grande remédio do pulmão), Beech (ossos), Vine (dá luz interior, bom para o baço), Gentian (dá entendimento da vida, cuida do baço), Crab Apple (limpa o baço), Red Chestnut (aproxima o anjo da guarda, bom quando tem excesso de preocupações), Vervain (cuida do coração, que cuida de todos os outros órgãos; rege o olho direito do homem e esquerdo da mulher), Clematis (faz funcionar o órgão que não funcionava e rege o olho direito da mulher e esquerdo do homem), Cerato (saúde das mãos), Rock Rose (saúde aos pés, ativa o sistema imunológico), Cherry Plum (é o grande remédio desta doença, dá bons sentimentos e pensamentos que fazem a cura), Gorse (tira o efeito colateral do remédio e dá a fé, para haver a cura) e mais os florais dos signos que regem as casas onde estão os planetas e as casas opostas a elas.

saturno (planeta)..................

Rege Capricórnio, onde está em domicílio; fica em exílio em Câncer e Leão; fica em exaltação em Libra e em queda em Áries. Leva 29 anos e seis meses para percorrer o zodíaco, onze meses e dois dias para percorrer o signo.

Relaciona-se com

• Terra, masculino, yin, restrição, chumbo.

Bem aspectado

• traz paciência, precaução, temperança, responsabilidade, disciplina, economia, justiça, profundidade de pensamento.

Mal aspectado

• traz frieza, hipocrisia, severidade, vingança, dogmatismo, avareza, misoginia, negativismo, desconfiança, egoísmo, intransigência.

Rege

• a desaceleração dos ritmos biológicos; a redução da atividade mental, do metabolismo, da produção de calor do corpo; lentidão de pensamento; pele, ligamentos, depressão, suor, lágrimas, saliva, secreções respiratórias, envelhecimento, cabelos, dentes, ossos, esqueleto, joelhos, orelha direita, órgãos da audição, glândulas paratireoides, proteínas do corpo, longevidade.

Floral básico: Rock Water (tira as limitações, traz flexibilidade).

Em relação aos outros florais

• Agrimony ajuda Saturno ao eliminar as doenças causadas pela rigidez, mas com alegria de ser quem verdadeiramente somos.

• Honeysuckle ajuda Saturno ao trazer à tona o passado para que possa ser eliminado; ao tirar o luto e trazer vida.

• Holly ajuda Saturno ao dar força aos ossos.

• Pine ajuda Saturno ao tirar as culpas que acompanham nosso carma (Pine liberta das coisas que sabemos serem descabidas, mas que nos foram impostas durante muitas gerações; temos dentro de nós as verdadeiras leis do certo e do errado).

• Sweet Chestnut ajuda Saturno ao dar entendimento para transpormos nossas limitações.

• White Chestnut ajuda Saturno ao trazer clareza a tudo o que está obscuro.

• Chestnut Bud ajuda Saturno ao fixar nosso conhecimento para conseguirmos transpor o karma.

• Mimulus ajuda Saturno ao tirar os medos do dia a dia e dos sentimentos para transpormos as limitações.

• Cerato ajuda Saturno ao ativar nosso mestre interior, tornando nossa vida mais leve, pois atenua o peso de Saturno.

• Water Violet ajuda Saturno ao eliminar a rigidez do corpo, a artrose, a artrite e a pele envelhecida.

• Beech ajuda Saturno ao quebrar nossas limitações.

• Chicory ajuda Saturno ao ensinar a compaixão, o amor ao próximo e o entendimento do outro.

• Centaury ajuda Saturno ao trazer autoconhecimento, livrando-nos de nossas limitações.

• Larch ajuda Saturno ao favorecer a ação para começar ou recomeçar.

• Willow ajuda Saturno ao dar compreensão para amarmos o que fazemos.

• Heather ajuda Saturno ao desbloquear Plutão ou Escorpião a fim de eliminar as doenças ósseas, articulares, degenerativas e inflamatórias.

• Gentian ajuda Saturno ao dar segurança interior para nossa caminhada na vida.

• Gorse ajuda Saturno ao mostrar através do amor que o tempo não existe, o que torna tudo mais fácil.

saúde fraca ....

Definição: Condição em que todas as funções do corpo e da mente estão fracas.

Florais básicos: Rescue Remedy (resgata o organismo de qualquer situação), Pine (tira as culpas), Holly e Mustard (se houver depressão).

Florais auxiliares: Hornbeam (força e energia), Wild Oat (dá metas, ativa a vontade de levantar e fazer), Larch (ativa a ação), Vervain (vitalidade), Gentian (energiza o vaso do coração), Holly (limpa o ruim, dá aceitação), Star of Bethlehem (tira e cicatriza os traumas), Vervain (saúde do coração que dá saúde aos outros órgãos).

Em geral

• pode ser um problema com Netuno ou Peixes (desordem). *Florais:* Rock Rose (tira o pânico que causou a desordem) e White Chestnut (clareia para organizar a desordem).

• pode ser um mau aspecto entre o Sol (orgulho, vitalidade) e Netuno (desordem). *Florais:* Vervain (energia vital), Rock Rose (tira o pânico), White Chestnut (dá clareza) e mais os florais dos signos que regem as casas onde estão os planetas e as casas opostas a elas.

scleranthus (floral)................

Equilíbrio.

Relaciona-se com

• Libra, Vênus e as partes do corpo relacionadas.

Ajuda em caso de

• sintomas muito confusos, indecisão, oscilação, estagnação, doença mental, hipocondria, doenças que variam entre o estado crônico e o agudo, bloqueio dos pensamentos, confusão de sentimentos, bloqueio da expressão e comunicação, irritabilidade; grávida que não aceita a gravidez.

• labirintite, deformação óssea, cabeça retraída em direção ao ombro, queixo saliente, febre que não se define, estômago sensível, vômitos seguidos.

É bom para

• quem não consegue decidir entre duas coisas, quem é quieto, calado.

• ensinar integridade, virtude, definição da postura perante a vida, a própria verdade, ação de acordo com os princípios interiores, decisão correta, tomada de decisão, postura definida perante a vida, equilíbrio dos chakras, clarear a confusão dos pensamentos, vencer a insegurança.

• equilibrar o timo (consciência emocional).

Em associação com outros florais

• Scleranthus + Agrimony: para quem é falso consigo mesmo.

Em relação aos planetas

• ajuda Mercúrio ao trazer clareza mental, ao tirar os bloqueios e a confusão mental, ao dar coragem e serenidade.

• ajuda Júpiter ao tirar nossa fragilidade e oscilação e nos trazer definição para enfrentar a verdade.

• ajuda Netuno ao liberar nosso lado criativo.

• ajuda a Lua ao dar estabilidade às emoções em relação às fases lunares, trazendo equilíbrio.

secreção ....

Definição: Processo pelo qual as células dos órgãos glandulares produzem certos materiais a partir do sangue; a substância produzida pelos órgãos glandulares.

Regência: Saturno rege as secreções e os florais são Rock Water (flexibilidade) e Mimulus (medos que nos atormentam no dia a dia); a Lua (emoções) rege as secreções glandulares e o floral é Clematis (tira do mundo da lua e coloca os pés no chão); Gêmeos (pensamentos) rege as secreções respiratórias e o floral é Cerato (ativa o mestre interior, dá sabedoria).

seios ....

Definição: Na fêmea, estruturas glandulares cutâneas que secretam leite; glândulas mamárias. Os seios representam a autovalorização, os sentimentos afetivos e a nutrição. Seios caídos significam não querer peitar a vida.

Regência: Gêmeos (pensamentos) rege os seios e o floral é Cerato (sabedoria); Câncer (emoções) rege as glândulas mamárias e a cavidade dos seios, e o floral é Clematis (coloca os pés no chão); Vênus (feminilidade) rege os seios e os florais são: Wild Rose (alegria), Gentian (segurança) e Scleranthus (equilíbrio).

seio da face.........................

Definição: Ou seio frontal, é uma cavidade irregular no osso frontal, de cada lado da linha média e acima da ponte nasal; um ducto conduz as secreções até a parte superior das narinas.

Regência: Câncer (emoções) rege os seios da face e o floral é Clematis (coloca os pés no chão).

sela túrcica ....

Definição: Concavidade na superfície superior do corpo do osso esfenoide, que abriga a hipófise cerebral (glândula pituitária).

Regência: Câncer rege a sela túrcica e o floral é Clematis.

Aumento da

• pode ser uma desarmonia de Júpiter (exacerbação) em Câncer (emoções). *Florais:* Agrimony, Clematis e mais os florais dos signos que regem a casa onde está o planeta e a casa oposta a ela.

selênio

Definição: Elemento químico que se assemelha ao enxofre; é considerado um nutriente essencial, intimamente relacionado às complexas funções enzimáticas e metabólicas; assegura o crescimento corporal e participa da fertilidade; como a vitamina E, é um antioxidante natural dos ácidos graxos poli-insaturados que solidificam as proteínas dos tecidos; parece também interceptar os radicais livres, que participam dos processos de envelhecimento da pele; além disso, ajuda a evitar lesões desnecessárias às hemácias, causadas pelos processos oxidantes; a falta de selênio pode causar disfunção hepática, mas o excesso pode causar a morte.

Regência: Marte rege o selênio e o floral é Impatiens.

Sintomas de deficiência

• o envelhecimento prematuro parece ser o único sinal da existência de uma deficiência de selênio; qualquer projeto de suplementação deve ficar sujeito a rígida orientação médica.

semiespinhal do tórax

Definição: Camada profunda do músculo das costas, dividida em três partes e localizada de cada lado da coluna vertebral. Os músculos representam a habilidade para enfrentar as diferentes situações da vida.

Regência: Leão rege as camadas espinhal e semiespinhal do tórax e o floral é Vervain.

Florais auxiliares: Rescue Remedy, Holly (tiram a tensão), Pine e Honeysuckle (por as costas estarem relacionadas ao passado). Olive (bom para doenças degenerativas, atrofias musculares, tonifica), Holly (bom para tirar a dor de quando se toma Star of Bethlehem para cicatrizar problemas emocionais, que faz os músculos doerem muito), Gentian (bom para musculatura flácida), Rock Water (vitalidade), Cherry Plum (limpa a resistência a novas experiências, tira as manchas dos sentimentos malresolvidos), White Chestnut (bom para musculatura tensa, com nódulos de tensão, câibras), Beech (tira rigidez, tensão lombar e sacral, cervical e dos ombros, que atrofiam quando se perde o poder), Star of Bethlehem (mexe com a memória muscular e traz à tona os aprendizados das cicatrizes emocionais passadas, regenera as áreas traumatizadas), Hornbeam (tônus muscular, harmoniza ossos, músculos e articulações), Centaury (tira as tensões dos músculos abdominais, bom para músculos de sustentação do abdome, quadril e coxas, ou qualquer miopatia e polimiosite), Oak (tira a tensão da musculatura, bom para quem carrega o mundo nas costas), Vervain (equilibra a parte nervosa dos nervos dos músculos), Rescue Remedy (melhora a contração muscular).

sensibilidade

Definição: Faculdade geral pela qual são percebidas as condições que estão fora ou dentro do corpo; capacidade de receber e responder a estímulos; como sentimos e compreendemos a nós, aos outros e à vida; a espiritualidade.

Florais auxiliares: Chestnut Bud (dá consciência da sensibilidade), Scleranthus (equilibra o eixo da coluna e por isso equilibra a sensibilidade), Heather (ativa a sensibilidade sensorial), Rock Water (bom para alterações na sensibilidade), Crab Apple + Wild Rose + Agrimony + Cherry Plum (aumentam a sensibilidade, faz sentir o corpo com profundidade), Walnut (une a sensibilidade com o racional), Willow (tira o ruim da sensibilidade, tira o excesso), Willow + Wild Rose (ajudam na sensibilidade do corpo, a pessoa passa a gostar mais de si mesma), Larch (tira a hipersensibilidade, aguça os cinco sentidos), Wild Rose (bom para os hipossensíveis, que sentem pouca dor e alegrias por problemas nos órgãos da sensibilidade), Chicory (sensibilidade na barriga), Centaury (aumenta a sensibilidade), Elm (por liberar endorfina, diminui a sensibilidade excessiva).

Extrema nos pés

• pode ser Vênus em Peixes. *Florais:* Wild Rose, Gentian, Scleranthus, White Chestnut, Rock Rose e mais os florais dos signos que regem a casa onde está o planeta e a casa oposta a ela.

sentido ....

Definição: Qualquer faculdade especial de sensação conectada a um órgão específico; cada parte do corpo pode sentir, mas os sentidos são cinco: olfato, paladar, visão, tato e audição.

Florais básicos: Star of Bethlehem (faz a limpeza dos sentidos ao tirar os traumas), Clematis (por falta de entendimento mental), Rock Water (trabalha os cinco órgãos dos sentidos) e Wild Rose (aguça os sentidos).

Florais auxiliares: Cerato (purifica os órgãos dos sentidos), Elm (aumenta a sensibilidade visual, olfativa, tátil, gustativa, auditiva), Heather (ativa a sensibilidade sensorial, por desbloquear a pineal), Rock Water (aguça os cinco sentidos), Walnut (aumenta a sensibilidade dos órgãos dos sentidos), Larch (aguça os cinco sentidos), Wild Rose (aguça os cinco sentidos), Star of Bethlehem (tira o adormecimento dos sentidos), Wild Oat (dá clareza aos sentidos), Chestnut Bud (para reaver a memória dos sentidos), Agrimony (para a pessoa voltar a ser quem verdadeiramente é).

septicemia ....

Definição: Presença de bactérias patogênicas no sangue.

Indica: que por falta de alegria a pessoa se deixa ser invadida; que falta vontade de viver ou pessoas que vivem no mundo da Lua como os cancerianos.

Florais auxiliares: Crab Apple (limpa o sangue), Holly (elimina os venenos do sangue), Gorse (purifica o sangue, aumenta a energia vital), Willow (limpa o escuro do sangue), Beech (limpa o sangue), Vine (transforma o sangue, equilibra as alterações do sangue), Rock Rose (equilibra os níveis do sangue), Rock Rose (bom para o sangue descompensado), Aspen (tira as doenças do sangue), Clematis (faz a pessoa colocar os pés no chão e não deixar a doença entrar), Vervain (dá energia vital ao sangue).

Em geral

• pode ser uma desarmonia de Lua (emoções) em Sagitário (exacerba). *Florais:* Clematis (coloca os pés no chão, problemas por falta de alegria na vida), Agrimony (faz a pessoa ser verdadeira, limpa os venenos do sangue) e mais os florais dos signos que regem a casa onde está o planeta e a casa oposta a ela.

serrátil

Definição: Qualquer um dos diversos músculos que se originam nas costelas ou nas vértebras, em camadas distintas.

Os problemas indicam: falta de habilidade de agir frente às diversas situações da vida.

Regência: o Sol rege os músculos serráteis superior e posterior e o floral é Vervain.

sexualidade

Definição: Aspecto sexual; as diversas características que diferenciam o homem da mulher; constituição e vida do indivíduo em relação ao sexo.

Os problemas indicam: arrogância, vaidade e culto a si mesmo, instabilidade nas relações afetivas, falta de confiança no outro.

Florais básicos: Vine (para a pessoa fria, que gosta do poder; ou a que está insatisfeita e quer mais e mais sexo; ou a que não consegue ter prazer) e Clematis (para alterações sexuais; para ajudar casais que, sem motivo, não conseguem ter filhos).

Florais auxiliares: Clematis (alterações no sexo), Scleranthus (por ativar a pineal e deixar entrar a luz da sabedoria superior, dá integridade, amor verdadeiro, veracidade na vida, desenvolve a sensibilidade, tira a perversão sexual, ensina a sexualidade com amor), Heather (sexualidade com equilíbrio, aumenta a sensibilidade sensorial, bom para dar à criança que está descobrindo a palavra, que está associada a sentir prazer na vida; nessa mesma época ocorre o despertar da sexualidade, resolve o problema do atraso ou precocidade sexual, bom para dar satisfação sexual), Rock Water + Rock Rose (bom para quem tem problemas para atingir o orgasmo), Rock Water + Wild Rose (aumenta o prazer e a sensibilidade pessoal, ensina o amor, a ter prazer, a suavidade, a profundidade, ensina a estar presente nas situações da vida), Wild Rose (aumenta a sensibilidade sensorial, enche de amor), Centaury (equilibra a parte sexual do organismo, tanto do feminino como do masculino; bom para ovários, útero, mamas, próstata, regula os hormônios, o prazer sexual, aumenta a sensibilidade), Walnut (aumenta a sensibilidade dos órgãos dos sentidos).

Retardo no desenvolvimento da

• pode ser uma desarmonia de Lua (emoções) em Leão (orgulho). *Florais:* Clematis (coloca os pés no chão), Vervain (relaxa) e mais os florais dos signos que regem a casa onde está o planeta e a casa oposta a ela, Heather (bom para retardo no desenvolvimento sexual).

simpático

Definição: Uma grande parte do sistema nervoso autônomo; consiste em gânglios, nervos e plexos que inervam os músculos involuntários; quase todos os nervos do sistema são motores, mas alguns são sensitivos.

Regência: Aquário rege o simpático e o floral é Water Violet.

síndrome

Definição: Conjunto de sinais e sintomas de uma função desorganizada relacionados entre si por meio de alguma peculiaridade anatômica, fisiológica ou bioquímica.

Florais auxiliares: Red Chestnut (síndrome do pânico; o não entendimento do outro em sua vida causa uma grande desordem interior), Cherry Plum (síndrome do pânico; clareia a mente), Willow (síndrome pré-menstrual, por a pessoa ser muito sensível e cheia de dores, por não se conformar com o que acontece na vida), White Chestnut (tira a obsessão, bom para processos psíquicos), Rock Rose (síndrome do pânico), Aspen (síndrome do pânico e outras; por medo do futuro, tira o medo perante a aventura do novo e do desconhecido na vida).

Convulsiva

Paroxismos de contrações e relaxamentos musculares involuntários.

• pode ser um mau aspecto entre o Sol e Urano. *Florais:* Vervain (relaxa), Water Violet (diminui a eletricidade) e mais os florais dos signos que regem as casas onde estão os planetas e as casas opostas a elas.

• pode ser um mau aspecto entre Marte e Urano. *Florais:* Impatiens (tira a impaciência), Water Violet (diminui a eletricidade) e mais os florais dos signos que regem as casas onde estão os planetas e as casas opostas a elas.

Da fadiga crônica

Indica: que a pessoa tem resistência e sente tédio e falta de amor pelo que faz.

Florais auxiliares: Olive (aumenta os anticorpos, dá ânimo), Elm (tira o cansaço), Walnut (tira o cansaço do corpo), Willow (tira o cansaço da vida, dá energia), Hornbeam (energia, força física, ânimo, prazer no trabalho, vontade de ação), Larch (dá ação e vontade de viver).

• pode ser um mau aspecto entre o Sol (vitalidade) e Netuno (desordem). *Florais:* Vervain (energia), Rock Rose (tira o pânico que causou a desordem), White Chestnut (clareia para organizar a desordem) e mais os florais dos signos que regem as casas onde estão os planetas e as casas opostas a elas.

Da má absorção

• pode ser uma desarmonia de Júpiter (exacerba) em Virgem (sistema digestório), atua na absorção dos alimentos. *Florais:* Agrimony (limpa o organismo para que haja uma boa absorção dos alimentos), Centaury (é o grande floral que ajuda na absorção dos alimentos no organismo) e mais os florais dos signos que regem a casa onde está o planeta e a casa oposta a ela.

Da secreção inadequada de ADH (hormônio antidiurético, vasopressina)

• pode ser uma desarmonia de Júpiter (exacerba) em Escorpião (sistema urinário). *Florais:* Agrimony (equilibra), Heather (bom para a saúde do sistema urinário) e mais os florais dos signos que regem a casa onde está o planeta e a casa oposta a ela.

De Cushing

Por excesso de hormônios, causando uma puberdade muito adiantada ou uma supermasculinização no adulto.

• pode ser um mau aspecto entre Mercúrio (rege os hormônios) e Vênus (rege o lado feminino) se um deles fizer um mau aspecto com Marte ou Áries (o lado masculino). *Florais:* Cerato (equilibra os hormônios), Gentian (segurança interior), Scleranthus (equilibra os hormônios), Wild Rose (lado feminino), Impatiens (lado masculino) e mais os florais dos signos que regem as casas onde estão os planetas e as casas opostas a elas.

De Guillam-Barret

Inflamação da raiz dos nervos, próxima à medula, causada por uma reação ou uma virose.

Florais auxiliares: Elm (desbloqueia, tira os pontos de estagnação, melhora a sensibilidade dos nervos, elimina as viroses), Wild Oat (energiza os nervos desde os pés), Water Violet (tira as dores por amenizar a parte elétrica), Hornbeam (tira as dores por desbloquear as energias), Rescue Remedy (limpa os bloqueios), Centaury (acalma os nervos), Vervain (relaxa os nervos).

• pode ser um mau aspecto entre Vênus (histérica) e Urano (eletricidade) se também fizerem um mau aspecto com Mercúrio (pensamentos), Saturno (frio) e Plutão (sistema nervoso). *Florais:* Gentian (segurança interior), Scleranthus (equilíbrio), Wild Rose (alegria), Water Violet (eletricidade), Cerato (equilibra os pensamentos), Mimulus (tira os medos), Rock Water (flexibilidade), Heather (acalma os nervos) e mais os florais dos signos que regem as casas onde estão os planetas e as casas opostas a elas.

De Haman-Hisch

Fibrose do pulmão ou bronquite crônica, de causa desconhecida, mais comum em mulheres.

Indica: emoção reprimida que precisa ser abortada.

• pode ser um mau aspecto entre Mercúrio (sistema respiratório) e Júpiter (exacerba), em Gêmeos (brônquios), com um mau aspecto com Netuno (desordem). *Florais:* Cerato (bom para bronquites), Agrimony (faz a pessoa ser verdadeira), Rock Rose (tira o pânico), White Chestnut (clareia) e mais os florais dos signos que regem as casas onde estão os planetas e as casas opostas a elas. Ajudar com Crab Apple.

De Meunière

• pode ser um mau aspecto entre Marte (ação) e Júpiter (exacerba) se um deles tiver um mau aspecto com Vênus (feminino). *Florais:* Impatiens (ação consciente), Agrimony (faz a pessoa ser verdadeira), Gentian (segurança), Scleranthus (equilíbrio), Wild Rose (alegria) e mais os florais dos signos que regem as casas onde estão os planetas e as casas opostas a elas.

De Zollinger-Ellison

Tumores pancreáticos não secretores de insulina, que secretam quantidades excessivas de gastrina; isso estimula o estômago, que secreta então uma grande quantidade de ácido clorídrico e pepsina, o que, por sua vez, leva à formação de úlcera péptica no estômago e intestino delgado (60% podem ser malignos).

Indica: que por falta de coisas boas na vida a pessoa se sente profundamente magoada.

• pode ser um mau aspecto entre Mercúrio (entendimento) e Netuno (desordem). *Florais:* Cerato (dá o entendimento, ativa o mestre interior), Rock Rose (tira o pânico), White Chestnut (clareia) e mais os florais dos signos que regem as casas onde estão os planetas e as casas opostas a elas.

• pode ser um mau aspecto entre Mercúrio (pensamentos) e Júpiter (exacerba). *Florais:* Cerato (ativa o mestre interior), Agrimony (faz a pessoa ser verdadeira, o que acaba com qualquer úlcera) e mais os florais dos signos que regem as casas onde estão os planetas e as casas opostas a elas.

Do cólon irritável

Afecção gastrintestinal; síndrome de mobilidade desordenada que envolve os intestinos delgado e grosso.

Indica: que a pessoa faz uma análise excessivamente crítica.

• pode ser um mau aspecto entre Mercúrio (pensamento) em Virgem (crítica excessiva) e Netuno (desordem). *Florais:* Cerato (dá o entendimento, ativa o mestre interior), Rock Rose (tira o pânico que causou a desordem, limpa, purifica, melhora a absorção dos nutrientes no organismo), White Chestnut (clareia), Centaury (sistema digestório) e mais os florais dos signos que regem as casas onde estão os planetas e as casas opostas a elas.

Do pânico

Distúrbio de ansiedade caracterizado por ataques de pânico.

Florais auxiliares: Red Chestnut (o não entendimento do outro em sua vida provoca uma grande desordem interior), Cherry Plum (clareia a mente), White Chestnut (tira a obsessão, bom para todos os processos psíquicos), Rock Rose (tira o pânico), Aspen (tira o medo do futuro, da aventura do novo e do desconhecido).

• pode ser um mau aspecto entre a Lua (sentimentos e emoções) e Netuno (desordem). *Florais:* Clematis (coloca os pés no chão), Rock Rose (tira o pânico), White Chestnut (dá clareza) e mais os florais dos signos que regem as casas onde estão os planetas e as casas opostas a elas.

Hemolítico-urêmica

Distúrbio agudo que consiste em anemia hemolítica microangiopática, trombocitopenia e nefropatia aguda.

Indica: falta de alegria de viver por causa de conflitos entre casais, desapontamentos, críticas, vergonha, medo, fracasso.

Florais básicos: Rescue Remedy (resgata de qualquer doença), Pine (tira as culpas), Holly (dá o entendimento, faz aceitação), Cherry Plum (faz entender dentro e fora) e Crab Apple (limpa o ruim).

Florais auxiliares: Olive (por desequilíbrio no coração, dá anemia), Wild Oat (bom para crianças que não comem por falta de interesse, melhora a absorção dos alimentos), Hornbeam (firma o elemento ferro no organismo, é tônico), Rock Rose (por pânico, por choque), Aspen (bom para anemia hemolítica, genética, falciforme, para os que pensam que vão morrer a cada crise), Centaury + Wild Rose (sangue e alegria) + Olive (acabam com qualquer tipo de anemia), Vervain (acaba com a anemia por fluxo menstrual excessivo), Elm (bom para anemia), Clematis (por não estar presente na vida), Vervain (vitalidade ao sangue).

• pode ser uma desarmonia de Júpiter (exacerba) em Libra (equilíbrio). *Florais:* Agrimony (faz a pessoa ser verdadeira), Scleranthus (equilíbrio) e mais os florais dos signos que regem a casa onde está o planeta e a casa oposta a ela.

Hipercolesterolemia

Quantidade excessiva de colesterol no sangue.

Indica: medo de aceitar a alegria.

Florais básicos: Red Chestnut (medos que desarmonizam os sistemas), Crab Apple (depura o sangue), Vine (acaba com o desequilíbrio do colesterol), Gorse (equilibra).

• pode ser uma desarmonia de Júpiter (exacerba) em Leão (ego, orgulho). *Florais:*

Agrimony (faz a pessoa ser ela mesma, equilibra o sangue),Vervain (bom para fluidos vitais) e mais os florais dos signos que regem a casa onde está o planeta e a casa oposta a ela.

síntese da proteína e da proteína dos ossos ....

Definição: A proteína é uma substância pertencente a uma classe de compostos nitrogenados complexos que ocorrem naturalmente em plantas e animais e geram aminoácidos ao serem hidrolisados; as proteínas proporcionam os aminoácidos essenciais para o crescimento e regeneração dos tecidos animais.

Regência: Capricórnio rege a síntese da proteína e da proteína dos ossos, e os florais são: Mimulus (tira os medos que nos atormentam no dia a dia) e Rock Water (flexibilidade, osteoporose, descalcificação, deformações).

Florais auxiliares: Rescue Remedy (forma calo ósseo, calcifica), Clematis (problemas nos ossos), Cerato (bom para ossos frágeis), Gentian (deformações ósseas), Scleranthus (desvio do eixo do corpo), Wild Oat (dá estrutura), Beech, Rock Water, Vine, Vervain, Chicory (quando pessoas poderosas sofrem de labirintite por causa da rigidez), Heather (tira a rigidez, bom para articulações, problemas degenerativos e inflamatórios), Willow + Hornbeam (deformações ósseas, articulares, fortalecem, dão estruturação e sustentação), Wild Oat (estrutura para o esqueleto, osteoporose, postura, defeitos, lombalgia, desvios na região cervical), Star of Bethlehem (cicatriza), Oak (deformações).

sinusite ....

Definição: Inflamação dos seios da face.

Indica: liberação de emoções negativas, sensação de esgotamento emocional por brigas com as pessoas mais próximas, problemas de comunicação.

Regência: Câncer rege os seios da face e o floral é Clematis.

Floral básico: Heather (problemas de comunicação).

Florais auxiliares: Holly (para as contrariedades), Pine, Agrimony (por a pessoa sentir falta de aceitação do mundo) e Crab Apple (se for sinusite purulenta e infecciosa; atua como antibiótico natural), Red Chestnut (se for por medos e preocupações), Crab Apple (atua como antibiótico natural, limpa as emoções), Cherry Plum (faz a eliminação dos maus pensamentos através da sinusite, os maus pensamentos se transformam em péssimos sentimentos que fabricam manchas que se transformam em somatizações; tira a dor), White Chestnut (clareia à volta, resolve os problemas mostrando a verdade), Holly (acalma a sinusite), Hornbeam (quando é crônica, torna aguda e faz a eliminação), Aspen (bom para qualquer alergia com catarro); ajudar com Crab Apple, Agrimony, Wild Rose, Cherry Plum (todos eliminam os motivos que levaram à doença); Centaury e Rescue Remedy (acabam com a sinusite).

Crônica

• pode ser um mau aspecto entre o Sol (rígido e eufórico) e Plutão. *Florais:* Vervain (expectorante), Heather (pode tirar os bloqueios e as doenças da laringe) e mais os florais dos signos que regem as casas onde estão os planetas e as casas opostas a elas.

sistema circulatório ....

Definição: Sistema que governa a circulação cardiovascular e linfática dos líquidos corporais; sistema vascular.

Regência: Gêmeos rege o sistema circulatório e o floral é Cerato; o Sol rege o sistema circulatório e o floral é Vervain; Vênus rege o sangue e o floral é Wild Rose.

Florais auxiliares: Gentian (dá ritmo à frequência circulatória), Hornbeam (bom para congestão circulatória, por energizar o que fica estagnado no chakra básico, bom para braços e pernas, melhora a circulação do períneo, bom para hemorroidas), Impatiens (dá ritmo e equilíbrio à circulação do sangue na cabeça), Honeysuckle (limpa os sistemas congestionados pelo passado, bom para o sistema linfático), Clematis (bom para o sistema linfático), Scleranthus (equilibra os sistemas quando estão oscilando), Rescue Remedy (bom para harmonizar, equilibrar, direcionar, controlar as reações e os sistemas).

sistema digestório ....

Definição: Canal alimentar constituído de boca, dentes, língua, laringe, faringe, esôfago, intestino delgado, intestino grosso e glândulas acessórias (glândulas salivares, fígado e pâncreas).

Os problemas indicam: que os alimentos são encarados como substitutos do amor e do afeto (a satisfação equivale a ser amado, e a frustração a ser rejeitado).

Regência: Virgem (pessoas críticas) rege o sistema digestório e o floral é Centaury (ensina a pessoa a parar de engolir por muito tempo as coisas ruins da vida); Câncer e a Lua (pessoas que vivem no mundo da lua) regem o estômago e o floral é Clematis (coloca os pés no chão); a Lua rege o estreitamento do sistema digestório e o floral é Clematis (regenerador); Capricórnio rege as vísceras digestórias e os florais são: Mimulus (melhora as respostas aumentadas, cura infecções por bactérias, vírus, verminoses, faz vencer os bichos interiores, dá saúde ao estômago) e Rock Water (por ensinar a flexibilidade nas atitudes, melhora os problemas digestórios).

Florais auxiliares: Agrimony (para limpar as vias digestórias), Rescue Remedy (equilibra, harmoniza, controla as reações, direciona), Vine (bom para todo o sistema digestório desde a boca até o intestino, ativa o plexo solar, tira os problemas digestórios e o desequilíbrio do plexo solar), Holly (por dar aceitação dos problemas, encher de amor, torna a digestão perfeita), Impatiens (dá o ritmo correto ao sistema digestório), Chicory (sana as necessidades, acaba com os apegos, inclusive com relação à comida, melhora a digestão).

sistema endócrino ....

Definição: Sistema que engloba as glândulas sem ducto ou as glândulas de secreção interna, que são o corpo pineal, o pâncreas, os paragânglios e as glândulas pituitária, tireoide, paratireoide e adrenal.

O sistema endócrino representa as nossas referências e iniciativas. Falta de doçura na vida, falta de tempo para si, cansaço de tudo, vontade de desistir.

Regência: Mercúrio (pensamentos) rege o sistema endócrino e o floral é Cerato (ativa o mestre interior, sabedoria); Júpiter (exacerba) rege o sistema endócrino e o floral é Agrimony (faz a pessoa ser verdadeira, aprender a se agradar); Netuno (desordem) rege o sistema endócrino e os florais são: White Chestnut (clareia, faz ver) e Rock Rose (tira o pânico que causou a desordem).

Florais auxiliares: Willow (tira o amargo da vida), Star of Bethlehem (quando o estado de choque compromete o ritmo das células corporais e outras glândulas, traz de volta a inocência), Pine (tira os nós dos sentimentos e pensamentos), Cherry Plum (dá bons sentimentos e pensamentos), Clematis (ativa a pineal), Chestnut Bud (atua na pineal, que tem conexão com a pele, musculatura, tegumentos, coração, cobertura, revestimento e sensibilidade), Scleranthus (ativa o sétimo chakra, o coronário, que fica na pineal, deixa entrar a luz que energiza o corpo, ativa o timo, onde se fabrica a vida, dá equilíbrio e mutação, que transforma a indecisão, a oscilação, a estagnação, para ativar a decisão, a certeza de continuar em frente, ensina o "eu sou", a totalidade, dá individualidade), White Chestnut (enche de energia por ativar a pineal, faz entrar a luz superior), Hornbeam (bom para ativar a pineal), Centaury (ativa a pineal, que fabrica anticorpos e por isso aumenta a resistência).

sistema excretor ....

Definição: Sistema que faz a excreção do material inútil.

Os problemas indicam: que a pessoa guarda o lixo mental e sentimental por tempo demais.

Regência: Plutão (poder) rege o sistema excretor e o floral é Heather (ensina a comunicação, a não querer ser dono do outro).

Florais auxiliares: Rock Rose (ativa os movimentos peristálticos do intestino), Crab Apple (limpa), Centaury (movimentos peristálticos intestinais).

sistema imunológico ....

Definição: Sistema graças ao qual o organismo se defende contra as infecções causadas por agentes patogênicos (vírus, bactérias, fungos e parasitas) e contra corpos estranhos de modo geral.

Regência: o Sol rege o sistema imunológico e o floral é Vervain.

Florais auxiliares: Rescue Remedy (harmoniza, controla os sistemas, as reações, equilibra e direciona), Cherry Plum (aumenta a defesa imunológica, equilibra o sistema imunológico), Elm (desbloqueia o sistema imunológico; bom para pessoas apáticas, sem forças), Crab Apple (limpa o sistema imunológico), Olive (ativa a formação de anticorpos, aumenta a defesa imunológica, dá vida).

sistema límbico.....................

Definição: Grupo de estruturas cerebrais que é ativado por um comportamento motivado e pela incitação sexual e influencia os sistemas endócrino e motor autônomo.

Regência: Plutão (órgãos sexuais) rege o sistema límbico e o floral é Heather.

Florais auxiliares: Rock Rose (ativa a kundalini; o plexo solar ativa o instinto de preservação da espécie, tira o medo da entrega ao outro para que aconteça o sexo, o orgasmo, para nascer a criação e preservar a espécie), Gorse (ativa a energia da kundalini, ensina o ciclo natural de tudo, começo, meio e fim).

sistema linfático ....

Definição: Sistema envolvido com a circulação da linfa; formado pelos vasos e ductos linfáticos e pelos órgãos linfáticos (linfonodos, tonsilas, timo e baço); é o sistema que defende o organismo das bactérias e vírus estranhos, e que comanda os leucócitos.

Indica: excesso de emoções negativas guardadas.

Regência: Peixes e Netuno (desordem) regem o sistema linfático e os florais são: White Chestnut (clareia para organizar a desordem) e Rock Rose (tira o pânico que causou a desordem, trabalha os movimentos peristálticos dos intestinos, ajuda a jogar fora o lixo guardado).

Florais auxiliares: Honeysuckle (para deixar o passado para trás), Clematis (elimina os problemas do sistema linfático), Elm (bom para pessoas que fazem trabalhos assistenciais e são tomadas por vírus e bactérias), Crab Apple (limpa as emoções ruins e as manchas causadas por estas emoções no sistema linfático), Cherry Plum (para mostrar a verdade dentro e fora, para dar bons sentimentos e pensamentos), Sweet Chestnut (dá a luz no fim do túnel).

Problemas com o

• pode ser Sol (euforia, orgulho) em Peixes (desordem). *Florais:* Vervain (vitalidade), White Chestnut (clareia, dá a verdadeira situação), Rock Rose (tira o pânico que causou a desordem) e mais os florais dos signos que regem a casa onde está o planeta e a casa oposta a ela.

Doenças crônicas relacionadas ao

• pode ser Plutão (poder, depressão, solidão) em Peixes (desordem, pânico). *Florais:* Heather (ensina a comunicação), White Chestnut (clareia as situações), Rock Rose (tira o pânico) e mais os florais dos signos que regem a casa onde está o planeta e a casa oposta a ela.

sistema muscular ....

Definição: Sistema que engloba todos os músculos.

Os problemas indicam: falha no modo de agir diante dos problemas da vida; medo de novas experiências.

Regência: Aquário rege o sistema muscular e o floral é Water Violet; Marte rege o sistema muscular e o floral é Impatiens.

Florais auxiliares: Olive (bom para doenças degenerativas, atrofias musculares, tonifica junto com Larch, Hornbeam, Wild Oat), Chestnut Bud (ativa os músculos e dá consciência), Holly (tira a tensão e a rigidez, bom para a couraça muscular), Star of Bethlehem (mexe com os músculos, ativa a memória muscular para trazer à tona os aprendizados das cicatrizes emocionais passadas, regenera as áreas traumatizadas, bom para quando se está cicatrizando os problemas emocionais, dá muita dor muscular por mexer na couraça muscular eliminando as cristalizações; ajudar com Holly), Gentian (para musculatura flácida), Rock Water (dá vitalidade), Cherry Plum (limpa as resistências a novas experiências), White Chestnut (tira os nódulos de tensão, cãibras e dores), Beech (tira a rigidez, a tensão lombar, sacral, cervical e dos ombros, que ficam atrofiados quando a pessoa perde o poder), Hornbeam (dá tônus muscular), Centaury (tira a tensão dos músculos abdominais, quadril e coxas), Oak (tira a tensão muscular), Vervain (equilibra a parte nervosa dos músculos), Rescue Remedy (melhora a contração muscular).

sistema nervoso ....

Definição: Sistema que engloba o cérebro, a medula espinhal, os gânglios e os nervos; o sistema nervoso central engloba apenas o cérebro e a medula espinhal.

Regência: Mercúrio (pensamentos) rege o sistema nervoso periférico e autônomo e os dois hemisférios cerebrais, e o floral é Cerato (bom para dificuldade de oxigenação cerebral, ativa o mestre interior); o Sol (ego, eufórico) rege o sistema nervoso central e o periférico, e o floral é Vervain (por equilibrar o sistema simpático e parassimpático equilibra os nervos); Aquário (recluso, elétrico) rege o sistema nervoso autônomo e o periférico, e o floral é Water Violet (eletricidade); Mercúrio (pensamento) rege o sistema nervoso autônomo e o periférico, e o floral é Cerato (ativa o mestre interior); Urano (curto-circuito) rege o sistema nervoso superior e o floral é Water Violet (melhora o curto-circuito).

Florais auxiliares: Elm (desbloqueia e desata os pontos de estagnação energética, dissolve os nódulos), Wild Oat (dá energia aos nervos do corpo todo), Star of Bethlehem (limpa e purifica os nervos), Hornbeam (tira as dores dos nervos por bloqueio de energia), Rescue Remedy (ajuda a limpar o que foi bloqueado e que dá tantas dores), Centaury (acalma os nervos), Cherry Plum (equilibra as descargas que dão curto-circuito, dores e irritabilidade), White Chestnut (por clarear os pensamentos, melhora o sistema nervoso).

Problemas com

• pode ser Marte (impaciência) em Gêmeos (pensamentos). *Florais:* Impatiens (tira a hipertensão), Cerato (bom para dificuldades de oxigenação do cérebro) e mais os florais dos signos que regem a casa onde está o planeta e a casa oposta a ela.

Problemas com o sistema nervoso central

• pode ser um mau aspecto entre Mercúrio (atua no sistema nervoso periférico e autônomo) e Marte (ação sem consciência). *Florais:* Cerato (bom para sistema nervoso periférico e autônomo), Impatiens (bom para dar direção e ritmo à energia) e mais os florais dos signos que regem as casas onde estão os planetas e as casas opostas à elas.

sistema ósseo ....

Definição: Sistema que sustenta o corpo.

Os problemas indicam: falta de flexibilidade perante os problemas da vida.

Regência: Saturno (rigidez) rege o sistema ósseo e os florais são: Mimulus (tira os medos) e Rock Water (flexibilidade). Leão (eufórico) rege a coluna vertebral e o floral é Vervain (relaxante).

Florais auxiliares: Crab Apple (limpa os problemas que causam problemas na coluna), Elm (tira os bloqueios da parte superior da coluna), Hornbeam (tonifica a coluna, tira os desvios, deixa a coluna ereta), Scleranthus (coloca a coluna no eixo), Willow (dá flexibilidade), Larch (bom para a base da coluna), Wild Oat (estrutura, energiza a coluna, dá boa postura, bom para osteoporose), Beech (acaba com as deformações ósseas da coluna), Hornbeam + Elm (deformações de coluna, ossos da coluna, desvios laterais, bico de papagaio, esporão, deformações nos pés e nas mãos), Aspen (tira os nódulos de tensão nas costas, deformações de coluna), Pine (tira os nódulos de tensão, cifose, peito curvado, coluna sensível), Vervain (tira as dores musculares da coluna).

sistema pielocalicinal ....

Definição: Sistema que compreende os cálices e os túbulos renais.

Os problemas indicam: questões emocionais que a pessoa não quer enfrentar.

Regência: Libra (equilíbrio ou desequilíbrio) rege o sistema pielocalicinal e o floral é Scleranthus (equilíbrio), Gêmeos rege os tubos e o floral é Cerato.

Floral auxiliar: Crab Apple (limpa), Rescue Remedy (resgata de qualquer doença), Clematis (faz funcionar o que não funciona), Vervain (dá saúde ao coração, que dá saúde a todos os órgãos).

sistema reprodutivo ....

Definição: Sistema que engloba as gônadas e suas estruturas e ductos associados; na mulher, consiste em ovários, trompas, útero, vagina e vulva; no homem, consiste em testículos, ductos aferentes, epidídimos, ductos deferentes, ducto ejaculador, uretra, glândulas acessórias, próstata e pênis.

Os problemas indicam: medo de se responsabilizar por uma nova vida ou problema de identidade.

Regência: Escorpião e Plutão (medo de perder o poder) regem o sistema reprodutivo e o floral é Heather (dá equilíbrio ao psicológico, bom para resolver); Gêmeos (pensador) rege os tubos do sistema reprodutivo e os florais são: Cerato (ativa o mestre interior), Clematis (útero; recomendado para o casal que já fez todos os exames, não encontra nada, e mesmo assim não consegue engravidar, problemas para engravidar), Water Violet (pessoas muito fechadas para a vida), Vervain (energia vital; se a mãe tomar este floral durante a gravidez, com certeza a criança nasce perfeita).

Florais auxiliares: Aspen (bom para o sistema ginecológico), Crab Apple (limpa os sistemas), Rescue Remedy (resgata de qualquer doença).

Problemas crônicos no

• pode ser Plutão em Escorpião (por ter medo de perder o poder, de ser soberano, e por problemas na área sexual, impotência ou problemas físicos nos órgãos sexuais). *Florais:* Heather (tira os bloqueios) e mais os florais dos signos que regem a casa onde está o planeta e a casa oposta a ela.

sistema respiratório ....

Definição: Sistema que engloba as vias e órgãos respiratórios: cavidades nasais, cavidade oral, faringe, laringe, traqueia e pulmões (que contêm os brônquios, os bronquíolos, os ductos alveolares e os alvéolos).

Os problemas indicam: emoção reprimida que precisa ser abortada.

Regência: Mercúrio rege o sistema respiratório e o floral é Cerato.

Florais auxiliares: Rescue Remedy (resgata de qualquer doença), Crab Apple (limpa, desbloqueia), Red Chestnut (bom para respiração com ritmo aumentado), Gentian (dá ritmo à frequência respiratória), Willow (para respiração sufocante, sibilosa), Olive (melhora a oxigenação), Rescue Remedy (alivia o sofrimento respiratório), Impatiens (equilibra os ritmos alterados da frequência respiratória), Aspen (por tirar o medo do futuro, dá uma boa respiração), Pine (bom para respiração angustiada, sufocante), Clematis (faz o que não funciona funcionar), Vervain (energia vital).

sistema vascular arterial ....

Definição: Sistema que engloba todos os vasos e artérias do corpo.

Regência: Sagitário (exacerba) rege o sistema vascular arterial e o floral é Agrimony (estabiliza); Sol rege a circulação arterial e o floral é Vervain (equilibra os movimentos do coração: expansão e contração).

Florais auxiliares: Rescue Remedy (harmoniza, equilibra, controla as reações, direciona), Crab Apple (limpa e desbloqueia), Scleranthus (equilibra os sistemas quando estão oscilando), Vervain (dá saúde ao coração, que dá saúde a todos os órgãos).

sódio ....

Definição: Elemento químico de número atômico 11 da família dos metais alcalinos. É encontrado em todos os organismos vivos; é obrigatório para a vida, pois está contido em todos os líquidos do organismo, como o soro, o sangue, a linfa, os tecidos; constitui aproximadamente 0,15% dos elementos do corpo.

Regência: Marte rege o sódio e o floral é Impatiens.

Sintomas de deficiência

• fraqueza generalizada, problemas nervosos, perda de peso, fome de sal, cãibra, problemas digestórios, vômito, elevação do nível de ureia no sangue, meningite tuberculosa; se a exaustão das adrenais for a causa básica da deficiência e o sódio for excretado pela urina, o potássio permanece nas células, resultando em fraqueza dos músculos, diminuição do tempo de contração muscular e paralisia parcial ou completa de certos músculos; pode haver comportamento histérico e depressão emocional, queda de cabelo, perda de olfato, alterações na acuidade visual (causando troca frequente das lentes dos óculos).

sol (planeta) ....

Rege Leão, onde está em domicílio; fica em exílio em Aquário; em exaltação em Áries e em queda em Libra. Leva um ano para percorrer o zodíaco, trinta dias e doze horas para percorrer o signo, e um dia para percorrer um grau.

Relaciona-se com

• masculino, positivo, yang, fogo, ouro ou platina.

Bem aspectado

• traz autoconfiança, generosidade, calor humano, criatividade, coragem, ambição, entusiasmo.

Mal aspectado

• traz hipertrofia do ego, dogmatismo, altivez, vaidade, presunção, arrogância, orgulho, autoritarismo.

Rege

• calor, fluido vital, energia criativa, consciência, parte superior das costas, baço, esperma, olho direito do homem e olho esquerdo da mulher, vitalidade, força, oxigenação do sangue, circulação arterial; sua energia influencia a visão, o coração, o cérebro, o sistema imunológico, o sistema nervoso, as artérias, o tônus vascular, lado direito do corpo.

Floral básico: Vervain.

Em relação aos outros florais

• Clematis ajuda o Sol ao trazer luz à nossa consciência e colocar nossos pés no chão para termos consciência do que estamos vivenciando.

• Sweet Chestnut ajuda o Sol ao dar forças para o renascimento após uma situação difícil.

• White Chestnut ajuda o Sol ao trazer claridade para nossa mente e entendimento para podermos refletir.

• Red Chestnut ajuda o Sol ao proporcionar a religação com a consciência universal e dar ritmo ao nosso coração.

• Mustard ajuda o Sol ao abrir caminho para entrar a luz do Sol, abrindo nosso coração, e nos dar energia e vontade de viver, tirando-nos da depressão.

• Mimulus ajuda o Sol ao eliminar nossos medos para conseguirmos alcançar nossas metas, e nos dar consciência das nossas limitações para podermos enfrentá-las.

• Oak ajuda o Sol ao nos dar invulnerabilidade para que nossa energia seja bem canalizada.

• Cerato ajuda o Sol ao nos dar consciência do físico para estarmos preparados para receber o conhecimento e a sabedoria.

• Beech ajuda o Sol ao ensinar nosso Sol a ser um bom pai, orientador e acolhedor.

• Rock Rose ajuda o Sol ao eliminar o pânico e ativar nosso herói interior para enfrentarmos o que tiver de ser enfrentado.

• Gentian ajuda o Sol ao ativar, com segurança interior, nosso lado masculino.

• Gorse ajuda o Sol ao abrir nosso coração para podermos dar esperanças aos outros, e ao trazer o amor que nos dá consciência e ilumina nossa vida.

• Vine ajuda o Sol ao trazer lucidez para acreditarmos em nosso poder interior de cura.

sono ....

Definição: Estado de repouso acompanhado por graus variáveis de consciência e relativa inatividade.

Florais auxiliares: Red Chestnut (bom para sono interrompido ou insônia por excesso de pensamentos), Clematis (bom para pessoas sonolentas), Chestnut Bud (bom para insônia), Willow (bom para insônia, pesadelos com: monstros, tragédias, cemitérios e mortes), Wild Oat (melhora o sono, é relaxante, dá dicas nos sonhos de que caminho tomar), Sweet Chestnut (bom para insônia de quem não para de pensar, ou pode ter sono profundo fora de hora para fugir dos problemas, dá o entendimento da situação).

Insônia, pesadelo, sono interrompido

• pode ser um mau aspecto entre o Sol (excesso de entusiasmo) e Netuno (desordem). *Florais:* Vervain (relaxante), Rock Rose (tira o pânico que causou a desordem), White Chestnut (clareia para arrumar a desordem) e mais os florais dos signos que regem as casas onde estão os planetas e as casas opostas a elas.

Distúrbios do

• pode ser um mau aspecto entre Mercúrio e Saturno, porque Saturno estagna o fluxo de Mercúrio, afetando a condução dos estímulos elétricos do sistema nervoso central. *Florais:* Cerato, Rock Water, Mimulus e mais os florais dos signos que regem as casas onde estão os planetas e as casas opostas a elas.

Sonhos recorrentes e pesadelos

• pode ser uma desarmonia de Lua em Escorpião. *Florais:* Clematis, Heather e mais os florais dos signos que regem a casa onde está o planeta e a casa oposta a ela.

star of bethlehem (floral) ....

Limpa os traumas.

Ajuda em caso de

• notícia grave, pesadelos, mágoa, raiva, indiferença, tristeza ou qualquer reação negativa.

• doenças autoimunes e autodestrutivas; câncer, AIDS, AVC; problemas nos músculos, no sistema nervoso, no sangue, nos líquidos cerebrais, nos hormônios, no coração, nos rins; gases estomacais e/ou intestinais; cicatrização tanto no nível físico quanto no emocional.

É bom para

• tirar os traumas, aproximar o físico da alma, trabalhar a luz na hora dos traumas; trazer serenidade e consolo; acordar do choque para a pessoa ter atitude; trazer aprendizado e uma postura nova; trazer luz à consciência para a pessoa se transformar, resgatar sua inocência e saber a direção a tomar.

• quem está angustiado e desesperado por um choque; quem se sente desarmado e indefeso; quem foi violentado; quem está desesperançado; quem esteve na guerra.

• a tireoide, pois o órgão mais afetado por um choque é a tireoide (que controla o ritmo de todas as células do corpo).

• prevenir contra o câncer após um trauma; purificar as células cerebrais do cerebelo; trazer relaxamento para as partes tensas do corpo após um trauma.

Em relação aos planetas

• ajuda a Lua ao limpar as emoções dos nossos sonhos.

• ajuda Vênus ao trazer de volta a sensibilidade do nosso corpo, que estava adormecida por causa dos traumas.

• ajuda Mercúrio ao trazer de volta nossa memória, que ficou afetada por causa do trauma sofrido.

• ajuda Júpiter ao fazer que mudemos nossas atitudes depois de um trauma.

• ajuda Urano ao tirar as dores que sofremos por lesões nos nervos após um trauma.

• ajuda Netuno ao nos trazer de volta a realidade após um trauma.

stress ....

Definição: Estado gerado quando um organismo, estrutura ou sistema recebe a ação de forças que promovem a ruptura do equilíbrio ou produzem tensão; psicologicamente, acontece quando o indivíduo passa por medo, ansiedade, crise, alergias.

Florais básicos: Rescue Remedy (traz equilíbrio, respostas prontas e conscientes, clareza de mente e de respostas em situações difíceis, exames escolares; e quando a pessoa precisa falar em público ou tem um longo caminho pela frente, tal como em escaladas, corridas a pé, de carro ou a cavalo, e em competições em geral) e Agrimony (quando a pessoa não sente que pode ser quem verdadeiramente é), Gentian (equilibra o excesso, acalma), Cherry Plum (protege de curtos-circuitos que dão irritabilidade), Elm (desbloqueia os pontos energéticos entre o sistema simpático e parassimpático), White Chestnut (acalma os pensamentos), Sweet Chestnut (dá luz no fim do túnel, acalma), Cherry Plum (dá bons pensamentos e sentimentos).

Florais auxiliares: Larch, Scleranthus, Olive, Cerato (ou seja, ação, equilíbrio, descanso mental e mestre interior ativado), Elm (ativa o timo, tira todos os bloqueios de energia do corpo, acaba com o stress), Pine (tira as culpas e o stress), Oak (bom quando por excesso de trabalho), Vervain (faz relaxar, dá espontaneidade, tira o stress).

Emocional

• pode ser um mau aspecto entre a Lua (emoções) e Marte (impulso), quando a pessoa varia entre suscetibilidade emocional (Lua) e atitudes impensadas (Marte). *Florais:* Clematis (coloca os pés no chão), Impatiens (dá ritmo correto ao impulso) e mais os florais dos signos que regem as casas onde estão os planetas e as casas opostas a elas.

Em geral

• pode ser um mau aspecto entre a Lua (emoções) e Urano (sistema nervoso). *Florais:* Clematis (desenvolve a estabilidade, criatividade e alegria), Water Violet (equilíbrio ao sistema nervoso) e mais os florais dos signos que regem as casas onde estão os planetas e as casas opostas a elas.

• pode ser um mau aspecto entre Mercúrio (tensão e preocupação) e Urano (rebeldia e irritabilidade). *Florais:* Cerato (por ativar o mestre interior e a intuição, tira as preocupações), Water Violet (ativa o timo que está bloqueado por falta de alegria) e mais os florais dos signos que regem as casas onde estão os planetas e as casas opostas a elas.

• pode ser um mau aspecto entre Vênus (falta de alegria, preguiça, desânimo) e Urano (sistema nervoso instável). *Florais:* Gentian (ativa a fé, que é a certeza que tudo dará certo), Scleranthus (equilíbrio), Wild Rose (alegria), Water Violet (equilibra o sistema nervoso) e mais os florais dos signos que regem as casas onde estão os planetas e as casas opostas a elas.

Psíquico

• pode ser um mau aspecto entre o Sol (ego, falta de vitalidade) e Urano (irritabilidade). *Florais:* Vervain (relaxa), Water Violet (tira a irritabilidade, equilibra o sistema nervoso) e mais os florais dos signos que regem as casas onde estão os planetas e as casas opostas a elas.

subconsciente ....

Definição: Conjunto de processos e fatos psíquicos que estão latentes no indivíduo, mas influenciam sua conduta e podem facilmente aflorar à consciência.

Regência: Plutão rege o subconsciente e o floral é Heather (ensina a comunicação da alma).

Florais auxiliares: Walnut (faz ultrapassar o limite do consciente e entrar no inconsciente), Heather (expondo o consciente, faz entrar no inconsciente), Clematis (traz *insights*), Cherry Plum (mostra a verdade guardada no inconsciente), Aspen (tira os medos, faz entrar no inconsciente).

substância reticular ....

Definição: A meada de filamentos presentes em alguns eritrócitos; esta substância é visível apenas quando as células estão adequadamente coradas.

Regência: Peixes rege a substância reticular e os florais são: White Chestnut e Rock Rose.

sufocamento

Definição: Condição de estar engasgado por obstrução das vias respiratórias devido a afogamento, asfixia, pressão ou inalação de gases nocivos.

Indica: principalmente quando fica algo entalado, falta de segurança interior, medo, pânico, garganta fechada por algo que não foi dito.

Em geral

• pode ser Saturno (retém) em Touro (pescoço). *Florais:* Rock Water (flexibilidade), Mimulus (tira os medos), Gentian (segurança interior) e mais os florais dos signos que regem a casa onde está o planeta e a casa oposta a ela.

• pode ser Mercúrio (palavra) na casa 12 (desordem), regida por Peixes e os florais são Rock Rose (tira o pânico) e White Chestnut (dá clareza).

suicídio

Definição: O fato de tirar a própria vida de forma intencional e voluntária.

Florais auxiliares: Cherry Plum (dá bons sentimentos e pensamentos), Sweet Chestnut (luz no fim do túnel), Cerato (ativa o mestre interior), Water Violet (tira da reclusão, ensina a comunicação).

Intenção suicida

• pode ser um mau aspecto entre a Lua (sentimentos e emoções) e Netuno (desordem) se um deles estiver em Escorpião (distorção, deixa a imaginação tomar conta). *Florais:* Clematis (coloca os pés no chão), Rock Rose (tira o pânico que causou a desordem), White Chestnut (clareia a situação), Heather (tira a distorção) e mais os florais dos signos que regem as casas onde estão os planetas e as casas opostas a elas.

Tendência ao

• pode ser um mau aspecto entre o Sol (ego, orgulho) e Plutão (distorção, deixa a imaginação tomar conta). *Florais:* Vervain (dá consciência, autoconfiança), Heather e mais os florais dos signos que regem as casas onde estão os planetas e as casas opostas a elas.

suor

Definição: Secreção das glândulas sudoríparas; líquido aquoso, salgado, ligeiramente turvo e incolor.

Regência: Saturno rege o suor e os florais são: Mimulus e Rock Water.

Florais auxiliares: Rescue Remedy (equilibra o organismo), Impatiens (tira o calor excessivo do corpo).

suprarrenal

Definição: Glândula existente sobre cada um dos rins.

Os problemas indicam: derrotismo, ansiedade; que a pessoa não quer mais se cuidar.

Regência: Libra rege as suprarrenais e o floral é Scleranthus; Escorpião rege as suprarrenais e o floral é Heather.

Florais auxiliares: Gentian (segurança interior), Oak (para a pessoa perceber que o trabalho tem seu lugar), Red Chestnut (para aprender a cuidar de si mesma em vez dos outros), Vervain, Heather (por a pessoa ter as respostas alteradas por medo ou expectativa, libera adrenalina pelas suprarrenais).

Deficiência da atividade da

• pode ser um mau aspecto entre Marte (ação sem consciência) e Netuno (desordem). *Florais:* Impatiens (ação consciente), Rock Rose (tira o pânico que causou a desordem), White Chestnut (clareia a mente) e mais os florais dos signos que regem as casas onde estão os planetas e as casas opostas a elas.

Disfunção da

• pode ser um mau aspecto entre Vênus (rins, feminilidade), em Áries (ação impensada), e Plutão (mudança genética). *Florais:* Gentian (segurança, rins), Scleranthus (equilíbrio, rins), Wild Rose (alegria, rins), Impatiens (paciência), Heather (glândulas suprarrenais) e mais os florais dos signos que regem as casas onde estão os planetas e as casas opostas a elas.

Em geral

• pode ser um mau aspecto entre a Lua (emoções e sentimentos) e Vênus (rins). *Florais:* Clematis (coloca os pés no chão), Gentian (segurança interior, rins), Scleranthus (equilíbrio, rins), Wild Rose (alegria, saúde para os rins) e mais os florais dos signos que regem as casas onde estão os planetas e as casas opostas a elas.

• pode ser um mau aspecto entre a Lua (sentimentos e emoções) e Marte (ações), pois a Lua pode deixar Marte enfraquecido, interferindo nas suprarrenais (dominadas por Marte). *Florais:* Clematis (coloca os pés no chão), Impatiens (ações conscientes) e mais os florais dos signos que regem as casas onde estão os planetas e as casas opostas a elas.

Hiperplasia da

• pode ser um mau aspecto entre Marte (ação inconsciente) e Plutão (mutação genética). *Florais:* Impatiens (dá o tempo correto), Heather (mutação genética), Pine (tira as culpas) e mais os florais dos signos que regem as casas onde estão os planetas e as casas opostas a elas.

Tumor na

• pode ser um mau aspecto entre Mercúrio (pensamentos ruins e repetitivos) e Júpiter (exacerbação). *Florais:* Cerato (ativa a intuição, para a pessoa ver a verdade), Agrimony (faz a pessoa ser verdadeira) e mais os florais dos signos que regem as casas onde estão os planetas e as casas opostas a elas, Gorse (dá fé, na cura, tira o efeito colateral do remédio).

surdez..............................

Definição: Perda completa ou parcial da capacidade de ouvir.

Indica: tendência ao isolamento; a pessoa não quer escutar, é como se vivesse numa realidade hostil e não quisesse ser incomodada, só querendo ouvir sua própria voz interior.

Regência: Touro rege o ouvido externo e o médio, e o floral é Gentian. Gêmeos rege a trompa de Eustáquio nos ouvidos e o floral é Cerato (aumenta a intuição).

Florais auxiliares: Mimulus + Rock Water (por causa de Capricórnio ou Saturno, que podem influenciar os ouvidos), Beech (se for problema de orgulho), Cerato (purifica os órgãos dos sentidos), Larch (aguça os cinco sentidos), Heather (energiza os cinco sentidos), Chestnut Bud (faz reaver a memória do sentido perdido).

Em geral

• pode ser um mau aspecto entre Mercúrio e Saturno, por Saturno afetar a condução dos estímulos elétricos do sistema nervoso central. *Florais:* Cerato (ativa a intuição), Mimulus (tira os medos), Rock Water (maleabilidade) e mais os florais dos signos que regem as casas onde estão os planetas e as casas opostas a elas.

surto ....

Definição: Aumento súbito na incidência de uma doença ou distúrbio numa área específica.

Floral básico: Rescue Remedy (resgata de qualquer doença), Water Violet (sistema nervoso).

Florais auxiliares: Crab Apple (bom para neuroses e psicoses, limpa os processos repetitivos da mente), Gorse (bom para quem está sem esperança de se curar, tira o desespero, faz a transformação, dá lucidez à mente, tira o efeito colateral do remédio), Mustard (tira da depressão sem motivo).

Psicótico

• pode ser um mau aspecto entre o Sol (egocentrismo, ego) e Netuno (desordem). *Florais:* Vervain (acalma o ego), Rock Rose (tira o pânico que causou a desordem), White Chestnut (clareia a mente) e mais os florais dos signos que regem as casas onde estão os planetas e as casas opostas a elas.

• pode ser um mau aspecto entre Mercúrio (mente) e Netuno (desordem). *Florais:* Cerato (equilibra a mente porque ativa o mestre interior), Rock Rose (tira o pânico que causou a desordem), White Chestnut (clareia a mente) e mais os florais dos signos que regem as casas onde estão os planetas e as casas opostas a elas.

Psicótico de curta duração

• pode ser um mau aspecto entre Marte (mente) e Urano (eletricidade). *Florais:* Impatiens (acalma, tira a impaciência), Water Violet (sistema nervoso) e mais os florais dos signos que regem as casas onde estão os planetas e as casas opostas a elas.

sweet chestnut (floral) ....

A luz no final do túnel.

Ajuda em caso de

• depressão (é um antidepressivo para momentos em que a pessoa acha que é impossível resolver a situação).

• dor de cabeça por exaustão, enxaqueca, bronquite, pneumonia com muito catarro, falta de ar, respiração sufocante, bexiga com pouca eliminação, infecção urinária de repetição, intestino grosso constipado, fases agudas com dores fortes; insônia; separação do casal.

É bom para

• tirar a angústia quando a pessoa está em seu limite; trazer serenidade.

• os suicidas (quando estão no máximo da confusão mental, da angústia, do desamparo).

• trabalhar o elemento fogo, a fé, na providência divina, a morte de todo o sofrimento, a clareza para a serenidade da alma.

• quem perde tudo e precisa continuar; o paciente que acha que não tem mais cura; os pacientes terminais.

• quem não sente mais forças para jogar fora as coisas ruins, como toxinas e situações e experiências duras.

• dar a força da ressurreição, trazer serenidade após o sofrimento, ajudar a entender o papel do outro em nossa vida.

Em associação com outros florais

• Sweet Chestnut + Olive (descanso mental).

• Sweet Chestnut + Walnut (entendimento pela associação de ideias).

• Sweet Chestnut + Olive (para o timo).

• Sweet Chestnut + Hornbeam (para tudo o que é crônico).

Em relação aos planetas

• ajuda o Sol ao trazer entendimento para as experiências difíceis.

• ajuda Saturno ao nos dar forças para transpor o passado e seguir em frente, com responsabilidade e vontade.

T

taquiarritmia ....

Definição: Frequência cardíaca rápida e aumento da frequência das ondas cerebrais na eletroencefalografia.

Regência: Leão rege o coração e o floral é Vervain (dá saúde ao coração, que bombeia o sangue para os outros órgãos, dando saúde perfeita a eles). Áries rege a cabeça e o floral é Impatiens (dá ritmo correto ao sangue na cabeça), Aquário rege a parte elétrica do corpo e do cérebro e o floral é Water Violet (equilíbrio ao sistema elétrico do corpo), Gêmeos cuida do cérebro e o floral é Cerato (equilibra os pensamentos, acalma a circulação do sangue).

Em geral

• pode ser um mau aspecto entre Mercúrio (cérebro) e Júpiter (exacerba) se um deles estiver em Leão (coração). *Florais:* Cerato (atua no ritmo sanguíneo do cérebro), Agrimony (ameniza a exacerbação), Vervain (dá ritmo ao coração, equilibra os movimentos de expansão e contração) e mais os florais dos signos que regem as casas onde estão os planetas e as casas opostas a elas.

taquicardia ....

Definição: Rapidez anormal da função cardíaca; é definida como a frequência cardíaca de cem batimentos por minuto nos adultos.

Indica: descarga de agressividade; ansiedade em relação ao amor, à união e à segurança.

Regência: Leão rege o coração e o floral é Vervain

Florais auxiliares: Rescue Remedy e Olive (equilibra o ritmo do coração), Vervain (floral da saúde do coração, bom para disritmia), Vine (equilíbrio do ritmo cardíaco), Hornbeam (bom para disritmia cardíaca), Impatiens (tira os ritmos alterados da frequência cardíaca), Cherry Plum (bom funcionamento do coração, clareia as ideias e os sentimentos, os conflitos da alma, abre o coração), Willow limpa o coração, transforma através do aprendizado as adversidades em conhecimento e sabedoria, tira o stress e a tensão, Scleranthus (fortalece o coração por fazer a pessoa se sentir segura), Chicory (enche o coração de amor).

Em geral

• pode ser uma conjunção entre o Sol (coração) e Mercúrio (pensamento). *Florais:* Vervain (dá o ritmo correto ao coração), Cerato (por ativar o mestre interior, dá mais tranquilidade para viver) e mais os florais dos signos que regem as casas onde estão os planetas e as casas opostas a elas.

• pode ser uma desarmonia de Júpiter (exacerba) em Leão (coração). *Florais:* Agrimony (faz a pessoa ser verdadeira), Vervain (dá ritmo correto ao coração) e mais os florais dos signos que regem a casa onde está o planeta e a casa oposta a ela.

tecido adiposo

Definição: Tecido areolar que contém agregações de células adiposas densamente compactadas (gordura).

Regência: Sagitário e Júpiter (exacerbam, engordam, aumentam) regem a tendência ao tecido adiposo e o floral é Agrimony (equilibra).

Florais auxiliares: Clematis (para ajudar o bom funcionamento do tecido) e Crab Apple (para eliminar o excesso de gordura).

tecido conjuntivo

Definição: Tecido que sustenta e conecta outros tecidos e partes do corpo.

Regência: Capricórnio rege o tecido conjuntivo e os florais são: Mimulus (bom para a harmonia do corpo físico) e Rock Water (tira a rigidez).

tecido excitável

Definição: Todo o tecido do sistema nervoso central e periférico.

Regência: Urano rege a oxigenação dos tecidos excitáveis e o floral é Water Violet (melhora a eletricidade).

temperamento

Definição: A combinação de características intelectuais, emocionais, éticas e físicas de determinada pessoa.

Florais básicos: Chestnut Bud (para ver suas próprias atitudes), Cherry Plum (dá consciência de quem somos, mostra a verdade dentro e fora), Mimulus (bom para timidez), Vervain (para eufóricos).

Agressivo e violento

• pode ser um mau aspecto entre Marte (ação sem consciência) e o ascendente. *Florais:* Impatiens (tira a impaciência, dá consciência para as atitudes) e mais o floral do signo do ascendente e os florais dos signos que regem a casa onde está o planeta e a casa oposta a ela.

Ciclotímico

Floral básico: Scleranthus (equilíbrio).

• pode ser uma desarmonia de Lua (sentimentos e emoções) em Gêmeos (são dois diferentes). *Florais:* Clematis (tira do mundo da Lua, coloca os pés no chão), Cerato (ativa o mestre interior, dá coerência) e mais os florais dos signos que regem a casa onde está o planeta e a casa oposta a ela.

tendência

Definição: Inclinação para seguir em certa direção ou velocidade.

Mórbida de procurar sensações e prazeres novos como drogas, álcool, etc.

Florais básicos: Rescue Remedy (resgata), Cherry Plum (controla o vício, desintoxica, dá perseverança e determinação para parar), Aspen (bom para drogados em recuperação quando sentem medo de morrer), Crab Apple (limpa os sentimentos, desintoxica), Agrimony (tira os venenos do sangue, desintoxica), Gorse (além de dar amor, limpa o sangue, tira o efeito colateral dos remédios), Walnut (livra das influências externas), Honeysuckle (para deixar o passado definitivamente para trás).

• pode ser uma desarmonia de Lua (sentimentos e emoções, mundo da lua, a pessoa não tem os pés no chão) em Aquário (excêntrico, recluso, gosta de liberdade). *Florais:* Clematis (coloca os pés no chão), Water Violet (ensina a comunicação, a se relacionar) e mais os florais dos signos que regem a casa onde está o planeta e a casa oposta a ela.

tenossinovite........................

Definição: Inflamação de uma bainha tendinosa.

Indica: ira, raiva (maiores detalhes, só sabendo em que órgão está o tendão).

Florais básicos: Impatiens (anti-inflamatório, dá paciência) e Crab Apple (atua como antibiótico).

Em geral

• pode ser uma desarmonia de Lua (sentimentos e emoções) em Capricórnio (desacelera, reduz, prende as emoções que precisam se manifestar). *Florais:* Clematis (coloca os pés no chão), Rock Water (dá flexibilidade), Mimulus (tira os medos) e mais os florais dos signos que regem a casa onde está o planeta e a casa oposta a ela.

tensão ....

Definição: Estado de pressão e stress mental, emocional ou nervoso.

Regência: Mercúrio age na tensão e o floral é Cerato.

Em geral

Florais auxiliares: Willow (pré-menstrual, dá controle), Water Violet (tira a tensão do corpo), Impatiens (dá o ritmo correto, tira a tensão), Centaury (tira a tensão muscular abdominal), Vervain (relaxa), Rescue Remedy (tira a tensão mental e física).

• pode ser um mau aspecto entre Marte (impaciência) e Urano (eletricidade). *Florais:* Impatiens (tira a impaciência), Water Violet (melhora a parte elétrica) e mais os florais dos signos que regem as casas onde estão os planetas e as casas opostas a elas.

• pode ser um mau aspecto entre Marte (ação sem consciência) e o ascendente. *Florais:* Impatiens (dá consciência, ritmo correto, dá paciência) e mais o floral do signo do ascendente e os florais dos signos que regem a casa onde está o planeta e a casa oposta a ela.

• pode ser um mau aspecto entre Júpiter (exacerba) e Urano (eletricidade). *Florais:* Agrimony (faz a pessoa ser verdadeira), Water Violet (tira a tensão do corpo) e mais os florais dos signos que regem as casas onde estão os planetas e as casas opostas a elas.

Por incapacidade de relaxar

• pode ser por problemas de ácido-base, regido por Libra (bom para fazer escolhas). *Floral:* Scleranthus (equilibra).

terapeuta ....

Definição: A pessoa habilitada a ministrar terapia.

Florais básicos: Holly (aceitação e transformação; para o terapeuta ensinar ao paciente por que ele está com determinada doença ou atitude, e como transformá-la), Impatiens (para aceitar o ritmo do outro), Chestnut Bud (para ter aprendizado junto com o paciente), Cherry Plum (para ver a verdade, tomar decisões importantes),

Heather (para haver comunicação entre os dois, amor à palavra), Walnut (para ter a visão verdadeira e não ser influenciado pelo paciente), Holly (quando precisa ensinar os dois lados de uma mesma medalha), Vine (para usar o que sabe em prol de muitos), Elm (para pensar no melhor para o paciente).

terapia ....

Definição: Tratamento de uma moléstia ou estado patológico.

Florais básicos: Agrimony (para o confronto com a hora da verdade, para a pessoa ser verdadeira), Honeysuckle (para terapia de vidas passadas, para transformar o passado), Chicory (para cortar o passado), Cherry Plum (quando o paciente fica se lembrando dos conflitos, mostra a verdade dentro e fora), Holly (quando há muita raiva, revolta ou falta de aceitação; para casos de amor eterno), Star of Bethlehem (tira os traumas) e Walnut (protege das influências externas).

testa ....

Definição: Parte anterior da cabeça, abaixo da linha capilar e acima dos olhos.

Regência: Júpiter rege a testa e o floral é Agrimony (faz a pessoa ser verdadeira).

testículos ....

Definição: As gônadas masculinas, duas glândulas reprodutoras localizadas no escroto que produzem as células reprodutoras masculinas (ou espermatozoides) e o hormônio masculino (a testosterona).

Os problemas indicam: medo, insegurança, dúvida a respeito da condição masculina, medo de estar perdendo a virilidade.

Regência: Escorpião rege os testículos e o floral é Heather (bom para quem não sente prazer com nada e fica impotente).

Florais auxiliares: Larch (para impotência, melhora a autoestima, tira a impotência no homem e na mulher), ajudar com Hornbeam (energia).

Pequenos ou pouco desenvolvidos

• pode ser Saturno (reduz) em Escorpião (órgão de reprodução). *Florais:* Rock Water (flexibilidade), Mimulus (tira os medos), Heather (bom para testículos e vesículas seminais), Aspen (tira o medo do futuro) e mais os florais dos signos que regem a casa onde está o planeta e a casa oposta a ela.

tétano ....

Definição: Doença infecciosa aguda decorrente da toxina do bacilo tetânico; instala-se um estado de espasmos tônicos dolorosos e persistentes em algum músculo.

Os problemas indicam: falta de habilidade para agir diante das diferentes situações da vida.

Em geral

• pode ser um mau aspecto entre a Lua (sentimentos e emoções) e Urano (eletricidade). *Florais:* Clematis (equilibra as emoções, coloca os pés no chão), Water Violet (equilibra a parte elétrica) e mais os florais dos signos que regem as casas onde estão os planetas e as casas opostas a elas.

tifo ....

Definição: Qualquer doença, num grupo de moléstias, que se caracteriza por cefaleia intensa, grande prostração, exantema maculopapular generalizado, febre elevada persistente e, habitualmente, envolvimento neurológico progressivo, terminando numa crise.

Em geral

• pode ser Marte (instinto, ação) em Virgem (ajuda sem ser ajudado). *Florais:* Impatiens (tira a febre, regula o ritmo do sangue na cabeça, bom para dor, anti-inflamatório), Centaury (ensina a não ter que agradar o outro e sim a si mesmo) e mais os florais dos signos que regem a casa onde está o planeta e a casa oposta a ela.

timo

Definição: Órgão não pareado localizado na cavidade mediastínica superior e acima do coração; tem uma função importante no desenvolvimento da resposta imune no neonato.

Os problemas indicam: falha na capacidade de se defender e proteger de forma eficaz para vencer as lutas internas, sem necessidade de recorrer à ajuda exterior.

Regência: Netuno rege o timo e os florais são: White Chestnut e Rock Rose.

Florais auxiliares: Mimulus (bom para pessoas que têm medo de assumir seu papel na vida, afetando o timo, o que faz baixar a resistência), Olive (ativa a formação de anticorpos no timo, o centro vital do corpo, local de defesas), Elm (revitaliza o timo, bom para infecção, fungos, vírus, herpes-zóster), Scleranthus (ativa o timo, dá equilíbrio, tira a indecisão), Gentian (energiza o timo, tira o desânimo), Water Violet (dá alegria, desbloqueando o timo), Vine (faz sentir a vida, dá ação ao ativar o timo), Aspen (melhora a resposta para enfrentar a aventura da vida ao ativar o timo), Sweet Chestnut (ativa o timo, dá vitalidade).

Hipofunção do

• pode ser Saturno (freia, desacelera, reduz) em Peixes (desordem). *Florais:* Rock Water (flexibilidade), Mimulus (medos que nos fazem parar), Rock Rose (ativa o herói), White Chestnut (clareia, mostra a verdade) e mais os florais dos signos que regem a casa onde está o planeta e a casa oposta a ela.

tique

Definição: Contração muscular espasmódica que envolve mais comumente os músculos da face, da boca, do pescoço ou do ombro.

Indica: descarga de agressão reprimida.

Regência: Urano rege as descargas elétricas e o floral é Water Violet.

Florais auxiliares: Chicory (corta os tiques), Crab Apple (limpa e tira os tiques), Vervain (tira os tiques que são por descarga nervosa).

Em geral

• pode ser um mau aspecto entre Júpiter (exacerba) e Urano (descarga elétrica). *Florais:* Agrimony (faz a pessoa ser verdadeira), Water Violet (equilibra a parte elétrica) e mais os florais dos signos que regem as casas onde estão os planetas e as casas opostas a elas.

tireoide

Definição: Glândula de secreção interna situada no pescoço, em posição anterior à cartilagem tireoidiana e aos anéis superiores da traqueia, circundando parcialmente essas estruturas.

Os problemas indicam: de hipotireoidismo, que a pessoa se sente sufocada, quer desistir de tudo; de hipertireoidismo, que está desapontada por não ser capaz de fazer o que quer, que agrada aos outros, mas não a si mesma.

Regência: Vênus (dependência, preguiça) ajuda a reger a tireoide e o floral é Wild Rose (alegria, ânimo).

Touro (inseguro) é o corregente, ajudado por Mercúrio (pensamento), e os florais são Gentian (segurança) e Cerato (ativa o mestre interior).

Florais auxiliares: Pine (para tirar nódulos de tristeza ou de ressentimento), Heather + Gentian (se for problema de cólon), Willow (tira o amargo da vida, dá o ritmo correto à tireoide), Star of Bethlehem (tira o trauma que faz a tireoide parar e comprometer o ritmo das células corporais, o que pode comprometer outra glândula e provocar um distúrbio hormonal, aumenta o iodo), Heather (dá energia à tireoide), Vervain (aumenta o iodo), Pine (tira os nódulos).

Afetada pela toxemia do intestino

• pode ser Saturno (faz parar) em Escorpião (gosta de guardar lixo). *Florais:* Rock Water (flexibilidade), Mimulus (tira os medos), Heather (equilibra o ritmo) e mais os florais dos signos que regem a casa onde está o planeta e a casa oposta a ela.

Com palpitação

• pode ser Mercúrio (ritmo acelerado) em Leão (coração). *Florais:* Cerato (ativa o mestre interior), Vervain (relaxa), Olive (para dar ritmo ao coração) e mais os florais dos signos que regem a casa onde está o planeta e a casa oposta a ela.

Disfunção da

• pode ser um mau aspecto entre Mercúrio (pensamento) e Marte (impaciência) se um deles estiver mal aspectado com Saturno (segura, prende). *Florais:* Cerato (mestre interior), Impatiens (tira a impaciência), Mimulus (tira os medos), Rock Water (dá flexibilidade) e mais os florais dos signos que regem as casas onde estão os planetas e as casas opostas a elas.

• pode ser um mau aspecto entre Vênus (preguiça), em Touro (insegurança), e Plutão (palavra de poder). *Florais:* Gentian (segurança), Scleranthus (equilíbrio), Wild Rose (ânimo, alegria), Heather (ensina a comunicação) e mais os florais dos signos que regem as casas onde estão os planetas e as casas opostas a elas.

Disfunção por stress

• pode ser Netuno (desordem) em Touro (pescoço). *Florais:* White Chestnut (clareia, organiza a desordem), Rock Rose (dá coragem), Gentian (segurança interior) e mais os florais dos signos que regem a casa onde está o planeta e a casa oposta a ela.

Espasmos na

Que faz a tireoide passar de uma função normal para a hipo ou hiperatividade.

• pode ser Urano (eletricidade) em Touro (pescoço). *Florais:* Water Violet (equilibra o elétrico), Gentian (segurança interior, tireoide) e mais os florais dos signos que regem a casa onde está o planeta e a casa oposta a ela.

• pode ser Urano (elétrico) em Escorpião (energiza a tireoide, organiza as células). *Florais:* Water Violet, Heather e mais os florais dos signos que regem a casa onde está o planeta e a casa oposta a ela.

Fraca

• pode ser Plutão em Escorpião (são responsáveis por organizar as células, dar energia à tireoide em desequilíbrio daqueles que deixam de cumprir seus papéis). *Florais:* Heather (equilíbrio a Escorpião e Plutão) e mais os florais dos signos que regem a casa onde está o planeta e a casa oposta a ela.

Hipertrofia da

• pode ser Júpiter (exacerba) em Touro (insegurança interior). *Florais:* Agrimony (faz a pessoa ser verdadeira), Gentian (segurança) e mais os florais dos signos que regem a casa onde está o planeta e a casa oposta a ela.

Hipofunção da

• pode ser Saturno (retém, segura) em Touro (pescoço, insegurança). *Florais:* Rock Water (flexibilidade), Mimulus (tira os medos), Gentian (segurança interior) e mais os florais dos signos que regem a casa onde está o planeta e a casa oposta a ela.

Hipotireoidismo

Deficiência da secreção tireoidiana, resultando num metabolismo basal reduzido.

Indica: vontade de desistir de tudo.

• pode ser um mau aspecto entre o Sol (energia vital) e Vênus (alegria de viver); (a energia do Sol impede que Vênus ative as funções tireoidianas, gerando disfunções como hipotireoidismo, bócio e tireoidite de Hashimoto). *Florais:* Vervain (iodo), Wild Rose (alegria, bom para tireoide), Gentian (segurança interior, bom para tireoide), Scleranthus (equilíbrio), Star of Bethlehem (iodo, tira do choque que pode comprometer o ritmo das células corporais) e mais os florais dos signos que regem as casas onde estão os planetas e as casas opostas a elas.

• pode ser um mau aspecto entre a Lua (sentimentos e emoções) e Plutão (controle do ritmo celular) se um deles estiver em Touro (insegurança). *Florais:* Clematis, Heather, Gentian e mais os florais dos signos que regem as casas onde estão os planetas e as casas opostas a elas.

• pode ser Plutão em Câncer. *Florais:* Heather, Clematis e mais os florais dos signos que regem a casa onde está o planeta e a casa oposta a ela.

Problemas graves e crônicos

Como tumores, pólipos ou excrescências.

• pode ser Plutão (mutação genética) em Touro (tireoide). *Florais:* Heather (equilibra a mutação genética celular), Gentian (bom para o equilíbrio da tireoide) e mais os florais dos signos que regem a casa onde está o planeta e a casa oposta a ela.

Tireoidite virótica

• pode ser um mau aspecto entre Mercúrio (pensamentos) e Netuno (desordem). *Florais:* Cerato (ativa o mestre interior, dá sabedoria), Rock Rose (ativa o herói), White Chestnut (clareia para organizar) e mais os florais dos signos que regem as casas onde estão os planetas e as casas opostas a elas.

tontura ....

Definição: Sensação de perda iminente da consciência.

Indica: pensamentos dispersivos e difusos; recusa de ver.

Regência: Áries rege a cabeça e o floral é Impatiens; Mercúrio rege os pensamentos e o floral é Cerato.

Florais auxiliares: Scleranthus (equilíbrio), Oak (ensina a maneira de trabalhar), Wild Oat (direção) e Clematis (tira do mundo da Lua e coloca os pés no chão).

tônus vascular

Definição: Contração que determina a tonicidade ou firmeza do vaso.

Regência: o Sol rege o tônus vascular e o floral é Vervain.

torcicolo

Definição: Deformidade secundária ao encurtamento dos músculos do pescoço, que faz a cabeça se inclinar para o lado afetado, com o queixo apontado para o outro lado.

Indica: teimosia, inflexibilidade, fuga do confronto, incapacidade de encarar os desafios e exigências da vida.

Regência: Touro (insegurança) rege o pescoço e o floral é Gentian.

Em geral

• pode ser um mau aspecto entre a Lua (sentimentos e emoções, mundo da lua) e Urano (teimoso). *Florais:* Clematis (coloca os pés no chão), Water Violet (inteligência superior) e mais os florais dos signos que regem as casas onde estão os planetas e as casas opostas a elas.

tornozelo

Definição: Articulação entre o pé e a perna; articulação de tíbia, fíbula e astrágalo.

Os problemas indicam: falta de flexibilidade no andar pela vida, medo ou vontade de liberdade.

Regência: Aquário e Urano regem os tornozelos e o floral é Water Violet.

Espasmos no

• pode ser Urano em Aquário. *Florais:* Water Violet (trabalha a liberdade e a parte elétrica) e mais os florais dos signos que regem a casa onde está o planeta e a casa oposta a ela.

Fraqueza do

Indica: desânimo com relação à vida.

• pode ser Mercúrio (pensamento) em Aquário (independência). *Florais:* Cerato (ativa o mestre interior), Water Violet (ativa a criatividade) e mais os florais dos signos que regem a casa onde está o planeta e a casa oposta a ela.

Fraqueza no tornozelo e na parte inferior da perna

• pode ser Netuno (desordem) em Aquário (liberdade). *Florais:* White Chestnut (clareia para organizar), Rock Rose (tira o pânico que não deixa andar), Water Violet (criatividade) e mais os florais dos signos que regem a casa onde está o planeta e a casa oposta a ela.

Inchado

Floral básico: Rescue Remedy

• pode ser Júpiter (exagero) em Aquário (reclusão). *Florais:* Agrimony (faz ser verdadeiro), Water Violet (ensina a comunicação) e mais os florais dos signos que regem a casa onde está o planeta e a casa oposta a ela.

Torção do

• pode ser Saturno (rigidez) em Aquário (liberdade). *Florais:* Rock Water (flexibilidade), Mimulus (medos), Water Violet (comunicação) e mais os florais dos signos que regem a casa onde está o planeta e a casa oposta a ela (talvez a pessoa esteja sendo chamada a mudar o rumo da vida, hora de parar e pensar melhor nas próprias atitudes).

Varizes e inchaço no

• pode ser Vênus (alegria) em Aquário (liberdade). *Florais:* Wild Rose, Gentian (segurança interior), Scleranthus (equilíbrio), Water Violet (inteligência superior) e mais os florais dos signos que regem a casa onde está o planeta e a casa oposta a ela.

Florais auxiliares: Rescue Remedy (inchaço), Beech (por nostalgia), Hornbeam (dá energia para acabar com o problema).

tosse

Definição: Esforço respiratório intenso e por vezes violento, precedido de uma inspiração preliminar; a glote fica parcialmente fechada, os músculos acessórios da respiração são postos em ação e o ar é expelido ruidosamente.

Indica: vontade de ser escutado; que a situação vivida não está sendo "engolida"; frustração, irritação, oposição ativa ao mundo, necessidade de domínio, de expressar cólera e mau humor.

Regência: Touro (inseguro) rege a garganta e o floral é Gentian (segurança interior).

Florais auxiliares: Agrimony (faz a pessoa ser quem verdadeiramente é), Rescue Remedy (resgata de qualquer enfermidade), Heather (garganta, a parte genital e a segurança), Crab Apple (faz a catarse do que está entalado na garganta), Holly (ensina, por isso traz aceitação), Pine (tira as culpas), Olive (alívio para a garganta), Honeysuckle (para deixar o passado para trás).

Seca

• pode ser Júpiter (exacerba) em Touro (insegurança). *Florais:* Agrimony (faz a pessoa ser verdadeira), Gentian (segurança interior, garganta), Heather (garganta, genitais e segurança) e mais os florais dos signos que regem a casa onde está o planeta e a casa oposta a ela.

• pode ser Saturno (rigidez) em Touro (insegurança). *Florais:* Rock Water (flexibilidade), Mimulus (medos do dia a dia), Gentian (segurança interior, garganta) e mais os florais dos signos que regem a casa onde está o planeta e a casa oposta a ela.

touro (signo)

Palavras-chave

• ter, perseverar, determinação, construtor, acumulador, paciente, conservador, doméstico, sensual, escrupuloso, estável, digno de confiança, prático, artístico, leal, autoindulgente, teimoso, lento, propenso a discutir, irascível, possessivo, guloso, materialista, negativo, yin, fixa, terra, Vênus, cobre.

Floral: Gentian

Rege

• boca, adenoides, amígdalas, laringe, faringe, cordas vocais, pescoço, nuca, maxilar inferior, lábio inferior, língua, tireoide, vasos linfáticos, bulbo, esôfago, ouvido externo e ouvido médio.

Ossos

• vértebras cervicais, osso hioide, maxilar inferior.

Músculos

• esterno-hioide, mastoide, trapézio, esternomastoides, esofágico, estilofaríngeo, esplênio da cabeça e do pescoço, longo cervical, escaleno, digástrico, espinhal do pescoço.

Artérias

• carótida externa, artéria basilar, artérias vertebrais, artéria cervical profunda, artéria carótida comum, artérias tireoidianas superior e inferior.

Veias

• occipital, jugular externa, veia tireoidiana.

Funções secundárias do signo

• resistência física a traumas, capacidade de recuperação da saúde, sistema imunológico.

toxemia

Definição: Distribuição, por todo o corpo, de produtos venenosos de bactérias que estão se desenvolvendo num foco ou num determinado ponto localizado, gerando sintomas generalizados.

Indica: problemas com os relacionamentos; vergonha, reações infantis.

Florais básicos: Scleranthus (equilíbrio das toxinas, bom para vômitos), Agrimony (para limpar os venenos), Crab Apple (para ajudar a desintoxicar; antibiótico natural), Holly (limpa os venenos), Gorse (limpa os venenos do sangue), Gentian (tira os venenos do sangue, bom contra mordida de animais), Vine + Agrimony (tiram os venenos do sangue).

Florais auxiliares: Impatiens (anti-inflamatório), Rescue Remedy (resgate de qualquer doença ou sintoma).

Causada por hipofunção renal

• pode ser Plutão (reações infantis) em Libra (desequilíbrio). *Florais:* Heather, Scleranthus (equilíbrio) e mais os florais dos signos que regem a casa onde está o planeta e a casa oposta a ela.

Em geral

• pode ser Netuno (desordem) em Virgem (desejo de agradar sempre muito forte, traz problemas em relacionamentos). *Florais:* White Chestnut (clareia para organizar a desordem), Rock Rose (tira o pânico, organiza a desordem), Centaury (ensina a se agradar) e mais os florais dos signos que regem a casa onde está o planeta e a casa oposta a ela.

• pode ser Saturno (rigidez) em Escorpião (infantilidade). *Florais:* Rock Water (flexibilidade), Mimulus (tira medos do dia a dia, até o de não agradar), Heather (ensina a comunicação) e mais os florais dos signos que regem a casa onde está o planeta e a casa oposta a ela.

• pode ser Netuno (desordem) em Escorpião (infantilidade). *Florais:* White Chestnut (clareia para organizar), Rock Rose (tira o pânico), Heather (ensina a comunicação) e mais os florais dos signos que regem a casa onde está o planeta e a casa oposta a ela.

toxina

Definição: Substância venenosa de origem animal ou vegetal.

Regência: Libra rege a eliminação das toxinas e o floral é Scleranthus.

Floral auxiliar: Agrimony (para limpar os venenos).

TPM

Definição: Tensão pré-menstrual, condição que ocorre periodicamente em algumas mulheres, poucos dias antes da menstruação; caracteriza-se por graus variáveis de nervosismo e irritabilidade, instabilidade emocional, cefaleia (às vezes) e depressão; desaparece logo após o término do fluxo menstrual; o mesmo que síndrome pré-menstrual (SPM).

Indica: insegurança, falta de coragem e uma personalidade controladora e contida, que não consegue se soltar; raiva, ressentimento e desejo de vingança; conduta que expressa uma personalidade impotente.

Regência: Escorpião rege os órgãos de reprodução e o floral é: Heather; a Lua rege o útero e o floral é Clematis.

Florais básicos: Pine (traz relaxamento), Agrimony e Holly (tira a dor) e Larch (ativa a criatividade; é bom para a mulher se soltar), Cherry Plum (dá bons sentimentos e bons pensamentos).
Floral auxiliar: Willow (tira a irritação e o exagero ao comer).

transformação ....

Definição: Mudança, metamorfose.
Regência: Plutão rege a transformação e o floral é Heather (regenera).

traqueia.............................

Definição: Tubo cartilaginoso cilíndrico que vai da laringe até os tubos brônquios.
Indica: falta de confiança em si mesmo.
Regência: Gêmeos (pensamentos) rege a traqueia e o floral é Cerato (confiança, por ativar o mestre interior).
Floral auxiliar: Gentian (segurança interior).
Traqueíte crônica
• pode ser uma desarmonia de Júpiter (exagero) em Touro (insegurança). *Florais:* Agrimony (exagero), Gentian (segurança interior), Hornbeam (para deixar de ser crônica), Olive (acalma a traqueia), Scleranthus, Heather, Willow (limpam a laringe, bons para os brônquios), Beech (por ensinar a palavra verdadeira, tira os problemas da laringe), Gentian (por ativar o timo, que fabrica anticorpos, é bom para os brônquios), Walnut (tira as alergias que atacam os brônquios), Holly (bom para os brônquios com problemas por causa de emoções não manifestadas), Water Violet + Willow (tiram as mágoas e tristezas que fazem mal para os brônquios), Aspen (bom para brônquios por tirar o medo do futuro), Centaury (bom para os brônquios), Sweet Chestnut (bom para os brônquios), e mais os florais dos signos que regem a casa onde está o planeta e a casa oposta a ela.

trauma ....

Definição: Lesão ou ferimento físico, causado por força ou violência externa.
Indica: que a pessoa precisa pôr os pés no chão, sempre que acontece algo aleatório às nossas decisões é porque não estamos no lugar certo, ou é para parar, ou para andar, ou mudar de rumo.
Florais básicos: Rescue Remedy (para trauma de qualquer tipo) e Star of Bethlehem (tira o trauma), Cerato (ativa o mestre interior que é um bom orientador).

traumatismo ....

Definição: Condição mórbida de um sistema em decorrência de uma lesão ou ferimento.
Indica: resistências a novas experiências.
Floral básico: Rescue Remedy é o floral perfeito.
Florais auxiliares: Holly (aceitação), Cerato (ativa o mestre interior), Star of Bethlehem (tira o trauma, traz a inocência de volta), Pine (faz acreditar nas próprias capacidades, tira as culpas).
Muscular ou de ligamentos
• pode ser um mau aspecto entre Marte (ação sem consciência) e o ascendente. *Florais:* Impatiens (paciência, tira a resistência) e mais o floral do signo do ascendente e os florais dos signos que regem a casa onde está o planeta e a casa oposta a ela.
Na parte superior do corpo
• pode ser um mau aspecto entre Mercúrio (consciência) e Marte (ação sem cons-

ciência). *Florais:* Cerato (dá consciência), Impatiens (dá paciência) e mais os florais dos signos que regem as casas onde estão os planetas e as casas opostas a elas.

tremor ....

Definição: Calafrio, sobretudo o calafrio contínuo de natureza convulsiva.

De natureza nervosa

Por falta de cálcio e manganês para suprir o sistema nervoso.

• pode ser Saturno (cálcio) em Gêmeos. *Florais:* Rock Water, Mimulus, Cerato e mais os florais dos signos que regem a casa onde está o planeta e a casa oposta a ela.

tricomoníase........................

Definição: Infestação de um parasita.

Indica: sobrecarga em tudo na vida, falta de convicção sobre se deve continuar ou desistir.

Floral básico: Elm (para quando por stress o corpo perde a imunidade), Vervain (aumenta a imunidade), Agrimony (tira o que não pertence à pessoa), Crab Apple (limpa), Hornbeam (expulsa).

Em geral

• pode ser uma desarmonia de Júpiter (exacerbação) em Escorpião (medo de perder o poder). *Florais:* Agrimony (faz ser verdadeiro), Heather (satisfação e boa comunicação) e mais os florais dos signos que regem a casa onde está o planeta e a casa oposta a ela.

triglicerídeo ....

Definição: Combinação de glicerol com três dos cinco diferentes ácidos graxos; essas substâncias, os triacilgliceróis, também são chamadas de gorduras neutras; uma grande parte das substâncias gordurosas do sangue é constituída de triglicerídeos.

Os problemas indicam: medo de ser alegre.

Florais básicos: Agrimony (além de limpar o sangue, faz surgir a pessoa verdadeira, que é naturalmente alegre), Beech (elimina a ira, e deixa surgir o calmo professor) e Crab Apple (limpa as gorduras; equilibra os níveis alterados).

Florais auxiliares: Clematis (ativa a criatividade, que traz saúde para todos os órgãos), Crab Apple (limpa e depura o sangue), Holly (limpa o sangue, elimina a negatividade), Gorse (purifica o sangue), Willow (tira o sangue escuro fabricado pelos pensamentos ruins, que resultaram em péssimos sentimentos e foram somatizados), Beech (bom para triglicérides, colesterol, ácido úrico, reumatismo),Vine (transforma o sangue, equilibra as alterações do sangue), Rock Water (equilibra as alterações do sangue por a pessoa ser rígida).

Em geral

• pode ser um mau aspecto entre a Lua (emoções e sentimentos) e Júpiter (exacerbação). *Florais:* Clematis (ativa a criatividade, tira o negativismo), Agrimony (faz a verdadeira pessoa surgir) e mais os florais dos signos que regem as casas onde estão os planetas e as casas opostas a elas.

• pode ser um mau aspecto entre Marte e Júpiter. *Florais:* Impatiens, Agrimony e mais os florais dos signos que regem as casas onde estão os planetas e as casas opostas a elas.

tristeza ....

Definição: Sensação emocional normal de abatimento ou melancolia.

Florais básicos: Pine (traz paz), Holly (por dar o entendimento e fazer a aceitação, traz renovação), Wild Rose (traz alegria), Mustard (para a depressão que não se sabe de onde vem; traz luz para o corpo) e Sweet Chestnut (para a pessoa ver a luz no fim do túnel). Fórmula mágica para levantar o astral: Larch (ânimo), Olive (harmonia e energia para todos os chakras), Cerato (mestre interior para orientar), Scleranthus (equilíbrio). (Ganhei no começo de minha caminhada nos florais de Bach, de uma turma de meninas; obrigada.)

trombocitemia ....

Definição: Aumento absoluto de plaquetas no sangue.

Indica: tristeza.

Floral básico: Vervain (equilibra a circulação e a oxigenação do sangue e o sistema imunológico).

• pode ser um mau aspecto entre Júpiter (exacerbação) e Netuno (desordem). *Florais:* Agrimony (equilibra o exagero), Rock Rose (bom para as células do sangue), White Chestnut (clareza nas situações) e mais os florais dos signos que regem as casas onde estão os planetas e as casas opostas a elas.

tromboflebite ....

Definição: Inflamação de uma veia, em conjunção com a formação de um trombo.

Indica: raiva pelo que está passando na vida, pela falta de amor.

Florais básicos: Impatiens (dá ritmo ao sangue; anti-inflamatório), Crab Apple (limpa, é antibiótico natural), Gorse (amor, purifica o sangue).

Aguda

• pode ser um mau aspecto entre Vênus (alegria, sangue) e Saturno (rigidez). *Florais:* Gentian (segurança interior), Scleranthus (equilibra os sentimentos), Wild Rose (circulação do sangue e alegria de viver), Mimulus (tira os medos), Rock Water (flexibilidade) e mais os florais dos signos que regem as casas onde estão os planetas e as casas opostas a elas.

Em geral

• pode ser um mau aspecto entre Mercúrio (racional) e Vênus (circulação do sangue e alegria) se um deles fizer um mau aspecto com Marte (células vermelhas do sangue). *Florais:* Cerato (ativa a intuição), Gentian, Scleranthus, Wild Rose e mais os florais dos signos que regem as casas onde estão os planetas e as casas opostas a elas.

trombose ....

Definição: Formação, desenvolvimento ou existência de um coágulo sanguíneo ou trombo no interior do sistema vascular.

Indica: bloqueio na circulação dos afetos e do amor; a pessoa se sente ignorada, abandonada; não deixam que ela se expresse; não consegue amar nem ser amada.

Florais básicos: Gorse (amor), Gentian (segurança interior) e Heather (satisfação e prazer nos relacionamentos).

Florais auxiliares: Crab Apple (limpa, tira o coágulo), Impatiens (ritmo para a circulação do sangue na cabeça, células vermelhas do sangue), Olive (dá ritmo ao sangue), Agrimony (limpa o sangue), Hornbeam (dá força à circulação do sangue), Oak + Hornbeam (bons para problemas vasculares), Honeysuckle (acaba com problemas vasculares se forem por herança genética).

Em geral

• pode ser um mau aspecto entre Marte (impaciência, células vermelhas do sangue) e Saturno (rigidez). *Florais:* Impatiens (ritmo para a circulação do sangue na cabeça), Mimulus (tira os medos do dia a dia), Rock Water (flexibilidade) e mais os florais dos signos que regem as casas onde estão os planetas e as casas opostas a elas.

trompa de falópio ou tuba uterina........................

Definição: Um de dois ovidutos que vão desde a cavidade peritoneal até a cavidade uterina.

Os problemas indicam: medo da responsabilidade, problema de identidade.

Regência: Escorpião rege as trompas de Falópio e o floral é Heather; Gêmeos e Mercúrio regem os tubos e o floral é Cerato.

Florais auxiliares: Crab Apple (pode limpar se houver bloqueio, é antibiótico natural), Impatiens (anti-inflamatório), Clematis (faz funcionar o que não funcionava; recomendado para casais que fazem todos os exames e não têm problemas, mas não conseguem engravidar), Vervain (energia vital, dá saúde ao coração, que dá saúde aos outros órgãos).

Constrição na

• pode ser Urano (liberdade) em Gêmeos (racional). *Florais:* Water Violet (humildade e doação à vida), Cerato (confiança) e mais os florais dos signos que regem a casa onde está o planeta e a casa oposta a ela.

Obstrução da

• pode ser um mau aspecto entre Mercúrio (tensão) e Marte (impaciência) se um deles fizer um mau aspecto com Saturno. *Florais:* Cerato (bom para a saúde das trompas), Impatiens (tira a impaciência), Mimulus (tira os medos que nos acompanham no dia a dia), Rock Water (tira a rigidez) e mais os florais dos signos que regem as casas onde estão os planetas e as casas opostas a elas.

tuberculose ....

Definição: Moléstia infecciosa causada pelo bacilo da tuberculose.

Indica: pessoa faminta de amor que se deixa cuidar e se entrega à proteção alheia; que adora a dependência parasitária, mas, quando resolve mudar, só trabalha e não faz outra coisa, como se estivesse querendo se matar; às vezes, uma grande perda; uma grande tendência à depressão (a doença pode ser um pedido da pessoa deprimida para que cuidem dela e, com isso, evitem que ela entre novamente em depressão).

Regência: Gêmeos rege os pulmões, e o floral é Cerato.

Florais auxiliares: Rescue Remedy (faz o resgate de qualquer doença), Impatiens (dá o ritmo correto para tudo), Gorse (sana a carência), Pine (para a pessoa triste, fechada, com o peito retraído, é o floral do pulmão), Holly (para haver entendimento e aceitação da situação), Agrimony (para a pessoa triste por não ser quem verdadeiramente é), Mustard (para a grande depressão), Crab Apple (limpa a mente, pulmão, sentimentos; atua como antibiótico), Impatiens (anti-inflamatório), Vervain (para aprender a individualidade), Olive (aumenta a oxigenação), Willow + Aspen (tiram as tristezas e o medo do futuro, bons para tuberculose), Crab Apple (tira o catarro); seria bom a pessoa fazer uma terapia e chorar muito para limpar.

Em geral

• pode ser Saturno em Gêmeos. *Florais:* Rock Water, Mimulus, Cerato e mais os florais dos signos que regem a casa onde está o planeta e a casa oposta a ela.

Pulmonar

• pode ser uma desarmonia de Lua em Sagitário. *Florais:* Clematis, Agrimony e mais os florais dos signos que regem a casa onde está o planeta e a casa oposta a ela.

tubo ....

Definição: Estrutura longa, cônica e cilíndrica; os tubos do corpo são: vasos capilares, tuba auditiva ou trompa de Eustáquio, uretra, ureter, traqueia e trompas de Falópio.

Regência: Gêmeos rege os tubos, e o floral é Cerato.

Floral básico: Crab Apple (limpa, desobstrui).

Constrição de um

• pode ser Urano (inteligência) em Gêmeos (pensamentos). *Florais:* Water Violet (bom para todos os problemas emocionais graves que causam problemas no físico), Cerato (dá saúde aos tubos) e mais os florais dos signos que regem a casa onde está o planeta e a casa oposta a ela.

Enfraquecimento de um ou mais tubos

• pode ser Netuno (enfraquece, traz desordem) em Gêmeos (pensamento, que se for ruim traz doenças, pela persistência). *Florais:* White Chestnut (dá clareza para organizar a desordem), Rock Rose (tira o pânico que causou a desordem), Cerato e mais os florais dos signos que regem a casa onde está o planeta e a casa oposta a ela.

Obstrução de um

• pode ser Mercúrio (pensamento) em Libra (equilíbrio, escolha). *Florais:* Cerato (ativa o mestre interior que traz bons pensamentos), Scleranthus (dá a decisão, ativa a criatividade) e mais os florais dos signos que regem a casa onde está o planeta e a casa oposta a ela.

tumor ....

Definição: Inchaço ou crescimento; neocrescimento espontâneo de um tecido, formando uma massa anormal.

Indica: algum problema grande e antigo que ficou esquecido durante um longo tempo e, portanto, não foi resolvido; um trauma ou uma mágoa antiga que está tomando conta do corpo (é como se o "eu" estivesse sem amparo e segurança).

Floral básico: Chestnut Bud (faz saber o momento exato em que se criou a doença, que pode ser revertido). Não dar Crab Apple se já houver metástases, porque pode fazer o espalhamento.

Florais auxiliares: Agrimony (limpa a mágoa que criou a doença), Clematis (por falta de alegria na vida), Gorse (bom para lutar contra o câncer, tira o efeito colateral do remédio), Elm (para pessoas que fazem trabalho assistencial, cuidam dos outros e se esquecem de si e são atacadas pelo mundo e corroídas pelas doenças; bom para conseguir fazer os dois papéis, o assistencial e o pessoal; dá alegria no trabalho), Rock Water (bom para quem não aceita nada fora de seus padrões, tem mágoas profundas por não aceitar o que lhe fazem),

Cherry Plum (bom para o controle da divisão celular, bom para tirar metástase e para não ter metástase, bom para ver dentro e fora, mostra a verdade de quem somos, de quem é o outro, ou das situações), Willow (bom para aqueles que, por se sentirem uns coitados, criam câncer), Star of Bethlehem (bom para cicatrização da mágoa que criou a doença; traz a inocência de volta; não dar nem tomar sozinho porque dá muita dor muscular, que é onde fica registrada a memória emocional).

Benigno

Tal como lipoma, cisto sebáceo, fibroma e adenoma.

• pode ser um mau aspecto entre a Lua (trabalha o inconsciente) e Vênus (feminino, a alegria, o sangue, que é vida). *Florais:* Clematis (coloca os pés no chão, bom para resolver problemas), Gentian (segurança interior, que ativa a fé, que é a certeza de que tudo vai dar certo), Scleranthus (equilíbrio), Wild Rose (alegria, saúde a tudo o que é feminino e ao sangue que é vida) e mais os florais dos signos que regem as casas onde estão os planetas e as casas opostas a elas.

Benigno da derme

• pode ser um mau aspecto entre Júpiter (exagero) e Saturno (rígido, pele). *Florais:* Agrimony (por não ser ela mesma pode trazer mágoas profundas), Rock Water (tira a rigidez com que leva a vida), Mimulus (tira os medos dos sentimentos faz enfrentar o que precisa para resolver) e mais os florais dos signos que regem as casas onde estão os planetas e as casas opostas a elas.

Da suprarrenal

• pode ser um mau aspecto entre Mercúrio (pensamentos) e Júpiter (exacerbação). Não esquecer que os pensamentos ruins e obsessivos levam a sentimentos que são somatizados. *Florais:* Cerato (ativa o mestre interior, que dá intuição e sabedoria), Agrimony (dá a alegria de ser verdadeiro) e mais os florais dos signos que regem as casas onde estão os planetas e as casas opostas a elas.

De pele

• pode ser um mau aspecto entre Vênus (beleza, textura da pele, feminino) e Saturno (rigidez, seriedade), com Saturno em Escorpião (mutação genética). *Florais:* Gentian (fé, que é a certeza de que tudo dará certo, segurança, aumenta os anticorpos), Scleranthus (tira a preocupação), Wild Rose (vida, energia, alegria), Mimulus (limpa processos mentais confusos que bloqueiam o amor e dão manchas na pele), Rock Water (dá vitalidade à pele), Heather (ativa anticorpos) e mais os florais dos signos que regem as casas onde estão os planetas e as casas opostas a elas.

De pele e das membranas mucosas das mãos e dos braços

• pode ser Vênus (pele) em Gêmeos (braços e mãos). *Florais:* Wild Rose (ativa a sensibilidade, vitalidade), Scleranthus (equilibra as mucosas), Gentian (tira as amarguras, bom para o metabolismo, ativa a fé, que é a certeza de que tudo vai dar certo), Cerato (ativa a criatividade) e mais os florais dos signos que regem a casa onde está o planeta e a casa oposta a ela.

De útero e bexiga

• pode ser Júpiter (aumento, proliferação) em Escorpião (rege a bexiga, a mutação genética). *Florais:* Agrimony (dá as devidas proporções), Heather (ativa os anticorpos) e mais os florais dos signos que regem a casa onde está o planeta e a casa oposta a ela.

De Wilms

Tumor de células de transição; é um tumor maligno dos rins que acomete crianças, por estar relacionado à persistência de tecido embrionário no órgão.

• pode ser uma desarmonia de Júpiter (aumento, proliferação) em Libra (rins). *Florais:* Agrimony (tira o que não faz parte dos órgãos), Scleranthus (bom para a saúde dos rins) e mais os florais dos signos que regem a casa onde está o planeta e a casa oposta a ela.

E problemas de pele no quadril e coxa

• pode ser Vênus (pele) em Sagitário (quadril e coxa). *Florais:* Wild Rose (bom para a textura da pele), Gentian (segurança interior, ativa a fé, que é a certeza que tudo vai dar certo), Scleranthus (equilíbrio), Agrimony (tira a proliferação) e mais os florais dos signos que regem a casa onde está o planeta e a casa oposta a ela.

Maligno

• pode ser um mau aspecto entre o Sol (orgulho) e Plutão (mutação genética). *Florais:* Vervain (relaxa, dá vitalidade), Heather (faz regeneração, ativa anticorpos) e mais os florais dos signos que regem as casas onde estão os planetas e as casas opostas a elas.

• pode ser um mau aspecto entre a Lua (trabalha o inconsciente) e Netuno (desordem) se um deles estiver em Plutão (mutação genética). *Florais:* Clematis (regeneração), Rock Rose (tira o pânico que causou a desordem), White Chestnut (tira a desordem de Netuno ou Peixes), Heather (regeneração) e mais os florais dos signos que regem as casas onde estão os planetas e as casas opostas a elas.

• pode ser um mau aspecto entre Júpiter (exagero) e Netuno (desordem) se um deles estiver em Escorpião (mutação genética). *Florais:* Agrimony (equilibra a proporção), Rock Rose (tira o pânico que causou a desordem), White Chestnut (clareia) e mais os florais dos signos que regem as casas onde estão os planetas e as casas opostas a elas.

Maligno cutâneo

• pode ser um mau aspecto entre Júpiter (exacerba) e Plutão (mutação genética). *Florais:* Agrimony (ensina a ser verdadeiro, tira o exagero), Heather (ativa os anticorpos, faz regeneração) e mais os florais dos signos que regem as casas onde estão os planetas e as casas opostas a elas.

Maligno ginecológico

• pode ser um mau aspecto entre a Lua (órgãos reprodutivos) e Plutão (mutação genética) (a localização do tumor é determinada pela casa onde estão os planetas). *Florais:* Clematis (coloca os pés no chão; quando a pessoa fica longe do corpo, deixa o corpo ser atingido por doenças), Heather (ativa anticorpos, regeneração) e mais os florais dos signos que regem as casas onde estão os planetas e as casas opostas a elas.

Ou cisto no quadril e coxa

• pode ser Plutão (mutação genética) em Sagitário (exacerbação, coxas). *Florais:* Heather (ativa os anticorpos), Agrimony (faz ser verdadeiro, o que dá bastante saúde, tira o que não faz parte) e mais os florais dos signos que regem a casa onde está o planeta e a casa oposta a ela.

Pulmonar

• pode ser Saturno (rigidez) em Gêmeos (pulmões, pensamentos ruins que levam a sentimentos que são somatizados). *Florais:* Rock Water (flexibilidade), Mimulus (tira os medos dos sentimentos), Cerato (percepção dos sentimentos, o mestre interior) e mais os florais dos signos que regem a casa onde está o planeta e a casa oposta a ela.

Renal

• pode ser que problemas renais tenham sido diagnosticados como um tumor maligno. *Florais:* Scleranthus (por ser o floral de Libra, que rege os rins) e mais os florais dos signos que regem a casa onde está Libra e a casa oposta a ela.

Tendência a

• pode ser uma desarmonia da Lua (órgãos e tecidos) em Capricórnio (prisão, retenção). *Florais:* Clematis (trabalha o inconsciente), Rock Water (dá flexibilidade), Mimulus (tira os medos dos sentimentos) e mais os florais dos signos que regem as casas onde estão os planetas e as casas opostas a elas.

U

úlcera ....

Definição: Qualquer tipo de ferimento ou lesão sensível ou dolorosa, localizada na pele ou na membrana mucosa.

Indica: rancor, falta de amor na primeira infância; muita frustração; a pessoa dirige os sentimentos para dentro em vez de dirigi-los para fora; não consegue exprimir o que está sentindo.

Florais básicos: Holly (para trabalhar a frustração), Pine (tira a culpa), Gentian (segurança interior) e Gorse (amor).

Florais auxiliares: Wild Oat (bom para a mucosa gastrointestinal, úlceras), Rock Rose (bom para quando a úlcera é criada pelo medo da vida ou por pânico pelo não entendimento das situações, com hemorragia ou não), Impatiens (quando a úlcera foi criada pela impaciência com relação à vida, dá ritmo à vida), Centaury (quando, por ser submissa aos outros, engoliu por tempo demais o ruim da vida), Oak (quando, por não ter consciência de seu limite corporal, criou uma úlcera hemorrágica; ajudar com Rescue Remedy).

Em geral

• pode ser Marte (impulso) em Sagitário (exacerbada). *Florais:* Impatiens (dá ritmo correto às atitudes), Agrimony (faz a pessoa ser verdadeira) e mais os florais dos signos que regem a casa onde está o planeta e a casa oposta a ela.

Gástrica

• pode ser um mau aspecto entre a Lua (estômago, secreções) e Saturno (rigidez) se Saturno estiver em Câncer. *Florais:* Clematis (coloca os pés no chão para resolver os problemas, estômago), Mimulus (tira os medos do dia a dia e dos sentimentos), Rock Water (flexibilidade) e mais os florais dos signos que regem as casas onde estão os planetas e as casas opostas a elas.

Varicosa

• pode ser uma desarmonia de Lua (emoções) em Aquário (eletricidade cerebral). *Florais:* Clematis (equilibra as emoções e os sentimentos, promove o bom funcionamento dos órgãos), Water Violet (desbloqueia) e mais os florais dos signos que regem a casa onde está o planeta e a casa oposta a ela.

Venérea

Especialmente na região da garganta.

• pode ser Marte (impulso) em Escorpião (comunicação). *Florais:* Impatiens (dá ritmo correto), Heather (ensina a comunicação) e mais os florais dos signos que regem a casa onde está o planeta e a casa oposta a ela.

unha ....

Definição: Estrutura celular córnea da epiderme que forma placas achatadas sobre a superfície dorsal das falanges terminais. As unhas representam a proteção.

Os problemas indicam: unhas encravadas indicam preocupação e culpa em relação ao direito de avançar; o ato de roer as unhas indica medo da própria agressividade, desgaste das próprias armas, frustração, direção da agressividade contra si mesmo. Unhas descamadas significam inveja de outros sobre a pessoa.

Regência: Capricórnio (o pai rígido que protege e que poda) rege as unhas, e os florais são: Mimulus (tira os medos do dia a dia e dos sentimentos) e Rock Water (dá flexibilidade).

Florais auxiliares: Holly (para unhas em garra, em posição de ataque), Pine (tira as culpas), Agrimony (para ser verdadeiro), Larch (para assegurar o direito de avançar; desenvolver a criatividade), Elm (pessoa que não cumpre sua missão pega fungos nas unhas), Cherry Plum e Chicory (cortam a mania de roer unhas), Wild Oat (fortalece as unhas), Walnut (protege da inveja), Red Chestnut (aproxima o anjo da guarda da pessoa).

urano (planeta)......................

Rege Aquário, onde está em domicílio; fica em exílio em Leão, em exaltação em Escorpião e em queda em Touro. Leva 84 anos para percorrer o zodíaco e sete anos, onze meses e 22 dias para percorrer o signo.

Relaciona-se com

- Ar, urânio.

Bem aspectado

- traz originalidade, intuição, inspiração, inventividade, independência, fraternidade.

Mal aspectado

- traz rebeldia, irritabilidade, extravagância, excentricidade, sentimento contra a autoridade.

Rege

- criatividade, imaginação, velocidade do pensamento, atividade elétrica cerebral, oxigenação dos tecidos musculares e nervosos, processos metabólicos, movimento do corpo, sistema nervoso superior, tornozelos; move os impulsos elétricos entre as sinapses dos neurônios.

Floral básico

- Water Violet.

Em relação aos outros florais

- Clematis ajuda Urano ao agir no hipotálamo e na pineal (o hipotálamo promove o controle visceral, trazendo o equilíbrio, e regula a hipófise, trazendo *insights*).
- Red Chestnut ajuda Urano ao tirar nossos desbloqueios a fim de termos *insights.*
- Wild Oat ajuda Urano ao tirar o excesso de energia do corpo, canalizando-a para os propósitos de vida.
- Beech ajuda Urano ao ensinar a tolerância.
- Centaury ajuda Urano ao fazer que não deixemos que os outros atrapalhem nossa vida.
- Walnut ajuda Urano ao proteger nossa individualidade.
- Cherry Plum ajuda Urano ao trazer paz aos sentimentos para que a eletricidade possa fluir sem bloqueios.
- Star of Bethlehem ajuda Urano ao tirar os traumas que afetam os nervos e causam muita dor.
- Heather ajuda Urano ao harmonizar a eletricidade do corpo, que, se estiver bloqueada, nos faz engordar muito.

• Vervain ajuda Urano ao diminuir a adrenalina, não permitindo que a eletricidade se exceda.
• Scleranthus ajuda Urano ao nos dar equilíbrio para recebermos toda a intuição de que precisamos.
• Elm ajuda Urano ao desbloquear os nós que impedem que a intuição se manifeste.

ureter ....

Definição: Estrutura tubular que conduz a urina dos rins até a bexiga.
Os problemas indicam: medo do futuro, preocupação. Pensamentos que fabricaram sentimentos ruins e se tornaram doenças no organismo
Regência: Gêmeos e Mercúrio (pensamentos, muita racionalidade não deixa as emoções e os medos aparecerem) regem os ureteres (que carregam as emoções, que devem ser eliminadas) e o floral é Cerato (abre a mente para saber o que deve ou não ser eliminado).
Florais auxiliares: Crab Apple (limpa), Holly (tira a dor), Aspen (tira os medos do futuro), Heather (por carência afetiva, ajuda a prevenir a doença).
Obstrução do ureter por cálculo
• pode ser um mau aspecto entre Mercúrio (pensamentos) e Vênus (indulgência) se um deles estiver em Capricórnio (rigidez) ou em mau aspecto com Saturno. *Florais:* Cerato (ativa o mestre interior), Gentian, Scleranthus, Wild Rose, Mimulus, Rock Water e mais os florais dos signos que regem as casas onde estão os planetas e as casas opostas a elas.
Uretrite
Inflamação da uretra.
• pode ser um mau aspecto entre Vênus e Marte. *Florais:* Gentian, Scleranthus, Wild Rose, Impatiens (anti-inflamatório) e mais os florais dos signos que regem as casas onde estão os planetas e as casas opostas a elas.

uretra ....

Definição: Canal para a descarga da urina; estende-se da bexiga até o exterior.
Indica: o local que deve descartar as emoções (as águas) que não servem mais.
Problemas: medos e ideias que ficaram atormentando e foram parar nos sentimentos e nas emoções, que prejudicaram o órgão.
Regência: Gêmeos (o pensador) rege a uretra e o floral é Cerato.
Abscesso na
• pode ser Júpiter (deixa tudo exacerbado) em Escorpião (órgãos de reprodução). *Florais:* Agrimony (bom para as águas), Heather e mais os florais dos signos que regem a casa onde está o planeta e a casa oposta a ela.

urticária ....

Definição: Erupção de pápulas muito pruriginosas, causada por contato ou ingestão de substância ou alimento alérgico.
Indica: temores ocultos; que a pessoa faz tempestade em copo d'água.
Florais básicos: Rescue Remedy (faz o resgate de qualquer doença, tira coceira, cicatrizante) e Agrimony (ameniza o que está exacerbado, faz a pessoa ser quem verdadeiramente é, é bom para alergias), Honeysuckle (se for herança genética), Clematis (faz a pessoa colocar os pés no chão para não deixar a doença entrar), Walnut (bom para alergias que atacam nas mudanças climáticas), Holly (faz aceitação do problema que levou à doença), Hornbeam (se for crônica), Centaury (bom para alergia).

Florais auxiliares: Elm (libera endorfina, tira a coceira), Impatiens (é anti-inflamatório), Crab Apple (limpa, atua como antibiótico natural).

Em geral

• pode ser uma desarmonia de Lua (sensibilidade e emoções) em Capricórnio (prende). *Florais:* Clematis (ativa a criatividade), Rock Water (dá flexibilidade), Mimulus (tira os medos do dia a dia que atormentam e não deixam ser) e mais os florais dos signos que regem a casa onde está o planeta e a casa oposta a ela.

útero ....

Definição: Órgão do sistema reprodutor feminino que tem como finalidade conter e nutrir o embrião e o feto, desde o momento da implantação do ovo (óvulo fertilizado) até o momento do nascimento do feto. O útero representa a identidade feminina, a criatividade.

Os problemas indicam: conflito com relação ao fato de ser mulher; sentimento de que a feminilidade é um peso; medo da responsabilidade.

Regência: Escorpião (medo de perder o poder) rege o útero e o floral é Heather (estrutura interior); a Lua (sensibilidade, emoções, criatividade) rege o útero e o floral é Clematis (ativa a criatividade).

Florais auxiliares: Gentian (miomas, hemorragias, problemas de útero, por dar segurança para o feminino, atua na criatividade, bom para problemas na menopausa, atua na fé, que é a certeza de que tudo vai dar certo); Rock Rose (hemorragias); Centaury (por ativar a criatividade, dá individualidade, protege o útero), Beech (miomas, hemorragias, alterações na menopausa), Rescue Remedy (bom para contração e dilatação do útero).

Anormalidades congênitas do (problema vindo de vidas passadas)

• pode ser um mau aspecto entre Vênus (por mau uso do útero, pode ter feito muitos abortos, falta do uso da criatividade) e Saturno (que nesta vida vai cobrar uma conduta correta do uso do útero e/ou da criatividade), com Saturno em Escorpião (órgãos reprodutivos e jogo de poder sendo inibidos). *Florais:* Gentian (ativa a criatividade, ativa a fé, que é a certeza de que tudo dará certo), Scleranthus (equilíbrio), Wild Rose (equilíbrio para tudo o que é feminino, criatividade também), Mimulus (tira os medos), Rock Water (dá flexibilidade), Heather (dá saúde aos órgãos de reprodução) e mais os florais dos signos que regem as casas onde estão os planetas e as casas opostas a elas.

Hipodesenvolvido

• pode ser um mau aspecto entre Vênus (o feminino) em Saturno (dificulta, diminui, tira, restringe). *Florais:* Gentian (ativa a criatividade), Scleranthus (dá energia para todos os órgãos, por ativar chakras e o timo), Wild Rose (aumenta a sensibilidade, dá alegria de viver, ativa a criatividade, saúde para os órgãos femininos), Mimulus, Rock Water e mais os florais dos signos que regem as casas onde estão os planetas e as casas opostas a elas.

Pequeno ou virado

• pode ser Saturno (tira, restringe, diminui) em Escorpião (órgãos de reprodução). *Florais:* Rock Water (dá vitalidade, ativa a criatividade), Mimulus (tira a negatividade e os medos), Heather (ativa a pineal e a hipófise, que manda saúde e energia para todos os órgãos) e mais os florais dos signos que regem a casa onde está o planeta e a casa oposta a ela.

uveíte ....

Definição: Qualquer distúrbio intraocular inflamatório.

Indica: que a pessoa sente raiva do que está vendo a sua volta.

Regência dos olhos: o Sol rege o olho direito do homem e o esquerdo da mulher e o floral é Vervain (trabalha circulação arterial que influencia o olho); a Lua rege o olho direito da mulher e o esquerdo do homem e o floral é Clematis (coloca os pés no chão, faz enxergar).

Floral básico: Impatiens (anti-inflamatório), Crab Apple (limpa e atua como antibiótico natural).

Em geral

• pode ser um mau aspecto entre o Sol (visão) e Urano (eletricidade cerebral). *Florais:* Vervain (vitalidade, energia, dá luz à visão), Water Violet (saúde para o cristalino) e mais os florais dos signos que regem as casas onde estão os planetas e as casas opostas a elas.

V

vaginite

Definição: Inflamação da vagina.

Indica: aborrecimento, repulsa ao parceiro, culpa sexual, autopunição; a secura vaginal indica falta de receptividade do parceiro no ato sexual, medo do ato sexual, conflitos com o parceiro em relação à infidelidade, que a relação está ressecada.

Florais básicos: Wild Rose (para trabalhar o lado feminino), Impatiens (anti-inflamatório) e Rescue Remedy (para os pruridos vaginais), Crab Apple (limpa, atua como antibiótico natural).

Florais auxiliares: Gorse (amor ao feminino e a si mesma, dá lucidez), Elm (fabrica anticorpos), Gentian (fé, que é a certeza de que tudo dará certo, fé, na cura), Mustard (bom para a rejeição).

E vulvovaginite

• pode ser um mau aspecto entre o Sol (orgulho) e Plutão (poder). *Florais:* Vervain (vitalidade), Heather (dá equilíbrio aos órgãos genitais) e mais os florais dos signos que regem as casas onde estão os planetas e as casas opostas a elas.

Em geral

• pode ser um mau aspecto entre a Lua (emoções) e Netuno (desordem, medos inconscientes, de outras vidas). *Florais:* Clematis (equilibra as emoções, coloca os pés no chão), Rock Rose (protege o plexo solar, tira o pânico), White Chestnut e mais os florais dos signos que regem as casas onde estão os planetas e as casas opostas a elas.

• pode ser um mau aspecto entre Vênus (beleza, alegria, falta de autoestima) e Urano (originalidade e inspiração, mas pode ser extravagante e excêntrico). *Florais:* Gentian, Scleranthus, Wild Rose, Water Violet e mais os florais dos signos que regem as casas onde estão os planetas e as casas opostas a elas.

• pode ser um mau aspecto entre Vênus (órgãos genitais femininos com mau funcionamento) e Netuno (religiosidade e fuga da realidade) se um deles estiver em Escorpião (órgãos genitais masculinos e femininos). *Florais:* Gentian, Scleranthus, Wild Rose, Rock Rose, White Chestnut e mais os florais dos signos que regem as casas onde estão os planetas e as casas opostas a elas.

• pode ser um mau aspecto entre Vênus (perversão sexual, insegurança) e Plutão (jogo de poder). *Florais:* Gentian (segurança, fé), Scleranthus (equilíbrio), Wild Rose (alegria, saúde), Heather (equilíbrio para os órgãos sexuais) e mais os florais dos signos que regem as casas onde estão os planetas e as casas opostas a elas.

• pode ser Marte (ação) em Escorpião (problemas com sexo). *Florais:* Impatiens (equilibra a ação), Heather (equilibra os órgãos sexuais femininos e masculinos e o jogo de poder) e mais os florais dos signos que regem a casa onde está o planeta e a casa oposta a ela.

• pode ser Júpiter (extravagância, jovialidade) em Escorpião (perversão e culpa). *Florais:* Agrimony (traz o ser verdadeiro), Heather (equilibra o jogo de poder sexual) e mais os florais dos signos que regem a casa onde está o planeta e a casa oposta a ela.

valva cardíaca ....

Definição: Uma das quatro válvulas que controlam o fluxo do sangue no coração (para dentro, através e para fora dele).

Os problemas indicam: falta de amor, afeto, segurança. É do coração que sai a maior proteção ao ser humano, ele é que nos faz viver, e um dos florais que ajudam o bom funcionamento do coração é Gentian (ativa a fé, que é a certeza de que tudo vai dar certo, pode mover montanhas).

Regência: Leão (orgulho, efusivo) rege as valvas cardíacas e o floral é Vervain (força vital, relaxante).

Florais auxiliares: Olive (para o ritmo do coração) e Impatiens (dá ritmo ao sangue), Vine (bom para alterações cardiológicas), Rock Rose, Aspen (bons para prolapso da válvula mitral), Gorse (amor), Cherry Plum (abre o coração), Gentian (coração duro), Honeysuckle (se o problema for genético).

varicocele ....

Definição: Dilatação das veias do cordão espermático que geralmente acontece no lado esquerdo do corpo dos adolescentes.

Indica: aspectos afetivos do processo de recordar e reviver emoções fazendo que as veias se retraiam.

Floral básico: Honeysuckle, para deixar o passado para trás.

Em geral

• pode ser um mau aspecto entre Vênus (quer alegria) e Marte (quer ação). *Florais:* Gentian (segurança interior, fé, que é a certeza de que tudo vai dar certo), Scleranthus (equilíbrio), Wild Rose (alegria), Impatiens (dá ritmo correto às ações) e mais os florais dos signos que regem as casas onde estão os planetas e as casas opostas a elas.

varizes ....

Definição: Dilatação tortuosa das veias.

Indicam: falta de elasticidade, de ânimo e de valor para enfrentar os desafios; apatia, cansaço e peso.

Regência: Aquário rege as panturrilhas e o floral é Water Violet.

Florais auxiliares: Hornbeam (colocar no creme Rescue Remedy e passar na perna, dá energia), Agrimony (dá alegria por fazer a pessoa ser verdadeira), Beech (dá jogo de cintura, tira as dores, bom para acabar com as varizes, limpa o sangue; + Honeysuckle para pessoas nostálgicas, que não querem mudar).

Em geral

• pode ser um mau aspecto entre Vênus (alegria e beleza) e Júpiter (é exagerado, tem grandes expectativas). *Florais:* Gentian (segurança interior), Scleranthus (equilíbrio), Wild Rose (alegria e circulação do sangue), Agrimony (faz a pessoa ser quem na verdade é) e mais os florais dos signos que regem as casas onde estão os planetas e as casas opostas a elas.

• pode ser um mau aspecto entre Vênus (alegria, problemas de circulação do sangue) e o ascendente. *Florais:* Gentian (segurança), Scleranthus (equilíbrio), Wild Rose (alegria, bom para circulação sanguínea) e mais o floral do signo do ascendente e os florais dos signos que regem a casa onde está o planeta e a casa oposta a ela.

• pode ser um mau aspecto entre Marte (atitude e ação) e Urano (liberdade, solidão, inteligência). *Florais:* Impatiens (dá ritmo ao sangue), Water Violet (ensina a dividir conhecimento, tira da reclusão) e mais os florais dos signos que regem as casas onde estão os planetas e as casas opostas a elas.

• pode ser uma desarmonia da Lua (emoção) em Aquário (reclusão, mau humor). *Florais:* Clematis (coloca os pés no chão), Water Violet (tira da reclusão, divide conhecimento) e mais os florais dos signos que regem a casa onde está o planeta e a casa oposta a ela.

• pode ser Vênus (alegria e beleza) em Aquário (recluso). *Florais:* Wild Rose (dá boa circulação sanguínea), Gentian (segurança interior, bom para a circulação), Scleranthus e mais os florais dos signos que regem a casa onde está o planeta e a casa oposta a ela.

Esofagianas

• pode ser um mau aspecto entre Vênus e Júpiter, em Câncer. *Florais:* Gentian, Scleranthus, Wild Rose, Agrimony, Clematis e mais os florais dos signos que regem as casas onde estão os planetas e as casas opostas a elas.

De grosso calibre

Podendo haver ou não trombose.

• pode ser um mau aspecto entre Saturno (rígido) e Urano (recluso) se um deles estiver na casa 1 ou na casa 6 e se houver algum aspecto com os regentes dessas casas ou com o Sol ou a Lua. *Florais:* Rock Water (flexibilidade), Mimulus (tira os medos que nos acompanham por muito tempo), Water Violet (tira da reclusão) e mais os florais dos signos que regem as casas onde estão os planetas e as casas opostas a elas.

Na parte inferior das pernas

• pode ser Lua (emoções) em Aquário (reclusão). *Florais:* Clematis (coloca os pés no chão, faz viver a vida com criatividade), Water Violet (ensina a dividir conhecimento, faz sair da reclusão) e mais os florais dos signos que regem a casa onde está o planeta e a casa oposta a ela.

vasculite ....

Definição: Inflamação de um vaso sanguíneo ou linfático.

Indica: raiva e falta de alegria de viver.

Em geral

• pode ser um mau aspecto entre Júpiter (expectativa exacerbada da vida) e Urano (quer compartilhar e não sabe) se um deles estiver em mau aspecto com Marte (impaciente). *Florais:* Agrimony (dá equilíbrio às expectativas de vida), Water Violet (ensina a se comunicar), Impatiens (tira a impaciência, tira a inflamação) e mais os florais dos signos que regem as casas onde estão os planetas e as casas opostas a elas.

vaso ....

Definição: Tubo, ducto ou canal para o transporte de líquidos no corpo.

Regência: Gêmeos (pensamentos) rege os ductos e o floral é Cerato (saúde aos ductos do corpo); Áries (impulso) rege os vasos sanguíneos intracranianos e o floral é Impatiens (dá o ritmo correto).

Colesterol nos vasos

Indica: medo de aceitar a alegria da vida.

• pode ser um mau aspecto entre Júpiter (grandes expectativas com relação à vida) e Saturno (segura, faz parar, dificulta). *Florais:* Agrimony (faz a pessoa ser quem verdadeiramente é, tira o exagero), Mimulus (tira os medos que atormentam por muito tempo), Rock Water (dá flexibilidade) e mais os florais dos signos que regem as casas onde estão os planetas e as casas opostas a elas.

Tensão nos vasos sanguíneos

Indica: falta de flexibilidade na vida.

• pode ser Júpiter (faz só o que quer) em Áries. *Florais:* Agrimony, Impatiens e mais os florais dos signos que regem a casa onde está o planeta e a casa oposta a ela.

vasomotor ....

Definição: Pertinente aos nervos que têm o controle muscular das paredes dos vasos sanguíneos.

Os problemas indicam: culpa, angústia, falta de confiança na vida.

Regência: Libra rege o controle vasomotor e o floral é Scleranthus, que dá equilíbrio.

veia ....

Definição: Vaso delgado que conduz o sangue para o coração. As veias transportam a alegria de viver.

Regência: Áries rege as veias cefálicas e seios venosos do crânio (sagital superior, sagital inferior, laterais, reto, cavernoso e sigmoide, veia temporal, veia jugular interna) e o floral é Impatiens (dá ritmo ao sangue); Touro e Vênus regem as veias occipital, jugular externa e tireoidiana e os florais são Gentian (dá segurança interior), Wild Rose (dá alegria); Gêmeos rege as veias pulmonares, basílica, subclávia, ázigos, torácica interna e cefálica e o floral é Cerato (ativa a sabedoria superior, que se faz em energia e espalha pelo corpo todo); Câncer rege as veias diafragmática, gástrica, gastroepiploica e mamária, e o floral é Clematis (faz colocar os pés no chão, para viver a vida plenamente); Leão e o Sol regem as veias cavas superior e inferior e a coronária, e o floral é Vervain (vitalidade); Sagitário rege as veias sacrais, ilíaca externa, safena magna e femoral, e o floral é Agrimony (faz a pessoa ser verdadeira); Escorpião rege as veias espermática, mesentérica, plexo hemorroidal, pudenda, ovariana, peniana, dorsal do pênis e bulbo venoso vesicular, e o floral é Heather (bom para equilíbrio no sexo); Virgem rege as veias porta, hepática, umbilical, mesentérica superior e inferior, e o floral é Centaury (ensina a cuidar da saúde); Libra rege as veias renal e lombar, e o floral é Scleranthus (é equilíbrio); Capricórnio rege as veias poplítea e safena parva e os florais são: Mimulus (tira os medos) e Rock Water (dá flexibilidade); Aquário rege a veia safena parva e tibial fibular e o floral é Water Violet (tira da reclusão); Netuno rege as veias arco venoso dorsal do pé, plantar, digitais comuns do pé e a rede venosa dorsal do pé e os florais são: White Chestnut (dá luz para enxergar tudo) e Rock Rose (tira o pânico).

Florais auxiliares: Agrimony (para veias varicosas), Rescue Remedy (melhora de qualquer doença), Olive (dá descanso), Wild Rose (alegria) e Crab Apple (limpa). Hornbeam (bom misturar no creme Rescue e passar; bom para varizes), Beech (bom para acabar com as varizes e as dores; + Honeysuckle para pessoas nostálgicas que não querem mudar).

Constrição das veias

• pode ser Saturno (rigidez) em Leão (orgulho). *Florais:* Rock Water (flexibilidade), Mimulus (tira os medos que atormentam o dia a dia), Vervain (relaxa) e mais os florais dos signos que regem a casa onde está o planeta e a casa oposta a ela.

veneno

Definição: Qualquer substância que chega ao corpo por meio de inalação, ingestão, injeção ou absorção e que interfere com as funções fisiológicas normais.

Florais básicos: Crab Apple (faz a catarse dos venenos), Pine (por a pessoa estar livre de culpas, elimina os venenos do corpo), Agrimony (para qualquer tipo de veneno, em comidas, de insetos, remédios tomados na hora errada e até mesmo de atitude das pessoas, desintoxicante), Rescue Remedy (usar a pomada para picadas de animais peçonhentos), Holly (limpa os venenos), Vine (tira os venenos do sangue), Gentian (limpa do sangue os venenos de animais venenosos, acorda de desmaio), Gorse (limpa os venenos do sangue).

ventrículos cerebrais

Definição: Pequenas cavidades cerebrais.

Regência: Câncer rege os ventrículos cerebrais e o floral é Clematis (tira do mundo da Lua, coloca os pés no chão, ativa a criatividade, ajuda a saúde do cérebro).

vênus (planeta)

Rege Touro e Libra, onde está em domicílio; fica em exílio em Escorpião e Áries; em exaltação em Peixes; em queda em Virgem. Leva um ano para percorrer o zodíaco; 21 dias e seis horas para percorrer o signo; em um dia percorre um grau e quinze segundos.

Relaciona-se com

• Ar, feminino, negativo, yin, cobre.

Bem aspectado

• traz energia afetiva, necessidade de relacionamentos harmoniosos, desejo de partilhar, amor à natureza, intimidade, capacidade de sedução, beleza física, equilíbrio, habilidade artística, capacidade de combinar.

Mal aspectado

• traz indecisão, indiferença, negligência, superficialidade, dependência, preguiça, comodismo, autoindulgência.

Rege

• garganta (deglutição), fonação; os órgãos: do equilíbrio, linfoides, tireoide, genitais femininos, rins, pescoço, queixo, bochecha, paladar, ovários, órgãos internos de reprodução, circulação do sangue venoso, órgãos sensoriais da pele, textura da pele; determina a ausência de imperfeições, faz o organismo sarar.

Florais básicos

• Gentian e Scleranthus.

Em relação aos outros florais

• Pine ajuda Vênus ao trazer sensibilidade.

• Crab Apple ajuda Vênus ao dar percepção e sensibilidade.

• Chestnut Bud ajuda Vênus ao proporcionar a fixação do aprendizado da sensibilidade.

• Wild Rose ajuda Vênus ao trazer criatividade, sensibilidade e entrega ao amor.

• Centaury ajuda Vênus ao resgatar o amor por nós mesmos.

• Larch ajuda Vênus ao desbloquear a sensibilidade.

• Walnut ajuda Vênus ao nos proteger das influências externas que não deixam nossa sensibilidade fluir.

• Cherry Plum ajuda Vênus ao trazer paz aos sentimentos.

• Star of Bethlehem ajuda Vênus ao liberar a sensibilidade bloqueada por traumas.

• Heather ajuda Vênus ao desbloquear Plutão ou Escorpião para nos comunicarmos bem e com equilíbrio.

• Vervain ajuda Vênus ao diminuir nossa adrenalina, trazendo equilíbrio quando estamos excessivos, negativos e eufóricos.

verminose

Definição: Qualquer afecção provocada por vermes.

Florais básicos: Rescue Remedy (faz o resgate das doenças) e Crab Apple (limpa).

Florais auxiliares: Water Violet (tira os vermes das crianças tristes, isoladas e orgulhosas), Willow (tira a verminose crônica por estar negativa e atrair o ruim, ajudar com Crab Apple), Crab Apple (acaba com os vermes, limpa), Gentian (por ativar a fé, que é a certeza de que tudo dará certo, é antídoto contra elementos estranhos no organismo), Willow (acaba com a verminose crônica, por a pessoa atrair o negativismo).

Em geral

• pode ser Marte (impulso) em Virgem (submisso). *Florais:* Impatiens (dá o ritmo correto, não deixa nada estranho entrar), Centaury (saúde para os órgãos) e mais os florais dos signos que regem a casa onde está o planeta e a casa oposta a ela.

verruga

Definição: Tumor da epiderme cutânea.

Indica: ódio, crença na feiura; a verruga plantar (olho de peixe) indica raiva muito profunda, sentimento de crescente frustração em relação ao futuro.

Regente: Saturno e Capricórnio (são perfeccionistas) e os florais são: Rock Water (flexibilidade) e Mimulus (tira os medos dos sentimentos e do dia a dia); Vênus (a beleza, o feminino) rege a textura da pele e o Floral é Wild Rose (alegria).

Floral auxiliar: Aspen (tira o medo do futuro).

Em geral

• pode ser um mau aspecto entre Júpiter (exagero) e Saturno (é perfeccionista). *Florais:* Agrimony (tira o exagero, faz a pessoa ser verdadeira), Rock Water (dá flexibilidade), Mimulus (tira os medos) e mais os florais dos signos que regem as casas onde estão os planetas e as casas opostas a elas.

vértebra

Definição: Qualquer um dos 33 segmentos ósseos da coluna vertebral. As vértebras representam a flexibilidade em relação à vida.

Regência: Leão (efusivo, leal) rege as vértebras dorsais e o floral é Vervain (vitalidade),

Capricórnio (conservador, duro, inflexível) rege os ossos e os florais são: Rock Water (flexibilidade) e Mimulus (medos que atormentam no dia a dia).

Florais auxiliares: Hornbeam (energia), Elm, Holly, Willow (tiram os bloqueios e os nós do corpo), Aspen (bom para tirar os nós na coluna por tensão, e para deformações na coluna); Pine (bom para cifose, ajuda a tirar as deformações na coluna, peito curvado, coluna sensível), Hornbeam (ajuda a expandir o peito), Hornbeam + Elm (bons para grandes deformações), Vervain (tira as dores musculares na coluna), Willow (dá flexibilidade, tira a inflamação junto com Impatiens), Larch (bom para a base da coluna, dá segurança), Wild Oat (dá estrutura), Hornbeam (energia para ter a coluna ereta), Crab Apple (bom para limpar o que causou os problemas na coluna).

Doenças da

• pode ser Vênus (Vênus é insegura) em Leão (orgulhoso). *Florais:* Wild Rose (dá alegria), Gentian (dá segurança), Scleranthus (dá equilíbrio), Vervain (equilibra a euforia) e mais os florais dos signos que regem a casa onde está o planeta e a casa oposta a ela.

vervain

Pessoas com muita força de vontade e muito entusiasmo. Relaciona-se com Leão e Sol, coração, dorso, região escapular, coluna vertebral, valvas cardíacas, bainha de mielina, mediastino. Ajuda as pessoas que têm ideias fixas, traz equilíbrio ao entusiasmo.

• Vervain + Wild Oat: faz direcionar inspiração, exaltação, júbilo e alegria a se manifestarem no nosso propósito de vida com harmonia.

• Vervain + Agrimony: amizade e alegria verdadeiras, é bom para tirar depressão, equilibra a euforia, dá profundidade à alegria que é verdadeira, bom quando a pessoa aprende alguma coisa e quer que todos aprendam e façam como ele, tira a influência de momentos ou coisas novas que não condizem com o que na verdade sentimos ou pensamos; ajudar com Walnut.

Ativa o ideal que é o modelo de inspiração intelectual, estética, espiritual e afetiva, baseados em nosso interior; Clematis dá a visualização, ajuda a criar as ideias, e Vervain concretiza através da ação, faz acontecer.

Vervain protege o eu sou, nos deixa incorruptíveis e eternos, ensina o amor e o entusiasmo, faz criar o espaço que é "só meu", ensina a aprender e respeitar o que é meu e o que é do outro, quem sou eu e quem é o outro.

Tira o orgulho e o exibicionismo, ensina a reverência, o respeito por tudo o que vem de dentro e tudo o que vem de fora, ensina os eufóricos a usar suas energias para a realização pessoal, faz realizar o ideal.

Tira a tensão do corpo, dá ritmo à vida, faz relaxar.

Bom para crianças aprenderem a respeitar o que é seu e o que é do outro.

Faz-nos ser quem gostamos de ser, livra das frustrações, aumenta a inteligência das crianças, é bom para a mãe tomar durante a gravidez, protege o bebê de doenças, bom para o sistema simpático e parassimpático, bom para apatia, medrosos, irritáveis, explosivos, apaixonados, eufóricos, bipolares, estressados, insatisfeitos, que têm ideais rígidos, músculos tensos, bruxismo, olhar arregalado; é relaxante, cura torcicolo, cãibra, dores musculares na coluna; bom para mudanças hormonais, na gravidez, para aleitamento, tensão pré-menstrual, dores crônicas, colites ulcerativas, crianças sem limites, neuroses e psicoses, tiques nervosos, manias, psicose maníaco-depressiva, dá energia ao timo, voz estressada, artrose, deformações articulares.

vesícula biliar ....

Definição: Órgão que secreta a bile, que promove um peristaltismo forte para a ingestão das gorduras; a falta de bile pode ocasionar hipofuncionamento da vesícula, pedras na vesícula ou vesícula parcialmente bloqueada, trazendo dor aguda e intensa na cavidade torácica, dor ao redor do coração, e falta de ar.

As pedras na vesícula indicam: impulso fossilizado de agressividade; alguma obrigação da qual a pessoa não consegue se livrar e que deixa a energia petrificada.

Regência: Sagitário rege a vesícula biliar e o floral é Agrimony (faz a pessoa ser verdadeira); Virgem rege a vesícula biliar e o floral é Centaury (faz a pessoa não se deixar ser usada); Capricórnio e Saturno (podem ser os culpados pelos problemas por serem muito rígidos) regem a vesícula biliar e os florais são: Rock Water (bom para acabar com as pedras) e Mimulus (tira o medo de agir).

Florais auxiliares: Wild Oat (dá metas concretas e tira as inseguranças), Beech e Crab Apple (tiram os cálculos da vesícula biliar), Rock Water (tira os cálculos da vesícula biliar), Chicory (quando tiver necessidade de tirar cirurgicamente a vesícula, bom para suprir a carência), Elm (sara a vesícula, libera endorfina, tira a dor).

Espasmos na

Que se assemelham a um ataque cardíaco.

• pode ser Urano (elétrico) em Capricórnio (rígido). *Florais:* Water Violet (acalma a parte elétrica de Urano, que dá choque), Rock Water (tira a rigidez), Mimulus (tira os medos) e mais os florais dos signos que regem a casa onde está o planeta e a casa oposta a ela.

Hipofunção da

• pode ser Saturno em Capricórnio (os dois atrasam, paralisam). *Florais:* Rock Water (dá maleabilidade), Mimulus (tira os medos) e mais os florais dos signos que regem a casa onde está o planeta e a casa oposta a ela.

Inflamação na

• pode ser Marte (a ira que inflama por Capricórnio tirar a ação) em Capricórnio. *Florais:* Impatiens (dá paciência), Rock Water (dá flexibilidade), Mimulus (tira os medos) e mais os florais dos signos que regem a casa onde está o planeta e a casa oposta a ela.

Lama biliar ou cálculo biliar

• pode ser um mau aspecto entre a Lua e Júpiter. *Florais:* Clematis, Agrimony e mais os florais dos signos que regem as casas onde estão os planetas e as casas opostas a elas.

Pedras de colesterol

Com bloqueio parcial do ducto ou da vesícula biliar.

• pode ser Júpiter em Capricórnio. *Florais:* Agrimony, Rock Water, Mimulus e mais os florais dos signos que regem a casa onde está o planeta e a casa oposta a ela.

Tumor ou pedra

• pode ser Plutão em Capricórnio. *Florais:* Heather, Rock Water, Mimulus e mais os florais dos signos que regem a casa onde está o planeta e a casa oposta a ela.

vesícula seminal

Definição: Um dos dois tubos saculares e membranosos situados na base da bexiga, entre este órgão e o reto, e que guarda o sêmen; a vesícula seminal tem sua própria secreção.

Regência: Escorpião rege a vesícula seminal e o floral é Heather (equilibra a parte sexual, pode tirar a impotência, equilibra o atraso ou a precocidade sexual), Gêmeos rege os tubos e o floral é Cerato (desbloqueia os tubos do corpo).

vias biliares

Ou ductos biliares, são passagens intercelulares que transportam a bile do fígado até o ducto hepático, que se une ao ducto proveniente da vesícula biliar, formando o ducto biliar comum que penetra no duodeno.

Regência: Libra rege as vias biliares e o floral é Scleranthus (dá equilíbrio à pessoa e saúde aos órgãos que rege); Sagitário rege as vias biliares e os florais são: Agrimony (faz a pessoa ser verdadeira e tira os exageros nos julgamentos e na comida), Gêmeos rege os ductos e o floral é Cerato (traz saúde aos ductos).

vício

Definição: Hábito condicionado por dependência psicológica ou química.

Indica: fuga de si mesmo, dos sentimentos, da realidade, dos traumas, talvez por abuso sexual ou por escravidão em vidas passadas; necessidade de preencher um vazio, incapacidade de querer bem a si mesmo; o cigarro é um substituto do sexo quando a energia sexual é muito forte.

Florais básicos: Agrimony (para alcoolismo; ajuda a desintoxicar, faz a pessoa ser ela mesma, não precisar agradar o outro), Wild Oat (para ajudar a ter metas na vida, trazer a vontade de se livrar do vício), Wild Rose (dá alegria de viver), Star of Bethlehem (limpa e tira todos os traumas, trazendo a inocência de volta), Rock Rose (depura o sangue) e Chicory (corta o vício).

Florais auxiliares: Olive (bom para tirar a angústia, preenche os vazios que a pessoa preenche com drogas, bebidas ou fumo), Gorse (limpa o sangue, tira o efeito colateral das drogas), Scleranthus (para a pessoa decidir se quer ou não parar o vício, faz a escolha sair do coração; ajudar com Willow para tirar a negatividade), Vine (quando a pessoa assume que gosta de drogas e sabe que faz mal, tira a frieza, a insensibilidade e a crueldade para consigo, não deixa matar o físico), Aspen (quando a pessoa em recuperação sente medo de morrer), Mustard (pode salvar por tirar de uma depressão da vida inteira e ajudar a gostar de viver).

vine (floral)

"Para quem gosta de comandar."

"Rigidez."

Ajuda em caso de

• pessoa que gosta de dominar e controlar os outros.

• problemas do pulmão, do coração (arteriosclerose, hipertensão arterial, alteração do ritmo cardíaco, coração duro e frio), do sistema digestório (da boca até o intestino), do baço e do pâncreas, dos pés, dos genitais e da sexualidade, do sangue (triglicérides, colesterol, glicemia), dos sentidos (visão, audição, olfato, paladar e tato).

• dermatite, vitiligo, colite, eczema, distúrbios hormonais, obesidade, anorexia, artrose, artrite, deformações ósseas, torções.

• tendência à masturbação excessiva; vícios (cigarro, drogas, bebida).

É bom para

• quem conhece o seu potencial e é muito bom naquilo que faz, mas acha que os outros têm de seguir sua orientação em vez de usar a própria criatividade.

• ensinar o poder de curar, o poder espiritual, o poder material, o poder sexual; trabalhar a alegria e pensamentos do tipo "eu vivo em prol dos outros"; fazer a catarse do sangue, transformando o sangue "frio" em vida verdadeira, que significa alegria.

• o timo.

Em associação com outros florais

• Vine + Walnut: traz luz ao olhar, pois resgata a individualidade.

• Vine + Red Chestnut: para trabalhar os relacionamentos através da compaixão.

Em relação aos planetas

• ajuda o Sol ao dar consciência para acreditarmos em nosso poder de cura.

• ajuda Júpiter ao dar autoridade verdadeira para lidarmos com os outros com firmeza e alegria.

• ajuda Netuno ao dar sensibilidade, clareza da mente e bons sentimentos, e ensinar a compaixão.

• ajuda Plutão ao dar vontade de realizar aquilo que realmente temos de realizar: nada mais, nada menos.

violência ....

Definição: Uso de força ou compulsão física para abusar ou causar lesão.

Em geral

• **Floral básico:** Vervain (acalma), Cherry Plum (faz ver a verdade dentro e fora), Sweet Chestnut (luz no fim do túnel), Walnut (proteção), Red Chestnut (aproxima do anjo da guarda).

• pode ser um mau aspecto entre Marte e o ascendente. *Florais:* Impatiens (dá paciência) e mais o floral do signo do ascendente e os florais dos signos que regem a casa onde está o planeta e a casa oposta a ela.

virgem (signo).....................

Palavras-chave

• analisar, servir, serviço, crítico, artesão, feminino, diligente, estudioso, científico, metódico, discriminativo, apurador dos fatos, exigente, asseado, humano, busca a perfeição, mesquinho, melancólico, egocêntrico, tem medo da doença e da pobreza, difícil de agradar, pedante, cético, negativo, yin, mutável, terra, planeta Mercúrio, metal mercúrio.

Rege

• musculatura esquelética do tronco, parede abdominal, baço, pâncreas, jejuno, epíploo.

Osso

• osso do carpo.

Músculos

• oblíquo interno do abdome, oblíquo externo do abdome, transverso do abdome, reto abdominal, piramidal.

Artérias

• gástrica esquerda, gástrica direita, mesentérica superior e inferior.

Veias

• porta, hepática, umbilical, mesentérica superior e inferior.

Funções secundárias do signo

• hormônios insulina e glicogênio, metabolismo de carboidratos, movimento peristáltico e liberação dos sucos necessários às diversas fases da digestão, assimilação de alimentos (uma das funções do elemento terra é a sustentação dos órgãos abdominais). Floral: Centaury.

virose

Definição: Qualquer doença causada por vírus (micro-organismo diminuto, não visível pela óptica comum; agente parasita).

Indica: que o nível do sistema imunológico está baixo por causa de problemas emocionais.

Florais básicos: Rescue Remedy (resgata de qualquer situação), Rock Rose (ativa parte do sistema imunológico) e Vervain (por causa da vitalidade que proporciona ao físico, dá saúde total ao corpo).

Florais auxiliares: Crab Apple (limpa, atua como antibiótico), Elm (é o floral correto para acabar com as viroses, ativa o timo, que fabrica anticorpos que acabam com a virose).

De repetição

• pode ser uma desarmonia da Lua (que rege nossas emoções; como a Lua, emoções têm fases) em Aquário (fechado, rígido, isolado); a Lua não aguenta. *Florais:* Clematis (coloca os pés no chão, dá criatividade, boas vibrações), Water Violet (ensina a dividir o conhecimento, tira da reclusão) e mais os florais dos signos que regem a casa onde está o planeta e a casa oposta a ela.

visão

Definição: Poder ou faculdade de ver. Como tudo o que temos dentro vamos ter do lado de fora, a visão é a prova mais clara de que isso é verdade, por isso se tivermos o entendimento claro dos sentimentos, dos pensamentos, das nossas reações, das nossas atitudes, daquilo que produzimos a cada momento, vamos ter olhos de ver fora perfeitos, o entendimento faz ver perfeitamente.

Os problemas indicam: que a pessoa não gosta do que está vendo em sua vida.

Regência: o Sol rege o olho direito do homem e o esquerdo da mulher, e o floral é Vervain (aguça os sentidos, principalmente a visão); a Lua rege o olho direito da mulher e o esquerdo do homem (por a Lua determinar a base material do corpo e a retina ser a parte do olho que funciona como anteparo material para a luz, problemas podem causar retinopatias degenerativas) e o floral é Clematis (coloca os pés no chão, faz ver e entender); Aquário rege a visão e o floral é Water Violet (tira os problemas visuais de quem vê o mundo de forma rígida).

Florais auxiliares: Walnut (proteção das influências externas, aumenta a visão da realidade), Cherry Plum (clareia dentro e fora), White Chestnut (clareia a mente para se ver melhor).

víscera

Definição: Órgão interno, situado no interior de uma cavidade.

Regência: Capricórnio rege as vísceras digestórias e os florais são Rock Water (flexibilidade) e Mimulus (medos fortes que nos acompanham no dia a dia); Netuno trabalha as vísceras e os florais são: White Chestnut (mostra a verdade), Rock Rose (tira o pânico), Clematis (dá controle visceral).

vitalidade

Definição: Aquilo que diferencia os seres vivos das coisas inanimadas.

Regência: o Sol (egocêntrico, entusiasmado e digno, força vital) rege a vitalidade e o floral é Vervain (energia, vitalidade, equilibra a efusividade; se a pessoa tomar este floral desde que nasce, talvez nunca fique doente; se a mãe der este floral desde o nascimento da criança junto com Clematis, talvez nunca esta criança venha a ter doenças); Marte (o guerreiro, a força, a ação) ativa a fabricação de ferro na medula óssea, fornecendo e dando bastante energia ao físico, e o floral é Impatiens (tira a impaciência, dá o ritmo correto).

Florais auxiliares: Willow (resgata a vitalidade perdida por negativismo, que capta só o ruim à volta), Wild Rose (por dar alegria, aumenta a vitalidade), Pine (por tirar as culpas, traz paz e vitalidade), Sweet Chestnut (bom para vitalidade baixa).

Fraca

• pode ser Marte (energia, força) em Peixes (onde se encontram Peixes e Netuno, eles dissolvem); Peixes dissolveu a energia de Marte. *Florais:* Impatiens (dá energia), White Chestnut (mostra a verdade, bom para a digestão), Rock Rose (tira o ruim do organismo através das eliminações, dá saúde ao organismo, aumenta a vitalidade) e mais os florais dos signos que regem a casa onde está o planeta e a casa oposta a ela.

vitamina A

Vitamina essencial para o crescimento e o desenvolvimento normais, para a integridade dos tecidos epiteliais e para o desenvolvimento normal dos dentes e ossos.

Regência: o Sol rege a vitamina A e o floral é Vervain.

Sintomas de deficiência

• sinusite, catarro, abscesso no ouvido, aderência das pálpebras e remelas nos olhos; problemas de pele: acne, espinhas e bolhas; aumento de propensão a infecções; psoríase e resfriados que atingem os pulmões; cegueira noturna, xerose (perda de brilho do globo ocular, que fica seco e inflamado, perdendo a capacidade visual); pele áspera e seca, rugas prematuras; diminuição dos sentidos do olfato e do paladar.

• a deficiência grave pode causar: pneumonia, amolecimento dos ossos e dentes, gengivite, terçol, úlcera de córnea, formação de pedras na vesícula biliar ou nos rins, retardamento do crescimento em crianças, diarreia, falta de energia e vigor, esterilidade tanto nos homens como nas mulheres.

vitamina B (complexo B)

Complexo B é o termo genérico para designar um grande grupo de substâncias químicas que possuem algumas características em comum; as vitaminas do complexo B são: colina, paba (ácido para-aminobenzoico), B_1 (tiamina), B_2 (riboflavina), B_3 (niacina), B_5 (ácido pantotênico), B_6 (piridoxina), B_{12} (cianocobalamina), B_{13} (ácido orótico), B_{15} (ácido pangâmico), B_{17} (laetril), H (biotina) e M (ácido fólico); o complexo B é importantíssimo para a saúde do sistema nervoso e também afeta o tônus muscular e os processos digestórios (é bom para crianças hiperativas e pessoas viciadas em drogas e álcool).

vitamina B (colina) ....

A colina é essencial para o metabolismo normal das gorduras e carboidratos; é necessária para a síntese de ácidos nucleicos na formação de novas células (reprodução celular); sua principal função é ligar-se ao inositol para formar lecitina, que por sua vez emulsifica as gorduras em excesso; também é importante na manutenção da bainha de mielina dos nervos, assim como na manutenção das sinapses nervosas.

Regência: Júpiter rege a colina e o floral é Agrimony.

Sintomas de deficiência

• criação de depósitos de gordura no fígado, que podem deixar as células hepáticas inflamadas, inchadas e hipertrofiadas de modo que a circulação sanguínea e linfática fica total ou parcialmente estagnada; podem ocorrer lesões nos rins, hemorragia renal; aterosclerose ou endurecimento das artérias; pressão alta associada à disfunção renal; formação de pedras nos rins e na vesícula; doença dos nervos; glaucoma, etc.

vitamina B (paba) ....

O paba é um dos constituintes básicos do ácido fólico e também auxilia a utilização do ácido pantotênico; é utilizado para problemas cutâneos.

Regência: Saturno rege o paba e os florais são: Rock Water e Mimulus.

Sintomas de deficiência

• sintomas de fadiga, irritabilidade generalizada, dor de cabeça e depressão; problemas digestórios e constipação; eczema, envelhecimento da pele, despigmentação (por exemplo, vitiligo), etc.

vitamina B_1 (tiamina).............

Qualquer uma das várias substâncias que não pertencem ao grupo das proteínas e que são essenciais para o metabolismo normal do organismo.

Regência: Mercúrio rege a tiamina e o floral é Cerato.

Sintomas de deficiência

• os primeiros sinais de deficiência de tiamina são geralmente cansaço, perda de apetite, instabilidade emocional e irritabilidade aparentemente sem motivos (o grande consumo de doces elimina essa vitamina do organismo).

• sintomas mais graves são: perda de acuidade mental, dificuldade respiratória, disfunção cardíaca, problemas do trato gastrointestinal (indigestão, anorexia, constipação grave e contínua, atonia gástrica).

vitamina B_2 (riboflavina).........

Importante na formação de certas enzimas e na oxidação celular; ajuda o crescimento normal, a prevenção da queilose e da glossite; participa da adaptação à luz.

Regência: a Lua rege a riboflavina e o floral é Clematis.

Sintomas de deficiência

• rachaduras nos cantos da boca; vermelhidão anormalmente brilhante da membrana mucosa dos lábios; aparência escamosa ou áspera da pele ao redor do nariz e dos olhos, língua arroxeada ou cor de maravilha, inchada, dolorida e brilhante; muitas mulheres sofrem de dores durante o ato sexual, juntamente com inflamação e coceira vaginal, devido à vaginite (causada por deficiência de riboflavina); os olhos podem apresentar reações anormais à luz, conjuntivite bulbar, sensação de queimação e de areia sob a pálpebra, e a córnea pode ser afetada.

vitamina B_3 (niacina) ....

Sua principal função é combater a pelagra, os distúrbios gastrointestinais e os distúrbios mentais; a niacina é um vasodilatador e também serve como coenzima, decompondo os carboidratos, gorduras e proteínas para a respectiva utilização pelo organismo; é necessária para a síntese dos hormônios sexuais e para a manutenção da saúde da pele e dos sistemas nervoso e digestório.

Regência: a Lua rege a niacina e o floral é Clematis.

Sintomas de deficiência

• existem muitos sintomas; os primeiros a aparecer são erupções cutâneas; fissuras, inchaço ou sensibilidade da língua; manchas na pele, mau hálito, problemas de gengiva, dores de cabeça renitentes, lesões cutâneas, diarreia, esquecimento e irritabilidade.

• deficiências leves podem ocasionar uma diversidade de sintomas nervosos, conhecidos como pelagra subclínica; esses sintomas incluem depressão, embotamento mental, confusão, esquecimento, desorientação, alucinações, insônia, náuseas e vômitos; a pessoa sente medo e ansiedade, e pode achar que "está ficando louca"; se a deficiência for suficientemente grave, pode ocorrer grave colapso mental.

vitamina B_5 (ácido pantotênico) ....

O ácido pantotênico é especialmente importante para o córtex das adrenais (camadas exteriores de tecidos que envolvem as glândulas adrenais, localizadas sobre os rins), onde estimula a produção de cortisona e de muitos outros hormônios responsáveis pela saúde dos nervos e da pele; devido ao importante papel que desempenha no funcionamento das adrenais, esta vitamina está envolvida em todas as funções vitais do organismo, sendo que uma das mais importantes é a de manter o corpo livre de infecções: parece que o ácido pantotênico é essencial para a produção de anticorpos; ele aumenta a energia e a velocidade de recuperação do organismo; também é necessário para manter o sistema endócrino funcionando adequadamente.

Regência: Netuno rege o ácido pantotênico e os florais são: Rock Rose e White Chestnut.

Sintomas de deficiência

• é muito difícil haver falta de ácido pantotênico, pois ele faz parte da maioria das células, mas, se houver, a falta será demonstrada por sintomas de fadiga, depressão, irritabilidade e tontura; com a persistência da falta de ácido pantotênico pode ocorrer o enfraquecimento dos músculos, além de desconfortos estomacais e constipação; nas deficiências graves, ocorrerá exaustão das adrenais.

vitamina B_6 (piridoxina) ....

Desempenha um papel extremamente importante na manutenção do metabolismo das proteínas; sob a forma de coenzima,

influencia o metabolismo dos aminoácidos e regula a utilização adequada das gorduras.
Regência: Júpiter rege a piridoxina e o floral é Agrimony.
Sintomas de deficiência
• a falta dessa vitamina pode ser responsável por fenda palatina em bebês; pode ser associada a disfunções do pâncreas e perda de cabelo.

vitamina B_{12} (cianocobalamina)..

É uma substância vermelha e cristalina, conhecida como "vitamina vermelha"; é a única vitamina que contém minerais essenciais.
Regência: Marte rege a vitamina B_{12} e o floral é Impatiens.
Sintomas de deficiência
• os primeiros sinais são: sistema nervoso sensorial enfraquecido, causando dores e enfraquecimento das extremidades, falta de reflexos, exaustão, diminuição da energia mental, perda de concentração, letargia, falta de interesse ou desejo.
• mais tarde podem aparecer dificuldades para andar, gagueira e membros crispados; a língua pode ficar lisa e brilhante; pode haver sensação de agulhadas nos dedos, rigidez em todo o corpo e dores nos braços e ombros; o último estágio é a anemia perniciosa.

vitamina B_{13} (ácido orótico) .....

O ácido orótico participa da etapa da formação da biossíntese de ácidos nucleicos, que, por sua vez, participa da síntese de RNA, um dos principais componentes dos processos genéticos do organismo humano; é um componente essencial no processo de regeneração celular; é muito importante para certos tecidos, especialmente os do cérebro.
Regência: Plutão rege o ácido orótico e o floral é Heather.
Sintomas de deficiência
• disfunções hepáticas, degeneração celular e envelhecimento prematuro, esclerose múltipla, degenerações orgânicas.

vitamina B_{15} (ácido pangâmico)..

Vitamina necessária para ajudar a estimular os sistemas nervoso e endócrino; decompõe e metaboliza as gorduras, e comprovou ser útil na diminuição de níveis altos de colesterol; desempenha algum papel no metabolismo das proteínas, especialmente nos músculos cardíacos.
Regência: Júpiter rege o ácido pangâmico e o floral é Agrimony.
Sintomas de deficiência
• pode ocorrer diminuição da oxigenação celular, disfunções endócrina e do sistema nervoso, doenças cardíacas associadas à aterosclerose.

vitamina B_{17} (laetril) ....

Um dos componentes utilizados no tratamento do câncer.
Regência: Netuno rege o laetril e os florais são: Rock Rose e White Chestnut.
Sintomas de deficiência
• a única função do laetril deve ser o tratamento do câncer, portanto, com sua deficiência, pode haver diminuição da resistência contra todos os tipos de câncer.

vitamina C (ácido ascórbico).....

A vitamina C é extremamente importante na formação das hemácias, mantendo a elasticidade dos capilares venosos e arteriais e evitando hemorragias; é necessária para impedir a ocorrência de alergias e para combater infecções de origem bacteriana; outra função importante é ajudar a transferir o ferro do plasma para o fígado (se os níveis de ferro não estiverem adequados, ocorre anemia).

Regência: Saturno rege a vitamina C e os florais são Rock Water e Mimulus.

Sintomas de deficiência

• escorbuto, ferimentos ou fraturas ósseas que levam muito tempo para curar, sangramento nasal, úlcera péptica e duodenal; redução da quantidade de hemoglobina, etc.

vitamina E (tocoferol) ....

Nutriente essencial para o ser humano; devido à quantidade de vitamina E presente nos alimentos, sua deficiência inexiste na população em geral; sua função mais importante é como antioxidante, ou seja, evitar que o oxigênio se combine para formar peróxidos tóxicos, reservando-o para ser fornecido para as hemácias; também protege outros nutrientes (como a vitamina A e os ácidos graxos poli-insaturados) dos danos causados pela oxidação; mantém o suprimento de ácido linoleico para as glândulas pituitária e adrenais, de modo que elas consigam secretar seus hormônios; a vitamina E não prolonga a duração da vida, porém promove a saúde porque melhora a qualidade de vida das células, evitando que os radicais livres as danifiquem excessivamente; a respiração celular nos músculos, nos ossos e no sistema cardiovascular também funciona melhor quando o organismo conta com boa disponibilidade de vitamina E; ela dissolve os coágulos sanguíneos, dilata os vasos e melhora o fluxo de sangue para todas as partes do corpo; estimula a secreção de urina nos portadores de edemas, reduz a pressão arterial e protege os pulmões contra os agentes poluentes; também beneficia os órgãos reprodutores femininos, podendo evitar alguns casos de esterilidade.

Regência: Vênus rege a vitamina E, e os florais são: Wild Rose, Gentian e Scleranthus.

Sintomas de deficiência

• anemia hemolítica (porque a hemoglobina não consegue ficar retida no interior da célula); pode surgir degeneração da região cardiopulmonar, formação de coágulos, diminuição de circulação e colapsos; além disso, a deficiência pode ocasionar problema de esterilidade feminina; pode ocasionar lesões nos rins, no fígado e no pâncreas; nefrite (que pode ser causada por falta dessa vitamina), inflamação pancreática e desconforto gastrointestinal.

vitamina F (ácidos graxos) ....

Os ácidos graxos desempenham um papel permanente nos processos de respiração e oxigenação de todas as células; contribuem para manter as glândulas endócrinas saudáveis, especialmente as adrenais; ajudam a manter constante a taxa de coagulação; são responsáveis pela saúde da pele, dos cabelos e das unhas; mas talvez sua função mais importante seja decompor os depósitos de colesterol nas artérias, evitando assim a aterosclerose.

Regência: Marte rege os ácidos graxos e o floral é Impatiens.

Sintomas de deficiência

• sem uma quantidade suficiente de ácidos graxos, as células se alteram, acarretando vários tipos de disfunção: cabelos opacos, com caspa; unhas quebradiças; pele ressecada, escamosa, com acne e eczema; pode haver atraso no crescimento e problemas devido à falta de peso corporal; também pode haver diarreia e varizes; mas o mais grave são problemas no coração, nos rins e no sistema circulatório.

vitamina H (biotina) ....

É um dos componentes do complexo B; substância hidrossolúvel e termolábil, é essencial para o metabolismo das gorduras e dos carboidratos.

Regência: Júpiter rege a biotina e o floral é Agrimony.

Sintomas de deficiência

• problemas na pele (tez acinzentada e ressecada), queda de cabelos, falta de energia e apetite, insônia, depressão, distúrbios do sistema nervoso; as crianças têm o desenvolvimento mental e físico retardado, a imunidade comprometida, alopecia e anemia.

vitamina K ....

As vitaminas K_1 (filoquinona e fitonadiona) e K_2 (farnoquinona e menaquinona) são vitaminas anti-hemorrágicas e coagulantes.

Regência: Saturno rege a vitamina K e os florais são: Rock Water e Mimulus.

Sintomas de deficiência

• diminuição do tempo de coagulação do sangue, sangramento excessivo nos músculos, no cólon ou outros órgãos; propensão a ferimentos e sangramentos nasais, aborto e anemia.

vitamina M (ácido fólico) ....

A principal função do ácido fólico é o transporte do carbono destinado à formação do radial heme (a parte não proteica da molécula da hemoglobina, que contém átomos de ferro), que, por sua vez, é necessário para a síntese das hemácias saudáveis; dentre outras funções inclui-se a participação na formação da síntese dos ácidos nucleicos, destinados ao crescimento e à reprodução das células do organismo.

Regência: Marte rege o ácido fólico e o floral é Impatiens.

Sintomas de deficiência

• anemia megaloblástica: fadiga, fraqueza corporal, comportamento irritável, insônia, falta de memória, dor na região da boca e da língua, e pigmentação marrom acinzentada da pele; em gestantes pode ocasionar: parto prematuro, hemorragia pós-parto, toxemia, deslocamento de placenta; pode afetar o embrião, prejudicando suas células; o embrião pode apresentar baixa resistência contra doenças banais; pode ocorrer retardo mental em crianças; problemas intestinais, síndrome celíaca caracterizada por anemia, diarreia e dor na região da boca e da língua, e grande quantidade de gordura eliminada pelas fezes, diverticulose; língua lisa, brilhante e vermelha; nos cabelos pode haver falta de crescimento, falta de brilho, calvície, embranquecimento prematuro; depressão emocional, esquizofrenia.

vitamina P (bioflavonoides) ......

Grupo de substâncias hidrossolúveis de cores vívidas, encontradas em frutas e vegetais; sua primeira tarefa é manter saudável o tecido colágeno e manter a elasticidade e a permeabilidade dos vasos capilares, para que possam difundir e absorver os nutrientes; em seguida, são transportados pela circulação até as partes do corpo onde são necessários; também agem como anticoagulante.

Regência: Saturno rege a pele e corresponde à vitamina P e bioflavonoides (certo), e os florais são: Mimulus (tira o medo de mudanças) e Rock Water (flexibilidade). Vênus rege a pele e o floral é Wild Rose (dá viço à pele, beleza).

Sintomas de deficiência

• lesões cutâneas (significando que os vasos capilares estão fragilizados e se rompem), a pele pode apresentar um tom rosado claro, arroxeado ou manchas vermelhas; além disso, existe edema generalizado na referida área, proveniente do extravasamento de líquidos sob a pele; podem ocorrer problemas de sangramento, levando um tempo maior para cicatrizar; pode haver irregularidade no ciclo menstrual e dores associadas à perda de sangue.

• **Florais auxiliares:** Crab Apple (atua como antibiótico, limpa), Impatiens (é anti-inflamatório).

vitiligo

Definição: Afecção cutânea adquirida, caracterizada por manchas brancas leitosas circundadas por áreas de coloração normal.

Indica: sensação de não pertencer ao mundo; que a pessoa não se sente parte integrante de nenhum grupo; que passou por um trauma na infância.

Regência: Saturno e Vênus regem a pele e os florais são: Rock Water (pessoas rígidas, que gostam de tudo no lugar, costumam ter problemas na aparência para entender que a beleza vem do interior), Mimulus (medo de mudanças, é através da pele que o novo começa), Wild Rose (alegria).

Florais auxiliares: Clematis (por a pessoa viver no mundo da lua e não ter os pés no chão, não participar da vida), Pine (culpa, toda criança que passa por algum momento ruim acha que a culpa é dela) e Holly (protege a pele, para a pessoa entender e aceitar o grande trauma pelo qual passou e poder se curar; ajudar com Rescue Remedy), Star of Bethlehem (tira o trauma, traz a inocência de volta), Vine (bom para vitiligo, dá vitalidade à pele), Vervain (vitalidade à pele).

Em geral

• pode ser um mau aspecto entre Vênus (é o feminino e a alegria) e Saturno em Capricórnio (o pai que trava, que não deixa acontecer). *Florais:* Gentian (segurança), Scleranthus (equilíbrio), Wild Rose (beleza, traz viço à pele), Rock Water (flexibilidade), Mimulus (medo do novo) e mais os florais dos signos que regem as casas onde estão os planetas e as casas opostas a elas. Ajudar com Rescue Remedy (que faz o resgate).

vômito

Definição: Ejeção de matéria do estômago através da boca.

Indica: resistência e recusa; não aceitação; expulsão do que a pessoa não quer assimilar.

Florais básicos: Agrimony (para desintoxicar), Pine (tira as culpas) e Holly (dá o ensinamento, dá aceitação).

Florais auxiliares: Scleranthus (dá equilíbrio, bom para enjoo), Wild Oat (bom para enjoo), Gorse (tira o enjoo).

voz ....

Os problemas indicam: insegurança.

Regência: Vênus (o feminino, a alegria) rege as cordas vocais e o floral é Wild Rose (alegria); Touro rege o pescoço e o floral é Gentian (segurança interior).

Florais auxiliares: Olive (traz descanso à voz) e Heather (comunicação, trabalha a voz), Crab Apple (limpa a voz), Water Violet (bom para a voz), Scleranthus (bom para alternância da voz, quando a pessoa não tem controle, fala muito ou muito pouco, tem a fala confusa), Heather (ensina a usar a palavra, facilita a expressão, desbloqueia a voz).

Perda da voz

• pode ser Saturno (segura, trava) em Touro (inseguro). *Florais:* Rock Water (dá flexibilidade), Mimulus (tira os medos do dia a dia e dos sentimentos), Gentian (ativa a fé, que é a certeza de que tudo vai dar certo, dá segurança) e mais os florais dos signos que regem a casa onde está o planeta e a casa oposta a ela.

Perda súbita da voz ou rouquidão

Atribuída a nervosismo.

• pode ser Urano (eletricidade) em Touro (ativa a fé, que é a certeza de que tudo vai dar certo; inseguro, rege o pescoço). *Florais:* Water Violet (estressado na convivência), Gentian (inseguro) e mais os florais dos signos que regem a casa onde está o planeta e a casa oposta a ela.

vulvovaginite ....

Definição: Inflamação da vagina e da vulva ao mesmo tempo.

Indica: raiva por problemas emocionais com o parceiro.

Regência: Escorpião (quer ter o poder sobre o outro) rege os órgãos genitais dos homens e das mulheres e o floral é Heather (equilíbrio desses órgãos).

Em geral

• pode ser uma desarmonia de Júpiter (exagera) em Escorpião (medo de perder o poder). *Florais:* Agrimony (para a pessoa ser como na verdade é), Heather (dá saúde aos órgãos reprodutivos femininos) e mais os florais dos signos que regem a casa onde está o planeta e a casa oposta a ela.

• **Florais auxiliares:** Impatiens (tira a inflamação), Crab Apple (atua como antibiótico natural, é bom para limpar).

W

walnut (floral)......................

Proteção das influências externas.

Ajuda em caso de

• intoxicação, problemas de pele (alergia, manchas arroxeadas e avermelhadas, coceiras, alergia por influência climática), bronquite por sentimentalismo, enxaqueca, dor de cabeça.

É bom para

• desenvolver a individualidade, proteção contra influências externas, clareza de visão e proteção, autoconhecimento, intuição, percepção, visão interna, visão da realidade, ritmo, perseverança, constância, sabedoria.

• transformar o negativo, quebrar feitiços (colocar no ambiente ou tomar quando entrar em ambientes pesados ou ruins); limpar todas as más influências, trazer proteção e individualidade em cada passo na vida, ativar a criatividade, deixar o passado para trás, recomeçar, saber o que se quer; melhorar os relacionamentos; ajudar a ver, ouvir e sentir.

• a pessoa muito influenciável; para o terapeuta não ser influenciado e poder ver a verdade para ajudar de maneira correta.

• trazer criação e ação, sensibilidade e racionalidade, fertilidade para a transformação; ativar a capacidade associativa; ajudar a comunicação dos dois hemisférios cerebrais; abrir o terceiro olho.

Em relação aos planetas

• ajuda Júpiter ao dar proteção para lutarmos por nossas ideias e ideais, sem sofrer influência dos outros.

• ajuda a Lua das pessoas frágeis, excessivamente influenciadas pelos outros, precisando sempre da opinião deles.

• ajuda Vênus ao proteger nossa sensibilidade para termos mais amor-próprio e individualidade e deixarmos de nos preocupar com os outros.

• ajuda Urano ao nos libertar da influência dos outros para sermos nós mesmos, liberando assim nossa originalidade e intuição.

• ajuda Netuno ao liberar a criatividade e a visão interior.

water violet (floral)................

Tira da reclusão e ensina a dividir conhecimentos.

Relaciona-se com

• Aquário e Urano.

Ajuda em caso de

• coração bloqueado e baixa resistência (porque a pessoa se fecha ou é muito triste; o timo fica bloqueado por falta de alegria).

• problemas sérios de postura, infecção pulmonar, bronquite; na mulher, secreção genital ou infecção vaginal de repetição; no homem, secreção uretral ou doença venérea que não sara nunca (uma desculpa para ele ficar isolado); artrose, artrite, reumatismo; as mãos podem apresentar alergia, dermatite.

É bom para

• trazer alegria; ensinar: amor, humildade, compreensão da vida, comunhão com a vida, tolerância, firmeza de propósito e simpatia, a viver com alegria, a ter o coração leve, a deixar os pensamentos fluírem, a compartilhar a sabedoria.

• a pessoa independente, segura de si e capaz, mas que se isola, vivendo sozinha e triste; quem é rígido, isolado, não reclama, gosta da solidão, tem dificuldade de mostrar os sentimentos; quem é antipático, tímido, orgulhoso, altivo, solitário.

• fazer que o racional e o intuitivo estejam em equilíbrio; tirar do corpo as descargas elétricas nos nervos; melhora as cãibras.

Em relação aos planetas

• ajuda a Lua ao equilibrar nossos sentimentos para entendermos a vida com clareza.

• ajuda Mercúrio ao nos fazer doar aos outros tudo o que aprendemos e usar o que aprendemos em nosso dia a dia.

• ajuda Saturno ao deixar a vida fluir com mais flexibilidade e leveza, melhorando o orgulho que temos diante dos outros.

white chestnut (floral) ....

Clareza. Clareia o que está ao redor.

Relaciona-se com

• Netuno.

Ajuda em caso de

• tormento mental, falta de concentração, memória fraca, pensamentos confusos e obsessivos, embotamento e cansaço mental.

• vitalidade baixa, dor de cabeça, sinusite, bruxismo, mania de ficar mastigando, ATM, musculatura tensa da cabeça aos pés, nódulos de tensão, nódulos no corpo, dores musculares, cãibras, artrose e artrite (por pensamentos rígidos), dispepsia, úlcera, problemas de estômago, baço e pâncreas.

É bom para

• trabalhar: serenidade, clareza, abertura da mente e calma nos pensamentos para a pessoa entender todas as situações da vida.

• ensinar a refletir, a compreender o que aconteceu no passado, a quebrar a rigidez da mente.

• dar entendimento e compreensão, dar consciência dos pensamentos ("somos aquilo que pensamos"); trabalhar a consciência no nível celular.

• pessoas tensas, racionais, rígidas, preocupadas, pensativas, confusas, atormentadas, dispersivas, que fixam a mente em algo.

• aqueles que fazem deduções descabidas; que repetem as mesmas palavras, frases, assuntos ou lamentos.

Em associação com outros florais

• White Chestnut + Clematis: para a dificuldade de lidar com a realidade.

• White Chestnut + Crab Apple: para manias ritualistas, obsessivas; ajuda a limpar a fixação.

Em relação aos planetas

• ajuda o Sol ao dar consciência, uma boa reflexão e entendimento.

• ajuda Mercúrio ao dar clareza, direção e profundidade, que passam a ser nossos guias, conduzindo nossa personalidade.

• ajuda Netuno ao clarear nossa vida, trazendo serenidade e muita compreensão.

wild oat (floral) ....

Ter metas.

Ajuda em caso de

• manchas na pele, manchas senis e queimaduras (regenera e cicatriza), lombalgia, dor de cabeça, defeitos posturais (dá firmeza e boa postura ao físico; dá estrutura à coluna vertebral), tontura e desequilíbrio por falta de segurança.

• depressão, pós-depressão, pós-infecção, pós-doenças graves, pós-internação em hospital, pós-cirúrgico, pós-intoxicação alimentar, intolerância alimentar, colite, úlcera, gastrite, problemas na vesícula biliar, senilidade, tratamento para largar as drogas.

É bom para

• dar propósito na vida, firmeza de personalidade, estrutura, suporte, vontade firme, consciência individual.

• mostrar a direção; trabalhar a vontade, o viver, a direção, as raízes, o ideal, a realidade.

• os indecisos, inseguros, confusos, sem propósito, com vontade fraca; os idosos; os que não possuem raízes (ajuda a achar seu lugar no mundo), os que se perdem pelo caminho; pessoas que viajam muito; os alérgicos.

• a fase da adolescência.

• ajudar o sono e os processos de convalescença.

Em relação aos planetas

• ajuda a Lua ao proteger a pessoa que sofre de desequilíbrios por causa dos ciclos lunares, fazendo que ela não se desvie de suas metas.

• ajuda Mercúrio ao proteger os pensamentos e dar metas definidas.

• ajuda Urano ao descarregar o excesso de energia, dando uma direção verdadeira para seguir quando a pessoa costuma desviar-se das metas.

wild rose (floral) ....

Alegria.

Relaciona-se com

• Touro, Vênus.

Ajuda em caso de

• problemas sexuais: desinteresse, apatia, falta de libido, conflitos, menstruação tardia, alterações na menstruação, alteração nos órgãos genitais, mioma.

• falta de resposta geral do organismo por falta de participação na vida (os órgãos dos sentidos acabam se atrofiando); pessoas que sentem pouca dor.

• medo da morte e da escuridão.

É bom para

• trabalhar: inspiração, entusiasmo, participação, criação, vida, alegria, motivação.

• desenvolver: a vontade de lutar pela vida, o amor pessoal e coletivo, o entendimento da razão de viver, a sensibilidade, o prazer, o princípio feminino no homem e na mulher, a entrega no amor.

• abrir todos os chakras e trabalhar os cinco sentidos.

• pessoas tristes, sem vida, que não sentem prazer; pessoas superficiais, apáticas, com falta de vontade e vitalidade; pessoas conformistas, que não ligam para o que acontece no presente; homens e mulheres homossexuais; homens que perderam suas mulheres: mãe, namorada, esposa ou alguém especial, e ficaram sem vida; homens fúteis; adolescentes apáticos.

• o equilíbrio da pele, os hormônios femininos, o sangue, a libido, a puberdade, a menopausa, a gravidez.

Em relação aos planetas

• ajuda Vênus ao proteger os órgãos da sensibilidade, os órgãos genitais e o lado feminino, tanto no homem como mulher, a fim de ativar a sensibilidade, a criatividade e o amor pessoal.

willow (floral)......................

Para quem se sente um coitadinho.

Ajuda em caso de

• problemas de: plexo solar (umbigo), pulmões, rins, tireoide, laringe, garganta, cabeça, coluna, articulações, coração, manchas na pele (cada mancha é uma situação pela qual a pessoa passou, mas não perdoou), vias urinárias, doenças autoimunes, baixa resistência, câncer.

• problemas nos cabelos: queda, pouca vitalidade, mudanças no aspecto (de crespo ficou liso, de oleoso ficou seco, e vice-versa, ficou grisalho de repente).

• inveja, mágoa, amor infeliz, infelicidade, cansaço de viver, insônia, pesadelo.

É bom para

• trabalhar: positividade, graça, alegria, amor, bondade, flexibilidade, merecimento, ritmo, equilíbrio, fé, humildade.

• pessoas que gostam de se lamentar por qualquer adversidade, que gostam de reclamar, são choronas; as que foram rejeitadas, que foram abandonadas, que se sentem mártires; as pessoas pesadas e negativas.

• transformar negatividade em positividade (para que o positivo e as coisas boas aconteçam e tragam alegria e vontade de viver bem); liberar tudo de ruim que aconteceu e que magoou; ajudar a cortar o ruim; trazer compreensão do que aconteceu; fazer que o azar traga sorte; colocar a pessoa no eixo.

• o chakra da garganta.

• a pessoa proteger sua individualidade e se proteger da adversidade quando tem de ir a lugares negativos, a enterros, etc.

Em relação aos planetas

• ajuda a Lua ao limpar nossos sentimentos.

X

xantelasma ....

Definição: Tumor plano ou ligeiramente elevado que ocorre em pessoas idosas, mais frequentemente no canto interno das pálpebras superior e inferior.

Indica: mágoas pelo que a pessoa viu em sua vida e que ficaram guardadas.

Em geral

• pode ser uma desarmonia de Júpiter em Virgem. *Florais:* Agrimony (para a pessoa ser ela mesma, e não ficar agradando aos outros), Centaury (para não ser capacho do outro) e mais os florais dos signos que regem a casa onde está o planeta e a casa oposta a ela.

Z

zinco ....

É extremamente importante na síntese do DNA e do RNA, que por sua vez realizam a síntese das proteínas do organismo; também é útil no tratamento de problemas de infertilidade; por fazer parte da insulina, o zinco é essencial para o metabolismo dos carboidratos e participa do metabolismo do fósforo; tem a capacidade de apressar a cicatrização de ferimentos e queimaduras; é bom em anemia perniciosa, infarto do miocárdio, tumores malignos, cirrose hepática, anemia, policitemia, leucemia, deficiência cardíaca do tipo congestivo; o leite materno, no início da amamentação, contém grande quantidade de zinco, mas depois de um tempo diminui.

Regência: Júpiter rege o zinco e o floral é Agrimony (faz a pessoa ser verdadeira).

Sintomas de deficiência

• problemas na pele, manchas brancas nas unhas, perda de olfato e paladar, cabelos quebradiços, caspa, fadiga; nanismo, retardamento do desenvolvimento sexual e baixa resistência às infecções; subdesenvolvimento das gônadas ou próstata hipertrofiada; fibrose cística, problemas hepáticos, úlcera, aterosclerose, epilepsia, ataque cardíaco, mongolismo, osteoporose.

Bibliografia

Cairo, Cristina. *Linguagem do Corpo: Vida Saudável*, Mercuryo, 1999.

Carvalho, Ana Bandeira de. *As Plantas e os Planetas*, Nova Era, 2000.

Damian, Peter. *A Astrologia e os Remédios Florais do Dr. Bach*, Pensamento, 1992.

Dethlefsen, Thoward e Dahlke, Rüdiger. *A Doença como Caminho*. Cultrix, 1983.

Ferreira, Aurélio Buarque de Holanda. *Novo Dicionário Aurélio da Língua Portuguesa*, Nova Fronteira, 1999.

Lundsted, Betty. *Compreensão Astrológica da Personalidade*, Ágora, 1989.

March, Marion D. e McEvers, Joan. *Curso Básico de Astrologia*, vols. 1, 2, 3, Pensamento, 1976.

Monari, Carmem. *Participando da Vida com os Florais de Bach*, Roca, 1995.

Nauman, Eillen. *Astrologia Médica e Nutrição*, Roca, 1994.

Sakoian, Frances e Acker, Louis S. *O Manual do Astrólogo*, Ágora, 1993.

Santos, Maria Cristina N. Godinho dos. *Essências Florais e a Cura das Doenças: Florais de Bach, Minas e Austrália*, Gente, 1999.

Stern, Claudia. *Tudo o Que Você Precisa Saber Sobre os Remédios Florais de Bach*, Pensamento, 1992.

Thomas, Clayton L. (coord.). *Dicionário Médico Enciclopédico Taber*, Manole, 2000.